국어교육을 위한
현장 조사연구 방법론

국어교육을 위한

현장 조사연구
방법론

주제 선정에서
자료 수집과 분석,
논문 작성까지

허선익 지음

Humanist

국어교육을 위한 현장 조사연구 방법을 다루는 책이 왜 필요한가?
우선은 국어교육을 위한 현장 조사연구의 길라잡이 노릇을 해줄 만
한 우리말로 된 책이 거의 없기 때문이다. 마이클 J. 월리스(1998)가
펴낸《Action Research for Language Teachers》(Cambridge University)
가 김지홍 뒤침(2009)의《언어교육 현장 조사연구》(나라말)로 출간되
었고,《국어교육 연구방법론》(한철우 외, 2012) 정도가 더 있을 뿐이다.
월리스의 책이 국어교육학 연구에 이모저모로 많은 점을 알려주기
는 하지만 아쉬운 점이 없잖아 있었다. 그 책을 읽고 이 책을 쓰면서,
조사연구의 얼안이 매우 넓을 뿐 아니라 그 방법이 한두 권의 책으
로 마무리되지 않을 것이라는 생각을 하게 되었다.

　국어교육을 살피고 현장에서 문제점을 해결하며 국어교육학을 번
듯한 학문으로 자리 잡게 하는 방법은 여럿일 것이다. 그 가운데 가
장 기본이 되는 방법, 기름지고 풍성하게 국어교육학을 키우는 밑거
름은 현장 조사연구에 있다고 보았기 때문에, 이 책에서 주로 과녁
으로 삼은 국어교육학 연구 방법은 '현장 조사연구'이다. 현장 조사
연구의 중요로움을 단적으로 보여주는 사례는 2015 교육과정에 들
어와 있는 '한 학기 한 책 읽기'다. 읽기 교육의 중요성을 강조하게
된 것이 하루이틀 된 일은 아니지만 이렇게 전격적으로 현장에서 실

시할 수 있게 된 것은 현장 조사연구 덕분이다.

　여러 대학의 국어교육학과 석박사 교육과정을 다 훑어보지는 않았지만, 몇 년 사이에 국어교육학 관련 대학원 과정에 '국어교육 연구방법론'과 같은 과목이 개설된 대학이 불어났다. 그러나 국어교육의 현장을 어떻게 보고 이를 어떻게 연구할 것인지 살핀 책은 거의 없는 형편이다. 국어교육학이 이 땅에 뿌리를 내린 지 오래되었지만 지금도 그 학문을 하는 뿌리가 되는 현장 조사연구 방법을 다루는 교재가 많지 않고, 다른 사회과학 연구 방법론에 기대어 강의가 이루어지는 것은 바람직하지 않다. 그리고 필자가 '1급 정교사 자격연수'에 강사로 참여하면서 개설되는 강의를 살펴보았는데, 현장의 교사를 대상으로 한 연구 방법을 다루는 강의가 전혀 없었다. 학부 과정에서도 배운 적이 없고, 일종의 보습 교육이라 할 수 있는 '1급 정교사 자격연수'에도 이런 강의가 개설되지 않는 현실에서 현장 조사연구가 학문이나 국어교육 실천 현장에서 뿌리내리기를 바라는 것은 헛되리라 생각한다. 소박하게나마 그와 같은 과정이 '1급 정교사 자격연수'에도 마련되기를 바란다. 아울러 이 책이 현장 조사연구를 중심으로 하는 국어교육학 연구방법론에 대해 고민해 보는 계기가 되었으면 하는 바람을 챙겨본다. 국어교육학이라는 학문이 더 기름지고 알찬 열매를 거두는 데 이 책이 씨앗 역할을 한다면 더 바랄 것이 없을 것이다.

　이 책은 국어 교사 혹은 국어 교사가 되려는 사람들, 국어교육에 몸을 바치고 있는 사람들, 국어교육학 연구에 관심이 있는 사람들에게 소략하게나마 현장 조사연구 방법을 제시하려고 마련되었다. 아울러 직접 조사연구를 실행할 만한 처지에 있지 않은 사람들에게 현장 조사연구 논문들을 비판적인 안목으로 읽을 수 있는 방법을 제공하고자 하는 의도도 바탕에 깔려 있다.

이 책의 차례는 전체적으로 현장 조사연구의 순서를 따르고 있다. 이는 현장 조사연구를 하는 도중이라도 이 책에서 필요한 부분을 찾아 참고하기에 편리하도록 하려는 의도에서 비롯되었다.

본문 안에 있는 '같이 생각해 보기'는 대체로 세 가지 성격을 띤다. 앞부분의 내용을 마무리하거나, 앞으로 전개 과정에서 조금 더 자세하게 다룰 내용에 대해 미리 생각해 보게 하기 위함이다. 이런 경우에는 해당 물음에 대한 설명을 본문에 제시했다. 또 앞서 설명한 내용들을 독자 나름대로 적용해 보도록 하는 것들도 있다. 이때도 되도록 본문에서 관련되는 내용을 언급함으로써 책의 전체 내용이 명확해지도록 했다. 다만 의견을 묻는 경우처럼 명확한 답이 있는 것은 아니라 독자 나름대로 답을 할 수 있는 경우는 별다른 언급을 하지 않았다. 이런 물음을 만든 목적은 저자와 독자 사이에 한 방향의 소통이 아니라 저자와 독자가 서로 소통할 수 있는 공간을 마련하고, 또한 독자들이 좀 더 생각해 볼 여지를 만들어주고자 했기 때문이다.

이 책에서 제시되는 현장 조사연구 방법론은 필자의 독자적인 견해에서 출발하지는 않았다. 여러 책을 읽고 주제별로 비슷한 생각들을 모아 정리하고 공부한 내용들이 이 책의 뿌리가 되었다. 따라서 독자들에게 낯설고 설익은 느낌이 들지 않도록 애썼지만, 그럼에도 그런 부분들이 있다면 다음 기회에 더 깁고 다듬어서 내놓을 수 있기를 바랄 뿐이다.

이 책에 제시되는 공식들은 통계학 관련 서적에서 수학의 공리나 정리처럼 별도의 인용이나 각주 없이 통용되고 있다. 국어교육 전공자들에게 낯설 수밖에 없는 이런 공식을 제시하는 것은, 통계 처리 꾸러미를 별도로 이용하지 않아도 어느 정도 직접 해볼 수 있도록 안내하는 데 목적이 있기 때문이다. 필요로 하는 값들은 엑셀 프로그램 등의 무른모를 이용해서 쉽게 구할 수 있을 것이다. '부록'에 통계 참고 자료표를 제시하는 것도 이런 공식을 이용하여 나온 값들에 대해서 유의성을 직접 판단해 볼 수 있도록 하기 위해서이다. 이는 필자가 처음 통계 처리를 대했을 때 느꼈던 막막함과 두려움에 바탕을 두고 있다.

이 책 한 권으로 현장 조사연구를 모두 안내할 수는 없다. 조금 더 깊이와 폭을 갖추고 있으면서 우리말 교육 현장에 들어맞는 안내서가 필요하다는 말이다. 조사연구 처리를 위해서는 관련되는 통계 처리 꾸러미의 길잡이(manual)를 참고해야 한다. 그럼에도 불구하고 이와 같은 길잡이 책이 필요한 것은 자료 분석의 방법을 소개하고 연구자들이 개인적으로 얻은 자료들을 현장 조사연구에 활용할 수 있도록 하기 위해서이다. 그리고 현장 조사연구를 직접 하지 않더라도, 최소한 논문을 읽을 때 자료 처리의 방법이나 유의성에 대한 판단을 하는 데 도움이 될 수 있다.

이 책의 초고가 마무리되고 나서 여러 차례 고쳐쓰기를 했다. 새로운 방법으로 국어교육 연구의 길을 열어가는 연구들이 앞다투어 나타나 그때마다 새로운 내용을 보태고 싶은 마음이 있었다. 그러는 과정에서 시간이 많이 흘렀다. 초고를 마무리했을 때와는 다른 좀 더 엄격한 윤리적 잣대가 적용되었는데, 여러 차례 고쳐 쓰는 과정에서 이를 지키지 못하지는 않았을까 하는 걱정도 앞선다.

이 책을 내는 데 많은 도움을 입었다. 이 책의 저본이 되는 책들은 모두 필자가 대학원 박사 과정 가운데 '현장 조사연구 방법론'이라는 강좌에서 배웠던 교재이거나 그 과정에서 추천받은 책이다. 용어들이 낯설 뿐만 아니라 우리말로 뒤친 용어들마저 낯설어서 혼자서 그런 책들을 곧장 읽어나가기는 쉬운 일이 아니었다. 수업의 과정을 거치지 않았다면 이 책은 태어나지도 못했을 것이다. 또한 수업의 과정에서 벗어나 영어에 서툰 제자들을 위해 관련되는 책들을 손수 뒤쳐주시고 용어 선택에서부터 세심한 부분을 지적하고 이끌어주신 지도교수인 경상대학교 김지홍 선생님의 도움은 말로 다 표현할 수 없을 정도로 유익했다. 이 자리를 빌려 세심한 배려와 가르침에 깊이 머리 숙여 감사드린다.

이 책이 출간되도록 다리를 놓아주신 두 분의 은사님께도 깊이 감사드린다. 지난해 돌아가신 빗방울 김수업 선생님께서는 힘에 부쳐 포기하고 싶었을 때 용기를 북돋워 주셨고, 최시한 선생님께서는 출간에 관련되는 자잘한 일까지 살펴서 책을 내도록 도와주셨다.

아울러 휴머니스트 출판사에서는 어지러운 원고를 정리하느라 여러 해 동안 공을 들이고 힘을 쏟아주셨다. 감사드린다.

모국어를 심어주시고 삶의 여러 가지 보람과 기쁨을 알게 해주신 부모님의 은혜에 감사드리며, 늘 힘을 보태주고 있는 아내 문미희와 두 아들딸 수빈, 수정에게도 고마움을 전한다.

허선익

II   현장 조사연구 자료 수집 및 집계

III   현장 조사연구 자료 분석

IV 　　　　　　　　　　현장 조사연구 보고

I

현장 조사연구에 대한 이해

1장   현장 조사연구란 무엇인가?

1. 현장 조사연구의 의미

우리는 매일 문젯거리 속에 싸여 살아간다. 자신의 삶에서 혹은 자신이 맡은 분야에서 문제가 없다고 말할 수 있는 사람은 많지 않을 것이다. 문제가 없다고 주장하는 사람들도 사실은 문제를 깨닫지 못하거나 찾지 못할 뿐이지 삶의 언저리 이곳저곳에 문제가 없을 수 없다.

현장 조사연구[1]는 넓은 의미에서 문젯거리를 깨닫고 찾아내는 데서 출발한다. 사람살이의 여러 면을 싸잡아 보면 결국 문제를 해결하는 과정이라 할 수 있다. 그리고 그 문젯거리는 한 단계를 해결하고 나면 또 다른 문제가 있어서, 끊임없는 문제 해결의 과정이 삶의 과정이다.

이 책은 국어교육과 관련하여 문젯거리가 어디에서 비롯되는지, 문제를 해결할 방법은 무엇인지, 해결할 대안의 실천은 효과적인지를 알아보는 방법과 절차를 제공하기 위해 마련되었다.

'현장'이 어떤 일이 일어나고 진행되는 시간과 공간을 일컫는다면, 교육에서 현장은 가르침을 통해 배움이 일어나고 이루어지도록 하는 곳일 터이다. 그중에서 '국어교육 현장'은 다른 교과 교육 활동과는 달리 국어에 초점이 모인 앎과 삶의 넘나듦, 통섭이 이루어지는 시공간이다. '현장 조사연구'는 국어교육을 연구하고 국어교육 현장에서 나타나는 문제를 해결하는 여러 가지 방법 가운데 하나이

---

[1] 이 책에서 '현장 연구'가 아닌 '현장 조사연구'라는 용어를 쓴 이유는 현장 연구를 위한 기본 작업으로 현지 조사가 반드시 들어가기 때문이다. 말하자면, 영어 'action research' 혹은 'survey'에 얽매이지 않고 현장에 대한 조사를 바탕으로 이루어지는 연구라는 의미다.

다. 현장에서 부딪히는 문제를 해결하기 위한 실마리를 Brown(2001)에서는 다음과 같이 제시하고 있다.

현장에서 부딪히는 문제 해결 방법

① 어떤 문제에 대해 다른 사람들이 어떻게 말하는가를 살핌으로써 해답을 구한다.

② 일련의 자료(정보)를 모으고 그것으로부터 결론을 이끌어내는 것과 관련된 자신의 자료에 터한 연구를 실행함으로써 해답을 구한다.

①은 우리가 어떤 문제에 대해 답을 구하는 가장 손쉬운 방법이다. 그러나 문제는 '다른 사람이 찾아낸 문제가 나의 문제인가?' 그리고 '그 문제의 해결책으로 제시한 방안이 내가 가진 문제를 해결하기에 알맞은 길라잡이가 될 수 있는가?' 하는 것이다. 상황과 대상에 따라 달라지는 교수·학습의 특성에 비추어 볼 때, 자신에게 맞지 않아 겉돌 수도 있다. ②는 이 책에서 다루고자 하는 문제 해결 방법이다. 애초에 문젯거리가 있고 문젯거리로부터 조사연구가 출발한다는 점을 가정한다면, ②는 문제를 해결하기 위해서 자료를 모으는 과정과 자료를 분석하는 과정이 필요하다는 말이다.

조사연구에서 문제와 관련된 자료를 모으고 분석하는 방법은 체계적이고 논리적이어야 한다. 방법이 체계적이라는 것은 정해진 절차를 따른다는 것을 의미하고, 논리적이라는 것은 단계에 맞추어 절차들이 진행되면서 그 방법이 사리에 맞음을 의미한다.

지금까지의 논의를 아우르면, 국어교육을 위한 현장 조사연구는 '국어교육에서 나타나는 문제를 해결하기 위해 앎과 삶의 넘나듦, 통섭이 있는 시공간을 놓고서 합리적이고 체계적이며 논리적으로 자료를 모으고 분석하는 국어교육 연구 방법'이라고 할 수 있다.

다음에 나오는 물음들을 현장 조사연구가 필요한 경우와 그렇지 않은 경우로 갈라
보고, 현장 조사연구의 방법을 쓰지 않는다면 어떤 방법으로 답을 구할 수 있을지
생각해 봅시다.

㉠ 왜 교사 중심의 수업보다 학생 중심의 수업을 실시해야 하는가?

㉡ 과제 중심 학습은 얼마나 효율적인가?

㉢ 듣기 능력이 나아지도록 연습하기 위한 교재를 어떻게 마련할 것인가?

㉣ 문법 교육은 문법 그 자체를 가르쳐야 하는가, 아니면 의사소통 맥락에서 가르
쳐야 하는가?

㉤ 국어교육에서 문화가치 교육은 어느 정도로 이루어져야 하는가?

㉥ 2015 교육과정에서 교재를 바라보는 관점은 어떠한가?

㉦ 일제강점기에 국어교육은 어떠했는가?

㉧ 다문화 가정 학습자의 국어 능력에 가장 큰 영향을 미치는 요인은 무엇인가?

㉨ 왜 국어교육에서 지역화 교육을 실시해야 하는가?

㉩ 비판적 읽기에서 학생들의 읽기 모습은 어떠한가?

위에 제시한 물음들을 대상으로 하는 연구 방법이 딱히 정해져 있
는 것은 아니다. 그렇지만 일반적으로 생각해 보면 ㉠, ㉡, ㉣, ㉧, ㉩
는 구체적인 현장의 자료를 이용하여 검정하는 과정을 거쳐 설명하
는 것이 낫다. 그에 비해 나머지는 이론적인 논의를 통해 개념을 탐
구하고 구체화하는 것이 좀 더 합리적인 방법일 것이다. 하지만 딱
잘라 구분하기는 쉽지 않다.

㉥와 같은 주제는 이미 발간된 보고서나 해설서를 참고해서 분석

할 수 있을 것이다. 교과서에 마련된 지문이나 학습 활동의 유형을 분류해 보는 것도 하나의 방법이 될 수 있다. ㉝는 사적(史的) 연구의 한 방법으로, 관심이 있는 시대를 대상으로 할 수 있는 연구이다. 일제강점기뿐만 아니라 미군정 시대 등을 대상으로 교과서 정책, 교육과정, 교과서 등을 분석하고 특징을 살펴볼 수 있다. 사적 연구에서는 어떤 관점으로 무엇을 대상으로 하느냐가 중요하다. 일제강점기 국어교육에 대한 사료는 제한적일 수밖에 없는데, 대체로 교과서를 분석하는 수준에서 이루어지는 것이 일반적이다. ㉞는 이론적인 탐구가 필요하다. 그렇지만 연구의 현실성을 높이고 객관적인 근거를 얻기 위해서는 실태 조사나 설문지 조사 같은 방법을 끌어 쓸 수도 있다. ㉟의 '비판적 읽기'는 7차 교육과정 이후에 강조되는 읽기 방법으로서, 이에 대해서는 허선익(2019)을 참고할 수 있다.

2. 현장 조사연구의 필요성

현장 조사연구는 배움의 현장에서 스스로 문제를 제기하고 해결하는 데 중요한 방법이다. 그런데도 교사들이나 연구자들이 선뜻 현장 조사연구로 나아가지 못하는 이유는 무엇일까? 그 밑바탕에는 현장 조사연구의 필요성과 방법에 대한 의구심이 깔려 있으리라 짐작된다. 다음은 현장 조사연구를 하려고 하는 사람들을 머뭇거리게 하는 몇 가지 의문이다.

현장 조사연구를 주저하게 하는 의구심들
① 나의 연구가 국어교육에 새로운 무엇인가를 보태는 것이 가능할까?

② 지금까지 나보다 슬기롭고 경험 많은 사람들이 이미 그런 일을 해놓았기 때문에 굳이 나서서 할 필요가 있을까?

③ 내가 맞이하고 있는 문제는 개인적인 문제이지 않을까? 그리고 이런 문제를 굳이 드러낼 필요가 있을까? 해결책을 내세운다고 해도 다른 교사에게 도움이 될까?

④ 통계적인 분석 방법은 너무 어렵고 복잡해서 따로 공부하지 않는다면 불가능하지 않을까?

⑤ 국어교육 현장에서 10여 년을 몸 바쳐왔기 때문에 내가 알고 있는 것이 맞을 텐데, 굳이 성가시게 현장 조사연구 방법을 사용할 필요가 있을까?

①을 잘 생각해 보면, 국어를 배우고 가르치는 환경이 똑같을 수는 없다. 학교, 학급, 학생이 놓여 있는 자리마다 다르며 시간마다 다르다. 따라서 문헌 조사로 찾아낸 방법이 나에게 꼭 들어맞는다고 보기 힘들다. 밝혀진 것과 내가 발견한 사실이 왜, 어떻게 다른가를 밝혀내는 것도 충분히 의미 있는 일이다. 그렇기 때문에 내가 처한 상황에서 이런저런 방식으로 시도한 해결 방법은 일차적으로 내가 맞닥뜨린 현실적인 문제를 해결하는 데 도움을 준다. 아울러 발견 사실들이 타당하고 믿을 만하다는 확신을 줄 것이다. 그리고 타당하고 일반화할 수 있는 자료에 바탕을 둔 조사연구라면 비슷한 환경에 처한 교사들에게도 도움을 줄 수 있을 것이다.

②와 관련하여, 가르치는 방법도 발전하고 가르치는 아이들도 해마다 달라지고 있다는 점에서, 국어 교사가 국어교육 전문가로 살아가려면 현장 조사연구를 무시할 수 없다. 과거의 조사연구들이 의미가 있다고 하더라도 새로운 방법으로 새로운 아이들에게 맞는 교

수·학습 방법을 찾는 것은 충분히 뜻있는 일이다. 그리고 그 효과를 점검하여 일반화함으로써 다른 이들에게 도움을 주는 것 또한 중요로운 일이다.

③은 앞의 질문과 비슷하다. 일반적으로 교육 현장에서 부딪히는 문제들은 개인적인 차원을 넘어서는 경우가 많다. 자기 자신에게만 유일한 문젯거리란 거의 없다는 말이다. 그렇기 때문에 문제의식을 공유하는 교사로서 자료를 모으고 수업에 적용하여 어떤 사실들을 발견해 낸다면 자료의 개발이나 원인 분석에서 충분히 의미 있게 활용된다.

현실적인 차원에서 ④는 무시할 수 없는 문제이긴 하다. 통계적인 절차와 분석 방법은 초보 연구자들에게 어려울 수 있고, 경우에 따라서는 좌절감을 줄 수도 있다. 그러나 기본적인 통계 개념을 익히고 쓰임새를 안다면 그리 어렵지 않다. 통계의 기본적인 개념을 알면 자신이 모은 자료들의 성격을 어느 정도 가늠할 수 있으며, 어떤 의미를 지니는지도 개략적으로 알 수 있다.

⑤는 조금은 다른 각도에서 현장 조사연구의 필요성에 의문을 던지는 경우이다. 현장의 전문가로서 10년 이상을 근무해 온 교사들에게 현장 조사연구는 새삼스러운 것일 수 있다. 그렇지만 정말로 자신이 알고 있는 것이 전부이며, 제대로 알고 있는 것일까?

같이 생각해 보기

1. 자신의 경험에 비추어 현장 조사연구가 힘들고 어렵다고 생각한다면 그 이유는 무엇입니까?

2. 현장 조사연구가 필요하다고 생각합니까? 필요하다면 왜 필요한지, 필요하지 않다면 왜 필요하지 않은지 그 이유를 생각해 봅시다.

1부 현장 조사연구에 대한 이해

3. 다음은 Nunan(2003)에서 대학원생들을 대상으로 조사연구의 목적에 대한 답변을 정리해 놓은 것입니다. 여러분이 생각하는 조사연구의 목적이 있습니까? 없다면 스스로 조사연구 목적을 자리매김해 봅시다.

㉮ 과학적인 방법들로써 객관적으로 어떤 결과를 얻어내기 위해서.

㉯ 문제들을 해결하고, 이론들의 응용을 검정하며, 새로운 통찰력으로 안내하기 위해서.

㉰ 조사연구자 및 어느 누구든지 관심 있는 독자들을 계몽하기 위해서.

㉱ 현상들의 성격을 자리매김하고, 개인 및 공동체의 목적을 달성하려는 새로운 또는 기존의 착상들을 검정·반증하기 위해서. 즉 개인적인 탐구도 만족시키지만 또한 공동체의 행복을 개선하기 위해서.

㉲ 검정 또는 반증하고, 신비를 벗겨내며, 계획된 바를 실행하고, 관점을 뒷받침하며, 알려지지 않은 바를 밝혀내고, 탐구를 충족시키기 위해서. 문제의 원인을 발견해 내고, 어떤 문제에 대한 해결책을 찾아내기 위해서.

성태제·시기자(2015)에서는 교육 연구의 분류 기준을 '인식론적 접근 방법, 연구 목적, 연구 방법, 가설 검정 여부' 등으로 제시하고 이에 따라 분류했다. 인식론적 접근 방법에 따라 '양적 연구와 질적 연구, 통합 연구'로 나누었으며, 연구 목적에 따라 '기초 연구, 응용 연구, 실행 연구(현장 연구), 평가 연구'로 나누었다. 그리고 연구 방법에 따라 '실험 연구와 조사 연구, 관찰 연구, 문화기술적 연구, 역사 연구'로 나누었고, 가설 검정 여부에 따라 '확인적 연구, 탐색적 연구'로 나누었다.

그런데 연구 자체에 내재한 목적과 방법이 복잡하고 여기에 더해 연구가 불어나고 쌓임에 따라 단일한 층위로 구분하기가 어려운 경우도 있다. 3번 문항의 ㉮~㉲는 동일한 층위를 지니고 있어서 답하기가 쉽지 않을 듯하다. ㉮는 연구 방법과 관련된다. 어떤 연구 목적을 이루기 위한 방법이나 수단으로서 현장 조사연구를 바라보고 있는 것이다. ㉯~㉱는 여러 가지 목적이 어우러져 있다. 각각의 목적 진술 내용에는 연구 방법에 대한 것도 있고, 가설 검정에 대한 것도 포함되어 있다. 실제로 국어교육에 대한 연구도 여러 관점에서 분류가 가능할 것이다.

조금 다른 측면에서 현장 조사연구의 필요성을 생각해 볼 수 있다. 만약 1급 정교사 자격증을 따기 위해, 혹은 연구 점수를 얻기 위해 대학원에 진학한다고 했을 때 현장 조사연구는 현실적인 필요성을 지닌다. 대학원 박사 과정에서 논문을 쓰기 위한 자격으로 한국연구재단 등재지나 등재 후보지에 논문을 투고해야 하는 경우도 마찬가지다. 그리고 교과 연구모임에 소속되어 새로운 교수 방법을 마련하고 이를 검정해야 할 때도 현장 조사연구가 필요하다.

3. 현장 조사연구의 영역

국어교육을 연구하는 학문을 국어교육학이라고 할 때, 그 연구 영역은 크게 두 가지로 나뉜다. 하나는 국어교육의 논리와 원리를 논의하는 이론적 연구이고, 다른 하나는 현장에서 이루어지는 실천 사례에 관련되는 연구이다.

이론적 연구[2]는 가설을 세우고 이를 뒷받침하는 증거 자료를 수집·분석하는 일에는 관심을 두지 않는다. 국어교육에서 국어과 교육과정의 구성 논리나 국어 교과 영역의 세분화와 관련되는 논의들이 이론적 연구의 대상이다. 그에 비해 현장 조사연구는 국어교육이 이루어지는 현장을 연구의 대상으로 삼는다. 즉 국어교육이 이루어지는 환경이나 주체에 대한 실제 모습을 살피거나, 교수·학습 방법의 효율성 등과 관련한 자료를 수집하고 이를 분석·해석한다. 이론적 연구 가운데는 현장 조사연구의 성과를 바탕으로 하는 것도 있지만, 그 목표가 이론이나 원리를 발견하고 어떤 현상에 대한 논리를 깔아 주는 데 있기 때문에 현장 조사연구와는 구별되는 측면이 있다.

이와는 달리 구체적인 가르침의 방향을 제안한 논의들이 있을 수 있다. 그러나 이런 논의들도 어떤 이론적 배경이 뒷받침되어야 구체적인 방안을 제시할 수 있다. 이것이 앞서 말한 이론적 연구 대상인 논의들과 다른 점은, 이런 논의들로부터 나온 핵심적인 주장(≒논문의 주제나 목적)이 현장에서 실제로 적용되고 그 효과를 검정하는 경향이 있다는 것이다. 그런 방법들이 숱하게 제안되었고 그에 따라 다양하다. 이 책에서는 그 방법의 일부를 제시하고자 하는 것이다.

다음 쪽의 [표 1]은 국어교육과 관련된 현장 조사연구 영역을 나타낸 것이다. 여기서는 큰 항목을 셋으로 잡았다. 교육이 '무엇에 의해서, 어떤 내용으로, 누가 누구를 가르치는가' 하는 큰 틀에서 접근할 때 그에 해당하는 요소들이다.

국어교육은 '국어과 교육과정에 의해서, 말하기·듣기·읽기·쓰기·문법·문학을, 교사가 학생들에게 가르치는 활동'이다. 이에 따라 현장 조사연구는 '교육의 토대로서 교육과정, 교육과정에 명시된 내용과 수준, 교육의 주체와 대상'을 중심으로 이루어진다.

---

2) 한철우 외(2012:14)에서는 이를 '개념적 연구'라고 했다. 이론과 실천이라는 연구의 본질적인 측면을 고려할 때 이 용어는 뜻넓이가 좁으며, 연구의 목표나 대상을 관점으로 할 때 '이론적 연구'가 더 타당한 용어라고 생각한다.

[표 1] 국어교육을 위한 현장 조사연구의 영역

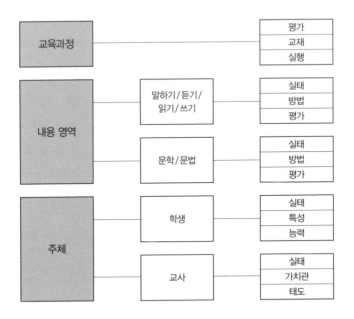

교육과정은 교과별로 가르치는 내용과 수준을 제시한 것이다. 그런데 이 교육과정은 여러 수준과 방법으로 교재에 반영되어 있다. 그러므로 교재(≒교과서)를 살필 때는 언제나 교육과정과의 관련성을 따져보아야 한다. 따라서 교육과정을 살피는 일과 교재를 살피는 일을 따로 떼어내지 않았다.

교육과정은 전체적인 교육의 틀을 제시한다. 교육과정을 마련하는 논리나 교육과정이 짜여 있는 모습을 살피고 바람직한 교육과정을 제시하는 것은 교육과정의 편성에 관련되는 이론적인 논의다. 그렇지만 공표되고 고시되는 교육과정은 그 순간부터 교과서와 교수·학습의 여러 단계에 일정하게 영향을 미친다. 따라서 교육과정에 관련되는 논의도 현장 조사연구에서 다룰 수 있다.

내용 영역은 논란의 여지가 있기는 하지만, 국어교육에서는 현재 교육과정에서 제시하고 있는 것처럼 '말하기/듣기/읽기/쓰기/문법/문학'으로 나눌 수 있다. 앞의 네 영역은 언어의 사용과 관련되며, 지식·기능·태도에 초점이 모인다. 이 영역들은 매체라는 기준과 생산과 수용이라는 기능의 차이에서 구별된다. 뒤의 두 영역은 지식·태도를 가르침의 내용으로 삼고 있다는 점에서 앞의 영역들과 공통점을 보이지만, 여기에 더해 문법에서는 탐구와 적용을, 문학에서는 수용과 생산을 강조한다는 점에서 구별된다.

이들 내용 영역에서 현장 조사연구는 크게 세 부분으로 가를 수 있다. 실태, 방법, 평가가 그것이다. 가르치고 있는 현실의 모습을 조사하는 일이 실태에 관련된다. 방법은 가르침과 관련이 있는데, 교육의 목적과 목표를 달성하기 위한 다양한 방법을 소개하고 여기서 한 걸음 더 나아가 어느 것이 더 효과적인지를 조사하고 연구하는 활동이 포함된다. 그리고 평가는 교육 활동 그 자체에 대한 평가뿐만 아니라 학생들에 대한 평가를 아우른다.

주체는 가르치고 배우는 교사와 학생을 일컫는다. 어떤 생각을 가지고 어떻게 가르치며, 어떤 관점에서 가르치는지를 교사를 대상으로 조사·연구할 수 있다. 학생들에 대해서도 현재의 상태가 어떠하며 어떤 특성을 지니는지, 지금까지의 교육 활동으로 무엇을 할 수 있는지 조사연구를 해볼 수 있다. 이제까지는 주로 학생을 대상으로 하는 조사연구가 많았지만, 현직 교사뿐만 아니라 사범대학이나 교육대학 재학생에 관한 조사연구도 이루어지고 있다. 최근에는 한국어 교사 양성기관에서 수학하고 있는 예비 한국어 교사에 관한 조사연구도 이루어지고 있다. 이는 가르침의 맥락에서 교사의 기능과 태도가 중요하다는 생각을 반영한 연구 흐름이라고 볼 수 있다.

자신이 수행할 수 있을 만한 연구 주제들을 적어보고, 그 주제가 어떤 문제점을 지니고 있을지 생각해 봅시다. 아울러 다음과 같은 의문이 들 때 이를 해결할 수 있는 적절한 방법을 생각해 봅시다.

㉠ 내가 발견한 연구거리가 조사할 만한 가치가 있을까?

㉡ 내가 발견한 연구거리는 이미 다른 사람들이 연구하지 않았을까?

㉢ 내가 하고자 하는 연구거리는 혼자서 실행할 수 있을까?

자신이 맞닥뜨린 문제를 연구거리로 삼을 때, 연구로서 의의나 가치를 확인해 보기 위해서 우선 국어교육 분야의 전문 학술지를 찾아 보는 것이 좋다. 대부분의 문젯거리는 국어교육 종사자로서 다른 누군가도 공유하는 문제이기 때문에 비슷한 형태의 문제 제기가 이루어졌을 수 있기 때문이다. 자신이 잘 알고 있는 학회나 학술지를 찾아 일단은 논문의 제목부터 살피고, 자신의 관심사와 맞아떨어지는 논문의 세부 내용을 확인해 볼 수 있다. 찾아낸 논문에서 다루는 문제가 자신의 관심사와 완전히 일치한다면, 그리고 그 연구가 방법적으로 문제가 없다면 더 연구할 필요가 없을지 모른다. 그러나 제기한 문제를 한 편의 논문에서 완벽하게 해결하기는 어렵기 때문에, 대부분의 논문 말미에는 다루지 않았거나 부족한 부분에 대한 언급이 포함되어 있다. 이런 내용을 연구의 실마리로 삼을 수도 있다.

국어교육 관련 학회로는 국어교육학회, 한국어교육학회, 한국국어교육학회, 배달말교육학회(이전의 모국어교육학회) 등이 있으며, 이 학회들은 각각 《국어교육연구》, 《국어교육학연구》, 《국어교육》, 《새국어교육》, 《배달말교육》이라는 학회지를 내고 있다. 요즘은 한국화법학회(《화법연구》), 한국문법교육학회(《문법교육》)와 같은 국어교육 내용 영역에 따른 연구모임도 생겨나고 있다. 이 밖에도 대학원을 중심으로 《선청어문》,《청람어문교육》 같은 학회지도 발행되고 있다. 한국연구재단에 등재된 학회지 목록은 한국연구재단 누리집(http://www.nrf.re.kr)의 자료실에서 등재 목록과 등재 후보지 목록을 확인할 수 있다.

수업 현장에서 관찰한 내용 혹은 자율연수나 직무연수를 들으면서 생긴 의문점들을 적어놓는 방법도 유용할 것이다. 이런 관찰 사실 기록들이 언제나 현장 조사연구로 이어지지는 않겠지만, 필요할 때 실마리를 제공해 줄 수 있다.

공부모임을 만드는 방법도 생각해 볼 수 있다. 관심사를 나누어 가지는 모둠 구성원들과 자유롭게 토의·토론하는 과정에서 '비판적인 협조자'를 찾을 수 있을 것이다. 이들은 자신이 행한 현장 조사연구를 다듬는 데, 논문으로서 신뢰도와 타당도에 위협이 되는 요소들을 제거하는 데 도움을 줄 것이다.

때로는 혼자서 감당하기 벅찬 과제들을 함께 수행할 수 있는 동지를 구할 수도 있다. 최근에는 국어교육 분야에서도 여러 연구자가 공동으로 연구하여 성과를 발표하는 경향이 강해지고 있다.

4. 현장 조사연구의 서술 방식과 인과관계

현장 조사연구에서는 다양한 방식으로 대상을 연구한다. 그에 따라 대상을 서술하는 방식도 다양하다. 그 가운데 세 가지 서술 방식이 주로 쓰이는데, 바로 탐구와 기술과 설명이다. 여기서는 설명을 중심으로 이 세 가지 서술 방법을 소개하고, 설명에서 핵심 요소인 인과

관계에 대해 알아보기로 한다.

(1) 서술 방식

현장 조사연구 논문에서 가장 중요한 서술 방식이 설명이다. 설명을 제대로 해내기 위해서는 물론 대상에 대한 기술과 탐구가 앞서야 한다. 말하자면, 연구 대상에 대한 기술과 그 연구 대상에 관련된 현상의 탐구, 그 결과를 설명하는 과정으로 이루어진다고 할 수 있다.

예컨대, 중학교 2학년을 대상으로 할 때 학생들이 어떤 특성을 지니고 있는지, 그런 특성이 있다면 어떻게 가르고 묶을 수 있는지 등이 기술에 해당한다. 나아가 기자재의 운영 실태라든지 국어과 실습실의 구비 여부와 운영 현황 등에 대한 내용도 포함될 수 있다. 탐구는 조사연구에서 알아내고자 하는 핵심적인 내용을 탐색하는 과정으로, 기술의 대상을 연구 목적에 비추어 심층적으로 파악하는 활동을 가리킨다. 이를테면, 한국어를 외국어로 가르치는 상황에서 학습자들의 한국어와 한국 문화에 대한 태도를 조사하는 것, 학습자들이 자신의 모국어와 한국어의 차이점을 어떻게 인식하고 있는지 조사해 보는 것 등이다.

설명은 여러 가지 통계 기법이나 자료 분석 기법을 활용하여 탐구한 내용의 근거를 밝히고, 추론 과정을 통해 조사연구에 의미를 부여하는 활동이다. 설명을 통해 자신의 연구가 기존의 조사연구와 어떤 차이점이 있는지, 혹은 조사연구 대상이 어떠한지를 밝혀낼 수 있다.

대부분의 현장 조사연구 논문들은 이 세 가지 서술 방식을 포함하고 있다. 그렇지만 조사연구의 주제에 따라 이 가운데 어느 하나에만 초점을 모을 수도 있다. 예컨대, '방과후 학교에서 국어과 수업의 운영'에 대한 조사연구를 하고자 한다면 서술의 초점은 탐구에 집중될 것이다. 학부모들과 학생들에 대한 면담 조사나 설문 조사를 통해 문젯거리를 조금 더 구체적으로 인지할 수 있기 때문이다.

기술에 초점을 맞추어 실시하는 현장 조사연구도 생각해 볼 수 있다. 예컨대, 고쳐쓰기 과정은 학습자들 대부분이 글을 쓸 때 거치는 과정이라고 할 수 있다. 그렇지만 실제로 학습자들이 무엇을 어떻게 고치는지, 고쳐 쓰는 과정에서 중점적으로 대상으로 삼는 것이 무엇인지, 혹은 가르치는 사람이 지적한 내용을 어떻게 반영하는지는 잘 모른다. 이럴 경우 그 모습들을 세세하게 보여주기 위해 기술을 목적으로 하는 조사연구가 가능하다. 이와 같은 기술 목적의 연구에서는 "왜 관찰되는 현상이 존재하며, 이런 현상들이 함의하는 것이 무엇인지 살핀다(Babbie, 2001:93)."

순수하게 설명만으로 이루어지는 현장 조사연구는 드물다. 탐구와 기술의 과정을 거친 다음에 가능한 것이 설명이기 때문이다. 예를 들어, 일반적인 읽기 능력과 요약 능력을 알고 싶다면 먼저 연구 대상에 대한 기술, 일반적인 읽기 능력에 대한 기술과 요약 능력에 대한 기술이 이루어져야 한다. 그다음에 변수와 관련되는 조작을 하고, 그에 따른 결과를 얻기 위해 탐구를 한다. 그런 다음 발견된 사실을 기술하고, 관련성이 있다면 그 관련성이 어떤 함의를 지니는지 설명해 주는 일이 필요하다. 그렇게 함으로써 현장 조사연구로서 읽기 가르침이나 요약하기 가르침이 지니는 값어치가 충분히 드러나게 될 것이다.

(2) 인과관계

설명에서 중요하게 고려해야 하는 요소가 인과관계이다. 인과관계는 '무엇(원인)이 어떤 현상(결과)을 나타나게 하는가?'에 대한 판단의 결과로 만들어진다고 할 수 있다. 예를 들면, '다문화 가정에서 자란 학습자의 국어 능력은 왜 그렇지 않은 가정에서 자란 학생보다 떨어지는가? 왜 철수는 영희보다 국어 교과에 흥미가 없는가? 왜 학생들은 국어 문법을 어렵다고 생각하는가?' 같은 의문에 답을 하는, 탐구를 통해 밝혀진 그 무엇이 과연 그러한 결과의 원인인지를 올바르게 판단해야 하는 것이다.

그렇다면 왜 현장 조사연구에서는 원인을 밝히려고 하는가? 만약 다문화 가정에서 자란 학습자가 국어 능력이 떨어지는 원인을 밝혀낸다면 그것을 제거함으로써 그런 학생들의 국어 능력을 끌어올릴 방법을 찾을 수 있기 때문이다. 자연과학에서 인과론적 설명이 현상에 대한 이해를 목적으로 하는 것과는 달리, 국어교육을 포함하는 사회과학에서 인과론적 설명은 현실의 문제를 해결하려는 의도와 관련되어 있다.

인과론적 설명에 대한 모형으로 Babbie(2001)에서는 두 가지를 제시했다. 하나는 '개별 사례에 대한 설명 모형(idiographic model)'이다. 이는 개별 사례를 대상으로 하여 어떤 결과에 대해 있을 수 있는 원인들을 열거하는 방법이다. 읽기에 어려움을 겪고 있는 학생을 생각해 보자. 이 학생이 읽기에 어려움을 겪는 이유는 여러 가지일 수 있다(읽기와 쓰기에 어려움을 겪고 있는 학습자들에 대한 깊이 있는 논의는 Gunning(2006) 참조). 가정환경, 어휘력 부족, 배경지식의 부적절한 적용, 새로운 생각을 받아들이는 유연성 부족 등과 같이 개별적인 사례에 대한 원인에 초점을 모으기 때문에 이는 질적 조사연구(질적 조사연구에 대한 내용은 뒤에서 자세히 다룬다.)에 가깝다.

다른 하나는 '보편적인 사례에 대한 설명 모형(nomothetic model)'

이다. 이는 좀 더 일반적인 수준에서 원인을 밝히고자 하는 모형이다. 앞에서 읽기에 어려움을 겪는 학생을 예로 들었는데, 이 모형은 집단을 대상으로 하여 가장 중요한 요인이나 원인이 무엇인지 밝히려는 데 목적이 있다. 읽기 능력이 떨어지는 학생들을 대상으로 하여 읽기에 어려움을 주는 요인들을 설문지 조사와 같은 방법을 통해 밝힐 수 있다. 물론 여기에서도 개별 사례에 대한 설명 모형에서와 마찬가지로 면담이나 문서를 통해 원인을 밝히려는 시도를 할 수 있지만, 그렇게 하면 시간과 품이 많이 든다. 따라서 설문지 같은 양적 자료 모으기를 하는 것이 이롭다. 그리고 이를 분석함으로써 읽기에 어려움을 주는 요인 가운데 가장 큰 영향을 미치는 요인이 무엇인지를 밝혀낼 수 있다.

제시된 설명이 참된 인과관계를 나타내는 설명인지를 판단하는 기준도 두 가지 설명 모형에 따라 다르다. Babbie(2001:75-77)에서는 Maxwell(1996), Lazarsfeld(1959)의 모형을 적용하여 설명하고 있다. 개별 사례에 대한 설명 모형에서는 두 가지 기준을 적용한다. 하나는 신뢰도 혹은 믿음이고, 다른 하나는 다른 원인으로 설명할 가능성을 진지하게 고려했는지, 그리고 결함을 발견할 수 있는지 여부이다. 앞엣것은 그 기준이 명확하지 않지만, 뒤엣것은 충분히 고려할 수 있는 사항이다. 만약 어떤 학생이 읽기에 어려움을 겪는 이유가 가정환경 때문임에도 불구하고 다른 데서 원인을 찾아낸다면 이는 인과관계를 잘못 설정했다는 결론을 내릴 수 있는 것이다. 이는 개별 사례 연구에서 나타날 수 있는 약점이다. 심층적인 면담과 관찰이 충분히 이루어짐에도 불구하고 연구자의 주관에 가려 볼 수 없는 측면들이 있기 때문이다.

보편적인 사례에 대한 설명 모형에서도 두 가지를 고려한다. 먼저 원인이 결과에 앞서야 한다는 것이다. 이는 쉽게 생각해 볼 수 있다. 아궁이에 불을 지피지 않고는 굴뚝에서 연기가 나올 수 없다. 그렇지만 연구의 목적에 지나치게 몰두하다 보면 원인을 소홀히 다루거나 제시하지 않는 잘못이 나타날 수 있다.

다음으로 두 변인이 실제로 관찰 가능한 관련성이 있는가 하는 것이다. 말하자면, 어떤 한 변인이 나타나면 다른 변인이 나타나고, 한 변인에 변화가 있으면 다른 변인에도 변화가 나타나는가를 살필 수 있는가 하는 기준이다. 읽기에서 상위인지 능력을 부려쓸 수 없기 때문에 높은 수준의 읽기가 불가능하다는 것이 옳다면, 상위인지 능력을 부려쓰는 집단과 그렇지 않은 집단에서 읽기 능력의 차이가 나타나고, 상위인지 능력을 부려쓰는 교육 활동(처치)을 했을 경우 읽기 능력에서도 변화가 일어난다면 이는 인과관계가 명확하게 입증되는 것이다. 그렇지만 키와 국어 능력은 어떨까? 키는 국어 능력과 한편으로 상관관계가 있을 듯하다. 즉 초등학생보다는 고등학생이 키가 크고, 읽기 능력도 고등학생이 초등학생이나 중학생보다 나을 것이기 때문이다. 그러나 이는 참된 인과관계에 있다고 보기 어렵다. 여기에는 다른 변인이 있을 것이라고 보는 것이 사리에 맞다.

실제로 일상생활뿐만 아니라 현장 조사연구에서도 거짓 인과관계를 참된 인과관계로 잘못 해석할 수 있는 여지는 많다. 현장 조사연구자로서 참된 인과관계를 추론해야 하지만 그것이 쉽지 않기 때문이다. 다음은 Kahane(1992)에서 제시한 것으로, 잘못된 인과관계 추론의 유형이다.

인과관계 추론에서 나타날 수 있는 오류

① 편협성(provincialism): 관찰 사실들을 자신의 입장에서만 해석하는

오류

② 성급한 결론(hasty conclusion): 자료들이 지니고 있는 의미를 충분히 고려하지 않거나 다른 결론이 나올 가능성을 부정하는 오류

③ 의심스러운 원인(questionable cause): 원인들이 필연성을 가지지 않을 경우에 나타날 수 있는 오류

④ 숨겨진 증거(suppressed evidence): 필요한 증거들이 삭제되는 오류

①은 널리 나타날 수 있는 오류이다. 다문화 가정 출신의 학습자들을 바라볼 때, 혹은 면담을 할 때 상대방의 입장을 고려해야 한다. ②는 통계 추론의 과정에서 나타날 가능성이 크다. 예컨대, 오늘날 청소년들은 압존법 등 높임법 체계를 잘 이해하지 못하거나 잘못 쓰기도 한다. 그 원인을 어디에서 찾아야 할까? 원인을 청소년 개인에게서 찾는 것은 바람직하지 않다. 또 청소년들의 버릇없음이나 가정교육의 부재를 원인으로 꼽는 것도 합당하지 않다. 만약 가정교육의 부재를 원인으로 간주한다면 이를 뒷받침할 수 있는 자료를 제시해야 한다.

③은 조사연구의 과정, 특히 부적절한 실험 설계에서 비롯될 수 있다. 예컨대, 듣기 평가의 변인을 설정하고 네 반에 걸친 평가 결과를 비교할 때, 반별로 조사연구 이전에 동질성 검사가 이루어지지 않았다고 가정해 보자. 이 경우 반별 성적 차이를 듣기 평가와 관련된 변인의 차이로 설명한다면 그 설명이 의심스러울 것이다. ④는 의도하지는 않았겠지만 필요한 증거들이 삭제됨으로써 나타나는 오류이다.

5. 현장 조사연구의 주제

현장 조사연구의 출발점은 연구 주제를 정하는 일이다. 주제를 정하는 가장 손쉬운 방법은 지도교수가 제시하는 주제 혹은 학회에서 마련한 논제를 바탕으로 하는 것이다. 그러나 이런 주제, 즉 밖으로부터 던져진 주제는 가르치는 맥락에서 벗어나는 경우가 많다. 만약 조사연구를 실행하고 싶지 않은 주제를 제시한다면 연구 과정 내내 마음이 편치 않을 것이다. 아울러 지도교수가 요구하는 수준이 어느 정도인지 가늠하기 쉽지 않아서 애를 먹을 수도 있다. 더 심각한 점은 시간적인 여유가 없을 수도 있으며, 자료를 마련하고 분석하는 일이 자신의 능력을 벗어날 수도 있다는 것이다. 따라서 현장 조사연구에서 주제 선정은 자신이 가르치는 상황과 맥락에서 맞닥뜨린 문제로부터 출발하는 것이 바람직하다.

교사 혹은 조사연구자가 맞닥뜨린 문제로부터 문제 제기를 시작해야 하는 것은 현장 조사연구의 목적에 비추어 볼 때 더욱 그렇다. 현장 조사연구는 교육 현장에 도움을 주는 것을 일차적인 목표로 삼는다. 그런 목표에 이바지하기 위해서는 교육 전문가로서 교육 현장에서 맞닥뜨리는 크고 작은 문제들을 눈여겨보고 기록해 두면서 이를 해결하려는 노력과 열정이 필요하다. 현실에 바탕을 두지 않은 문제 제기는 공허하며 자칫하면 목표를 잃고 방황하게 될 가능성이 크다. 그렇지만 자신이 맞닥뜨린 문제를 해결하기 위한 연구라면 그에 뒤따르는 품과 시간을 바칠 수 있는 노력과 열정을 지니게 할 것이다. 아울러 현실에 바탕을 두고 스스로 제기한 문제일수록 연구의 원칙과 윤리를 지키고 책임감을 갖도록 할 것이다.

1. 자신의 조사연구와 관련짓기 위해 다른 사람의 연구 업적을 읽을 때 효과적인 방법을 몇 가지 적어봅시다.
2. 교육 현장에서 연구거리를 발견하기 위해 할 수 있는 방법에는 어떤 것들이 있는지 생각해 봅시다.

다른 사람들이 했던 연구를 알아보는 일도 주제를 찾는 유익한 방법 가운데 하나이다. 다른 사람의 연구 성과를 읽고 이를 활용하는 방법은 조사연구 단계에 따라 달라진다. 먼저 주제를 정하는 단계에서는 논문의 제목을 중심으로 검색을 하게 된다. 예를 들어, '요약하기'를 주제로 정한다면 자신의 학문 분야와 관련되는 학회지를 찾아볼 수 있다. 오늘날에는 대부분의 도서관이 전자도서관을 같이 운영하므로 이곳의 누리집에서 검색을 해볼 것이다. 관련되는 논문을 모으고 나면 자신의 연구와 관련되는 정도에 따라 논문을 분류하는 일이 필요하다. 요약하기를 다루는 논문은 직접적인 관련이 있을 테지만, 이해나 산출에 관련되는 논의들도 간접적인 관련성이 있기 때문에 분류 항목을 달리하여 챙겨둘 수 있다.

그런 다음에 논문을 읽어나가야 하는데, '제목 → 초록 → 들머리 → 마무리'의 순으로 살펴보는 것이 좋다. 초록은 논문의 전체적인 내용을 요약해서 보여주기 때문에 초록만 읽어보아도 논문의 대체적인 논지와 흐름을 알 수 있다. 들머리는 연구의 동기와 연구 문제가 제시되기 때문에 논문의 흐름을 파악하는 데 필요하다. 그리고 애초에 제기된 문제가 어느 정도 만족스럽게 해결되었는지 살피기 위해 마무리를 읽어보는 것이 좋다. 마무리에는 일반적으로 논의의 의의뿐만 아니라 한계도 제시하고 있으므로, 자신의 연구를 자리매김하는 데도 쓸모가 있다. 문제 제기(가설)와 결론 부분을 읽고 더 자세하게 읽어볼 필요가 있는 논문인지, 자신의 조사연구에 어떤 부분이 도움을 받을 수 있는지 결정하고 읽어볼 필요가 있는 것이다. 이런 순서로 읽어나가는 것은 시간을 절약하고 처음 접하는 논문의 흐름을 이해하는 데 효과적이다. 그다음에 논문들을 좀 더 자세하게 읽고 필요한 내용은 나름의 방식으로 정리해 둘 수 있다. 여러 논문을 읽어나가다 보면 논문에 따라 자세히 읽어봐야 할 논문도 있을 것이고, 그렇지 않은 논문도 있을 것이다.

　논문을 어느 정도 읽은 뒤에야 안목이 생기겠지만, 더 적극적으로 다른 사람의 논문을 읽어보는 방법은 문제 제기 부분을 읽고 나서, 자신이 연구를 진행한다면 어떤 방법으로 이를 조사하고 연구할 것인지, 즉 가설을 검정하는 방법으로 무엇을 선택할 것인지 짐작해 보고 저자의 방법과 비교해 보는 것이다.

　어떤 조사연구든 관련되는 문헌을 살펴보는 일은 필수이기 때문에 한두 편의 논문을 읽고 그것으로 성급하게 어떤 주제에 대한 연구가 어떠하다는 식의 결론을 내릴 수는 없다. 문헌을 개관하는 일은 조사연구의 질문에 대한 배경 정보를 제공할 뿐만 아니라 그 질문에 대해 다른 연구자들이 해놓은 일을 알 수 있게 해준다. 그 과정에서 우연히 자신의 연구거리와 직접 관련이 있는 문제의 답을 찾을 수도 있으며, 자신의 조사연구 분야와 관련되는 문제점이나 있을 수 있는 함정들에 대해 경계하고 방심하지 않도록 해줄 것이다. 심사를 받아야 하는 학위논문이나 학술지에 실을 논문에 자신의 연구와 관련되는 이전의 조사연구를 살펴본 결과를 실어두는 것은 연구자로서 갖추어야 할 성실함을 보여준다는 점에 더해 논문의 신뢰도를 높이기 위해서도 필요하다.

조사연구를 실행하기 위해 연구 문헌을 읽을 때 챙겨보아야 할 내용들의 목록을 만드는 것은 논문을 일관되게 이해하고 참고 자료로서 유용하게 활용하는 데 필요하다. 또한 메타분석(meta-analysis) 연구를 위한 중요한 자료가 되기도 한다. 아울러 조사연구의 가설과 검정 방법, 결론을 한눈에 볼 수 있기 때문에 논문의 장단점도 파악할 수 있다. 따라서 참고할 만한 가치가 있는 논문은 아래 예시한 것과 같이 정리해 두는 것이 좋다.

[표 2] 참고 논문 정리

저자(연도)	○○○ (2008)	분야	어휘 교육, 읽기 교육
출전	《△△△△》 ○○○호	쪽수	411~443
연구 대상(기간)	중학교 1학년: 실험집단 19명, 비교집단 19명(3개월)		
연구 가설(목적)	연구자의 어휘 지도 방안이 어휘 의미 연결망 형성에 도움을 주는가, 읽기 능력 향상에 이바지하는가?		
가설 검정 (연구 방법)	학습 어휘 선정, 기초 검사, 어휘 지도 모형 개발, 2차 어휘력과 읽기 능력 검사 실시 – 통계 검정(대응표본 t-검정, 독립표본 t-검정)		
결론	어휘력 검사 항목에서는 실험집단과 비교집단 사이의 유의한 차이가 없었지만 읽기 능력에서는 유의한 차이가 나타남.		
나의 연구에서 인용할 만한 구절	**쪽	어휘 지도 모형	
	**쪽	Stahl & Nagy(2006:9) 인용	
인용된 주요 논문들			
평가/덧붙임3)	기초 어휘 선정을 위한 노력이 돋보임. 어휘 의미 연결망 형성에 도움이 되지 않은 것은 기간 때문일까, 검사 방법(평가 구성물 타당성) 때문일까, 어휘 지도 모형 때문일까?		

---

3) 이와 같은 평가는 실제로 논문을 쓰는 단계에서 문헌 연구 혹은 연구사를 쓸 때 인용하는 논문에 대한 핵심적인 내용이 된다. 실제로 논문을 쓸 때 그 논문의 핵심적인 부분을 다시 읽고 자신이 현재 쓰고 있는 논문과 관련을 짓겠지만, 읽을 때마다 꼼꼼하게 정리해 둔다면 유익할 것이다.

저자와 연도, 출전, 쪽수는 자신의 연구에서 인용하거나 참고 문헌 목록을 만들 때 유용하게 쓰인다. 분야는 어느 정도로 잘게 나눌 것인지 정해야 하는데, 관련되는 항목들을 모으고 구분할 수 있는 기준이 된다. 분야를 적절하게 나누어놓아야 자기가 관심 있는 해당 분야의 논문을 쓸 때 편리하다. 현장 조사연구에서는 조사연구 대상이 누구인지 밝혀두는 일도 중요하다. [표 2]는 중학교 1학년을 대상으로 한 연구인데, 중학교 2학년 혹은 초등학생을 대상으로 연구한 결과가 있다면 비교하거나 일반화하는 데 도움을 준다. 더 세부적으로 연구 대상에 '도시 지역(대도시/중소도시), 농촌 지역' 등도 적어둘 수 있는데, 이와 같은 내용이 조사연구에 변수로 쓰인다면 파악하는 것이 좋다. 연구 기간도 적어둘 필요가 있는데, 장기간에 걸친 조사인지 아닌지도 다른 조사연구에서는 변수로 쓰일 수 있기 때문이다. 가설이 무엇인지, 그리고 검정 절차는 무엇인지 등을 적어두는 것은 자신이 이와 비슷한 조사연구를 하고자 한다면 참고할 수 있다. 여기서는 모형을 개발하고 검정하는 절차를 보여주기 때문에 이와 비슷한 방법으로 연구를 한다면 이 검정 방법을 선택할지를 결정하는 데 참고할 수 있다.

한 번의 연구로 관련되는 논의들이 마무리되지 않는다는 점을 고려한다면 앞의 표에서 마지막 항목을 찾아내는 것은 중요하다. 이 마지막 항목은 새로운 연구 혹은 자신의 관련 분야 연구를 위해서, 논문에서 미처 다루지 못했거나 의문을 품을 수 있는 내용을 적어두는 것이다. 이런 자료들은 컴퓨터에 입력하여 저장하고 필요하다면 출력해서 참고할 수 있다. 엑셀 프로그램을 이용하면 언제든지 원하는 정보를 입력할 수 있으며, 필요에 따라 해당 논문의 검색 및 정렬을 손쉽게 할 수 있는 이점이 있다.

자신이 쉽게 구할 수 있는 학술지에서 현장 조사연구 논문을 골라 [표 2]와 같이 항목을 정해 정리해 봅시다. 앞에서 예로 든 [표 2]에서 빼거나 더해야 하는 정보는 무엇인지 생각해 봅시다.

연구의 깊이를 더하거나 확장하고자 한다면 다른 사람의 논문을 읽을 때 중요하게 인용되는 논문의 목록을 정리하는 일도 필요하다. 검색 도구를 이용해서 관련되는 논문을 찾는 일에 더해, 이런 일은 시간과 품을 덜 들이고 자신의 연구 분야와 관련되는 핵심적인 논의를 깨닫도록 하는 데 도움을 줄 것이다. 핵심어도 표에 추가할 수 있다. 논문 목록을 정리하는 것은 연구의 마지막 단계에서 하는 일이지만, 읽은 논문을 정리하는 단계에서도 필요하다. 특히 연구 분야와 논문의 핵심어를 둘 이상 적어둔다면 다음에 필요한 논문의 목록을 뽑을 때 도움을 받을 수 있다.

다른 사람의 업적을 자신의 연구 목적과 방법에 맞게 적절히 활용하는 일 못지않게 중요한 것이 다른 사람들의 업적을 체계적으로 정리해 두는 일이다. 활용되는 자료가 한두 편이 아니고 연구자들 또한 한두 명이 아니기 때문이다.

이전에는 연구를 위해 종이로 출력된 논문이나 학술지를 가지고 있어야 했지만, 오늘날에는 대부분 컴퓨터 파일 형태로 보관할 수 있다. 그래서 문서를 보관하는 일이 품이 많이 들거나 성가시지 않을 것이다. 대신에 학회가 많이 생겨나고 학회에서 출간하는 논문의 수가 불어남에 따라 읽어야 할 논문의 수가 많아졌다. 이는 학문의 발전 과정에서 피할 수 없는 일이면서 학문의 발전을 위해 바람직한 일이기도 하다. 그렇지만 자료의 분류와 체계적인 정리의 필요성이 부쩍 늘어났다. 수많은 자료의 바다에서 길을 잃지 않으려면 이를 잘 분류해서 갈무리해 두어야 한다. 다음 그림은 필자가 엑셀 프로그램으로 자료를 분류하는 예이다.

[그림 1] 연구논문 정리

	A	B	C	D	E	F	G	H	I	J	K	L
1	영역	핵심어 1	핵심어 2	저자	연도	제목	발표지	호수	쪽수	인용	파일	학회지
2	담화	적격문		이용주	1990	담화단위로서의 적격문에 대하여	국어교육	71-72	1~12			
3	읽기	인지	인지									
4	쓰기	효능감	평가									

위에서 중요한 부분은 영역과 핵심어이다. 필자는 국어교육에서 기능(의사소통) 영역과 문법에 관심이 많고, 이에 대한 논문을 모으고 분류하기 위해 이렇게 영역 구분을 했지만, 다르게 분류할 수도 있다. 이를테면, 자신의 연구 영역이 '화법'이라면 세로줄 A는 필요가 없거나 다르게 분류할 수 있다. 즉 화법의 세부 영역인 토론, 토의, 발표하기…… 등으로 나눌 수 있다. 핵심어도 마찬가지다. 자신의 연구 목적이나 관심사에 맞게 끌어낼 수 있다. 핵심어는 제목을 통해서 혹은 해당 논문 발표자의 다른 연구를 참고해서 뽑아낼 수 있을 것이다.[4] 이와 같은 분류는 논문의 개수가 불어나고 다른 이의 논문을 많이 열어볼수록 더 잘게 나누어질 수 있다.

다음의 [그림 2]는 필자가 항목에 따라 한국어교육의 영역을 잘게 나눈 사례의 일부로, 연구 영역에 대한 분류의 예이다. 개론서를 읽거나 관련 분야의 강의를 들으면서 세부 영역을 설정할 수도 있지

---

4) 요즘에는 서지 정보를 관리해 주는 프로그램이 판매를 목적으로 만들어져 유통되고 있다. EndNote, RefWorks 등이 있다.

만, 실질적으로 논문을 읽어나가면서 다루고 있는 분야나 대상을 파악하고 세분화하는 것이 바람직할 것이다. 연구자마다 관심 분야가 다르고 처한 상황이 달라서 주제와 대상이 한결같지 않기 때문이다.

[그림 2] 한국어교육 관련 연구 영역

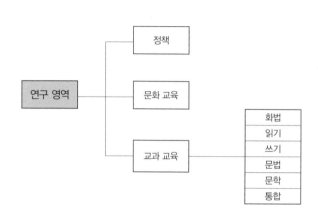

6. 현장 조사연구 방법[5]의 선택

Hatch & Lazaraton(1991:4)에서 "현장 조사연구 방법은 여러 가지가 있으며, 연구거리를 수행하는 유일한 방법은 없다."라고 했다. 이는 어떤 조사연구 방법이 더 나은지를 판가름하는 절대적으로 타당한 기준이 없다는 말이기도 하다. 왜냐하면 연구자들 대부분이 저마다의 이유로 현장 조사연구 방법을 선택하기 때문이다. 이는 다른 말로 하면, 자신의 조사연구 문젯거리와 모형에 따라 주체적으로 조사

---

5) 여러 가지 현장 조사연구 방법에 대한 자세한 내용은 3장에 실었다.

연구 방법을 선택해야 한다는 의미다. 여기서는 Dörnyei(2007)에서 제시한 고려 사항을 중심으로 현장 조사연구 방법 선택에 대해 살펴 보기로 한다.

현장 조사연구 방법을 선택할 때 중요한 것은 실행 가능성이다. 실행 가능성을 염두에 두고 실제로 실행 가능한 방법을 선택해야 하는 것이다. Dörnyei(2007:277-283)에서는 조사연구 방법을 선택할 때 '조사연구 내용에 대한 고려, 독자에 대한 고려, 조사연구 수행에 관련되는 실제적인 문제에 대한 고려, 조사연구자 개인에 관련된 문제에 대한 고려'가 필요하다고 했다.

현장 조사연구 내용에 대한 고려 사항으로는 주로 조사연구 질문 거리와 주제, 조사연구 목적, 해당 분야에서 이미 있는 조사연구 전통 등이 포함된다. 조사연구 질문거리는 연구 방법을 선택하는 데 큰 영향을 미친다. 사실은 조사연구 질문거리가 사용 가능한 조사연구 도구를 결정한다고 하는 것이 사리에 맞다. 가장 훌륭한 조사연구 방법은, 엄격히 고정된 연구 방법이 없다는 전제를 바탕으로 할 때, 질문거리에 가장 효과적으로 답할 수 있는 방법이라고 할 수 있다. 그런 점에서 질문거리를 적절하게 던지는 일이 답하기보다 더 어렵다(Babbie, 2001:89)는 주장에 공감할 수 있다.

대개 현장 조사연구는 뚜렷한 목적이나 대상을 설정하는 일로부터 시작한다. 그러나 목적이나 대상이 분명하지 않을 수도 있는데, 이는 대체로 이미 있는 이전의 연구에서 자세히 밝혀놓지 않았거나 충분히 설명하지 않았기 때문이다. 이때는 연역적인 추론을 통한 설명 방법보다는 여러 증거를 끌어모으고 귀납적으로 탐구 대상이나 목적을 확증하는 연구 방법을 선택하는 것이 더 낫다.

자신의 학문에서 널리 쓰이는 조사연구 집단의 관례도 조사연구

1부 현장 조사연구에 대한 이해

방법을 선택할 때 고려해 보아야 한다. 자신의 조사연구 목적이나 주제에 어긋남이 없다면 널리 쓰이고 있는 조사연구 방법을 이용하는 것이 좋다. 그런 의미에서 학회지에 있는 여러 편의 논문을 읽어 나가는 일은 조사연구 방법뿐만 아니라 주제를 눈으로 확인하고 익혀가는 데 필요하다. 이를테면, 한국어교육에 대한 조사연구는 한동안 한국어 학습자들의 문법 오류에 대한 조사가 주류를 이루던 때가 있었다. 그리고 문법 교육을 위해 대조 혹은 비교언어학적인 연구가 주류를 이루던 때도 있었다. 이런 시기별 연구 흐름을 좇아가는 일이 반드시 긍정적인 것은 아니지만, 당시 해당 영역에서 필요로 하는 연구 분야가 무엇인지 암시를 받을 수 있다. 그러나 이미 널리 쓰이는 방법이나 왕성하게 연구되고 있는 주제가 언제나 자신의 연구에 들어맞는 것은 아니라는 점에서 혼합적 현장 조사연구와 같은 새로운 방법을 적용해 볼 수도 있으며, 주제를 새롭게 탐색해 보아야 한다.

조사연구는 넓은 의미에서 사회적 의미를 지닌다. 조사연구 결과는 반드시 학문 공동체와 공유되어야 하며, 연구 성과는 사회에 긍정적인 영향을 미쳐야 한다. 따라서 조사연구를 읽을 독자층에 대한 고려가 필요하다.

예상되는 독자는 일차적으로 엄정한 잣대로 심사를 하는 사람이다. 학회에 투고하는 경우 심사위원이 될 것이며, 학위논문으로 제출하는 경우에는 지도교수뿐만 아니라 심사위원을 맡은 교수들이 될 것이다. 또 동료 교사들이 될 수도 있으며, 학문의 길에 있는 수많은 사람이 독자가 된다. 가능한 한, 경우에 따라서는 반드시 예상되는 독자의 기대에 들어맞도록 하는 일은 방법론 선택에서 중요하게 고려해야 할 사항이다.

실제적인 조사연구와 관련하여 도움을 얻을 수 있는 인적 자원, 즉 지도교수나 도움을 줄 수 있는 사람이 선호하는 조사연구 방법을 고려하는 일도 필요하다. 현장 조사연구는 성공적인 수행에 필요한 시간과 비용이 다양하다. 양적 조사연구 방법이 널리 쓰이는 이유는 질적 조사연구보다 비용과 시간이 덜 들기 때문이다. 그러나 초보 연구자들이 이를 선택할 때는 적절한 측정 도구와 결과를 처리할 수 있는 통계적 기술이 필요하다는 점을 고려해야 한다.

어떤 연구 방법의 실제적인 실행에서 조사연구자가 접근할 수 있는 표본집단(표집)도 고려해야 한다. 응답자에 접근하는 데 장애물은 기술적·재정적·시간적 요인들뿐만 아니라 응답자에 관련되는 것도 있다. 특히 최근에는 설문지 조사 등을 할 때 연구 윤리로서 참여자들의 신상 정보 보호에 대한 서약이 필요하다는 점도 고려해야 한다. 이와 같은 방해 요인들을 없애고 품질이 좋은 자료를 얻을 수 있는 방법이 있다면 그런 방법을 우선 고려해야 한다.

조사연구자 개인에 관련되는 문제들도 있다. 개인적으로 선호하는 양식과 조사연구 지향점이 있다. 어떤 방법이 학문 공동체에서 선호되고 있다고 하더라도 개인적인 성향과 어긋나는 방법을 굳이 선택할 필요는 없다. 양적 조사연구를 선호하는 사람들은 일정한 경계가 있는 체계 안에서 연구를 하며, 우리 삶의 여러 측면에 흐르고 있는 규칙성을 발견하는 데 흥미를 느낀다. 반면에 질적 조사연구를 선호하는 사람들은 혼란스럽고 신비한 삶의 측면에 관심을 갖고 그 유형을 발견하며 정보를 얻는 일이 흥미롭다고 생각한다. 구체적으로 이런 성향들이 연결되는 직접적인 증거는 없다. 하지만 이런 개인적 성향이나 선호도도 조사연구 방법을 결정하는 데 영향을 미친다고 볼 수 있다.

조사연구 방법 선택에 영향을 미치는 다른 요인으로 연구자 개인의 현장 조사연구 경험의 갈래, 연구 주제와 관련된 연수나 교육 경험이 있다. 주로 양적 조사연구에 대한 가르침을 받은 사람은 양적 자료를 모으고 그에 따라 통계 처리를 하는 일이 필요하다고 생각할 것이다. 그렇지만 질적 조사연구에 대한 가르침을 받은 사람은 면담이나 관찰 사실을 중시하고 이를 바탕으로 결론을 이끌어내는 일이 중요하다고 생각한다. 특정의 방법에 대한 선호도는 경우에 따라 다른 방법에 대한 반감으로 작용하여 더욱더 어떤 방법에 대한 선호도를 굳어지게 한다. 그러나 이는 온당한 태도가 아니다. 예컨대, 질적 조사연구 방법을 선호하기 때문에 양적 조사연구 방법의 중요한 수단인 통계 처리를 할 수 없다면 문제가 있을 수밖에 없다.

조사연구 방법 선택에 대한 마지막 논의로 새로운 연구 방법, 즉 혼합적 현장 조사연구에 대해 언급하기로 한다. 결론부터 이야기하면, 조사연구 대상에 대한 폭넓은 논의를 위해서 혼합적 현장 조사연구 방법을 적용하는 것이 좋다. 특정의 방법을 선택하는 근거가 분명히 있겠지만 다른 연구 방법과 결합함으로써 훨씬 더 많은 정보를 얻을 수 있기 때문이다.

지금까지 방법론 선택에 대해 여러 가지를 알아보았다. 조사연구 방법이 모든 것을 결정하지는 않는다. 중요한 것은 그러한 방법으로 무엇을 하는가 하는 것이다. 주제와 목적에 맞는 연구 방법을 선택하고, 그로부터 나온 발견 사실들을 새롭고 창의적으로 해석하려는 마음가짐이 현장 조사연구자에게 필요하다. 아울러 진지하고 성실하며 윤리적으로 건전한 태도를 지닐 필요가 있다.

7. 예비 조사와 자료 관리

짚고 넘어가야 할 문제 가운데 하나는 예비 조사가 현장 조사연구에서 일반적으로 무시되거나 피상적으로 시행되며 그 중요성이 경시된다는 점이다. 조사연구자들이 그 중요성을 인식하지 못하기 때문이기도 하고, 구할 수 있는 자료를 빨리 얻어 결과를 내고자 하는 조바심으로 아예 계획 단계에서 예비 조사를 빠뜨리기 때문이기도 할 것이다. 그러나 예비 조사는 현장 조사연구의 신뢰도와 타당도를 높이는 데 필요한 단계이다. 특히 양적 현장 조사연구에서는 꼭 필요하다. 아무리 세밀하게 설문지를 만들었다 하더라도 설문지를 분석하는 과정에서 허점을 발견할 수 있는데, 이런 점을 메워주는 것이 예비 조사이기 때문이다. 질적 현장 조사연구에서는 조사연구 도구들을 검정하는 예비 조사가 거의 없다. 그러나 면담 조사의 경우 질문거리에 대해 동료나 응답자가 아닌 사람을 선정하여 예비 면담을 해볼 수도 있다. 이런 과정을 통해 분석에서 필요하지만 현지 조사에서 빠뜨릴 수 있는 질문을 추가할 수 있을 것이다.

다음은 조사연구 일지다. 조사연구를 시작하자마자 일지를 적어두는 일은 번잡스럽고 복잡한 조사연구를 수행하는 데 꼭 필요하다. 특히 질적 현장 조사연구에서 일지는 그 자체로 값을 매길 수 없는 자료 저장고가 될 수 있다. 면담 조사와 관련하여 언제, 어디서, 누구를 만났는지 같은 내용뿐 아니라 예비 면담의 세부 내용, 자료 분석을 위해 사용한 기법, 컴퓨터 파일 이름이나 위치 등을 적어둘 수 있다. 요즘은 컴퓨터 파일로 저장하고 갱신할 수 있으므로 훨씬 더 자유롭게 조사연구 일지를 쓸 수 있다.

자료를 잃어버리지 않고 뒤섞이지 않도록 하거나, 정보에 접속하고 적절한 장소에 보관하며 저장하고 관리하는 기술은 매우 중요하다. 조사연구자는 조사연구 일지에 자료 원천 목록을 만들고 핵심 매개인자(자료의 유형, 자료를 모은 장소 등)에 따라 정리하는 일을 할 수 있다.

특히 질적 조사연구에서는 작업 일지에서부터 다양한 갈래의 문서, 전사본에 이르기까지 다소 무질서해 보이는 정보를 모으게 될 것이다. 이런 것들은 컴퓨터에 저장해 놓음으로써 한결 깔끔하게 정리할 수 있을 뿐만 아니라 때로는 적절한 무른모(소프트웨어)를 사용하여 검색하는 데 도움을 받을 수 있다.

참여자의 익명성이 필요한 연구를 여러 차례에 걸쳐 실시한다고 할 때, 자료 관리는 일관된 부호를 부여하는 일에서부터 시작한다. 아울러 이름과 고유번호가 연결된 자료는 개인 정보 보호를 위해 신중하게 관리할 필요가 있다. 어떤 자료를 어떻게 관리할 것인지는 조사연구가 시작되는 바로 그 시점부터 계획해 두어야 한다. 고유번호를 부여하는 일이 중요한 경우는 같은 집단을 대상으로 여러 차례에 걸쳐 조사연구를 진행할 때이다. 학습자들의 추이나 발달을 추적하는 경우, 혹은 매개인자에 따른 변화를 추론할 경우 고유번호를 부여하는 일은 더욱더 필요하다.

8. 현장 조사연구의 윤리

현장 조사연구가 궁극적으로 교수·학습 방법을 더 나아지게 하고, 학생들에 대한 이해의 폭을 넓히는 데 이바지함에도 불구하고 그것이 조사연구 실행의 정당성을 완전히 보장하지는 않는다. 무엇보다도 조사연구자가 수업 내용을 관찰해야 할 경우, 교사와 학생들에게 직간접적으로 영향을 미칠 수밖에 없다. 수업 참관이 긍정적인 영향을 미치면 좋겠지만 그런 경우가 많지는 않을 것이다. 어떻게든 교사와 학생들에게 심리적인 부담을 줄 것이고, 수업에 원하지 않은 가외의 영향을 미칠 수 있다. 이런 문제에서 벗어나기 위해서는 자발적으로 참여할 수 있도록 해야 한다. 특히 질적 현장 조사연구에서 자발적인 참여가 언제나 가능한 것은 아니지만, 조사에 들어가기에 앞서 연구의 목적이나 영향력을 충분히 설명함으로써 자발적인 참여가 이루어지도록 하는 것이 좋다.

교사이기 때문에 학생들에게 어떤 시험이나 실험을 다 할 수 있다고 생각할 때도 문제가 생길 수 있다. 단지 자신이 알고 싶어 한다는 이유로 학생들에게 정말로 뜻있는 일이 아닌 일을 억지로 하면서 시간과 노력을 빼앗는 일은 없어야 할 것이다.

또 다른 문제는 비밀 유지[6]다. 이는 조사연구의 결과물을 어떻게 알리고 보관하는가 하는 문제와 연관되어 있다. 조사연구의 결과물을 개인적인 수업에 활용한다면 문제가 되지 않을 수도 있다. 하지만 그 조사연구 결과물을 출판하거나 학위논문 또는 연구논문의 형태로 다른 사람과 나눌 경우 문제가 있을 수 있다. 이를 해결하기 위해서 일차적으로 생각할 수 있는 조치는 익명으로 조사연구 대상들을 표기하는 것이다. 국어교육 관련 논문에서 자료의 수행이나 평가 결과를 개인적 특성과 연관 지어야 할 경우에도 최대한 익명성이 보

---

6) Dönyei(2007:54)에 따르면 윤리적인 문제는 양적 현장 조사연구보다 질적 현장 조사연구에서 더 큰 문젯거리라고 했다. 이는 질적 현장 조사연구가 사회적 상호작용의 모습에 깊이 관여하기 때문일 것이며, 더 개인적인 측면을 파고들 가능성이 크기 때문이다.

장되도록 해야 한다. 녹화 자료의 형태로 제시되는 경우에는 모자이크 처리 같은 방법을 생각해 볼 수 있다.

다음으로 조사연구자의 정직함과 관련된 문제로 '표절'이 있다. Wallace(1998/2008:78)에서는 "다른 사람의 업적으로부터 나온 모든 인용과 요약은 반드시 원전 표시가 이루어져서 독자나 청자가 원래 자료가 무엇인지, 그리고 정확히 어떻게 그것을 다시 찾아볼 수 있는지 알 수 있어야 한다."라고 했다. 이는 독자나 청자에 대한 배려일 뿐만 아니라 연구 윤리의 측면에서도 대단히 중요한 일이다.

윤리적인 문제가 오늘날에는 법을 따른다는 의미에 국한되지만, 조사연구자들은 자신의 연구 분야에 대한 책임과 솔직함이 필요하다.[7]

자료를 모으고 나서 자신이 내세운 가설을 검정하는 과정을 거치게 되는데, 자료들이 유의수준에서 귀무가설이나 대립가설(대안가설)을 충분히 입증할 만한 효력을 지닌다면 문제가 없겠지만, 그렇지 않을 수도 있다. 이때 연구자는 자료 조작의 유혹을 받을 수가 있다. 아울러 신뢰도를 보장하기 위해서도 자료 조작의 유혹을 받을 수 있다. 이를테면, 논설문 요약 능력은 논설문에 대한 이해력과 상관관계가 높을 것이라고 예상하지만 그렇지 않은 결과를 얻었다고 가정해 보자. 언뜻 보기에는 우리의 직관에서 벗어나기 때문에 자료가 잘못

---

7) 이는 다음과 같은 미국교육조사연구협회(AERA, 2002)에서 내세운 윤리강령을 참고할 수 있다(Dörnyei, 2007:57).
① 교육에 관련되는 조사연구자는 저작권을 표시하지 않거나, 증거·자료·발견 사실·결론을 가공하거나 조작해서는 안 된다.
② 교육에 관련되는 조사연구자는 속이기 위한 목적으로 자신의 직업 역할을 알고 있든 모르고 있든 이용해서는 안 된다.
③ 교육에 관련되는 조사연구자는 자신의 발견 사실들을 모든 관련 있는 사람들에게 보고하려고 해야 하며, 발견 사실들을 비밀로 하거나 선택적으로 보고하려는 일을 삼가야 한다.

이라고 결론 내리고 조작의 유혹을 받을 수 있을 것이다. 그러나 좀 더 생각해 보면 요약이라는 활동의 본질, 즉 요약하기는 읽기에 관련되는가 아니면 쓰기에 관련되는가 하는 점을 챙겨볼 중요한 기회가 될 수도 있는 것이다. 조작의 유혹을 받기 전에 일차적으로 자료가 지니고 있을 수도 있는 문제를 헤아려보는 일이 앞서야 하겠지만, 나온 자료에 충실할 필요가 있다. 자료는 안목에 따라 여러 가지 의미를 살피고 의미를 발견하는 과정을 다시 거침에 따라 새로운 의미를 전달해 줄 수 있는 것이다.

같이 생각해 보기

1. 다음에 나오는 문제들은 윤리적인 문제입니까, 아니면 단순히 조사연구자와 관련되는 문제입니까? 그리고 그런 문제가 나타나는 이유는 무엇이고, 이를 해결할 수 있는 방법은 무엇이겠습니까?

   ㉮ 학생들이나 동료 교사들이 조사연구에 반감이나 무응답 반응을 보인다.

   ㉯ 학생들의 교실 수업 관찰을 하고 나서 수업을 한 교사와 대화를 나누어본 결과, 수업 분위기가 일상적인 수업과 달랐다고 한다.

   ㉰ 수행평가에 반영된다고 했을 때와 조사연구를 위해 글을 쓰라고 했을 때 학생들의 쓰기에 대한 태도에 차이가 있었다.

2. Wallace(1998/2008:65-66)에서는 연구 윤리의 일부와 관련되는 사항으로 '침해적 접근'과 '상보적 접근'을 구분하고 있습니다. 다시 말해, 조사연구 활동이 교수·학습 활동에 침해를 주느냐 그렇지 않느냐에 따른 구분을 하고 있습니다. 자신이 조사연구 과제로 설정한 활동이 있다면 학생들의 학습 활동에 침해를 주지 않도록 다듬어봅시다. 예를 들면, 설문 조사 결과를 평가에 반영하는 방법도 생각해 볼 수 있습니다.

1부 현장 조사연구에 대한 이해

현장 조사연구에 참여하는 응답자와 관련되는 윤리도 있다. 조사연구자는 참여자들에게 정신적으로나 물리적으로 해를 입히지 않아야 한다. 양적 조사연구에서는 그들의 역할을 분명히 자리매김하고 조사연구자와의 접촉을 가능한 한 줄여야 한다. 이 점은 분명히 지속적인 접속을 해야 하는 질적 조사연구에서는 위협이다. 마찬가지로 양적 현장 조사연구에서는 성적의 발표를 남발하지 말아야 하는 문제와도 관련된다. 우리나라에서 해마다 실시하고 있는 성취도 평가에서도 이런 문제는 분명히 관련이 있다.

참여자들에게 해를 입히지 말아야 할 뿐만 아니라 참여자들이 어떤 식으로든 혜택을 입을 수 있도록 해야 한다. 조사연구자를 도와주는 데서 그들이 바친 시간과 노력은 선의를 베푼 것이며, 가능한 한 그에 합당한 보상을 할 수 있도록 해야 한다. 따뜻하고 진실한 감사의 표현으로 충분할 수 있으며, 동료 교사라면 필요한 경우 그 결과를 알려줄 수도 있다.

자료의 저작권 문제와 관련해서는, 자료를 모을 때는 언제나 어떤 목적으로 어떻게 세상에 알릴 것인지 분명히 해두어야 하며, 자료들을 그런 목적으로 이용하는 것에 대한 동의를 얻어야 한다. 이는 명시적인 서명의 형태는 아니더라도 설문 조사나 조사연구를 위한 평가에 참여하는 일에 동의한다는 것을 조사지나 평가지의 말미에 덧붙임으로써 가능하다. 자료의 저장과 관련된 문제로, 연구가 끝나자마자 복사본 등이 이곳저곳 떠돌 수 있으며 그 자료들이 문제가 될 수 있다. 가장 좋은 방법은 조사연구가 끝난 뒤에 자료를 부당하게 이용할 가능성을 줄이기 위해 파기하는 것이다.

2장

현장 조사연구에서
알아야 할 주요 개념들

---

1. 신뢰도와 타당도

신뢰도와 타당도는 조사연구의 품질을 결정하는 중요한 개념이다.[8] 신뢰도와 타당도는 여러 층위를 지니며, 신뢰도는 원래 평가 도구가 갖추어야 하는 중요한 성질이다.

(1) 신뢰도

평가에서 신뢰도는 공정성과 밀접한 관련이 있는 것으로, 채점자가 둘 또는 셋일 때 이들이 하나의 답안지를 두고서 같은 점수를 줄 수 있도록 평가 얼개를 제공할 수 있는 정도를 가리킨다. 마찬가지로 현장 조사연구에서 신뢰도는 어떤 조사연구에서 제시한 절차를 따라 다른 사람이 조사연구를 실시할 때 같은 결과를 얻을 수 있는 정도를 가리킨다. 이는 시간, 도구, 응답자 집단에 걸쳐 일관될 수 있는 정도와 관련이 있다.

신뢰도는 내적 신뢰도와 외적 신뢰도로 나뉜다. "내적 신뢰도는 '자료 모으기, 분석하기, 해석하기'에서의 일관성을 가리킨다. 외적 신뢰도는 독립적인 조사연구를 다시 해도 원래의 연구에서 얻어진 것과 비슷한 결과를 얻을 수 있는 범위를 가리킨다(Nunan, 2003:15)."

양적 조사연구에서 신뢰도는 여러 차례에 걸친 측정에서 비슷한 결과를 얻을 수 있는 안정성, 같은 결과를 얻을 수 있는 평가 혹은 설문지 형식의 동일성, 내적 일관성과 관련된다. 질적 조사연구에서 신뢰도는 관찰과 해석의 안정성, 즉 서로 다른 시간이나 장소에서

---

8) 신뢰도와 타당도라는 개념은 조사연구 방법에 따라 뜻넓이가 다르다. 특히 질적 조사연구에서 타당도는 '진실성, 실제 관련성, 믿음직함, 철저함(rigour), 진리성(veracity)' 등으로 언급된다.

관찰했을 때도 비슷한 관찰이나 해석을 할 수 있는지 여부와 관련된다. 그리고 다른 조사연구자들이 같은 이론적 얼개로 어떤 현상을 관찰했는지, 같은 방식으로 해석하는지와도 관련된다.

여기에서 염두에 두어야 할 점은 신뢰도가 언제나 정확성을 보장하지는 않는다는 것이다. 이런 점은 특히 질적 조사연구에서 나타날 수 있다. 질적 조사연구에서 정확성을 높이려면 질문의 명확성, 어떤 관찰 사실에 대한 해석의 일관성 등을 충분히 고려해야 한다.

(2) 타당도

타당도도 평가에서 중요한 성질인데, 현장 조사연구를 통해서 나온 발견 사실들을 다른 사람과 나누고 싶을 때 중요하다. 타당도는 기본적으로 조사연구 방법에 따라 그 초점이 다르다.

질적 조사연구에서 타당도는 모은 자료의 범위와 풍부함, 깊이, 정직함 등과 관련되어 있는데, 응답자의 주관성이나 태도, 관점의 영향을 받는다. 따라서 이런 점들을 고려해야 한다. 예컨대, 2교시에 실시한 읽기 능력 검사와 5교시에 실시한 읽기 능력 검사의 결과는 다를 수 있다. 또한 수행평가의 일부로 제출하는 독후감상문은 단순히 수업 시간에 발표를 하기 위해 준비하는 독후감상문과 차이가 날 수 있다.

양적 조사연구에서 타당도는 표본의 선택과 분석을 위한 적절한 도구, 통계 처리 방법의 사용 여부에 따라 달라진다. 그렇지만 양적 조사연구에서 표준오차를 설정하는 것과 같이, 완벽한 타당도를 이루는 것은 불가능하고 어느 정도의 오차 혹은 비타당도는 인정된다. 따라서 타당도는 절대적으로 타당한 상태라기보다는 정도의 문제라고 보아야 한다.

타당도와 관련하여 현장 조사연구에서 중요한 개념은 '구성물 타당도(construct validity)'[9]이다. 국어교육과 관련된 인간의 행위를 설명하기 위해 우리는 현장 조사연구를 한다. 일반적으로 입말을 비롯한 인간의 대부분의 행위는 직접 관찰이 가능하지만, 행위를 설명해 줄 수 있는 밑바탕에는 지능이나 능력, 동기, 태도 등이 있다는 것을 가정한다. 이와 같이 심리적인 속성을 지니는 것으로, 인간의 머릿속이나 마음속에 있다고 가정되는 이론적인 개념[10]을 '구성물'이라고 한다.

　　이를 더 풀어보기 위해 Babbie(2001:121~122)에서 인용한 개념을 살펴보기로 한다. 이는 Kaplan(1964)에서 제시한 개념으로, 여기에서는 과학자가 측정할 수 있는 관찰 사실을 세 가지로 나누었다. 하나는 직접 관찰로서, 사과의 색깔이나 설문지에 나타난 표지와 같은 대상들을 직접 보는 것이다. 다른 하나는 간접적인 관찰로, 어떤 대상을 설문지나 다른 사람의 보고 내용을 통해 관찰하는 것이다. 세 번째가 여기서 언급하고 있는 구성물과 관련되는 관찰로, 지능지수를 예로 들 수 있다.

---

9) 심리학의 과학성이나 신뢰성과 관련하여 쟁점이었던 문제는 심리와 정신도 측정 가능한가 하는 것이다. 여기서 논의하는 국어교육 현장 조사연구의 대상인 여러 매개인자도 직간접적으로 측정 가능한가 하는 문제와 관련되어 있다. 이런 논란을 잠재우는 방법으로 대부분의 현장 조사연구에서는 엄격한 통계학적 방법을 끌어들이고 있다. 계량하려는 그런 대상이나 개념을 구성물이라 부르는데, 하버드대학의 심리학자 스티븐스(Stevens)는 이런 구성물이 계량 가능할 뿐만 아니라 예측 가능함을 논증하려고 했다. 이런 구성물 개념은 평가에서 먼저 사용되었다(Wallace(1998/2008). 뒤친이의 용어이며 그 설명을 참조함).

10) 개념에 대한 뜻매김(정의)은 학문을 할 때 기본적으로 필요하다. 사람들은 저마다 다른 의미 파일들을 지니고 있다. 사람살이에 익숙해지고 담화 공동체의 언어 사용에 익숙해지면 개념에 대한 정의가 공동체의 그것과 비슷해지게 된다. 그렇지만 사람마다 다른 경험과 관찰 사실들을 지니고 있기 때문에 뜻넓이가 다르고 그에 따라 뜻매김을 분명히 해두어야 한다. 대체로 학위논문은 개념에 대한 뜻매김을 하는 항목이 따로 마련되기도 하는데, 이렇게 함으로써 연구에서 목표로 삼는 현상이나 대상이 무엇인지 분명히 밝힐 수 있다.

지능지수는 관찰이 불가능하다. 그것은 관찰자의 개념 체계를 통해 만들어진 것이기 때문이다.[11] 이와 같은 이론적 구성 개념들을 실제로 잴 수 있는 방법은 없기 때문에 관찰 가능하고 의사소통이 가능한 개념이 되도록, 그리고 현장 조사연구의 목적에 맞도록 자리매김함으로써 측정의 변인으로 활용할 수 있다.

현장 조사연구에서 이와 같은 구성물을 외부 관찰자들이 접속 가능하도록 만들어주는 일은 조사연구의 타당성을 높이기 때문에, 이러한 요건을 일컬어 '구성물 타당성'이라고 한다. 예컨대, 국어 능력에는 입말 능력, 글말 능력, 문화에 따른 국어 관례 지식 등이 포함될 것이다. 이런 경우 '국어 능력'이라는 이론적 개념의 구성물은 '입말 능력, 글말 능력, 문화에 따른 언어 관례 지식'이라고 할 수 있다. 이러한 구성물은 변수로 쓰일 수 있다. 말하자면, 국어 능력이 뛰어난지는 대체로 입말 능력, 글말 능력, 국어 관례 지식을 검사함으로써 알 수 있다는 것이다.

구성물 타당도를 갖추기 위해서는 구성물을 '측정 가능한 개념(operational concept)'[12]으로 자리매김해야 한다. 현장 조사연구에서 측정 가능한 뜻매김이 중요한 이유는 세 가지다(Hatch & Lazaraton,

---

11) 지능을 어떤 개념으로 설정할 것인가 하는 문제는 논의거리다. 만약 지능에 대한 논의가 타당성을 가지려면 기존의 논의를 충분히 참고하여 구성 요인들을 샅샅이 살펴볼 필요가 있다.
12) 이는 한 개념에 대해 외연·내포 의미를 뜻매김하는 '개념적 정의(conceptual definition)'와 대립된다. 'operation'이란 실험으로 다룰 수 있다는 의미인데, 지금까지 '조작'이란 말을 사용했다. 그런데 '조작(造作)'은 부정적 어감을 갖는다(Wallace(1998/2008:172-173). 뒤친이 주석 참고). 이 말에 원래 담긴 뜻은 실험을 통해 혹은 변인 설정을 통해 측정 가능하다는 의미다. 따라서 '계량 가능한 개념'이란 용어를 쓰자는 제안도 있었지만(Wallace(1998/2008), 뒤친이 주석), 현장 조사연구에서 변인을 측정한다는 용어를 쓰고 있으므로 '측정 가능한 개념'이란 용어를 쓰기로 한다. 이 말에는 독립변인과 거기에 영향을 미치는 종속변인을 설정하여 실험적으로 잴 수 있다는 의미가 들어 있다.

1991). 첫째, 조사연구 과정에서 일관성을 보일 필요가 있기 때문이다. 둘째, 조사연구를 읽을 독자들이 발견 사실들을 잘못 해석하지 않도록 하기 위해서이다. 셋째, 연구 공동체에서 현장 조사연구가 되풀이되어 실행될 수 있는 길을 열어줄 수 있기 때문이다. 특히 양적 조사연구에서 현지 조사(survey)를 할 경우, 설문지 작성 및 조사 혹은 면담이 이것을 중심으로 이루어진다는 점에서 중요하다. 예컨대, 중학생을 대상으로 국어 의식을 조사하고자 한다면 국어 의식을 이루는 이론적 구성물이 밝혀져야 가능하다. 사정이 이러하기 때문에 이와 같은 설문 조사에서는 앞선 논의를 참고하여 개념의 구성물들을 설정하고 설문지 조사를 한다. 혹은 이론적인 논의로서 그런 구성물들을 자리매김하고, 그 뒤에 설문지 조사를 통해 그 실재를 밝히기도 한다.

구성물 타당도를 높이기 위해 현장 조사연구자는 이전의 연구에서 밝혀놓은 구성물을 그대로 이용할 수 있다. 그렇지만 자신의 조사연구와 들어맞지 않는다면 손수 개념 규정을 해야 할 필요가 있다. 구성물을 뜻매김하고 자리매김하는 일은 조사연구에서 매우 중요하기 때문이다. 아울러 이런 개념을 뜻매김하는 일 자체가 조사연구의 의의일 수 있다. 예컨대, 쓰기의 동기를 구성하는 요인은 무엇인지, 그리고 쓰기의 동기에서 가장 큰 요인은 무엇인지를 현장 조사연구를 통해서 밝혀낼 수 있을 것이다.

같이 생각해 보기

1. 다음의 예를 참고하여 제시된 용어들이 구성물 타당성을 갖도록 자리매김해 봅시다.

(예) 어휘력은 어휘를 표현하고 이해하는 능력이다.

그것은 어휘를 맥락에 맞게 쓰는지, 덩잇글에 제시된 어휘를 제대로 파악하고 있는지 검사함으로써 측정되거나 파악될 것이다.

㉮ 나의 조사연구에서 문법 지식은 _____이다.

　　그것은 _____으로 측정되거나 평가될 것이다.

㉯ 나의 조사연구에서 입말 능력은 _____이다.

　　그것은 _____으로 측정되거나 평가될 것이다.

㉰ 나의 조사연구에서 읽기 능력은 _____이다.

　　그것은 _____으로 측정되거나 평가될 것이다.

㉱ 나의 조사연구에서 동기는 _____이다.

　　그것은 _____으로 측정되거나 평가될 것이다.

㉲ 나의 조사연구에서 요약 능력은 _____이다.

　　그것은 _____으로 측정되거나 평가될 것이다.

2. 쓰기의 동기에 대한 조사연구를 한다고 할 때 어떤 구성물을 정의할 필요가 있겠습니까? 주요인과 부차 요인으로는 무엇이 있겠습니까?

3. 구성물 타당도는 조사연구자가 명시적으로 제시해 주어야 합니다. 그러나 그런 명시적 규정이 없다면 독자들이 추론할 수밖에 없습니다. 다음의 예에서 조사연구자는 '듣고 이해하기'를 어떻게 자리매김했다고 할 수 있습니까? 그리고 이를 측정하기 위해 사용한 측정 방법이 구성물에 대한 연구를 위해 타당하다고 생각합니까?

（예）어떤 연구에서 '듣기 이해'를 조사·연구하기 위해 종속변인으로 글말 빈칸 채우기 시험을 실시했다.

그런데 한 층위만으로 자리매김할 수 없는 용어도 있다. '동기'라는 개념을 생각해 보자. 교육 맥락에서 학습자들의 동기는 상당히 중요한 것으로 알려져 있다. 동기에 대해 국어교육에서 현장 조사연구를 한다면 구성물 타당성을 갖출 수 있을까? 동기는 외적 동기와 내적 동기로 나뉜다. 이들에 대한 하위 범주화가 이루어지지 않는다면 조사연구가 불가능하거나 무의미할 수 있다. 또 다른 예로, 문법 지식은 특정의 문법 영역에 대한 앎과 사용에 대한 것일 수 있다. 이럴 경우 형태론적 지식만으로 혹은 음운론적 지식만으로 구성한다면 문법 지식에 대한 측정 가능한 개념을 자리매김한 것으로 볼 수 없다. 그렇기 때문에 구성물 타당도를 점검할 필요가 있다.

타당도는 신뢰도와 마찬가지로 내적 타당도와 외적 타당도로 나뉜다. Compbell & Stanley(1963)에서는 내적 타당도를 연구 그 자체의 범위 안에서 발견 사실들을 해석하는 것과 관련된다고 했다. 말하자면, 얻어진 어떤 자료로부터 결론을 이끌어내는 데 다른 변수의 영향을 잘 통제했는지를 살피고 이를 적절하게 통제할 때 갖추어지는 성질이다. 그에 비해 외적 타당도는 그 연구 범위를 넘어서 발견 사실들을 해석하고 그것들을 일반화하는 것과 관련되어 있다고 했다(Hatch & Lazaraton, 1991). 달리 이야기하면, 외적 타당도는 비교 가능성과 전이 가능성을 지니는 정도를 가리킨다.

내적 타당도와 관련하여 가장 핵심적인 문제는 조사연구에서 대상으로 삼은 문제와 자료 사이의 관련성에 관계되는 구성 개념 타당도이다. 내적 타당도를 무너뜨릴 수 있는 요인은 많기 때문에 그런 요인들을 통제해야 한다. 먼저 참여자 선택이 타당한가를 문제 삼을 수 있다. 다문화 가정에서 자라고 있는 초등학생의 어휘 습득에 대한 조사를 한다고 해보자. 다문화 가정은 복잡한 층위를 이루고 있기 때문에 성격이 비슷한 참여자들을 선택하는 잣대를 정하지 않는다면 타당도에 문제가 있을 수 있다. 흔히 어떤 처치를 하고 나서 그 처치의 결과를 실험집단과 통제집단으로 나누어 검정하고자 할 때도 내적 타당도의 위협을 받지 않도록 하기 위해서 어떤 절차가 필요하게 된다. 사전 평가와 사후 평가를 실시할 경우, 그 평가가 두 집단, 즉 실험집단과 통제집단에서 같은지를 분명히 해두어야 한다. 외적 타당도와 관련하여, 참여자 선택에서 표본집단의 수가 감소할 가능성도 염두에 두어야 한다. 설문 조사에서 설문지 회수 비율은 그렇게 높지 않을 수 있다.[13]

같이 생각해 보기

1. 다문화 가정에서 자란 초등학생들의 어휘 습득에 대한 연구가 내적 타당성을 지니도록 하기 위해 참여자들을 선택할 수 있는 기준을 마련해 봅시다.

2. 학습자를 대상으로 문단 인식을 길러주기 위해 '수형도'를 활용하여 가르치고 나서 6개월 뒤에 그 학습 효과를 검정하려고 할 때 내적 타당도를 위협하는 요소가 있다고 할 수 있을까요? 있다면 어떤 측면에서 그러한지 지적해 봅시다. 만약 내적 타당도를 위협하는 요소가 있다면 이를 해소하기 위해 어떤 방법을 쓸 수 있겠습니까?

3. 설문지 회수 비율이 높지 않을 수 있다는 문제점을 해결하기 위해 여러 가지 방법을 생각해 볼 수 있습니다. 예컨대, 표본집단의 크기를 그대로 유지하면서 전화를 이용하는 방법이 있습니다. 하지만 이 방법은 시간이 많이 들 것입니다. 그렇다면 시간을 줄일 수 있는 다른 방법은 무엇이겠습니까?

---

13) Brown(2001:102)에서는 1800부의 설문지를 보내어 607부(33.7%)를 회수할 수 있었다고 했는데, 이는 3분의 1에 지나지 않는다. 학생을 대상으로 하는 설문지는 그보다 훨씬 더 회수율이 높을 것이다. 학생들을 대상으로 하는 설문 조사의 경우 학생들의 동의를 얻어야 하는 연구 윤리 문제를 염두에 두어야 한다.

4. 다음에 나오는 사례들은 내적 타당도(㉮)와 외적 타당도(㉯)에 문제가 있습니다. 왜 이들이 타당도에 위협을 받는지 이야기해 봅시다.

㉮ 문법 구조를 가르치는 세 가지 다른 방법에 대한 조사에서, 세 명의 교사가 세 군데 학교에서 각자 하나의 방법으로 훈련을 받고서 그것을 자신의 학급 수업에 적용한다. 한 교사는 세 등급의 능력이 서로 뒤섞인 교실을 가르치고, 다른 선생님은 네 등급의 능력이 서로 뒤섞인 교실을 가르치며, 마지막 선생님은 학습자의 능력이 균질하지만 빠르게 향상을 보이는 두 집단을 가르친다. 학기 말에, 각 집단에서 교사 각자에 의해 마련된 시험을 실시한다. 각 모둠에 대한 집단 평균이 산출되고 비교된다.

㉯ 어떤 연구에서 무의미한 단어들을 기억하고 불러내는 능력을 놓고서 시각적 노출 길이에 대한 효과를 조사한다. 참여자는 심리학에서 석사 과정을 밟고 있는 10명의 대학원생이다. 다섯 종류의 노출 길이가 있는데, 2명의 자원자로 된 5개의 집단이 각각 서로 다른 길이로 시각적 노출을 받는다. 자원자는 한 명씩 20개의 무의미 단어들에 개별적으로 노출됨으로써 연구에 참여한다. 각 노출 뒤에, 그 자원자는 그 무의미한 단어를 다시 회상해 낸다.

위에 제시된 문제와 관련하여 내적 타당도에 대해 좀 더 구체적으로 언급해 보기로 한다. 다문화 가정은 다양한 분포를 보인다. 특히 어휘 습득은 부모나 자란 환경에 영향을 많이 받기 때문에 비교가 제대로 이루어짐을 보장하기 위해서는 다문화 가정의 층위가 같다는 것을 전제로 해야 한다.

어떤 교육적 처치가 가져오는 효과는 여럿일 수 있다. 수형도를 이용하여 문단 인식을 가르치는 일이 가져오는 효과는 쓰기의 품질을 나아지게 하기도 하고 글을 이해하는 데 긍정적인 영향을 미칠 수 있다. 이럴 경우 문단 인식 지도의 효과를 검정하는 방법으로 표현과 이해에서 각각 그와 같은 효과를 활용할 수 있다. 그렇지만 만약에 처치 전에는 글쓰기로 검정하고 처치가 있고 난 뒤에는 읽기로 검정한다면 내적 타당도에 위협을 받을 것이다. 그렇지 않다고 해도 여전히 문제가 해결된 것은 아니다. 학생들은 시간이 흐름에 따라 신체적으로 자라고 인지적으로 발달한다. 어떤 처치를 하고 검정하는 기간이 길어진다면 어떤 능력의 향상 정도를 처치의 결과로 해석하기 어려울 수 있다는 점도 고려해야 한다. 또한 다양한 갈래의 수준별 보충 수업을 마련하고 있는 학교에서는 말하기 능력이 어떤 처치의 효과라기보다는 다른 요인의 영향으로 해석될 수 있는 경우도 있다. 국어 수업 시간에 연구자가 마련한 모형에 따라 말하기를 가르친다 하더라도 방과후 심층 면접 대비반에서 열심히 준비하고 배운 학생들의 말하기 능력은 남다르게 달라질 수 있다. 이럴 경우 참여자들의 개인적인 이력(history)을 잘 고려해야 한다.

전화로 설문지 조사를 할 때 기간이 길어지면 문제가 있을 수 있다. 국어교육 분야에서는 많지 않겠지만, 논쟁거리가 되고 있는 시사 문제를 조사하는 경우는 2~3주 이내에 태도나 의견이 달라질 수 있다. 이때는 인터넷을 통한 설문 조사가 도움이 된다. 기본적인 인구학적 정보, 즉 조사하고자 하는 특성을 갖춘 집단의 전자편지 주소가 있다면 대규모 조사도 가능하다. 직접 접촉하고 있는 표본집단의 경우는 인쇄된 문서를 활용할 수도 있지만, 특정 누리그물에서 전자문서를 이용하여 빠르게 조사를 마무리할 수도 있다.

내적 타당도를 위협하는 요인들은 위에서 지적한 개인적인 이력이나 사람 외에도 더 있다. 이 밖에도 평가 혹은 검사라는 환경, 측정 가능한 개념의 엄밀성 정도, 극단적인 값들을 제외하지 않음으로써 나타나는 통계적 회귀(요인), 표본집단 선택의 치우침, 실험 도중에 참

1부 현장 조사연구에 대한 이해

여자들의 줄어듦, 시간의 순서를 따르는 인과관계, 참여자들 사이에 처치의 뒤섞임이나 모방, 통제집단에 대한 배려, 도덕적인 문제 등이 있다(Babbie, 2001:226-227). 특히 능력이 다른 집단의 비교(4-㉮), 검사 도구의 종류에서 오는 차이(4-㉯) 등을 동일한 기준으로 평가할 때도 내적 타당도에 위협이 된다. 측정 가능한 개념을 자리매김할 때도 위협이 생길 수 있다. '요약글을 질적으로 평가할 때 상위, 중위, 하위 집단을 어떻게 자리매김할 것인가? 총체적 평가에서 몇 점 이상을 상위 집단 혹은 중위 집단으로 구분할 것인가?' 그 기준을 정하는 일은 쉽지 않다. 집단의 규모가 작다면 이렇게 세 집단으로 나누는 기준이 타당한지도 문제가 될 수 있다.

내적 타당도를 높이기 위해서 모은 자료가 얼마나 충분하고 정확한가를 살펴야 한다. 중학교 2학년 학생들을 대상으로 문법 지식을 재고자 할 때는 먼저 측정하고자 하는 문법 지식의 얼안이 정해져야 한다. 그다음에 어느 정도가 문법 지식을 재는 데 적절한지 결정해야 한다. 어미에 대한 지식을 물을 경우 한두 문제로 끝낼 수는 없을 것이다. 수준도 고려해야 한다. 너무 쉬운 문제이거나 모두 선다형으로만 묻는다면 그 검사지로부터 나온 자료가 내적 타당도를 갖추었다고 할 수 없다. 적절한 수준을 설정하는 것이 쉽지는 않지만, 너무 어렵거나 쉬운 문제들로 검사지를 꾸릴 경우도 있으므로 난도도 고려의 대상이 되어야 할 것이다.

검사 효력의 문제도 생각해야 한다. 일반적으로 사전 조사와 사후 조사로 이루어진 경우 이들에서 나온 자료를 바탕으로 결론을 이끌어내고자 할 것이다. 이때 문제가 되는 것은 이 검사들 사이의 시간적 간격, 검사 내용과 수준의 동질성이다. 지식이나 능력이 아니라 태도를 묻는 질문에서 참여자들에게 조사연구자가 바라는 점을 어느 정도 알려준다면 사후 검사에서 학생들은 치우친 답변을 할 가능성이 클 것이다. 이런 경우 결과는 타당도가 떨어진다.

질적 조사연구의 경우에 내적 타당도의 위협을 줄이기 위해서는 연구 절차와 방법에 대해 자세하게 기술해 주어야 한다. 일반적으로 표본이나 관찰 대상의 크기가 클수록 신뢰도와 타당도가 높아지리라 예상하지만, 그렇지 않은 경우에는 절차와 방법을 자세하게 함으로써 신뢰도와 타당도를 높일 수 있다. 즉 두세 명을 대상으로 하는 소집단 관찰도 절차와 방법이 합리적임을 보임으로써 조사연구로서 의의를 높일 수 있다.

설문 조사의 일러두기(task directions)도 내적 타당도와 관련하여 고려해야 할 내용이다. 다음은 설문 조사를 하기 위해 일러두기를 작성할 때 점검해야 하는 내용이다. 일러두기는 전체적인 범위에 걸친 일러두기와 개별적인 문항에 대한 일러두기, 그리고 설문 문항을 몇 개의 덩어리로 나눈다면 각 부분에 해당하는 일러두기가 있다. 언제나 전체적인 일러두기는 한 번만 제시해야 한다.

전체적인 일러두기 작성에서 점검할 내용
① 조사의 목적을 분명히 제시했는가?
② 조사의 주체를 분명히 제시했는가?
③ 조사의 대체적인 내용에 대해 안내했는가?
④ 조사에 응함으로써 있을 수 있는 신변의 변화를 언급했는가?
⑤ 조사를 표기하는 방법을 분명히 제시했는가? (✓ 혹은 ○ 표시 등)
⑥ 조사로부터 나온 결과 처리의 익명성을 보장했는가?
⑦ 조사에 응대해 주는 것에 대한 고마움을 나타내었는가?
⑧ 일러두기에 쓰인 어휘들은 설문 조사 대상의 지적 수준에 맞는가?

⑨ 글씨체는 응답자의 기호에 맞을 것인가?

⑩ 조사하고자 하는 핵심적인 내용에 대한 뜻매김을 분명히 했는가?

⑩은 조사하고자 하는 집단의 특성에 상관없이 분명히 짚고 넘어가야 하는 문제이다. 연구자는 잘 알고 있는 개념이지만 조사하고자 하는 집단에서는 이해가 되지 않거나 오해의 여지가 있을 때, 그 뜻을 분명히 제시해야 조사연구의 타당도를 높일 수 있다. 예컨대, 교사 집단을 대상으로 하는 경우에도 '효능감(efficacy)'이라는 용어는 어떤 사람에게는 뜻넓이가 분명하겠지만 그렇지 않은 교사도 있기 때문에 뜻매김을 분명히 해두어야 한다.

같이 생각해 보기

1. 자신이 구할 수 있는 학술지 혹은 전공 서적에서 설문과 관련이 있는 조사연구를 하나 선택하고, 부록 부분에서 설문지를 골라 위의 항목을 점검해 봅시다. 일러두기가 잘 되어 있는지 그렇지 않은지 판단해 보고, 잘 되어 있지 않다면 어떤 점이 그러한지 확인해 봅시다.

2. 자신이 중학교 2학년 학생을 대상으로 지역화 국어교육에 대한 설문을 준비한다고 생각하고 설문 조사의 전체 얼개를 염두에 두면서 일러두기를 작성해 봅시다. 있을 수 있는 어려움은 무엇입니까?

외적 타당도를 다루기 전에 먼저 생각해야 하는 것은 내적 타당도를 갖추지 않은 연구는 외적 타당도를 갖출 수 없다는 점이다(Hatch & Lazaraton, 1991:41). 외적 타당도는 조사연구로부터 나온 결과를 일반화하고자 할 때 조사연구 집단(표본집단)의 타당성과 관련된다. 일반적으로 표본집단은 모집단에서 임의 선택된다. 임의 선택된 표본집단에서 학생들은 동등하고 독립적인 기회를 갖는다. 모집단은 '다문화 가정에서 자라는 중학교 2학년 남학생'과 같이 일반화하고자 하는 집단으로 상세하게 기술되어야 한다. 표본집단은 모집단을 대표할 수 있는 대상으로부터 임의 선택된 집단이 된다.

있을 수 있는 외적 타당도의 위협에서 벗어나기 위해서 인자들을 중심으로 층위를 나눌 수 있다. 읽기 능력에서 남녀의 차이나 도시/시골 지역의 차이를 더 알고 싶다면 층위별로 임의 선택을 할 수 있을 것이다. 이런 방법은 층위로 나누지 않고 읽기 능력을 측정하고 일반화하는 절차보다는 외적 타당도의 위협을 줄여준다.

외적 타당도에 위협이 되는 요소 가운데 하나는 사전 평가와 사후 평가와의 관련성이다. 사전 평가로는 읽기 능력에 대한 검사를 하고, 사후 평가로 문법 지식에 대한 평가를 한다면 타당도에 문제가 있을 수 있다. 조사연구의 단계에 따라 타당도를 높일 수 있는 방안은 Cohen·Manion·Morrison(2000:115-117)에 제시되어 있다. 성태제·시기자(2015:245-246)에서는 외적 타당도를 위협하는 요소로 '호손 효과, 위약(Placebo) 효과, 존 헨리 효과, 연구자 효과'를 언급하고 있다. 이들은 모두 조사연구가 실험 참여자들에게 미칠 수 있는 영향과 관련된다. 호손 효과와 위약 효과, 연구자 효과는 실험집단에 미치는 영향이며, 존 헨리 효과는 통제집단에 미치는 영향이다.

타당도를 높일 수 있는 방법으로 '삼각측량(triangulation)'이 있다. 삼각측량은 현장 조사연구에서 둘 이상의 방법으로 자료를 모으는 것이다. 즉 질적 자료와 양적 자료를 활용함으로써 하나 이상의 관점에서 현상을 더 충분하게 설명할 수 있다. 여기에는 '시간에서 삼각측량, 공간에서 삼각측량, 여러 차원(개인별, 집단별, 사회계층별)이 결합된 삼각측량, 대립 이론을 끌어들임으로써 이론에서 삼각측량, 둘 이상의 조사연구자를 끌어들이는 조사자 삼각측량, 방법론에 따른 삼각측량'이 있다.

[그림 3]은 교사 담화의 특징을 살피기 위한 조사연구의 예로 든 자료이다. 교사 담화의 특징을 알아보기 위해 어느 한 측면에 초점을 모을 수도 있지만, 다음과 같이 다양한 측면에 대한 조사연구를 통해 조금 더 입체적으로 교사 담화의 특징을 드러낼 수 있다.

[그림 3] 삼각측량의 예 – 다양한 측면을 고려하기

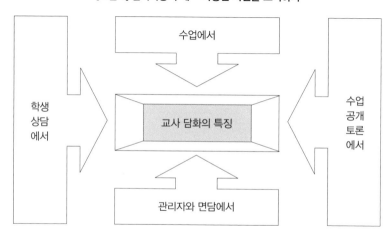

삼각측량은 질적 현장 조사연구에 대한 비판을 잠재울 수 있는 대표적인 방법이다. 삼각측량은 Dörnyei(2007)에서 혼합적 현장 조사연구로 보기도 한다.

신뢰도와 타당도를 점검하기 위한 질문

① 실험하거나 관찰한 결과를 바탕으로 다른 조사연구자가 분석을 한다고 하더라도 같은 결론에 이를 수 있겠는가?

② 결과를 얻었을 때 그 결과가 조사연구를 위한 절차와 방법을 통해 나온 것임을 확신할 수 있는가?

② 비슷한 실험(혹은 관찰) 집단을 대상으로 같은 절차에 따라 다른 조사연구자가 연구를 수행한다면 같은 결론에 이를 수 있겠는가?

④ 조사연구의 결과를 상위 범주 혹은 더 넓은 모집단으로 일반화할 수 있는가?

①은 내적 신뢰도와 관련되며, ②는 외적 신뢰도, ③은 내적 타당도, ④는 외적 타당도에 관련된다. 이는 신뢰도와 타당도를 높이기 위한 질문이면서 동시에 기술의 명확성을 살필 때도 염두에 둘 수 있는 질문이다. 특히 외적 신뢰도와 외적 타당도는 연구 결과를 학술논문이나 학위논문으로 제출할 때 유의할 필요가 있다. 만약 외적 타당도와 관련되는 ④에 대해서 연구 결과를 방어할 수 없다면 그 한계를 논문의 말미에 지적해 두는 것이 좋다.

2. 실행 가능성

조사·연구할 주제가 흥미 있고, 새로운 정보를 제공하거나 새로운 방식으로 이전의 정보를 확실하게 믿을 수 있도록 해주며, 타당성과 신뢰성을 지니고 있다고 하더라도 실제로 실행 가능한지를 고려할 필요가 있다. 많은 요소가 현장 조사연구의 실행 가능성에 영향을 미치기 때문이다.

조사연구에 영향을 미치는 요인은 많다. 이런 변수들은 조사연구의 실행 가능성에 잴 수 없는 영향을 미치므로 조사연구를 실행하기 전에 미리 따져보아야 한다.

현장 조사연구의 실행 가능성 여부를 결정하는 데 영향을 미치는 요인으로 '시간'이 있다. 개인의 언어 능력 향상, 아동기의 국어 능력 향상에 대한 현장 조사연구를 하려면 최소한 5~6년이 걸린다. 만약 대학원에서 학위논문을 얻기 위한 조사연구를 한다면 10~20개월 이내에 연구가 가능하도록 범위를 좁혀야 할 것이다.

시간의 제약이 있기 때문에 주제의 범위를 좁히는 일도 중요하다. 이를테면, '외국어로서 한국어 말하기 실태'를 연구 주제로 잡을 수 있다. 그러나 이 주제에는 학생 환경, 물리적·사회적 환경 등 여러 층위가 겹쳐 있기 때문에 조사연구를 하기가 어렵다. '모국어가 베트남어인 어머니 밑에서 자란 어린 학생의 담화 표지 사용 실태'는 연구의 범위를 좁게 잡은 사례에 속한다. 이런 수준의 주제가 되어야 일정한 시간 안에 연구를 마무리할 수 있을 것이다.

현장 조사연구의 실행 가능성을 제약하는 또 다른 요인은 '행정 절차에 따른 장애'이다. 국어 수업 시간에 사용되는 교사의 수업 발화의 특징을 살피는 조사연구를 한다고 가정해 보자. 연구자는 먼저 관찰하고자 하는 학년, 단원 등을 정해야 할 것이다. 그다음에 관찰의 대상을 자기가 근무하는 학교로 할 것인지, 아니면 가까이 있는 다른 학교를 택할 것인지, 다른 지역으로 넓힐 것인지 등도 고려해야 한다. 자기 학교를 택할 경우 동료 교사의 허락을 얻어야 하는데, 이것이 쉽지 않을 수도 있다. 교직 경력이 많고 적음에 상관없이 남에게 자신의 수업을 공개하기를 꺼리는 교사가 많기 때문이다. 또한 다른 학교를 택할 경우 담당 교사의 허락을 받는 일뿐만 아니라 학교장의 결재를 얻어야 할 수도 있다.

현장 조사연구를 수행하는 데 필요한 '비용'도 실행 가능성과 관런하여 고려해야 할 대상이다. 오늘날 대부분의 연구에서 첨단 과학 기기들이 사용되기 때문에 이를 활용하는 데 비용이 얼마나 드는지, 학생들이 조사연구에 참여할 경우 대가를 지불해야 하는지[14] 등을 챙겨보아야 한다. 또한 자료 분석 프로그램을 구입해야 하는지도 문제가 될 수 있다. SPSS처럼 한 달 한정으로 사용할 수 있는 프로그램도 있으며, FACETS처럼 자료 처리의 범위에 제약이 있지만 무료로 쓸 수 있는 프로그램도 있다. 이런 비용은 학위논문을 준비하는 단계에서는 개인적으로 해결해야 하는 경우가 많다.

같이 생각해 보기

실행 가능성에 영향을 미치는 요인은 물적 자원, 인적 자원, 행정 자원으로 묶을 수 있습니다.

① 자신이 생각하고 있는 조사연구와 관련하여 필요한 자원들의 목록을 만들어보십시오. 이들 가운데 조사연구를 수행하는 데 가장 많은 영향을 미칠 것으로 짐작되는 요인은 무엇입니까? 그리고 가장 해결하기 어려운 요인은 무엇입니까?

② 가장 해결하기 어려운 요인에 얽매이지 않기 위해, 조사연구를 실행할 다른 방법으로는 어떤 것이 있겠습니까?

조사연구는 질문을 던지고 답을 하는 과정이다. 그렇지만 언제나 질문이 조사연구로 연결되는 것은 아니다. 조사연구만으로 답을 할 수 없는 경우도 있기 때문이다. 또한 의문을 제기할 필요조차 없는

---

14) 외국의 경우는 조사연구에 학생들을 참여하도록 하면서 학교 차원의 보상을 해주는 것을 볼 수 있다. 우리나라에서는 주로 개인적 차원에서 간단한 선물을 제공하는 경우가 있지만 이런 관례가 널리 퍼져 있지는 않다. 이런 점도 앞으로 현장 조사연구에 임하면서 고려해야 할 사항이다.

물음도 있다. 따라서 질문의 가치와 자신이 감당하고 수행할 수 있는 연구거리인지를 따져보아야 한다.

3. 변수

현장 조사연구를 떠나서 사람들은 나날의 삶에서 어떤 발견 사실들의 이유를 밝히려고 하며, 그것을 원인과 결과로 설명하려는 욕구가 있다. 그리고 이를 위해 귀납 추론이나 연역 추론과 같은 방법을 사용한다. 이와 같은 사정은 현장 조사연구에서도 마찬가지다. 다만 나날의 삶에서 그 설명은 엄격하게 계획된 방법이나 기술, 분석을 사용하지 않지만, 현장 조사연구에서는 계획적이고 엄격한 분석을 요구한다는 점에서 차이가 있다. 그리고 그렇게 해야만 의미 있는 연구 결과를 얻을 수 있다.

현장 조사연구에서 관찰 사실들은 여러 가지 변이 가능성을 지니고 있다. 이를테면, 국어 성적은 남학생과 여학생에 따라 다를 수 있으며, 문법 지식에 따라서도 다를 수 있다. 중요한 것은 그런 변이 가능성이 현장 조사연구에서 알아내고자 하는 핵심이라는 사실이다. 그렇기 때문에 왜 그와 같은 변이가 나타나는지 알아볼 필요가 있다. 조사연구의 목적에 비춰 알아내고자 하는 변이 요인이 달라지는데, 이와 같은 요인들을 '변수(variables)'라고 한다. 변수는 어떤 조사 대상이 지니고 있는 특징이나 속성을 가리킨다. 예컨대, 어떤 학생 A는 성별, 지역, 학령, 국어에 대한 관심, 국어 성적 등에 따른 특징을 지니고 있다. 이런 특징들이 A라는 학생 혹은 집단을 연구 대상으로 삼을 때 변수가 될 수 있다.

일반적으로 변수는 그 기능에 따라 몇 갈래로 나뉘는데, 가장 널리 알려진 것은 '독립변수'와 '종속변수'이다. 국어 평가에서 남학생과 여학생의 성적을 비교한다고 가정할 경우, 남학생과 여학생은 독립변수이고, 이에 따라 영향을 받는 국어 성적은 종속변수가 된다. 그에 따라 두 집단에 성적 차이가 난다면 '국어 성적은 성별에 따른 차이가 있다.'라는 결론을 내릴 수 있는 것이다. 이와 같은 변수의 구분은 조사연구 대부분이 인과론적인 설명, 결정론적인 설명을 추구하는 데서 비롯되었다. 즉 인과론적 설명에서 가정된 원인은 독립변수이고, 영향을 받는 것은 종속변수이다(Babbie, 2001:39).

　변수를 설정할 때 유의할 점이 있다. 먼저 변수로 설정된 항목을 조사연구를 통해 일반화하고자 한다면, 그 변수는 어떤 개념의 전부를 싸안을 수 있어야 한다는 것이다. 예컨대, 국어과 활동 가운데 가장 좋아하는 영역과 국어에 대한 흥미도의 상관관계를 연구한다고 가정해 보자. 이때 읽기와 말하기만을 변수로 삼아 조사하여 그 결과를 흥미도와 관련지어 일반화한다면 문제가 있을 수 있다. 국어과 영역에는 문학도 있고 문법도 있으며, 좋아하는 영역이 없을 수도 있기 때문이다. 또 다른 유의점은, 변수를 배타적으로 설정해야 한다는 것이다. 관찰 대상이 사람인 경우 남자이면서 여자인 대상이 없듯이, 변수의 항목들도 서로 배타적이어야 한다.

　독립변수를 설정할 때 변수의 범주에 드는 모든 모집단을 대상으로 할 수 없는 경우가 있다. 성인을 독립변수로 설정할 때, 나이에 따라 외래어나 외국어를 구사하는 수준이 다르며 의사소통의 민감성이 다를 수 있다. 그리고 청소년과 성인의 의사소통 민감성을 비교하는 주제를 정한다면, 과연 성인의 범위를 어떻게 잡을 것인가 하는 문제가 있을 수 있다. 이때는 청소년과 가장 가까운 연령에 있는 집단을 선택할 수도 있고, 청소년의 부모 세대를 선택할 수도 있다. 이런 경우 성인의 모든 집단을 독립변수로 설정하지 않게 되는 셈이다. 이런 독립변수를 '제어변수'라 부르기도 한다. 다만 이런 경우에 앞서 지적한 것처럼 변수의 범위에 맞게 연구 결과를 일반화해야 한다는 점을 잊지 말아야 한다.

같이 생각해 보기

변수는 개념상 어떤 집단에 딸리는 속성입니다. 그 속성에 따라서 결과(종속변수)가 다르게 나타날 경우 이를 독립변수라고 할 수 있습니다. 다음에 제시한 질문들에서 독립변수와 종속변수는 무엇인지 알아봅시다.

㉮ 요약하기 능력은 일반적인 읽기 능력과 관련이 있을까?

㉯ 덩잇글의 갈래가 읽기에 미치는 영향은 초등학교, 중학교, 고등학교 학생들에게 어떠할까?

㉰ 요약 능력은 읽기 능력의 어떤 요소와 관련이 있을까?

㉱ 다문화 가정 출신 학습자들의 국어 능력(혹은 한국어능력검사에서 점수)은 부모들의 국적과 관련이 있을까?

4. 측정 눈금

눈금(scale)은 양적 조사연구에서 자주 사용된다. 어떤 연구에서 구성물을 변수들로 측정 가능하도록 운용하려면 수량화(정량화)가 되어야 한다. 수량화 방식은 다양하다. 셀 수 있기 때문에 합이나 평균으로 나타낼 수 있고, 일정한 기준에 따라 분류하거나 순위(순서)를 매길 수도 있다. 이런 수량화에서 기준으로 쓰이는 것이 눈금이다. 눈금에는 '이름 붙이기 눈금(명목 눈금), 순서 매기기 눈금(순서 눈금), 동등한 간격 눈금(등구간 눈금), 대비율 눈금, 거트만 눈금'이 있다.

(1) 명목 눈금

"명목 눈금(nominal scale)은 어떤 구성물이나 변수를 한 묶음의 범주나 집단으로 수량화하고 싶어 할 경우에 알맞다(Brown, 2001)." 예를 들면, 설문 조사에서 읽기 능력을 측정하고자 할 때 범주는 자연적인(생물학적인 혹은 인류학적인) 것일 수도 있고, 인위적인 것이 될 수도 있다. 성별(남/여), 학령(초등학생/중학생/고등학교 1, 2학년) 등은 자연적인 범주가 될 것이다. 한편, 얻은 점수의 분포에 따라 초급·중급·고급으로 나누거나 실험에서 처치의 적용 여부에 따라 비교집단과 기준집단으로 설정할 수 있다. 이런 눈금의 배당은 임의적이다. 또한 이 눈금에 따른 구분은 배타적이며 모든 구성원을 포괄한다는 특징이 있다. 중요한 것은 이들은 셈값을 갖지 않는다는 것이다. '1=초등학교, 2=중학교, 3=고등학교'로 명목을 정한 경우를 생각해 보자. 우연히 셈을 해보니 평균값 2.5를 얻었다고 할 때, 이는 무엇을 나타내는가? 아무 의미도 없다.

명목 눈금은 빈도를 셈할 때 활용할 수 있다. 빈도는 조사 참여자들의 인구학적 명목 눈금일 경우 중요한 의미를 가질 수 있다. 혹은 초등학생의 쓰기에서 '1=홑문장, 2=이어진문장, 3=안은문장'으로 정해놓고 초등학생이 산출한 문장의 복잡성을 보여주는 눈금으로 사용할 수도 있다.

(2) 순서 눈금

순서 눈금(ordinal scale)은 눈금에 따라 측정된 값에 순서를 매기거나 등급을 매겨준다. 국어과 수업에서 어떤 내용 영역에 흥미를 느끼는 정도를 물을 때, '6 - 가장 흥미가 높음, 5 - 어느 정도 흥미가 있음, 4 - 흥미가 있음, 3 - 별로 흥미가 없음, 2 - 흥미가 없음, 1 - 전혀 흥미가 없음'이라는 눈금을 제공한다면, 응답자들은 자신의 흥미 정도에 따라 1에서 6까지의 등급을 매기게 될 것이다. 이와 같이 순서 눈금은 개념이나 대상 따위를 선호도나 무게 등에 따라 순서 혹은 등급을 매기는 눈금이다. 다만 이 경우 등급은 상대적인데, 실제적인 모습이나 등급 사이의 통계적인 양을 측정하기는 거의 불가능하다. 따라서 같은 문항에서 앞의 예처럼 순행 계산되는 경우, 2를 선택한 사람보다 6을 선택한 사람이 흥미가 3배 많다고 할 수는 없다.

이와 비슷한 것으로 '의미 변별법(semantic differential method)'이 있다. 이는 주로 반의어를 이용하여 어떤 대상이나 자신에 관련된 속성이 양극단에 있는 의미 가운데 어디에 가까운지 변별 혹은 구분하게 하는 방법이다. 이를테면, 학습자들에게 국어 수업에 참여하는 자신의 태도를 '능동적 - 수동적'이라는 대립되는 형용사를 양극단에 배치하고 그 사이에서 정도를 확인하도록 한다. 그다음에 이들의 빈도나 총합, 평균을 활용하여 분석할 수 있을 것이다.

순서 눈금을 만들 때 더 세밀한 정보를 얻고자 한다면 눈금을 세세하게 나누는 것이 좋다. 그러나 너무 잘게 나눈 기준이 응답자의 수준에 맞을 것인지는 생각해 보아야 한다. 실제로 설문 조사를 해 보면 어떤 응답자는 극단적인 선택을 하거나 혹은 가운뎃값으로 일관하기도 하기 때문이다.

(3) 등구간 눈금

등구간 눈금(interval scales)은 다양한 값을 같은 거리로 늘어놓을 때 해당되는 눈금이다. 이 눈금은 앞에 나온 두 개의 눈금보다 통계적 정확성의 정도가 높다. 통계적 정확성이 양적 개념에 바탕을 두고 있기 때문이다.

순서 눈금의 경우와 비교해 보기로 한다. 학생들 50명의 성적이 60점에서 95점까지 분포를 보인다고 할 때 이를 순서 눈금으로 나타낸다고 가정해 보자. 학생들의 성적은 대체로 평균을 중심으로 분포되므로 가장 낮은 점수가 60점, 가장 높은 점수가 95점이라 하면 35점 정도의 차이가 날 것이다. 실제 점수 차이는 35점이지만 이를 순서 눈금으로 나타낸다면 1에서 50에 이르는 순서가 나타난다. 그렇지만 50위에 드는 학생과 1위에 드는 학생의 점수 차이가 50배인 것은 아니다. 따라서 이는 양적 개념에서 왜곡이라고 할 수 있다.

그에 비해 점수를 일정한 간격으로 나누고 그 구간에 학생들을 배분하게 되면 점수의 왜곡을 줄일 수 있다. 평가 결과를 이야기할 때 '수, 우, 미, 양, 가'로 매기는 것과 같이 일정한 거리나 간격을 지닌 대상들의 순서를 보여준다. 이런 등구간 눈금은 순서 눈금과는 달리 일정한 구간들 사이의 거리에 따른 대상들의 분포를 보여준다는 점에서 구별된다. 대부분의 시험 점수 처리 자료는 이 눈금을 활용하여 측정된다. 예컨대, 10점 간격으로 '수, 우, 미, 양, 가'를 매길 경우 어떤 학생이 '수'라면 90점 이상임을, '가'라면 60점 이하라고 양적으로 계산할 수 있다.

지금까지 설명한 세 개의 눈금은 일반적으로 양적 조사연구에서 자주 사용된다. 어떤 눈금을 배분할 것인가 하는 것은 조사연구의 목적과 밀접한 관련이 있다. 집단의 성격에 따른 차이와 관련되는 조사연구를 한다면 집단의 성격에 맞는 명목 눈금을 주어야 하며, 선호도 정도를 조사한다면 순서 눈금을 배분해야 한다. 그리고 상위

1부 현장 조사연구에 대한 이해

권 학생들의 수, 혹은 학급 전체의 성적 분포를 알고자 한다면 등구간 눈금을 활용해야 할 것이다. 그렇지만 똑같이 성적을 활용한다고 하더라도 성적과 다른 요소들의 상관관계, 이를테면 국어 성적과 설명문 쓰기 능력의 상관관계를 분석하고자 한다면 등구간 눈금은 별 의미가 없다.

(4) 대비율 눈금

일반적으로 등구간 눈금과 대비율 눈금을 통해서 나온 자료는 주로 모수적 분석[15]에 쓰이고, 순서 눈금과 명목 눈금은 비모수적 분석에 쓰인다(Dörnyei, 2007:187).

대비율 눈금(ratio scales)은 영점을 지니며, 그 눈금에 따른 점수들이 비율로서 의미가 있다는 점에서 등구간 눈금과 차이가 난다. 이를테면, 초등학교 1학년에 비해 초등학교 2학년은 두 배의 비율로 국어를 배운 햇수에 차이가 있다는 것을 보여준다. 이처럼 비율 눈금은 숫자와 관련되는 처리에 적합하며, 대비를 통해 대상들 사이의 상대적인 무게를 보여주기에 알맞다. 한편, Nunan(2003:25)에서는 비율 눈금을 절대적인 값을 측정하는 눈금으로 보면서, 국어 능력에 절대적인 값이 없으므로 국어교육과 같은 응용언어학에서 관심사가 아니라고 하면서 배제했다.

눈금은 일반적으로 수량화된 눈금과 수량화되지 않은 눈금으로

---

15) 모수적 분석(parametric analysis, 母數的分析)이라는 용어는 양적 자료와, 비모수적 분석은 질적 자료와 연결을 한다. 이때 모수적이라는 말은 모집단의 특성이 값(수치)을 통해 드러난다는 의미를 지닌다. 모수적 분석은 일정한 참여자가 있는 집단(일반적으로 30명 이상)을 대상으로 하는데, 이런 집단을 대상으로 하는 것은 정규분포를 고려한다는 것을 함의한다. 어떤 집단의 구성원들이 지니고 있는 속성에 비추어 보았을 때 정규분포를 이루려면 연속을 이루는 양적 자료를 대상으로 할 수밖에 없을 것이다.

나눌 수 있다. 수량화된 눈금은 동등한 간격을 지닌 눈금이 기본이고, 여기에 0점을 도입함으로써 비율 눈금이 된다. 수량화되지 않은 눈금은 구분을 짓기 위한 명목 눈금, 차례를 매기기 위한 순서 눈금이 있다. Brown(2001)에 따르면 이들은 정확도에서 차이가 있다고 한다. 가장 정확한 눈금이 대비율 눈금(비율 눈금)이며, 그다음이 등구간 눈금, 그다음이 순서 눈금이고, 가장 성긴 눈금이 명목 눈금이다. 사실 명목 눈금은 통계분석을 위해 끌어들이는 눈금으로서 의미가 있다. 여기서 정확도 개념은 통계적인 분석 과정에서 의미를 지니는 정도, 즉 가변성을 보이는 정도의 차이라고 할 수 있다.

명목 눈금이나 순서 눈금은 질적 변수라고 하며, 등구간 눈금이나 대비율 눈금은 양적 변수라고 한다. 이와 같은 구별은 측정된 값들에 대해 연속성을 가정하느냐의 여부에 있다. 명목 눈금이나 순서 눈금은 연속성이 있다고 보기 힘들다. 말하자면, 순위를 매겨나가면 1등과 2등 사이의 연속은 보장할 수 없다는 의미다. 따라서 이들 눈금으로부터 나온 자료는 모수적 처리에 이용할 수 없게 된다.

앞에서 소개한 네 가지 눈금 가운데 어느 하나를 선택하는 것은 분석의 목적과 관련되어 있다. 예컨대, 10개 반에 걸쳐 성적에 대한 동질성 검사를 하고 싶다면 학급 구성원별 정확한 성적 자료가 필요하다. 즉 개별 학급 구성원들의 성적에 대한 정확한 점수가 필요하다. 그에 비해 여러 반의 성적 분포를 비교하고자 한다면 등구간 눈금만 있으면 된다. 따라서 조사연구의 목적이 분명하지 않은 경우, 혹은 측정 가능한 개념이 정확하게 구성되지 않을 때는 정확도가 높은 수준의 자료를 얻기 위해 계획을 짤 필요가 있다. 예컨대 학령을 조사할 경우, 초등학교 1~6학년을 정확하게 물어볼 수 있는 것이다.

1부 현장 조사연구에 대한 이해

그다음에 조사연구 목적이 뚜렷해지면 명목 눈금이나 등구간 눈금으로 바꾸어볼 수 있다. 90점 이상이라는 비율 눈금을 지닌 자료를 구간 눈금인 '수'로 바꿀 수 있는 것처럼, 고학년·저학년 혹은 초등학생·중학생·고등학생으로 바꿀 수 있는 것이다. 그러나 이 자료를 비율 자료로 바꿀 수 없다는 점을 새겨두어야 한다. 마찬가지로 조사연구의 목적에 비추어 정확성이라는 조건이 언제나 바람직한 것은 아니다. 필요 이상으로 정확성을 추구하면 분석이 복잡해지고, 그에 따라 시간과 품도 많이 들기 때문이다.

같이 생각해 보기

1. 다음의 각 경우를 독립변수와 종속변수로 갈라봅시다. 그리고 그 변수들은 어떤 눈금의 갈래에 드는지 생각해 봅시다.

   ㉮ 새로운 읽기 자료를 계발하고 이를 국어 성적에 반영하여 그 처치 효과를 알아보고자 함.

   ㉯ 다문화 가정의 어린이와 그렇지 않은 어린이들의 듣기 능력을 비교하기 위해 듣기 평가를 실시함.

2. 다음은 확인을 위한 물음입니다. 빈 곳에 앞에서 언급한 눈금(변수) 가운데 알맞은 것을 골라 써 넣어봅시다.

   응용언어학 분야의 많은 연구에서 '이중언어'는 변수입니다. 그 변수의 계량 가능한 자리매김의 일부에는 변수를 부호화하는 값이 포함될 것입니다. 이중언어는 '1=예, 2=아니오' 혹은 '1=불어/영어, 2=독일어/불어, 3=불어/아랍어, 4=광둥어/중국 표준어, 5=스페인어/포르투갈어'와 같이 부호화될 수 있습니다. 이 경우에 변수는 _____변수로 눈금이 매겨질 것입니다. 각각의 숫자는 _____(수준/변수)을/를 나타냅니다. 이중언어는 '1=매우 제한됨, 2=제한됨, 3=훌륭함, 4=유창함, 5=매우 유창함'으로 부호화될 수 있습니다. 이 경우에 변수는 _____변수로 측정되었습니다. 이중언어는 1에서 100까지 평가 도구에 따라 부호화될 수 있습니다. 변수는 _____변수로 측정되었습니다(Hatch & Lazaraton, 1991).

5. 지수

지수는 눈금을 더해 어떤 기준을 설정하는 경우에 쓴다. 가장 흔한 예는 지능지수이다. 먼저 지수와 단일 눈금을 구별하기로 한다. 예컨대, 고등학교 2학년 학생을 대상으로 독서에 대한 흥미가 있는지 알아보고자 하는 경우를 가정해 보자. 지수를 통해 이를 조사·연구한다면 여러 개의 문항을 종합하는 방법을 써볼 수 있다. 또 값을 달리 부여한 단일의 문항을 통해 조사할 수도 있다.

지수를 통한 독서 흥미도 조사연구에서 문항의 예
① 책에 대한 서평을 모은다.
② 독서 토론에 참가한다.
③ 저자와의 대화에 참여한다.
④ 책에 관련된 기사를 잘라 모은다.
⑤ 처음 만난 사람과 책에 관한 이야기를 화제로 삼는다.
⑥ 독후감을 쓴다.

단일 문항을 통한 독서 흥미도 조사연구에서 문항의 예
① 독서에 관련되는 활동으로 가장 많이 해본 것은 무엇입니까?

㉠ 책에 대한 서평 모으기　　㉡ 독서 토론 참가

　　㉢ 저자와의 대화 참여　　㉣ 독후감상문 쓰기

　　㉤ 책에 대한 서평 쓰고 투고하기

　　첫 번째 예에서는 리컷 눈금(성태제·시기자(2015:125)에서는 '총합 평정 척도'라고 부름)[16]을 사용하여 각 문항에 대해 나온 응답들의 결과를 통계 처리할 수 있다. 그에 비해 두 번째 예는 선호하는 항목을 고르라는 설문지다. 물론 이 경우에도 선택지는 리컷 눈금을 쓴 경우와 마찬가지의 값을 얻을 수 있다. 위에서는 ㉠~㉤에 대해 1~5점을 줄 수 있도록 마련되어 있다. 단순히 책에 대한 서평을 모으는 활동보다는 책에 대한 서평을 쓰고 이를 투고하는 일이 훨씬 더 독서에 대한 흥미도가 높다고 할 수 있는 것이다. 위의 두 가지 예에서 보듯이 지수를 이용한 방법과 단일 문항을 통한 조사연구는 얻을 수 있는 자료의 품질에서 차이가 있다.

　　이와 같은 지수를 사용하는 것은 복잡한 이론적 구성물인 동기, 국어 능력, 흥미와 같은 개념을 단순히 단일의 문항으로 조사하기에는 한계가 있기 때문에 그와 관련되는 여러 문항을 통해 높은 품질의 자료를 얻기 위해서이다. 예컨대, '당신은 쓰기에 대해 흥미를 지니고 있습니까?'라는 물음 하나로 조사한 것보다는 쓰기의 흥미에 관련된 여러 물음에 대한 반응을 살핌으로써 훨씬 더 정확하고 자세하게 답을 제시할 수 있다.

---

16) 예를 들면, '1-매우 그렇지 않다, 2-별로 그렇지 않다, 3-그렇지 않다, 4-대체로 그렇다, 5-어느 정도 그렇다, 6-매우 그렇다'와 같은 응답지를 문항별로 마련하고 표기하도록 할 수 있다. 이런 설문지의 선택지 개수는 짝수가 되도록 하는 것이 좋다. 홀수인 경우 설문 참여자들이 중간값을 고를 가능성이 크기 때문이다.

또한 여러 질문을 묶어서 고려함으로써 일관성이 없는 물음들을 배제하여 신뢰도가 더 높은 자료들을 바탕으로 통계 처리를 할 수 있다는 장점이 있다. 끝으로 어떤 변수들에 대한 점수 변동의 폭이 크기 때문에 자료 해석을 훨씬 더 풍부하게 할 수 있도록 해주기도 한다. 즉 단일 항목으로 측정할 경우 학습자들이 국어 수업에 참여하는 정도는 '매우 능동적, 어느 정도 능동적, 매우 소극적'이라는 값만 얻을 수 있지만, 지수를 활용한다면 능동적이거나 소극적인 정도를 셈하고 헤아릴 수 있다.

6. 가설

조사연구는 일반적으로 두 가지 차원에서 접근할 수 있다. 새로운 정보를 제공하는 경우와 잘 알려진 어떤 정보를 새로운 방법으로 분명하게 드러내는 경우이다. 읽기 능력의 실태를 조사하고자 한다면, 인터넷 검색 등을 통해 이전의 조사연구를 훑어보아야 한다. 그렇지만 읽기 능력 전부를 조사·연구할 수는 없기 때문에 범위를 좁혀야 한다. 이를테면, 설명문이나 논설문같이 글의 갈래로 범위를 좁힌다든지, 설명문에서 주제 찾는 능력 등으로 더 좁혀볼 수 있다. 그다음에 검정이 가능한 명제(Silverman, 2008:13), 즉 가설을 설정해야 한다.

'설명문에서 주제 찾는 능력은 논설문에서 주제 찾는 능력과 관련이 있을 것인가, 없을 것인가?'라는 질문거리에 대한 가설은 두 가지 형태를 띤다. 하나는 이들 사이에 아무런 상관이 없다는 것이다. 그에 비해 이들 사이에 관련이 있다고 할 수도 있다. 앞의 형태로 제시하는, 즉 부정문의 형식으로 제시되는 가설을 '귀무가설(주로 H_0로 표시함)'이라고 한다. 그리고 뒤의 형태로 제시되는 가설은 일반적으로 '대립가설' 혹은 '대안가설(주로 H_1로 표시함)'이라고 한다. 이를 더 분명하게 나타내면 다음과 같다.

논설문 주제 파악 능력과 설명문 주제 파악 능력 사이의 상관관계에 대한 두 가지 가설

① 귀무가설: 논설문 주제 파악 능력과 설명문 주제 파악 능력 사이에는 아무런 상관이 없다.

② 대안가설: 논설문 주제 파악 능력과 설명문 주제 파악 능력은 서로 관련이 있다.

대안가설을 세울 만한 이론적 근거가 있거나 이전의 연구로 귀무가설을 거부할 수 있을 때 대안가설을 검정하는 것이 가능하다. 그리고 귀무가설을 기각할 수 있을 때, 즉 그 분야에서 이전 연구에 터해 상관관계가 있다고 믿으며 관계의 방향을 구체적으로 밝힐 수 있다고 믿을 때 대안가설은 더 구체적인 방향까지 언급할 수 있다. 이를 '부등가설'이라고도 한다. 이론적 배경이 강하고 사전 연구가 어느 정도 쌓여 있는 경우 부등가설 형태의 대안가설을 내세울 수 있다. 긍정의 형태로 표현되면 방향을 담고 있는 긍정가설이 되며, 부정의 형태로 표현되면 방향을 담고 있는 부정가설이 된다.

대안가설의 두 가지 형태

① 논설문 주제 파악 능력이 높을수록 설명문 주제 파악 능력이 높다.

② 논설문 주제 파악 능력이 높을수록 설명문 주제 파악 능력이 낮다.

①은 긍정가설이며, ②는 부정가설이다. 아마도 ①의 형태로 연구 논문의 가설을 세우게 될 터인데, 어떤 갈래의 주제 파악 능력이 높다면 다른 갈래에서도 그것이 높을 가능성이 크기 때문이다. 또한 읽기 교육의 측면에서 ①이 더 많은 함의를 지니고 있고, 새로운 논의와 이어질 가능성도 크다. 그렇기 때문에 검정할 만한 가치가 있다고 할 것이다.

같이 생각해 보기

1. 논설문 주제 파악 능력을 놓고서 남학생과 여학생, 도시 지역과 농촌 지역을 대상으로 연구한다고 가정해 봅시다. 이들에 대한 귀무가설과 대안가설은 어떻게 설정할 수 있겠습니까?

   ㉮ 남학생과 여학생

   　　귀무가설: _____

   　　대안가설: _____

   ㉯ 도시 지역 학생과 농촌 지역 학생

   　　귀무가설: _____

   　　대안가설: _____

2. 위의 경우에서, 대안가설 가운데 방향을 담고 있는 긍정가설을 세워봅시다.

3. 다음은 잠정적으로 내세운 가설입니다. 셋 가운데 가장 적절한 가설은 무엇입니까? 그렇게 생각하는 이유는 무엇입니까? (이는 절대적인 것은 아닙니다.)

   ㉮ 성별은 국어 성적과 관련이 있을 것이다.

   ㉯ 여학생의 국어 성적이 더 높을 것이다.

   ㉰ 성별은 국어 성적과 관련이 있는데, 여학생의 국어 성적이 더 높을 것이다.

7. 통계적 유의성

기술 통계로 나온 자료들은 양적인 결과를 보여준다는 점에서 의의를 지닌다. 그렇지만 모집단 전체를 대상으로 할 수 없는 조사연구의 한계에 비추어 볼 때 그 결과들이 어느 정도 유의한가를 반드시따져보아야 한다. 우연한 발견의 결과라면 그 통계 자료는 학문적의미를 지닐 수 없기 때문이다. 이때 쓰이는 개념이 '통계적 유의성(statistical significance)'이다. 일반적으로 통계적 유의성은 "통계분석의 결과들이 우연성 요인들에 말미암을 가능성이 있는 수준"을 가리킨다(Brown, 2001). 말하자면, 특정의 기술 자료들이 믿을 만하고 일반적인 경향을 보일지라도 우연일 가능성을 배제할 수 없는 것이다. 이런 가능성을 배제하기 위해서 따져보아야 하는 개념이 통계적 유의성이다.

통계적 유의성을 논의하는 과정에서 염두에 두어야 할 또 다른 개념은 '실제적 유의성(practical significance)'이다. 양적 자료에 대한 통계 처리를 할 때 대다수 연구자는 통계적 유의성에 신경을 쓰겠지만, 실제적 유의성도 강조되고 있다. 따라서 바람직한 연구는 두 차원의 유의성을 두루 갖춘 연구라고 할 수 있다.

통계적 유의성을 판단하는 기준은 유의수준과 유의확률 사이의 관계이다. 유의수준(알파값이라고도 함)은 바람직한 결과를 얻을 수 있는 수준으로, 정규분포 곡선에서 신뢰할 만한 수준을 나타낸다. 이를테면, 전체의 95%가 바람직한 결과에 포함되기를 바란다면 그때 유의수준은 0.05가 된다. 유의확률은 수집된 자료로부터 계산되는 확률이다. 가설을 검정할 때 항상 '귀무가설이 사실이다.'라는 가정으로 분석을 실시한다. 따라서 '귀무가설이 사실이다.'라는 가정으로 통계량(독립표본 t-검정에서의 t값, 분산분석에서의 F값, 동질성 검정에서의 카이제곱 값)을 구하게 되고, 그 구해진 통곗값이 나올 가능성을 확률로 표현한 것이 유의확률이다.

유의확률은 계수(p)로 나타내는데 그 값은 0에서 +1 사이에 있다. 통계적 유의성을 가진다는 것은 대체로 p<0.05 혹은 p<0.01임을 나타내는데, 이는 우연일 확률이 5퍼센트 혹은 1퍼센트보다 낮다는 것을 의미한다. 거꾸로 이야기하면, 우연성이 아니라 다른 요인에 의해 변동이 일어날 확률이 95퍼센트 혹은 99퍼센트라는 것이다. 보통 이 두 경우는 변인에 의해 나타난 경향이 매우 높음을 의미한다. 관례적으로 국어교육학을 비롯한 사회과학에서는 p<0.05 혹은 p<0.01인 경우에 통계 처리 결과가 수용할 수 있는 것으로 간주한다. 유의확률이 작다는 것은 '귀무가설이 사실이다.'라는 가정으로 계산된 통곗값이 나오기 힘든 값이라는 것을 의미한다. 통계 처리 꾸러미(SPSS 등)에서 통계 처리를 한다면 자동으로 계산을 해준다. 일반적으로 그 결과가 통계적으로 유의함을 보여줄 경우 제시되는 * 표시는 이를 표현한다. 즉 *는 유의확률이 0.05보다 작음을 나타내고, **는 유의확률이 0.01보다 작음을 나타낸다.

유의수준의 설정은 대체로 주관적이지만, 유의수준을 높게 설정하여 귀무가설을 기각하는 잘못이 있다면 이것을 '1종 오류'라고 한다.[17] 물론 귀무가설이 맞지 않음에도 귀무가설을 기각하지 않게 되는 오류도 있을 수 있다. 이것은 '2종 오류'라고 하고 '베타(β)'로 표시한다. 그런데 1종 오류와 2종 오류[18]는 시소와 같은 원리이기 때

---

17) 대체로 통계 처리 꾸러미에서는 유의확률을 표시해 주므로 유의수준과 비교하여 귀무가설의 채택 여부를 결정할 수 있다.

문에 어느 한쪽의 확률을 줄이면 다른 쪽의 확률이 높아진다. 따라서 통계분석에서는 1종 오류를 범하지 않기 위해서 알파값을 항상 일정하게 정해두게 된다. 이는 대체로 관례에 따라 설정하기 때문에 국어교육학을 비롯한 사회과학의 관례를 따라 보통 유의확률 p의 값은 p<0.05 또는 p<0.01 등으로 설정하여 비교한다. 그리고 2종 오류를 범하지 않도록 하기 위해 참여자 수가 30명 이하일 때는 유의확률을 p<0.1로 조정하기도 한다. 이렇게 해야만 소수의 참여자로 인한 오차의 영향을 줄일 수 있고 귀무가설을 기각할 수 있게 된다.

통계적으로 유의하다는 것은 앞서 언급한 유의수준이나 유의확률과 관련하여 언급된다. 유의수준보다 유의확률 값이 작으면 '귀무가설이 사실이 아니다.'라고 판단을 내리고 논문에서 주장하는 연구가설을 받아들일 수 있게 된다. 따라서 '귀무가설이 사실이다.'라는 가정으로 계산한 유의확률이 유의수준보다 작으면 귀무가설을 기각하고, 유의수준보다 큰 값으로 계산되면 귀무가설을 받아들인다.

예컨대, '읽기 능력은 요약하기와 관련이 없을 것이다.'라는 귀무가설을 검정하기로 했는데 유의확률 p=0.781로 나왔다면 이는 잠정적으로 설정하게 되는 유의수준(알파값) 0.01이나 0.05보다 크므로 귀

---

18) 교육 맥락에서 (당연히 어떤 오류도 일어나서는 안 되겠지만) 1종 오류보다는 2종 오류를 범하지 않도록 하는 데 초점을 둔다. 예를 들어, 요약하기에서 거시 구조 파악 연습이 효과적인지 검정하는 경우를 생각해 보자. 귀무가설은 '요약하기에서 거시 구조 파악 연습은 효과적이지 않다.'가 될 것이다. 거시 구조 파악 연습이 효과적이지 않음에도 이를 기각하게 되면, 즉 효과가 있다고 결론을 내린다면 1종 오류가 된다. 그렇지만 거시 구조 파악 연습이 효과적이지 않음에도 불구하고 이를 기각할 수 없다면, 즉 효과적이라고 결론을 내린다면 이는 2종 오류를 범하는 것이다. 모든 조건이 같을 경우 2종 오류에서는 더 나은 방법을 실시해 볼 여지가 없는 결과를 가져온다. 그에 비해 1종 오류는 다른 방법을 실시해 볼 수 있다는 점에서 2종 오류보다는 낫다는 것이다. 그런데 두 종류의 오류가 범할 수 있는 위험의 정도는 상황과 맥락에 따라 조금씩 달라진다.

무가설을 기각할 수 없다는 것이다.

통계적 유의성은 결과의 유의성, 즉 유의수준과 유의확률에 대한 함수일 뿐만 아니라 탐구되는 표본의 크기와도 함수관계에 있다. 이를테면, 만 명 정도의 집단에서 나타나는 약한 경향성은 전체 모집단의 전형적인 속성으로 간주할 수 있지만, 10명 이내의 표본에서 강한 경향성은 확신할 수 없다는 것이다. 따라서 컴퓨터로 이루어지는 셈에서 유의성은 중요도 효과와 표본집단의 크기를 동시에 고려하게 된다. 이런 점을 고려한다면 유의할 때 보고할 수 있지만, 특정의 결과가 유의하지 않다면 보고할 수 없다. 일반적으로 국어교육의 맥락에서 무한정으로 표본의 크기를 정하는 일이 현실적으로 불가능하기 때문에 30명 정도를 적절하다고 본다.

여기서 또 하나 짚고 넘어가야 할 것은, 통계적으로 유의하다고 해서 반드시 그런 결과를 담고 있는 연구가 가치 있다고 주장할 수는 없다는 점이다.[19] 중요하다기보다는 확률적으로나 통계적으로 유의하다는 의미일 뿐이다.

유의성과 관련하여 이 책에서 포괄적으로 다루고 있는 철학적 관점의 문제를 언급하기로 한다. 진리를 발견하기 위해서 일반적으로 연역적인 방법과 귀납적인 방법이 쓰인다. 연역적인 방법은 이론으로부터 시작하고 가정이나 이론을 뒷받침하거나 반박하는 증거를 찾는다. 그에 비해 귀납적 방법은 여러 사례의 조사와 분석으로부터 일반적인 원리나 진리를 이끌어낸다. 그런데 칼 포퍼에 의해 귀납주

---

19) 성태제(2007:265)에서 지적하고 있듯이 통계적 유의성과 실제적 유의성이 둘 다 중요하지만 현대 통계학에서는 실제적 유의성에 더 관심을 두는 경향이 있다. 통계적 유의성을 검정하지는 않더라도 기술 통계 자료를 바탕으로 어떤 관찰 자료에 나타난 경향성을 기술하는 것도 실제적인 유의성을 지닌다는 말이다.

1부 현장 조사연구에 대한 이해

의의 고지식함이 지적된 이래 귀납주의에서 일반적인 이론의 반증 가능성이 현장 조사연구에서도 주장되기 시작했다. 따라서 대부분의 경우에 보편적인 진술이 아니라 일반적인 경향과 통계적 추이에 관심을 갖게 되었다.

앞에서 다루었던 신뢰도와 타당도, 유의성도 이런 통계적 추이에 대한 관심과 관련이 있다. 예컨대, 설명문의 짜임이 이해에 미치는 영향은 학습자의 수준과 관계없이 같을 것이라는 주장에 대해 반증 가능한 사례들이 검정되기도 한다. 이럴 경우에는 일반적인 어떤 이론으로서 글의 짜임이 이해에 미치는 영향을 주장하기보다는 고급 수준에 있는 독자에게 글의 짜임이 미치는 영향은 초급 수준의 독자에게 글의 짜임이 미치는 영향보다 적다는 경향성을 언급해 주는 것이 사리에 맞다고 볼 수 있는 것이다. 그리고 그것이 교육적으로 훨씬 의미가 있다. 또 다른 예로, 글의 갈래가 읽기나 요약하기에 미치는 영향을 알아보고자 고등학생을 대상으로 조사연구를 했다고 가정해 보자. 실제 조사 결과 고등학생에게 미치는 영향이 적다는 결론을 얻었다면, 이를 전체 학습자 집단에 확대 적용하는 주장을 하기보다는 '고등학생 집단의 경우 글의 갈래가 읽기나 요약하기에 미치는 영향이 적다.'라고 하는 것이 더 온당하다는 것이다.

요컨대, 통계적인 유의성이 실제적인 중요성으로 이어지도록 하기 위해 조사연구자는 최대한 '통계적 정밀도(statistic precision)'를 높이도록 노력해야 한다. 가급적이면 2종 오류와 표준오차를 줄여야 하는 것이다. 아울러 표본의 크기를 늘림으로써, 혹은 관찰 횟수를 늘림으로써 일반화 가능성을 높여야 한다. 다만 학문 영역에 따라 용인되는 유의수준의 범위를 고려하여 그 수준을 정하되, 국어교육학 분야에서는 30명 이상이 용인된다는 점을 고려할 수 있다. 또한 통계적 유의성 검증과 함께 '효과크기(effect size)'를 통해 실제적인 중요성을 언급해 줌으로써 연구의 의의를 강조할 수도 있다.

8. 표본

표본을 뽑아내는 일을 '표본뽑기(sampling)'라고 한다.[20] 모집단[21]으로부터 자료를 모으는 일이 쉽지 않은 조사연구에서 "표본뽑기는 하위 집단이 더 큰 모집단을 대표하는 쪽으로 전체 모집단으로부터 더 작은 집단의 참여자들을 뽑는 일을 포함한다(Brown, 2001)." 이렇게 하기 위해서 표본집단은 중요한 특징들(나이, 성별, 교육적 배경, 학업 능력, 사회경제적 계층 등)과 조사연구에서 초점을 모으는 변수들이 모집단과 비슷할수록 좋다. 이와 같은 표본뽑기는 모집단을 분석하는 데 따르는 막대한 시간과 품을 줄이기 위해 꼭 필요하다. 표본은 그런 의미에서 모집단을 대표할 만한 속성을 지닌 참여자들로 이루어져야 한다. 이때 문제가 되는 것은 표본의 크기다. 표본의 크기를 정하는 데 핵심적인 고려 사항은 모집단이 어떤 하위 집단으로 되어 있는가 하는 것이다. 즉 조사연구의 목적에 들어맞는 집단의 크기가 충분한가 하는 점을 고려해야 한다. 이를테면, 예비 교사의 글쓰기

---

20) 한국통계학회(1997)에서는 '표본을 모은다'는 의미로 '표집'이란 용어를 쓸 것을 제안하고 있다. '표본뽑기'는 '표본 추출'을 순화한 용어이다.

21) 표본은 조사연구자가 실제로 살피고자 하는 참여자들의 무리고, 모집단은 표본이 속해 있는 전체 집단, 즉 조사연구를 통해 알아보고자 하는, 따라서 일반화하고 적용 가능한 집단을 가리킨다. 예컨대, 중학교 2학년의 말하기 인식을 조사하고자 한다면 중학교 2학년 학생들은 모집단이 될 것이고, 여기서 임의로 몇몇 학교를 선정하여 설문 조사를 한다면 그 선정된 학교 학생들은 표본집단이 된다.

인식 조사연구에서 성별 차이를 알고자 한다면 어느 정도 균형을 맞출 수 있어야 한다는 의미다. 이와 같은 표본뽑기에서 표본의 크기는 연구의 소요 시간과 비용뿐만 아니라 분석 방법에까지 영향을 미치므로 조사연구의 초기 단계에 결정해야 한다.

표본뽑기 방법은 크게 두 갈래로 나뉜다. 하나는 '확률에 따른 표본뽑기'고, 다른 하나는 '비확률 표본뽑기'다.

먼저 비확률 표본뽑기에 대해 알아보자. 국어교육 분야에서 현장 조사연구는 대규모 조사가 힘든 경우가 많다. 수업과 활동, 평가의 단위가 학급이라는 점을 생각해 보면 그런 사정을 납득할 수 있다. 쓰기에서 태도를 조사 내용으로 삼을 경우, 대체로 자기가 가르치고 있는 학급을 대상으로 할 수밖에 없는 것이다. 이런 경우 학급은 당장 자료 혹은 정보를 입수할 수 있는 집단인데, 이는 비확률 표본뽑기의 성격을 지닌다. 말하자면, 대체로 반편성고사나 직전 학기의 기말고사 성적을 바탕으로 학급이 나누어지기 때문에 동질성을 보장할 수는 있다. 그런 면에서, 전체로 일반화하는 데 문제가 없지 않지만, 일반화 가능성은 지니고 있다고 볼 수 있다. 이와 같은 경우를 '편의적인 표본뽑기(convenience sampling)'라고 한다.

때로 모집단에 대한 정보나 연구의 목적에 터해 표본집단을 선택해야 하는 경우도 있다. 이런 표본집단은 대체로 사전 조사의 성격을 지니는 경우에 알맞다. 또는 예외적인 사례들에 대한 조사에 이용되기도 한다. 예컨대, 국어과 기말고사에서 성적이 좋지 않은 학생들을 면담하거나 설문지 조사를 통해 이들의 예외적인 성격이 무엇인지, 그 원인은 무엇인지 알아볼 수 있다. 이와 같은 표본뽑기 방법은 '유의 표본뽑기(purposive sampling)' 혹은 '판단 표본뽑기(judgemental sampling)'라고 부른다. 이름에서 알 수 있듯이 이런 방법은 모집단 전체의 성격을 파악하기 어려운 경우 집단에 대한 조사 연구자의 주관적 판단이나 추정에 바탕을 두고 있다.

'할당하여 표본뽑기(quota sampling)'는 용어가 암시하듯이 이미 알고 있는 정보를 바탕으로 하여 일정 비율로 표본을 뽑는 것이다. 예컨대, 학급 혹은 학교 전체에서 남학생과 여학생의 수를 알고 있고 이들이 어느 정도의 비율을 차지하는지 알 경우, 적절한 수준의 남학생과 여학생을 뽑아냄으로써 모집단의 대표성을 띠도록 할 수 있다. 여학생의 비율이 높아서 3:2의 비율로 되어 있다면 대표성을 띠도록 그 비율에 맞추어 남녀 학생을 뽑아 표본집단을 꾸릴 수 있다. 그러나 비율이 정확하게 계산된다 하더라도 표본의 특징이 가변성이 심한 경우라면 문제가 있을 수 있다. 심지어 모집단의 대표성에 의문을 제기할 수 있는 경우도 많다. 따라서 통계 처리를 하고자 한다면 이런 표본뽑기 방법을 피하는 것이 좋다.[22]

널리 쓰이는 것은 확률에 따른 표본뽑기다. 이 방법에서는 전체 모집단에 대해 쓸모 있는 기술을 제공하기 위해, 모집단으로부터 나온 개체들이 현장 조사연구에서 변화를 상정할 경우 모집단에 있는 것과 근본적으로 변화되는 모습들이 같아야 한다고 가정한다. 이와 같은 확률에 따른 표본뽑기는 다음과 같은 이유에서 필요하다.

먼저 편의에 따른 표본뽑기는 모집단의 구성원들을 왜곡할 수 있다. 실제로 남학생과 여학생의 비율이 같은 경우에도 지나치게 남

---

22) 최근에는 교사가 가지고 있는 인식이나 태도, 능력 등에 대한 현지 조사를 하면서 남교사와 여교사의 비율이 다른 경우를 종종 본다. 이는 교직에서 여교사의 비율이 높기 때문에 조사 참여자들에서 여성의 비율을 높여 잡는 경우로, 대체적인 경향성을 반영하기 때문에 표본으로서 신뢰도가 떨어진다고 할 수는 없을 것이다. 그렇지만 이런 경향성을 예비 교사(사범대학 재학생이나 교육대학교 재학생)로 확장하여 일반화할 때는 신중해야 할 것이다.

1부 현장 조사연구에 대한 이해

학생이나 여학생 어느 한쪽이 표본에 많이 뽑힐 수 있는데, 이는 조사연구의 목적에 비추어 심각한 문제가 되기도 한다. 또한 개인적인 취향에 따른 편견에 의해서 표본이 영향을 받을 수도 있다. 면담이나 설문 조사의 경우 조사연구자는 자신의 연구에 호감이 있는 사람들만을 대상으로 할 가능성이 있다. 이 경우에도 표본이 모집단을 대표한다고 볼 수 없을 것이다. 그렇지만 확률에 따른 표본뽑기는 모든 모집단 구성원에게 표본에 들 수 있는 동일한 기회를 부여한다는 가정을 바탕으로 하기 때문에 표본집단의 특징이 모집단의 특성 총합과 동질적이라고 해도 무리가 없다.

확률에 따른 표본뽑기에는 임의 표본뽑기와 체계적인 표본뽑기, 층위별 임의 표본뽑기, 군집 표본뽑기가 있다.

임의(무작위) 표본뽑기는 말 그대로 인위적인 조작을 하지 않고 표본을 뽑아내는 방법이다. 임의 표본뽑기에서 중요한 것은 각 개체(개인)가 모두 모집단에 속한다는 것을 확실하게 해두어야 하며, 그 개인들에게 뽑힐 수 있는 기회를 똑같이 부여해야 한다는 것이다. 이렇게 하기 위해 개체에 일정한 숫자를 부여하고 무작위 숫자 표에 근거하여 표본의 구성원들을 선택하게 하는 방법을 쓸 수 있다. 임의 표본뽑기는 두 가지 이유에서 선호된다(Babbie, 2001:186). 먼저 조사연구자의 입장에서 의식적이거나 무의식적인 치우침(편향)을 차단하는 수단으로 쓰일 수 있다. 또한 모집단의 특징뿐만 아니라 표본의 정확성을 추정하는 토대를 제공하는 확률 이론에 근접할 수 있도록 해준다. 그러나 이 방법은 최선의 정확성을 보장하지는 않기 때문에 다른 표본뽑기 방법, 이를테면 체계적인 표본뽑기 방법이 사용되기도 한다.

체계적인 표본뽑기는 참여자들을 확인할 수 없어서 임의 표본뽑기가 어려운 경우에 사용할 수 있다. 가장 간단한 예는 각 반의 홀수 번째 학생들, 혹은 출석 번호가 3의 배수인 학생들을 일정하게 뽑는 것이다. 이와 같은 방법이 언제나 확률적으로 타당하거나 모집단의 속성을 제대로 반영한 것이라고 보기 힘든 경우도 있으므로 주의할 필요가 있다. 어떤 표본을 뽑기 위한 목록이 일정한 주기를 이루면서 반복될 때, 위와 같이 목록의 열 번째 혹은 세 번째 참여자를 일정하게 뽑는다고 한다면 문제가 있을 수 있는 것이다. 즉 전체 모집단의 속성이 반영되는 것이 아니라 특정 속성을 지닌 개체만 선택할 가능성이 있다. 가장 쉬운 사례로 홀수에는 여학생을, 짝수에는 남학생을 배치하는 출석부가 있을 때 홀수나 짝수만을 선택한다면 성별로 편차가 있다는 점을 고려하지 못할 가능성이 있다.

층위별 임의 표본뽑기는 앞의 두 방법, 즉 임의 표본뽑기와 체계적인 표본뽑기보다 표본오차[23]를 줄임으로써 표본의 대표성을 높일 수 있다. 이는 일정한 층위를 이루는 모집단을 가정하고 여러 층위별로 임의 표본을 뽑음으로써 가능하다. 앞의 무작위 표본뽑기와 다른 점은 모집단을 층위로 나누는 일이 앞서야 한다는 것이다. 예컨대, 고등학교 2학년을 대상으로 한다면 그 학생들은 '남/여, 도시/농촌, 실업계고/인문계고/특수목적고, 자연 계열/인문 계열' 등으로 나뉜다. 조사연구의 변수 설정에 따라 이 층위들 가운데 필요한 층위를 선택하고, 층위별로 일정한 비율이 포함되도록 할 수 있다. 따라

---

23) 표본 설정에서 예상되는 오차의 정도를 가리킨다. 100명의 학생을 대상으로 국어과 방과후 수업에 참여 여부를 조사한다고 가정해 보자. 만약 우연히 참여 희망자가 50명이고, 희망하지 않은 학생이 50명라면 표본오차는 0.05가 된다. 표본오차를 구하는 공식은 다음과 같다. $\sqrt{\frac{P \times Q}{n}}$ (여기서 P와 Q는 변수에 대한 반응률을 나타내며, n은 개체수이다. 이 경우에 P=1-Q, Q=1-P로 셈하는데, 예에서는 P=Q=0.5가 된다.) 표본오차는 집단의 수가 클수록, 동질적인 집단일수록 줄어든다고 알려져 있다.

1부 현장 조사연구에 대한 이해

서 이 방법은 임의적인 표본뽑기에 범주화가 결합된 형태이다. 이런 방법을 쓰는 연구에서는 모집단이 하나 이상의 변수에 따라 층위로 나뉘며, 임의 표본들은 다양한 층위의 교차에 따라 규정되는 모든 집단으로부터 선택된다.

층위에 따라 표집하는 예를 좀 더 구체적으로 들어보면 다음과 같다. 100명의 학생을 대상으로 글쓰기에서 계획하기와 관련된 전략을 조사한다고 할 때, 일차적으로 설문 조사를 하여 계획하기의 유형을 조사할 수 있다. 설문 조사 결과 '개요를 짜는 유형, 메모를 하는 유형, 바로 시작하는 유형'으로 분류되었다고 하자. 각각의 유형에 따라 30명, 50명, 20명의 학생으로 집계되었을 때, 계획하기 전략을 좀 더 심층적으로 알아보기 위해 질적 조사연구를 병행하고자 면담할 대상자를 뽑을 경우 이 방법을 쓴다. 즉 10명을 면담 대상자로 선택할 경우 그에 비례하여 개요를 짜는 유형에서 3명, 메모를 하는 유형에서 5명, 바로 시작하는 유형에서 2명을 뽑아서 면담을 시작할 수 있다.[24]

그러면 어떨 때 층위별 임의 표본뽑기를 해야 할까? Brown(2001)에서는 층위별 임의 표본뽑기를 해야 하는 경우로 세 가지를 들고 있다. 첫째는 모집단 구성원들의 성질이 두드러지게 서로 다를 경우

---

24) 앞서 간단하게 언급한 것처럼 현직 국어 교사를 대상으로 하는 경우 성비의 불균형을 걱정할 수 있다. 일반적으로 남교사보다 여교사가 더 많이 조사에 참여할 수 있는데, 이를 성비의 불균형으로 간주하는 경우는 조사의 특성에 따라 다르게 해석할 수 있다. 남교사와 여교사의 특성을 알아보고자 하는 조사라면 각각의 집단에 일정한 수의 교사들을 참여시켜야 할 것이다. 이를 테면 '말하기의 총체적 평가에 대한 여교사와 남교사의 인식'이라는 주제일 경우. 그렇지만 교사 집단 전체를 대상으로 한다면 사정이 다를 수 있다. 이를테면 '말하기의 총체적 평가에 대한 교사의 인식'이라는 주제일 경우. 우리나라의 특성상 여교사의 비율이 남교사의 비율보다 높다는 점을 고려하여 성비의 불균형을 조정할 수 있을 것이라 생각한다.

이며, 두 번째는 모집단의 크기가 작고 서로 다른 성질을 공유하는 집단마다 크기가 다를 경우, 세 번째는 층위를 변수로 이용하고 싶을 경우이다. 예컨대, 대학에서 쓰기 동기 구성 요인을 조사하고자 할 때 자연 계열과 인문 계열로 나눈다고 가정해 보자. 이때 남학생과 여학생은 계열에 따라 차이를 보일 수 있다. 이때 일정한 참여자 수를 확보하기 위해 계열별로 일정한 수를 정하는 방법을 쓸 수 있다. 그렇지 않은 경우, 즉 성질이 거의 비슷하고 모집단이 상당히 클 경우는 임의 표본뽑기 방법을 써도 무방하다.

군집 표본뽑기는 모집단이 너무 널리 퍼져 있어서 전체를 대상으로 하기 힘들기 때문에 특정 지역이나 단위의 집단을 표본으로 선택하는 경우이다. 이때 선택된 집단은 모두 검사의 대상이 된다. 국어교육 영역에서는 이런 군집 표본뽑기 방법이 널리 사용되지는 않는다.

지금까지 표본뽑기를 나누는 대표적인 기준에 따라 확률적인 방법과 비확률적인 방법으로 가르고, 그에 따른 대표적인 방법들을 소개했다. 조사연구자는 이 가운데 어느 하나를 고를 수 있다. 특히 유의 표본뽑기와 편의 표본뽑기는 통계적인 확률이 결론의 신뢰도와 타당도에 연결되는 임의 표본뽑기, 체계적인 표본뽑기, 군집 표본뽑기, 할당 표본뽑기와는 달리 반드시 확률을 보장할 필요가 없는 경우에 쓰이며, 이 경우에 확률은 별다른 의미가 없다. 그러므로 작은 집단 연구나 예비적인 조사연구를 위해서 이용해 봄 직한 표본뽑기 방법이다. 그러나 Dörnyei(2007)에 따르면 실제 조사연구에서 더 많이 쓰이는 표본뽑기 방법은 비확률적 표본뽑기라고 했다.

표본뽑기에 관련되는 내용은 조사연구 보고서를 만드는 과정에서 자세하게 기술되어야 한다. 아울러 모집단과 표본집단이 어떤 관계에 있으며, 왜 표본집단이 모집단을 대표하는지 기술해야 한다. 그리고 기존의 연구에서 어느 정도 밝혀진 특징을 지니고 있는 집단이 있다면 이를 활용하는 것이 좋다. 이를테면, 윤준채(2009ㄴ)에서는 초등학생의 쓰기 태도 발달을 알아보기 위해 서로 다른 지역적 배경을 지닌 집단을 선택하고 있다. 이와 같은 선택을 한 이유를 밝혀줌으로써 해석에서 타당도를 높일 수 있다.[25]

표본집단의 크기는 일반적으로 크면 클수록 좋다고 할 수 있지만 현실적으로 무한정으로 키울 수가 없다. 다른 한편으로 표본집단의 크기에 대한 결정적인 기준이 없으므로 여러 가지 기준을 고려하여 조사연구자가 결정해야 한다.

첫 번째 기준은 '어림짐작(rules of thumb)'이다. 모집단의 1~10%를 표본집단의 크기로 정하는 방법이다. 그렇지만 분석 방법에 따라 구체적인 크기는 학자들 사이에 어느 정도 정해져 있다. 상관관계를 조사하는 연구에서는 대체로 30명이 필요하며, 비교를 위한 실험집단과 통제집단의 크기는 각각 15명 이상, 인자분석과 다변량 분석에는 100명 이상의 표본집단이 필요하다. 구조방정식 모형을 이용한 분석에서는 200~300명 정도가 필요하다.

두 번째는 통계학적 기준이다. 양적 조사연구에서 기본적인 조건은 표본집단이 정규분포를 이루어야 하며, 이를 위해서는 30명 이상으로 이루어진 표본집단이 필요하다. 비모수적 검정에서는 30명 이하의 표본집단이 쓰일 수 있다.

---

25) Dörnyei(2007:84), Babbie(2001)에서는 비확률적 표본뽑기 방법으로 하나를 더 들고 있다. 비유적인 표현으로 '눈뭉치 표본뽑기'인데, 이는 특정의 연구에 들어맞는 참여자들을 만나고 이 참여자들에게 모집단에 들어맞는 참여자들을 추천해 달라고 부탁하는 방법이다. 어떤 이유로든 적절한 표본집단 구성원들을 찾기 힘들 때 사용할 수 있다.

마지막으로 표본집단이 어떻게 이루어져 있는지도 고려 사항이 된다. 적어도 표본집단 안에서는 다른 행태를 보이는 하위 집단들이 있는지 살펴보아야 한다. 이런 경우에도 표본집단의 크기를 줄일 수 있다. 예컨대, 듣기 능력을 검사하는 경우에 남학생과 여학생이 다른 모습을 보이리라 예상할 수 있고, 그럴 경우 표본집단의 크기를 줄일 수 있다. 즉 남녀 학생을 무작정 200명으로 하면서 신뢰도를 높이는 것보다는 남학생 50명, 여학생 50명으로 정할 수 있다는 것이다.

> **같이 생각해 보기**
>
> **다음은 어떤 설문 조사에서 표본뽑기를 한 사례입니다. 이는 어떤 갈래에 드는 표본뽑기의 방법입니까?**
>
> 완성된 설문지는 구글 문서 도구(Google docs)로 작성되어 이메일과 모바일 메신저를 이용하여 4월 12일에서 4월 22일 사이에 배포 및 회수되었다. 회수된 설문지는 모두 184부였고, 그중 중복된 데이터를 보낸 1부를 제외하고 모두 183부를 분석했다(나원주·김영규, 2016:62).

9. 예비 조사와 사전·사후 검사

어떤 조사연구의 신뢰도와 타당도를 높이고 이를 온전하게 실행하기 위해서는 예비 조사[26], 사전 검사, 사후 검사를 실시할 수 있다.

---

26) 간혹 사전 검사와 구별하지 않기도 하지만 필자는 사전 검사와는 구별되어야 한다고 생각한다. 예비 조사는 말 그대로 실험이나 조사를 하기 전에 물음이나 문항 타당도를 조사하기 위해 실시하는 것이고, 사전 검사는 어떤 일의 앞에, 즉 어떤 처치를 하기 전에 실시하는 검사를 가리킨다.

어떤 조사연구 상황을 가정하고 이들의 관계를 알아보기로 한다.

예컨대, 교과서 밖의 덩잇글 읽기가 읽기 능력 향상에 어떤 긍정적 효용이 있는지 알아보기 위해 조사연구를 마련한다고 생각해 보자. 이때 먼저 효과 검정을 위해 실험집단과 임의 선택된 통제집단(기준집단)을 설정해야 할 것이다. 이들을 대상으로 처치를 하기 전에 먼저 사전 검사를 실시해야 한다. 실험집단이나 통제집단에서 균질성이 보장되어야 처치가 이루어진 뒤 평균값 비교가 가능하기 때문이다.

사전 검사를 실시하기 전에 이런 평가가 조사연구의 주제와 관련이 있는지, 예외적인 문항은 없는지 알아보기 위해 예비 평가(예비 조사)를 할 수 있다. 이 조사연구에서 독립변수는 교과서 밖의 읽기에 어느 정도 참여했는가를 보여주는 명목 눈금으로 나타낼 수 있다. 문제는 이런 경우 교과서 밖의 읽기에 접속했는지를 분명히 알 수 있는 정보가 심각하게 오염될 가능성이 있다는 것이다. 또 다른 문제점은 조사연구 기간이다. 6개월의 기간을 설정했다면 읽기 능력 향상은 다른 요인들, 이를테면 지적인 성장, 다른 주제 관련 교과에서 학습한 내용이 배경지식으로 활용될 가능성 등과 관련될 수 있다. 이런 점들과 관련하여 다른 통제집단을 설정하여 예비 조사를 해볼 수 있다. 즉 사후 검사지로 제공된 부분에서 조사연구 대상에 있는 학교 수준 차원의 배경지식 변화가 관련되어 있는지 여부 등을 점검해 볼 수 있을 것이다. 사실 이 연구는 치명적 결함이 있기 때문에 이런 갈래의 조사연구는 신뢰도와 타당도에 많은 문제점이 생길 수 있다. 따라서 연구 주제로 잡을 때는 질적 현장 조사연구 방법을 곁들여야 할 것이다.

3장 　　　　　　　　　　현장 조사연구 방법

1. 현장 조사연구 방법의 갈래

(1) 일반적인 갈래

현장 조사연구는 일반적으로 질적 현장 조사연구와 양적 현장 조사연구로 나뉜다. 이들은 조사연구의 밑바탕에 깔려 있는 일반적인 이념의 방향, 자료를 모으는 데 적용된 방법, 자료를 처리하고 결과를 얻기 위해 사용된 방법과 자료의 성질에서 차이가 난다. 최근에는 이 두 방법을 상보적으로 활용하는 혼합적 현장 조사연구가 부분적으로 활용되고 있다.

양적 현장 조사연구에서는 일반적으로 조사연구의 목적이나 질문거리가 더 구체적일수록 좋다. 따라서 훌륭한 양적 조사연구의 목적은 목표가 되는 변수들을 밝히고 이들 사이의 인과관계를 드러내는 진술로 표현된다. 말하자면, 조사연구 질문거리는 구체적인 방법론적 절차를 분명히 드러내고 조사연구자의 예측에 함의된 가설들을 드러내는 진술로 이루어진다.

질적 현장 조사연구의 특징은 목적이나 질문거리가 새롭게 나타나는 데 있으므로 조사연구의 목적과 질문거리들은 본질적으로 양적 조사연구보다 흐릿하다. 구체적인 문제나 논제를 기술하기보다는 새로운 통찰을 발견하고자 하는 것이 중심 생각에 담겨 있으므로, 상황에 따른 문제점을 구체적으로 드러내는 일이 중요하며 그에 따라 조사연구의 질문거리는 양적 조사연구보다 폭이 넓다.

혼합적 현장 조사연구는 방법에서 대조되는 접근법을 필요로 하기 때문에 조사연구의 목적과 질문거리를 구체적으로 밝힘으로써 도전거리를 제시한다. 이와 같은 상황에서 훌륭한 전략은 전체적인 목적 진술에서부터 시작하는 것이며, 특정의 방법을 선택한 근거를 제시하고 서로 다른 방법들에 따른 조사연구 목적과 질문거리를 구분할 필요가 있다. 이때 효과적인 방법은 처음부터 모든 질문거리를 제시하기보다는 구체적인 조사연구 질문거리에서부터 각 조사연구를 소개하는 쪽으로 옮아가는 것이다.

양적 조사연구 방법을 믿고 실행하는 사람들은 통계와 실험으로 터득할 수 있는 속성이 현실에 있다고 생각한다. 그러므로 그에 알맞은 기법을 적용하면 객관적인 사실을 드러낼 수 있다는 가정을 한다. 그에 비해 질적 조사연구 방법을 믿고 실행하는 사람들은 실제 현실이 신비스럽기 때문에 현실의 이면에 감추어져 있는 본질 혹은 진실이 피상적으로만 드러나므로 조사연구가 가능한 사례들에 대한 연구를 통해 실제 세계의 참모습을 점진적으로 완성해 나갈 수 있다는 가정을 한다. 그렇기 때문에 질적 조사연구에서는 관찰 가능하고 양적으로 표현되는 자료들보다는 개별적인 사례들의 불규칙적인 측면에 더 관심을 기울인다. 오늘날 대부분의 학문에 과학이라는 이름이 붙어 있다는 점을 고려해 볼 때, 질적 조사연구에서는 연구에 대한 공감의 폭을 넓히기 위해 과학적 엄격성을 어느 정도 유지할 수 있는 방법을 고안할 필요가 있다.[27]

질적 현장 조사연구와 양적 현장 조사연구가 대립적인 관계에 있는 것은 아니며, 경우에 따라 상보적일 수도 있다. 어떤 주제는 양적 조사연구가 더 적합할 수 있지만, 그 양적 조사연구에 역동적인 해

---

27) 성태제·시기자(2015:39)에서는 질적 방법과 양적 방법을 중심으로 연구방법론의 변화 과정을 요약하고 있다. 그에 따르면 변화 과정을 3기로 나눌 때, 1950년대까지가 1기로, 주로 양적 방법론과 질적 방법론 가운데 어느 하나를 선택하는 시기다. 1960년대에서 1980년대까지는 2기로, 통합적 연구 방법이 출현한 시기다. 1990년대 이후는 3기로서 통합 연구 모형이 출현한 시기로 보고 있다. 통합 연구 방법 혹은 모형은 이 책에서는 혼합적 조사연구로 이름을 붙였는데, 성태제·시기자(2015:37-38)에서는 '통합 방법 연구'로 분류하고 있다.

1부 현장 조사연구에 대한 이해

석을 더할 수 있는 질적 분석을 덧붙일 수 있는 것이다. 이 책 전체에 걸쳐 이런 점을 암묵적으로 가정하고 있다. 이 장에서는 이 두 방법뿐만 아니라 이들이 긍정적으로 결합된 혼합적 연구 방법의 역사적인 흐름에서부터 특징, 장단점을 살펴볼 것이다. 아울러 질적 조사연구의 방법으로 부각되었던 '소집단 문화 기록'이 지니고 있는 특징을 곁들임으로써 방법론의 영역을 넓힐 수 있으리라 생각한다. 이 장의 마지막에는 이런 이분법적인 구도에서 벗어나 조사연구 방법을 새롭게 자리매김하는, 밴 리어(Van Lier)가 제시한 연구방법론 구분도 제시했다.

(2) 시간적 요인에 따른 갈래

시간적 요인도 조사연구 방법을 결정하는 중요한 변수이다. 상황이나 사건의 시간적 흐름이 인과관계를 결정하는 데 중요할 뿐만 아니라 조사연구 결과의 일반화에도 영향을 미치기 때문이다. 시간적 요인과 관련하여 두 가지 조사연구 방법이 있다. 하나는 어떤 고정된 시점을 염두에 둔 '횡단면 연구(cross-sectional studies)'이고, 다른 하나는 '다시점 연구(longitudinal research)'이다(Babbie, 2001:101).

개인의 발달 양상에 대한 연구(입말 능력의 발달이나 글말 능력의 발달)나 국어교육 환경을 포함하는 사회 변화에 초점을 모으는 연구가 있을 수 있다. 이는 오랜 시간에 걸친 계속적인 검토가 필요한 연구이다. 이런 연구를 '다시점 조사연구'[28]라 부른다. 국어교육의 단계성

---

28) 이는 일반적으로 통시적 연구를 가리킨다. 시간의 흐름을 공간으로 표현할 때 세로 방향의 선을 따라 일정한 간격으로, 즉 여러 시점(時點)에서 조사·연구하는 방법을 가리킬 때 쓴다. 통계학 용어집에는 '다시점' 혹은 '경시적(經時的)'이라는 용어로 뒤친다.

이나 수월성을 고려한 과제 중심의 교육과정에서 필요한 연구 방법임에도 불구하고 국어교육 학회지나 다른 연구 문헌을 검토해 보면 이와 관련되는 연구논문이 거의 없다. 앞으로 국어교육을 위한 현장 조사연구에서 반드시 연구가 이루어져야 할 분야이다.

다시점 조사연구는 조사연구의 목표가 되는 자료들을 일련의 이어지는 여러 시점에서 모으는 조사연구 방법이다. 이는 시간에 걸쳐 자료를 모으는 다른 조사연구 방법, 예컨대 여러 달이나 여러 해에 걸쳐 지속적으로 이루어지는 면담 조사와 잘 구별되지 않을 수 있다는 점에서 부정확한 뜻매김이다. Menard(2002)에서는 다시점 조사연구를 세 가지 측면에서 뜻매김한다. '① 자료들은 둘 또는 그 이상의 시점에서 모아야 하며, ② 참여자들이나 사례들은 어떤 한 시점에서 그다음 시점으로 같거나 비교 가능해야 하며, ③ 자료들을 시점에 따라 비교하는 분석이 이루어져야 한다.'라고 했다.

다시점 조사연구의 목적은 두 가지로 정리할 수 있다. 하나는 변화의 유형을 기술하는 것이며, 다른 하나는 인과관계를 설명하는 것이다. 이들은 한 조사연구에서 한꺼번에 성취될 수 있는 것은 아니다. 어떤 발달의 측면만을 기술하고 인과적 설명을 제시하지 않을 수도 있기 때문이다. 만약에 인과적 설명을 하고자 한다면 변수의 설정을 엄격히 해야 한다. 아울러 얻을 수 있는 자료를 더 다듬어야 하고, 그것을 잘 설명할 수 있는 이론에 기대어야 한다.

다시점 조사연구에는 '패널 조사연구(panel studies), 추세 연구(trend studies), 후향적(retrospective) 다시점 조사연구'가 있다.

패널 조사연구는 같은 참여자를 놓고서 서로 다른 시점에 계속적으로 조사연구를 행하는 유형인데, '추적 조사, 코호트 조사'라는 이름으로 부르기도 한다. 패널 조사연구가 널리 쓰이는 이유는 어떤 일이 일어나는 미시적 수준에서 변화에 대한 정보를 모을 수 있기 때문이다. 따라서 패널 조사연구는 발달과 인과관계를 별다른 실험을 거치지 않고도 살펴볼 수 있다. 예를 들면, 읽기를 막힘없이 하는 집단과 그렇지 못한 집단을 대상으로 3~5년 동안 글말 능력의 변화를 추적·연구할 수 있다. 일반적으로 잘 읽을 수 있는 집단(유창성의 수준이 높은 집단)이 그렇지 않은 집단보다 독해 능력이 뛰어나다고 알려져 있는데, 이는 유창성이 독해력 발달의 원인이 된다는 결론을 내릴 수 있게 해준다.

패널 조사연구는 비용과 시간이 많이 들기 때문에 모둠을 이루어 수행하는 것이 효율적이다. 아울러 시간에 따른 패널들의 감소뿐만 아니라 패널의 조건 변화 때문에 타당도에 심각한 위협을 받을 수 있다. 특히 국어교육에서는 학급의 변화나 전학 같은 이유로 일정한 표본집단을 유지하기 어려울 수 있으므로 이 방법을 선택하는 것에 신중할 필요가 있다.

변화에 대한 정보를 얻는 방법 가운데 잘 알려진 방법은 서로 다른 응답자 집단들을 놓고서 반복적인 조사연구, 이를테면 설문 조사를 하는 것이다. 이 방법은 어떤 모집단의 변화를 더 큰 시간 단위별로 알아보는 데 적합하다. 나아가 표본집단에 속하는 세부 집단들, 즉 성별·나이별 변화를 비교하기에도 알맞다. 말하기의 태도를 여러 학년에 걸쳐서 알아보고자 하는 연구가 여기에 딸린다. 중학교 1학년부터 고등학교 학생들까지를 학년별, 성별로 나누어 말하기 태도를 분석해 볼 수 있다(김순자·김명희(2004) 참고).

추세 연구는 개인별 변화를 추적하기는 힘들지만 패널 조사연구보다 나은 점도 있다. 이전의 현지 조사로부터 표본을 얻기가 쉽고, 응답자들이 익명으로 처리되기 때문에 수행하기가 쉽다. 또한 시간에 따라 연구 대상 학생들이 줄어들거나 바뀌는 것에 대해 고민할 필요가 없다. 그러나 시간의 단위가 크기 때문에 인과적인 설명이나 변화 유형을 드러내는 데 실패할 가능성이 있다. 또한 교육 현장에서 크고 작은 변화들(예컨대, 논술이 입시에서 차지하는 무게가 5년도 되지 않아 바뀌는 것)이 있을 수 있다. 그런 이유로 조사연구를 시작할 때와 조사가 어느 정도 진행되거나 마무리되는 시점의 비교를 어렵게 할 가능성도 있다.

패널 조사연구와 추세 연구는 결과를 알기까지 시간이 많이 걸린다는 특징이 있다. 하지만 후향적 다시점 조사연구는 시간이 많이 걸리지 않는다. 응답자들에게 돌이켜 생각해 보게 하고 질문을 던짐으로써 자료를 모으는 방법이기 때문이다. 그러나 자료들은 정확도가 50%를 넘지 않는다(Taris, 2000). 회상하는 자료들은 단순화되거나 취사선택된 자료들일 가능성이 크기 때문이다. 지난 일을 응답자들이 머릿속으로 재구성하다 보면 과거의 경험이나 사건이 비틀어질 수 있으며, 현재의 인식에 맞추거나 일관된 이야기 흐름을 유지하기 위해 재해석할 가능성도 없지 않다. 따라서 후향적 다시점 조사연구는 추세 연구보다 신뢰도가 낮다. 다만 질문거리가 조사연구 시점과 가까운 시간이라면, 그리고 신념이나 태도가 아니라 어떤 행위나 사건에 대해 연구하고자 한다면 시도해 볼 수 있는 방법이다.

횡단면 조사연구는 다시점 조사연구가 지닌 시간의 문제를 보완해 줄 수 있지만 약점도 있다. 횡단면 조사연구에서 얻은 결론은 어떤 특정 시점의 인과론적 설명이기 때문에 일반화하기가 어렵다. 그러나 횡단면 조사연구의 결과들을 시간 순서로 이어놓는다면 다시점 조사연구를 위한 자료로 바뀔 수 있다. 예컨대, 다문화 가정에서 자라고 있는 초등학교 1학년 학생의 3학년까지 국어 능력 발달을 살피고 싶다면 3년 동안 관찰을 해야 하지만 다음과 같은 방법으로 학생들에 대한 자료를 모음으로써 민준이의 국어 능력을 재구성할 수 있을 것이다. 즉 민준이를 3개월 간격으로 조사·연구한다는 가정으로 50명을 대상으로 1~3학년에 걸쳐 고르게 관찰함으로써 민준이의 국어 능력 발달을 조사·연구할 수 있다. 이런 횡단면 조사연구는 50명의 학생이 같은 학령에 있을 경우 비슷한 국어 능력 발달을 보일 것이라는 가정을 하고 있다. 50명의 학생을 관찰하고 통계 처리를 하는 과정이 신뢰도와 타당도에 문제가 있을 수 있기 때문에 전체적으로 이런 횡단면 조사연구를 통해 나온 자료들을 처리하는 데 신중할 필요가 있다.

같이 생각해 보기

다음은 다시점 조사연구 방법을 이용해서 얻은 어떤 논문의 결론입니다. 이러한 결론에 이르기 위해서는 어떤 다시점 조사연구 방법을 이용했을지 생각해 봅시다.

㉮ 지시어의 의미 기능 분화는 '현장 지시 〉 상념 지시 〉 조응'의 단계로 발달되었다. 24개월부터 35개월까지의 영아 단계는 지시어를 주로 담화 현장에 존재하는 대상을 가리키는 기능으로 사용했다. 만 3세 이후부터는 대부분 아동이 지시어로 담화 현장에 없는 대상을 가리킬 수 있으며, 발화 내용을 지시하는 조응 기능은 4세부터 나타나기 시작했다(김순자·김명희, 2005).

㉯ 1학년과 2학년에서는 문장 쓰기, 낱말 쓰기, 글자 쓰기, 문단 쓰기의 순서로 점수가 높게 나타났다. 1학년에 비해 2학년에서는 이러한 부분이 전반적으로 향상된 것으로 나타났지만 개인차가 크게 나타났다. 3학년과 4학년에서는 문장 쓰기, 낱말 쓰기, 글자 쓰기, 문단 쓰기의 순서로 점수가 높게 나타났다. 이런 사정은 5, 6학년에서도 마찬가지였다(박태호 외, 2005).

㉰ 수행 전략의 발달 단계는 시기별로 새로이 출현하는 전략이 다르고, 고빈도로

사용되는 전략이 다르다는 특징이 있었다. 욕구 표출기에는 운율이 주된 수행 전략이었고, 욕구 수행 지시기에는 운율과 반복이 주된 전략이었으며, 욕구 수행 요청기가 되면 운율 전략보다 반복 전략이 자주 사용되고 있었다. 그리고 문제 해결적 행동 수행 요청기에는 욕구 수행 요청기보다 운율 전략 사용이 줄어들고 요구의 근거 및 타당성 제시와 같은 내용 전략이 나타났다(장경희·김정선, 2003).

2. 양적 현장 조사연구

(1) 양적 현장 조사연구의 역사

양적 현장 조사연구는 코페르니쿠스, 베이컨, 갈릴레이, 뉴턴, 데카르트, 흄, 콩트, 피어스 등과 같은 철학자와 과학자의 저작을 통해 16세기 중반부터 서구적 사고를 지배해 온 방법론과 맞닿아 있다. 여기에는 널리 과학적인 방법이라고 부르는 것들이 포함되어 있다고 할 수 있는데, 현상을 관찰하고 문제를 밝혀내며 초기 가설을 만들어내고 표준화된 절차를 사용하여 경험 가능한 자료들을 모으고 분석함으로써 가설을 검정[29]하는 절차로 되어 있었다. 가설이 성공적으로 검정되고 반복을 통해 더 타당해지면 과학의 이론이나 법칙으로 수용되기 시작한다. 따라서 과학적인 방법은 조사연구자가 지

---

29) 검증과 검정이라는 용어는 제대로 자리를 잡지 않고 뒤섞여 쓰인다. 통계학을 연구하는 사람과 이를 응용하여 쓰는 사람들 사이에서도 일치된 쓰임을 보이지 않는다. 통계학 연구자들은 엄밀한 의미에서 교육학의 여러 연구는 검사하여 어떤 가설을 결정하는 데 목적을 두기 때문에 '검정'이라는 용어가 더 적절하다고 한다(경상대학교 통계학과 임동훈 교수의 사적인 지적). 이 책에서는 일관되게 '검정'이라는 용어를 사용하기로 한다.

1부 현장 조사연구에 대한 이해

닌 편견의 영향을 최소화하려는 '객관적인' 방법으로 질문거리를 탐구하는 수단을 제공했다.

통계학은 그런 와중에 19세기 말에 이르러 새롭게 나타나는 사회과학에 대한 수학적인 필요를 충족하기 위해 수학의 하위 학문으로 발전하게 된다. 프란시스 갈튼(Galton)은 양적 자료 수집과 분석 방법을 수립하는 데 잴 수 없는 이바지를 했다. 특히 그는 '회귀'와 '상관'이라는 통계적 개념을 만들었고 설문지의 사용을 소개했다. 20세기 전반기에 자연과학(칼 포퍼)과 통계학(스피어먼, 피셔, 노이만, 피어슨)에서 두드러진 발전이 일어났는데, 이로 말미암아 개인적인 차원뿐만 아니라 사회적인 차원에서 인간을 과학적으로 연구할 수 있을 정도로 발전했다. 심리 측정법, 고전적인 검사 이론, 실험 설계, 현지 조사연구, 설문지법 등으로 20세기 중반에 이르면 사회과학에서 양적인 통계 방법이 주도를 하게 된다. 한편, Silverman(2008:41)에 따르면 1960년대에 사회학 영역에서 지나치게 질적 조사연구 방법에 기대었기 때문에 이에 대한 반발로 양적 조사연구가 강조되기도 했다고 한다. Lazaraton(2005)에 따르면 1991년부터 2001년까지 응용언어학회지에 실린 실험적인 연구의 86%가 양적 조사연구 방법을 사용하며, 13%가 질적 조사연구, 1%가 혼합적 조사연구 방법을 사용한 것으로 나타났다.

국어교육에서 양적 현장 조사연구를 살피고 있는 천경록(2001)에서는 한국연구재단에 등재된 두 학술지 《국어교육》(73·74호부터 103호, 한국국어교육연구회, 뒤에 '한국어교육학회'로 이름을 고침), 《국어교육학》(뒤에 《국어교육학연구》로 이름을 고침, 1집부터 10집, 국어교육학회)의 논문 219편 가운데 양적 현장 조사연구에 관련되는 논문이 15편으로 6.8%에 지나지 않는다고 지적했다. 이는 외국의 읽기 교육 전문 잡지인

《Reading Research Quarterly》(1995) 1~4권에 실린 54편의 논문 가운데 양적 조사연구 방법을 쓴 논문이 25편으로 46.2%에 이르는 것과 대비된다고 했다.

(2) 양적 현장 조사연구의 특징

양적 현장 조사연구의 특징은 먼저 수를 사용한다는 것이다. 수는 연산이나 계산을 위한 강력한 도구이다. 그러나 우리가 다루는 분야에서는 수학에서와 같은 추상화된 부호로서의 의미만을 지니지 않는다. 반드시 맥락에 따른 의미를 부여해야 한다. 수들이 지니는 정확한 의미를 자리매김해야 하고 변수들의 범위를 지정해 주어야 한다.

범주화도 빼놓을 수 없다. 자료를 모으는 일이 수를 통해 이루어졌기 때문에 실제 연구에 앞서 범주와 그 값들을 구체적으로 지정해 놓아야 한다. 따라서 양적 조사연구에서는 자료를 모으는 도구를 마련하고 예비 조사를 하는 데 몇 주일에서 몇 달이 걸리기도 한다.

양적 조사연구는 사례들보다 변수에 초점을 모은다. 개별적인 사례에 초점을 모으는 질적 현장 조사연구와는 달리 양적 현장 조사연구에서는 공통적인 특징을 보여주면서 범주들의 수량을 세거나 재거나 평가할 수 있는 변수들의 양에 초점을 모은다. 아울러 양적 현장 조사연구에서는 통계학이 주로 활용되며 통계적인 용어들이 쓰인다.

양적 조사연구에서 결과에 대한 해석은 정해진 절차를 따라 이루어진다. 자료 수집과 분석에 관련되는 모든 국면에서 규칙이나 규범을 발전시켜 옴에 따라 조사연구의 다양한 단계마다 주관적인 평가를 줄이려고 한다. 이런 노력은 이 장의 처음에서 밝힌 것처럼, 객관적 실체가 존재한다는 철학에서 비롯되었다.

마지막으로 양적 조사연구에서는 일반성과 보편적인 법칙을 찾고
자 한다. 값들, 변수들, 표준화된 절차, 통계학의 방법을 활용하여 이
상적인 법칙을 찾아내는 것이 양적 현장 조사연구의 목표라고 할 수
있다.

(3) 양적 다시점 현장 조사연구

양적 다시점 현장 조사연구를 방해하는 주요 원인은 필요한 자료
분석의 복잡성일 듯하다. 여러 복잡한 형태의 변화들이 있지만 점진
적인 변화나 선형 변화를 검토하기 위해서는 다른 분석 절차가 필요
하다. 아울러 다시점에 따른 변화 유형은 다양할 뿐만 아니라 어떤
변화가 일어났을 때 둘 또는 그 이상의 변수들이 어떻게 서로를 간
섭하는지 밝혀내기가 쉽지 않다. 이를테면, '어휘력의 발달이 읽기에
긍정적인 영향을 미친다.'라는 것을 검정하는 경우를 생각해 보자.
다시점 연구를 위해서 여러 해에 걸친 독해력 검사를 하겠지만, 어
휘력만이 독해력 향상의 직접적인 원인이라고 결론을 내리는 데는
문제가 있을 수 있다. 그에 더해 장기적인 변화를 분석하기 위한 일
반적인 통계 절차가 없다는 점도 양적 다시점 조사연구를 가로막는
요인이다. 통계 절차들도 복잡해서 높은 실력을 요구하는 반복 측
정 분석이나 로그 선형 분석, 시계열 분석 같은 전문적인 지식이 필
요하다. 이런 분석 기법은 전문가의 안내 없이 실시하기도 어렵고,
SPSS와 같은 통계 처리 꾸러미를 구입한다 하더라도 사용하기가 쉽
지 않다(Hatch & Lazaraton(1991) 참고).

(4) 양적 현장 조사연구의 장단점

양적 현장 조사연구를 옹호하는 사람들은 일반적으로 이 방법이

정확한 측정이 가능하고, 다른 맥락에 일반화 가능한 자료 또는 믿을 만하며 되풀이 가능한 자료를 얻어낼 수 있으며, 체계적이며 건실하고 통제된 분석 방법을 쓴다고 주장한다. 그리고 독자들이 읽어낼 수 있도록 고도로 세련된 분석 방법을 사용하며, 준비 기간이 길더라도 빠르게 처리할 수 있다는 점도 지적한다. 따라서 현실적인 필요성에 따라 그에 맞추어 적절하게 반응할 수 있다는 것이다.

반면에 양적 현장 조사연구가 비판을 받는 측면도 있다. 가장 두드러진 비판은 현대과학에 대한 옹호와 더불어 오랫동안 사람들에게 객관성의 신화를 심어주었다는 것이다. 신중하고 객관적으로 비치는 단계별 조사연구 모형은 실제로 속임수일 수 있으며, 어떤 입장에 따른 편의적이고 당파적인 해석에 지나지 않을 수 있다는 것이다. 또한 평균 이하의 경향에 대해서 무시하거나 의미를 밝힐 수 없거나 밝히지 않는다는 것 또한 약점으로 지적된다. 아울러 일반화를 위해서 지나치게 단순화하며 탈맥락화되어 있다는 비판을 질적 현장 조사연구자로부터 받기도 한다. 특히 국어교육 영역에서 양적으로 나타내거나 잴 수 없는 자료들이 있을 수 있다는 점에서, 모든 것을 양으로 다루는 일이 부당하다는 비판을 받을 수 있다. 이를테면, 국어에 대한 흥미도 조사에서 양적 연구로 '3'이라는 중간값을 얻었다고 하자. 이 양적인 숫자 3이 수업 시간에 대한 집중도나 쓰기 활동 혹은 읽기 활동에 어느 정도 참여하는지를 알 수 있게 해주는가 하는 문제가 남는다. 더 넓은 맥락에서는 인간의 행위가 양으로 나타낼 수 있을 만큼 정량화되거나 일관되어 있는가 하는 점도 문제가 될 수 있다. 또한 인간의 삶이 언제나 요동치고 있다면 양적 조사연구에서 문제 삼고 있는 신뢰도가 어떤 현상을 얼마나 정확하게 담아낼 수 있는가에도 의문을 던질 수 있다(Marshall & Rossman, 1989).

3. 질적 현장 조사연구

양적 현장 조사연구에 대한 자리매김은 학자마다 거의 비슷한 모습을 보여주지만, 질적 현장 조사연구에 대한 자리매김은 조금 더 복잡하다. 한마디로 그 특징을 붙들기가 쉽지 않다. 질적 현장 조사연구는 사람마다 다르다고 할 수 있다(Denzin & Lincoln, 2005:10). 학자마다 다름에도 불구하고 질적 현장 조사연구 방법은 널리 퍼져 있으며, 이 연구 방법의 특징을 드러낼 수 있는 일련의 내용이 있다.[30]

(1) 질적 현장 조사연구의 역사

질적 현장 조사연구는 대략 한 세기 정도의 역사를 지니고 있다. 1910년대 말쯤에 시카고학파의 저작들에서 질적 조사연구와 비슷한 흐름이 나타났으며, 말리노프스키와 보아스 같은 학자들이 현장 연구 방법을 창안했다. 질적 현장 조사연구를 자리매김한 책은 Glaser & Strauss에 의해 1967년도에 나왔다. 이 책에서 처음으로 질적 현장 조사연구에서 일반적인 이론을 위한 자료의 수집과 부호화, 분석을 위한 체계적인 방법을 좀 더 명시적으로 제시했다. 이는 1930년대와 제2차 세계대전 이후 양적 현장 조사연구가 활발했기 때문이다.

---

30) Creswell(2007)에서는 질적 조사연구의 방법으로 다섯 가지를 제시한다. 첫 번째는 '이야기 조사연구(narrative research)'로 개인의 자전적 이야기나 일화와 같이 입말이나 글말로 된 자료를 바탕으로 하는 연구이다. 두 번째는 '현상학적 조사연구(phenomenological research)'인데, 첫 번째와는 달리 공통성을 뽑아내는 방법이다. 세 번째는 '이론 수립을 위한 조사연구(grounded theory research)'이다. 네 번째는 '소집단 방법(ethnographic research)'이다. 끝으로 '사례 연구(case study)'가 있다. 이들은 질적 현장 조사연구로서, 모두 계획하고 자료를 모으며 자료를 분석하는 절차들과 관련되어 있지만, 여기서는 이런 다섯 가지 구분을 염두에 두지 않는다. 다만 국어교육 현장에서 관련을 맺을 수 있거나 더 낯익은 방법들을 중심으로 논의하기로 한다.

응용언어학에서 1990년대 중반 이후에 질적 현장 조사연구를 수용하는 모습을 볼 수 있다. 이는 언어 습득과 사용의 대부분이 사회적·문화적 요인이나 상황 요소들에 의해 주로 형성되거나 결정되며, 질적 현장 조사연구는 그와 같은 맥락이나 그 영향에 대한 통찰을 보여주는 이상적인 수단이라는 깨달음이 자라난 것과 맞물려 있다. 또한 일반성을 추구하는 양적 혹은 실증주의적 연구 방법이 지니고 있는 한계에 대한 자각, 즉 사회문화적 맥락과 교육 현상이 맞물려 있는데, 양적 조사연구는 그것을 밝혀낼 수 없다는 깨달음이 자라난 것과도 관련 있다. 특히 현상학과 구성주의, 해석주의처럼 20세기에 나타난 철학적 흐름이 질적 현장 조사연구의 필요성을 자극했다고 볼 수 있다.

출판된 질적 현장 조사연구의 저작들은 많지 않지만 그 영향력은 커지고 있다. 최근에는 응용언어학의 핵심 분야인 민족이나 인종, 정체성과 같은 분야뿐만 아니라 언어 평가와 같이 양적 현장 조사연구 영역으로 인식되었던 영역으로까지 그 관심 분야를 넓히고 있다.

우리나라의 국어교육 연구에서 질적 현장 조사연구가 시작된 시기는 대체로 1990년대 이후라고 할 수 있다. 대학원에 국어교육학 박사 과정이 설치되어 이론적인 논의보다는 교사 발화와 수업 전략 연구, 학생 발화와 학습 과정 연구, 교육과정이 실행되는 모습 등을 실질적으로 탐구하면서 질적 현장 조사연구가 이루어져 왔다(정혜승, 2004).

(2) 질적 현장 조사연구의 특징

질적 현장 조사연구의 첫 번째 특징은 현장 조사연구 설계가 미리 만들어지는 것이 아니며, 연구는 새로운 세부 내용에 유연해질 수 있도록 열려 있다는 점이다. 말하자면, 양적 현장 조사연구에서는 변수들을 통제하기 위해 미리 철저하게 계획된 대로 조사연구가 이루어지지만, "질적 현장 조사연구에서는 오히려 변수들을 통제·제어하기보다는 예상하지 못했던 발견으로 이끌어나가는 측면이 강하다(Holliday, 2002)"는 것이다. 이런 유연성은 조사연구 질문에도 적용이 되며, 조사연구 과정에서 더 발전될 수 있고 새롭게 자리매김할 수 있다. 가장 중요한 점은 질적 현장 조사연구를 수행하는 사람들은 미리 마련된 검정 가설을 지니지 않는다는 것이다. 이에 따라 다른 조사연구자들이 마련한 방법이나 설문지, 도구에 기대지 않는다(Creswell, 2007:38). 그런데 이 점은 비판의 빌미가 되기도 한다.

두 번째 특징은 자료의 성질에서 나온다. 질적 현장 조사연구의 자료에는 녹음된 면담 자료, 다양한 갈래의 덩잇글(비망록, 일기, 일지, 보고서, 전자편지 등)과 영상(사진이나 비디오)이 포함된다. 질적 현장 조사연구의 목적이 주로 관찰된 현상의 의미를 해석하는 데 있기 때문에 풍부하고 복잡한 세부 내용들을 지니고 있다.

세 번째 특징은 자연스러운 배경에 있다. 자연스럽고 자발적인 자료를 모으는 일이 질적 조사연구에서는 중요하기 때문에 어떤 상황을 조정하는 일이 없다. 현장 조사연구 환경에 장기적으로 몰입하거나 밀도 있는 접촉을 요구하기도 한다.

네 번째 특징은 연구 대상인 참여자들의 관점이나 경험, 감정, 의견에 초점을 모은다는 것이다. 참여자들만이 자신의 경험이나 행위에 대해 의미를 부여하고 해석할 수 있을 뿐이라고 주장하는 사람도 있다. 따라서 어떤 발견 사실이든 그것을 일반화할 수 있는 가능성을 부정하기도 한다.

다섯 번째 특징은 표본의 크기는 작지만 품이 많이 든다는 것이다.

이것은 질적 현장 조사연구의 근간을 이루는 요소가 본질적으로 해석에 기대고 있다는 점에서 비롯되는데, 조사연구의 결과는 결국 자료에 대한 조사연구자의 주관적인 해석으로부터 나온다는 것을 의미한다. 그에 따라 조사연구자의 개인적인 이력, 사회문화적인 배경, 나이, 신념 등이 조사연구에 영향을 미친다.[31] 이는 질적 조사연구의 뿌리가 현상학, 해석학, 실존주의에 있다는 점과도 관련이 있다.

끝으로, 탐구되고 있는 대상이나 현상에 대한 전체적인 설명을 제공하려 한다는 점을 들 수 있다. 이는 어떤 상황에 관련되는 다양한 관점과 요인들을 밝히려는 이 연구 방법에 내재된 목적과 연관되어 있다. 따라서 이 방법에서는 다양한 요인들 사이의 인과관계뿐만 아니라 요인들 사이의 복잡한 상호작용을 밝히려고 한다(Cresswell, 2007:39).

(3) 질적 다시점 현장 조사연구

정보 제공자를 다시 면담하는 경우를 다시점으로 볼 수도 있지만, 진정한 의미에서 질적 다시점 조사연구는 시간에 따른 변화에 초점을 모으는 조사연구라고 할 수 있다.

질적 다시점 현장 조사연구는 설계하기가 비교적 쉽다. 어떤 시간

---

31) 이와 같은 질적 조사연구의 특징들은 바탕에 깔려 있는 기본적인 철학적 관점에서 비롯된다. 존재론적 관점에서 실재의 본질이 주관적이며 여러 층위를 이루고 있다고 가정하며, 인식론적 관점에서 조사연구자와 연구 대상 사이의 거리를 좁히려고 한다. 가치론적 관점에서 조사연구자는 가치 중립적이지 않으며 어떤 경향을 지니고 있다고 가정한다. 언어 표현과 관련되는 수사학적 관점에서도 조사연구자는 일인칭 대명사를 즐겨 사용하며, 질적 조사연구에서 사용되는 용어들(내적 타당도나 신뢰도 같은 용어) 대신에 '이해, 발견, 의미'와 같은 용어를 채택한다. 경우에 따라 조사 참여자들이 사용하는 용어를 중시하여 용어에 대한 뜻매김을 하지 않기도 한다. 방법론적인 측면에서 조사연구자는 귀납 추리를 사용하며, 연구 분야에서 나온 경험으로부터 질문거리를 고쳐나가기도 한다(Creswell, 2007:16-19).

맥락에서 이루어진 응답자에 대한 설명이나 해석을 다른 조사연구 시점에서 한 것과 겹쳐놓으면 생애 단계를 가로지르는 복잡하고 다양한 그림을 얻을 수 있다. 다만 이 방법은 질적 조사연구의 복잡성, 패널 조건화에 따른 영향 등과 같은 성가신 일들이 있기 때문에 지금까지 널리 사용되지는 않았다. 질적 조사연구는 그 자체로 복잡하다. 질적 다시점 조사연구에서 자료의 폭과 깊이를 넓고 깊게 하기 위해서 개별 면담 내용을 면담이 끝난 뒤 바로 분석하고, 면담의 한 주기가 끝나고 나면 분석한 면담 내용을 요약하는 것이 좋다. 개인별 평가를 위해 개별 면담자들에 대한 면담 분석을 겹쳐놓고 시간에 걸친 변화를 분석할 수 있다. 마지막 해석 단계에서 분석 내용과 개인별 평가를 고려하여 결론을 이끌어낸다. 이런 과정은 연구자에 따라 상당히 성가신 일이 될 수 있다.

이런 조사연구에서 복잡성을 더하는 것은, 언제 자료 분석을 끝내고 다음 단계의 자료를 다듬으며 해석을 수정하는지, 언제 조사연구를 마무리해야 하는지가 분명하지 않다는 점이다. 아울러 질적 조사연구가 대체로 응답자와 조사연구자 사이의 긴밀한 유대 관계에 바탕을 두기 때문에 반복되는 조사연구는 두 사람 사이에 상당한 부담이 될 수 있다는 점도 무시할 수 없다.

(4) 질적 현장 조사연구의 장단점

질적 현장 조사연구의 장단점을 양적 현장 조사연구와 비교하여 살펴보기로 한다. 질적 현장 조사연구는 새로운 영역을 탐구하는 데 효과적이다. 이는 이전의 연구에 크게 기대지 않아도 되는 특성에서 비롯된다. 또한 자료에 내재한 복잡성에 대해 폭넓은 이해가 가능하기 때문이다. 양적 현장 조사연구는 자료가 지니고 있는 복잡성을 간과할 가능성이 크다. 그에 비해 질적 조사연구에서는 실제 현상에 대한 풍부한 설명이 가능하다.

양적 현장 조사연구의 결론에는 더 나은 조사연구를 위한 제안이 나오는데, 이는 이 조사연구의 결정적인 결함, 즉 모은 자료로부터 인과적인 설명이 불가능하거나 만족스럽지 못하기 때문에 나타난다. 그에 비해 어느 정도 유연성을 지니고 있는 질적 현장 조사연구에서는 인간 경험에 대한 가능한 해석을 제안하기 때문에, 현상으로부터 나온 자료 분석의 깊이를 더해주고 이해를 넓혀준다. 국어 현상에 관련되는 문제뿐만 아니라 국어교육에 관련되는 복잡하고 역동적인 현상에 대해 깊이 있게 이해하는 방법으로 다시점 연구를 생각해 볼 수 있는데, 이런 다시점 연구는 양적 조사연구보다 질적 조사연구가 더 효과적이다. 아울러 질적 현장 조사연구는 유연성을 지니기 때문에 예상하지 못한 일이 일어나더라도 고치는 일이 가능하다.

양적 현장 조사연구의 결과는 한두 개의 표로 요약되지만, 질적 현장 조사연구에서는 연구 대상자의 언어 표현을 있는 그대로 제시한다. 그렇기 때문에 질적 현장 조사연구는 무미건조하지 않고 생생하며, 독자들을 설득하거나 독자들에게 확신을 주는 데 더 효과적이다.

질적 현장 조사연구의 단점은 표본의 크기가 작아서 일반화하기 어렵다는 것이다. 구체적인 사례로부터 나온 통찰력이나 조건들을 다른 사례에 적용하기 어렵고, 개별적인 사례들을 지나치게 확대 해석할 위험도 잠재되어 있다. 질적 현장 조사연구의 품질을 좌우하는 것은 조사연구자의 해석 능력이다. 그렇지만 해석하고 분석하는 과정에서 조사연구자의 주관성이 개입할 여지가 많다는 것은 약점이 되기도 한다.

질적 현장 조사연구에는 고정된 방법론이 없다.[32] 이런 특성은 방법론(형식)보다는 내용(조사연구 주제)을 중시하는 후기모더니즘과 연결되며, 그런 이유로 질적 현장 조사연구가 더욱 우위를 차지하게 되는 결과를 가져왔다. 그러나 질적 조사연구를 방법론으로 사용하고 있는 많은 연구가 상식에 가깝거나 품질에서 떨어지며 모순되는 결과를 보고하게 되는 결과도 가져오게 되었다는 점은 무시할 수 없다.

이론의 폭이 좁거나 너무 복잡하다는 것도 약점이 될 수 있다. 실제적인 자료를 바탕으로 하기 때문에 적용되는 이론이 너무 좁을 수 있다. 또한 풍부한 자료를 정밀하게 분석해야 하기 때문에 너무 복잡해질 수 있다는 흠이 있다. 마지막으로 시간과 품이 많이 든다는 점을 지적할 수 있겠다. 조사연구를 위해 들인 시간과 품에 비해 너무 적은 결과물을 산출한다는 비판을 받을 수 있다.

(5) 양적 현장 조사연구와 질적 현장 조사연구 비교

양적 현장 조사연구와 질적 현장 조사연구는 기본적인 철학에서 차이가 있다. 여기서는 두 방법론의 특징을 마무리하는 의미에서 이들의 차이점에 대해서 개략적으로 살펴보기로 한다(Holliday, 2002:16). 대부분의 조사연구자들이 어느 하나의 입장에서 다른 입장을 대조하면서 자신이 몸담고 있는 방법론을 옹호하는 경향을 보인다. 따라서 이를 가치 중립적이라고 보기는 힘들 것이다. 한편, Creswell(2007:16)에서는 질적 조사연구를 옹호하면서 질적 조사연구

---

32) 이를 Holliday(2002)에서는 편의주의(opportunism 혹은 임기응변적)라고 언급하면서 이것이 질적 조사연구(소집단 관찰 해석)의 본질적인 특성이라고 했다. 그러므로 질적 조사연구자는 편의주의라는 비난을 받지 않도록, 해명할 수 있는 증거를 제시할 수 있어야 한다고 지적했다. 아울러 이를, 최선의 연구 방법을 두고 그다음으로 나은 방법을 선택했다거나 부정직한 것으로 비난해서는 안 된다고 했다.

가 그 자체로 의미 있기 때문에 다른 방법과 비교할 필요가 없다는 주장을 하기도 한다. 두 방법론의 차이점과 아울러 이 두 방법에 대한 접근에서 유의할 점을 짚어보기로 한다.

먼저 조사 대상의 차이를 언급할 수 있다. 양적 조사연구에서는 어떤 모집단을 설정하고 모집단에서 일어난 일을 살피기 위해 그보다 작은, 관찰 가능한 집단을 선정하여 조사연구를 실행한다. 이때 조사연구자는 일반화 가능성과 실험의 되풀이 가능성을 높이기 위해 통계적 절차를 이용한다. 아울러 조사연구의 대상이 되는 집단의 변수를 최대한 다스리려(제어 혹은 통제하려) 한다. 그에 비해 질적 조사연구에서는 있을 수 있는 모든 변수를 고려하려는 입장을 취한다. 다만 모든 사회현상의 속성을 다 파헤칠 수는 없으므로 일정한 집단, 특정한 환경을 강조하여 조사연구의 초점으로 삼는다.

조사연구 방법에도 차이가 있다. 질적 조사연구에서는 기존의 연구 관례나 방법을 따르는 일에 무게를 두지 않는다. 오히려 새롭게 나타나는 현상에 대해 그것을 밝히고 드러낼 수 있는 새로운 방법을 만들어내고자 한다. 그리고 그런 것들이 질적 조사연구의 진정한 가치라고 믿는다. 그에 비해 양적 조사연구에서는 관례에 따르는 적합한 조사연구 방법을 찾아내고 기존의 방법을 존중하면서 그 절차를 따르는 일을 귀하게 생각한다.

절차에서도 차이가 있다. 양적 조사연구는 기존의 조사연구 관례를 존중하기 때문에 가능한 한 연구의 초점을 정하고 그 정해진 목적이나 초점에 맞는 도구를 개발한다. 그리고 통계적인 절차를 통해 연구의 주제를 구현하고자 한다. 그에 비해 질적 조사연구는 참여자의 입장에서 연구의 주제를 정하기도 하고, 새로이 나타나는 현상에 대해 새로운 연구 주제를 설정할 수 있다. 의도적이거나 실험 목적에 맞는 도구의 개발보다는 참여자들의 관찰에 초점을 모은다. 이런 다양한 관찰 자료를 바탕으로 결론을 이끌어내려는 것이 질적 조사연구의 목표이다.

같이 생각해 보기

다음과 같은 주제를 정했다고 할 때 알맞은 연구 방법은 무엇이라고 생각합니까? 그 판단 기준으로 자료 모으기 방법(실험을 통한 것인지, 실험과 관계없는 것인지), 산출된 자료의 유형(양적인지, 질적인지), 그 자료에 대한 분석의 유형(통계적인지, 해석적인지)을 고려해 봅시다.

㉮ 중학생의 덩잇글 요약 실태에 대한 연구

㉯ 중학생들의 듣기 실태 조사연구

㉰ 글말 처리에서 덩잇글의 통사 결속(응집성)과 의미 연결(통일성)의 상관성 연구

㉱ 담화 연결 표지 사용을 통한 문단 인식 양상

㉲ 듣기 기능과 읽기 기능의 관련성에 관한 연구

지금까지 두 가지 조사연구 방법의 차이점을 강조했지만 앞으로 질적 조사연구와 양적 조사연구, 그리고 이들이 뒤섞인 혼합적 조사연구 방법에 대해서 상세하게 언급할 것이기 때문에 양적 현장 조사연구와 질적 현장 조사연구에 대한 접근에서 염두에 두어야 할 몇 가지를 지적하기로 한다.

'질적'이란 말과 '양적'이란 말에 담긴 속뜻에 대한 편견을 걸러내야 한다. 일반적으로 '질적'이란 말이 '양적'이란 말보다 낫다고 생각한다. 그러나 이는 자료를 모으고 분석하는 방법이 다름을 나타내는 표현일 뿐이다. 즉 양적 조사연구에서는 수나 부호로 자료들을 범주화하여 집계하지만, 질적 조사연구에서는 언어 표현으로 범주를 나

타내고 조사연구 과정 동안에 그 범주의 의미를 조사가 완결될 때까지 열어둔다. 따라서 이 두 단어에 우위 개념은 담겨 있지 않다는 점을 분명히 인식해야 한다(Wallace, 1998/2008:60).

양적 현장 조사연구와 질적 현장 조사연구는 대립적이거나 서로 바꿀 수 없는 고유 영역이 있는 것은 아니라는 점도 염두에 두어야 한다.[33] 양적 현장 조사연구가 질적 현장 조사연구에 통찰력을 바치기도 하며, 그 반대의 경우도 있다. 이를테면, 중학교 2학년 학생을 대상으로 글쓰기에 나타난 잘못을 유형별로 나누어 양적 방법으로 재어볼 수 있다. 그러면 글의 짜임에서 자연스럽지 못한 경우가 가장 많이 나타날 경우, 조사연구 대상인 여러 반 가운데 한 반을 골라 짜임이 잘못된 학생을 대상으로 왜 그런 부자연스러운 구성을 하게 되는지 면담을 해볼 수 있다. 이는 양적 조사와 질적 조사가 적절하게 균형을 이룬 조사연구라고 할 수 있다. 이와 같은 경우, 양적 조사연구는 쓰기 가르침의 전체적인 교육과정에서 힘을 쏟아야 하는 부분이 어디에 있는지를 보여준다. 아울러 개별적인 사례에 대한 정밀한 분석을 하는 질적 조사연구는 구체적인 교수·학습 방법에 도움을 줄 수 있을 것이다. 궁극적으로는 양적 조사연구를 통해 모은 자료들에 대한 통계적 해석 이상의 의미를 얻어내기 위해서 질적 조사연구 방법을 필요로 하게 될 것이다.

---

33) Dörney(2007)에서는 질적 현장 조사연구와 양적 현장 조사연구의 관계를 바라보는 입장을 세 가지로 정리하고 있다. 하나는 순수주의자의 입장으로, 이 둘이 서로 대립적이라고 바라보는 관점이다. 다른 하나는 서로 다른 영역을 다룬다는 점을 인정하는 상황주의자, 그리고 이들이 상보적일 수 있다는 실용주의자(pragmatics)로 나누었다.

1부 현장 조사연구에 대한 이해

다음의 주장들은 질적 현장 조사연구와 양적 현장 조사연구에서 나온 것입니다. 가장 믿을 만한 주장과 가장 믿을 수 없는 주장을 골라봅시다. 그리고 이들이 믿을 만하다면, 혹은 그렇지 않다면 그 이유가 무엇인지 생각해 봅시다.

주장 1 교사와 학생들 사이에서 감정의 교류는 시 감상에 영향을 미친다. (증거: 시 감상을 잘하는 학생 2명과 시 감상이 제대로 되지 않은 학생 2명에 대한 면담 자료)

주장 2 일반적인 읽기 능력과 요약 능력은 상관관계를 보인다. (증거: 1학년 1반과 1학년 2반에서 읽기 능력이 뛰어난 학생들의 국어 성적과 요약글 평가 점수 상관분석)

주장 3 국어 문법은 의사소통 맥락에서 가르쳐야 더욱 효과적이다. (증거: 도심지 안에 있는 고등학생들을 대상으로 의사소통 맥락에서 실시한 학급과 그렇지 않은 학급의 문법 과목 성적 비교)

주장 4 어휘 교육에서 관련되는 어휘들의 마음지도(mind map)를 이용한 방법이 효과적이다. (증거: 마음지도를 이용한 집단에 있는 40명의 학생과 그렇지 않은 집단에 있는 20명의 읽기 점수와 쓰기 점수 비교)

양적 현장 조사연구와 질적 현장 조사연구 가운데 어떤 것을 선택하느냐는 현장 조사연구의 목적과 밀접한 관련이 있다. 즉 어떤 것이 사실임을 확정적으로 입증하고자 하는 것인가, 아니면 단순히 어떤 주제나 문제를 놓고서 새로운 관점을 던져주려고 하는 것인가, 아니면 그 주제(문제)에 대해 이전에 깨닫지 못했던 어떤 것을 발견해 내려고 하는 것인가(Wallace, 1998/2008:66-67) 하는 문제와 관련이 있다. 양적 현장 조사연구는 통계적인 방법을 사용하여 어떤 사실을 입증하고자 할 때 주로 쓰는 방법이다. 다시 말하면, 얼마나 많은 수의 사람들(모집단)을 같은 속성으로 묶을 수 있는가 하는 거시적 수준의 연구라고 할 수 있다. 예컨대, 우리나라의 대학생들은 지금까지 자발적으로 글을 써본 경험이 어느 정도인가를 설문 조사 방법으로 입증할 수 있다. 그에 비해 다른 집단과 구별되는 어떤 특성을 지닌 집단을 대상으로 그 집단의 모둠 활동을 관찰하는 사례 연구는 새로운 어떤 발견 사실을 제공해 줄 수 있다. 이런 사례 연구는 양적 현장 조사연구라기보다는 질적 현장 조사연구에 속한다.

중요한 것은 어떤 조사연구에서든 조사연구자는 자신의 조사연구 결과를 새롭게 바라볼 수 있는 안목을 지녀야 한다는 점이다. 질적 현장 조사연구에서 모은 자료들은 다양한 측면을 지니므로 어떤 관점에서 그것들을 어느 정도 분석하는가에 따라 추론해 낼 수 있는 정보의 양과 품질에서 상당한 차이가 난다.[34)]

같이 생각해 보기

다음은 Wallace(1998/2008:57-81)에서 다루어진 여러 가지 현장 조사연구 기법입니다. 이들이 양적 현장 조사연구와 질적 현장 조사연구 가운데 무엇일지 생각해 봅시다. 양적 현장 조사연구와 질적 현장 조사연구 둘 다의 성격을 지니는 것

---

34) Nunan(1992)에 따르면 이런 이분법적인 시각에서 벗어나려는 시도에서 Chaudron(1988)에서는 네 가지 조사연구 전통이 있다고 지적했다. 그것들은 '심리측정 전통, 상호작용 분석, 담화 분석, 민족지학적 전통'이다. 전형적으로 심리측정 조사는 '실험적인 방법'을 이용하여 서로 다른 방법 및 자료들로부터 언어 능력의 향상을 결정하는 요인들을 찾아내고자 한다. 교실 환경에서 '상호작용 분석'은 학습자 행동이 교사가 결정하는 상호작용의 함수가 되는 범위, 그리고 다양한 관찰 방식 및 교실 상호작용들에 초점을 모음으로써 언어적으로 초점이 맞춰진 수사적 말투식(교수자의 언어 사용 관례)과 상호작용에 초점이 맞춰진 사회적인 측면 사이의 연결을 분명히 붙들려고 한다. '담화 분석'은 언어학적 관점을 취한다는 점에서 상호작용 분석과 구별된다. 마지막으로 '민족지 방법(소집단 관찰)'은 자연스럽고 통제 없는 관찰 및 기술을 통해 문화 제도로서 교실 수업에 대한 통찰력을 얻고자 한다.

은 무엇입니까?

㉮ 입말 보고(protocol) ㉯ 관찰 ㉰ 면담

㉱ 설문지 ㉲ 사례 연구 ㉳ 평가

㉴ 시험적으로 실시해 보기

㉵ 읽기에서 학습자들의 눈동자 움직임 추적

㉶ 자기 성찰적 연구(self - study)

　위 물음에서 결정적으로 양적 조사연구와 질적 조사연구를 구분
해 내는 것은 쉽지 않을 뿐만 아니라 별다른 의미가 없을 수 있다.
아마도 ㉱가 가장 양적인 성격이 강할 것이며, ㉶는 가장 질적인 성
격이 강할 것이다. 중등학교 국어 시간에 쓰기를 지도한 경험에 대
한 자기 성찰적 연구는 정량화하기 어려울 뿐만 아니라, 그렇게 한
다면 자료로서의 값어치가 없어져 버릴 수도 있다. 그에 비해 눈동
자 움직임 추적과 같은 경우에도 일정한 유형을 바탕으로 범주화하
여 양적인 처리를 할 수 있다.

(6) 질적 현장 조사연구 방법으로서 소집단 문화 기록

　넓은 범위에서 '소집단 문화 기록(민족지 방법, ethnography)'[35]은 질
적 현장 조사연구에 포함될 뿐만 아니라 관찰과 관련된 조사연구 기

---

35) 이 방법에 대한 개관은 Creswell(2007:68-72) 참조. 현재 민족지 방법은 '실제적인 민족지
(realist ethnography)'와 '비판적 민족지(critical ethnography)'가 대종을 이룬다고 한다. 민족지
연구 방법의 출발이 소집단에 대한 관찰에서 비롯되기 때문에 '소집단 문화 기록(혹은 조사연
구)'이라고 부르자는 제안이 있다(Wallace, 2002). 현재 현장 조사연구에서는 민족의 특성을 밝
힌다기보다는 이런 방법을 통해 작은 집단의 특성을 밝히는 데 초점이 있기 때문에 오해를 막
기 위해 '소집단 관찰'이라 부르는 것이 적절하다. 1980년대 중반 이전의 연구는 대체로 민족(언
어)의 특성을 밝히는 데 초점을 맞추었기 때문에 '민족지학 연구(방법)'라고 부르는 것이 알맞다.

법과 연관되어 있다. 현장 조사연구가 논리성과 과학성, 그리고 통계 분석에서 신뢰도와 타당도를 전제로 해야 한다는 주장과는 다소 거리가 멀지만, 이 방법론을 고려해 볼 필요가 있다. 과학과 논리의 연모로 싸안을 수 없는 영역들이 있다는 점을 충분히 보여주기 때문이다. 특히 이 방법은 교육 현장에 종사하고 있는 교사들이 장기적인 목적으로 시도해 봄 직한 방법이기도 하다는 점에서 현실적인 의의도 지니고 있다.

소집단 문화 기록에서 기본적인 원리는 크게 두 가지로 꼽을 수 있다(Nunan, 2003:53-54). 하나는 자연생태학적 관점인데, 이는 조사 연구에서 자료를 모으는 방법들에 이어진다. 즉 실험실 조건에서, 혹은 엄격하게 통제를 하면서 자료를 모으는 방법이 국어교육이 일어나는 자연스러운 수업 환경과 맞닿을 수 있겠는가 하는 것이다. 교사들에게 참관 수업이 다른 일상적 수업과 다르듯이, 실험적인 조건에서 학생들 혹은 교사가 보이는 반응이나 응답은 다를 수밖에 없다. 특히 심리측정법(psychometric)은 과학적인 방법을 동원했다는 점에서 오늘날에도 많은 호응을 받겠지만, 교수·학습에 관련되는 실제적인 자료를 모을 수 없다는 근본적인 한계가 있다. 실생활과 관련되는 자료를 모으기 위해 조사연구자가 일반화하고자 하는 맥락과 유사한 맥락을 만들 경우를 생각해 볼 수 있지만, 이는 곧바로 내적 타당도에 위협을 받을 수 있다. 그런 면에서 이 방법론의 존재 근거가 될 것이다. 말하자면, 사람들이 실제로 하고 있는 것과 생각하고 있는 것을 말한 것이 무엇인가를 좇아서 밝혀낼 수 있도록 하는 방법이라는 것이다.

다른 하나는 질적·현상학적 가정이다. 자연과학을 배운 사람들은 세계와 관련하여 외적 실재와 객관적 사실에 대한 개념을 받아들인다. 인간의 경우도 마찬가지여서 인간의 행위를 지배하는 기제와 원리가 있다고 가정하며, 자연과학의 방법을 사용함으로써 인간의 행위를 관찰할 수 있다는 믿음이 일반화되어 있다. 과연 인간의 행위를 지배하는 원리가 조사연구자의 주관적인 판단이나 신념과 별개로 존재할 수 있는가? 과연 자연과학을 지배하는 방법과 절차와 가정이 인간 행위를 조사·연구하는 데 적합한가? 소집단 문화 기록을 옹호하는 입장에 따르면, 결국 상호 주관적인 행위를 통해 의미가 드러나고 구체화된다고 볼 수밖에 없는 것이다. 중요한 것은 조사 대상인 현상을 다른 연관 활동과 고립시키는 것이 아니라 자료에 대한 긴밀한 접촉을 통해 통찰력을 얻고 일반화할 수 있는 태도를 지니는 것이다.

이와 같은 두 가지 가정을 하고 있는 소집단 문화 기록에서는 조사연구의 토대가 되는 면담과 같은 자료를 중심으로 하여 담화 분석과 해석적인 작업을 중시한다. 여기에는 질적 조사연구에서와 마찬가지로 조사연구자의 간섭과 선택이 일어나지 않기 때문에 여러 해에 걸쳐 자료를 모으는 과정이 필수적이다. 그리고 질문과 가정, 자료의 수집과 해석에서 참여자와 조사연구자의 상호 주관적인 활동을 강조하기 때문에 조사연구자, 교사, 학습자를 포함하여 참여자들의 협동과 협력이 수반된다.[36]

심리측정법과 같은 조사연구와는 달리 소집단 문화 기록에서는 자료를 모으는 과정에서 가정이나 질문이 부각된다. 이런 점은 경

---

36) 소집단 문화 기록의 특성에 대한 개괄적인 정리는 Nunan(2003:56)을 참조할 수 있다. 한편, 조사연구 문제를 설정하고 조사연구 지점을 선택·접근하며, 확인하고 들보기, 관찰 기록하기, 현장 자료의 분석, 이론 수립을 위한 질적 조사연구의 방법을 활용하는 것과 같은 구체적인 절차는 Silverman(2008:79–97)을 참조할 수 있다.

우에 따라 반대쪽 입장에 서 있는 사람들에게 비효율적이고 비합리적이라는 비판을 받는다. 아울러 신뢰도와 (연구 결과를 일반화하고자 하는 연구에서만 외적) 타당도의 위협을 극복하는 데 실패할 가능성이 크다는 비판을 받기도 한다. 이와 같은 비판을 극복하기 위해서는 Nunan(2003)을 참고할 수 있다. 그런 약점에도 불구하고 자료 수집 및 해석을 중시하는 소집단 문화 기록은 다른 방법들이 제공할 수 없는 중요한 통찰력을 제공해 준다.

소집단 문화 기록은 다른 방법들에 비해 분명히 비용이나 시간, 품이 많이 들지만 현장 조사연구에서 고려해야 할 사항을 늘여놓는다는 점에서 어느 정도 기여를 했다고 할 수 있다. 그리고 교사가 현장에서 손쉽게 실천해 볼 수 있는 방법으로서 현실적인 의의를 지닐 뿐만 아니라 기존의 방법론에 매몰되어 새로운 돌파구를 찾을 수 없는 현장 조사연구의 방향을 제시하고 있다는 점에서 의의를 가진다고 할 수 있다.

소집단 문화 기록은 조사연구 방법의 하나로 선택의 여지가 있지만 우리나라에 뿌리를 내린 방법론은 아니다. 이는 우리나라의 분위기, 역사적 맥락과 밀접한 관련이 있다. 집단 사이에 서로 다른 성질이 있고, 그런 집단들의 층위가 여러 겹인 다문화 사회, 다민족 사회가 아니었던 것이다. 그렇지만 21세기 현재 우리나라의 실정으로 미루어 볼 때 이와 같은 사회로 바뀌고 있으며, 어느 정도 그런 사회현상이 문젯거리로 나타나고 있다. 따라서 이와 같은 방법이 필요하게 될 것이라고 예상할 수 있다. 따라서 소집단 문화 기록에서 취하고 있는 자연생태학적 가정과 질적·현상학적 가정이 자신의 주제 영역과 관련될 경우 고려할 만한 방법론이 될 수 있다.

4. 혼합적 현장 조사연구

혼합적 현장 조사연구는 양적 현장 조사연구와 질적 현장 조사연구를 결합한 조사연구이다. 그동안 혼합적 현장 조사연구는 조사연구 방법론에서 제3의 접근법으로 간주되었다. 이러한 혼합적 조사연구는 양적 조사연구가 질적 조사연구를 위해 이용되고, 질적 조사연구가 양적 조사연구를 지향해야 한다는 방법론적인 당위성에 바탕을 두고 있다.

여기서는 질적 조사연구와 양적 조사연구를 통합 혹은 결합하는 연구 방법에 대한 찬성과 반대의 입장을 간단히 살펴보기로 한다. 조용환(1999/2011), Leininger(1994), Bogdan and Biklen(1992) 등은 대표적인 반대론자들로서 두 방법을 둘러싸고 있는 인식론적인 차이가 좁혀질 수 없다는 점, 상반되는 두 입장에 대한 서로의 오해, 방법론적인 철저함을 기할 수 없다는 점을 들어 반대 입장을 표명했다. 그러나 Goodwin and Goodwin(1996)에서는 두 입장의 장점을 최대한 수용하여 연구하는 것이 바람직하고, 실용적으로 두 방법의 결합이 지식의 산출에 유용하며 연구 목적을 성취하는 데 도움을 줄 뿐만 아니라, 복합적인 연구 방법 그 자체가 신뢰성을 주기도 하며, 두 방법의 선호도에 대한 논쟁보다 이들을 이용하는 것이 더 낫다고 주장했다.

(1) 혼합적 현장 조사연구의 역사

여러 층위의 자료를 모으는 실천 관례는 20세기 초반의 사회과학으로 거슬러 올라간다. 실험적인 자료와 자연 발생적인 자료를 뒤섞는 이런 방식은 생태학이나 동물행동학에서는 더 오래되었다. 그러나 이런 혼합적 현장 조사연구 방법론은 질적 현장 조사연구와 마찬가지로 20세기 중반에 이르러서야 본격적으로 논의되기 시작했다. 처음에는 주로 여러 겹의 양적 자료를 얻기 위해 다양한 방법을 사용하는 데서 비롯되었지만, 삼각측량법이 사회과학에서 사용되면서 의미가 더 분명해졌다. 삼각측량법은 연구에서 다루고 있는 같은 사회현상을 연구하기 위한 자료들의 결합이라는 의미로 사용되었다. Denzin은《The Research Act》(1978)라는 책을 통해 여러 방법을 가설 검정을 위해 사용함으로써 타당도를 높이는 방법으로 옹호했다. 즉 삼각측량법은 다른 조사연구 방법의 강점을 활용함으로써 해당 연구 방법의 약점을 보완하므로 그 방법에 내재되어 있는 약점을 줄이는 데 도움을 받을 수 있다고 했다. 아직 혼합적 조사연구를 사용한 응용언어학 논문은 많지 않지만(Magnan(2006)에 따르면《현대 언어학 회지(The Modern Language)》에서 6.8%에 지나지 않음), 질적 현장 조사연구와 양적 현장 조사연구가 결합된 혼합적 현장 조사연구 방법이 더 늘어날 것이라고 전망할 수 있다.

(2) 혼합적 현장 조사연구의 특징

이 조사연구의 특징은 결국 질적 현장 조사연구와 양적 현장 조사연구 방법에서 비롯된다. 이에 대해서는 앞에서 다루었기 때문에 더는 거론하지 않기로 한다. 다만 핵심적인 논제는 이 두 방법을 어떻게 결합할 것인가 하는 것이다. 여기에 대해서는 3부에서 자세하게 논의할 것인데, 다만 그 방법이 다양하다는 점을 지적해 두기로 한다. 아울러 두 방법의 결합이 가능하기 위해서는 질적 자료를 양적 자료로, 양적 자료를 질적 자료로 변환하는 과정이 필요하다.

(3) 혼합적 다시점 현장 조사연구

다시점 연구의 장점을 늘리고 단점을 줄이기 위해 다시점 연구에서는 다양한 방법을 결합하고 있다. 다시점 조사연구의 초점이 시간에 따른 변화와 발달의 모습에 관련되기 때문에 방법들이 혼합되는 것은 이론적으로 정당화될 수 있다. 게다가 다양하고 역동적인 변화의 복잡성은 양적 현장 조사연구와 질적 현장 조사연구의 결합이 다시점 조사연구에서 필요함을 함의한다.

(4) 혼합적 현장 조사연구의 장단점

혼합적 현장 조사연구의 가장 매력적인 장점은 질적 조사연구와 양적 조사연구의 약점들을 몰아냄으로써 장점을 더 늘릴 수 있다는 것이다. 즉 질적 조사연구든 양적 조사연구든 한쪽의 장점이 다른 쪽의 약점을 극복하도록 활용될 가능성을 지니고 있다. 예컨대, 양적 조사연구자들은 질적 조사연구자들에게 맥락에 매여 있으며 대표성이 떨어지는 자료들을 사용하고 있다고 비판한다. 혼합적 현장 조사연구에서는 애초에 대표성을 띠도록 현지 조사를 먼저 하고 그 결과에 따라 참여자들 가운데 질적 조사(예컨대 면담 조사)를 한다면 표본 뽑기에서 치우침을 극복할 수 있다는 것이다. 마찬가지로 질적 조사연구자들은 양적 조사연구자들에게 지나치게 단순하거나 맥락에서 벗어났다는 비판을 한다. 그렇지만 혼합적 현장 조사연구에서는 양적 현장 조사연구에 이어 질적 현장 조사연구를 통해 해석의 깊이를 더할 수 있다.

또한 복잡한 자료들에 대한 여러 수준의 분석이 가능하다는 점도 혼합적 현장 조사연구의 장점이다. 수치로 표현된 값들은 질적 현장 조사연구의 특징인 언어 표현을 통해 의미를 부여할 수 있으며, 언어 표현 자료들은 수치로 표현된 값을 통해 정확성을 기할 수 있다. 국어교육 정책에 영향을 미치는 요인들을 알아보고자 하는 경우를 생각해 보자. 개인 수준의 자료는 질적 현장 조사연구 방법을 쓰고, 사회적인 맥락에 대한 자료는 양적 현장 조사연구 방법을 사용함으로써 여러 겹의 분석이 가능해진다. 이런 경우 양적 현장 조사연구에서 나타난 특이 현상들은 질적 현장 조사연구를 통해 얻은 자료들로 보완하고 추가적인 해석이 가능하게 될 것이다.

아울러 타당도를 높일 수 있다. 혼합적 현장 조사연구는 한편으로는 질적 분석으로 자료들의 수렴과 정교화를 통해 타당도가 높은 자료를 얻을 수 있다. 다른 한편으로 양적 분석을 통해 일반화 가능성을 높임으로써 외적 타당도를 높일 수 있다. 최종 결과가 수용되는 측면에서도 방법론에 따른 선호도에 상관없이 폭넓은 독자층을 확보할 수 있다는 장점이 있다.

그러나 언제나 결합이 긍정적인 효과만을 가져오는 것은 아니다. 명확하지 않은 결론을 끌어내기 위해 두 방법을 사용하는 것은 미숙한 조사연구자들에게 짐이 될 수 있다.

(5) 현장 조사연구 방법의 경계

이 장에서 주로 다룬 연구 방법은 질적 현장 조사연구와 양적 현장 조사연구, 혼합적 현장 조사연구이다. 하지만 다음의 [그림 3]과 같이 간섭과 선택이라는 매개인자를 중심으로 분류를 하기도 한다.[37]

---

37) Bereiter & Scardamalia(1983)에서는 '성찰적 탐구, 텍스트 분석, 과정 기술'을 질적 조사연구로, '실험적 변수의 검정, 이론에 바탕을 둔 실험과 모의실험'을 양적 조사연구로 구분했다. 한편, Lauer & Asher(1988)에서는 기술 연구와 실험 연구로 나누었으며, 양적 조사연구와 질적 조사연구를 기술 연구와 실험 연구의 일부로 다루고 있기도 하다.

[그림 4] 조사연구 계획과 관련이 있는 매개인자 - Van Lier(1988)

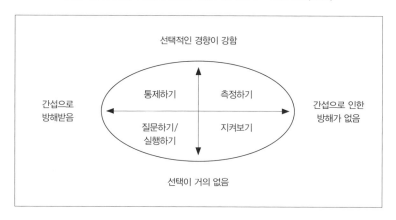

[그림 4]는 간섭을 받느냐 받지 않느냐, 선택적이냐 선택적이지 않느냐의 네 가지 자질을 보여준다. 두 가지 매개인자의 [±자질]의 배합을 통해 위 그림을 이해할 수 있다. 먼저 일사분면의 자질 배합은 [+선택, +간섭]이다. 조사연구자가 변수를 선택하고, 어떤 조건 부여에 간섭을 한다는 의미다. 예컨대, 남학생들보다 여학생들이 국어에 더 많은 관심을 갖고 있다는 예비 조사 결과가 나온 경우를 생각해 보자. 이때 조사연구자는 남학생과 여학생에게 던지는 질문의 수준을 다르게 하여 문항을 작성하게 될 것이다. 국어 교사로서 혹은 현장 실천가로서 연구는 대체로 이 영역에 초점을 모으는 경우가 많다. 말하자면, 반드시 그런 것은 아니지만 대부분의 양적 조사연구는 일사분면에 들어가야 타당도를 보장받는다.

일반적으로 양적 현장 조사연구에서 많이 이용하는 측정은 이사분면에 드는데, 그 자질은 [+선택, -간섭]이다. 이는 조사연구 질문 거리와 대상을 선택하기는 하지만 간섭은 하지 않는 경우로, 교실 수업 관찰을 예로 들 수 있다. 특정 과목, 특정 학년과 반의 특정 시간을 선택하기는 하지만 수업 진행에는 아무런 간섭이나 방해를 하지 않는 경우이다.

삼사분면에 있는 '질문하기/실행하기'는 [−선택, +간섭]이다. 이런 유형은 반응을 있는 그대로 기록하면서 어떤 조건들에 간섭을 하기 위한 예비 조사의 성격을 지닌다고 할 수 있다. 사사분면에 있는 '지켜보기(관망)'는 [−선택, −간섭]이다. 조사연구자가 아무런 목적도 없이 교실 수업을 관찰하기만 하는 경우이다.

이와 같은 구분이 특정의 조사연구를 자리매김하는 데 이바지하지는 않지만 현장 조사연구가 다양한 선택의 폭을 지닌다는 점을 알려주기에는 충분하다. 그리고 조사연구자가 선택과 개입을 어느 수준까지 해야 하는지 결정하는 길잡이 역할을 한다.

마지막으로 이런 구분과 관련하여 지적해 둘 점은 위의 네 영역 가운데 한 가지로 고정되어 조사연구가 끝나지는 않는다는 것이다. 즉 '지켜보기'로 시작하여 질문거리의 초점을 좁히고 나서 '통제하기'와 같은 방법으로 옮아갈 수 있다. 대체로 현장 조사연구에서 논문은 선택과 간섭이 어느 정도 수준이어야 하는가에 대한 제약은 없지만, 선택과 간섭의 정도에 대한 설명이 필요하다. 왜 2학년 학생들을 선택했는지, 혹은 왜 무작위 추출을 했는지, 왜 표준점수를 선택했는지 등과 같은 물음에 대해 적절한 해명이 논문 속에 들어 있어야 한다.

> **같이 생각해 보기**
>
> 다음은 실제로 이루어진 조사연구의 제목입니다. 이들이 앞에서 제시한 [그림 4]의 어디에 들지 판단해 봅시다. 아울러 제목을 통해 그 영역이 분명하게 정해지지 않는다면 부분적으로 제목을 고쳐봅시다.

㉮ 반성적 쓰기를 활용한 작문 평가 실태

㉯ 논술문 쓰기에서 동료 평가의 양상과 의미

㉰ 초등학생 대화에서 관찰되는 질문의 기능과 발달 양상

㉱ 담화에서 지엽적 의미 연결 인식 양상

㉲ 쓰기에서 남녀 중학생의 주제 도입 방법

㉳ 다문화 가정 학생들의 듣기·말하기 실태

㉴ 공감적 듣기가 화자의 말하기 수행에 미치는 영향

㉵ 설명적 말하기의 언어적 표현 방식에 대한 선호도

4장 현장 조사연구의 일반적인 절차

1. 계획 세우기[38]

현장 조사연구 계획은 아래와 같은 항목과 물음에 대한 답을 마련함으로써 구체화할 수 있다(Wallace, 1998/2008:39). 한편, Silverman(2008:4)에서는 질적 조사연구에서 만족스러운 조사연구가 이루어지도록 하기 위해 연구자가 스스로 제기해 봄 직한 질문거리의 목록을 보여준다.

현장 조사연구 주제 선택과 진행 계획

① 목적: 여러분은 왜 이 현장 조사연구에 참여하고자 하는가?

② 주제 영역: 어떤 영역을 조사·연구하려고 하는가?

③ 초점: 그 영역에서 스스로 물어보려는 질문은 정확히 무엇인가?

④ 산출물: 여러분이 의도하는 조사연구의 결과는 무엇이 될 것 같은가?

⑤ 조사연구 방식: 그 조사연구를 어떻게 수행할 것인가?

⑥ 시간 배분: 그 조사연구 수행이 얼마나 오래 걸리는가? 완결 짓는 마감 시간이 있는가?

⑦ 자원: 그 조사연구 완수에 도움을 요청할 수 있는 인적·물적 자원은 어떤 것이 있는가?

⑧ 다시 초점 맞추기, 깔끔히 조율하기: 조사연구를 진행해 나가게 되면 원래의 질문을 다시 생각하게 될 것이라고 보는가?

---

38) 일반적으로 현장 조사연구의 절차는 여러 사람이 제안했는데, 대표적인 논의로 Stacy & Moyer(1982)에서는 열 단계로, Brown(2001)에서는 다음처럼 여섯 단계로 나누고 있다. ① 현장 조사연구 계획 세우기, ② 현장 조사연구 도구 마련하기, ③ 조사연구 자료 모으고 집계하기, ④ 현장 조사연구 자료를 통계적으로 분석하기, ⑤ 현장 조사연구 자료를 질적으로 분석하기, ⑥ 현장 조사연구 보고하기.

앞에서 제시한 내용은 이미 부분적으로 언급했다. 여기서는 제시된 순서에 따라 간단하게 설명을 덧붙이기로 한다. 다만 맨 마지막에 제시된 ⑧을 좀 더 분명하게 고치고 설명에 들어가기로 한다. 글을 쓰는 과정에서 글의 주제나 목적을 언제나 염두에 두어야 하듯이, ⑧은 맨 마지막에 제시되어 있지만 조사연구의 전 과정에서 늘 조응해 보아야 하는 요소이다. 따라서 이를 다음과 같이 수정하여 설계할 때 고려하는 것이 좋다.

⑧′ 되짚어보기 계획: 원래의 조사연구 주제나 목적에 비추어 되짚어보기를 할 필요가 있는가? 한다면 그 결과는 어떻게 반영할 것인가?

어떤 일에서나 마찬가지지만 '목적'은 전체적인 조사연구의 성질을 결정한다. 학위논문이나 학술지에 실을 논문은 엄격한 절차와 분석 과정이 필요하다. 그러나 당장 다음 시간이나 다음 학기의 수업 계획을 위해 평가를 통한 현장 조사연구를 할 때는 그렇게 엄밀한 절차나 통계를 이용한 분석 절차가 필요하지 않을 수 있다. 하지만 어느 때나 교사로서 가르침과 관련된 직접적인 목적을 세워야 한다는 점을 잊지 말아야 한다. 그러나 그것만으로 조사연구를 수행할 수 없다. 즉 조사연구 영역을 세부적으로 자리매김하지 않고서는 연구를 수행할 수 없다는 말이다. 다음 사례의 ①과 ②를 비교해 보면 어느 것이 연구에 접근할 가능성이 큰지 알 수 있을 것이다.

현장 조사연구의 범위 좁히기 사례
① 중학생들이 읽기를 얼마나 잘할 수 있는지 알아보자.
② 중학교 2학년 학생들이 설명문의 짜임을 얼마나 정확하게 파악하고

있는지 알아보자.

'중학생들'은 '중학교 2학년 학생들'로, '읽기'는 '설명문 읽기'로, '전체적인 차원의 읽기'는 '구조 파악'으로 범위가 좁혀졌다. 범위를 좁히는 일은 연구의 가닥을 잡는 데 중요하다. 그러나 지나치게 좁히면 연구의 흥미를 잃게 할 수 있으므로 전체적인 맥락을 고려하여 적절하게 조정할 필요가 있다. 예컨대, 위의 ②는 설명문 읽기와 관련되므로 설명문의 구성 요소든 읽기의 세부 영역을 설정하여 조사 연구를 해볼 수 있다. 현장 교사로서 연구를 수행할 때 항상 자신이 가르치는 학생들을 대상으로 범위를 정한다면 주제를 잡는 데서 있을 수 있는 어려움을 상당히 줄일 수 있을 것이다. 그리고 이런 초점은 제목과 밀접한 관련이 있다. 사소하게 보이는 문제일지라도 깊이 파고드는 자세가 이 단계에서는 중요하다.

같이 생각해 보기

다음의 여러 논제를 자신이 감당할 수 있을 정도의 주제로 범위를 좁혀봅시다.

㉮ 중학교 과정에서 모둠 활동이 쓰기에 도움을 줄 수 있는지 알아보자.

_____

㉯ 국어교육 지역화가 제대로 되고 있는지 알아보자.

_____

㉰ 외국인을 대상으로 한 한국어교육에서 교사들이 수업 구성은 어떻게 하고 있는지 알아보자.

_____

㉱ 교육과정이 국어 교과서에 어떻게 반영되고 있는지 알아보자.

_____

⑩ 다문화 가정에서 자라고 있는 어린 학습자들의 한국어 능력에 영향을 미치는 변인들에 대해 알아보자.

질적 조사연구에서 질문거리는 상당히 유동적이다. 다음은 질문거리를 가다듬어서 본격적인 연구로 나아가는 단계 동안 연구의 초점이 변할 수도 있음을 보여준다.

질적 조사연구에서 질문거리를 다듬는 과정

① 다문화 가정에서 자란 학생들의 국어 학습에 영향을 주는 사회적·심리적 요인들은 무엇인지 알아보자.

↓

② 다문화 가정에서 자란 학생들로만 이루어진 학급을 대상으로 하는 것이 좋을까, 일반적인 가정에서 자란 학생들과 뒤섞여 있는 반을 대상으로 하는 것이 좋을까?

↓

③ 일반 학생과 다문화 가정 학생들이 섞여 있는 학급의 담임을 맡고 있는 담임교사를 찾아가서 실제 수업 형태를 관찰해 보기로 한다.

↓

④ 실제 학생들의 수업 참여도는 어느 정도이며, 국어 수업 시간에 교과 담당 교사는 어떤 배려를 해주는지 살펴보기로 하자.

↓

⑤ 본래의 연구 대상과 새롭게 발견한 사실을 비교해 보고, 주제가 타당한지 검토하기로 한다.

↓

⑥ 다문화 가정 학생들의 국어 능력 발달에 미치는 국어 교사의 역할

①은 최초의 질문을 나타낸다. ②와 ③은 실현 가능성을 놓고서 좀 더 반성적인 살핌이 이루어지는 과정을 보여준다. 이 과정을 통해 기존의 수업 틀을 바꾸지 않으면서 현장 조사연구를 하기로 수정하고 있음을 알 수 있다. ④는 ③을 더 발전시켰는데, 그렇게 하다 보니 애초에 던진 질문거리와는 다소 거리가 있다. 그래서 ⑤의 과정을 통해 애초에 던진 질문거리와 연관을 지으려 했고, 그 결과 ⑥과 같은 최종 질문거리 혹은 연구거리를 확정했다.

이처럼 질적 조사연구는 ①에서와 같이 애초에 던진 질문거리가 최종 연구거리가 아닐 수 있다. 이는 '주제 > 영역 > 대상'으로 범위를 좁히면서 연구의 초점을 정하는 과정에 견주어 볼 수 있다.

산출물에 대한 결과 처리 방식 결정은 조사연구의 여러 측면과 관련이 있다. 학위논문이나 학기 중의 과제물 혹은 심사를 거치는 학회지의 논문으로 조사연구를 실시한다면 기간이나 분량, 서식의 제약을 받을 것이다. 조사연구에서 시간은 가변성이 크다. 순수하게 자신이 궁금해하는 점을 스스로 해결하거나 자신의 수업에 연구 결과를 응용하려고 할 때는 시간의 제약을 거의 받지 않겠지만, 학위논문이나 학회 발표 논문의 경우는 시간의 제약을 많이 받는다. 그럴 경우 연구 절차에 따라 적절하게 시간을 안배해야 한다. 이를 위해서 다음의 [표 3]과 같은 시간표를 만들어보면 도움이 될 것이다.

무작정 시간을 늘려 잡는 것이 능사는 아니다. 일정한 기한 안에 조사연구를 끝낼 수 있도록 자신을 채근할 필요도 있다. 만약 예정된 일정에 맞추지 못한다면 대안을 찾아보아야 한다. 이를테면, 자료의 수준을 다르게 하거나 자료를 모으는 집단을 조정함으로써 계획한 시간과 실행 시간의 차이를 줄일 수 있다. 분석하기에 시간이 오래 걸려 예정된 시간을 맞추기 어렵다면 통계 전문가의 도움을 받을

[표 3] 과정별 진행 시간표 − Wallace(1998/2008:53)에서 약간 손봄[39]

과정 \ 주별	1주	2주	3주	4주	5주	6주	7주	8주
문헌 조사								
계획하기								
자료 모으기								
분석하기								
초고 쓰기								

수 있다. 그러나 자신이 결과를 알기 위해서 혹은 자신이 가르치는 일에 응용해 보려 한다면 기간이나 분량 등은 조사연구의 과제에 따라 폭넓은 변동을 보일 수 있다.

위 표에는 나와 있지 않지만 석박사 학위논문이나 학회지에 발표할 목적으로 조사연구를 할 때는 연구 문헌을 살펴보아야 한다. 즉 남들은 그 논제에 대해 무엇을 말했고 어떤 발견을 했는가를 살펴보아야 한다는 말이다. 따라서 조사연구 일정을 잡을 때는 여기에 들어가는 시간도 고려해야 한다.

조사연구 방법의 성격은 일차적으로 자료를 모으는 방식, 모은 자료의 성격과 관련이 있다. 엄격한 조건을 마련하고 그 조건에 따라

---

39) 이 표는 Wallace(1998/2008:53)에서 제시된 것과 순서가 다르다. 문헌 조사와 계획하기의 순서를 바꾸었다. 일반적으로 연구 주제는 조사연구에 들어가기 전에 설정되기 마련이다. 따라서 그 주제가 연구거리로 합당한지, 그리고 어느 수준에서 연구가 이루어져야 하는지 살피기 위해서는 문헌 조사를 먼저 해야 한다. 실제로 주제는 연구자의 머릿속에 맴돌고 있을 것이다. 이를 구체화하는 방법으로 문헌 조사가 이루어진다고 보는 것이 온당하다. 주제가 참신할 수도 있지만, 이미 연구가 이루어졌거나 기존의 논문에서 사용한 연구 방법을 자신이 감당할 수 없기 때문에 머릿속에서 사라지는 주제가 한둘이 아니다.

　　　　　　　　　　　　　1부　현장 조사연구에 대한 이해

실험을 해볼 수 있으며, 잘 짜인 설문지를 통해 자료를 모을 수 있다. 그 밖에 다양한 방식으로 자료를 모을 수 있는데, "현장 조사연구의 장점 가운데 하나가 방법 선택의 폭이 넓다(Wallace, 1998/2008:49)"는 점이다. 아울러 조사연구 방법을 선택할 때는 조사연구의 목적, 대상, 시간, 윤리적인 측면을 두루 고려해야 한다. 조사연구 방법에는 연구 대상을 정하는 일뿐만 아니라 얼마나 많은 참여자를 조사해야 하고, 어떻게 이들을 찾을 것인지 결정하는 일도 필요하다.

⑧′에 대한 대답은 계획하기 단계에서 분명하게 마련하지 못할 수 있다. 하지만 이런 질문을 계획하기 단계에서 마련해 두어야 하는 이유는 애초에 세워두었던 측정 가능한 개념이나 조사연구 도구들의 적절성에 대해 역동적으로 성찰하는 시간을 가질 필요가 있으며, 그런 점들을 언제나 염두에 두어야 하기 때문이다. 현장 조사연구를 여러 차례 해봄으로써 계획 단계에서 가정해 놓은 이런 질문들이 무의미해질 수 있지만, 처음으로 조사연구를 하고자 한다면 ⑧′에 대한 답은 언제나 "예"일 것이다.

계획하기 단계에서 뒤의 [표 4]와 같은 개요를 활용하는 방법도 생각해 볼 수 있다(Nunan(2003:216)에 제시된 표를 손질했음). 이는 다음에 구체적인 연구거리의 얼개를 잡는 데 도움을 줄 것이다.

표에 제시된 내용을 간단하게 살펴보기로 한다.

'일반 영역'은 조사연구를 자리매김하기 위해 잡을 필요가 있다. 조사연구자로서 교사는 영역을 분명히 해두어야 한다. '조사연구 질문'은 조사연구의 목적과 밀접한 관련이 있는데, 이는 조사연구 설계의 다른 부분들에 영향을 미친다. 특히 비슷한 영역의 조사연구가 앞서 있었다면 이를 찾아내어 그 연구와의 관련성도 염두에 두고 이를 밝혀야 함을 의미한다. '핵심적인 개념 구성물'도 분명해야 한다.

[표 4] 조사연구를 위한 일거리 개요 예시 – 허선익(2010) 참고

일반 영역 명칭	쓰기 동기 구성 요인
조사연구 질문(들)	특수목적고 학생들의 쓰기 동기 구성 요인은 무엇이고, 이 요인은 인문계 고등학생들과 어떻게 같고 다른가?
핵심이 되는 개념 구성물	쓰기 동기 구성 요인(쓰기 효능감, 성취 욕구, 경쟁적 보상 등)
예상되는 입증/정당화 방법	동기 구성 요인의 크기 비교, 기존의 연구 활용을 통한 양적 분석
참여자	특수목적고 학생들(3개 학교 1, 2학년)
자료를 모으는 절차 및 방법(검사 도구)	설문지 방법(검사 도구는 박영민(2007)을 활용하기로 함)
자료의 유형	양적 자료
분석의 유형(이용 가능한 혹은 예상되는 통계 절차)	요인분석(SPSS 12.0)
결과물(들)	분석 결과를 국어교육 관련 학회지에 발표
예상되는 문제들	– 자료 수집에 다른 학교 교사가 협조해 줄 것인가? – 설문지에 학생들이 성의껏 응답해 줄 것인가? – 코딩에 드는 시간적 비용을 어떻게 해결할 것인가? – 애초에 설문지를 작성한 저자의 허락을 받을 수 있을 것인가?
가능한 해결책들	설문 조사의 취지를 설문 참여자들과 교사들에게 충분히 설명하기로 한다.
요구되는 자원들	복사비용(20,000원 정도 예상) + 우편비용 + 사례

조사연구 목적과 개념 구성물의 초점이 맞는지 여부는 조사연구의 성공 여부, 타당도와 밀접하게 관련되어 있기 때문이다.

'예상되는 증명 방법' 부분은 조사연구의 주제에 따라 겉으로 드러날 수도 있고 그렇지 않을 수도 있다. 논쟁거리가 되는 경우에 '정당화 방법'은 상당히 중요하다. 그렇지만 일반적인 연구 절차에 따라 대안가설을 검정하는 경우, 연구의 결과를 정당화하는 방법은 연구의 관례를 따르면 되기 때문에 문제가 되지 않을 수도 있다. '참여

자 집단'은 모집단의 특성을 보여줄 수 있는 표본집단을 선택할 필요가 있다. 특정한 기준은 없지만, 설문지 조사이기 때문에 표본 크기가 대략 150을 넘어설 수 있는 수준에서 정하면 된다. 사정이 허락한다면 크기를 늘려 잡는 것이 통계의 신뢰도를 높이는 데 이롭다.

조사연구를 설계하는 일은 조사연구의 범위가 어느 정도까지인지, 조사연구의 문젯거리가 무엇인지, 측정 가능한 이론 구성물이 무엇인지, 그리고 변수들의 역할과 관찰 방법 등을 분명하게 밝혀줄 수 있다. 조사연구를 계획하는 단계에서 연구의 전체적인 윤곽을 잡을 수 있도록 설계하는 방법을 간단한 것에서 복잡한 것의 순서대로 언급하기로 한다.

조사연구 계획을 짤 때 가장 먼저 정해야 하는 것은 변수이다. 무엇을 독립변수로 하고 무엇을 종속변수로 삼을 것인가를 정해야 한다는 말이다. 예컨대, '남학생과 여학생의 쓰기 동기는 차이가 없을 것이다.'라고 영가설(혹은 귀무가설)을 설정했다고 가정해 보자. 이 경우 독립변수는 무엇일까? 독립변수는 당연히 남학생과 여학생이며, 종속변수는 쓰기 동기 구성 요인 점수이다. 이런 경우 조사연구에서 알아보고자 하는 요인은 다음과 같은 도식을 통해 분명히 파악할 수 있다.

여기서 더 나아가 계열이 다른 남학생과 여학생을 대상으로 알아보고 싶은 요소를 하나 더 추가한다고 가정해 보자. 이때 영가설은 '자연 계열과 인문사회 계열의 남녀 학생들은 쓰기 동기 구성 요인

이 다르지 않을 것이다.'라고 한다면, 각 변수에 대해 알아보고 싶은 요소를 다음과 같이 나타낼 수 있다.

	남학생	여학생
인문사회 계열		
자연과학 계열		

위와 같은 조사연구는 집단끼리의 차이를 알아보기 위한 연구이다. 그러나 경우에 따라서는 같은 집단을 놓고서 여러 차례 조사연구가 이루어질 수 있다. 국어과 수업에 대한 흥미도를 조사·연구하는 경우를 생각해 보자. 조사연구는 각 영역별로 이루어질 것인데, 그 조사 영역은 다음과 같이 나타낼 수 있다.

읽기	쓰기	말하기/듣기	문학	국어 문법

이런 경우는 같은 집단, 예컨대 1학년 1반을 놓고서 조사연구가 다섯 차례 이루어진 경우이다. 이런 경우를 '반복 측정'이라고 부른다. 이와 같은 사례의 다른 보기로, 읽기 능력 검사를 일정한 주기로 반복해서 같은 학급에 실시하는 경우가 있을 수 있다.

좀 더 복잡하게, 집단별 비교와 반복된 측정을 동시에 실시할 수도 있다. 이를 '분할구 설계(split-plot design)'라고 한다.

	첫 번째	두 번째
학급 1		
학급 2		
학급 3		

이는 1학년 3개 학급을 놓고서 세 학급의 차이를 알아보기 위해 두 차례에 걸친 조사연구를 실시한 경우를 나타내는 것이다. 실제로 위와 같이 복잡한 설계가 현장 조사연구에서 자주 나타날 수 있다. 읽기에 대한 흥미도를 조사하는 경우, 단 한 번 조사하는 것보다는 위와 같이 여러 차례에 걸쳐 조사하는 것이 훨씬 더 정확한 정보를 제공해 줄 수 있을 것이다. 분할구 설계에서는 통계적인 처리 과정에서 다른 기법이 사용된다. 집단 사이, 집단 내의 차이나 신뢰도가 분석되어야 하는 것이다.

이와 같은 설계는 일반적으로 갈래에 따라 나뉘기도 한다. 다음은 설계를 분류하는 기준으로 삼을 수 있는 물음들이다. 이런 물음은 자신이 직접 하는 조사연구의 갈래를 분명히 알 수 있게 해줄 뿐만 아니라 조사연구를 설계하는 데도 도움을 줄 것이다.

조사연구의 설계 – 표본집단과 모집단의 갈래를 세우기 위한 질문

① 이미 짜여 있는 집단을 이용할 것인가?

② 그 집단에 대한 측정은 1회에 그칠 것인가, 아니면 그 이상 반복할 것인가?

③ 실험집단과 통제집단(비교집단, 대조집단)을 구분할 것인가, 말 것인가? 실험집단과 통제집단은 어떻게 정할 것인가?

④ 집단의 층위는 어떻게 잡을 것인가?

현장 조사연구에서는 짜여 있는 집단을 그대로 이용하는 경우가 많다. 일정한 수준을 반영하는 학교, 성적에 따라 편성된 학급, 특정 지역에 있는 학생 등을 그대로 이용한다는 말이다. 이런 경우 임의 배치(혹은 무선 배치)라고 하지는 않는다.

②는 반복 측정인지 아닌지를 결정하라는 것이다. 이는 조사연구의 목적에 비추어 같은 집단을 교육적 처치(treatment)를 하기 전과 처치를 하고 난 뒤에 측정할 것인지 결정하는 일뿐만 아니라 여러 가지 다른 사례를 바탕으로 조사연구를 하는 경우에 해당한다. 대부분의 국어교육 논문은 단 한 번의 측정으로 이루어진다. 그러나 현장 조사연구에서 일반화 가능성과 타당성이 조사연구 과정에서 비롯된다는 점을 생각해 보면, 과연 일회적인 검사(평가)만으로 타당성이 보장될 수 있겠는가 하는 의문이 남는다. 이런 타당도의 위협에서 벗어날 수 있는 방법이 여러 차례에 걸친 평가이다. 흔히 쓰는 방법으로 사전 검사와 사후 검사가 있다. 이런 경우에 반드시 타당도에 위협이 있는 것은 아니다. 집단 비교에서 간접적인 평가(검사)가 있을 경우 다음에 나오는 여러 차례의 측정(평가)이 필요하지 않을 수도 있다. 이때 중요한 것은 집단끼리 동질성이 보장되어야 한다는 것이다.

교육적 처치의 전후를 바탕으로 결과를 대조하는 경우가 ③에 나오는 것처럼 다른 집단을 대상으로 하는 경우보다 신뢰도가 높으며, 연구의 윤리적인 측면에 관련되는 갈등을 줄인다는 점에서 권장할 만하다. 이때 중요한 것은 실험집단과 통제집단에 임의로 학생들을 배치하고 무작위로 할당하는 일이다. 아울러 통제집단과 실험집단이라는 지위 부여 또한 임의로 이루어져야 한다. 다른 말로 하면, 모든 실험 참여자가 어느 집단에든 속할 기회를 똑같이 가진다는 의미기도 하다.

③은 ②와 맞물려 있는 결정 사항으로서, 서로 다른 집단을 연구의 대상으로 설정하는 경우에 결정해야 하는 사항이다. ②는 여러 가지 방법을 비교하는 것이 아니라 어떤 특정의 방법이 교육적인 효

과가 있는지 검정하는 경우에 적합하다. 그에 비해 ③은 여러 가지 방법이 있을 때 그 효과를 검정하는 방법으로 추천할 만하다.

④는 조사·연구하는 집단의 폭과 범위, 수를 정하는 것과 관련이 있다. 앞의 세 물음에 대한 답이 큰 연구 얼개에서 먼저 결정되어야 한다. 이 물음의 경우는 연구 도중에 새롭게 생겨나는 문젯거리나 연구의 필요성으로 새롭게 설정될 수 있다. 도시 지역과 농어촌 지역의 국어 성적을 비교하는 과정에서 남녀 학생의 성적을 비교할 수도 있으며, 학년을 새로운 기준집단으로 설정할 수 있는 것이다. 바람직한 것은 연구 계획을 세울 때 이들을 모두 고려하는 것이다. 만약 그렇지 않다면 남녀 학생 수에서 불균형을 이루어 비교 자체가 불가능할 수 있기 때문이다.

전혀 다른 측면에서 대상이 되는 집단의 설계를 하는 방법으로 '사후 소급 설계(Ex Post Facto Designs)'가 있다. 앞의 ①~④에서 제시한 방법들처럼 미리 설계된 경로를 따라 집단을 정해야 한다. 그렇지만 실험 설계의 조건을 만족시키지 않고도 독립변수와 종속변수 사이의 관련성이 어느 정도인지를 조사해 볼 수는 있다. 사후 소급 설계에서는 원인을 밝히는 데 초점이 있는 것이 아니라 어떤 현상에 초점을 모은다. 즉 관련된 원인(독립변수)은 어느 정도 전제를 한 뒤 세부적인 내용들을 살피고자 할 수 있는 것이다. 예컨대, 다양한 학습자의 학습 모습과 관련하여 학업 성취 수준과 읽기의 연관성을 생각해 볼 수 있다. 이럴 경우 학업 성취 수준을 세 수준으로 나누고 그와 관련되는 읽기 능력을 평가해 볼 수 있다.

다음 절에서 다루게 될 도구 마련 항목과 밀접하게 관련된 것으로, 현장 조사연구를 설계할 때 이론에 어느 정도 기댈 것인가를 결정해야 하는 문제가 남아 있다. 관찰 자료가 많으면 이론에 기대지 않으려는 경향이 있다. 질적 조사연구에서 특히 그렇다. 하지만 대부분의 경우 이론의 영향을 받지 않을 수는 없다. 이론의 영향을 의식하고 있지 않거나 못할 뿐이다. 경험과 그에 따른 심리적인 자료를 모을 경우에 더욱 그러하다. 그러나 심리적인 현상 그 자체도 다른 외부 요인에서 비롯되는 것이기 때문에 그것만 독립적으로 다룰 수 없다. 다른 현상이나 관련된 요소들과 연결을 지음으로써 더 많은 것을 밝혀낼 수 있기 때문에 전체적인 맥락에서 살펴볼 필요가 있다. 그러려면 관심을 두고 있는 학문이나 이론에 기댈 수밖에 없을 것이다.

이와 달리 이론에 지나치게 기대는 경우도 있다. 그럴 경우 일관된 맥락으로 자료를 설명하는 것이 아니라 부적절하고 관련이 없는 이론의 짜깁기로 이루어진 누더기가 될 수도 있다. 아울러 부풀리기도 생각해 보아야 한다. 매체가 중시되는 오늘날, 포장하기가 중요한 의사소통 기술 가운데 하나인 것은 사실이다. 그러나 알맹이는 없이 이론적인 포장만 화려한 논문을 쓰려고 한다면 차라리 쓰지 않는 것이 낫다.

2. 도구 마련하기

계획을 구체적으로 설정했다면 다음 단계는 조사연구에 필요한 자료를 모을 수 있는 도구들을 마련하는 일이다. 하지만 도구 마련에 앞서 기존의 정보를 충분히 활용하는 방안도 고려해야 한다. 학생에 대한 기본적인 신상 자료나 기존의 연구 문헌 등을 참고할 수 있다는 말이다. 다른 조사연구자들이 비슷한 성격의 연구를 수행했는지,

어떤 방법으로 자료를 모으고 분석했는지 살필 수 있다. 여러 편의 연구논문을 읽어나가다 보면 자신이 조사·연구하고자 하는 영역이나 주제에서 자료를 모으고 분석하는 방법에 대한 암시를 받을 수도 있다. 조사연구를 통해 새로운 사실을 찾아내는 것도 중요하지만 이미 확인된 사실을 새로운 방법으로 확증하는 일도 중요하기 때문에 이전의 연구를 찾아보는 일이 필요하다.

자료를 모으는 기본적인 방법은 질문거리를 중심으로 하는 것이다. 브라운(2001)에서는 현장 조사연구의 질문거리 범주를 제시한 Patton(1987)과 Rossett(1982)의 논의를 소개하고 있다. Patton(1987)에서는 '행위·경험 범주, 의견·가치 범주, 느낌 범주, 지식 범주, 감각 범주, 인구통계·배경 범주'로 나누었다. 한편, Rossett(1982)에서는 '문제점, 우선 사항, 능력, 태도, 해결책 범주'로 나누었다. 이 두 사람이 제시한 질문 범주들은 겹치는 부분이 많다. 하지만 Rossett(1982)에서 제시한 범주가 훨씬 더 연구거리의 쟁점들을 분명히 하는 데 도움을 주리라 생각하기 때문에 이를 중심으로 살피기로 한다.

'문제점 질문'은 응답자가 깨닫고 있는 문제점을 찾아보도록 하는 질문이다. 현장 국어 교사에게 국어교육에서 문제점이 무엇인지, 혹은 국어과 평가에서 무엇이 문제인지를 물어볼 수 있다. 물론 설문지 조사의 경우에는 질문을 더 잘게 나누어 제시해야 한다. 연구자가 지니고 있는 문제의식도 중요하지만, 문제의식을 공유한다는 의미에서 질문의 범주로 삼을 수 있다.

'우선 사항 질문'은 가치관의 문제와 관련 있다. 이를테면, '국어교육에서 가장 중요하게 여기는 것이 무엇인지, 읽는 과정에서 중요하게 해야 할 일이 무엇인지' 등과 같은 질문이다. 혹은 자기 나름대로 쓰기 능력 향상을 위해 무엇이 중요한지 물어볼 수도 있을 것이다.

이들은 더 잘게 나누어볼 수 있는데, 쓰기 과정 가운데 고쳐쓰기를 하면서 우선시하는 것이 무엇인지 물어볼 수 있다.

'능력 질문'은 검사(평가)와 관련하여 능력을 직접 물어볼 수도 있고, 일련의 구조화된 평가지를 통해서 할 수도 있다. 혹은 능력을 더 자세히 파악하기 위해 수행평가를 실시하면서 자신의 강점과 약점을 스스로 파악하도록 하는 질문을 곁들일 수 있다.[40] 자신에 대한 평가는 자기를 들여다볼 수 있는 기회를 제공하기 때문에 학기 시작 단계나 학기 말에 실시해 봄 직하다. 예컨대, '학생 글쓰기 → 교수자의 되짚어주기 → 학생 고쳐쓰기'의 차례로 한 학기 동안 글쓰기 강좌를 한 경우를 생각해 보자. 이 경우 가르치는 사람의 되짚어주기에 대한 학생들의 인식, 자신의 글에 대한 인식, 교수자의 되짚어주기를 고쳐쓰기에 반영한 정도를 학생들에게 물어볼 수 있다. 일반적으로 전체적인 수준에서 교수자의 되짚어주기는 학생들의 능력이나 수준에 따라 반영하는 정도가 다르게 나타난다고 알려져 있다.

'태도 질문'은 수업 내용과 관련된 일련의 질문이 해당된다. 참여도는 교실 수업 관찰을 통해 직접 확인할 수도 있지만, 토의나 토론이 끝난 뒤 학습자들에게 직접 물어볼 수도 있다. 똑같은 수업을 놓고서 교사와 학생들의 태도를 물어볼 경우 태도에 차이가 나타날 가능성이 있는데, 그런 점들의 대비를 통해 더 잘 적용되는 교수·학습 활동을 제안하는 기초 자료로 삼을 수 있다.

'해결책 질문'은 말 그대로 어떤 문제에 대한 해결책을 물어보는

---

40) 최근에 반성적 질문(회고적 질문)이나 사고를 통해 수행 과정을 되돌아보게 하고 이를 분석한 논의들도 있다. 말하기에서는 서종훈(2009ㄱ), 김정란(2014), 읽기에서는 박영민(2013), 쓰기에서는 박영민·최숙기(2008)를 들 수 있다.

질문이다. "조사연구자들은 보통 해결책 질문들을 현지 조사연구에서 뒷부분에 배치하는데, 그 문제점에 대해 응답자들이 자신의 견해를 생각하고 피력한 뒤에 나온다(Brown, 2001)."

같이 생각해 보기

다음은 과학고등학교 학생들의 쓰기 동기 구성 요인을 알아보기 위해 학습자들에게 제시한 설문지 문항의 일부입니다. Patton(1987)이 제시한 조사연구 질문거리의 유형에 따라 문항들을 갈라봅시다.

1	나는 글 쓰는 일이 흥미롭고 재미있다.	③
2	나는 별로 쓰고 싶지 않은 주제라도 끝까지 글을 쓴다.	①
3	나는 글을 잘 써서 칭찬을 받아보고 싶다.	②
4	나는 친구와 쓴 글을 서로 돌려 읽는다.	①
5	나는 글을 길게 쓰는 것이 싫다.	③
6	나의 글쓰기 방법은 효과적이라고 생각한다.	②
7	나는 글을 쓰다가 해야 할 일을 못 하는 때도 있다.	①
8	나는 다른 사람보다 글을 잘 쓰고 싶다.	②
9	나는 내가 글을 잘 쓴다고 생각한다.	②
10	나는 글을 잘 쓰는 것이 중요하다고 생각한다.	②
11	나는 글을 쓰는 것이 부담스럽지 않고 자연스럽다.	③
12	나는 다른 사람이 글을 어떻게 쓰는지 관찰한다.	①
13	나는 글 표현력이 우수하다고 생각한다.	②
14	나는 말보다 글로써 다른 사람에게 내 생각을 더 잘 전달할 수 있다.	②
15	나는 하루 동안에 일어나는 일을 기록해 두려고 노력한다.	①
16	나는 노력만 하면 어려운 주제도 잘 쓸 수 있다.	②
17	나는 새로운 주제에 대해 글을 쓰는 것을 좋아한다.	②
18	잘 쓴 글을 읽으면 그것을 모방하여 글을 쓰고 싶어진다.	②
19	나는 다른 사람들(친구 등)보다 글을 잘 쓰려고 노력한다.	①

20	나는 글쓰기가 맞춤법을 배울 때만 중요하다고 생각한다.	②
21	나는 참신한 생각이 떠오르면 그것을 글로 적어보는 것을 좋아한다.	③
22	나는 글을 쓸 때 방해하는 것이 있어도 계속 글을 쓸 수 있다.	②
23	나는 다른 국어 활동보다도 글을 잘 쓰는 것이 중요하다고 생각한다.	①
24	가끔은 사람들이 내가 글을 잘 쓴다고 한다.	①
25	나는 글을 잘 쓰기 위한 방법을 계속 시도해 본다.	①
26	다른 사람의 글을 읽고 그것에 대해 내 생각을 쓰는 것이 재미있다.	③
27	나는 앞으로 글쓰기를 잘할 수 있을 것이라고 생각한다.	②
28	내가 쓴 글을 다른 사람이 읽어주기를 바란다.	②

위의 표에서 오른쪽에 있는 세로줄의 숫자는 Patton(1987)에서 제시한 질문거리의 범주에 따라 나누어본 것이다.[41] 쓰기 동기에 관련되기 때문에 주로 학습자의 행위·경험 범주, 의견·가치 범주, 느낌 범주에 초점이 맞추어져 있다. 인구통계적 정보, 즉 인적 정보는 별도로 설문 문항 앞에 제시하는 경우가 일반적이다.

모으고자 하는 자료(매체)의 성질도 결정해야 한다. 쓰게 할 것인가, 말하게 할 것인가에 따라 마련되는 도구가 달라지기 때문이다. 읽기의 태도를 알아보고자 하는 경우, 자료는 입말 자료일 수도 있고 글말 자료일 수도 있다. 글말 자료일 경우, 태도를 일정한 눈금을 매겨 제시하고 이를 표시하도록 할 수 있다. 서술형 혹은 선택형을 통해서 알아볼 수도 있다. 입말일 경우는 자료를 기록하는 방법을 미리 결정해 두어야 한다. 이런 일들에 대해 계획을 세우고 그 계획

---

41) ①은 행위·경험 범주, ②는 의견·가치 범주, ③은 느낌 범주를 가리킨다. 지식 범주, 감각 범주, 인구통계·배경 범주는 예로 든 설문지에는 나타나지 않았다.

1부 현장 조사연구에 대한 이해

에 따라 준비하는 일이 현장 조사연구 도구를 마련하는 단계에서 해야 하는 일이다. 이는 조사연구에서 핵심적으로 알아보고자 하는 '측정 가능한 개념(operational concept)'에 대한 자리매김과도 밀접한 관련이 있다.

3. 자료 모으고 집계하기

현장 조사연구 방법론을 다루고 있는 교재들에서는 자료를 모을 수 있는 여건과 관련하여 두 갈래로 조사연구 환경을 구분하기도 한다 (Silverman, 2008:81). 하나는 '닫힌 환경(사적인 환경)'으로, 통제 주체에 의해 접근하는 데 제약을 받는 환경이다. 다른 하나는 '열린 환경(공적인 환경)'으로, 언제나 그런 것은 아니지만 자유롭게 접속이 허용되는 환경이다. 대부분의 교육 현장은 닫힌 환경이며, 특히 수업은 해당 교사의 허락을 얻어야만 참관이나 관찰을 통한 자료 수집이 가능하다. 아울러 연구자가 접속하는 환경에 대한 정보를 알고 있는지 여부에 따라 나눠지기도 한다.

이러한 구별 자체가 사소한 듯이 보이지만 조사연구에 끌어들인 참여자의 태도에 영향을 미치기 때문에 한 번쯤은 자료를 모으기에 앞서 놓여 있는 배경을 고려해 보아야 한다. 또한 통제자(교실 수업의 경우 교사)가 있다면 통제자로부터 얻을 수 있는 정보가 무엇일지 생각해 볼 수도 있다. 교사나 학교장으로부터 허락을 얻어내지 못하는 경우는 거의 없지만, 허락을 얻지 못할 경우 그것 자체도 하나의 자료가 될 수 있다. 적어도 그 집단의 성격을 보여주는 사례가 될 수 있기 때문이다(Delamont, 2004:225, Silverman(2008:82)에서 재인용).

자료를 모으는 방법은 조사연구의 성격과 밀접한 관련이 있으며, 연구의 주제, 분석 방법, 자료를 모으는 범위 등을 고려하여 결정해야 한다. 하지만 자신이 선택한 연구 방법(질적 연구든 양적 연구든)에 따라 자료를 모으는 방법이 정해진다는 의미로 받아들여서는 안 된다. 즉 관찰은 질적 조사연구에서 널리 쓰이지만, 양적 조사연구에서 설문지를 만들기 위한 범주 발견을 위해 쓸 수도 있다. 다만 어느 것이 더 믿을 만한 방법인가 하는 것에 대한 판단을 해볼 수 있다. 예컨대, 관찰은 집단의 크기가 크면 적절하지 않다(양적 조사연구에서 자료 모으는 방법으로 부적절함). 그에 비해 설문지 조사는 특별한 목적이 아니라면 질적 분석 방법을 쓸 필요가 없는 것이다. 따라서 극단적으로 어느 한 방법이 질적 조사연구나 양적 조사연구에 들어맞는다고 가정하기보다는 다음과 같은 연속 띠를 기억해 두는 것이 알맞을 듯하다.

질적·양적 조사연구에서 자료의 성격에 따른 분포

　　질적 조사연구와 양적 조사연구에서 자료는 모으는 방법에 따라 타당도가 달라질 수 있다. 양적 조사연구를 위해 모은 면담 자료가 있다고 한다면, 그 자료의 타당도는 '모집단에 대해 적절한 표본집단 크기를 확보했는가, 언제 면담을 했는가' 등이 중요하게 작용한다. 말하자면, 타당도를 갖추기 위해서 필요한 조건이 되는 것이다. 반면에 질적 조사연구에서라면 '실제성(authenticity)'이 중요하다. 질적 조사연구에서 중요한 것은 있는 그대로의 모습이고, 따라서 어떤 면담에서든 자연스럽게 나타나는 자료들이 중요하기 때문이다. 하나 더 덧붙인다면 관찰과 면담 방법들, 관찰과 덩잇글 분석 방법들이 서로 묶여서 사용되기도 한다. 즉 양적 현장 조사연구로 표본집단의 특성을 제대로 드러내지 못했다고 생각한다면 현지 조사 과정에서 얻었던 자료를 추가적으로 분석할 수 있다(이 책에서는 이와 같은 방법을 혼합적 방법으로 간주함). 예를 들면, 한국어 학습자들의 쓰기에서 나타나는 오류를 조사하고, 그와 같은 오류가 나타나는 이유를 심층적으로 찾아내기 위해 면담을 통해 자료를 모으고 분석해 볼 수 있을 것이다.

여기서는 자료를 모으는 방법으로 '검사, 관찰, 면담 조사, 설문 조사'에 대해서 간단히 언급하기로 한다.

먼저 '검사'는 학생들의 능력이나 지식, 기술 등에 대한 많은 정보를 모으는 효율적인 방법이다(Brown, 2001). 적성 검사, 배치 검사, 진단 검사, 과정 검사, 성취 검사 등 여러 형태로 쓰인다. 적성 검사는 그 자체로 국어과의 교수·학습과 관련을 맺기는 어렵다. 하지만 가령 인문계 성향을 보이는 학생과 자연계 성향을 보이는 학생들의 성취 수준과 연관을 짓는다면 국어교육에서 활용할 여지도 있다. 배치 검사는 배치를 위한 목적으로 실시되는 검사(평가)를 가리킨다. 외국인을 대상으로 한국어를 가르치기 위해 수준별로 학급을 짜야 하는 경우에 이와 같은 검사가 필요할 수 있다. 이때 중요한 것은 개설되는 강좌의 속성에 비추어 적절한 평가가 이루어지도록 하는 것이다. 입말로 이루어지는 수업이라면 입말 능력에 대한 평가가 배치 검사의 도구로 활용되어야 한다는 말이다. 이때는 어휘 검사나 문장 구성 검사를 곁들이는 것이 좋다. 한국어교육에서는 배치 평가를 위해 한국어능력검사를 이용하기도 하며, 기관별로 배치 검사 도구를 개발해서 활용하고 있다(최은규(2006), 구민지·박소연(2016) 참고).

검사(평가)의 경우, 검사 도구는 신중하게 해석되어야 한다. 듣기 능력을 재어보기 위해 평가 문항을 10개 마련했다고 해보자. 이 검사의 결과를 놓고서 어떻게 듣기 능력을 상중하로 나누거나, 능통하다거나 능통하지 않다고 해석할 것인가? 한 가지 타개책은 '정보를 확인하는 능력에 관련되는 문항' 혹은 '비판하거나 종합하는 능력에 관련되는 문항'과 같이 문항별 특성을 분석해 보는 것이다. 평가 도구를 마련할 때는 평가[42]를 통해 무엇을 보이고자 하는지 분명히 정하고 그것이 잘 드러나게 해야 한다. 아울러 종합적인 평가와 분석적인 평가의 장단점을 적절하게 조화시켜 판단해야 한다. 이 책에서 평가는 자료를 모으는 방법으로 부분적으로 언급될 것이다.

"관찰은 국어 사용이나 학습, 연습에 대한 직접적인 검사를 포함한다(Brown, 2001)." 다시점 연구에 속하는 사례 연구나 관찰에서 나온 일기 연구가 여기에 포함된다.

면담 조사는 일정한 절차를 거쳐 입말 자료를 모으는 데 쓰이지만, 경우에 따라 예상하지 못한 자료를 얻을 수 있다. 면담의 목적과 계획이 분명해야 하지만, 면담에 참여하는 사람들의 개인적인 사정이나 일시적인 분위기와 감정 때문에 그럴 수도 있다. 면담의 갈래는 개인별 면담 조사(일대일 면담 조사)와 집단 면담 조사로 가를 수 있는데, 각각 장단점이 있다. 개인별 면담 조사는 사적인 성격을 지니

---

42) 평가에 관련되는 기초적인 길잡이로 《언어 평가》(강성우 외(2001) 뒤침, 박이정), 《평가》(김지홍 뒤침(2003), 범문사) 등이 있다. 한편, 케임브리지대학 출판부에서는 언어 능력에 관련되는 세부 평가 관련 도서도 출판했다. 이 가운데 3종의 평가 관련 책이 국내에서 출간되었는데, 김지홍 뒤침의 《말하기 평가》, 《듣기 평가》, 《읽기 평가 1·2》이다.

고 있어서 더 솔직한 견해가 들어 있는 자료를 모을 수 있지만, 시간이 많이 걸린다는 흠이 있다. 집단 면담 조사는 시간을 줄일 수는 있지만 더 진솔한 자료를 얻기가 어려우며, 응답자들의 의견을 제대로 담은 자료를 얻지 못할 수도 있다. 전화 면담 조사는 응답자를 만나러 갈 시간을 절약해 주는 장점이 있다. 그러나 비언어적인 자료, 즉 얼굴 표정이나 몸짓 등과 환경을 살필 수 없는 한계가 있다.

설문 조사는 면담 조사가 갖는 결정적인 한계, 즉 시간의 활용이 경제적이지 못한 점을 메워줄 수 있는 방법이다. 아울러 응답자의 범위를 면담 조사보다 훨씬 더 넓힐 수 있다. 설문 조사에는 흔히 '자발적인 시행(self-administered)'이라고 부르는 방법과 집단으로 실시하는 방법이 있다.

면담 조사와 설문 조사에 대한 보다 자세한 내용은 뒤에서 다시 다루기로 한다.

4. 자료를 양적으로 분석하기

양적 자료는 통계적으로 처리·분석할 필요가 있다. 이를 위해서 기본적으로 부호화(coding) 작업이 이루어져야 한다. 일반적으로 빈도를 조사하거나 전체 합을 구하는 것과 같은 기술 통계가 먼저 이루어진다. 여기에는 평균값, 최빈값, 중앙값, 분산, 범위, 표준편차를 구하는 일도 포함된다. 양적 자료에 대한 통계 처리는 무른모 꾸러미(SPSS 등)를 이용하기도 한다. 그리고 앞서 제시한 값들 가운데 연구의 목적과 통계 처리의 목적에 맞는 자료만을 제시하면 된다.

기술 추론에 더해 더 복잡한 분석이 이루어질 수 있는데, '평균값 비교, 빈도 비교, 상관계수 검사'가 그것이다. 이와 같은 추론은 실제로 연구의 목적과 밀접하게 관련된다. 이들을 처리하는 절차와 방법에 대해서는 뒤에서 자세하게 다룰 것이다.

5. 자료를 질적으로 분석하기

현장 조사연구를 위해 모은 자료는 통계 처리가 가능한 양적 자료뿐만 아니라 통계 처리가 불가능하거나 힘든 질적 자료들을 포함하고 있다. 이러한 자료들은 입말이든 글말이든 일정한 기준에 따른 범주화가 필요하다. 예컨대, 학생들이 산출한 논설문을 대상으로 논리 전개가 어떠한지 질적으로 분석하고자 한다면 명제들의 기능을 중심으로 범주화할 필요가 있다. 범주화는 산만하고 무질서해 보이는 각 자료에 질서를 부여하는 일이다. 이런 범주화가 이루어져야 자료들을 조직하고 한눈에 알아볼 수 있도록 갈무리할 수 있다. 아울러 연구 목적에 맞게 다음 단계의 분석으로 나아갈 수 있다.

　물론 논문의 형태로 보고한다면 범주가 지니고 있는 기능들에 대해 자세하게 설명하는 일이 우선되어야 한다. 설문 조사의 열린 질문(서술형)에서도 마찬가지다. 설문지 문항으로 그다지 매력적이지 않지만, 예컨대 '지금까지 읽은 글 가운데 가장 감동적인 글을 소개하고 그 이유를 써보시오.'라고 한다면 응답자가 할 수 있는 답변은 다양할 것이다. 다른 예로, 훌륭한 독자란 어떤 사람인지를 물어볼 수 있다. 다양한 응답을 놓고서 적절한 유형으로 분류할 필요가 있고, 이런 분류를 바탕으로 어느 수준까지는 통계적 분석도 가능하게 된다.

　질적 분석은 앞으로 더 자세하게 논의하겠지만, 이런 범주화를 여러 단계 거치면서 귀납적인 추론을 통해 이론을 검정하거나 생성하는 과정이라고 할 수 있다. 여러 수준의 추상화가 범주화 과정에서 일어나게 되는 것이다.

6. 보고하기

모은 자료에 대한 분석이 끝나고 나면 조사연구의 목적에 맞추어 보고서 형태의 논문을 쓰게 된다. 실험에 바탕을 둔 논문 대부분은 일반적인 논문의 형태와 마찬가지로 '들머리(서론) – 본론 – 마무리(결론)'의 형태를 띤다. 대체로 들머리에서는 조사연구의 목적과 이전의 연구 문헌들에 대한 개략적인 살핌이 나타난다. 본론 부분은 참여자들에 대한 개략적인 정보(경우에 따라서는 이름을 제외한 상세 정보)를 제공하고, 실험의 절차와 방법, 자료 등이 소개된다. 기술 통계(혹은 서술 통계)와 추론 통계를 통한 논의의 핵심적인 주장도 소개된다. 결론 부분은 이제까지의 논의를 정리하고 의의를 소개하거나 자신의 논문에서 개선되어야 할 점, 앞으로의 연구 과제들을 제시한다.

　본론에는 도표와 그림, 인용글 등도 포함된다. 이것들은 설명이나 주장의 근거가 되므로 자세하고 분명하게 제시되어야 한다. 도표나 그림을 남용하는 것은 바람직하지 않다. 질적 현장 조사연구에서는 관련 있는 항목들을 도드라지게 드러내는 일이 중요하다.

　보고하기에서는 적절한 방법을 통해서 분석이 이루어지는 것도 중요하지만, 신뢰도와 타당도의 위협을 받지 않도록 연구 절차를 상세하게 설명해 주어야 한다.

Ⅱ

현장 조사연구 자료 수집 및 집계

1장   양적 자료 모으고 집계하기

이 장에서는 양적 자료를 모으는 대표적인 방법과 자료를 집계하는 방법을 알아보기로 한다. 양적 자료를 모으는 가장 대표적인 방법은 '검사' 혹은 '측정'이다. 이는 여러 형태로 실시되는데, 너무 복잡하고 고도로 전문화되어 있기 때문에 적정 수준에서만 언급하기로 한다. 두 번째 방법은 통제된 수단으로 어떤 현상을 측정하고 그것을 양으로 표현하는 것이다. 세 번째는 일종의 설문 조사처럼 현지 조사를 통해 양적 자료를 모으는 방법이다.

양적 자료들은 제대로 모으고 분석된다면 질적 자료보다 신뢰도와 타당도가 훨씬 높을 수 있다. 분석을 위해서는 자료들이 정해진 부호와 기록 방법에 따라 잘 정리되어 있어야 한다. 설문지 조사의 경우 양적 자료인 닫힌 답변 질문과 질적 자료인 열린 답변 질문이 동시에 사용될 수 있다. 여기서는 닫힌 답변 질문을 중심으로 다루기로 한다.

1. 설문지 조사

(1) 설문지 조사의 성격과 유의점

Brown(2001 : 6)에 따르면, 설문지는 제시된 답을 선택하거나 적어 나감으로써 응답자들이 반응하도록 되어 있는 일련의 질문이 담긴 글말 도구이다. 설문지 조사는 마련하기도 쉽고 많은 정보를 빠르게 얻을 수 있기 때문에 양적 자료를 모으는 대표적인 방법으로 쓰인다. 그러나 신뢰도와 타당도가 높은 설문지를 만드는 일은 품이 많이 든다.

한편, Brown(2001)에서는 설문 조사연구와 실험 조사연구를 구별했다. 설문 조사연구는 한 집단의 태도·의견·특성 등을 조사하는 데 쓰이며, 일정한 형식이 있다. 반면에 실험 조사연구는 조사연구자가 조건들을 통제한다는 점에서 구별이 된다고 했다. 실제로 이런 점 때문에 국어교육학 분야에서도 초기에는 실제 모습을 알아보기 위해 설문지 조사가 많이 이루어졌다. 그렇지만 설문지 조사를 통해서 얻을 수 있는 자료들이 임시방편일 경우가 많았으며, 설문지를 통해 얻은 결과들이 충분한 신뢰도와 타당도를 지니고 있는지에 대한 살핌은 매우 적은 편이다. 따라서 설문지 작성과 통계에 관련되는 이론적인 살핌을 소홀히 할 수 없다.

설문지를 이용한다면 구체적인 국어교육 현장에서 국어교육 활동과 관련되는 다양한 관점, 의견, 실태를 살피기는 쉬울 수 있다. "면담 조사와 아울러 설문지를 이용하는 조사는 '안으로 살피는' 기법이다. 이들은 응답자로 하여금 자신을 비롯하여 견해, 믿음, 내부의 교류 등에 대해 알려주도록 하는 방법을 포함하고 있기 때문이다 (Wallace, 1998/2008:197)." 설문 조사 내용에는 사실 및 개인적인 지각 내용, 경험 및 일화, 의미 및 선호 내용, 생각 및 착상 등이 포함된다. 아울러 응답자의 인구통계학적 정보, 즉 성별, 사는 곳, 나이, 혼인 여부, 교육 수준, 직업, 제2언어로서 한국어를 배우게 된 시기와 같은 사실들을 알려주기도 한다.

이런 설문지 조사는 글말 평가와 비슷하지만, 두 조사 도구 사이에는 차이점이 있다. 평가지는 개인의 능력·유창함·기술에 대한 평가를 목적으로 응답자들의 행위나 지식을 표본으로 한다. 따라서 평가에서는 사람들이 무언가를 얼마나 잘하는가를 살핀다. 그러나 설문지 조사는 일련의 기준을 놓고서 개인의 수행을 평가하려는 목적이 없이, 즉 훌륭한 답이나 그렇지 않은 답을 가름하려는 의도가 없이 실시된다.

　설문지를 마련하기 위해서는 일차적으로 알고 싶어 하는 것이 무엇인지 분명해야 한다. 아울러 설문지의 대상도 뚜렷해야 한다. 설문의 대상은 학생을 포함하여 관리자 혹은 동료 교사일 수도 있으며, 학부모가 될 수도 있다.

　설문지 조사 방법에는 크게 두 가지가 있다. 자발적인 시행 설문지의 대표적인 유형으로 우편을 이용하는 방법과 집단으로 실시하는 방법이 있다. 우편을 통한 자발적인 시행 설문지는 회송되는 비율이 낮으며, 현장에서 실시되는 설문 조사와는 달리 응답자와 연구자 사이에 정보 간격이 있어서 응답자가 이해하는 수준에서 응답이 이루어질 수밖에 없다. 게다가 설문 조사가 이루어지는 환경에 대한 정보를 얻을 수 없으므로 신뢰도에 위협을 받을 수 있다. 즉 진지하고 성실하게 설문 조사에 응하는지, 대충대충 칸 채우기에만 급급한지 알 수 없는 것이다. 이와 같은 문제점은 집단으로 실시되고 연구자가 현장에 참석하는, 즉 집단으로 실시되는 설문 조사에서 보완될 수 있다. 회수 비율이 거의 100%에 가까울 것이며, 설문 조사가 이루어지는 배경에 대한 정보를 얻을 수 있고, 응답자가 궁금해하는 점을 설명해 줄 수 있기 때문이다. 그렇지만 응답자의 지리적 분포가 넓고 숫자가 수백 명에 이른다면 현장에서 집단으로 이루어지는 설문 조사는 실시하기 어려울 것이다.

　어떤 방법으로 설문지 조사를 하든 여기에는 공통적인 몇 가지 한계가 있다. 먼저 주관성에 따른 한계이다. 문항의 성격에 따라 응답자는 긍정적인 요소는 줄이고 부정적인 요소는 키울 수 있다. 과제나 업무는 성격이 다르겠지만, 자신이 맡거나 하고 있는 일들에 대해 물을 경우 부정적으로 생각할 가능성이 높아서 실제보다 많다거나 부담이 되는 것으로 응답할 수 있다는 말이다. 또한 특정 교재나 교과서에 대해서는 자료를 만든 이나 출판사에 대한 선입견으로 한 쪽으로 치우친 판단을 내릴 수 있다. 이와 같은 주관성에 따른 한계를 극복하기 위해서는 설문 조사 대상에 대한 또 다른 층위 작업을 고려해 볼 수 있다. 이를테면, 한국어교육에서 문화 교육의 중요성을 전제하는 집단과 그렇지 않은 집단에서 교재관은 차이가 있을 수밖에 없다. 특정의 교재에 대해서 판단할 때 문화적인 요소를 가미한 교재를 평가하는 데 차이가 있다는 말이다. 이럴 경우에는 그 교재에 대한 판단을 리컷 눈금으로 물어볼 것이 아니라 한국어교육과 문화 교육에 대한 물음이 먼저 있어야 한다. 교사로서 경험을 묻는다면 연령별로 혹은 교육 경력에 따라 교사를 구분해서 통계 처리를 해볼 수 있다.

또 다른 측면에서 표본의 선정에 따른 한계가 있다. 통계학에서는 일반적으로 조사 대상이 되는 전체 집단을 '모집단(population)'이라 부른다. 현장 조사연구는 대부분 모집단을 대상으로 하는 소집단 연구가 대종을 이룬다. 그렇지만 더 넓은 범위의 집단을 놓고서 일부분 혹은 대표성을 보이는 집단을 대상으로 설문 조사를 할 수 있는데, 이때 조사연구 대상으로 뽑은 집단을 '표본(sample)'이라 한다. 그런데 이 표본집단은 모집단을 대표할 수 있거나 전형적인 경우여야 한다. 이는 모든 설문 조사에서 부딪히는 문제는 아니며, 일반화 가능성을 염두에 두고 모집단에서 표본을 선정할 때 부딪히게 되는 문제이다.

표본집단의 일반화 가능성은 흔히 '유의성'으로 표현된다. 유의하다는 것은 조사연구의 신뢰도와 타당도가 보장된다는 의미다. 유의성을 갖추기 위해 먼저 표본집단의 숫자를 생각해 보아야 한다. 통계학 관련 책에 따라 차이가 나지만 정규분포를 보장해 줄 수 있는 참여자들의 수는 20~30명 정도로 정하고 있다.

결론의 일반화에서도 고려가 필요하다. 모집단이나 표본집단의 성격에서 벗어난 추론을 통해 일반화한다면 문제가 있다. 예를 들면, 고등학교 2학년 학생을 대상으로 한 요약하기는 전체 고등학생 집단으로 일반화하거나 읽기 능력 전반으로 일반화할 수 없다.

같이 생각해 보기

다음의 경우 모집단에 대한 표본집단이 적절하다고 할 수 있는지 판단해 봅시다. 즉 조사연구의 신뢰도와 타당도를 유지할 수 있을까요? 만약 그렇지 않다면 그 이유는 무엇이며 해결 방법은 무엇입니까?

㉮ 남녀공학인 학교의 독서 실태를 조사하기 위해 무작위 표본뽑기를 했는데 남학생들만으로 구성되었습니다.

㉯ 다문화 가정 학생들의 국어 능력을 검사하기 위해 무작위 표본뽑기를 했는데, 농촌 지역 학생들이 80%, 도시 지역 학생들이 20%였습니다.

㉰ 중·고등학교 교사들을 대상으로 국어 과목에 대한 선호도를 알아보기 위해 교사 30%, 교감 50%, 교장 20%를 표본으로 뽑았습니다. 그 가운데 남교사가 40%, 여교사 60%였습니다. 그리고 과목으로는 영어 20%, 과학 40%, 사회 30%, 기타 10%였습니다.

마지막으로 대부분의 설문 조사는 응답하는 사람들이 하기를 달가워하지 않는 과제라는 점을 고려할 필요가 있다. 즉각적인 되짚어주기나 보상이 주어지지 않는다면 사람들은 설문에 참여하기를 원하지 않을 것이다. 바쁘기 때문일 수도 있고, 결과에 대해 되짚어주기를 제공하지 않으리라는 생각 때문일 수도 있으며, 자신을 드러내기 싫어서일 수도 있다. 그렇기 때문에 설문지 조사를 통해 연구를 하고자 할 때는 최대한 이런 점을 고려하여 참여자에 대한 배려를 하도록 하고, 필요하다면 설문 결과가 포함된 논문을 보내줄 수도 있다.

한국어교육과 관련한 설문지 조사를 한다면 설문지 조사의 매체, 즉 언어를 고려해야 한다. 출신 지역에 따라, 학력에 따라, 그리고 처지에 따라 설문지 조사에 부려쓸 언어를 정해야 하는 것이다. 만약 이탈리아어를 모어로 하는 초급 학습자에게 학습 방법이나 한국어를 배우는 동기를 묻는다면 설문지에 쓰는 언어는 이탈리아어가 적절하겠지만, 학문 목적의 고급 학습자를 대상으로 한다면 한국어로 설문지를 작성해도 무방할 것이다.

같이 생각해 보기

1. 다음의 경우와 같이 설문지 조사를 하려고 계획한다면 있을 수 있는 문제점들은 무엇이겠습니까? 그리고 제기된 문제를 해결하는 방법은 무엇이겠습니까?

   ㉮ 과학 계열 특수목적 고등학교에 근무하는 교사들에게 국어 교과의 중요성과 역할에 대한 설문 조사를 할 경우

   ㉯ 말하기·듣기 수업에서 교사의 참여 정도(시간, 횟수)에 대한 설문 조사를 할 경우

2. 어린 학습자들을 대상으로 하는 설문지 조사에서 문제점은 무엇이 있겠습니까? 그리고 익명성이 보장되지 않는다면 자료를 모으는 데 어떤 문제점이 있겠습니까?

위의 2번 물음은 기본적으로 설문지는 익명의 대상자를 전제로 배부되지만 경우에 따라 그렇지 않을 수도 있음을 보여준다. 그럴

경우에 있을 수 있는 문제점이 무엇인지를 생각해 보는 것은 의미가 있을 것이다.

(2) 설문지 조사의 절차

설문지 조사는 그 목적과 대상, 얻고자 하는 답변의 갈래를 설정하는 데서부터 시작한다. 왜 설문지 조사를 하려고 하는지, 알고자 하는 것이 무엇인지, 어떤 갈래의 응답(열린 답변 질문을 통한 서술 형태의 정보, 혹은 닫힌 답변 질문을 통한 단답 형태의 부호로 된 정보)을 얻을 것인지를 결정해야 한다. 특히 얻고자 하는 응답의 갈래는 결과 기록과 분석에 영향을 미치기 때문에 시간적인 여유까지 고려할 필요가 있다.

대부분의 조사연구에서는 닫힌 답변 질문과 열린 답변 질문이 뒤섞여 있는데, 이들이 각각 장단점을 지니기 때문이다. 열린 질문의 장점은 대답의 범위가 폭넓고, 답변이 다른 분석을 위한 자료로 쓰일 수 있다는 것이다. 그러나 응답자에 따라서는 답을 하는 데 어려움을 느끼고 그런 질문들을 회피하거나 무시할 수도 있다. 열린 질문으로부터 나온 답변이 더 나은 분석의 자료로 쓰일 수도 있지만, 분석하거나 해석하는 데 어려움을 줄 수도 있으며 신뢰도와 타당도에 위협을 받을 수 있다. 그에 비해 닫힌 질문은 답변하기 쉽고 분류하기도 쉽다. 분류하기가 쉽기 때문에 자료들을 통계 처리하기 위해 등재하기도 쉬우며, 일관된 속성을 부여할 수 있다. 아울러 이렇게 나타난 자료들은 어느 정도 객관적이기 때문에 신뢰도와 타당도를 보장받을 수 있다. 그러나 응답자들이 자유롭게 답변을 하기가 쉽지 않고 답변의 범위가 제한적이어서 빈값이 나타나기도 한다. 그리고 답변의 내용을 바탕으로 더 세밀한 분석을 하거나 다른 분석을 할 수 있는 빌미를 제공해 주지 못한다.

이와 같은 두 가지 형태의 질문이 지닌 장단점을 참조하여 자신의 연구에 활용하도록 한다. 다만 조사연구자는 설문지 조사에서 제시하는 열린 답변 질문을 통해 기대하는 만큼 충분한 정보를 얻지 못할 수도 있다는 점을 기억할 필요가 있다. 응답자들은 대개 설문지가 닫힌 답변 질문으로 이루어졌을 것으로 생각하고, 열린 답변을 요구할 경우 간단하게 답하는 경우가 많다. 따라서 열린 답변과 같은 질적 자료가 필요하다면 면담 조사 등을 사용하는 것이 좋다.

설문지 조사의 구체적인 계획 단계에서는 표본집단 혹은 모집단의 수에 따라 설문지 부수를 결정해야 하고, 어떤 방법으로 돌려받을 것인지도 생각해야 한다. 우편을 통해 회수할 경우 회수 비율은 일반적으로 30%를 넘지 않는다고 하므로, 결론을 얻기 위해 표본의 크기가 어느 정도 되어야 유의할지, 즉 타당도와 신뢰도의 위협을 받지 않을 수 있을지를 염두에 두고 설문지를 발송해야 한다. 요즘은 과학기술의 발달로 인터넷을 통해 설문 조사는 물론이고 면담 조사까지 가능하다. 비용을 좀 들이면 성인들을 대상으로 일정한 성향이나 계층에 따른 표본집단을 얻을 수 있기도 하다. 일선 학교의 담임교사들은 학급 학생들의 전자편지 주소를 갖고 있으므로, 학생들의 동의를 얻어 인터넷으로 설문 조사를 실시할 수도 있다. 아울러 설문지 작성자의 신상을 어느 수준까지 파악할 것인지도 정해야 한다. 성별, 나이, 학력, 신분 등이 중요한 변수가 된다면 이런 정보들도 파악해야 하므로 따로 설문지에 끼워 넣을 필요가 있다.

익명성은 대체로 두 가지 의미를 지니고 있다. 하나는 조사연구 결과 발표에서 이름을 밝히지 않는 경우로, 이는 넓은 의미에서 익명성이라고 할 수 있다. 그렇지만 설문 조사 과정에서 익명성은 엄격하게 지킬 수도 있고 그렇지 않을 수도 있다. 이는 좁은 의미에서의 익명성이라고 할 수 있다. 이를테면, 다문화 교육의 정도가 한국어 능력 시험과 어떤 관련성이 있는지를 알아보는 연구를 실시할 경우, 상관성을 파악하기 위해서는 다문화에 관련되는 설문 조사와 한국어 능력 시험이 연결되어야 연구가 제대로 이루어질 수 있다. 이때 연구자는 참여자들의 익명성을 적극적으로 보호해야 한다.

익명성을 유지할 경우 더 성실하고 정직한 자료를 얻을 수 있는 장점이 있다. 그러나 반대로 더 신뢰도가 낮은 자료를 얻을 위험성도 있다. "익명이 아니라 실명이라면 선별된 설문지들을 놓고서 사후 면담을 가질 수 있으며, 응답하지 않은 사람들에게 독촉하는 글을 보낼 수도 있다(Wallace, 1998/2008 : 211~212)."

설문지는 명확하고 단순하게 마련되어야 한다(다음 절에서 소개하는 Brown(2001), Wallace(1998/2008)의 점검 내용 참고). 어떤 정보를 얻고자 하는지 분명하게 설명해야 할 뿐만 아니라 응답자가 알아보기 쉽도록 단순하게 배열하여 진행 과정을 알아차릴 수 있도록 하는 것이 좋다. 설문지 회수 비율, 응답 시간에 대한 고려 등을 통해 설문의 형태도 결정해야 한다.

(3) 설문 만들기

설문지를 만들기에 앞서 설문지에 들어갈 문항을 풍부하게 해둘 일이다. 될 수 있는 한 자유롭게 문항을 마련해 보도록 한다. 그 문항들이 모두 설문지에 실리는 것은 아니다. 충분히 설문으로서 가치가 있고, 설문지 기준에 들어맞아야 한다. 질문을 생성하는 방법으로 면담을 해볼 수도 있으며, 학생들이 반성적 글쓰기(한현숙(2010) 참고)를 통해 나타난 내용을 참고할 수 있다. 그리고 이미 출간된 설문지를 참고할 수도 있다(설문지 작성 과정을 구체적으로 보여주는 논의인 정혜승(2006) 참고).

설문의 형태는 닫힌 질문과 열린 질문으로 나눌 수 있다. 닫힌 질문은 관련되는 정보를 늘어놓고 응답자가 선택하도록 하는 형태이다. 양자택일 답변 질문, 리컷 눈금 질문, 점검 목록 질문, 등급 매기기 질문 등이 이에 해당한다.

양자택일 질문은 서로 대립되는 선택지 가운데 하나를 고르도록 하는 설문 유형이다. 가장 널리 쓰이는 선택지는 [예/아니오] 형태이지만, 교사의 지위를 물을 때는 [정규직/시간제]와 같은 대립 항목이 제시되기도 한다. 이와 같은 양자택일 질문은 극단적인 답변을 얻어내려 하기 때문에, 일반적인 경향을 물을 경우 '일반적으로' 혹은 '대부분의 경우에'와 같이 울타리를 칠 필요가 있다. 경우에 따라 세 항목 이상이 쓰일 수도 있는데, 다문화 가정의 학생들에게 취학 이전에 한국어교육을 어떤 기관에서 받았는지 고르게 할 수 있다. 이 경우 [유치원/사회교육기관/교양교육기관] 등으로 선택지를 만들게 될 것이다. 이런 유형은 응답자의 나이가 어리거나 세분화된 정보가 필요 없는 경우에 적절하다. 경우에 따라서는 응답자가 강압적이라고 생각할 수 있으며, 그에 따라 정보가 왜곡될 가능성도 있다.

열린 질문은 서술형으로 설문을 만들기는 쉽지만 분석에 여러 가지 어려움이 있을 수 있다. 이런 형태의 설문은 "일정 범위의 응답을 예상하기 어려운 탐구적인 조사연구에 좋다. 또한 더 예상을 벗어난 (그래서 아마도 더 흥미로운) 자료들을 산출할 가능성이 크다(Wallace, 1998/2008: 213)." 닫힌 질문과 열린 질문을 섞을 수 있는데, 대개는 닫힌 질문 다음에 열린 질문을 배치함으로써 앞의 질문에 대한 이유나 구체적인 정보를 얻어낼 수 있다.

닫힌 답변 질문과 열린 답변 질문이 섞인 형태로는 다음과 같은 것들이 있다. ① '과거에 읽은 책 가운데 가장 인상에 남는 책의 갈래는 무엇입니까?'와 같이 특정한 답을 요구하는 형태, ② 닫힌 답변 질문 다음에 구체적으로 밝혀달라는 질문을 덧붙이는 형태, ③ '한 학기 동안 배운 《국어생활》 중에서 가장 인상 깊은 부분은 (   ) 이다.'와 같은 문장 완성 형태가 있다.

정도를 물을 때는 리컷 눈금 질문으로 제시할 수 있다.[1] 예컨대, 학습자들의 문법 지식 교육에 대한 흥미도를 물을 경우, 숫자로 된 범주들을 선택지로 제시할 수 있다. 특히 양자택일의 답변보다 더 세분화된 정보를 얻고 싶을 때, 가령 관점이나 의견이나 태도를 물을 때 적절하다. 이때 대부분 1~5 혹은 1~7로 된 눈금을 제시하는데, 이 부분도 생각해 보아야 한다. 사람들이 대체로 극단적인 점수 주기를 피하고 가운뎃값을 고르는 경향이 있으므로, 짝수 눈금(1~4) 도 생각해 볼 수 있다. 이와 같이 리컷 눈금으로 이루어진 설문지는 직접 그 정도를 말로 표현할 수도 있고, 숫자 혹은 정도를 나타내는 막대그래프 형태로 나타낼 수도 있는데, 요점은 통계 처리의 편의를 염두에 두고 마련되어야 한다는 것이다.

같이 생각해 보기

1. 다음은 Brown(2001)에 제시된 리컷 눈금 질문의 예입니다. '읽기'에 관련되는 설문인데, 이를 바탕으로 여러분이 관심을 갖고 있는 분야를 대상으로 이와 비슷한 설문지를 만들어봅시다. (연구와는 상관없이 학기 초에 학생들의 읽기 실태를 파악하기 위해 활용할 수 있음)

---

1) 자세한 논의는 허선익(2010ㅁ, 2010ㅂ) 참조.

읽기에서 여러분의 가장 큰 문제점은 무엇입니까? 관련이 있는 빈칸에 ∨ 표시를 해보십시오.

문제 종류 \ 상태	아주 심각함	중간쯤임	약간임
㉠ 주요한 생각(주제) 이해하기			
㉡ 세부 내용 이해하기			
㉢ 추론해 나가기			
㉣ 비유법과 관용구 해석하기			
㉤ 요약하기 또는 자료 종합하기			
㉥ 집필자의 관점 인식해 내기			

2. 다음은 전은주(2009)에서 다문화 학습자의 국어과 교수·학습에 관한 비교 연구를 위해 제시한 설문들의 범주입니다. 다문화 학습자를 대상으로 설문지를 만든다고 가정하고 이 범주들에 들어갈 수 있는 세부 질문들을 만들어봅시다. 새롭게 설문 범주를 만들어볼 수도 있습니다.

㉮ 학습자 특성에 대한 비교

㉯ 한국어 사용 능력에 대한 자기 인식

㉰ 한국어 학습과 영역에 대한 인식

㉱ 한국어 수업 방법에 대한 준비도

㉲ 한국어 교과서의 난이도에 대한 인식

㉳ 한국어 수업에 대한 요구

3. 학회지에 실리는 읽기에 대한 연구 주제를 살펴보면 반복되는 흐름을 읽을 수 있습니다. 특히 최근에는 10여 년 전에 논의되었던, 읽기에서 쉽고 어려운 정도를 재는 이독성 공식을 제안합니다(윤창욱(2006) 참조). 이독성 공식에 들어갈 요인들을 알아보고자 합니다. 어떤 방법을 쓸 수 있겠습니까?

질문 항목들을 제시하고 제시된 모든 항목에 정해진 표시를 하게 하는 형태도 있다. 이런 형태의 점검 목록 질문은 다른 집단과의 비교를 위해서 필요할 수 있다. 아울러 최빈값을 구함으로써 어떤 집단 안에서 선호하는 방법을 알아보고자 할 때도 유용하게 쓰일 수 있다. 여러 가지 국어 수업 방식을 제시하고 교사들에게 지금까지 실시해 본 방법을 물어볼 수 있다.

다음은 대학생들을 대상으로 자연과학 글쓰기를 하고 나서 강의에 대한 평가를 하기 위해 점검 목록을 제시한 사례이다.

질문에 대한 점검 목록 제시 방법의 사례

자연과학 글쓰기가 ( )을 깨달았습니다.

해당되는 항목에 ∨ 표시를 해보십시오.

____ 따분함   ____ 해볼 만한 도전거리임

____ 이해하기 어려움   ____ 이해하기 쉬움

____ 재미있음   ____ 유용함

____ 다른 것임   ____ 효과 없음(무의미함)

____ 너무 이론적임   ____ 너무 실용적임

____ 대략 이론과 실천의 올바른 혼성임

같이 생각해 보기

국어과의 평가 방법에 대한 설문지 조사를 한다고 할 때, 점검 목록의 방법으로 할 수 있는 질문을 만들어봅시다. 평가 방법은 평가에 관련되는 책자들을 통해서 알아볼 수 있습니다.

등급 매기기 질문(순서 눈금 혹은 등구간 눈금)은 어떤 개념이나 대상, 방법 등을 놓고서 등급을 매기도록 하는 유형이다. "등급 매기기는 전반적인 눈금에 걸쳐 실시되는데, 가장 흥미 있는 것에서 가장 흥미 없는 것으로, 가장 덜 중요한 것에서 가장 중요한 것까지, 가장 시간이 덜 드는 것으로부터 가장 시간이 많이 드는 것에 이르기까지(Brown, 2001)"가 포함된다. 이 형태는 경우에 따라 두 가지 질문을 결합할 수 있다. 예컨대, 흥미와 유용성의 정도는 같을 수도 있고 다를 수도 있는데, 같은 항목들을 놓고서 흥미와 유용성의 정도를 물어봄으로써 흥미와 유용성의 정도를 각각 알 수 있을 뿐만 아니라 이들 사이의 관계도 알아볼 수 있다.

이런 경우 설문에 응답하는 일이 쉽고 시간도 덜 든다. 아울러 처리에 시간이 덜 든다는 장점이 있다. 다만 설문지 조사연구자는 있을 수 있는 모든 답변을 고려하여 이들이 다 포함될 수 있도록 설문을 마련해야 하므로 시간과 품을 많이 들여야 한다. 강조할 필요도 없이 닫힌 답변 질문은 보기들 사이에 겹침이 없어야 한다.

같이 생각해 보기

다음 설문에서 나타나는 문제점은 무엇이라고 생각합니까?

㉮ 여러분은 주중에 어느 정도 국어 영역 공부를 하고 있습니까?

　　많음 ＿＿＿　　평균적임 ＿＿＿　　그리 많지 않음 ＿＿＿　　전혀 없음 ＿＿＿

㉯ 여러분이 한 달 동안 읽는 책은 몇 권입니까?

　　㉠ 0～2권　　㉡ 2～4권　　㉢ 4～6권　　㉣ 6～8권　　㉤ 8권 이상

마지막으로 좋은 설문지를 만들기 위해 유의해야 할 점을 알아보기로 한다. 설문지를 만들 때 가장 우선해야 할 점은 명료성과 접속

가능성이다(Dörnyei, 2007:93). 위의 ㉮ 문항은 명확하지 않기 때문에 설문 참여자들이 답을 할 수 없는 질문이 되었다. 이런 설문지를 만드는 경우는 없겠지만, 명료성의 기준을 자신이 아니라 설문 참여자에게 두어야 함을 보여주는 사례라고 할 수 있다. ㉯는 선택지 사이에 겹침이 있어서 설문지 문항으로 사용할 수 없는 경우이다. 한번 설계자의 손을 떠난 설문지는 되돌릴 수 없다. 따라서 설문 조사를 위해서는 완벽한 준비가 필요하다.

다음은 Brown(2001)에서 제시한 것으로, 설문 문항을 만들 때 점검해야 할 내용들이다.

설문을 위한 점검 내용

① 형식에 대한 고려

  • 질문의 길이는 적절한가?

  • 질문의 의미는 분명한가, 두 가지 이상의 의미를 지니지는 않는가?

  • 질문은 완결되어 있는가?

  • 질문과 선택지는 같은 쪽에 있도록 편집되어 있는가?

② 내용에 대한 고려

  • 질문의 내용은 중립적인가?

  • 질문의 내용은 설문의 목적에 부합하는가?

  • 질문의 내용은 공평하여 부담을 주지 않는가?

  • 질문의 내용은 치우친 생각을 담지 않았는가?

③ 설문 참여자(학습자)에 대한 배려

  • 질문지에 담긴 언어 표현은 학습자의 수준에 알맞은가?

  • 질문의 내용은 학습자의 경험 세계와 일치하는가?

  • 학습자가 설문의 목적과 무관하다고 느낄 만한 질문은 없는가?

• 학습자에게 제공하는 정보는 너무 지나치거나 너무 적지 않은가?

위에 제시한 점검 목록은 너무 세세해서 실제로 설문지를 만드는 일을 복잡하고 어려운 일로 생각하게 할 수도 있다. 그러나 더 나은 설문 조사를 위해 새겨보아야 할 내용이기도 하다. 이 점검 목록 가운데 몇 가지를 짚고 넘어가기로 한다.

문항을 짧고 간단하게 만들라는 것은 이어진문장이나 안긴문장처럼 길고 복잡한 내용으로 설문을 만들지 말라는 말이다. 아울러 전문용어나 약어 등의 사용을 피하고, 뜻이 분명하지 않거나 어려운 어휘가 없는지도 살펴보아야 한다.

같이 생각해 보기

다음에 제시하는 설문지 문항이 지닌 문제점이 무엇인지 앞의 점검 내용을 참조하여 판단해 봅시다.

㉮ 당신은 때때로 교과서 밖의 질문을 읽고 있습니까?

㉯ 당신은 동료 교사들이 신념을 가지고 가르치고 있다고 믿습니까?

㉰ 지역화 교육은 지금 당장 전 과목에 걸쳐 실시해야 한다고 생각합니까?

㉱ (학습자에게 제시하는 설문지에서) 독자 반응 이론을 적용하여 문학작품을 감상합니까?

위에서 제시한 설문 문항들은 문제가 있다. ㉮는 '교과서 밖'이라는 단어가 가리키는 범위가 분명하지 않다. ㉯의 경우 '신념'이 의미하는 바가 흐릿하며, 이는 거의 확인 불가능한 질문이라고 볼 수 있다. 답변 자체의 신뢰도가 떨어진다. ㉰는 복합 질문이다. 지역화 교육의 실시 시점과 교과 범위를 동시에 묻는 질문으로, 두 개의 설문 내용이 담겨 있다. ㉣에서는 '독자 반응 이론'이라는 용어에 대한 이해가 쉽지 않다는 문제가 있다.

설문지는 일반적으로 다음과 같은 짜임으로 이루어진다.

설문지의 일반적인 짜임 – Dörnyei(2007:95)

① 제목: 무엇에 대한 설문 조사인지를 밝혀 관련되는 배경지식을 활용하고 내용에 대해 예상하도록 도움을 주어야 한다.
② 일반적인 안내문: 조사연구의 목적을 기술하고, 설문지 조사가 어떤 내용으로 되어 있는지 안내하는 부분이다. 설문 참여에 대한 감사 표현과 익명성 보장에 대한 내용, 정직하고 진실한 답변의 필요성 등이 포함되도록 한다.
③ 구체적인 지침: 문항에 답하는 방법을 알려준다.
④ 부가적인 정보: 조사연구자의 전자편지 주소나 휴대전화 번호를 알려줌으로써 의문점에 대해 문의하게 할 수 있으며, 필요할 경우 설문지 조사 결과를 알려줄 수 있다는 점을 명기하도록 한다.
⑤ 마지막 인사: '설문지 조사에 참여해 주셔서 고맙습니다.'와 같은 인사 말을 빠뜨리지 않도록 한다.

설문지의 분량은 대체로 4~6쪽 정도를 생각해 볼 수 있다. 문항의 수와 응답자들의 참여 시간 등을 고려하여 설문지를 만들어야 한다. Dörnyei(2007:96)에서는 4쪽 분량에 30분 정도 응답할 수 있는 설문지가 한껏값이라고 했다. ①의 경우만 간단하게 덧붙이면, 너무 전문적인 제목을 붙이지 않도록 조심해야 한다. 특히 어린 학습자들을 대상으로 할 경우, 설문지 항목에 충실한 제목을 붙여서 그들이 쉽게 파악할 수 있도록 배려해야 한다.

설문지를 만들 때는 형식도 고려해야 한다. 일반적으로 A4 크기로 작성하고, 가능하면 쪽수를 줄이는 것이 좋다. 여백을 많이 두고 4쪽으로 문항을 배치하는 것보다는 꽉 차게 2쪽으로 배치하는 것이 좋다는 말이다. 그래야 응답자들이 볼 때 분량이 적어 보이기 때문이다. 그리고 연관되는 질문들을 묶어서 절의 형태로 나누어 제시하는 것이 그렇지 않은 경우보다는 잘 짜여 있다는 인상을 줄 수 있으므로 생각해 봄 직한 방법이다. 그렇지만 응답의 일관성을 점검하는 경우에는 의도적으로 이를 떼어놓을 수 있다.

종종 놓치기 쉬운 점 가운데 하나는 설문지의 문항 배열 순서이다. 배열 순서는 응답자들의 반응에 큰 영향을 미칠 수 있기 때문에 신중해야 한다. 서로 다른 눈금을 사용할 경우에 눈금이 같은 문항들을 모아서 배치하는 것이 응답자들의 다양한 답을 끌어낼 수 있는 방법이다. 시작하는 질문은 흥미로우면서도 간단하게 답할 수 있는 문항을 배치한다. 신중한 결론을 내려야 하는 문항보다는 중립적인 질문을 배치하는 것이 효과적이다. 그리고 열린 답변 질문들은 마지막에 두는 것이 일반적이다.

응답자의 기본 정보, 즉 응답자와 관련되는 개인 정보는 질문지의 마지막에 배치하는 것이 좋다. 이런 질문들이 먼저 오면 참여자들은 때로 그 질문에 답하고 나서 설문 작성을 마칠 수도 있다. 또한 응답자들이 대답하기 쉽고 짤막한 것으로부터 점점 더 어려워지게 배열하는 것도 방법이 될 수 있다. 질문들의 차례를 정하는 규칙은 Brown(2001)에서 다음과 같이 제시하고 있다.

질문 순서 정하기 규칙

① 단일한 유형의 질문들을 모두 한데 모아놓는다.

② 단일한 기능의 질문들을 모두 한데 모아놓는다.

③ 단일한 답변 서식 및 질문 형태의 질문들을 모두 한데 모아놓는다.

④ 같은 화제에 속하는 질문들을 모두 한데 모아놓는다.

⑤ 위에 있는 모든 항목이 동시에 일차적인 조직 원리가 될 수 없기 때문에 그것들 사이에서 중요성에 대한 위계를 결정하고, 가능한 범위 내에서 순서를 정하는 데에 그 위계를 충실히 따른다.

실제적인 설문지 조사를 실시하기에 앞서 설문지 조사가 제대로 적용될 수 있을지 가늠해 보아야 한다. 이를 '예비 조사(piloting)'라고 하는데, 일반적으로 설문지의 타당성을 점검하는 것이 주목적이다. 즉 표본으로 뽑은 참여자들의 답변들을 놓고서 참여자들이 설문지를 만든 사람의 의도에 맞게 응답할 수 있는지를 점검하는 것이다. 예비 조사 과정에서 응답자들 대부분이 같은 선택지를 고른다면 문제가 있는 것이다. 이때는 선택지를 수정·보완하거나 질문을 바꿀 필요가 있는지 살펴봐야 한다. 그리고 문항의 변별도를 계산하여 문항 변별력이 낮은 문항은 수정하거나 빼야 하는데, 이와 관련하여 분석의 과정을 거치는 일도 생각해 볼 수 있다. 문항 변별도는 검사의 총점과 문항에 응답한 점수와의 상관관계에 의해 추정되기 때문이다. 예비 조사가 의미 있으려면 가급적 조사하게 될 응답자 유형에 드는 사람들을 대상으로 하는 것이 좋다. 아울러 예비 조사를 통해 일러두기와 질문의 명확성, 완성 시간 등을 점검할 수 있다. 다음은 Wallace(1998/2008:210)에서 제시한 예비 조사 항목들이다.

예비 조사 항목들

① 일러두기가 분명했고, 따라 하기 쉬웠는가?

② 질문 항목들이 분명했는가?

③ 모든 질문에 답변할 수 있었는가?

④ 질문 중에 어떤 것이든 당황스러운 것이나, 무관한 것이나, 거만해 보이는 것이나, 짜증나는 것이 있었는가?

⑤ 설문지를 완성하는 데 시간이 얼마나 걸렸는가?

⑥ 관련되는 질문들이 서로 묶여 있고, 문항들은 합리적인 순서에 따라 배열되었는가?

앞서 나왔던 Brown(2001)에서의 안내 지침과 여기에 제시된 내용들은 부분적으로 겹친다. 이러한 사항을 염두에 둔다면 좀 더 나은 설문지를 만드는 데 도움이 될 것이다.

같이 생각해 보기

다음은 필자가 수년 전에 학생들의 독서 실태를 알아보기 위해 마련한 설문지입니다. 설문지가 제대로 짜여 있는지 살펴보고, 문제점이 있다면 고쳐봅시다. 그리고 다음의 내용도 점검해 봅시다.

㉮ 설문 문항은 20개 이내의 단어로 되어 있어야 한다.

㉯ 중의적으로 해석될 낱말을 포함해서는 안 된다.

㉰ 부정 형태의 질문을 포함하지 않아야 한다.

㉱ 응답자에게 해당되지 않는 질문을 포함하지 않아야 한다.

[설문지]

이 부분은 여러분의 읽기 습관과 인식에 관련된 물음으로 이루어져 있습니다. 자신의 읽기 습관을 되짚어보고 성의껏 답을 해주기 바랍니다.

1. 책을 읽는 일에 대해 어떻게 생각합니까?

  ① 현실적으로 반드시 필요하다. (예: 논술 준비, 수학능력시험, 수행평가)

  ② 책을 읽는 일이 즐겁고 신난다.

  ③ 시간을 때우기 위해 읽는다.

  ④ 여러 가지 면에서 유용하다.

  ⑤ 다른 사람이 시키므로 읽어야 한다.

2. 일 년에 어느 정도의 책을 읽습니까? (교과서와 참고서와 만화는 제외, 15쪽 이

  상으로 된 한 편의 글도 1권으로 간주함)

  ① 거의 읽지 않음   ② 2~3권   ③ 4~6권   ④ 7~9권   ⑤ 10권 이상

3. 읽을 책은 주로 어떻게 선정합니까?

  ① 인터넷 등 홍보물에 의해   ② 선생님이나 다른 사람의 권유에 의해

  ③ 앞서 읽었던 책을 바탕으로   ④ 자신의 독서 계획에 따라

  ⑤ 즉흥적으로

4. 읽는다면 주로 어떤 분야의 책을 읽습니까?

  ① 문학 관련 분야   ② 사회·철학 등 인문 분야

  ③ 자연과학 분야   ④ 인기를 끌고 있는 분야

  ⑤ 그때그때의 필요에 따라

5. 읽은 책이나 글에서 잘못을 발견했다면 주로 어떤 것이었습니까?

  ① 어휘나 단어   ② 비문법적인 문장

  ③ 사실과 다른 내용   ④ 글이나 책의 전체적인 짜임

  ⑤ 거의 의식하지 않음

6. 책을 읽으면서 하는 일이 있다면 무엇입니까? (책에 따라 다르겠지만 대체로 하는 일)

① 중요한 내용에 밑줄을 긋는다.　　② 책의 여백에 중요 내용을 적는다.

③ 독서 공책에 중요 내용을 기록한다.　　④ 다른 책들을 참조한다.

⑤ 그냥 읽기만 한다.

7. 책을 다 읽고 나서 마무리는 어떻게 합니까? (책에 따라 다르겠지만 대체로 하는 일)

① 독후감 등으로 정리한다.

② 핵심 내용을 중심으로 되짚어본다.

③ 흥미가 있는 부분을 다시 읽는다.

④ 책의 내용에 대해 비판적으로 생각해 본다.

⑤ 아무런 일도 하지 않는다.

8. 어려운 책이나 글을 읽고 난 뒤 주로 어떤 생각을 하거나 느낌을 받습니까?

① 만족감이나 성취감을 느낀다.

② 책에 대해 실망을 많이 한다.

③ 더 많은 책을 읽고 싶은 마음이 생긴다.

④ 다시 한번 읽어보리라 작정한다.

⑤ 같은 주제를 다룬 다른 책을 더 읽고 싶다.

9. 지금까지 읽은 책 중에서 기억에 남는 책은 어떤 종류의 책입니까?

① 교과와 관련된 전문적인 내용을 담은 책

② 흥미와 재미를 주는 책　　③ 감동을 주는 책

④ 문제 해결에 도움을 주는 책　　⑤ 실생활에 도움을 주는 책

10. 다음에서 별도의 공부를 하거나 가르침을 받은 적이 있는 부분을 고른다면 무엇입니까? (학교나 학원에서 수업 시간에 한, 공부나 시험을 치기 위한 공부는 제외)

① 읽기   ② 어휘   ③ 문법   ④ 맞춤법   ⑤ 해당 사항 없음

이와 같은 설문지 조사는 통계로 취합하여 분석했을 때만 의미가 있다. 이런 경우도 있지만, 대중 잡지에 나오는 설문지처럼 스스로 점검할 수 있는 설문지를 제공함으로써 설문에 참여하는 학생들에게 어느 정도 성찰의 기회를 줄 수 있는 방법, 즉 조사연구자와 응답자가 동시에 혜택을 볼 수 있는 방법을 고려할 수 있다(듣기 자각에 대한 조사를 위한 설문지 마련에 대해서는 이창덕(2009) 참고).

같이 생각해 보기

1. 우편으로 설문을 실시하고자 할 경우 중요한 것은 회수율입니다. 설문지 조사 대상들의 전체 표본집단으로부터 골고루 많이 설문지를 회수할 수 있는 방안을 생각해 봅시다. 널리 쓰이는 방법은 회송용 우표를 넣어주거나 짤막하게 답할 수 있는 설문지를 만드는 것입니다. 아울러 응답자의 시간적인 여유를 고려하여 여름방학이나 휴가철을 이용할 수도 있습니다. 그 밖에 어떤 방법을 생각할 수 있겠습니까?

2. 한국어교육 연구를 실행한다고 할 때 설문지 작성에 따르는 문제점은 무엇이 있겠습니까? 특히 여러 언어권에 걸친 학습자들을 대상으로 같은 내용의 설문조사를 실시할 때, 연구 결과를 일반화하거나 다른 연구에서 사용한 원시 자료들을 비교할 때 동일한 내용을 측정하거나 조사했음이 보장되어야 하는 경우를 고려해 보기 바랍니다.

한국어교육 맥락에서 실시하는 설문 조사는 참여자가 쓰는 언어를 고려해야 한다. 한국어교육에서는 초급 수준의 학습자들을 대상으로 설문 조사를 실시할 때 일반적으로 참여자의 언어로 뒤쳐서 제시하는 경우가 많지만, 여러 언어권의 참여자를 대상으로 할 경우나 한국어를 모국어로 하는 학습자와 비교할 경우에는 특별히 같은 내용을 설문 조사했음을 보장하기 위한 절차가 필요하다. 비교 문화 연구에서는 이때 필요한 절차를 '역번역법(back translation)'이라고 한다. 이를테면, 한국어로 설문지를 작성하고 조사 참여자의 언어로 뒤친 다음, 이를 다시 한국어로 뒤치는 과정을 거치게 된다. 이를 바탕으로 비교하는 절차를 거쳐서 어떤 언어로 된 설문지든 같은 내용을 담고 있음을 확인해야 한다. 이진녕(2015)에서 실시한 것처럼, 외국의 자료를 설문지 문항으로 작성한 경우 원래의 설문지를 해당 언어로 뒤친 다음 그 자료를 다시 원어로 뒤치는 과정을 거치면서 원래의 의도와 의미가 제대로 전달되는지 검정하는 절차가 필요한 것이다. 설문 조사의 신뢰도를 높이기 위해 좀 더 엄격한 검정의 과정을 거치려고 한다면 비슷한 조건에서 원어를 대상으로 한 집단과 설문 조사 집단 사이의 비교(DIF, differential item function)도 생각해 볼수 있다.

(4) 설문지 조사 실행하기

설문지 조사가 잘못될 가능성은 설문지 조사 실행 단계에서도 나타난다. 설문지 조사 실행 단계에서 그 절차의 중요성은 많이 보고되고 있다. 사회과학에서 가장 많이 실시되는 실행 방법은 우편을 이용하는 것이지만, 국어교육 영역에서는 자신이 가르치는 학생들을 대상으로 직접 할 수 있다. 또한 국어교육에서는 집단 설문지 조사가 널리 쓰이는데, 이는 국어교육이 이루어지는 환경과 상관이 있다. 즉 대부분의 국어교육 활동이 교실 수업을 중심으로 이루어지기 때문에 설문지 조사도 학급이나 학교 전체를 대상으로 이루어질 가능성이 큰 것이다. 이런 집단 설문지 조사에서는 상당히 많은 양의 자료를 비교적 짧은 기간에 모을 수 있다. 이때 설문지의 응답률을 높이고 신뢰를 주기 위해서 설문지 조사의 목적을 미리 알려주고 몇 가지 본보기 문항을 제시할 수 있다. 아울러 조사연구 전체의 흐름을 이해하고 응답자들이 친근감을 느낄 수 있는 태도를 보여주는 일도 실행 단계에서 고려해야 한다.[2]

(5) 설문지 집계하기

설문지 조사를 마치고 나면 그다음 할 일은 모아둔 자료를 집계하는 것이다. 자료 집계의 목적은 자료를 저장하고 분류하고 분석하는 데 유용한 형태로 만들어두기 위함이다(Brown, 2004). 닫힌 답변 설문지는 자료 집계가 비교적 쉽다. 하지만 열린 답변 설문지는 답변의 변화 가능성이 크기 때문에 적절한 부호를 통해 분류해 놓아야 자료의 유용성을 높일 수 있다. 여기서는 닫힌 답변 질문들을 통계 처리가 가능한 부호로 표현하는 방법을 살펴보기로 한다.

---

2) 현장 조사연구에 관련되는 책들이 대부분 사회과학을 겨냥하고 있어서 설문지를 회수하는 문제도 언급하고 있다. 그러나 (국어교육에 관련되는 여러 연구가 사회과학에 포함되기는 하지만) 국어교육에서는 주로 학생들을 대상으로 연구자가 선정한 집단이 조사연구의 대상이 되는 경우가 많으므로 설문지를 거두어들이는 부분은 많이 언급하지 않았다. 만약에 사회과학에서와 같이 학부모나 다른 넓은 지역에 퍼져 있는 교사들과 학생들을 대상으로 할 경우에는 거두어들이는 비율을 높이는 방안도 고려해야 할 것이다. 또한 외국어로서 한국어교육에 관련되는 설문 조사에서는 지구촌 곳곳에 설문 응답자들이 배치되어 있을 수 있기 때문에 좀 더 효과적인 설문 방법을 생각해 보아야 할 것이다.

답변을 부호로 표현하는 일은 선택지에 부호를 붙여두는 일과 그것을 기록하는 일 모두를 포함한다. 부호로 표현하는 일은 다음과 같은 단계를 통해 이루어진다. 즉 '자료에 대해 표현하고자 하는 부호의 범주를 정하는 단계 – 각 범주에 따라 부호나 낱말을 정하는 단계 – 부호로 표현된 자료를 정리하는 단계 – 자료들을 정해진 부호에 따라 정리하는 단계'를 밟아야 한다. 이런 절차는 컴퓨터를 이용한 통계 꾸러미의 성질에 따라 각각 다르다. 요즘 널리 쓰이는 통계 꾸러미인 SPSS(사회과학을 위한 통계 꾸러미)에서는 대부분의 범주를 숫자로 표현하도록 하고 있다. 가로줄과 세로줄에 따라 표현되는 범주들이 다르기 때문에 각각의 세로줄에 숫자 형태로 표현할 수 있다. 예를 들면, '남자는 1, 여자는 2'의 부호를 배당하고 해당되는 응답자를 성별에 따라 1, 2로 표현할 수 있을 것이다. 마찬가지로 학력이라는 세로줄 아래로 '대졸 1, 고졸 2, 중졸 3' 등으로 부호화할 수 있다. 설문지 조사에서 미리 번호를 붙여놓는다면 부호로 표현하는 일이 훨씬 더 간단할 수 있다. 이때 명목 눈금을 신중하게 정해놓아야 한다. 수량을 나타내는 눈금의 경우, 이를테면 한 학급의 국어 성적은 여러 가지 방식으로 부호화할 수 있다. 등구간 눈금이라면 5점 단위 혹은 10점 단위로 할 수 있고, 순서 눈금이라면 높은 점수에서 낮은 점수로 순위를 매길 수도 있다. 비율 눈금이라면 그 점수가 표본에서 차지하는 비율에 따라 표현한다. Brown(2001)에서는 애초 작업에서 정밀도가 높은 비율 눈금으로 표현하기를 권한다.

자료들을 부호로 표현하는 과정에서 어려움을 겪는 경우가 있다. 그중 한 가지가 '빠진값(결측값)'이다. 응답자가 실수든 고의든 자료를 제공하지 않을 경우에 나타나는데, SPSS에서는 빈칸으로 남겨두기를 권한다. 실제로 이렇게 빠진값은 기술 통계 분석표에서 '결측값'(SPSS 한국어판)으로 표현된다. 그러나 다른 통계 꾸러미에서는 '99' 혹은 '*'로 표현하기를 원하는 경우가 있다. 다른 한 가지 경우는 순서 눈금에서처럼 처리해야 하는 값들이 띄엄띄엄 흩어져 있는 경우, 혹은 빈도가 높은 항목과 낮은 항목이 뒤섞여 있는 경우이다. 이런 경우 모든 항목에 범주를 부여하기보다는 몇몇 범주를 묶어서 자료들을 부호로 표현할 수 있다. 이런 작업이 통계 처리와 결과 보고를 간단하게 해주지만, 신중하지 않으면 원래의 자료 성질을 지니도록 되돌려놓는 데 갑절의 노력을 하게 될 경우도 있다.

설문지 각 항목의 답변을 놓고서 부호로 표현할 범주를 결정하고 나면 이들을 한자리에 모아놓고 표현하는 일이 필요하다. 남자와 여자의 수를 일일이 세어볼 수 있다. 하지만 앞서 숫자로 표현한 것처럼 1, 2로 나타냄으로써 컴퓨터 프로그램의 힘을 빌려 어떤 표본 안에 남자와 여자의 수를 간단히 셀 수 있다. 통계 꾸러미가 지닌 무한한 가능성에 비하면 아주 사소한 일이지만, 이를 이용한다면 빈도(잦기)를 간단하게 알아볼 수 있다. 아울러 국어교육 현장 조사연구에서 하는 일이 단순히 표본에서 남자와 여자의 수를 세는 일로 그치지는 않을 것이다. 가장 단순하게 보면 '남학생/여학생의 국어 과목 선호도'라도 비교해 볼 수 있는 것이다. 이럴 경우 자료들을 어떻게 정리할 수 있을까?

한 가지 방법은 참여자들을 한 줄로 세우고 다른 세로줄에는 '남/여' 부호, 또 다른 세로줄에는 국어 과목 선호도를 표시해 두는 방법을 생각해 볼 수 있다. 엑셀이나 SPSS 통계 꾸러미가 대체로 이런 방법을 쓴다. 통계 꾸러미를 실행해서 자료를 직접 입력할 수도 있지만, 엑셀에서 다음과 같은 자료를 만들어둔다면 통계 꾸러미와 호환이 가능하므로 실천해 볼 수 있는 기록 방법이라 생각한다.

행렬 자료 기록지

응답자	성별	학령	선호도
1	1	1	1
2	2	2	2
3	2	3	3
4	2	1	4
⋮	⋮	⋮	⋮
35	1	3	5

응답자 1은 남자이며 학령은 1학년, 국어 과목 선호도는 1임을 보여준다. 이런 방법은 쉽게 가로줄이나 세로줄에 새로운 자료를 집어넣을 수 있다는 장점이 있다.

이와는 달리 응답자 1에 대한 영역 기록지를 만들 수도 있는데, 영역 기록지는 응답자별로 영역을 나누어 기록해 두는 방법이다.

영역 기록지

응답자 1		
성별: 1	선호도: 1	학령: 1

행렬 기록지는 값의 관리와 분석에 더 편리하게 쓰인다. 즉 널리 쓰이는 컴퓨터 무른모 혹은 통계 꾸러미에서 쉽게 활용할 수 있다. 그에 비해 영역 기록지는 개인별 정리에 더 적합하다. 그러나 널리 쓰이지는 않는다.

열린 답변 설문지 자료를 집계하는 방법은 Lincoln & Guba (1985: 347-348)에서 기술한 다음과 같은 절차를 참조할 수 있다.

질적 자료를 수량화하는 방법

① 일체화 과정으로부터 귀결되어 나온, 그리고 다소 아무렇게나 배열되어 있게 될 카드 더미가 주어진다면, 그 더미로부터 첫 번째 카드를 선택하고, 그것을 읽고 그 내용을 유의해 둔다. 이 첫 번째 카드는 차후 이름 붙여지게 될 범주에서 첫 번째 항목을 나타낸다. 그것을 한쪽에 다 놓아둔다.

② 두 번째 카드를 선택하고 그것을 읽으며 그 내용을 유의해 둔다. 암묵적이거나 직관적인 근거 위에서 이 두 번째 카드가 첫 번째 카드와 '닮아 보이거나' 또는 '비슷하게 느껴지는지' 여부, 즉 그 내용이 '본질적으로' 유사한지 여부를 결정한다. 비슷하다면 두 번째 카드를 첫 번째 카드와 한데 놓아두고서 세 번째 카드로 진행한다. 비슷하지 않다면 두 번째 카드는 차후 이름 붙여질 범주에서 첫 번째 항목을 나타낸다.

③ 뒤에 있는 카드들을 대상으로 하여 계속 진행한다. 각각의 카드에 대해 그것이 어떤 임시 범주에 이미 놓아둔 카드와 비슷하게 보이거나 느껴지는지, 아니면 그것이 새로운 범주를 나타내는지 여부를 결정한다. 사정에 따라 계속 진행한다.

④ 일정 정도의 카드가 처리된 뒤에 분석하는 사람이 새로운 카드가 임시로 세워진 범주 어떤 것에도 맞지 않으며, 또한 새로운 범주를 형성하지 않음을 느낄 가능성이 있다. 다른 카드들도 기존 카드 묶음들과 무관한 것으로 인식될 가능성이 있다. 이 카드들은 기타 더미로 놓아두어야 한다. 그것들은 그대로 내버려두는 것이 아니라 뒤에 재검토를 위해 보관해야 한다.

이런 절차가 언뜻 보기에 성가신 일이 될 수 있으나, 어떤 식으로든 자료에 의미를 부여하는 과정이므로 꼭 필요하다. 그리고 처음에는 질서가 없어 보이는 답변들 때문에 막막하겠지만 적어도 10개 정도의 답변을 보면 새로운 범주가 등장하는 비율도 낮아질 것이다. 이와 같은 절차에 대한 내적 신뢰도는 서로 간섭하거나 영향을 미치지 않는 분석자들이 그 범주에 동의하는 정도와 개별 카드를 얼마나 비슷한 범주에 넣어두는지에 따라 결정된다.

같이 생각해 보기

열린 답변을 일정하게 범주로 묶어두는 일은 쉽지 않습니다. 경우에 따라 여러 단계를 거칠 수도 있습니다. 다음은 Nunan(2003)에서 가져온 자료로, 다양한 열린 답변들이 있습니다. 이들을 어떻게 범주로 묶고 자료로 등재할 수 있는지 생각해 봅시다. Nunan(2003)에서 제시한 열린 질문은 '가르침을 결정하는 방식으로, 언어 발달에 대해 여러분이 지닌 신념을 세 가지 진술(서술)하십시오.'였습니다.

㉮ 어린이들은 모든 유형의 쓰기·읽기 문헌(literature, 자료)에 몰입할 필요가 있다.

㉯ 모든 어린이가 인쇄된 자료의 몰입으로부터 이로움을 얻는다.

㉰ 어린이들의 언어는 경험을 통해 발달하므로, 어린이가 주어진 임의의 수업으로부터 최상의 것을 얻어내기 위해 많은 경험이 주어져야만 한다.

㉱ 어린이들은 언어를 이용함으로써 배운다.

㉲ 언어는 여러 교육과정에 걸쳐 일어나므로, 별개의 교과 영역으로 간주되어서는 안 된다.

㉳ 언어는 모든 (교과목의) 교육과정 영역에 걸쳐서 (두루) 발달한다.

㉴ 어린이는 기본 문법 구조를 깨달을 필요가 있다.

㉵ 나는 문법·맞춤법·읽기가 언어 발달을 위한 기본이라고 믿는다.

㉶ 입말은 글말 이전에 통달되어야 한다.

㉷ 입말의 발달과 표현, 그리고 글말에서 자신을 표현하는 능력 사이에는 강한 관련성이 있다.

2부 현장 조사연구 자료 수집 및 집계

㉠ 어린이들은 풍부한 언어 환경의 능동적인 부분이 될 필요가 있다.

㉡ 어린이들은 긍정적으로 격려해 주는 환경일 경우에 가장 잘 배운다.

이 답변들을 어떻게 가를 수 있겠습니까? 두세 개씩 짝지으면 중간 범주가 나올 것입니다. 이를 다시 큰 범주로 묶을 수 있는데, '언어·학습에 대한 언급, 환경·분위기에 대한 언급, 학습자에 대한 언급'으로 나눌 수 있습니다. 이들을 바탕으로 Nunan(2003:148)에서는 교사 372명을 대상으로 한 조사 결과를 통계표로 정리하고 있습니다. 이들은 질적인 자료 처리 방법 가운데 어떤 것을 사용하여 분석할 수 있겠습니까?[3] 통계 처리하고자 할 때는 변수를 설정해야 한다는 점을 염두에 두십시오. 다음은 혼합적 조사연구를 위해 변수를 설정한 사례를 보여주고 있습니다. 특히 응답 쪽의 범주들이 대체로 일치를 보이고 있는지 판단해 봅시다.

응답＼교사	노련한 교사 (5년 이상 경험)	미숙한 교사 (1~5년 사이)	계
언어·학습에 대한 언급	126명	76명	202명
환경·분위기에 대한 언급	35명	67명	102명
학습자에 대한 언급	19명	49명	68명
계	180명	192명	372명

(6) 설문지 조사의 장단점

설문지 조사는 빠르고 간편하게 필요한 정보를 모을 수 있는 방법

---

3) 여기에 대해서 Nunan(2003)에서는 "만일 상대적으로 더 노련한 교사들이 언어와 학습의 원리들에 대해 유의미하게 더 많은 언급을 했다면, 교사들은 수업의 기술적 측면과 언어 지식에 대한 통달이 늘어감에 따라, 그들의 교수 실천이 지엽적인 환경 요인과 정서적 요인들에 덜 의존하게 된다는 가정으로 유도되어 갈 가능성이 있다. 그런 관찰이 교사 교육을 위한 함의들을 지닐 법하다."라고 지적했다.

이다. 그리고 잘 짜여 있다면 자료의 처리와 분석도 비교적 쉽다. 그렇지만 설문지가 잘못 구성될 경우 신뢰도와 타당도가 떨어지는 정보를 얻을 수 있다. 앞에서 지적한 것처럼 설문지 조사가 단순하고 의미가 직접적으로 전달되도록 마련되어야 한다는 점을 무시할 수 없기 때문에 그에 따라 심층적인 정보를 끌어내는 데 실패할 수도 있다.

(7) 설문지를 활용한 구체적인 조사연구 사례

델파이 기법

델파이 기법은 복잡한 이론적 구성물, 이를테면 듣기 능력, 의사소통 능력과 같은 구성 개념이나 주제에 대한 주장이 다양하여 한 가지로 결정을 내리기 어려울 때 전문가 집단의 견해를 빌려서 의사 결정을 하기 위해 이용된다(이종성, 2001). 국어교육 영역에서 이 기법을 이용한 대표적인 사례로는 조재윤(2007)이 있다. 조재윤(2007)에서는 '말하기 평가 요소가 무엇인지, 그리고 그 요소들의 가중치를 어느 정도로 설정해야 하는지' 같은 문제를 해결하기 위해 전문가 집단에게 설문지를 제시했다. 세 차례에 걸친 설문 조사를 통해 평가 요소와 그 가중치를 드러내고 있다. 이와 같은 방법은 쓰기, 읽기와 같은 다른 내용 영역의 평가 사례에도 적용할 수 있다.

델파이 기법은 적용하기가 비교적 쉽다. 이종성(2001:16)에서는 델파이 기법을 적용하려고 할 때 중요한 문제는 '① 추정하려는 문제를 가능한 한 좁게 구체적으로 정의하는 것, ② 패널을 선정하는 것, ③ 절차를 반복함에 따라 패널의 이탈을 방지하는 것'이라고 지적했다. 특히 패널들이 전문가로 구성되지만 익명성을 보장해야 하는데, 익명성 때문에 무책임한 반응을 보일 수 있다. 다른 설문 조사와는 달리 전문가들도 필요하다면 의견을 수정하고 수정된 의견에 따라 설문 조사를 곁들이게 되므로 유연성도 어느 정도 필요하다는 점을 패널들이 수용할 수 있어야 한다. 이런 유연성은 조사연구의 1차 설문지에 절차를 안내하면서 알려줄 수도 있을 것이다. 또한 1차 설문 조사는 여러 가지 면에서 중요하기 때문에 패널 조사의 목적에 맞게 열린 형태의 질문을 할 것인지, 닫힌 형태의 질문을 할 것인지 유의해야 한다. 일반적으로 이전의 연구 결과가 어느 정도 쌓여 있어서 이를 바탕으로 닫힌 질문 형태로부터 출발한다면 2차, 3차에서는 열린 질문을 통해 관련되는 주제에 대해 좀 더 심층적으로 물을 수 있을 것이다. 반대로 열린 질문 형태로 출발한다면 계속 범위를 좁혀 가면서 가중치를 부여하게 하는 등의 형태로 진행해 나갈 수 있을 것이다.

이 기법을 이용해서 모은 자료는 설문지 항목의 성격에 따라 양적 방법과 질적 방법으로 분석이 가능하다. 국어교육에서 델파이 기법을 이용한 논의로 앞서 언급한 조재윤(2007)과 누리그물 언어의 국어교육적 내용 마련을 위한 윤여탁 외(2010) 등이 있다. 한국어교육 분야에서는 학문 목적 한국어교육에서 읽기 능력 평가 구성 요인을 연구한 장문정(2017), KSL 교육과정 개선 방향에 대한 국어교육 연구자와 한국어교육 연구자의 의견 차이를 연구한 구영산(2016) 등이 있다.

분석적 계층화 기법

의사 결정의 과정에서 설문 조사를 활용하는 방법으로 '분석적 계층화 기법(AHP, Analytical Hierarchy Process)'이 있다. 이는 교과서를 선정하거나 교육거리를 결정할 때, 참여 집단의 의사를 반영하여 결정하거나 결정 모형을 만드는 데 활용할 수 있다. 국어교육을 비롯한 언어교육에서 교재(교과서)의 선정 기준을 정해 이를 계층화하고 여러 차례 설문 조사를 해볼 수 있는 방법이다. 이를 활용한 연구로 박재현 외(2015)를 들 수 있는데, 그 연구는 AHP를 활용하여 교과서 선정을 위한 척도를 개발하는 데 목적이 있었다.

AHP는 '분석적 계층화 기법, 계층 분석법, 계층화 의사 결정법' 등으로 부르는데, 이 방법의 핵심은 문헌 연구와 이론적 연구를 통해 어떤 기준을 구성하고 이를 계층화하며, 계층화된 요소들 내에서 '짝을 지은 비교(pairwise comparison)'를 통해 요소들 사이의 상대적 가치를 판정하도록 설문을 구성하고 그 결과를 분석하는 데 있다. 그렇게 함으로써 의사 결정 모형을 만들거나 의사 결정을 쉽게 내릴 수 있도록 해준다. 그 절차를 간단히 소개하면 다음과 같다.

AHP의 절차

① 연구의 주제와 목표를 정한다.
② 연구 주제와 관련된 대상의 구성 요소를 문헌 연구나 이론 연구를 통해 확정하고 대안을 마련한다.
③ 연구 주제와 관련된 대상의 구성 요소들의 위계를 정한다.
④ 설문지를 마련한다.
⑤ 자료를 분석하고 처리한다.

①은 어떤 연구에서든 가장 먼저 결정해야 하는 요소이다. 다만 이 방법에서는 주제나 목적이 비교적 명확하게 정해져 있기 때문에 진행되는 단계마다 연구의 타당성을 점검하는 잣대로 목적과 주제를 거울로 삼아야 한다. ②에서 구성 요소의 결정은 연구의 품질을 결정하는 데 중요하므로 앞선 연구에 대해 분석하거나 이론적으로

개념의 구성에 관련되는 연구를 거쳐야 한다. 그리고 이 과정을 구체적으로 논문에서 밝혀주어야 한다. ③은 구성 요소들 사이의 범주를 정하고 위계를 정하는 단계이다. 대체로 이 단계는 앞의 단계와 밀접한 관련이 있다. 그렇기 때문에 앞 단계에서 범주, 항목, 기준 등을 잘 마련해 놓는다면 별다른 어려움 없이 진행할 수 있다. 큰 범주와 작은 항목들 사이의 위계가 잘 조직되어 있어야 가중치를 부여하는 일이 가능하다. ④에서는 앞 단계에서 마련한 위계에 따라 짝을 지어 비교하는 설문지를 작성한다. AHP에서는 9점 눈금을 사용하는데, 예를 들면 다음과 같다.

AHP에서 사용하는 설문 문항

요인 A	A가 더 중요			←	동일	→	B가 더 중요			요인 B
	절대적 중요	매우 더 중요	더 중요	약간 더 중요	똑같이 중요	약간 더 중요	더 중요	매우 더 중요	절대적 중요	
	9	7	5	3	1	3	5	7	9	
	9	7	5	3	1	3	5	7	9	
	9	7	5	3	1	3	5	7	9	

설문지 작성에서 짝을 지은 비교를 하기 위해 비교되는 짝의 개수를 마련하는 일은 간단한 산술을 통해 할 수 있다. 만약 요인의 개수가 3개라면 3개의 비교 항이 마련되어야 한다(A-B, B-C, A-C). 만약 4개라면 몇 개의 항을 마련해야 할까? 산출 공식은 $n(n-1)/2$ 이므로 n 대신에 4를 대입하면 6개의 비교 항목을 마련해야 한다는 것을 알 수 있다(A-B, B-C, C-D, A-C, A-D, B-D).[4]

위와 같은 질문지를 바탕으로 설문지를 마련하고 조사했다면 ⑤

의 단계로 넘어가게 된다. 이 단계에서는 두 가지 방식으로 자료를 처리할 수 있다. 하나는 엑셀 프로그램을 이용하여 입력하고 기하평균을 구한 다음, AHP 공식을 이용하여 분석하는 방법이다. 다른 하나는 메이크잇 윈도우용 무른모[5]를 이용할 수 있다. 비교되는 항목과 범주, 기준이 많은 경우에는 이 무른모를 이용하는 것이 더 낫다. 이 무른모의 좋은 점은 평가자의 일관성을 점검해 준다는 것이다. 평가자의 일관성은 동일한 범주 안에서 평가자가 일관된 평가를 하고 있는지를 알 수 있는 척도인데, 이는 통계 처리의 신뢰도를 높이기 위해서 필요한 사항이다. 예컨대, 세 항목을 비교하여 A가 B보다 높고 B가 C보다 높다면 A가 C보다 높아야 하는 것이다. 일반적으로 일관성 비율이 0.2 이하일 때 신뢰도가 있다고 한다.

보리치 계수와 IPA를 이용한 요구도

학습자 중심의 교육거리나 교육과정을 만들 경우에는 위에서 제시한 분석적 계층화 기법을 사용할 수 있지만, 학습자들의 현재 수준이 반영된 요구 조사를 하고자 한다면 어떤 방법을 쓸 수 있을까? 손쉽게 생각해 볼 수 있는 것은 현재 수준과 필요 수준(목표 수준, 바람직한 수준) 사이의 평균값 비교를 위한 t-검정이다. 이때 t-검정을 통해 나온 t값이 학생들의 요구 수준을 정확하게 반영하지 못할 수도 있는데, 이를 검정해 주는 통곗값으로 '보리치(Borich) 계수'를 이용

---

4) 아래의 각주 5에 있는 누리집에 접속해 보면 비교되는 짝의 수를 줄이는 방식으로 $(n-1)+(n-2)=2n-3$을 이용해도 무방하다고 했다. 그렇게 되면 비교되는 짝이 적은 경우에는 차이가 나지 않지만, 박재현 외(2015)에서 사용한 것과 같이 최대 7개를 비교하려면 21개에서 11개(60%)로 줄어든다.

5) 이 무른모는 누리그물을 기반으로 하기 때문에 http://imakeit.kr/info/를 통해 유료로 제공받을 수 있다. 설문 참여자의 수에 따라 처리하는 데 드는 비용에 차이가 있다.

2부 현장 조사연구 자료 수집 및 집계

할 수 있다. 보리치 계수의 기본 개념은 목표 수준과 수행 수준의 차이가 클 경우 요구 수준이 높은 것으로 셈하는 것이다. 보리치 계수를 구하는 공식은 다음과 같다.

보리치 계수 공식

$$요구도 = \frac{\sum (RL-PL) \times \overline{RL}}{N}$$

(RL: 목표 수준, PL: 수행 수준, $\overline{RL}$: 목표 수준의 평균, N: 전체 사례 수)

일반적으로 수행 수준과 목표 수준의 차이가 클수록 요구도는 커진다. 보리치 계수를 실행하는 의의는 t-검정에서 나온 t값이 요구도의 순위를 반영하는 것은 아니라는 점을 보여준다는 데 있다.

다음은 이주미(2016:239)에서 쓰기 과정의 요구도 수준을 보여주는 표이다.

[표 1] 보리치 계수 산출 사례

내용		수행 수준		목표 수준		차이				요구도	순위
구분	세부구분	평균	표준편차	평균	표준편차	평균	표준편차	t값	P값		
A	A1	3.26	0.81	4.47	0.70	1.21	1.32	4.01***	0.0008	5.416	7
	A2	2.95	0.78	4.68	0.58	1.74	0.99	7.64***	0.0000	8.136	5
	A3	2.89	0.81	4.58	0.90	1.68	1.11	6.62***	0.0000	7.712	6
	A4	2.84	0.96	4.68	0.75	1.84	1.12	7.18***	0.0000	8.629	4
	A5	2.32	0.77	4.68	0.75	2.11	0.94	9.8***	0.0000	9.861	1
	A6	2.68	0.89	4.58	0.61	1.89	0.94	8.82***	0.0000	8.676	3
	A7	2.58	0.96	4.53	0.84	1.95	1.08	7.87***	0.0000	8.814	2

$** \ p < 0.01, \ *** \ p < 0.001$

이 표는 보리치 계수를 논문에 싣는 방식을 보여줄 뿐만 아니라, t-검정에서 t값의 크기가 요구도의 우선순위를 반영하지 않음을 보여주는 실례라고 할 수 있다. 이 표를 보면 차이의 평균이 요구도의 우선순위를 결정하고 있음도 챙겨볼 수 있다. 여기서 수행 수준은 어떤 교육거리의 만족도와 관련지을 수 있으며, 목표 수준은 참여자가 생각하는 중요도로 바꿔서 생각해 볼 수 있다.

[표 1]은 (보리치 계수 그 자체는 아니지만) IPA(Importance-Performance Analysis) 분석에 활용할 수도 있다. 이는 간단히 말하면 함수의 사분면을 이용하는 것이다. 이때 중요한 것이 중앙값이다. 이 값은 좌표의 어느 위치에 배치할지 결정하는 기준이 된다. 각 사분면 좌표(매트릭스)의 의미는 아래 [그림 1]과 같다(이주미, 2016:238).

[그림 1] IPA 매트릭스에서 사분면의 의미

① Concentrate 중점적 교수·학습 영역	② Keep Up The Good Work 유지·강화 영역
③ Low Priority 점진적 개선 영역	④ Possible Overkill 현상 유지 영역

앞의 [표 1]에서 수행 수준에 대한 중앙값은 2.84이고, 목표 수준의 중앙값은 4.57이다. 이에 따라 A1은 수행 수준은 +이고 목표 수준은 -이므로 4사분면에 있게 된다. 이는 SPSS를 이용하면 그림으로 쉽게 나타낼 수 있다. [표 1]을 중심으로 언급하면, SPSS 자료처럼 데

2부 현장 조사연구 자료 수집 및 집계

이터를 입력하고 아래 과정대로 하면 된다.

[그래프] → [레거시 대화상자] → [산점도/점도표] → {단순산점도} →
{{정의;{Y축};{X축}} → //{도표편집기}/{참조선}} → {{요소{데이터레이블 표
시}}}[6]

다음 그림은 앞의 표를 참고하여 SPSS에서 출력한 그림이다. {정
의} 단계에서 X축과 Y축 변수는 관례에 따라 X축에는 수행 수준(현
재)을, Y축에는 목표 수준을 대입해야 해석하기 쉬울 것이다.

[그림 2] 쓰기 과정 IPA 분석 결과

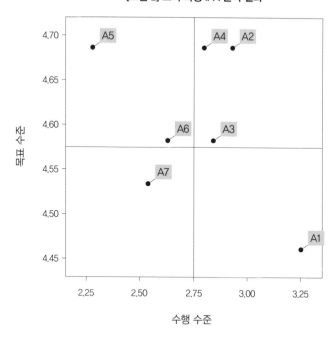

---

6) SPSS 절차를 안내할 때 {{ }} 부분은 대화상자에서 직접 값을 입력해야 함을 뜻한다.

이 결과는 앞에서 제시한 사분면의 의미에 따라 해석이 가능할 것이다. 즉 위에서 A5와 A6은 쓰기 교육에서 중점적으로 가르쳐야 하는 부분이라고 설명할 수 있다.

같이 생각해 보기

다음은 장미정(2016)에서 학문 목적 한국어 쓰기 기술 항목에 대해 중국인 학습자들의 학습 요구도를 분석한 결과입니다. 이를 바탕으로 IPA 분석을 한다고 할 때 중앙값을 어떻게 구할 수 있겠습니까?[7] 1~12에 속하는 쓰기 기술은 각자 임의로 배치하고, 실제로 IPA 분석을 해보고 서술해 봅시다.

---

7) 일반적으로 항목의 개수가 홀수일 때 중앙값을 찾기 쉽다. 짝수일 경우 두 개의 중앙값을 찾아서 평균을 내면 된다. SPSS에서 도표편집기를 통해 IPA 분석을 하면 그런 고민을 하지 않아도 된다. 다음은 제시된 표를 바탕으로 SPSS에서 출력한 결과이다.

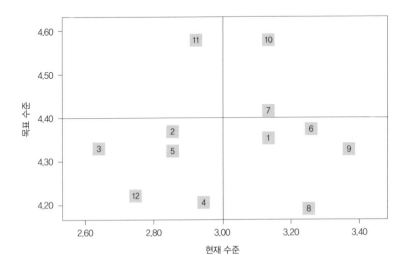

2부 현장 조사연구 자료 수집 및 집계

번호	학문 목적 한국어 쓰기 기술 항목 (N=51)	현재 수준		필요 수준		차이			학습 요구도	교육 우선 순위
		평균	표준 편차	평균	표준 편차	평균	표준 편차	t값		
1	대조하기	3.10	0.85	4.35	0.89	1.25	1.09	8.20***	5.46	9
2	묘사하기	2.82	0.74	4.37	0.85	1.55	1.03	10.78***	6.77	3
3	부연하기	2.63	0.87	4.33	0.84	1.71	1.06	11.45***	7.39	2
4	분류하기	2.92	0.96	4.22	1.06	1.29	1.33	6.94***	5.46	8
5	분석하기	2.82	0.71	4.35	0.87	1.53	1.14	9.60***	6.66	4
6	비교하기	3.31	0.76	4.39	0.92	1.08	1.13	6.82***	4.74	10
7	서사하기	3.16	0.76	4.43	0.83	1.27	1.02	8.91***	5.65	7
8	열거하기	3.22	1.05	4.20	0.96	0.98	1.24	5.64***	4.20	12
9	예시하기	3.31	0.81	4.33	0.86	1.02	0.97	7.51***	4.42	11
10	요약하기	3.16	0.84	4.58	0.70	1.42	0.99	10.13***	6.05	6
11	인용하기	2.98	0.91	4.57	0.61	1.59	1.08	10.50***	7.40	1
12	정의하기	2.76	0.86	4.27	0.98	1.51	1.17	9.20***	6.45	5

* $p < 0.05$, ** $P < 0.01$, *** $p < 0.001$

2. 평가

평가는 교육을 하는 사람들이 늘 부딪히는 일상적인 문제이다. "평가는 가장 기본적인 의미에서 어떤 대상이나 어떤 사람에 대해서 중요성이나 가치를 평정하는 일을 뜻한다(Wallace, 1998/2008 : 277)." 현장 조사연구의 본질과 관련지어 볼 때도 평가는 중요한 의미를 지닌다. 어떤 교육 활동에 대한 평가뿐만 아니라 새로운 자료(교재)나 방법에 대한 평가로부터 나온 자료가 현장 조사연구의 중요한 대상이 되기 때문이다. 특히 단순한 개괄적인 평가나 인상에 매여 있는 일상적인 판단과는 달리, 체계적인 방법으로 평가하는 일은 교육 활동 전반에 대한 반성과 대안을 찾도록 교사들을 채찍질한다는 점에서 현장 조사연구의 궁극적인 목적과도 연결된다.

교육 현장에서는 다양한 방식으로 다양한 대상에 대해 평가를 실시할 수 있다. 교수·학습 활동에 관련되는 모든 일이 평가의 대상이 된다는 말이다. 교과과정 평가에서 학생 개개인에 대한 평가까지 포함된다. 한두 개의 장으로 평가와 관련되는 모든 내용을 아우를 수 없으므로, 여기서는 평가의 일반적인 요소를 살피고 나서 평가의 얼안을 좁혀서 교재와 교육과정에 초점을 모으기로 한다. 특히 교육과정은 우리나라 교과서 순환 주기와 관련하여 일정 기간마다 바뀌어 왔기 때문에 현실적인 유용성도 지닌다.

(1) 평가의 일반적인 사항들

평가의 대상이 무엇이든 조사연구를 목적으로 평가를 계획하는 경우 다음과 같은 점들을 고려해야 한다.

평가에서 기본적으로 고려해야 할 사항 – Nunan(2003:196)

① 그 평가의 목적은 무엇인가?

② 그 평가에 대한 독자(audience, 청중)는 누구인가?

③ 절차에 대한 어떤 원리가 그 평가를 안내해야 하는가?

④ 어떤 도구와 기법이 적합한가?

⑤ 누가 그 평가를 실행해야 하는가?

⑥ 언제 그 평가가 실행되어야 하는가?

⑦ 그 평가에 대한 시간 얼개와 예산은 어떠한가?

⑧ 그 평가는 어떻게 보고되어야 하는가?

여기에 제시된 여덟 가지 내용을 차례대로 풀어보기로 한다.

어떤 다른 일에서와 마찬가지로 목적은 중요하다. 교육에 관련되는 주체들은 평가의 목적을 다르게 받아들인다. 교사는 교육과정에 있는 절차의 하나로 평가를 볼 것이지만, 학부모와 학생은 상급학교 진학을 위한 근거로 받아들일 것이다. 교장이나 장학사와 같은 교육 행정가들은 교사의 교수 활동이 제대로 되고 있는지 가늠하는 잣대로 평가의 목적을 정할 수 있다. 평가의 목적이 실행되고 있는 교육 거리의 개선을 위해 정보를 제공해 주는 데 있다면 이용할 수 있는 방법은 형성평가가 될 것이다. 하지만 성취도에 따른 예산 지원과 관련되어 있다면 더 포괄적인 평가가 이루어져야 할 것이다. 지나친 성적 위주의 평가는 반드시 부작용을 낳을 것이다. 부진아 없이 고른 향상을 보이는 것을 목표로 삼을 수 있으나, 평가 결과를 더 좋게 하기 위해 지나치게 인위적으로 개입하는 것은 교육의 본질을 어떻게든 왜곡할 가능성이 있기 때문이다.

평가 결과를 누가 이용하게 될 것인가 하는 것도 중요하다. 평가 결과를 동료 교사들이 공유할 경우, 수업 활동의 요소에 초점을 모은다. 그렇지만 일반 학부모라면 전문적이고 심층적인 학습 전반에 대한 정보를 제공하기보다는 자녀의 성취도에 초점이 모인다.

평가 절차에서는 공정성, 관련성, 정확성의 기준들이 마련되고 공개되어야 한다. 평가 대상자들의 평가 내용에 대한 설명이 불공정하거나 관련이 없거나 정확하지 않을 경우 평가 결과 보고서는 언제든지 다시 써야 한다. 아울러 평가 결과의 공개 과정에서 평가 대상자들의 익명성이 보장되어야 한다. 평가 대상자들의 정보를 공개해야 한다면 미리 동의를 얻어야 한다. 아울러 평가를 하는 주체는 평가 대상자들의 수행 내용이나 정보를 비밀로 간직한다는 원칙을 내세워야 한다.

평가를 위해서 정보를 모으는 방법은 아주 다양하다. 다음은 평가자의 역할에 따라 정보를 모으는 방법을 정리해 놓은 표이다(Nunan, 2003:199).

[표 2] 평가자의 역할과 범주 및 절차

평가자의 역할	범주	절차
잠깐 들여다보는 국외자 (Outsider looking in)	현존 정보 (Existing information)	• 기록 분석 • 제도(system) 분석 • 문헌 개관* • 편지 쓰기
	검사 (Tests)	• 능통성 • 배치 • 진단 • 성취도
	관찰 (Observations)	• 사례 연구 • 일기 연구 • 행위 관찰 • 상호작용 분석 • 목록
정보를 이끌어내는 실행자 (Facilitator drawing out information)	면담 조사 (Interviews)	• 개별 • 집단
	모임 (Meeting)	• 회람 의견 정리(delphi) 기법** • 자문 • 관심 집단 • 되살피기(review)
	설문지 (Questionnaires)	• 이력·경력(biodata) 조사 • 의견 조사 • 스스로 등급 매기기 • 판단 등급 매기기 • 큐 분류(Qsort)

* 어떤 문제나 논제와 관련되는 조사연구에 대해 쓴 요약 및 논평
** 일련의 질문이나 과제가 그 분야의 전문가들에게 발송되고, 포괄적인 응답이 대조되고 분석되는 절차임.

자료를 수집하는 방법에 따라 자료의 성격이 결정된다. 평가는 엄

2부 현장 조사연구 자료 수집 및 집계

청난 양의 자료를 산출할 가능성이 있기 때문에 완전히 구조화되지 않은 면담 조사와 설문지로부터 나오는 양적 자료를 어느 정도 선택할지 결정할 필요가 있다. 즉 평가의 범위와 품질에 대한 결정이 필요하다는 말이다. 이를테면, 단순하게 인상만을 평가하느냐, 아니면 전문가적인 안목에 따른 평가를 하느냐에 따라 평가의 결과를 다루는 방식이나 서술 방식에 차이가 있을 수 있다.

현실적으로 시간과 예산에 대한 계획을 세우는 일도 평가를 위해서 중요하다. 어떤 단체나 학술연구재단의 용역을 받을 경우에도 그 단체의 전체 일정에 맞추어야 할 뿐만 아니라 합리적으로 예산을 운영해야 한다. 보고하기는 조사·연구한 결과를 놓고서 세상에 알리는 일이다. 그 형태는 책이 될 수도 있지만, 간단한 요약 보고서 형태를 띠는 경우가 많다.

(2) 교재 평가

Wallace(1998/2008:282-288)에서는 교재를 평가할 수 있는 기준을 12가지로 제시하고 있다.

Wallace(1998/2008)에서 제시하고 있는 교재 평가 기준

① 비용   ② 이론적 근거

③ 맥락   ④ 수준

⑤ 수요 충족의 적절성   ⑥ 편이성과 실용성

⑦ 지면 배열과 짜임   ⑧ 망라된 내용

⑨ 과제·활동의 범위   ⑩ 학습자 보조 자료(학습자용 자습서 등)

⑪ 흥미·동기 유발   ⑫ 교사 보조 자료(교사용 지도서 등)

이 가운데 챙겨두어야 할 몇 가지를 순서대로 훑어보기로 한다.

교과서(혹은 교재) 선정 기준에서 ① 비용은 우리나라의 경우 검인정을 채택하기 때문에 교과서별로 별다른 차이가 없다. 그러나 수준별 보충수업을 위한 부교재를 채택할 때는 고려해야 하는 사항이다. ② 이론적 근거는 교재의 밑바탕에 깔려 있는 근거를 가리키는데, 2015 개정 국어과 교육과정에서 교재로 쓰이는《국어》, 고등학교 과정의《독서》,《화법과 작문》,《언어와 매체》,《문학》,《실용 국어》,《심화 국어》,《고전 읽기》등은 대체로 학습자 중심의 교수·학습 방법 이론, 의사소통 중심 교육, 협동 학습을 바탕에 깔고 있으면서 총체적 언어관, 인지적 구성주의에 바탕을 두고 있다. 적어도 교사용 지도서의 일러두기에는 이렇게 명시되어 있다. 그러나 실제 교재 제작 과정에서 이런 원리들이 제대로 구현되고 있는지 점검해 보아야 한다. 이런 원리들의 적용 여부는 인간과 언어, 국어의 사용에 대한 교재 집필자들의 태도와 관점에 따라 다르게 나타날 것이다. 이런 원리들에 대한 점검 방법은 국어과 교사들이 협력하여 교재 전체를 살펴볼 수도 있고, 여러 검인정 교과서에서 공통되는 한 단원을 선택하여 집중적으로 살펴볼 수도 있다. 최근에는 교수·학습 활동의 한 측면에만 초점을 맞추어 교재 혹은 교과서를 평가하는 연구들이 이루어지고 있다. 이를테면, 말하기·듣기 단원을 대상으로 학습 활동의 유형을 살펴볼 수도 있고, 단원의 머리에 제시한 길잡이 글의 성격이나 특성 등을 살피고 분석할 수도 있다.

④ 수준과 관련해서는 이에 부합하는 교재가 많지 않다. 특히 농어촌 지역 학교와 도시 지역 학교의 학력 격차가 없다고 말할 수 없는 형편에서 농어촌 지역의 학교 실정에 맞는 교과서가 없다는 점은 문제가 있다. 하지만 이 기준은 우리나라 교과서 시장의 실정을 고

려해 볼 때 별로 중요한 내용은 아닌 듯하다.

⑥ 실용성은 현장에서 실제로 쓰기에 편하도록 되어 있는가 하는 것이다. 연습 문제는 수업의 흐름과 잘 맞아 들어가며 학생들이 생각하고 탐구하여 해결하기에 적절한가 하는 기준들을 아우른다. 특히 교육과정에 맞춘 것이긴 하지만, 우리나라 교과서는 진도 나가기에 벅찰 정도로 구성되어 있다. 최근에 한국어교육과 관련하여 수준별 교재들이 출간되고 있다. 이는 외국어로서 한국어에 대한 통달의 정도를 가를 수 있다는 점을 전제로 하고 있는데, 수준을 세 단계로 가를지 아니면 두 단계로 갈라서 다루는 것이 적절할지 논의가 더 필요할 듯하다. 그리고 이런 수준 구분은 한국어를 배우는 현실적인 필요성이나 목적을 고려해야 할 것이다.

⑦ 지면 배열과 짜임새 또한 학생들의 학습에 적잖은 영향을 미친다. 차례가 내용들을 찾아보기 쉽도록 배열되고 일상적인 관례에 따른 부호가 사용되는지 여부, 활자체가 학생들이 쉽게 읽을 수 있는가 하는 점들을 고려해야 한다. 아울러 삽화가 학생들의 흥미와 관심을 끌기에 적절한지도 따져볼 필요가 있다. 문학에서 지나치게 자세한 삽화는 오히려 학생들의 상상을 방해하기도 한다.

⑪ 학습자의 흥미·동기 유발에 대해서는 학생들의 도움을 받을 수 있다.[8] 학생들에게 교과서에서 싫어하는 부분과 좋아하는 부분

---

8) 7차 개정 교과서 《국어》를 대상으로 텍스트의 흥미도 조사를 실시한 김주환(2014ㄴ:363)에 따르면, "학생들의 흥미도가 높은 교과서 텍스트를 선정하려는 노력이 필요하다. 교과서 텍스트에 대한 학생들의 흥미도 반응을 보면 일부 소설 작품을 제외한 대부분의 텍스트에 대한 흥미도가 낮은 것으로 나타났다. 교과서 텍스트에 대한 교사들의 반응 평균은 3.40으로 나타났으나 학생들의 반응은 평균 3.09로 나타났다. 문학 텍스트를 제외한 대부분의 텍스트에 대한 학생들의 흥미도 반응이 3.0 이하로 나타났다. 국어 교과서 텍스트의 중요성에 비추어 볼 때, 학생들의 흥미도를 높일 수 있는 텍스트 선정이 필요하다."

을 지적하게 하고 이들이 얼마나 겹치는지, 교과서의 어느 부분에 해당하는지 등을 알아봄으로써 교과 지식으로 판단할 근거로 삼을 수 있다. 이미 교재로 채택하여 쓰고 있는 경우, 학생들의 평가에 근거하여 부족한 부분은 메우고 기워서 학생들이 교재로 인한 학습 방해를 받지 않도록 노력하는 일이 필요하다.

같이 생각해 보기

1. 앞에서 Wallace가 제시한 평가 기준은 체계적이지 않습니다. 만약 설문 조사를 통해 선정 기준을 정한다면 어떻게 항목별로 묶을 수 있겠습니까?

2. 박재현 외(2015)에서는 앞에서 소개한 AHP 기법에 따라 전문가들을 대상으로 설문 조사를 하고 그 결과를 바탕으로 다음과 같은 평가 척도표를 제시했습니다. Wallace가 제시한 평가 기준 항목들과 차이점이 무엇인지, 그 차이점을 교과서 선정 기준에 넣어야 할지 생각해 봅시다. 아울러 다음의 표에서 우리나라의 교과서 현실과 관련할 때 현실성이 떨어지는 항목은 무엇인지 생각해 봅시다.

평가 범주	평가 항목	평가 기준	평정(A)	배점 가중치(B)	점수 (A×B×20)
목차	목차	구성은 체계적인가?	①-②-③-④-⑤	3.31%	
내용	단원	구성은 체계적인가?	①-②-③-④-⑤	2.04%	
		구성은 교수·학습에 효과적인가?	①-②-③-④-⑤	3.68%	
	학습 목표	진술은 명료한가?	①-②-③-④-⑤	3.52%	
		구성은 체계적인가?	①-②-③-④-⑤	4.02%	
	제재	교수·학습에 효과적인가?	①-②-③-④-⑤	9.39%	
		균형적으로 선정되었는가?	①-②-③-④-⑤	3.72%	

내용	제재	국어의 실제를 반영하는가?	①-②-③-④-⑤	3.97%	
	학습 활동	구성은 체계적인가?	①-②-③-④-⑤	5.67%	
		교수·학습에 효과적인가?	①-②-③-④-⑤	8.96%	
		국어의 실제를 반영하는가?	①-②-③-④-⑤	4.68%	
	설명	정확한가?	①-②-③-④-⑤	9.00%	
		명료한가?	①-②-③-④-⑤	4.09%	
	평가	내용은 타당한가?	①-②-③-④-⑤	4.38%	
		방법은 효과적인가?	①-②-③-④-⑤	2.17%	
형식	분량	적정한가?	①-②-③-④-⑤	8.70%	
	디자인	교수·학습에 효과적인가?	①-②-③-④-⑤	5.83%	
		제책의 방식과 형태는 적합한가?	①-②-③-④-⑤	1.47%	
배경	저자	국어교육 전문가인가?	①-②-③-④-⑤	6.98%	
	출판사	교재 전문 출판사인가?	①-②-③-④-⑤	1.63%	
	보조 자료	효과적으로 지원되는가?	①-②-③-④-⑤	2.79%	
합계 점수				100.00%	/100

3. 한국어교육을 위한 교재는 지역이나 수준, 한국어교육의 목적에 따라 다양합니다. 만약 한국어교육을 위한 교재 선정을 한다면 위의 표에서 어떤 항목들이 추가되어야 하겠습니까?

　교재의 평가에 대한 내용은 국어교육 분야보다는 한국어교육 분야에서 꾸준히 논의되고 있는 연구 주제이다. 국어교육에서는 교과서의 적정성 평가, 난도 분석, 어휘 수준, 제재 선정 기준, 단원 구성 및 단원 체계, 학습 활동의 진술 방향, 삽화, 통합 교과서 등이 개별적으로 거론되었다. 이들을 참고로 체계적 문헌 고찰의 방법을 이용하여 국어 교과서 선정 기준을 포괄적으로 제시하고 있는 논의로 김은성 외(2014)를 들 수 있다. 한편, 국어 교과서 선정에 대한 국어 교사들의 인식에 대한 논의로 김주환(2011)이 있다. 또 김주환(2014ㄴ), 배재성(2015)에서는 교과서 사용 주체인 학생과 교사의 반응을 조사했는데, 이런 연구들도 교과서 평가의 논의에서 고려해 봄 직하다.

한국어교육 분야에서는 수준이나 지역, 국어교육의 목적을 겨냥하여 다양한 교재들이 발간되었기 때문에 이를 살핀 논의가 많다. 문법 분야의 적절성, 기술 방법, 교재의 체제, 어휘 수준, 언어권별 한국어 교재 편찬 등에 대한 논의가 주를 이루었다. 김호정·강남욱(2013)에서 한국어 교재 평가 항목의 설정에 대한 비판적인 접근이 이루어졌다. 이를 바탕으로 현실적으로 적용 가능한 교재 평가 기준이 마련되어야 한다고 생각한다. 그렇지만 국어교육에서와 같이 교과서(혹은 교재)에 대한 평가 기준을 제시한 논의는 드물다.

(3) 교육거리 평가

교육거리(program)를 평가하는 얼개로 Stufflebeam(1971)의 제안이 널리 소개된다. 그가 제안한 바에 따르면, 교육거리를 평가하는 데는 '맥락·입력물·과정·산출물 모형(CIPP)'이 있다. 말하자면 '맥락(context) 평가, 입력물(input) 평가, 과정(process) 평가, 산출물(product) 평가'를 중심으로 교육거리 평가가 이루어진다는 말이다.

맥락 평가는 교육거리를 그 장점과 약점에 따라 평가하고 비판함으로써 개선하기 위해 이루어진다. 입력물 평가에서는 교육거리 목표를 달성하기에 적합한 자원(자료)을 찾아내도록 한다. 과정 평가는 어떤 교육거리의 과정 동안에, 그리고 끝맺음의 단계에서 진행 중이거나 진행해 왔던 활동에 대해 되짚어보기를 제공해 주는 자료의 평가에 초점을 맞추고 있다. 즉 각각의 단계에서 되짚어보기나 성찰이 가능하도록 적절한 자료를 제공하는지 평가한다는 것이다. 따라서 평가 자료가 그 교육거리 속으로 맞물려 들어가고 있는지 살필 수 있는데, 만약 그렇다면 평가 자료가 교수·학습의 개선에 도움을 줄 가능성이 큰 것이다. 마지막으로 산출물 평가는 그 교육거리의 성취 결과를 측정한다.

　교육거리에 대한 과정 평가와 결과 평가에 대해 살펴보기로 한다. 원칙적으로 교육거리에 대한 평가는 과정에 초점을 모을 수도 있고, 결과(산출물)에 초점을 모을 수도 있다. 어떤 경우든 교육거리에 제시한 목표와 평가 목표 사이의 관련성, 측정 도구의 적합성이 중요한 논제이다. 먼저 결과에 초점을 모을 경우 측정하는 도구와 학습 결과물 사이의 관련성을 고려해야 한다. 의사소통 능력을 측정하는데 오직 문법만으로 평가를 했다면 이는 올바른 평가라고 할 수 없다. 공정성의 문제도 빼놓을 수 없다. 과정에 초점을 모은다면 교육 주체의 몰입 정도, 실생활 관련성(authenticity), 단계성과 수월성 등을 고려해야 할 것이다. 이들이 어느 정도 주관적인 기준인 것은 맞지만, 교육거리 실행과 평가를 되풀이하는 기준이 된다.

　두 개 이상의 교육거리를 평가하고자 한다면 어느 한쪽으로 기울어짐 없이 결과를 평가해야 한다. 이를 위해서 취할 수 있는 방법은 여럿이 있다.[9]

---

9) 최근에 전국의 시도교육청에서 교과뿐만 아니라 비교과 영역에서 연구회를 만들도록 장려하고 승진에 관련되는 가산점을 주면서 교사들 다수가 연구회 활동을 하고 있다. 이런 연구회에서는 주로 교육거리를 계획하고 실행하며 그 결과를 평가하는 절차를 거친다. 여기서 언급하고 있는 연구거리의 평가도 그런 맥락에서 이해할 수 있을 것이다. 그렇지만 지나치게 형식에 치우친 것은 아닌지, 연구 방법의 타당도와 신뢰도에 대한 검정이 제대로 이루어지고 있는지 하는 문제는 생각해 보아야 할 것이다.

가장 일반적인 방법은 표준화된 검사를 이용하는 것이다. 어느 한쪽에 비중을 두고 마련된 검사지가 아니기 때문에 공정하다고 생각할 수 있다. 그렇지만 반대로 양쪽에 다 불공평할 수도 있으며, 평가목표와 교육거리 목표가 무관할 수도 있으므로 표준화된 검사 항목을 잘 살펴보아야 한다. 각각의 교육거리에 맞는 검사지를 마련하고 이들을 활용하여 각 집단마다 실시하는 방법도 생각해 볼 수 있다. 그런데 문제는 변별력이 떨어질 수 있다는 점이다. 두 교육거리에서 어떤 교육거리의 우월성을 입증하기 위해서는 어떤 한 집단이 두 교육거리에서 다 우월함을 보여주어야 하는데, 이는 결코 간단한 문제는 아닌 듯하다.

결과에 초점을 모으는 평가 방법이 지니는 단점을 보완하기 위해서는 두 가지를 고려해야 한다. 하나는 상대평가에서 벗어나 절대평가를 실시해 보는 일이다. 상대평가는 집단 전체의 성취도에 바탕을 두지 않기 때문에, 도달해야 할 기준을 정하고 그 기준에 도달했는지 평가하는 것이 오히려 성취도를 잘 보여줄 수 있다. 다른 방법은 실험집단과 통제집단으로 나누는 데서 구체적인 정보를 활용하는 것이다. 이를테면, 학생들의 공책이나 면담 조사 결과 등 학습자들과 관련된 이전 정보를 살펴봄으로써 검사를 통해 나타나는 점수가 교육거리의 영향인지 여부를 판단하는 데 도움을 받을 수 있다.

교육거리에 대한 평가에서 중요한 것은 교수·학습 과정에 대한 정보를 얻어내는 일이다. 이런 정보를 얻기 위해서는 학습자 일기, 자기 보고 등을 활용할 수 있다. 그 밖에도 여러 가지 교실 수업 관찰 방법을 사용할 수 있다. 시간과 품이 많이 들겠지만 여러 가지 관찰 방법과 도구를 두루 활용하는 것이 이상적이다. 평가 결과로 나타나는 점수가 모든 것을 말해주지 않을 것이라는 전제를 받아들이면 어

2부 현장 조사연구 자료 수집 및 집계

[표 3] 교육거리 평가에서 단계별 평가 기준

교육과정 영역		질문 예
계획 마련 과정	필요성 분석	필요성 분석 절차들이 효과적인가? 강좌 계획하기를 위해 유용한 정보를 제공해 주는가? 주관적·객관적 필요성에 대한 유용한 자료를 제공해 주는가? 그 자료들이 (다음 항목의) 내용으로 번역될 수 있는가?
	내용	목적과 목표가 필요성 분석으로부터 도출되어 나오는가? 그렇지 않다면 그것들이 어디에서부터 도출되어 나오는가? 그 목적과 목표가 특정한 집단의 학습자들에게 적합한가? 그 내용이 적합하게 등급화되어 있는가? 그 내용이 (시간의 촉박함과 같은) 말하기 처리 제약들을 고려하고 있는가?
구현 하기	방법론	그 자료·방법·활동이 미리 구체화된 목표들과 제대로 일치하는가? 학습자들은 자료·방법·활동이 적합하다고 생각하는가?
	자원	자원들이 적절·적합한가?
	교사	교사의 교실 수업 관리 기술은 적합한가?
	학습자	학생들의 학습 전략들은 효율적인가? 학습자들은 교실에 정규적으로 출석하는가? 학습자들은 스스로 학습 활동에 주목·참여하는가? 학습자들이 그 강좌를 재미있어 하는 듯한가? 교실 시간 배당 및 학습 배열 유형이 학생들에게 적합한가? 학습자들이 그들의 학습을 방해하는 개인적 문제점을 갖고 있는가?
	평정·평가	평정 절차들은 미리 구체화된 목표들에 적합한가? 학습자들에 의한 자기 평정 기회들이 있는가? 있다면 무엇인가? 학습자들이 학습 자료·방법론·학습 배열과 같이 그 강좌의 여러 측면을 평가하는 기회들이 있는가? 교사에 의해서 자기 평가를 위한 기회들이 있는가?

느 정도까지는 질적 조사 자료들이 필요할 수밖에 없는 것이다.

[표 3]은 Nunan(1988)에서 제시한 교육거리 평가에서 핵심적인 내용들이다. 너무 세세하다는 비판을 받을 수도 있겠지만, 큰 틀에서

보면 1학기 단위의 방과후 수업이나 특기·적성 교육의 하나로 국어 교육거리를 실시하려고 하거나 실시한 뒤에 이를 평가하는 기준이 될 수 있다. 이런 평가 기준이 모든 영역에 걸쳐 있기 때문에 혼자서 이런 기준을 다 적용하기는 어려울 수 있다. 자신이 중요하다고 생각하는 점을 기준에 반영하면 된다. 예컨대, 방과후 수업의 하나로 글쓰기를 진행하려고 하는 경우를 생각해 보자. 교육거리의 필요성은 어디에서 나오는지, 필요성이 교재나 수업 목표에 스며들어 있는지, 교사는 교육거리를 실행할 시간이 있는지, 집단은 동질적인지 등 여러 차원에서 생각해 볼 수 있는 것이다. 혹은 여러 사람이 특기·적성 시간을 나누어 진행한다면 영역을 나누어서 평가하는 방법도 생각해 볼 수 있다.

같이 생각해 보기

1. 앞의 [표 3]에서 제시한 항목들은 폭이 상당히 넓습니다. 실제로 자신이 방과후 수업 활동의 하나로 교육거리를 잡을 때, 제시한 항목들 가운데 고려하고 있는 점들과 일치하는 것이 있는지 점검해 봅시다. 그리고 이 외에 자신만의 기준이 있다면 무엇입니까?

2. 다음 학기에 자신이 가르치는 학생들을 대상으로 특별한 교육거리를 계획하고 있다고 가정해 봅시다. 예컨대, 자신이 가르치고 있는 학생들의 어휘력이 부족하므로 어휘력을 길러주는 교육거리를 생각해 봅시다. [표 3]의 기준을 적용함으로써 이로운 점은 무엇이겠습니까?

3. 자신이 특별히 실천해 본 교육거리가 있다면 [표 3]의 기준에 따라 평가해 봅시다. 아울러 교육거리에 대한 평가를 하지 않았다면 그 이유는 무엇입니까?

4. 학문 목적의 한국어교육 학습자들을 대상으로 전공 서적을 효과적으로 읽기 위한 방안으로 교육과정과는 별도로 열린 읽기 프로그램을 실시했다면 이 프로그

램의 효과를 어떤 방법으로 평가하겠습니까? (우형식·김윤미(2011) 참고)

5. 한국어 학습자들이 공통적으로 어려워하는 부분이 쓰기입니다. 학습자들의 쓰기 능력을 끌어올리기 위해 모범 예시문을 활용하는 쓰기 프로그램을 운영하고 그 사례를 보고한다면 그 프로그램이 효과가 있음을 입증할 필요가 있습니다. 교육거리 평가의 입장에서 사용할 수 있는 방법을 구상해 봅시다. (주경희(2016) 참고)

현장의 교사들이 교재를 평가할 수 있는 방법 가운데 하나가 이미 출간된 책을 중심으로 평가하는 것이다. 평가에 참여하는 대상의 수를 늘리고, 교육 현장에서 널리 쓰이고 있는 교재를 중심으로 하는 설문지를 만들어 양적 조사연구를 해볼 수 있다.

지금까지 논의한 교재 평가와 교육거리 평가가 과연 현장 조사연구의 주제가 될 수 있는가 하는 문제가 남아 있다. 교재와 교육거리는 다양하고, 여기에 대한 절대적인 기준이 있을 수 없기 때문이다. 말하자면, 평가의 대상이 되는 교재와 교육거리가 내재적으로 타당하고 믿을 만한 연구 결과가 아니기 때문에 본질적으로 평가의 대상이 아니거나 평가로부터 배제되어 있다고 할 수 있을 것이다. 아울러 외적 타당도가 결여되어 일반화할 수 없다는 주장을 할 수가 있다. 그러나 현장 조사연구가 질문거리를 만들고 그에 따라 자료를 모으고 해석하는 과정을 포함한다는 전제에 비추어 보면, 조사연구의 대상이 될 수 있다고도 할 수 있다. 단일의 교육거리에 대한 평가일지라도 여전히 조사연구자는 내적 신뢰도와 외적 신뢰도, 타당도의 위협에 맞서 방어하는 책임을 지려고 할 것이다. 그런 면에서 넓은 의미의 조사연구가 된다고 볼 수 있다.

(4) 학생에 대한 평가 - 지필평가와 수행평가

학생에 대한 평가도 자료를 모으는 유용한 방법이다.[10] 학생의 쓰기와 말하기 능력이 어느 정도인지를 알아보려면 평가를 할 수밖에 없다. 이런 능력은 특정 영역에 대한 학습자들의 현재 상태나 실태를 보여주는 척도일 뿐만 아니라 특정의 교육 방법이 효과적인지를 보여주는 측면도 있기 때문에 현장 조사연구에서 평가를 다룰 수밖에 없는 것이다.

우리나라에서는 오랫동안 지필평가, 그중에서도 선다형 평가가 가장 믿을 만하다고 인식되어 왔다. 한편으로는 선다형 문항 자체가 선발과 선별로서의 기능이 있지만 그것이 교육의 본질적인 면을 뒤틀어놓기 때문에 비판의 과녁이 되어온 것도 사실이다. 그렇지만 선다형 문항도 적절한 방법과 평가 도구를 이용하면 학생들의 지적인 측면을 재는 데 유용한 면이 있다. 이런 점에서 평가와 관련된 현장 조사연구는 문항 그 자체를 다루는 '문항 반응 이론(item response theory)'[11]으로 문항의 적절성을 검토하는 데 초점을 모아왔다.

최근에는 언어 사용 능력이 중요시되면서 이런 능력을 간접 평가가 아닌 직접 평가의 방식으로 해야 한다는 점이 강조되었다. 그에

---

10) 학습자에 대한 평가는 김수정(2017:8-9)에서 교육과정과 직접 관련이 있는지에 따라 "교육과정과 관련된(교실 내) 경우는 진단 평가(Diagnostic assessment), 형성 평가(Formative assessment), 총괄 평가(Summative assessment), 배치 평가(Placement test), 입학 사정(입학시험, Entrance assessment), 성취도 평가(Achievement test) 등이 있으며, 교육과정과 무관한(교실 밖) 경우는 TOPIK, TOEIC과 같은 숙달도 평가(Proficiency test), 선발 평가(Selection test), 언어 우세성 평가(Language dominance test) 등이 있다."라고 했다.

11) 문항의 특징을 분석하는 방법으로 고전적인 검사 이론에서의 문항 분석 방법과 구별되게 1960년대 이후 논의되기 시작한 문항 분석 방법. 고전적인 검사 이론에서는 문항의 난도와 문항 변별도, 문항 추측도 등에 대한 분석이 주로 이루어졌다. 문항 반응 이론은 문항의 특성 분석뿐만 아니라 성적의 차이를 가져오는 문항을 추출하고 그 특성을 밝히는 데 유용할 뿐만 아니라, 문제은행의 구축을 위한 자료들을 제공해 줄 수 있다.

따라 말하기나 쓰기 영역의 수행평가와 관련된 현장 조사연구가 불어나고 있다. 직접 평가, 즉 수행평가가 지니는 여러 가지 장점에도 불구하고 널리 시행되지 않는 이유는 평가와 관련된 여러 가지 문제점이 있기 때문이다. 평가 항목의 마련에서부터 채점에 이르는 과정에 타당도와 신뢰도를 위협하는 여러 요인이 잠재되어 있다는 말이다. 평가 항목의 마련을 위해서는 전문가들의 의견을 구하는 델파이 기법이 최근에 소개되기도 하고(이종성, 2001), 그에 따라 구체적인 연구 업적들이 나오기도 했다. 한국어교육에서는 수준의 차이가 명확하고 두드러지기 때문에 학급의 편성이나 수업 방식, 교재의 선택을 위해 배치 평가가 적극적으로 실시될 필요가 있다는 점에서 앞으로 평가의 문제가 부각될 가능성이 크다. 이와 관련되는 논의로 조항록 외(2002), 구민지·박소연(2016) 등을 들 수 있는데, 이들은 특정 기관에서 이루어진 배치 고사(평가)의 타당도와 적절성을 다루고 있다.

평가의 실행과 관련하여 여러 가지 문제점이 지적되어 왔다. 2000년대 초반에 대학에서 논술 고사를 입학 전형의 하나로 끌어들이면서 이에 대한 논의가 활발하게 일어났었다. 그 초점은 '무엇을 어떻게 평가할 것인가?'에 있었다. 최근에는 논술을 대입 전형에 반영하는 비율이 줄어들면서 이에 대한 논의도 줄어들었다.

현장 조사연구에서는 주로 평가에 대한 위협 요소들과 이를 검정하고 해결하는 방안을 제안하는 데 논의의 초점을 맞추었다. 이와 관련하여 평가자(채점자)마다 일관성과 엄격성이 달라서 생기는 문제를 해결하기 위해 채점자의 경향을 알아보기 위한 연구를 해볼 수 있다. 실제로 수험생들의 등급을 결정하는 데 평가자의 엄격성 정도가 막대한 영향을 미친다는 것이 공공연하게 알려져 있다. 엄격성을 진단하는 프로그램을 이용하지는 않지만 대여섯 명의 평가자가 평가를 할 경우 극단적인 점수를 제외하는 사례가 많은 것도 이런 점을 염두에 두고 있기 때문이다. 이런 채점자의 경향을 전문가, 현장 교사, 예비 교사로 나누어 분석해 봄으로써 각 집단의 특성을 밝힐 수 있을 뿐만 아니라 평가에 필요한 연수나 교육과정의 구성을 위한 근거로 삼을 수 있다.

　의사소통에 관련되는 국어 영역 가운데 '쓰기'는 평가가 쉽지 않지만 활용도가 높기 때문에 일찍부터 주목을 받아왔다. 그동안의 연구를 통해 여러 갈래의 성과가 축적되었다. 최근에는 채점자의 특성 뿐만 아니라 과제의 특성까지 밝힐 수 있는 FACETS 프로그램의 사용이 외국어로서 영어교육 영역뿐만 아니라 국어교육에서도 늘어나고 있다. 이 프로그램은 언어 평가 영역에서 연구자가 수험자의 능력, 채점자의 신뢰도와 엄격성, 평가 과제 또는 문항의 난이도, 모형의 적합도를 중심으로 분석할 때 사용하는 프로그램이다. 이분 문항 자료(dichotomous data)의 분석뿐만 아니라 수행평가와 같이 점수가 평가 기준이나 요소에 따라 항목별로 제시되는 경우에도 분석을 위해서 이 프로그램을 이용할 수 있다(장소영·신동일, 2009:15). 이 프로그램은 누리집에서 무료로 제공되는 것도 있고, 유료로 구입할 수 있는 것도 있다. 무료는 평가 대상자 수가 100명 이하로 제한된다.

같이 생각해 보기

한국어교육을 실시하기 위해 정규 과정과 야간 보충 과정을 개설하려고 합니다. 이때 학습자들을 분반하기 위한 목적으로 치르는 배치 시험과 관련하여, 배치를 위해 마련한 별도의 평가 도구를 타당성의 측면에서 검정하고자 합니다. 배치 평가에 대한 내용 타당도를 검정하기 위해서는 어떤 점을 고려해야 할까요? 다음의 내용을 참고하여 기준을 세워봅시다.

Wall 외(1994)에서는 배치 고사의 타당도를 검사할 때 염두에 두어야 할 네 가지 질문을 다음과 같이 제시하고 있다(조수경·박찬호, 2011).

① 배치 고사가 영어를 가장 필요로 하고 이러한 능력을 가르치는 수업을 필요로 하는 학생들을 정확하게 분별해 내는가? ② 배치 고사를 보는 학생들은 자신들의 언어 능력이 정확하게 측정된다고 생각하는가? ③ 배치 고사의 내용이 그 용도에 부합하는가? ④ 배치 고사가 신뢰할 만한가? (구민지·박소연, 2016:184)

3. 실험 연구와 준실험 연구

(1) 실험 연구와 준실험 연구의 일반적인 사항들

양적 자료를 모으는 대표적인 방법으로 실험 연구를 꼽는 사람들도 있다. 그들은 확실한 인과관계를 수립할 수 있기 때문에 실험 연구가 가장 과학적이라고 주장한다. 그러나 확고한 인과관계를 세우는 일은, 실제 일들이 개별적으로 일어나지 않으며 다양한 관련 인자의 접합 지점을 분명히 밝히기가 어렵기 때문에 실행과 검정이 쉽지 않다. 이를테면, 여러 출판사에서 출간된 검인정 교과서를 놓고서 그 효과를 검정하기는 쉽지 않다. 여러 요소가 관련되어 있어서, 단순히 교재의 영향으로 어떤 집단이 다른 집단보다 국어 능력이 나아졌다고 판단하기는 어렵기 때문이다. Campbell & Stanley(1963)에서 지적하고 있듯이, 특별한 조사연구를 실행하지 않는다면 그와 같은 요인 혹은 처치의 결과에 대한 설명과 그런 처치를 거치지 않고 나타난 결과에 대한 설명을 구별하기가 어려울 것이다.

교육 맥락에서 실험 연구는 1960년대에 정점을 이루다가 오늘날에 이르러서는 두드러지지 않는다. 실험 연구에서 밝힐 수 있는 인과관계들이 다른 방법을 통해서도 입증되기 때문에 품이 많이 드는 실험 연구가 줄어들게 된 것이다. 국어교육에서는 실험 연구가 이루어지지 않은 분야가 많은데, 대표적으로 듣기 영역의 경우 실험 연구가 거의 이루어지지 않았다.

실험 연구의 대표적인 형태는 어떤 학습자 집단을 놓고서 처치를 하고 거기서 나온 결과를 아무런 처치를 하지 않은 다른 집단과 비교해 보는 것이다. 간단히 말하면, 어떤 처치를 하고 그 처치의 결과를 관찰하는 방법이다. 만약 두 집단 사이에 새롭게 나타나는 차이가 관찰된다면 그 원인을 처치의 효과라고 설명할 수 있다. 이와 같이 차이를 설명하는 방법은 학문의 분야뿐만 아니라 우리 삶에 널리 퍼져 있다. 학문의 영역에서 실험은 일반적으로 가설을 설정하고 그것을 좀 더 객관적으로 검정하는 절차의 일부로 많이 쓰인다. 예컨대, 읽기 능력이 떨어지는 학습자에게 요약하기를 통한 읽기 방법을 여러 차례에 걸쳐 실시해 보고 그 효과를 처치가 이루어지기 전과 비교해 볼 수 있다. 또는 과제 중심 언어 교육거리의 하나로 일정한 모둠에게 공동으로 과제를 해결하게 하고 그런 연습을 하지 않은 학습자들이 과제를 해결하는 방법과 어떤 차이점이 있는지 살펴볼 수 있다. 혹은 별도로 과제라는 변인이 학습자의 수행에 미치는 영향을 재어볼 수도 있을 것이다.

이와 같은 실험을 통해 조사연구를 할 때는 일반적으로 다음의 세 가지 요소가 필요하다.

① 실험집단과 통제집단의 구별
② 사전 검사와 사후 검사

2부 현장 조사연구 자료 수집 및 집계

③ 독립변수와 종속변수

첫째, 실험집단과 통제집단(혹은 비교집단)의 구별이다. 실험집단은
어떤 처치를 하거나 특별한 조건에 놓여 있는 집단이며, 통제[12] 집단
은 비교를 위한 기준을 제공하는 집단이다. 가장 바람직한 실험 조
건은 통제집단의 속성과 실험집단의 속성이 가능한 한 같아야 한다
는 것이다. 이에 대한 검정(이를테면 소집단 검정)이 반드시 이루어져야
한다. 대체로 검정의 결과 두 집단의 속성이 한결같다는 결론을 보
이는 경우는 어떤 모집단을 임의 배치할 때이다. 그렇지만 국어교육
이 이루어지는 맥락에서는 임의 배치보다는 있는 그대로의 집단을
이용하는 경우가 많다. 이와 같은 방법을 '준실험 연구'라 부른다.

둘째, 사전 검사와 사후 검사이다. 실험 연구든 준실험 연구든 두
집단이 같은 조건에 있음을 논리적 근거로 삼기 위해 사전 검사를
실시하고 그 결과를 검증하기 위해 사후 검사를 실시한다. 어휘력이
국어 성적에 영향을 미치는지 알아보기 위해 먼저 국어 성적에 대한
사전 검사가 있어야 할 것이다. 그리고 실험집단과 통제집단으로 나
누고 실험집단에 대해서는 어휘 지도를 한다. 그다음에 국어 성적으
로 사후 검사를 함으로써 두 집단에서 성적의 차이가 있는지 확인하
게 된다. 이처럼 사후 검사는 종속변수(국어 성적)가 독립변수(어휘 지
도 여부)에 영향을 받는지 확인하는 과정이라고 할 수 있다.

사전 검사와 사후 검사에서 반드시 통제집단과 실험집단을 선정

---

12) 실험 연구에는 '통제'라는 개념이 널리 쓰이는데, 이는 어떤 처치를 행한다는 적극적 의미
와 특정의 변인을 규제 혹은 고정시킨다는 소극적인 의미가 있다(성태제·시기자(2015:239 –
240) 참조).

해야 하는 것은 아니다. 같은 집단을 놓고서 그와 같은 절차를 밟을 수도 있다. 그러나 신뢰도에 문제가 생길 수 있으므로 여건이 허락된다면 두 집단을 설정하고 이를 통해 검정하는 것이 신뢰도를 보장받는 방법이다. 경우에 따라 독립변수의 영향 관계를 알아보기 위해 실험집단을 여럿 둘 수도 있다. 이를테면, 국어 성적에 영향을 미치는 요인을 알아보기 위해 앞서 이야기한 것처럼 한 집단에는 별도의 어휘 지도를, 다른 한 집단에는 어휘 지도와 읽기 교육거리를, 또 다른 한 집단에는 읽기 교육거리를 실시하고, 통제집단에는 아무런 일도 하지 않을 수 있다. 이때는 각 변수의 영향뿐만 아니라 이들의 결합 효과도 알아볼 수 있다.

같이 생각해 보기

듣기 평가를 실시한다고 할 때, 이를 실험 연구에 따라 조사연구를 하기 위한 변인 (변수) 두 가지(메모하기, 보여주기 등)를 설정하고 이를 설계해 봅시다. (청자의 상황 모형을 다룬 허선익(2016) 참고)

메모하기와 보여주기를 변수로 설정했다면 실험집단은 '아무것도 적용하지 않는 집단, 메모하기를 적용한 집단, 보여주기를 적용한 집단, 메모하기와 보여주기를 함께 적용한 집단'이 된다. 일반적으로 변수의 결합 효과는 마지막 집단에서 나타날 것으로 예측할 수 있지만, 예측한 대로의 결과가 나타나지 않을 수도 있다.

국어에 대한 태도를 알아보는 설문 조사에서 사전 검사와 사후 검사를 다룰 때는 타당도에 대한 의문을 가질 수 있다는 점을 염두에 두어야 한다. 말하자면, 참여자가 사후 검사에서 현지 조사의 목적을 알아차리고는 태도가 바뀌지 않았음에도 불구하고 변한 것처럼 응답할 가능성이 있다는 것이다. 이를 온전히 어떤 처치의 결과라고 해석한다면 문제가 생길 수 있다. 이런 비판에서 벗어나기 위해서는 좀 더 객관적으로 검정이 가능한 점수나 지수를 이용해야 한다.

셋째, 독립변수와 종속변수가 있다. 실험 조사연구는 변수의 측면에서 보면 독립변수가 종속변수에 미치는 영향을 탐구한다고 할 수 있다. 독립변수는 일종의 자극으로 주어질 수도 있고, 주어지지 않을 수도 있다. 예컨대, 읽기 활동의 하나로 단락 구분하기(독립변수)를 가르칠 수도 있고 가르치지 않을 수도 있는 것이다. 실험 조사연구에서는 단락 구분하기를 가르친 집단과 가르치지 않은 집단에 대해 읽기의 성취도(종속변수)를 비교한다. 실험 조사연구를 마련하는 사람은 단락 구분하기가 읽기의 성취도에 영향을 미칠 것이라는 가정을 하고 실험 조사연구에 임하게 된다. 이때 중요한 것은 알아내고자 하는 측정 가능한 개념들을 분명히 정해두는 일이다. 즉 읽기 성취도 혹은 성취 수준이라는 개념을 정확하게 측정 가능하도록 자리매김해 두어야 한다. 이를 쓰기의 경우로 확장해 보면, 쓰기에서 성취 수준은 여러 해에 걸친 쓰기 평가의 경험을 통해 일정 수준에 있는 학생들의 답안에서 나타나는 특성을 바탕으로 수준별로 갖추어야 할 특성을 항목별로 기술할 수 있다. 혹은 평가에 참여하고 있는 교사들의 협의를 통해 학생들의 답안지를 바탕으로 수준에 따라 학생들의 답안지를 참조하여 기준이 되는 답안지를 확정한 다음, 이를 바탕으로 다른 학생들의 글을 평가하는 방법을 생각해 볼 수 있다.

실험 연구와 현지 조사의 차이점은 실험 연구에서는 서로 다른 관찰 변수들 사이의 인과관계를 찾아내고자 할 뿐만 아니라 어떤 하나의 (또는 그 이상의) 변수를 조작함으로써 변화를 다른 변수들의 영향으로 간주한다는 것이다. 다만 이런 연구에서 연습 효과, 가짜약 효과(placebo effect), 호손 효과는 잠재적인 위협이 된다. 그에 비해 현지 조사는 변수의 투입 여부와 관계없이 사실에 대한 조사, 이를테면 응답자의 사회적·개인적 속성에 관한 정보를 얻기 위한 인구학적 설문을 통해 조사를 하거나, 어떤 대상과 현상에 대해 의견 및 태도를 묻는 조사를 하거나, 지식수준을 알기 위해 조사하거나, 응답자의 태도나 행동에 대한 평가를 알아보는 연구를 가리킨다. 그러므로 투입되는 변수와 관계없이 사실 위주의 조사를 해볼 수 있다. 예컨대, 고등학생들을 대상으로 읽기 동기의 구성 요소를 구체적으로 알아보기 위해 설문 조사를 하고 그 결과를 요인분석을 통해 설명하는 연구 사례가 있을 수 있다.

Campbell & Stanley(1963)에서는 준실험 조사연구와 실험 조사연구의 유형을 16가지로 제시하고 있다(Babbie(2001:224-225)에서 재인용). 이 가운데 국어교육에서 널리 쓰이는 방법은 '일회성 사례 연구(one-shot case study), 한 집단 사전·사후 검사 설계(one group pretest-posttest design), 정적인 집단 비교(static group comparison)'이다.

'일회성 사례 연구'는 말 그대로 어떤 처치나 실험을 하고 나서 그 결과를 설문지나 시험지를 통해서 확인하는 방법이다. 이 방법은 사전 검사가 없으므로 변화가 일어난 원인을 추론하는 데 타당도가 떨어진다. '한 집단 사전·사후 검사 설계'는 통제집단 없이 한 집단을 대상으로 사전 검사와 사후 검사를 실시하는 방법이다. 그에 비해 '정적인 집단 비교'는 사전 검사는 없지만 통제집단과 실험집단으로 나누어 그 효과를 검정하는 방법이다.

같이 생각해 보기

요즘에는 국어교육에서도 실험 조사연구가 꾸준히 늘어나고 있습니다. 자신이 구할 수 있는 학술지 조사연구 논문을 찾아보고, 앞에서 소개한 실험 조사연구 갈래들 가운데 어디에 드는지 판단해 봅시다. 세 가지 방법 가운데 가장 믿을 만하다고 생각하는 것은 무엇입니까?

앞에서 소개한 세 가지 실험 조사연구의 유형은 약점도 지니고 있다. '일회성 사례 연구'는 독립변수의 영향을 받았다고 보기 힘든 경우가 있을 수 있고, '한 집단 사전·사후 검사 설계'는 '일회성 사례 연구'보다는 더 나은 자료를 제공할 수 있지만, 그 자료가 인과적 설명을 하기에는 확실성이 떨어진다. '정적인 집단 비교'는 타당도와 신뢰도가 그리 높지 않다. 이를테면, '3교시와 5교시에 실시한 검사가 동일한 집단에서 같을 수 있겠는가?' 하는 의문에 대해 검정을 하기 쉽지 않을 뿐만 아니라(신뢰도), 검사가 측정하고자 하는 요소를 제대로 반영하고 있는지 여부(타당도)가 불투명할 수 있다.

(2) 준실험 연구 설계

앞에서 언급한 것처럼, 교육 맥락에서 학습자들을 임의 배치하기는 어려우므로 준실험 연구 사례, 즉 있는 그대로의 학급을 이용하는 경우가 많다. 따라서 실험 연구와 준실험 연구는 표본을 모으는 방법에 차이가 있을 뿐 거의 비슷하다. 준실험 연구에서 실험이 제대로 되도록 하기 위해서는 먼저 학생들에게 스스로 통제집단이나 실험집단에 들도록 선택권을 주어서는 안 되며, 사전 검사에서 두 집단 사이의 차이를 될 수 있는 한 적게 해야 한다고 제안하기도 한다(Heinsman & Shadish, 1996). 구체적으로는 통제집단과 실험집단에서 참여자들의 짝을 짓는 방법이 있다. 이를테면, 국어 평가 점수는 지능지수와 어느 정도 관련이 있으리라 예상할 수 있는데, 이럴 경

우 지능지수가 120이거나 혹은 그 주위에 있는 두 남학생을 짝지어
한 명은 실험집단에 다른 한 명은 통제집단에 넣는 방식으로 대응을
시키는 것이다. 완벽한 대응은 힘들더라도 가능한 한 대응이 이루어
지도록 해야 한다. 다른 방법은 공분산 분석을 사용하는 것이다. 공
분산 분석은 사전 검사와 사후 검사의 차이를 조정하는 방법이다.

(3) 실험 연구와 준실험 연구에서 결과의 분석

실험집단과 통제집단에서 나온 사전·사후 검사의 결과는 두 가지
측면에서 분석된다. 단순한 방법은 사전 검사 점수에서 사후 검사 점
수를 뺌으로써 통제집단과 실험집단이 얻은 점수를 구하는 것이다.
이렇게 함으로써 실험 효과(E)를 구할 수 있다. 그렇지만 이렇게 나
온 값이 어느 정도 유의미한지 알 수 없기 때문에, 이 두 점수를 t-검
사(소집단 검사)나 분산분석(ANOVA)을 사용하여 이들이 통제집단보다
실험집단이 유의하게 더 큰지 알아볼 수 있다.

이보다 조금 더 신뢰할 만한 방법은 공분산 분석(ANCOVA)을 활용
하는 것이다. 공분산 분석은 얻은 점수들이 측정의 임의오차(random
error)와 체계적으로 관련을 짓기 때문에 충분히 믿을 만하며, 특히
앞에서 설명한 것처럼 준실험 연구에서 공분산 분석은 초기에 집단
의 차이를 줄여주는 데 도움을 준다. 이 때문에 공분산 분석은 분산
분석보다 더 수용 가능성이 크다. 공분산 분석은 사전 검사 점수를
통제함으로써 사후 검사를 비교한다.

(4) 실험 연구와 준실험 연구의 장단점

실험 연구는 인과관계를 수립하고 교육적인 처치의 효과를 확립
하는 데 가장 좋은 방법이다. 변수들을 엄격하고 적절하게 통제한다

면 내적 타당도의 위협을 줄일 수 있는 방법이기도 하다. 이에 따라 인과론적 추론을 가능하게 해준다. 또한 실험 연구를 다른 사람이 반복해서 실행하더라도 같은 결과를 얻을 수 있는 장점이 있다. 즉 신뢰도를 보장받을 수 있다. 그러나 변수들을 엄격하게 통제하지 않는다면 외적 타당도에 심각한 위협이 되고, 그것이 실험 연구를 기피하는 이유가 되기도 한다. 앞서 지적한 것처럼 호손 효과의 영향을 받을 수 있다는 것도 약점이다. 아울러 실험 조건에서 통제되는 독립변수의 영향은 실제 삶의 모습과는 어느 정도 거리가 있을 수 있다는 점도 염두에 두어야 한다.

준실험 연구는 경우에 따라 외적 타당도의 위협을 덜 받을 수 있다. 애초에 실험의 설계 자체가 실제 교실 수업을 배경으로 삼기 때문이다. 그러나 통제집단과 실험집단 사이의 불균형이 생길 경우에는 신뢰도가 떨어질 수 있다. 이와 같은 문제는 Hatch & Lazaraton(1991)에서 지적한 것처럼 '선택 편향(selection bias)'이라고 부르는데, 비교되는 집단들에 이미 있던 특징 때문에 처치의 효과가 왜곡될 가능성이 있다는 것이다. 이런 이유로 실험 연구보다 경쟁적인 가설을 몰아내는 데 덜 효과적일 수 있다. 그렇지만 최근에는 실험 연구와 준실험 연구를 구분하지 않으려는 경향을 보인다. 국어교육처럼 다른 여러 조건의 영향을 받는 사람, 즉 학습자를 대상으로 하는 연구에서는 통제가 엄격하게 이루어질 수 없기 때문이다.

실험 연구와 준실험 연구의 단점을 보완하기 위해 '이중 차단 실험(double-blind experiment)'이 제안되기도 했다. 이 방법은 관찰자 편향(후광 효과)과 참여자 편향(호손 효과)을 몰아낼 수 있다는 점에서 권장할 만하다. 그렇지만 처치의 효과를 검정하려는 국어교육이나 한국어교육 관련 논의에서 이와 같은 엄격함을 요구할 수 있는지는 검토의 대상이 되리라 생각한다. 그리고 설문지를 통한 조사에서도 설문지 문항의 복잡성으로 이와 같은 은폐 실험이나 조사가 불가능한 영역도 있으리라 생각한다. 현장에서 국어교육을 실천하고 있는 필자의 입장에서 볼 때, 학생들의 수행에 대한 평가나 능력의 측정이 실재하는 수행이나 평가가 될 수 있을까 하는 점은 연구 결과를 분석할 때마다 고민거리였다. 호손 효과나 후광 효과를 몰아내기가 쉽지 않았다는 말이다.

4. 누리그물

누리그물(internet)을 이용하여 자료를 모을 때는 여러 가지 장점이 있다(Dörnyei, 2007 : 106). 먼저 비용을 줄일 수 있다. 양적 자료를 모으기 위해 설문지 조사를 계획하고 설정하는 일이 쉽지는 않지만, 실행에서 비용은 확실히 적게 든다. 아울러 실행하기도 쉽다. 설문지 조사 대상자들을 모으기만 하면 그 과정은 저절로 진행된다. 아울러 설문지에 집계 프로그램을 맞물려 놓는다면 응답 내용들이 자동으로 부호로 등재된다. 참여자들은 익명성을 완벽하게 보장받을 수 있기 때문에 더 솔직한 응답을 할 수 있다는 장점도 있다. 거리 제한도 없어서 전 세계적인 폭넓은 조사가 가능하다는 것도 장점이다.

그렇지만 한 가지 문제는 체계적인 표집이 가능한가 하는 것이다. 저마다 누리그물을 이용할 수 있는 형편이 다르기 때문이다. 이럴 경우에는 일반적으로 자료를 모을 수 있도록 다양한 토론 집단이나 게시판 담당자들과 접촉할 필요가 있다. 이런 방법으로 자료를 모은다고 하더라도 어느 정도로 그 사람들이 참여할지는 알 수가 없다.

이럴 때 해볼 수 있는 표본뽑기 방법이 비확률 표본뽑기다. 그럼에도 불구하고 이런 자료로부터 발견한 사실들을 일반화할 수 있을지는 확신할 수 없다. 이를 타개하기 위해 Birnbaum(2004)에서는 먼저 표본의 세부 층위(이를테면 나이, 성별, 교육 정도와 같은 인구 조사 변수들)에 따라 설문지를 따로 분석하고 그 세부 집단에서 나온 결론이 같다면 외적 타당도를 보장할 수 있도록 하는 방법을 쓸 수 있다고 했다. 또 누리그물을 바탕으로 세부 집단별 결과가 나오면 그 결과와 현지 조사를 통해 나온 결과를 비교해 보는 방법을 쓸 수도 있다. 그 결과들의 수렴 정도가 조사연구의 타당도와 직결된다.

누리그물을 이용한 설문 조사는 개인 정보 보호 장치가 미흡한 경우 응답자들의 사생활이 침해될 수 있으므로 유의해야 한다. 이와 관련하여 정보의 이용과 활용 범위에 관한 개인 정보 보호 방침을 함께 탑재해 두는 것도 좋은 방법이다. 최근에는 누리그물에서 조사를 해주는 크고 작은 회사들이 있는데, Metrix(www.metrix.co.kr), Now & Future(www.nownfuture.co.kr), 월드서베이(www.wsurvey.net) 등을 이용할 수 있다.

2장 　　　　　　　 질적 자료 모으고 집계하기

1. 질적 자료의 특징과 수집 방법

(1) 질적 자료의 특징과 갈래

질적 자료는 양적 자료보다 모으기도 힘들도 집계하기도 어렵다. 양적 자료를 모으고 분석하는 절차는 순차적으로 진행되지만, 질적 자료를 모으고 분석하는 과정은 순환적이고 경우에 따라 겹치기도 하기 때문이다. 요즘은 질적 자료를 모으고 분석하는 조사연구들이 얼마간 쌓여 있기 때문에 구체적인 현장 조사연구 논문을 살펴보는 것도 이 장에서 논의되는 흐름을 이해하는 데 도움이 될 것이다. 여기서는 먼저 질적 자료의 특징을 언급하기로 한다.

질적 자료는 다양한 원천에서 나오지만 보통 덩잇글 형태로 되어 있는 전사본이 대종을 이룬다. 그런 자료를 얻는 과정이 쉽지 않을 뿐 아니라 분량도 만만치 않다. 질적 조사연구자는 어떤 것이 자료에 드는지 명확하게 선을 긋지 않고 조사연구를 시작하기 때문에, 어떤 주제를 중심으로 모은 모든 것을 잠재적인 자료로 간주할 수 있다. 따라서 질적 조사연구를 위해서 자료를 모았다면 자료의 양이 많으냐 적으냐 하는 것보다는 얼마나 쓸모 있는 자료인가를 검토해야 한다. 아울러 양적으로 방대한 자료를 놓고서 어떻게 유용한 자료로 만들 수 있을지를 고민해야 한다. 말하자면, 자료는 곳곳에 널려 있지만 그 자료들은 갈무리되어 있지 않은, 즉 의미가 연결되지 않은 다발로 던져져 있다. 조사연구자의 해석과 적극적인 기술을 통해 유용한 자료가 될 수 있을지 여부가 결정되는 것이다. 이는 질적 조사연구에서 중요한 특징이라 할 수 있다. 양적 조사연구와는 달리 원시 자료로부터 실제로 논의에 필요한 자료를 선택하는 과정 자체가 본격적인 논의의 시작이고 해석이 투영되는 것이기 때문이다. 다른 한편으로 자료는 조사연구자가 지니고 있는 특정 집단에 대한 선입견이나 짐작, 실제로 연구를 통해 밝혀내는 사실 사이의 균형을 잡아주는 역할을 하기도 한다. 선입견이나 짐작은 국어교육학적인 조사연구에서 크게 걱정해야 하는 일은 아니다. 교육 현장에서 선입견이나 짐작은 대체로 작용하지 않을 것이기 때문이다. 그러나 언제나 그런 것은 아니다.

자료가 풍부하고 다양하다고 해서 그 자체가 유의미한 어떤 결과를 말해주는 것은 아니다. 따라서 자료를 모으는 과정에서 다양한 층위로 된 여러 방법을 고려해야 한다.

자료들은 양적 조사연구에서와 마찬가지로 다양한 원천으로부터 나온다. 자료들을 가르는 일차적인 기준은 조사연구자로부터 나온 자료와 조사연구자를 제외한 다른 사람으로부터 나온 있는 그대로의 자료로 구분하는 것이다. 조사연구자는 참여자들의 행동이나 실행에 대한 관찰을 바탕으로 기록하고 이것들을 보관할 수 있다. 그것들은 관찰 일지, 비망록 등의 형태를 띠게 될 것이다. 혹은 자신이 관찰한 (대체로 육하원칙으로 구성되는) 사건의 자초지종을 세밀하게 서술할 수 있다. 참여자들의 행동이나 실행에 대한 관찰이 일회적이거나, 앞뒤가 가지런하지 않거나, 행동을 점 찍듯이 묘사한다면 사건에 대한 기록은 인과관계와 시간의 앞뒤를 고려하여 일관되게 서술될 수 없다. 한편, 양적 조사연구에서 조사연구의 맥락을 제공하기 위해 참여자 집단의 특징을 서술하듯이, 질적 조사연구에서도 참여자 집단 혹은 참여자가 속한 단체나 조직의 특징을 서술할 수 있다. 이를테면, 국어 수업 전용 교실이 잘 갖추어져 있다거나 수업 참여자들의 말하기 내용이 세밀하게 녹음·녹화되는지와 같은 내용을 서술할 수 있는 것이다. 구체적으로 참여자가 일주일에 어느 정도 국어 수업을 받는지, 다문화 가정 출신인지 등도 서술의 대상이 될 것이다. 특히 한국어교육에서는 배움에 참여하고 있는 집단의 나이, 출신 배경, 목적 등의 정보가 필수적이다. 이런 자료들은 조사연구자가 세밀하게 관찰하고 기록한 내용을 토대로 나오게 된다. 양적 분석을 염두에 두고 모은 자료라면 기록하거나 분석하기 쉽도록 부호로 등재하는 것이 좋다.

조사연구에 참여하는 주체로부터 나오는 자료는 기본적으로 참여자들이 제공하는 입말 자료인 경우가 대부분이다. 이 자료를 어떤 식으로든 연구에 활용하기 위해서는 전사를 해야 한다. 입말 자료 외에, 학습 환경에서는 학습지에 기록한 활동 내용이나 학습 내용이 있을 수 있다. 혹은 과제물이나 시험지와 같은 기록물이 있을 것이다. 이것들은 연구의 목적에 맞게 여러 모습으로 활용될 수 있다. 경우에 따라 어떤 단체나 모임의 기록물을 베끼거나 복사할 수도 있다. 이런 기록물조차 세부적으로 분류가 가능하다. 이를테면 문서화된 자료로서 글말 자료일 수 있으며, 사진이나 도표 등이 있을 수 있다. 갈수록 영상 기록물, 즉 녹화된 자료도 활용 가능성이 커지고 있다. 이런 영상 기록물은 실제 조사연구 보고서에 끼워 넣기는 어렵지만, 누리그물에 올라와 있는 자료는 누리그물의 주소와 이용한 날짜를 적어줄 수도 있다.

질적 조사연구에서 가장 큰 비중을 차지하는 것은 입말 자료이다. 정리된 면담 자료를 보고서나 논문으로 인용하기까지는 힘들지만, 일반적인 신뢰도에서 조사연구자가 정리한 기록이나 자료보다 더 중요한 원천 자료로 쓰일 수 있다. 일반적으로 질적 조사연구에서는 연구자의 진술보다는 참여자들의 서술이나 표현을 중시하는 경향이 강하기 때문이다. 참여자들의 표현 내용이 불완전하기는 하지만 오로지 조사연구자의 기술에만 기대어 논의가 이루어진다면 그만큼 신뢰도가 떨어지기 때문에 이 점을 잘 조율해야 한다. 자료를 모으는 원천에서부터 신뢰도를 높이는 방법으로 조사연구자와 참여자의 상호 관찰이나 점검이 필요한 경우를 고려해 볼 수 있다. 조사연구자가 수업 참관자로 교실 수업에 있을 경우와 수업 참관자가 없이 진행되는 수업 혹은 수업 수행자의 입장에서 교실 수업을 관찰하는 결과를 비교해 보는 일은 질적 조사연구에서 주관성이 숙명적이라고 하더라도 관찰의 신뢰도를 높여줄 것이다. 이와 같은 관찰 방법은 삼각측량법을 사용하고자 하는 의도를 실현하는 한 방법이 될 수 있다.

질적 조사연구에서 자료들은 매체에 따라 구별될 수 있다. 글말 기록물, 글말 그 자체의 자료, 입말 자료, 동영상 자료와 같은 다매체 자료 등이 있다. 글말 기록물은 조사연구자가 정리한 것이든 기관이나 학습자가 기록한 것이든 인물, 사건, 모임에 관련된 기록물이 해당된다. 글말 그 자체의 자료는 학습자들로부터 나온 글말 자료이다. 입말 자료는 특별한 경우가 아니면 언제나 녹음 혹은 녹화된 자료를 바탕으로 전사할 경우에만 의의를 지닌다. 사진과 같은 다매체 자료는 원래의 모습에 가깝게 문서에 끼워 넣을 수 있다.

(2) 질적 조사연구에서 표본뽑기

양적 조사연구에서 표본은 어느 정도의 크기가 있어야 한다. 집단 안에서 평균적인 경험이나 개연성에 초점을 모으는 양적 조사연구와는 달리 질적 조사연구에서는 인간 경험에 대해 기술하고 이해하고 분류하는 데 초점을 모은다. 아울러 양적 조사연구에서는 표본집단의 대표성을 문제 삼지만, 질적 조사연구에서는 풍부하고 다양한 통찰력을 얻어낼 수 있는가를 목표로 삼는다. 그에 따라 목적 지향적인 표본뽑기가 이루어진다. 그렇기 때문에 두세 명으로 이루어진 소수의 전문가 집단을 대상으로 하는 경우가 많으며, 극단적인 경우 한 명을 선택하는 사례도 있다. 다만 이런 경우에는 왜 그 정도의 인원을 대상으로 연구를 하게 되었는지 상세히 밝혀주어야 한다.

조사연구자가 고려할 수 있는 자료들이나 응답자들은 시간적인 제한을 받을 수밖에 없기 때문에 그것들을 어떻게 선택할 것인가에 대한 원칙을 정해놓아야 한다. 이를테면, 어느 시점에서 응답자를 더 하고, 언제 자료 모으기를 마칠지 결정해야 하는 것이다. 이와 같은 원칙을 마련하는 일은 연구의 주제나 대상에 따라 국어·한국어 교과 활동 영역의 경계를 정하는 일과 관련이 있다. 이렇게 경계를 정함으로써 표본들 사이의 상호작용이나 상호 연결성을 평가하고 고려할 수 있다. 엄격하게 경계를 정할 수는 없지만, 그리고 그것이 질적 조사연구의 본질에서 벗어나지만, 일반화 가능성을 높이기 위해 다른 검정 방법, 예컨대 삼각측량법(triangulation)을 활용하기 위해서라도 표본은 어느 정도 정해져 있어야 한다. 어떤 사례나 조사연구의 측면들이 분명하지 않을 경우 애초에 설정했던 현장 조사연구 질문거리를 더 세분화하여 전개해 보는 것도 유익한 방법이다. 그리고 이전의 연구에 기대는 방법도 생각해 볼 수 있다. 자신의 연구와 관련이 있는 이전의 연구를 통해 새롭게 나타나는 착상이나 이론적 개념을 검정하고 더 발전적인 자리매김을 할 수 있다. 이와 같은 점들은 질적 조사연구의 장점이기도 하다. 대체로 현장 조사연구가 되풀이되고 순환되는 측면이 있지만 질적 조사연구는 훨씬 더 순환·반복의 특성이 강하다.

현장 조사연구자들은 질적 조사연구에서 가능한 한 참여자 선택이 열려 있어야 한다고 주장한다. 애초의 설명이 있고 나서 그 기술의 틈을 메우거나 확장 혹은 그것에 반할 수 있는 참여자들이 추가로 선택될 수 있다. 이런 식으로 자료를 모으고 분석하는 과정을 되풀이하면 더 나은 설명이나 기술을 할 수 있다. 비록 이런 되풀이가 질적 조사연구에서 이상적이긴 하지만, 무한정 그렇게 할 수 있는 것은 아니다. 엄격한 기준이 있는 것은 아니지만, 되풀이하는 일을 멈추는 시점을 '포화(saturation)'라고 한다. 그 시점은 발견되는 자료들이 지금까지의 기술을 더 발전시키지 못하고 이미 드러난 이전의 정보만을 제공해 주는 때라고 이야기한다(Glaser & Strauss, 1967). 그렇긴 하지만 대개 그 시점은 시간과 경제적 여유에 따라 결정된다.

그렇다면 질적 조사연구에서 표본의 크기는 어느 정도여야 할까? 실용적인 측면에서 대체로 6~10개 정도의 표본 크기를 바탕으로 한다(Dörnyei, 2007:110). 컴퓨터의 도움을 받을 경우에는 그 크기를 늘릴 수 있지만, 석사 학위논문을 준비한다면 자료를 모으고 분석하는 일을 되풀이하는 데 걸리는 시간을 고려하여 적정 수준을 정해야 한다.

(3) 표본뽑기의 구체적인 방법

질적 조사연구를 계획할 때는 연구의 실행 가능성을 고려해야 한다. 이때 실행 가능성에는 면담이나 다른 방법을 통해 응답자의 반응을 얻을 수 있을지 여부도 영향을 미친다. 더 일관되고 동질적인 집단을 대상으로 자료를 모을 경우, 앞에서 언급한 포화 상태에 더 빠르고 쉽게 도달할 수 있다. 또한 질문거리의 범위를 좁힘으로써 시간을 줄일 수 있다. 다음에 나오는 방법들은 포화 상태에 더 빨리 이르기 위한 전략인데, 최종 보고서를 읽는 독자들이 논의의 밑바닥에 깔려 있는 논리를 쉽게 이해할 수 있도록 조사연구의 출발에서부터 분명히 해둘 필요가 있다.

표본뽑기 전략 – Dörnyei(2007:112)

① 비슷한 성질을 지닌 표본뽑기: 비슷한 성질을 지닌 하위 집단들을 표본으로 삼음으로써 깊이 있는 분석이 가능하다.

② 전형적인 표본뽑기: 조사연구의 초점과 관련하여 어떤 참여자들의 경험이 모집단의 전형적인 경험을 담고 있는 자료를 우선하여 모으는 전략이다. 이런 경우 모집단 전체의 경험이라고 일반화하기에는 문제가 있으므로 그런 경험의 일반적인 성질을 목록으로 제시해 두는 것도 좋다.

③ 기준에 맞춘 표본뽑기: 어떤 기준에 드는 참여자들을 놓고서 자료를 모으는 전략이다. 이를테면, 요약하기에서 '하' 수준에 드는 사람들.

위의 ②, ③에서는 전형적이거나 기준에 드는 표본뽑기 전략을 제시했지만, 사실은 있을 수 있는 응답을 두루 고려하여 자료를 모으려는 태도가 중요하다.

질적 조사연구에서 자료를 모으다 보면 전형에서 벗어나거나 극단적이거나 독특한 사례에 초점을 모을 수 있다. 이런 사례들도 고려할 수 있지만 조사연구의 목적, 질문거리, 해석에 일관성이 있을 경우에만 의미를 지닌다.

(4) 질적 자료를 구하는 일반적인 지침

국어교육 현장에서는 다양한 현상들이 입체적으로 일어나고 있다. 따라서 조사연구자는 질적 자료를 구하기 위해서 현상들을 다양한 관점에서 볼 필요가 있다. 이는 질적 조사연구의 본질을 고려할 때 더욱 중요하다. 질적 조사연구는 어떤 자료를 모을지 결정하지 않은 채로 진행되기도 하기 때문이다. 이는 새롭게 나타나는 현상과 자료를 발견할 수 있는 첫걸음이 되기도 한다. 그렇다고 이런 것들을 무작위로 모으라는 말은 아니다. 언제나 모은 자료들에 대해 의미 있는 연결망을 만들어야 한다. 이를테면, 수업 현상에 대한 관찰 자료들이나 학생의 신상에 관련되는 자료들이 어떻게 서로 의미가 있을 것인지 고려해야 한다. 그렇게 해야만 의미 있는 결과를 얻을 수 있을 뿐만 아니라 논문을 써나가는 과정에서도 타당도의 위협을 줄일 수 있다. 예컨대, 수업 시간에 활발한 참여를 보이는 학생(관찰 자료)과 그 학생에 대한 신상 정보(문서-설명 자료)들이 의미가 있을 것인지 아닐지 생각해 볼 수 있는 것이다. 만약 이들을 따로 제시한다면 왜 그 자료를 모았는지를 설명할 수 없게 된다. 학생들이 흥미를 보이는 수업이나 단원에 대한 관찰을 통해서도 다양한 관점에서 자료를 모을 수 있다. 수업자의 태도, 학생들 사이의 유대감 등과 관련한 자료들을 모으고 그들 사이에 의미 있는 연결망을 만들 필요가 있을 것이다. 전혀 다르게 혹은 예상하지 않은 자료들이 현상을 설명하는 데 쓰일 수 있다. 이런 일들은 질적 조사연구의 특성에 비추어 어떤 자료의 유용성에 대한 평가가 곧장 이루어지지 않을 수 있다는 점과 아울러 생각해 둘 필요가 있다.

양적 조사연구와 마찬가지로 질적 조사연구에서도 대상으로 삼아야 하는 집단이 여럿일 수 있다. 이때 조사연구의 대상을 뽑는 방법 가운데 하나가 '극단적이지는 않지만 현상을 집중적으로 나타내는 정보가 풍부한 사례'를 표본으로 삼는 집중 방식의 표본뽑기 전략이다. 이를테면, 중학생들을 대상으로 의존명사와 어미의 구별에 따른

      2부 현장 조사연구 자료 수집 및 집계

띄어쓰기 사례의 실태를 분석하고자 한다면, 양적 방법으로 접근할 수도 있지만 그런 갈래의 띄어쓰기가 제대로 되어 있지 않은 몇몇 사례를 집중적으로 다룸으로써 질적 분석을 할 수 있는 것이다.

이제 질적 자료를 모으는 여러 가지 방법과 자료를 집계하는 방법을 알아보도록 한다.

2. 입말 보고와 글말 보고

입말 보고는 '자기 보고, 되돌아보기, 자기 관찰, 사고 과정 말하기'인데, 학습자 혹은 조사연구 대상자 안에서 일어난 일을 살피는 방법을 통해 입말로 된 자료를 얻을 수 있다. 이 방법은 결정을 내리거나 문제를 해결하고 어떤 과제를 수행하는 동안에 학습자의 마음속에서 겪은 내용을 언어로 표현하도록 하는 것이다.

국어 수업 시간에 일어나는 일들을 잘 살펴보면 겉으로 드러나는 모습과 감추어진 일들이 있다. 자신의 주변에서 일어난 일을 쓰게 하는 경우를 생각해 보면, 겉으로 드러나는 모습은 글이다. 그러나 글을 쓰는 과정, 즉 사건의 배열, 인과관계 등을 고려하는 사고 과정은 겉으로 드러나지 않는다. 또 학생들이 모르는 낱말을 추론하는 실제적 과정은 겉으로 드러나지 않아서 외적 증거로부터 밝혀내기가 쉽지 않다. 이러한 쓰기 과정이나 어휘 추론 과정을 밝혀내는 방법의 하나는 교사가 확인 질문을 하는 것이다. 혹은 관찰의 방법을 쓸 수도 있다. 글을 쓰기 전에 머리를 긁적이는 행위, 글감에 눈길을 주는 정도를 살피거나 글감을 모으기 위해 연습장에 마음대로 쓴 종이쪽지를 참고할 수도 있다. 혹은 시험을 실시할 수도 있을 것이다.

그러나 이런 방법들은 쓰기에 관련되는 복잡한 과정을 제대로 보여줄 수 없는 한계가 있다. 여전히 관찰 사실이나 평가 결과를 놓고서 추론해야 하는 일이 남아 있는 것이다. 이해 주체의 이해 모습을 알 수 있는 방법 가운데 하나는 상황 모형을 구성하게 하는 것이다. 그러나 이 방법도 일정한 모습으로 이해가 끝난 상태를 보여준다(자세한 논의는 허선익(2014ㄱ) 참조).

현장 조사연구의 이른 시기에는 주로 행동주의의 영향을 받아 겉으로 드러나는 일을 중심으로 연구가 이루어졌다. 하지만 심리학, 특히 사람의 인지 과정에 대한 관심을 불러일으킨 인지심리학의 영향을 받으면서 겉으로 드러나는 일 속에 감추어진 것에 대한 연구도 나타나게 되었다. 내성(내적 성찰) 과정에 대한 입말 보고에 대한 연구가 대표적이다. 내성(introspection)[13]은 인간 행위의 실행 과정에서 시간에 따라 행위를 결정하는 사고, 느낌, 동기, 추론 과정, 심적 상태를 안으로 살피고 성찰하는 과정이라고 할 수 있다. 한편, 초기의 내성주의자들이 자유연상 기법이나 문장 회상과 같은 방법을 적용하면 서로 다른 감각 및 경험을 일으키는 정신 처리 과정을 직접적으로 알 수 있다고 가정했지만, 이 책에서는 이와 입장이 다르다. 즉 개인적으로 자신의 인지 처리 과정을 직접 보고할 수 없고 다만 사고 과정 말하기로부터 나온 자료들이 인지 처리 과정에서 주의를 쏟은 정보를 제공한다는 것이다. 이런 자료를 놓고서 조사연구자가 정신적인 처리 과정을 추론할 수 있을 뿐이다. 이는 참여자들에 의해

---

13) 이를 다룬 분야가 인지심리학인데, 최근에 언어의 산출과 이해에 대한 인지심리학의 논의들이 활발하게 소개되고 있다. Levelt(1989/2005), Kintsch(1998/2009)의 저서가 섬세한 우리말 뒤침을 통해 소개되었다. 언어의 산출과 이해에 대한 이론적 기반을 갖추기 위해 읽어야 할 책들이다. 김지홍(2015), 허선익(2013ㄱ)에서 관련 논의가 이루어졌다.

2부 현장 조사연구 자료 수집 및 집계

서 실행된 내성을 통해 얻어진 입말 보고(verbal report)가 기저의 인지 과정, 즉 행위 결정 과정을 그대로 반영할 것이라는 입장과는 약간 다르다.

입말 보고는 다양한 형태로 나타난다. Cohen(1987)에 따르면 '자기 보고(self-report), 자기 관찰(self-observation), 사고 과정 말하기(think-aloud)'가 있다.[14]

같이 생각해 보기

학생들이 모둠 토의를 한다고 가정해 봅시다. 이때 학생들의 참여 정도는 상당히 다를 것입니다. 그 차이를 알아보기 위해 어떤 방법을 쓸 수 있습니까?

(1) 자기 보고

오늘날에는 의사소통 활동 중심의 국어교육, 특히 표현 교육이 강조되고 있다. 이런 맥락에서 학생들의 표현 능력을 기르는 다양한 방법이 개발되고 있는데, 자신의 행위를 되돌아볼 수 있는 기법 가운데 하나가 '자기 보고'이다. 이런 생각의 밑바탕에는 표현 활동에 자기 조정 능력이 중요하다는 전제가 깔려 있다. 자기 조정 능력을 직접 살피는 것, 즉 직접 관찰에 의한 기술이 효과적이지만, 그것이 불가능할 경우 자기 보고의 방법을 생각해 볼 수 있다.

자기 보고는 면담 조사를 통해 가르치거나 배우는 과정을 다른 사람에게 보고하는 것과 관련되어 있다. 이를테면, 쓰기를 하고 나서

---

14) Dörneyei(2007:131)에서는 이 장에서 소개한 네 개의 입말 보고를 두 가지, 즉 어떤 일을 수행하거나 문제를 해결하는 동안에 실시간으로 입말 보고를 하는 방법과 일정한 시간이 지난 뒤 어떤 자극물을 통해 회상하는 입말 보고로 나누기도 했다. 하지만 여기서는 입말 보고의 다양한 활용에 초점을 모으기 때문에 그런 구분을 염두에 두지 않는다.

자신이 글을 쓰는 과정을 면담 조사를 통해 밝혀볼 수 있다. 필자는 대학교에서 작문을 가르치면서, 학생들에게 여러 번 쓰게 하고 되짚어주기를 하면서 마지막에 자기가 지금까지 고쳐 쓴 글을 제출하도록 한 적이 있다. 그리고 기말고사 때 학생들이 고쳐쓰기를 하면서 어떤 점에 초점을 모았는지 보고를 하도록 했다. 비록 입말로 이루어지는 보고는 아니었지만 고쳐쓰기를 하면서 다음과 같은 성찰 내용을 볼 수 있었다.

자기 보고의 사례

나는 고쳐쓰기를 할 때 전체적인 표현과 문장의 흐름에 중점을 둔다. 쓸때는 몰랐던, 길어지고 어색했던 글의 부분 부분들이 다시 읽기의 과정을 통해 드러나고 그렇게 드러난 문제점들을 고치는 것이다. 고쳐 쓰기 전의 글과 후의 글은 내가 봐도 완성도 면에서 차이가 많이 났던 것 같다. 고쳐쓰기를 하면서, 꼭 두 번 이상 써본 다음 제출해야겠다는 생각이 들었다. (김○경, G대학 기계항공공학부 1학년)

이와 같은 자기 보고의 방법으로 자료를 모을 때는 신뢰도의 문제를 고려해야 한다. 특히 읽기나 쓰기 같은 활동과 자기 보고를 하는 시기 사이에 시간적 간격이 클수록 신뢰도가 떨어질 가능성이 크다. 그렇지만 자기 보고 자료는 여러 자료로부터 나온 자료를 보완해 줄 수 있기 때문에 질적 분석을 위한 자료로 활용할 수 있다. 이는 루빈(1985)이 자기 보고와 타인의 관찰에서 상관계수가 높은 학생, 즉 자신의 행위에 대해 민감하고 어느 정도 자신의 행위를 간주간적으로 바라볼 수 있는 학생이 사회적 관계와 자기표현에 민감하며, "언어적·비언어적 자기표현을 조정하는 능력도 뛰어난 것으로 보고했다

(김지은(2002:5)에서 재인용)"는 점을 고려해 볼 때 연구로서 의의가 있으리라 생각한다.

위에서 예로 든 서술형 자기 보고는 학업 수준이 낮거나 학령이 낮을 경우 적용하기 어려울 수 있다. 이때는 점검표를 내어주어 해당 내용에 체크하게 하는 방법을 쓸 수 있다. 점검표를 내어주고 이를 계량화하는 연구 방법은 양적 조사연구에 가깝다. 이런 점검표를 참조하여 점검표에서 뚜렷한 특징을 보이는 몇몇 학생과 면담을 한다면 이는 질적 조사연구와 양적 조사연구를 결합한 혼합적 조사연구가 될 수 있다. 학령이 높아지더라도 의사소통 활동 전반에 대한 상위인지 능력이 제대로 자라지 않았다고 판단한다면 점검해야 할 목록을 내어주는 방법을 쓸 수 있다. 내어준 상위인지 용어를 활용하여 자기의 의사소통 활동에 대한 기술을 해보게 할 수 있는 것이다. 자신의 활동에 대한 자각은 상위인지 용어를 통해 좀 더 분명해질 것이다.

같이 생각해 보기

일련의 쓰기 수업을 하고 나서 학생들에게 자신의 쓰기 과정에 대한 자기 보고를 하게 한다고 할 때 제시할 수 있는 일러두기를 마련해 봅시다.

(2) 되돌아보기

뒤에서 다시 다루겠지만, '사고 과정 말하기' 같은 조사연구 방법은 참여자들의 행위를 간섭하는 일이 일어나고 이에 따라 문제가 생길 수도 있다. 아울러 시험을 치르는 과정에서와 같이 근본적으로 자료를 모으는 일이 불가능한 상황도 있을 수 있다. 수업 과정에서 교사가 어떤 결정을 내리거나 혹은 상호작용의 과정이 일어나는 수업 환경에서도 입말로 알려주기란 거의 불가능하다. 이때 쓸 수 있는 방법이 '되돌아보기'다. 어떤 과제를 해결하거나 수업을 하고 난 뒤에 그 과제나 수업 내용 전사본을 바탕으로 조사연구자가 대상자를 정해 그 과정을 되돌아보도록 한 다음 사고 과정을 살펴보는 방법이다. 물론 대상자는 과제를 해결한 학생뿐만 아니라, 수업 내용이라면 수업을 한 교사가 될 수도 있다.

이와 같은 방법을 '되돌아보기'라고 이름 붙인 것은, 어떤 일이 있고 난 뒤에 그것을 매개로 그 과정을 비판적으로 살필 기회를 제공하기 때문이다. 되돌아보기에서 중요한 것은 어떤 일과 되돌아보기 검사를 하는 시간 사이의 거리다. 될 수 있는 한 어떤 일이 있고 난 뒤에 곧바로 면담을 하는 것이 좋다. Ericsson(2002)에서는 지연 시간이 짧을수록, 즉 과제 수행과 되돌아보기 점검 사이의 시간 간격이 짧을수록 학습자들은 정확하게 돌이켜 생각할 수 있지만, 긴 시간 동안의 지연이 있게 되면 인지 처리에서 정확도에 문제가 있다고 지적했다.

조사연구의 신뢰도와 관련하여 과제 수행 뒤에 면담이 있을 것이라는 언급을 하지 않는 것도 중요하다. 아울러 다른 입말 보고에서와 마찬가지로 특별하게 방해하거나 간섭하지 않는 것도 중요하다. 앞서 언급한 것처럼 시간 간격을 최대한 줄여야 하는데, 신뢰도가 높은 자료를 얻기 위해서는 이틀 안에 실시하는 것이 바람직하다.

이 방법은 '사고 과정 소리 내어 말하기'와 병행하여 실시하거나 실시한 결과를 녹화·녹음하여 제공할 수도 있다. 그러면 시간과 품은 많이 들겠지만 자료의 품질을 높이고 자료의 양도 풍부하게 할 수 있다.

(3) 자기 관찰

자기 보고가 여러 차례의 활동으로부터 나온 경험을 일반화하는 자료라면, 자기 관찰은 구체적인 사례를 놓고서 실시간으로 이루어지거나 시간 간격이 거의 없을 경우에 얻을 수 있는 자료이다. 다음은 Wallace(1998/2008:126-127)에 나오는 예로서, 읽기 영역에서 자기 관찰에 관련되는 자료를 얻기 위해 던진 질문들이다.

읽기 교육 영역 자기 관찰 자료

① 학급 전체 학생들에게 짤막한 텍스트를 내어주고서, 가령 5분 동안 그것을 조용히 읽도록 합니다.

② 5분이 다 되면, 전체 학생들에게 다음과 같은 질문을 던져서 자신의 읽기 과정에 대해 자기 관찰을 하도록 합니다.

  ㉠ 여러분은 처음부터 끝까지 본문 내용을 다 읽었습니까? 아니면 때때로 멈추었다가 다시 읽기로 되돌아갔습니까? 그렇게 했다면 몇 번이나 그런 일이 있었습니까?

  ㉡ 모르는 낱말을 만났을 때 무슨 일이 일어났습니까?

    • 그것을 건너뛰었습니까?

    • 사전을 찾아보았습니까?

    • 스스로 그 의미를 짐작해 보려고 시도했습니까?

  ㉢ 여러분이 기억할 수 있는 한, 이런 일이 몇 번이나 일어났습니까?

  ㉣ 여러분은 내어준 텍스트를 읽는 데 5분이 충분하다고 느꼈습니까? 아니면 그 시간이 그런대로 괜찮다고 생각했습니까? 5분 동안 본문 읽기를 다 끝낼 수 없었습니까?

  ㉤ 본문 내용과 함께 실린 그림이 한 장 있습니다. 여러분은 조금이라도 그 그림에 주목을 했습니까? 그랬다면 언제 그 일이 일어났습니

까? 읽기 이전, 읽는 동안, 읽은 다음?

ⓗ 그 그림이 본문에 대한 이해에 어떻게든 도움을 주었습니까?

이와 같은 질문들을 입말이나 글말의 형태로 함으로써 자료를 모을 수 있다. 이런 구체적인 사례에 매어 있는 자기 보고의 경우, 구체적인 경험이 있은 뒤 곧바로 자기 관찰을 하도록 해야 자료의 신뢰성을 높일 수 있다.

같이 생각해 보기

학생들에게 모둠 토의(혹은 모둠 토론) 활동을 하게 합니다. 어떤 식으로 입말 보고 자료를 모을지 계획해 보고, 자기 보고를 하게 한다면 위의 예를 참고하여 질문 거리를 만들어봅시다.

(4) 사고 과정 말하기[15]

언어로 된 사고 과정 말하기는 그 자체로 언어로 된 자료를 채택하는 다른 기법들과 구별된다. 왜냐하면 '애초생각 언어분석'의 경우, 사실상 추론들이 언어로 된 내용을 산출한 "인지 과정에 대해 이

---

15) 인지심리학에서 고안한 여러 가지 사고 실험을 통해서 연구 성과들이 쌓이면서 사고 과정에 대한 관심이 높아지기 시작했다. 사고 과정 말하기(혹은 쓰기)는 어느 정도 주관적인 면이 있고, 사실을 왜곡할 가능성이 있다는 점에서 좀 더 객관적인(관찰 가능한) 자료로부터 해석하고 유추하려는 방법을 찾게 되었다. 인지심리학에서 시도된 지 오래되었지만 최근에 국어교육에서 소개되고 있는 '눈동자 움직임 추적'이 그것이다. 주로 읽기와 읽기 교육에서 활용되었지만 최근에는 인간의 인지 활동이 간여하는 여러 영역, 즉 읽기를 기반으로 하거나 전제로 하는 쓰기와 평가에도 확대 적용하고 있다. 그리고 사고 과정 말하기의 방법과 결합하여 '반성적 사고 구술'로 부르기도 한다. 독서 교육에서 'REMMA(retrospective eye movement miscue analysis)'라고도 부른다. 그 밖에도 키로그 분석 방법도 쓰기 과정 연구에 도입되고 있다. 이 방법은 개인용 컴퓨터에서 문서 편집기로 글을 쓸 때 글쇠를 누른 기록을 모아서 분석하는 방법이다.

루어지기 때문이다. 이런 방식에서 애초생각 언어분석은 일차적으로 언어 내용과 구조 그리고 말해진 내용의 형성에 초점을 모으는 담화 분석이나 면담과 같은 다른 기법들과 차이가 난다(Green, 1998).

언어로 된 사고 과정 분석은 개인별 언어화 내용이 특정한 과제를 수행함에 따라 주의를 기울인 정확한 정보의 기록으로 간주될 수 있다는 주장에 근거한 방법이다. 어떤 과제를 수행하는 동안 자기 자신의 생각을 말로 표현하게 하여 그것을 자료화하는 방식이다. 조금 더 정확하게 말하면, 단기 기억 속에 있는 어떤 정보를 모으는 과정이라고 할 수 있다. 조사연구자 자신의 사고 과정도 포함될 수 있지만, 학습자의 문제 해결 과정이나 읽기와 같은 과제 처리 과정을 알아보는 데 알맞다. 이를 위해서 작은 녹음기를 준비하고 머릿속에 스쳐 지나가는 생각들을 말로 표현하도록 한다.

읽기를 예로 들어보기로 한다. 읽기에서는 읽기 전략을 활용하는 것이 중요하다. 그렇지만 구체적으로 어떤 전략을 어떤 읽기 단계에서 어떻게 활용하는지를 밝힌 연구는 많지 않다. 의식적이든 무의식적이든 읽기 전략을 사용하는 교사는 전략 활용의 모범을 보여주는 본보기의 역할을 할 수 있다. 이때 읽기 전략이 어떻게 활용되는지 보여주는 방법은 읽기의 사고 과정을 소리 내어 학생들에게 들려주는 것이다(Grabe & Stoller(2014:357-360) 참고). 교사의 시범이 끝난 뒤 학생들에게 지금까지 배운 혹은 교사가 시범을 보인 전략들을 얼마나 활용하는지 알아보기 위해 사고 과정을 말로 표현하게 하고 이를 연구 자료로 쓸 수 있다. 다른 예로, 학생들이 새로운 어휘의 의미를 어떻게 추론하는지 알고 싶다면 새로운 어휘가 들어가는 맥락을 제공해 주고 의미 파악 과정을 말로 알려주면서 추론해 보게 할 수 있다.

이러한 '사고 과정 말하기'는 어떤 일이 끝난 뒤 회고하는 것보다 마음에서 일어나는 움직임을 더 잘 반영할 가능성이 크다. 그러나 앞의 두 방법, 즉 자기 보고나 자기 관찰에 비해 실행이나 외부 환경 측면에서 일정 정도 제약을 받기 때문에 방법이나 장소를 고려해야 한다. 아울러 말로써 문제 해결 과정이나 의미 추리 과정, 거시 명제 형성 과정을 제대로 표현할 수 있는지 의문을 품을 수밖에 없다. 적어도 사고 과정 말하기에 초점을 모을 것이 아니라 과제 수행에 초점을 모아야 한다는 점을 일러줄 필요도 있다. 사고 과정 말하기가 또 다른 하나의 인위적인 산물일 가능성이 있다는 말이다. 실제로 이 방법의 난점은 학습자들이 정확하게 사고 과정을 소리 내어 말하는 것이 쉽지 않다는 것이다. 그렇기 때문에 조사연구자가 시범을 보이거나 녹화 자료를 통해 보고 배울 수 있도록 할 필요가 있다. 하지만 그렇게 할 경우, 즉 학습자들에게 '사고 과정 소리 내어 말하기'를 훈련시킨 결과가 실제로 실험 과정에서 반영될 수 있기 때문에 신뢰도에 문제가 생길 수도 있다. 즉 실제 독서와는 상관없이 실험 상황에서 학습 능력이 뛰어난 학습자가 그렇지 않은 학습자보다 나은 수행을 보일 수 있다는 것이다.

사고 구술 방법의 성패는 구술한 내용이 실제로 어떤 과제를 수행하는 동안에 일어나는 사고 내용을 얼마나 충실하게 표상하는가에 달려 있다. 사고 구술의 층위도 미숙하고 능숙한 정도에 따라 다양하게 나타날 수밖에 없을 것이다. 한편, 인지심리학자들이 고안한 이 방법은 두뇌과학자들에게 호된 비판을 받기도 한다. 그렇지만 이는 국어교육에서 무시할 수 없는 방법이기 때문에 좀 더 세련되게 다듬을 필요가 있을 것이다.

표준 통계 절차들이 직접적으로 입말 보고 자료에 적용될 수 없다는 점에서 사고 과정 말하기 분석은 질적·해석적 방법론으로 간주된다. 수치 분석을 위해 자료를 계량화할 필요 없이, 그 자료로부터 직접 추론이 이루어질 수 있다는 말이다. 이를테면, 단락의 중심 문장을 찾기 위해 핵심적인 정보에 대한 추측 내용(사고 과정 말하기)과 찾아낸 중심 문장을 검토할 수 있다. 그렇지만 어떤 연구에서는 그와 같은 추측의 유형을 통계 처리할 수도 있다. 이런 통계는 초등학생들을 대상으로, 혹은 여러 집단에 걸쳐, 혹은 같은 집단 구성원들을 놓고서 비교하거나 상관분석을 할 수 있다.

1. 모둠 토의를 진행하는 과정에서 입말 보고는 가능할까요, 불가능할까요? 왜 그런지 이야기해 봅시다. 입말 보고가 불가능하다면 어떤 방법을 써야 할지 생각해 봅시다.

2. Grabe & Kaplan(1998/2008)에서는 쓰기 가르침의 한 방법으로 교사가 개요를 짜는 과정을 입말로 학생들에게 알려주면서 시범을 보이는 것을 권장하고 있습니다. 이때 교사는 여기서 이야기하는 방법대로 입말 보고를 한다고 할 수 있습니까?

3. Green(1998)에서는 사고 과정 말하기의 시간적 변수로 동시 진행과 회고적 시행을 들고 있습니다. 회고적 시행은 타당도에 위협을 줄 수 있습니다. 회고적 시행에 따라 나타날 수 있는 문제점은 무엇일지 생각해 봅시다.

4. 이재승(2000:185)에서는 쓰기 능력을 진단하는 방법을 '결과 중심의 방법, 과정 중심의 방법, 기타의 방법'으로 나누고 있습니다. 과정 중심의 방법으로 '사고 구술법, 질문법, 자기 기록법, 오필 분석법, 자기 회상법, 사후 면담법, 글 분석 추론법'을 들고 있습니다. 이들 가운데 타당도의 위협을 덜 받을 만한 방법은 무엇이라고 생각합니까?

(5) 자료를 모으는 방법으로서 입말 보고에 대한 평가

입말 보고는 문제 해결 과정이나 과제 수행 과정을 알게 함으로써 학생들의 수행을 훨씬 더 쉽게 만들어주는 교수·학습 방법의 개발에 암시를 준다. 아울러 이런 방법을 통하지 않고서는 모을 수 없는 이론 밖의 영역, 즉 수업 상황에서 과제 수행에 영향을 미치는 정서적·인지적 영역의 영향들도 알 수 있게 해준다.

그러나 이에 대한 비판도 적지 않은데, 가장 대표적인 것은 신뢰도와 타당도에 위협을 받을 수 있다는 것이다. 입말 보고 내용과 실제 수행이 다를 수도 있는데, 이는 신뢰도에 대한 위협이다. 또한 입말 보고 과정이 과제 수행에 방해를 줄 수 있기 때문에 과제 수행을 제대로 반영하지 못할 수도 있는데, 이는 타당도에 대한 위협이다.

그렇지만 입말 보고는 다른 방법으로는 접근이 불가능한 조사 대상들을 연구할 수 있게 해준다. 그리고 신뢰도에 대한 위협은 교차점검으로 극복할 수 있다. 이를테면, 학생들이 산출한 설명문 요약글을 세 사람이 평가한다고 가정해 보자. 이때 신뢰도가 보장되려면 세 명의 평가에서 보이는 표준편차가 적어야 한다. 만약 표준편차가 크다면, 문제점을 발견하기 위해서 평가 과정에서 세 명에게 사고 과정을 입말로 알려주도록 하고 이를 녹음해 볼 수 있다. 나중에 이 녹음 자료를 전사하여 분석함으로써 편차가 큰 이유를 발견할 수 있을 것이다. 그러나 아직 국어교육 현장 조사연구에서 입말 보고는 많이 이용되지 않으며, 특히 사고 과정 말하기는 거의 시도된 적이 없다. 이와 같은 사정은 오히려 앞으로 입말 보고를 통한 현장 조사연구가 무궁무진한 조사연구 영역이 될 수 있음을 함의한다고 하겠다.

다만 인지 처리 과정이 무의식적이고, 의식적인 처리 과정이 너무나 복잡하여 입말 보고만으로 그 과정을 붙들기 어렵다는 점을 새겨두어야 할 것이다. 게다가 입말 보고도 사회적으로 바람직하게 여기는 경향에서 벗어나지 않기 때문에, 배경지식으로 인한 오염이 발생할 수 있다는 점도 생각해 보아야 한다. 아울러 과제 수행 시간과 입말 보고 사이의 시간 간격 때문에 어쩔 수 없이 정작 중요한 정보를 잃어버릴 가능성이 있다는 점은 앞에서 이미 언급했다. 가장 심각한 문제는 입말 보고를 하는 일이 반작용 효과의 영향을 받을 것이라는 점이다. 입말 보고가 의도하지 않게 수행하고 있는 과제에 영향을 줄 것이라는 점도 고려해 보아야 할 것이다.

이와 같은 점들 때문에 입말 보고는 필요한 경우에만 자료를 모으는 방법으로 이용해야 하며, 연구의 목적을 분명히 하고 계획을 꼼꼼하게 세워서 연구자와 연구 참여자들 모두에게 의미 있는 과정이 되도록 해야 할 것이다.

같이 생각해 보기

1. 학생들에게 한 편의 글을 완성하도록 하고 사고 과정 말하기를 하도록 한다면 어떤 내용들이 포함될 수 있을까요? 다음은 Arndt(1987)에서 밝힌 쓰기 과정에 대한 범주 항목들입니다. 자신이 생각하고 있는 내용과 어떤 차이가 나는지 생각해 봅시다. 아울러 관련이 없다고 생각하는 항목은 어느 것입니까?

㉮ 계획하기(초점을 찾아내고, 무엇에 대해 쓸지 결정을 내리기)

㉯ 전반적인 계획(전체적으로 그 덩잇글을 어떻게 조직할지 결정하기)

㉰ 연습하기(표현하기 위한 착상과 언어 표현을 써보기)

㉱ 반복하기(주요 낱말과 구절의 반복으로, 종종 글짓기를 지속하도록 자극을 주었던 활동임)

㉲ 다시 읽기(이미 써놓은 것을 다시 읽음)

㉳ 질문 던지기(착상들을 분류하거나 써놓은 내용을 평가하는 수단이 됨)

ⓐ 가다듬어 놓기(의미를 분명하게 하도록 이미 써놓은 덩잇글에 변화 주기)

ⓔ 편집 교정하기(동사나 철자 등을 고쳐주기)

2. 지금까지 소개한 네 개의 입말 보고에 대한 자료를 모으는 시기와 대안 형식(자료를 모으는 다른 방식)을 생각하면서 다음 표를 채워봅시다.

실시 시기	갈래	대안 형식
활동 중		
활동이 끝난 뒤		자기 점검표(check list)
활동 중이나 끝난 뒤		자기 점검표나 시청각 자료(video)

(6) 글말 보고

입말 보고와 글말 보고는 자신의 수행 내용이나 과정을 알려준다는 점에서 공통점이 있다. 대부분의 현장 조사연구에서 질적 조사연구가 입말 보고를 바탕으로 이루어지기 때문에 여기서는 주로 입말로 이루어지는 보고에 초점을 맞추었다. 글말 보고 자료는 전사하지 않아도 된다는 점에서 조사연구에 드는 품을 줄일 수 있다. 그렇지만 글말로 된 보고의 경우, 자료를 모으는 현장에서 벗어나면 다시는 그와 같은 자료를 얻을 수 없기 때문에 면밀한 준비가 필요하다. 특히 자료를 모으고 난 뒤 자료를 분석하는 일이 연구의 성패와 밀접한 관련이 있는 질적 분석의 경우, 치밀하게 계획하지 못하면 구멍이 난 부분을 메우기가 쉽지 않다. 그래서 입말로 된 보고를 받고 나서 추가로 면담을 진행하는 경우도 있다.

다음은 김소현(2013)에서 연구의 목적을 염두에 두고 글말 보고를 받기 위해 작성한 내용이다. 이런 내용을 참여자들에게 알려주는 것은 연구의 목적에 필요한 정보를 얻는 데 길잡이 역할을 하고, 참여자들에게 글말 보고에서 초점을 모아야 하는 것이 무엇인지를 알려준다는 이점이 있다. 그리고 실제 분석의 단계에서 내용을 일정한 기준에 따라 분류하는 데도 시간과 품을 줄일 수 있다.

글말 보고에서 연구의 목적을 염두에 둔 내용 안내하기

- 어린 시절에 어떻게 읽기를 배웠는가? 어린 시절 나의 읽기 습관은 어떠했는가? 어린 시절 가정 내의 문식성 환경은 어떠했는가?
- 학교 교육과정을 거치면서 어떤 독자로 성장했는가? 초·중·고등학교의 교육이 독자로서의 나의 삶에 어떤 영향을 미쳤는가? 초등학교 시절에 어떤 종류의 읽기 활동이나 실천이 기억에 남는가?
- 초등학교나 중등학교 시절에 받았던 읽기 수업 속에서 교사가 가지고 있었던 읽기 수업에 대한 신념이나 철학, 읽기와 읽기 학습에 대한 관점은 무엇이었는가? 독자로서 중요한 혹은 기억에 남는 성공 경험이 있는가?
- 지금의 나는 어떤 독자인가? 어떤 종류의 책을 많이 읽는가? 언제, 어디서 읽기를 즐기는가? 읽기를 즐기지 않는다면 그 이유는 무엇인가? 나는 어떤 독자라고 생각하는가?
- 교단에 설 경우, 독자로서의 나의 정체성이 읽기 수업에 영향을 미칠 것이라고 생각하는가? 선생님이 되었을 때 나는 어떤 읽기 수업을 하고 싶고, 어떤 읽기 수업을 해야 한다고 생각하는가? 내가 가르치는 아이들이 어떤 독자로 성장하기를 원하는가?

위의 내용은 자전적인 글쓰기에 대한 안내이다. 다만 이런 내용이 지나치게 자세할 경우 자유로운 연상이나 회상에 방해를 줄 수 있기 때문에 그 정도를 알맞게 조절할 필요가 있다.

(7) 인지 과정과 관련된 자료 모으기 – 정량적인 측정 방법

질적 조사연구를 위한 자료를 모으기 위해서 지금까지 언급한 방법들은 인지 과정을 알 수 있는 자료를 얻고자 하는 데 목적이 있다. 최근에는 사고 과정과 관련된 자료를 좀 더 엄정하게 모으기 위해 도구를 사용하는데, '눈동자 움직임 추적 장치(eye tracker), 자기 공명 영상(fMRI), 표정 인식(face reader), 마우스 추적 장치(mouse tracker)' 등을 이용하기도 한다.

먼저 눈동자 움직임 추적 장치를 이용한 국내 연구는 주로 읽기 이해와 관련하여 이루어졌다. 시선의 이동 폭과 방법에 따라 고급 독자와 초급 독자의 시선을 비교한 박영민(2013)의 연구가 대표적이다. 읽기에 관련되는 연구에서는 주로 여러 면으로 된 읽기 자료의 방문 빈도, 주시 시간, 재고정 시간, 총 고정 시간을 측정하고 이를 통계 꾸러미를 통해 분석한다. 눈동자 움직임 추적 장치는 대체로 자료를 모으는 다른 방법과 결합되기도 하는데, 눈동자 움직임은 겉으로 드러나는 현상이어서 그와 같은 움직임의 동기나 이유나 내용을 자세히 알 수 없기 때문이다. 이를 극복하기 위해 박영민(2013)에서처럼 사후에 사고 구술(protocol)을 통해 보완하거나, 임정남(2017)에서처럼 뇌파를 활용하기도 한다.

최근에는 쓰기 평가에서 평가자들의 눈동자 움직임을 추적하여 평가자의 특성과 그 결과를 관련짓기도 할 뿐만 아니라, 쓰기 지도에서 교사가 보이는 눈동자 움직임을 추적하여 쓰기 지도에 활용하기도 한다. 아울러 문법 분야에서도 이해의 정도를 파악하는 데 이용되기도 한다. 김현진·강승혜(2017)에서는 영어권 초급 한국어 학습자들을 대상으로 문법 제시 방법과 문법 이해 양상을 파악하기 위해 이 장치를 이용하고 있다. 눈동자 움직임 추적 장치를 활용한 연구에서는 이용한 장치와 자료 분석을 위해 사용한 컴퓨터 무른모, 통계 처리를 위해 사용한 통계 꾸러미 등을 자세하게 밝혀서 연구의 신뢰도를 높여야 할 것이다.

한편, 마우스 추적 장치는 마우스의 움직임에 따라 실시간으로 인지 처리 과정에 대한 정보를 모을 수 있다. 이 추적 장치 프로그램과 지침서(manual)를 누리집(http://mousetracker.org)에서 무료로 내려받을 수 있다. 다른 장치를 이용할 때와 마찬가지로 사용하고 있는 장치에 대한 정보를 제공해야 한다. 특히 화면 장치(screen)의 가로와 세로 너비를 제공해 주어야 하는데, 이는 화면이 너무 크거나 작지 않아야 하기 때문이다. 화면이 너무 크면 필요 이상으로 마우스를 움직인 거리를 셈해야 하고, 너무 작으면 움직인 거리를 연구자가 알아차리기 힘들 것이다.

이 장치는 세 가지 정보를 제공해 준다. 연구자가 원하는 올바른 반응을 하고 있는지, 반응을 하는 데 얼마의 시간이 걸리는지, 올바른 반응을 하기 위해 어떤 선택의 과정을 거치는지를 보여준다. 마우스의 움직임 혼잡도를 통해서 인지적 부담의 정도에 대한 정보를 얻을 수 있다. 이와 같은 정보는 개인별로 측정해서 얻을 수도 있고, 집단 전체를 측정해서 얻을 수도 있다. 마우스 추적 장치를 이용한 연구로는 이혜정(2017)을 들 수 있다. 시간 제약이 필요한 경우, 이를테면 문법성 판단에서 직관에 따른 판단을 하는 데 걸리는 시간을 재고자 하는 경우 이혜정(2017)에서 설정한 것처럼 시간 제약을 설정할 수 있다.

3. 사례 연구

(1) 사례 연구의 일반적인 성질과 갈래

사례 연구는 조사연구에 끌어들인 모둠이나 개인의 수에서 다른 조사연구 방법과 차이가 있다. 즉 한 모둠이나 한 명을 놓고서, 단 한 번의 수업에서 얻을 수 있는 개별 사례에 대한 조사연구이다. 경우에 따라 오랜 기간을 두고 한 개인이나 적은 수의 개인을 관찰하는 다시점 연구도 이에 포함된다.[16] 이런 사례 연구는 보통 교수·학습 과정과 맞물려 나타난 자료를 분석하는 방식으로 이루어지기 때문에 자료를 얻는 일과 교수·학습 과정은 자료를 모으는 다른 방식보다 더 자연스러운 형태로 나타난다. 이를테면, 교사가 이끈 모둠 토의와 학생 중심의 모둠 토의가 어떤 모습을 보일지 궁금하다면 이 두 모둠 토의에서 나온 녹음 자료를 활용하여 분석해 볼 수 있다. 이와 같은 사례 연구를 질적(≒해석적) 조사연구로 보는 이유는 한두 가지의 사례로 범위를 좁히기 때문에 일반화하기 어렵기 때문이다. 사례의 수를 넓힐 수도 있지만, 그 결과들이 통계적 의미에서 일반적이라거나 결정적이라고 할 수는 없다.

사례 연구는 일반적으로 세 갈래로 나뉜다. 먼저 '실질적인 사례 연구(intrinsic case study)'로, 특수성을 지니거나 연구할 만한 가치가 있는 특정 사례의 복잡다단한 특성을 이해하기 위해 이루어지는 연

---

16) 이런 점에서 소집단 관찰(민족지 방법)과 구별이 되지 않는다고 주장하는 사람도 있다. 그래서 제한된 소집단 관찰 방법의 한 유형으로 보기도 한다. 한편, Nunan(2003:75)에서는 사례 연구가 소집단 관찰보다 범위가 좁으며, 조사연구의 초점도 문화적 맥락 및 해석에 있지 않다고 주장하고 있다. 이런 지적은 타당하다고 생각한다. 다만 질적 방법과 양적 방법에 따라 이 둘을 구분하는 것은 이치에 맞지 않다. 소집단 관찰에서와 마찬가지로 사례 연구, 이를테면 모둠 토의 같은 경우에도 연구의 목적에 따라 양적 분석 방법을 쓸 수 있기 때문이다.

구이다. 다른 하나는 '도구로서 사례 연구'인데, 이는 실제 사례 연구를 통해서 얻는 정보는 부수적인 관심거리고 다른 무엇인가를 이해하기 위해 사례 연구가 이루어지는 경우이다. 마지막으로 '집단 사례 연구'가 있는데, 이는 주로 어떤 현상이나 일반적인 조건을 탐구하기 위해 여러 사례를 함께 연구하는 방법이다.

(2) 사례 연구에서 자료 모으기 방법

사례 연구를 위한 자료 모으기는 이 책에서 다루고 있는 모든 방법을 다 사용할 수 있다. 수행하고자 하는 조사연구의 성격과 목적에 비추어 효율적인 방법을 고르면 된다. 예를 들어, 요약하기에서 능숙하게 요약을 하는 학습자와 그렇지 않은 학습자의 차이를 심층적으로 분석하는 경우를 생각해 보자. 먼저 요약하기 과제를 제시하고 요약글의 기준에 비추어 평가를 한다. 그다음에 요약이 잘된 글과 그렇지 않은 글을 가려낸 다음, 요약이 잘되지 않은 글을 쓴 학생을 대상으로 면담 조사를 할 수 있다. 혹은 요약하기 과제와 병행하여 설문 조사나 다른 평가 자료, 특히 단답형 평가지를 통한 평가를 해볼 수 있다.

필자의 경험으로 미루어 보건대, 사례 연구는 모집단의 설정과 설정 이유가 되는 대상에 대한 소개가 중요하다. 그런 면에서 소집단 관찰(민족지 방법)과 어느 정도 닮아 있다. 일반화 가능성뿐만 아니라 내적 타당도에 항상 위협을 받기 때문에 사례 연구에서는 대상자에 대한 상세한 정보를 제공해야 한다. 그렇지 않다면 논문으로서 가치가 있는지 여부가 논란이 될 것이다.

사례 조사연구는 특별한 사례를 중심으로 하기 때문에 다시점 조사연구의 성격을 지닌다. 자료를 모으는 기간 동안 자료를 모으는 다양한 방법을 사용할 수 있다. 그렇기 때문에 학교와 같은 특정 기관에서 사례 연구를 한다면, 사례와 조사연구 질문거리를 자리매김하고 자료 원천과 시간 배당 등과 관련한 자료 모으기 계획을 별도로 세워둘 필요도 있다.

(3) 사례 연구의 의의 및 장단점

앞서 논의한 내용에 따르면, 사례 연구의 결과는 일반화할 수 없다는 특징을 지닌다. 구체적인 개별 사례에 초점을 모음으로써 귀납적 일반화가 불가능한 것이다. 그럼에도 불구하고 사례 연구는 이 책에서 소개하고 있는 다양한 방식의 자료 모으기를 통해 이루어지고 있다. 분명히 이는 사례 연구가 나름대로 의의를 지니고 있음을 보여준다. 현장 교사로서 혹은 연구자로서 어떤 문제를 발견하는 일이 개별적이고 구체적인 사례로부터 비롯된다는 점이 사례 연구의 성질과 맞닿아 있다. 그런 개별적인 사례로부터 '왜?'라는 의문을 가지게 되고, 의문점을 해소하거나 문제를 해결하기 위해 사례 연구를 하게 되는 것이다. 그런 의미에서 사례 연구는 교사에게 실제적인 유용성을 지닌다고 할 수 있다.

쓰기에 대한 이론에 능숙한 필자는 계획하는 데 많은 시간을 쓰고, 그렇지 못한 필자는 쓰는 데 많은 시간을 쓴다는 이론이 있다고 가정해 보자. 이 이론이 오늘 3교시 쓰기 시간에 글을 썼던 수정이에게 그대로 적용될 수 있을까? 이를 확인하고 진단하기 위해, 즉 수정이에게 일반화된 이론이 적용될 수 있는지, 아니면 수정이 개인에게 어떤 문제가 있는지를 밝혀내기 위해 사례 연구를 한다. 이처럼 사례 연구는 문제를 해결하고 이론을 실제에 적용해 봄으로써 이론의 타당성 여부를 직접 점검할 수 있다는 의의를 지닌다.

또한 사례 연구는 이론을 변화시키고 발전시키는 데도 한몫을 한다. 어떤 동일 수준의 학습 능력을 지닌 학생들을 대상으로 효과적으로 쓰기를 가르치는 방법을 가정하고 이를 실제로 적용해 봄으로써 새로운 교수·학습 방법을 발견할 수 있다. 혹은 학급 전체에 어떤 원리나 방법을 적용해 보고 적용이 잘 되는 집단과 그렇지 않은 집단으로 가르고 그 이유를 사례 연구의 방법을 써서 알아볼 수도 있다. 아울러 구체적인 사례에 적용함으로써 이론을 가다듬고 교사들끼리 사례 연구를 나누어 가짐으로써 더 구체적인 방법으로 이론의 적용을 도모할 수 있다. 말하자면, 한 아이나 한 동아리의 특징을 관찰한 결과를 바탕으로 어떤 현상의 원인에서 결과에 이르는 현상에 대한 심층적인 해석을 함으로써 일반화 과정에서 간과되었던 개별성에 초점을 모을 수 있는 것이다.

특히 다문화 가정이 늘고 있는 이 시점에서 사례 연구는 다양한 관점에서 이용 가능성이 커지고 있다. 다문화 환경 자체가 여러 층위를 이루고 있고 가변성이 크기 때문이다. 이를테면 새터민, 일본인, 중국인에 따라 한자어 어휘에 대한 인식과 배경지식은 다를 수밖에 없다. 그렇기 때문에 한두 가지 표면적인 징표로 집단을 구분하고 이를 어휘 교육에 반영할 수는 없다는 점에서 사례 연구가 필요할 것이다. 새터민의 경우에도, 그리고 중국인의 경우에도 다양한 환경이 있을 수 있다는 점을 생각한다면 이들 집단에 대한 심층적인 접근으로서 사례 연구가 필요할 것이다.

또한 사례 연구를 통해서 모은 자료들은 미래의 연구자들에게 재해석될 수 있다는 점에서도 의의가 있다. 사례 연구가 축적됨에 따라 일반화가 가능하도록 자료를 축적하는 데 이바지할 수 있다는 말이다. 아울러 다양한 갈래의 사례 연구를 통해 얻은 통찰력을 어떤 교육과정의 평가나 교수·학습 방법의 평가, 능숙한 독자(필자)와 그렇지 않은 독자(필자)의 특징 발견 등으로 광범위하게 쓸 수 있고, 관심이 있는 독자들이 다른 조사연구 보고서보다 쉽게 접속할 수 있는 장점도 있다.

조사연구 방법의 측면에서도 사례 조사연구는 다양한 방법을 결합할 수 있다는 장점이 있다. 혼합적 조사연구 방법이 필요한 교육거리 평가와 같은 경우에 사례 조사연구가 폭넓게 이용될 수 있다.

같이 생각해 보기

사례 연구를 한다고 할 때 모을 수 있는 자료는 어떤 것들이 있을지 생각해 봅시다.

(4) 사례 연구의 신뢰도와 타당도

일반화 가능성은 사례 연구의 신뢰도와 타당도를 따지는 데 핵심적인 논제가 되었다. 소규모 집단을 대상으로 이루어지는 질적 조사연구에 대한 믿음과 한두 가지 사례를 바탕으로 이루어지는 조사연구에 대한 믿음은 심리적인 면에서 커다란 차이가 있을 수 있다. 특히 '도구로서 사례 연구'는 이론에 비추어 일반화가 가능한지, 표본 뽑기 과정에서 일반화가 가능한지를 따져보아야 한다.

사례 연구의 타당도에 대한 견해는 크게 두 가지로 나뉜다. 내적 타당도는 중요한 반면 외적 타당도는 중요하지 않다는 견해도 있고, 조사연구 가운데 하나이므로 둘 다 중요하다는 견해도 있다. 앞의 입장에 선 사람들은 사례 연구가 개별 사례의 유일성에 초점을 모으고, 사례가 가지고 있는 개별성과 복잡성을 이해하도록 하는 데 그 목적이 있다고 주장한다. 그에 비해 둘 다를 강조하는 연구자들은 다른 조사연구와 마찬가지로 구성물 타당도, 내적 타당도, 외적 타당도, 신뢰도를 고려해야 한다는 것이다. 특히 Yin(1984)에서는 구성물 타당도를 중요시하는데, 충분히 운용 가능한 일련의 눈금 개발에 실패함으로써 대부분의 사례 연구가 비판을 받는다고 보았다. 내적 타당도는 인과관계를 온전하게 설명하기 위해 필요하다고 주장한다. 필자도 사례 연구가 논문으로서 의의나 가치를 지니도록 하는 구성물 타당도나 내적 타당도는 중요하다고 생각한다.

그렇지만 외적 타당도를 지키는 일은 쉽지 않다. 이는 사례 조사 연구자들이 맞닥뜨리는 가장 어려운 문제로, 분명히 결함이 있을 수밖에 없기 때문이다. 외적 타당도의 위협에 맞서기 위한 방법으로 이 책에서는 삼각측량을 제시했다.

같이 생각해 보기

특정의 주제를 잡고 사례 연구를 한다고 가정해 봅시다. 사례 연구에서 외적 타당도의 고려 여부는 논쟁거리가 될 수 있습니다. 외적 타당도가 중요하다고 생각하는지, 만약 중요하다고 생각한다면 삼각측량 가운데 자신의 주제에 비추어 어떤 방법을 이용할 수 있을지 생각해 봅시다.

4. 일지, 비망록 등 사적인 기록

이 절에서 다루는 자료는 교사 혹은 학생의 개인적인 기록에서 나온 자료들이다. 여러 가지 이름으로 부르고 있는 사적인 기록을 포함한다. 사적인 기록이라는 점에서 일지와 일기는 거의 구분이 되지 않는데, 일반적으로 일지는 일어난 일을 중심으로 어느 정도 객관적으로 기록하는 기록물이라면, 일기는 일어난 일을 바탕으로 하되 어느 정도 주관적인 감정이나 생각이 녹아들어 있는 기록물이다. 감정이나 생각은 주관적이기 때문에 배제할 수 있지만, 교사나 학생의 감정이나 생각 변화가 중요한 의의를 지닐 수도 있기 때문에 허투루 볼 일은 아니다. 학생들의 의식이나 태도와 같은 정서적 요인뿐만 아니라 최근에는 독자 혹은 필자로서 교사의 정체성, 자전적 기록이 연구되면서 그와 같은 자료도 중시하고 있다. 읽기와 쓰기에 대한 교사들의 학생 시절 기록(자전적 자기 기록)뿐만 아니라 현재의 읽고 쓰는 활동에 대한 반성적 기록도 이들 영역의 가르침에 영향을 미치기 때문이다. 서혁(2012 : 272)에서는 이를 'self-study'로 소개했는데, 우리말로는 '자기 성찰적 연구'로 뒤칠 수 있을 것이다.

이와 같은 기록물(글말 자료)은 우리 주변 곳곳에 널려 있으며, 우리가 세계를 보는 방식과 행동하는 방식을 반영하고 그것에 영향을 받기 때문에 이들은 조사연구의 자료가 될 수 있다. 또한 조사연구자가 원한다면 자연스럽게 조사연구자에 기대지 않고도, 즉 조사자의 간섭이나 개입 없이 참여자들이 실제로 무엇을 하고 있는지 알려 준다. 경우에 따라 글말 자료들은 쉽게 접근이 가능하며 그 자료에 접속하는 데 별다른 제약을 받지 않을 수도 있다. 다른 자료도 마찬가지겠지만 특히 자료로서 순수함이 상처를 입을 가능성이 크다는 점도 염두에 두어야 한다. 조사연구자가 자전적인 연구, 이를테면 자신이 행한 수업이나 특정의 활동을 하는 수업을 하고 이를 바탕으로 질적 조사연구를 행할 때, 일지를 쓰기 전에 어떤 목적이나 연구 주제를 지나치게 의식하게 되면 일지로서 순수성을 해칠 수 있다. 이 점은 질적 조사연구에서 맞닥뜨릴 수 있는 논란거리일 수가 있다. 연구자가 끼어들거나 간섭하지 않는다고 하더라도 연구자의 주관이나 의도가 관찰이나 기록에 얼마든지 영향을 미칠 수 있기 때문이다. 여기서는 자료로서의 값어치에 관한 맥락으로 이렇게 언급했음을 밝혀둔다.

이와 같은 글말 자료(기록물)에는 교사로서 자신의 수업 활동, 학생 지도 등에 대한 반성이 담겨 있다. 반성은 별다른 기록 없이 이루어질 수 있지만, 더 체계적인 방식으로 다듬어 입말이나 글말로 기록해 놓음으로써 현장 조사연구의 자료로 활용할 수 있다. 이와 같은 형태의 대표적인 저서로 이오덕의 《교육일기 1, 2》(1989, 한길사)가 있다. 이 책에서 기록한 내용은 수기에 해당하는데, 상당히 폭이 넓어서 그렇게 기록하는 일은 쉽지 않다. 하지만 개괄적으로 국어교육과 관련된 일을 다루는 것은 가능할 것이다. 예를 들면, 학생들에게도 수업에 대해 되돌아보기를 하게 할 수 있다. 우리나라에서는 아직 학생들에게 수업 내용을 되돌아보게 하는 일이 일반적이지는 않다. 학생들에게 이런 일을 하도록 하는 교사들도, 학기 말에 한 학기의 수업을 되돌아보기 위한 쓰기 활동을 시키는 경우가 대부분이다. 한 학기의 마무리 시점에 이루어지기 때문에, 이렇게 하는 것은 학생들의 평가 결과가 가르침이나 학생들의 학습 활동에 곧바로 적용될 수 없다는 한계가 있다. 그럼에도 불구하고 전문가로서 현장의 교사에게는 이런 방식으로 이루어지는 격식적 혹은 비격식적인 평가가 중요할 수밖에 없다. 입말로 녹음하는 일은 기록에는 시간이 덜 들지만 분석할 때 더 많은 시간이 들 뿐만 아니라 자료를 찾는 일도 쉽지 않다. 따라서 자료 분석을 쉽게 할 수 있는 방법을 찾아보아야 한다.

자기반성 자료는 반성의 주기나 대상에 따라 여러 방식으로 모을 수 있다. 특정의 일, 이를테면 서술어의 자릿수를 가르치는 수업에 대한 것일 수도 있으며, 국어 수업 한 시간 혹은 그날 하루 동안 있었던 일 등으로 넓힐 수도 있다. 조사연구를 염두에 두지 않는다면 대체로 하루에 일어났던 일이 될 수 있지만, 조금 더 의식적으로 그리고 조사연구를 염두에 둔다면 수업 시간을 단위로 하거나 특정의 학급을 되풀이하여 관찰할 수 있을 것이다.

(1) 현장 비망록

교사가 현장에서 수업 활동 외의 다른 일을 하기는 쉽지 않다. 대부분의 수업이 학생과 교사의 끊임없는 상호작용으로 이루어지기 때문이다. 그러나 모둠 토의를 하게 하거나 글을 쓰게 하고 나서 짬짬이 기록을 해둔다면 당장 다음 시간의 수업에 도움이 될 뿐만 아니라 장기적으로 어떤 연구거리에 대한 실마리를 제공받을 수 있다.

현장 비망록(field notes)에는 어떤 내용이 들어갈 수 있을까? 다음은 Wallace(1998/2008)에서 비망록에 들어갈 정보를 소개한 내용이다.

비망록에 들어갈 정보
① 수업 내용에 대한 즉석 평가
② 교수·학습 활동에 관련되는 내용
　　㉠ 모둠 활동의 기능에 대한 효율성
　　㉡ 학생 개인별 수행
　　㉢ 학생들에게서 나타나는 흥미로운 오류 또는 일반적인 오류
　　㉣ 문젯거리가 되는 논제나 쉽게 해결되지 않는 논제
　　㉤ 제대로 적용되거나 적용되지 않는 착상, 영감, 대상
　　㉥ 재미있는 사건이나 논쟁

이런 항목들은 수업 활동과 직접적인 관련을 맺을 수도 있고 그렇지 않을 수도 있는데, 비망록이라는 말 그대로 잊지 않도록 기억해

둘 필요가 있는 유의미한 정보일 것이다.

①은 하루에도 2~4시간에 이르는 수업을 해야 하는 현실에서 물 흐르듯 흘러가 버리는 순간들을 다 기억할 수는 없다. 그렇지만 수업의 장단점을 발견하고 이를 활용하기 위해서 수업에 대한 기록은 꼭 필요하다. 어떤 점에서 수업이 매끄럽게 진행되었는지, 어떤 점은 의도한 대로 되지 않았는지 등을 기억해 둔다면 같은 형식이나 같은 내용의 단원을 수업할 때 참고가 될 것이다. 다음 수업 시간의 참고 내용도 간단히 적어둘 수 있는데, 이와 같은 기록들이 쌓이면 특정 학급의 경향성이나 자신의 태도에 드러나는 어떤 경향성도 나타나게 될 것이다.

②는 ①을 좀 더 구체화한 것으로, 수업 활동의 세부적인 것들을 기억하는 데 도움을 주기 위해 기록해 둘 수 있는 부분이다. 이를 조금 더 격식을 갖춘 형태로 다듬을 수 있는데, 그것은 '수업 일지 (logs)'라고 부를 수 있다. 다음은 쓰기 과제를 수행하는 수업 활동을 대상으로 마련한 수업 일지의 일부분이다.

쓰기 수업 일지 사례

쓰기 수업 일지	
학반 / 날짜	2학년 2반 / ○○○○년 ○월 ○일
수업 목표	• '자신이 겪은 일'을 네 단락 이상으로 된 줄글로 쓸 수 있다. (흥미를 불러일으키는 소재, 자신의 삶에서 의미 있는 소재를 골라야 함) • 쓰기에 흥미가 없는 25번, 29번 학생에게 적절한 동기를 부여하여 적극적으로 쓰기에 참여시킨다.
잠정적인 결과	• 학급 친구들이 흥미를 느낄 만한 소재를 바탕으로 모든 학생이 쓰기를 완성한다. 2~3명 정도 발표를 할 수 있다. • 25, 29번 학생도 쓰기 과제를 마무리한다.
유의 사항	• 남들이 알아볼 수 있을 정도로 깔끔하게 정리한다. 발표할 때 적극적으로 듣도록 유도한다. • 시간이 되면 자신의 글과 비교해 보게 한다.

시간대별 학급 분위기 및 특기할 사항	00분: 학생들이 조용히 앉아서 수업 준비를 하고 있음. 02분: 학생들이 질문을 활발히 함. 07분: 미리 계획된 모둠으로 이동함. 10분: 약간 소란스러움. 25번 학생 멍하게 앉아 있음. 13분: 대체로 조용한 가운데서 개인별 쓰기에 몰입함. 15분: 29번 학생이 화장실에 가고자 함. 이하 생략

이와 같은 기록은 수업 도중이나 수업 직후 최대한 빨리 해야 한다. 이런 관찰 사실들은 수업에 대해 살필 수 있는 근거를 제공한다. 10분쯤에 25번 학생이 멍하게 앉아 있는 이유를 찾아낸다면 다음 시간에 적절한 처치를 할 수 있을 것이다.

교실 수업의 전반적인 문제점을 다루는 방법과는 달리, 문제가 될 만한 사항에 초점을 모을 수도 있다. 그 일이 중요하다고 생각하는 이유가 무엇인지, 처치를 어떻게 했고 그런 처치 결정을 내린 근거가 무엇인지, 그 일의 결과가 어떤 방향으로 흘러갔는지 반성하는 기회를 마련해 볼 수 있다. 최근에는 학교 현장에서 학생들의 학교 생활기록부에 학생이 수업 시간에 자발적으로 한 질문을 기록하고 질문의 품질을 서술하도록 장려하고 있다. 이때 수업 일지 형식을 이용하면 기록하고 처리하기 편리할 것이다. 요즘은 교실마다 전자 칠판을 포함하여 컴퓨터가 갖추어져 있는 경우가 많기 때문에 이를 적절히 활용할 수도 있다. 특히 일정한 시간이 흐른 뒤에 이들을 읽기나 쓰기, 문학 등의 분류에 따라 분류하고 모아보면 유의미한 결과를 얻을 수 있을 것이다.

(2) 수기 혹은 일기

Bailey(1990:125)에서는 일기를 "통상적인 기재 사항을 숨김없이 문서화하고 나서, 반복 유형이나 두드러진 사건을 분석해 놓은 언어 학습이나 교수 경험에 대한 1인칭 설명"이라고 뜻매김했다. 이 따옴 글에서 알 수 있듯이, 일기가 연구·교직 생활 전반에 걸친 모범적인 기록물이 될 수 있다. 앞에서 이오덕 선생님의 교육일기를 소개했는데, 이는 생애에 걸친 교사로서 전문직 경험을 서술한다. 이와 같은 형식은 때로 수기 형식을 띠는 경우가 많다. 수기는 자신의 경험에 의미를 부여하는 일일 뿐만 아니라 후배 교사들에게 값진 길잡이 역할을 할 수 있다는 점에서 젊은 교사들이 생각해 봄 직한 일이다. 다음은 필자가 몇 년 전에 썼던 일기의 일부분이다.

오늘은 토요일. 2교시 국어 시간에 정○옥이가 아파서 엎드려 있으면 좋겠다고 했다. 그런데 평소에 수업 시간에 수업 태도가 마음에 들지 않아서 그대로 있으라고 했다. 혹시나 평소에 자기 자신에 대한 관심이 없다고 생각을 하다가 이번에 더욱더 마음의 골이 깊어지지는 않았는지 마음 쓰인다. 그래도 자기 나름대로 올바른 판단을 내려주기를 바란다.

개인적인 일기나 수기는 사적인 성격을 띠는데, 교육일기는 교육 특히 교수·학습에 대한 경험을 모을 수 있는 자료로서의 성격을 지닌다. 지나치게 사적인 부분은 편집을 하며, 실명을 드러내기 어려운 경우 익명으로 처리하여 공개한다는 점에서도 전적으로 사적인 성격의 글과는 구별된다.

한편, 일기는 어느 때 일기를 쓰는가에 따라 세 갈래로 나뉜다. 하나는 일정한 간격을 미리 정해두는 방법이 있는데, 규칙적으로 어떤 상황에 대한 기록을 얻을 수 있다는 장점이 있다. 다른 하나는 일기를 쓰는 주기와는 상관없이 조사연구자가 일기를 거두어들이는 시간만을 알려주고 일기를 쓰게 하는 방법이다. 마지막은 사건을 기록하게 하는 방법으로, 특별한 사건이 있을 때마다 자기 보고서처럼 일기를 쓰게 하는 것이다. 오늘날에는 전자 기기의 발달로 일기를 쓰는 일이 훨씬 더 간편해졌기 때문에 다양한 방식으로 일기를 모을 수 있다.

이런 일기 연구는 학생들의 일기를 대상으로 할 수 있는데, 그 장점을 Poreter 외(1990)에서는 다음과 같이 적고 있다.

일기 연구의 장점

① 학생들은 자신이 지닌 문제점들을 강좌(수업) 내용과 더불어 명백히 말할 수 있고 따라서 도움을 얻을 수 있다.

② 일기는 학생들에게 자기 자신의 학습에 대해 책임을 지도록 장려함으로써 자기 주도 학습을 촉진한다.

③ 교사와 착상(ideas, 생각)들을 교환함으로써 학생들은 자신감을 얻을 수 있고, 어려운 자료를 이해할 수 있으며, 독창적인 통찰력을 생성할 수 있다.

④ 공공 일지를 기록함으로써 더 생산적인 교실 토론으로 이끌어갈 수 있다.

⑤ 학생들에게는 수업 내용 및 그들 자신의 학습 사이에 관련성을 맺도록 북돋워 준다.

⑥ 공공 일지는 교실 수업을 넘어서서 교사와 학생 간의 상호작용 및 학생들 간의 상호작용을 창조한다.

일기 조사연구는 학습 맥락의 자료뿐만 아니라 더 넓은 맥락의 자료를 얻을 수 있는 방법이기도 하다. 또한 시간에 따른 변화나 변화 내용들을 살필 수도 있다. ③은 수업 일기를 다른 방식으로 활용할 수 있음을 보여준다. 읽기나 논술 지도에서 활용할 때 그 효과가 클 것이다. 읽기에서는 제재를 읽고 요약하고 이해한 내용을 추론하는 활동을 하면서 학생이 한 내용을 감(자료)으로 삼아 교사와 주고받는 활동을 할 수 있다. 그런 활동을 통해 이해 정도를 점검하거나 추론의 적절성을 되짚어볼 수 있다. 혹은 수업 시간에 할 수 있는 다양한 질문을 적는 공책을 만들고 이를 바탕으로 되짚어주기와 되짚어보기를 할 수 있다.

그리고 수업 시간마다 학생들이 돌아가면서 일기를 쓰게 하고, 교사가 그것을 되짚어보면서 교사의 의견을 덧붙여 놓은 다음 학생들이 그것들을 시간이 날 때마다 읽어보고 때때로 간단한 주석을 붙이도록 한다면 ⑥의 내용처럼 수업에 대한 인식을 교사와 학생이 공유할 수 있을 것이다. 이와 같은 일들이 꾸준히 반복된다면, 특정 단원혹은 특정의 활동에 수업 일지가 미친 영향을 질적 조사연구 형식으로 발표할 수도 있다. 이런 조사연구는 현재 거의 나와 있지 않다.

일기 연구 절차는 일반적으로 다섯 단계로 나뉜다(Baily, 1990). 자료 수집 단계에서는 먼저 일기 쓰는 사람의 개인별 학습 이력에 대한 설명과 함께 시작한다. 이 단계에서는 몇몇 기재 사항에 대해 밝히기를 꺼릴 수 있지만 될 수 있는 대로 숨김이 없어야 한다는 점을 염두에 두어야 하는데, 이를 자료를 모으는 원칙으로 삼아야 한다. 이렇게 모은 애초의 기반 자료는 그 뒤 공공 열람, 즉 여러 사람이 읽거나 연구 결과의 발표를 통해 공개될 것을 대비하여 다듬어진다. 유형과 중요한 사건을 찾아내고, 국어 학습에서 중요한 것으로 보이는 요인들을 해석하고 논의의 초점으로 부각시킨다. 이와 같은 절차를 여러 차례 되풀이하여 실행하게 될 것이다. 아마도 실질적으로 쓸 수 있는 상당량의 자료를 모을 때까지 자료를 분석하고 해석하는 일을 미루는 것이 좋을 듯하다. 이는 조사연구자로 하여금 부정확하거나 부당할 수도 있는 설익은 결론에 이르는 일을 피할 수 있게 도와준다. 더욱이 이른 시기에는 기록해 놓은 일들이 조사연구의 전체 맥락에 따라 이해되지 않고 어느 정도 시간이 지난 뒤에라야 유형들로 묶이는 경우가 대부분이기 때문에 더욱 그러하다. 요약하자면, '자료 수집 – 발견하기(중요한 사건) – 해석하기 – 논의의 초점으로 부각하기 – 공개할 만한 수준으로 자료 다듬기'의 단계를 거친다.

같이 생각해 보기

1. 시험 삼아 자신의 교수·학습 경험을 중심으로 일기를 한번 써봅시다. 기간이 길면 좋겠지만, 그렇지 않더라도 며칠 동안 쓴 일기를 중심으로 다음 물음에 답해봅시다. 단, 다음에 나오는 물음들은 일기를 쓰는 과정에서는 고려하지 않는 것이 좀 더 신뢰도가 높은 자료를 모을 수 있도록 해줄 것입니다.

㉮ 자신의 일기는 정서적 요인(동기나 태도, 걱정거리, 불만이나 만족감), 사회적 요인(다른 교사들과의 관계, 학생과 자신과의 관계, 의사소통의 문제), 교수·학습 요인(수업 방법, 특정 학급에서 수업, 자료 계발) 가운데 어디에 치중하고 있습니까?

㉯ 위에서 특정 요인에 편중되어 있다면 그것은 문제 되는 상황일 수 있습니다. 그 문제점을 서술해 봅시다.

㉰ 일기를 쓰면서 새롭게 생각하거나 깨달은 내용은 무엇입니까? 이들이 앞으로 있을 교수·학습 계획에 도움을 주리라 생각합니까, 주지 않으리라 생각합니까?

㉱ 일기를 한 달 뒤에 다시 읽어보고, 그때의 생각을 위의 물음에 답한 내용과 견주어봅시다.

2. 최근에는 상위인지 전략의 중요성을 강조하면서 이를 활성화하기 위한 방법으로 학습자의 학습 일지를 보조 도구로 사용하는 논의들이 있습니다. 손혜진·김민경(2014)에서 한국어 학습에서 학습 보조 도구로서 학습자가 쓴 학습 일지의 활용을 제안하고 있습니다. 학습 일지 활용의 실례로 다음을 제시하고 있는데, 현장 연구에서 이와 같은 자료를 활용함으로써 얻을 수 있는 혜택은 무엇이겠습니까?

질문 예시	관련 범주
① 오늘 한국어를 공부하면서 즐거웠던 때가 있었다면 언제입니까? ② 오늘 한국어를 공부하면서 답답했던 때가 있었다면 언제입니까?	상위인지 경험
③ 오늘 한국어를 쓰거나 말하고 싶었는데 잘 표현하지 못한 것이 있습니까? 그렇다면 그 이유는 무엇입니까? ④ 오늘 한국어로 듣거나 읽은 것 중에 잘 이해하지 못한 것이 있습니까? 그렇다면 그 이유는 무엇입니까?	상위인지 경험 자기 이해 과제 이해
⑤ 오늘 수업 시간에 배운 것은 무엇입니까? ⑥ 오늘 수업 시간에 배운 것을 통해 무엇을 할 수 있습니까?	과제 이해
⑦ 배운 것 중에 쉬운 것은 무엇이었습니까? 왜 쉬웠습니까? ⑧ 배운 것 중에 어려운 것은 무엇이었습니까? 왜 어려웠습니까?	상위인지 경험 자기 이해 과제 이해
⑨ 오늘 수업 시간에 어려운 것이나 잘 모르는 것이 있었을 때 어떻게 하였습니까? 그 방법이 도움이 되었습니까?	전략 사용
⑩ 오늘 수업에 대해 더 쓰고 싶은 이야기가 있으면 자유롭게 써보세요. 그리고 내일은 어떻게 공부하면 좋을지도 생각해 보세요.	상위인지 경험 목표 형성

　　일지나 비망록 그 자체가 의미 있는 정보를 알려주지는 않는다. "일기나 일지, 비망록 쓰기를 통해서 얻은 자료가 분석될 때까지 잠재적인 의미를 지닐 뿐이다." 의미 있는 정보를 끌어내기 위해서 Bailey(1992:224)에서는 일기를 예로 들면서 "일기 담당자가 진실로 그 기록으로부터 배우고자 한다면, 일기 항목들을 읽어나가면서 그

속에 있는 유형들을 찾아내려고 애써야 한다."라고 지적했다. 아울러 학습자들의 수업 경험을 들춰보는 일이 가능하다면 그런 경험에서 문제점이 무엇인지 세부적으로 지적해 주는 데 필요하기도 하다. 개인적으로 따로 떨어져 있는 학습자로서 자신의 경험만으로는 극복할 수 없는 단점들을 깨닫게 해주는 일이 가능하다는 말이다. 앞의 2번 문항에서 학습 일지는 "교사와 학습자 간의 상호작용의 질을 높이고 학습자의 상위인지가 발달하는 과정을 추론할 수 있는 연구 자료로도 사용될 수 있다. 학습 일지는 학습자가 한국어 학습을 하면서 겪는 다양한 인지적·정의적 사건들의 기록물로서, 학습자에 대한 교사의 이해를 높여줄 수 있을 뿐만 아니라, 학습자가 실제 필요로 하는 도움이 무엇인지를 구체화하는 근거로 사용될 수 있다(손혜진·김민경, 2014:170)."

(3) 일지를 이용한 조사연구에서 외적 타당도 위협

안으로 살핀 다른 자료와 마찬가지로 일지나 비망록을 활용한 연구는 외적 타당도(≒일반화 가능성)의 위협에 맞닥뜨리게 된다. 즉 단일 혹은 소수의 일지나 비망록을 바탕으로 끌어낸 결론이 다른 교수·학습 상황에도 적용될 수 있을까 하는 문제가 남는다. 또한 일지나 비망록에 적힌 내용들이 반영되는 시점에 대해서도 비판을 할 수 있다.

그렇지만 일지나 비망록을 통해 얻은 자료들은 희소성을 지니며, 다른 방법으로는 모을 수 없는 자료들을 제공해 준다. 제대로 된 자료이기만 하다면, 즉 자료의 신뢰성이 보장된다면 교수·학습에 관련되는 여러 측면을 생생하게 보여줄 수 있다. 또한 조사연구의 밑바탕을 제공해 주기도 한다. 즉 조사연구의 어떤 측면에 초점을 모아야 하는지, 그리고 실제로 어떤 현상이 주목할 만한지를 판단할 수 있는 역할을 할 수가 있는 것이다. 이를테면, 쓰기에 흥미를 느끼지 못하는 남학생 집단이 일지에서 반복적으로 발견됨을 알아내고, 이에 대한 실태 조사를 거쳐 해결 방안을 제시하는 현장 조사연구로 이어질 수 있다.

일기 조사연구가 앞에서 언급한 장점에도 불구하고 널리 이용되지 않는 것은 두 가지 이유 때문이다. 하나는 일기를 놓고서 조사연구를 하는 방법이 비교적 최근에 나타났기 때문에 그런 조사연구를 설계하는 데 필요한 선택 내용을 고려하는 데 낯설기 때문이다. 다른 하나는 조사에 끌어들이는 대상자에 달려 있는 문제 때문이다. 무엇보다도 조사연구 대상자는 글말 능력을 지니고 있어야 하며, 조사연구를 하는 데 시간과 품이 많이 든다. 아울러 시간에 맞춰 적어 두는 일이 언제나 바라마지 않는 일은 아니라는 것이다. 일기로부터 얻는 정보들이 깊이 있고 충분한가 하는 점도 일기 조사연구를 어렵게 하는 요인이다. 시간이 지남에 따라 일기에 담기는 정보가 한결같지는 않을 것이기 때문이다. 이런 문제를 해결하기 위해서 조사연구자 스스로 쓴 일기를 활용할 수 있는데, 이럴 경우 조사연구의 범위가 줄어들고 신뢰도에도 문제가 있을 수 있다.

(4) 조사연구 일지

조사연구 일지는 앞에서 언급했던 일기와는 다른 형태이다. "자신이 관심을 기울이는 일이 무엇이며, 지금까지 알고 있는 것에 대해 어떤 생각을 하고 있는지 자리매김할 수 있는 최선의 방법은 조사연구 일지로부터 시작한다(Hatch & Lazaraton, 1991:10)." 양적 조사연구에서 작업 일지는 일반적으로 자료 묶음인 경우가 많지만, 질적 조사연구에서 조사연구 일지는 내적인 대화의 기록으로, 다소 느슨한 형태의 조사연구 자료라 할 수 있다. 안으로 살피고 분석함으로써 사적인 지식을 공개적인 지식으로 바꾸는 연모가 될 수 있는 것이 조사연구 일지다. 이런 조사연구 일지를 기록함으로써 독자들에게 생각의 전개 과정을 알게 하며, 시간 관리 능력을 기를 수 있고, 앞으로의 연구 방향을 잡을 수도 있다. 주장이 믿을 만한 것이 되도록 하기 위해서는 주장들이 어디에서 비롯되었는지를 알려줄 정보가 필요한데, 이때도 조사연구 일지에 기록한 내용이 한몫을 한다. 자료의 객관적인 분석에 초점을 맞추는 양적 조사연구에서는 모으는 방법을 적어둠으로써 자료들에 있을 수 있는 빈틈을 발견할 수 있게 해준다. 질적 조사연구는 연구 주체의 사고의 흐름뿐만 아니라 일상생활을 하는 가운데 부딪히는 여러 장면이 조사연구를 해석하고 방향을 잡는 데 영향을 줄 수 있다. 애초에 조사연구의 주제와 거리가 멀거나 부차적이라고 간주했던 요소들이 그런 나날의 사소한 일들에서 비롯될 수 있는 것이다. 이런 자잘한 일들을 기록할 수 있도록 해주는 것이 조사연구 일지다.

이와 같은 장점에도 불구하고 실제로 조사연구 일지를 쓰는 사람은 그리 많지 않다. 그 중요성을 제대로 깨닫지 못하기 때문이기도 하지만, 조사연구 일지나 앞서 언급했던 일기를 적어두는 일 자체가 품이 많이 들기 때문이기도 하다. 그러나 일지를 쓰면 보관된 일지 그 자체가 분석과 해석의 과정을 보여주기 때문에 새로운 자료와 주제를 곰곰이 생각해 볼 수 있게 하는 장점이 있다.

그렇다면 어떻게 일지를 적어나갈 것인가? 과학적인 조사 자료는 어느 정도 타당도와 신뢰도를 충족할 필요가 있다. 따라서 일지 자체가 자료의 원천이기 때문에 세부적인 기법을 익혀두어야 한다. 만약 연필과 같은 전통적인 필기구를 써서 조사연구 일지를 정리

2부 현장 조사연구 자료 수집 및 집계

할 때는 날짜와 쪽수를 적어놓은 묶음 형식의 기록 용지를 사용하는 것이 좋다. 여기에는 적을 내용의 대강을 미리 제목 형식으로 제시해 주어야 하는데, '관찰 내용, 어떤 자료를 어떻게 모았는지에 관련되는 방법, 이론과 가설에 관련되는 부분, 개인적인 생각이나 느낌을 적어두는 부분'으로 영역을 갈라 인쇄 또는 복사해서 쓸 수 있다. Cryer(2000 : 99)에서는 다음과 같은 세부 항목들을 제시했는데, 필요에 따라 더하거나 뺄 수도 있다.

조사연구 일지에 포함되는 세부 항목들 – ⑧, ⑨번은 필자가 더함

① 언제, 어디서, 무엇을, 어떻게, 왜 했는가?

② 무엇을 읽었는가?

③ 어떤 자료를 모았으며, 어떻게 그것을 처리했는가?

④ 자료 분석의 결과는 무엇인가?

⑤ 특별한 성과는 무엇인가?

⑥ 일어난 일에 대한 생각이나 느낌은 무엇이며, 자신의 조사연구에서 어떤 생각을 제공해 주는가?

⑦ 조사연구에 영향을 미치는 요소로는 어떤 것들이 있는가?

⑧ 지도교수나 동료의 조언은 무엇인가?

⑨ 다음의 조사연구에서 챙겨보아야 하는 것은 무엇인가?

조사연구를 수행하다 보면 서로 연관되는 문제들을 보게 된다. 그런 점에서 어느 정도 연구 업적이 쌓이다 보면 지난날 자신이 했던 연구가 지금의 연구와 연결되기도 하고, 지금의 연구로는 감당할 수 없지만 지금의 연구와 관련하여 연구할 수 있는 또 다른 주제가 떠오르기도 한다. 필자가 특히 ⑨번을 덧붙인 이유이다. ⑥과 같은 항목에 대한 답은 연구가 이루어지는 바쁜 가운데 사소한 일이라고 놓칠 수 있지만, 경우에 따라 연구에 새로운 착상과 영감을 제공해 주는 경우도 있으므로 무시하지 말아야 한다. ⑧의 경우, 지도교수와 면담 자리에서 간단하게 적어둔 내용을 연구로 끌어들일 수 있도록 하기 위해서 기록이 필요함을 보여준다. 또한 공동 연구자 혹은 연구 공동체에 딸려 있는 사람끼리 사적이든 공적이든 연구와 관련하여 나눈 이야기들을 조사연구와 관련지을 때 유용하게 활용할 수 있다.

컴퓨터가 널리 쓰임에 따라 종이에 연필로 적는 방법에서 컴퓨터로 기록하는 방향으로 바뀌고 있다. Altrichter & Holly(2005)는 자료로서 조사연구 일지가 행위와 일 등에 대한 설명을 해주는 기술적인 연속의 한 부분이기 때문에 중요하다고 했다. 그와 같은 맥락에서는 조사연구자가 강조하고 작성한 세부 내용들이 요약보다 중요하다. 따라서 일반적인 사항보다 세부적인 내용에 초점을 모아야 한다.

5. 면담 조사

(1) 면담 조사의 특징

질문을 중심으로 조사를 한다는 점에서, 면담 조사[17]는 설문 조사와 비슷한 측면이 있다. 그리고 면담 조사의 본질적인 측면들이 질문하기와 밀접한 관련이 있다(Foucault, 1977). 그렇지만 설문 조사가

---

17) '면접'이라는 용어가 쓰이고 있는데, 면접은 일반적으로 시험 상황에서 수험생과 면접관의 대화를 가리키므로 이 책에서는 일관되게 '면담'이라는 용어를 쓰도록 한다. 다만 면담은 무표적인 용어이며 집단으로 이루어지는 면담의 경우 '집단 면담'이란 용어를 쓰도록 한다. 단순히 개인과 집단의 수식어 차이를 넘어서 이들 사이에 다른 점들이 있기 때문이다.

비교적 제한된 질문으로 이루어지기 때문에 물음과 답변이 닫혀 있다면, 면담 조사는 물음과 답변이 열려 있다는 특징이 있다. 아울러 면담에서 발언권 교체와 참여자들의 역할, 언어 표현들은 대체로 문화 관습의 영향을 많이 받는다.

면담을 하는 사람이나 면담을 받는 사람이 면담 과정에서 의문점을 묻고 답하는 과정에서 더 상세한 정보를 얻을 수 있다는 장점도 있다. 이때 조사연구자는 면담의 목적을 늘 염두에 두고 그것에서 벗어나지 않도록 유의해야 한다. 설문 조사에서와 마찬가지로 면담 조사는 사실을 확인하고 개인적인 인식과 깨달음, 경험 내용이나 의견, 더 좋아하는 것 등을 물을 수 있다. 아울러 교사를 대상으로 한다면 수업 시간에 대한 비판에 바탕을 둔 생각들을 자유롭게 물어볼수 있다.

(2) 면담 조사의 주요 갈래

면담 조사는 격식성의 정도와 면담 조사의 주체, 면담이 이루어지는 차례에 따라 잘게 나누어진다.

먼저 질문의 유형과 격식성의 정도에 따라 '완전히 짜여 있는 면담 조사'와 '전혀 짜여 있지 않은 면담 조사', '반쯤 짜여 있는 면담 조사'로 나눌 수 있다.

'완전히 짜여 있는 면담 조사'는 매우 엄격한 구조를 지닌다. 질문 항목들이 설문 조사처럼 마련되어 있고, 조사하는 매체와 방법만 다를 뿐이다. 즉 질문 항목을 미리 정해두고, 면담 대상자의 입말 진술을 녹음하고 이를 전사하는 것이다. 면담이 이와 같이 이루어지는 경우 대면 대화의 특성상 익명성을 온전히 유지할 수 없지만, 설문 조사에서 오해의 여지가 있는 경우 그런 오해를 면담 자리에서 해결할 수 있다는 장점이 있다. 그렇지만 '완전히 짜여 있는 면담 조사'는 부호화 계획에 따라 응답 내용들을 등재하기 때문에 다양한 변이 가능성이나 자발성을 허용할 여지가 거의 없다. 이와 같은 면담 조사는 글말 능력이 떨어지는 대상을 면담하거나 응답 내용을 엄격히 통제하고 싶은 경우에 사용한다. 이때 면담자(연구자)는 중립성을 지키면서 면담 참여자(응답자)들에 대한 어조나 태도에서 일관성만 유지하면 된다. 면담에서 중립성이라는 말은 분명하지 않다. 응답자가 말하는 대로 지켜보면서 대화를 계속 이어나가는 일이 중립적인지, 아니면 응답자의 반응에 상관없이 준비된 물음을 차례대로 던지는 것이 중립적인지 분명하지 않다. 그리고 중요한 점은 어떤 경우든 일관된 태도를 엄격히 지켜야 조사연구의 목적이 달성될 만한 주제인지 여부와 특별히 선택된 현장 조사연구 방법의 적절성 여부를 면밀히 따져볼 수 있다는 것이다.

면담과 관련하여 Silverman(2008:121)에서 다음과 같이 좀 더 구체적인 지침을 제시하고 있다.

① 연구에 대해 장황한 설명에 발을 들여놓지 말 것
② 일련의 질문으로부터 벗어나지 말 것
③ 다른 사람이 방해하지 않도록 하며 응답자의 생각이나 의견을 대신 다른 사람이 제공하지 않도록 할 것
④ 응답을 암시하지 말 것, 혹은 응답에 동의하거나 반대하지 말 것
⑤ 질문의 의미를 해석해 주지 말 것
⑥ 응답의 범주를 더하거나 질문의 표현을 바꾸는 것과 같은 임기응변을 하지 말 것

　　　　　　　　　　　　2부 현장 조사연구 자료 수집 및 집계

이 지침 가운데 ⑤, ⑥은 면담자의 중립성을 강조하는 것으로 해석이 가능하다.

'전혀 짜여 있지 않은 면담 조사'라는 용어는 오해의 소지가 있다. 이런 면담에서도 미리 준비되지 않은 경우는 드물기 때문이다. 다만 현장 조사연구자의 의제뿐만 아니라 면담 주체의 개입이 최소한으로 나타나고 응답자의 반응에 따라 면담이 이루어지기 때문에 그 방향은 비교적 예측 불가능하다. 면담 주체는 면담이 이루어지는 동안 불분명한 표현에 대해 질문을 하기도 하며 방해되는 요소들이 가장 적게 나타나도록 한다. 면담을 하는 사람은 면담의 목적을 늘 염두에 두고 면담을 진행해야 할 뿐만 아니라 면담을 받는 사람도 그런 목적을 알고 면담에 임해야 한다. 이는 실로 중요한데, 면담의 목적이 없다면 사적인 대화일 뿐이기 때문이다. 특히 면담의 목적을 면담을 받는 사람에게 알려주지 않고 면담 내용을 조사연구에 이용한다면 그것은 비윤리적이며 비효율적일 것이다.

'완전히 짜여 있는 면담 조사'보다 형식이 훨씬 더 자유롭다는 점이 이 갈래 면담의 특징이다. 그에 따라 격식을 갖춘 면담보다 더 많은 자료를 얻을 수 있다. 이와 같은 면담 조사 유형은 어떤 현상에 대해 더 깊이 있는 설명이 필요하거나, 어떻게 어떤 현상이 발전했는지 설명이 필요할 때 해볼 수 있는 방법이다. 또한 양적 조사연구를 수행하기 이전에 탐색을 위한 작업으로 쓰일 수 있다. 그 반대로 양적 조사연구에서 부족한 점을 메우기 위해서 이용할 수도 있다.

이 유형의 면담에서 면담자는 유연성을 보이면서 적극적인 듣기를 해야 한다. 또한 열려 있고 왜곡되지 않은 의사소통을 끌어내도록 분위기를 만들고 질문을 해야 한다(Holstein & Gubrium, 1997 : 116). 말하자면, 면담자가 응답자를 조종하거나 의도에 따라 응답을 요구한다는 인식을 주지 않는 것이 중요하다. 또한 면담 대상자도 신중하게 선택해야 한다. 면담 대상자를 선택할 때 '눈뭉치 표본뽑기' 방법을 써볼 수 있다.

'반쯤 짜여 있는 면담 조사'는 앞의 두 형식을 절충하는 형태로, 가장 많이 이용할 법한 방법이다. 어느 정도 짜여 있는 면담 조사 계획을 바탕으로 면담 대상자와 자유롭게 이야기를 주고받는 형태로, 면담 상황에서 즉흥적인 질문과 답변, 면담 내용의 상세화가 가능하다. 이와 같은 형태의 면담 조사는 연구자가 해당 영역에 대해 어느 정도 알고 있지만 주제를 더 발전시키기 위해서, 응답자 설명의 폭과 깊이를 제한하는 짜인 응답 범주를 이용하지 않으려고 할 때 쓸 수 있는 방법이다. 일반적으로 면담 주체는 모든 참여자에게 같은 질문을 하겠지만, 다양한 질문거리로 핵심 질문을 보충할 수 있다. 이때는 특히 조사연구의 목적을 잊지 말아야 한다. 완전히 열려 있는 면담은 자유롭게 면담을 하는 과정에서 새로운 주제가 부각될 여지가 있으며, 다른 주제로 발전할 가능성을 열어두고 있다. 그렇기 때문에 유연성이 미덕일 수 있다. 하지만 '반쯤 짜여 있는 면담 조사'에서는 조사연구의 목적이 분명하지 않을 경우, 이도 저도 아닌 어정쩡한 면담이 될 가능성이 크다.

면담을 하는 주체가 누구인지에 따라 면담 조사를 나눌 수도 있다. 조사연구자가 직접 면담을 할 수도 있지만, 다른 사람의 힘을 빌려서 면담 조사를 할 경우에는 면담자들 사이의 일관성이 중요하다. 이럴 때를 대비하여 면담자들을 위한 일러두기를 명확히 진술해 줄 필요가 있고, 일러두기 내용을 완전히 알고 있는지를 확인할 필요도 있다. 그리고 면담자들은 연습 과정을 거치는 것이 좋다.

널리 쓰이는 구분 방식은 아니지만 면담이 단 한 번으로 끝나는가, 아니면 여러 차례에 걸쳐 이루어지는가에 따라 나누기도 한다. 대체로 면담 조사는 30~60분에 걸쳐 이루어지고, 그것으로 끝나는 일회성 면담 조사가 많다. 이런 면담은 온전하고 풍부한 자료를 얻기 힘들다는 단점이 있다. 충분하고 깊이 있는 정보를 얻기 위해 세 차례의 면담을 할 필요가 있다고 주장하는 사람도 있다. 이때 첫 번째 면담은 말을 트기 위한 친교의 목적으로 진행되며, 주제에 대한 면담은 수박 겉 핥기가 될 가능성이 크다. 두 번째 면담이 이루어지기까지의 기간 동안에 면담을 받는 사람들은 면담 주제에 대해 더 깊이 생각해 볼 수 있다. 따라서 두 번째 면담에서는 첫 번째 면담보다 더 주제에 초점이 맞추어진다. 세 번째 면담에서는 두 차례의 면담 내용을 전사하여 분석하고, 설명에서 빠진 부분을 채워 넣고, 면담 대상자가 분명하게 설명할 수 있도록 세부적인 질문을 곁들인다.

'면담(面談)'이라는 말에서 알 수 있듯이, 대부분의 면담은 연구자와 면담 참여자 사이의 일대일 대화를 전제로 한다. 그러나 집단을 대상으로 면담을 할 수도 있다. 이런 경우에는 면담 대상자들이 면담의 내용을 공개적으로 들을 수 있기 때문에 입체적인 면담을 할 수 있다. 아울러 면담 받을 사람을 일일이 찾아다니는 번거로움 없이 의도했던 자료를 모을 수 있다.

면담 조사의 수고로움을 줄일 수 있는 방법으로, 설문지 조사연구에서와 마찬가지로 누리그물을 이용하는 방법을 생각해 볼 수 있다. 주로 전자편지를 이용하게 되는데, 익명성 때문에 답변자의 책임이 그만큼 줄어들 수 있다. 설문 조사에서 익명성은 긍정적인 측면과 부정적인 측면을 동시에 지니고 있다. 긍정적인 점은 책임을 지지 않아도 되기 때문에 좀 더 솔직한 답변을 얻을 수 있다는 것이다. 그렇지만 불성실한 답변이나 과장이 섞인 답변을 할 수 있다는 것은 단점으로 꼽힌다. 이와 같은 부정적인 측면을 줄이기 위해서는 답변의 내용이 관련이 있는 사람들에게 적지 않은 영향을 미칠 수 있다는 점을 상기시켜 주는 것이 좋다. 이를테면, 과학고 졸업생들을 대상으로 과학고 재학 시 가장 유익한 국어 교과 활동이 무엇이었으며, 어떤 활동이 지금 현재 더욱 필요한지 조사를 한다고 가정해 보자. 그럴 경우 졸업생의 답변이 자신과 관련이 있는 학생들, 즉 과학고에 현재 다니고 있는 후배들의 국어과 활동에 큰 영향을 미칠 수 있다는 점을 상기시켜 준다면 더욱더 성실한 답변을 끌어낼 수 있으며, 응답률도 높일 수 있을 것이다.

(3) 면담 조사에 영향을 미치는 요인들 – 시간, 언어 표현, 자리 배치

면담 조사에서 가장 고려해야 하는 요인은 시간이다. 면담 조사자가 쓸 수 있는 시간뿐만 아니라 면담 대상자의 시간적 여유도 고려해야 한다. 특히 면담을 받을 사람에게 어느 정도의 시간이 걸릴 것인지를 분명하게 알려주어야 한다. 그리고 면담 조사자는 그 시간 안에 면담을 마칠 수 있도록 최선을 다해야 한다. Powney & Watts(1987:118)에서는 면담 조사를 1시간 진행한다면 준비와 여행, 요약을 위한 시간이 추가로 3시간이 더 있어야 한다고 말한다(Wallace(1998/2008:229)에서 재인용). 이는 면담 조사가 왜 질적 조사연구에 포함되며 면담자를 다수로 정할 수 없는지 암시해 준다.

면담이 이루어지는 상황을 고려해 보면, 면담을 하는 사람과 면담을 받는 사람 사이의 인간관계에 따른 언어 사용의 문제가 나타날 수 있다. 국어 교사들의 현장 조사연구 주제들 대부분은 모국어 학생들을 대상으로 하기 때문에 어휘 사용에서 사투리의 사용이 많지 않을 것이다. 다만 질문하는 사람(교사나 다른 연구자)의 어휘 수준을 조정할 필요는 있다. 외국인을 위한 한국어교육 분야에서 현지 조사를 할 때는 학습자가 사용하는 언어, 어휘, 언어에 딸린 관례의 사용에서 있을 수 있는 차이를 잘 조정해야 할 것이다. 중국 사람이나 일본 사람뿐만 아니라 다른 문화권에 사는 사람들의 거절 화행과 요청 화행에 대한 연구에서 드러나듯이, 의사소통에 관련되는 관례나 규범의 문제도 면담에 참여하는 사람의 입장에서 고려해야 한다.

면담을 하는 사람이 교사이고 그 대상이 학생이라면 학생은 주눅이 들어서 응답을 제대로 못 할 수도 있다. 이는 학부모의 경우도 마찬가지인데, 교사의 권위를 지나치게 내세우게 되면 종종 면담이 실패로 끝날 수 있다는 점을 새겨두어야 할 것이다. 이를 위해서 한 가지 생각해 볼 수 있는 것은 응답자와 면담자의 자리 배치다. 예컨대, 면담자가 응답자와 마주 보고 앉기보다는 옆에 나란히 앉는 것이 더 효과적일 수 있다.

(4) 면담 자료를 바라보는 관점

면담을 통해서 얻을 수 있는 자료로는 우선 사실적인 정보가 있다. 여기에는 면담자의 인구학적 정보, 단체의 구성이나 방침에 대한 정보, 사건이나 응답자가 소속되어 있는 공동체에 대한 정보가 포함될 수 있다. 면담을 통해서 사실들에 대한 믿음을 조사해 볼 수 있으며, 감정이나 동기, 과거나 지금의 행위, 의식적인 추론 등도 포함될 수 있다. 여기서는 면담을 통해 얻을 수 있는 자료를 바라보는 관점에 대해 간단히 살펴보기로 한다.

면담 조사를 통해서 얻고자 하는 자료를 자리매김하는 태도에 따라 세 가지 입장으로 가를 수 있다(Silverman, 2008:118-143). 하나는 학습자의 태도나 행위에 대한 사실만을 모으고자 하는 입장이다. 이런 입장에서는 조사연구 환경에 대해 별다른 주의를 기울이지 않고, 타당하고 믿을 만한 자료를 모으는 데 관심을 둔다. "주제에 대해 동의나 반대의 뜻을 비치지 말고 질문의 의미도 해석해 주지 마라. 그리고 어순의 변화라든지 답변의 범주에 대한 예도 들지 마라."라는 지침이 내려질 법하다. 이런 태도는 양적 조사연구의 태도와도 비슷한데, 주로 잘 짜인 면담을 선호하게 되고, 표본도 무작위로 선택하는 경우가 많다. 이런 입장에 선 사람들은 면담 자료를 통해 잘 알려져 있지 않은 사실이나 본질을 발견하고자 하는 데 초점을 두기 때문에 해석이나 이론적인 문제들을 중요하게 생각하지 않는다. 이런 태도를 지닌 조사연구자가 면담을 이용하는 이유는 실제 면담을 통해 서면 조사보다 좀 더 사실적인 정보를 얻을 수 있고 그에 따라 여러 사람의 진술을 종합하여 좀 더 객관적 실체에 접근할 수 있다고 생각하기 때문이다. 이와 같은 경향은 주로 경험주의의 영향을 받은 것으로, 양적 조사연구를 선호하는 연구자에게서 발견된다.

이와는 다르게 응답자의 실제 세계 체험, 즉 살아 있는 체험을 담고 있는 자료를 중시하는 태도가 있다. 그에 따라 실제 체험에 담겨 있는 감정도 중시한다. 응답자를 바라보는 관점도 앞의 입장과는 다르다. 앞의 입장에서는 면담 대상자를 조사연구자의 질문에 적절하게 반응하는 대상으로 바라보지만, 이 관점에서는 면담 대상자들이 세계와 상호작용을 통해 자신의 세계를 구성해 나간다고 보기 때문에 개별적이고 구체적인 실제 체험을 담은 자료를 더 가치 있다고 여긴다. 당연히 응답자가 놓인 환경이나 상황과 같은 맥락을 중히 여긴다. 이런 입장에서는 주로 짜여 있지 않은 열린 면담을 선호하게 된다. 궁극적으로 면담의 더 발전적인 형태인 심층적인 면담으로 이어지는 것이 바람직하다고 생각한다. 앞의 실증주의적 입장에서 본다

2부 현장 조사연구 자료 수집 및 집계

면, 이와 같이 맥락을 중시하는 태도는 신뢰도를 해치는 요인으로 간주하고 자료를 모으는 온당한 방법이 아니라고 생각할 수 있다.

면담자와 응답자 사이의 상호작용을 통해 유의미한 자료를 얻는다는 입장도 있다. 이런 입장에서는 면담에서 얻은 자료들은 단순히 조사연구의 원천이 아니라, 있을 수 있는 여러 개의 조사연구 주제 가운데 하나라는 유연한 태도를 취한다. 이를테면, 학생들과 면담에서 공동의 문제 해결자로 같이 문제를 해결하려는 태도를 보여준다. 이런 입장에서는 응답자의 대답과 의견은 고정된 창고에서 배달되는 것이 아니라 면담자와 면담 대상자가 힘을 합쳐 구성하는 실재의 한 측면으로 여긴다. 중요한 것은 어떤 재료를 가지고 어떻게 구성하는가 하는 점을 눈여겨보아야 한다는 점이다(Silverman, 2008:130). 이런 입장이 지니는 문제는 자료를 모으는 절차적 의미가 퇴색된다는 것이다. 따라서 질적 조사연구 방법으로서 면담은 주로 무엇을, 어떻게 구성하는가에 초점을 맞추어야 할 것이다.

국어교육과 관련하여 면담자와 응답자의 관계는 사안에 따라 적절하게 조정해야 한다. 만약 응답자가 배움의 세계나 앎의 세계를 능동적으로 재구성하는 학습자라면, 그리고 학생을 그렇게 간주한다면 깊이 있는 이해가 이루어질 수 있도록 상호 주관적인 태도를 지닐 필요가 있다. 아울러 위에서 제시한 세 가지 관점 가운데 하나를 선택했다면 그러한 관점을 정당화하거나 그에 대한 설명을 덧붙일 필요가 있다.

(5) 면담 조사의 절차

조사연구의 주제를 정하고 조사 방법을 선택했다면, 그다음에 할 일은 도구를 마련하는 일이다. 우선 질문의 유형과 이를 언어로 표현하는 일이 면담 조사에서 필요하다.

질문거리를 언어로 표현하는 일에 대해 생각해 보기로 한다. 단도직입적으로 묻고자 하는 핵심 질문을 할 수도 있지만, 가볍게 답할수 있는 질문거리를 마련하는 일을 우선 생각해 볼 수 있다. 가벼운몇 가지 질문에 성공적으로 답을 할 경우 면담 대상자들은 자신감을얻게 되고, 여유를 가지고 다음 질문에 답을 할 수 있게 된다. 면담대상자가 질문에 답변하는 정도는 결국 전체 면담 조사의 품질을 결정할 만큼 중요하다.

질문의 유형은 조사연구의 목적이나 주제와 밀접한 관련이 있다.내용 질문의 유형으로 Patton(2002)에서는 여섯 가지를 제시하고 있다. '경험이나 행위에 대한 질문, 의견이나 가치관에 관한 질문, 느낌에 대한 질문, 지식에 대한 질문, 감각에 대한 질문, 인구 조사나 배경에 대한 질문'이다. 아울러 탐색 질문도 고려해 보아야 하는데, 이는 더 깊이 있는 질문으로 나아가기 위해 필요하다. 이런 탐색 질문은 또한 설명 내용을 분명히 하거나 다듬을 필요가 있는 경우에 사용할 수 있다. 그리고 끝맺음 질문은 면담 대상자에게 마지막으로덧붙일 기회를 주도록 마련된다.

질문거리를 언어로 표현할 때는 지나치게 부담을 주는 표현(이를테면 감정에 치우친 표현)이나 분명하지 않은 낱말을 사용하지 않도록 하며, 전문용어를 많이 사용하는 일도 피해야 한다. 되도록이면 쉽고단순하게 표현하는 것이 좋다. 응답자가 혼란스러워하거나 뜻을 분명하게 파악하지 못한다면 원하는 내용을 얻을 수 없기 때문이다.

다른 일과 마찬가지로 면담 조사 역시 얼마나 계획을 잘 세워서추진하느냐가 성패를 좌우한다.

　　　　　　　　2부 현장 조사연구 자료 수집 및 집계

면담 조사 계획에서 점검해야 할 항목들

① 질문 내용들은 조사하고자 하는 전 영역을 아우르며, 빠뜨린 항목이 없는가?

② 질문거리를 적절하게 언어로 표현했는가?

③ 필요하다면 쓸 수 있는 유용한 질문거리(면담을 받는 사람이 말문이 막혔을 때 이를 해결할 수 있는 질문거리 등)를 포함하고 있는가?

④ 면담을 부드럽게 시작할 수 있는 말들이 포함되어 있는가?

⑤ 면담에서 주의할 내용들을 잘 알고 있는가?

⑥ 기록하는 방법은 무엇인가?

⑦ 녹음기(녹화기)의 기능은 충분히 익혔으며, 충전지는 준비를 잘 해두었는가?

⑧ 그 녹음(녹화)된 자료에 이름은 어떻게 붙일 것인가?

①은 같은 목적으로 면담이 두 번 이루어질 수 없다는 점을 상기한다면 반드시 점검해야 한다. 면담의 목적에 비추어 면담 항목들을 꼼꼼히 챙겨볼 필요가 있다. ②는 면담 조사자에게 맞는 언어 표현인지 점검해 보아야 한다는 내용이다. 전문용어를 써야 한다면 이를 면담 참여자가 알 수 있도록 준비해 두어야 한다. ③은 ④와 함께 면담이 면담자와 면담 참여자 사이의 상호작용이라는 점과 관련되는 내용이다. ⑤는 면담 전반에 걸쳐 주의할 사항을 점검하는 일과 관련되는데, 특히 집단이나 지역에 대한 차별적인 발언이나 언어 표현 등은 없는지 점검해 보아야 한다. ⑥과 ⑦은 서로 관련되는데, 기록 장치의 속성으로부터 비롯되는 가외의 부담감을 갖지 않도록 미리 준비해야 한다는 것을 의미한다. ⑧은 동시에 여러 명을 면담하지 않는다면 면담이 끝난 뒤에 해도 되지만, 여러 명을 면담할 때는

일련의 순서대로 이름을 붙일 수 있는 기준을 마련해 두어야 한다는 것을 의미한다.

이런 내용들에 대한 점검이 끝나고 나면 시험 삼아 주위에 있는 사람들을 대상으로 예비 면담 조사를 해보는 것도 추천할 만하다. 계획했던 면담 시간은 지키고 있는지, 면담 조사 내용은 얻고자 하는 정보로서 가치가 있는지 등을 가늠해 볼 수 있기 때문이다. 만약 정보로서 가치가 없다면 질문을 수정하거나 삭제할 수 있을 것이다. 아울러 면담이 부드럽게 진행되지 않았다면 그 이유가 무엇인지 알아낼 수 있다. 부차적으로 기기들을 원숙하게 조작할 수 있는지, 기기의 성능은 만족할 만한지 등을 점검하는 방편으로 삼을 수도 있다.

면담 조사 자료를 모으는 방법은 면담 방식에 따라 다르다. 잘 짜인 면담 조사에서는 따로 녹음·녹화가 필요하지 않을 수 있다. 설문 조사에서처럼 항목들을 간단하게 확인하면 끝나기 때문이다. 그러나 반쯤 짜인 면담 조사나 잘 짜여 있지 않은 면담 조사에서는 자료를 모으는 방법을 찾아보아야 한다. 비망록 형태로 기록하는 방법을 생각해 볼 수 있는데, 답변의 골자를 중심으로 적어두는 것이다. 이 방법은 답변 내용을 온전히 다 적을 수 없기 때문에 사용하기도 하지만, 면담이 끝난 뒤에 혼자서 되돌아보는 것보다 훨씬 충실한 자료를 얻을 수 있다. 다음은 녹음이나 녹화이다. 이는 면담하는 사람이나 응답자를 확인하기 위해서도 필요하지만, 더 풍부한 자료를 얻고 언어적 요소뿐만 아니라 비언어적·반언어적 요소를 분석할 때도 활용할 수 있다. 다문화 가정에서 국어를 배우는 일이 부계의 영향을 받았는지 아니면 모계의 영향을 받았는지 분석하기 위해 면담을 한다면 녹화 자료를 통해서 확인이 가능할 것이다. 이때 녹음·녹화 장치의 성능을 점검하고 사용 방법을 익혀두는 일도 빠뜨리지 않아야 한다.

만약 언어적인 요소가 중요하다고 생각한다면 녹음이나 녹화를 할 수 있다. 비언어적인 요소까지 고려한다면 녹화가 필수이다. 그러나 한 가지 지적해 두고 싶은 것은, 녹화가 풍부한 자료를 제공하긴 하지만 녹화 자료를 분석하는 일이 쉽지 않고 녹화를 하는 일이 성가시기 때문에, 꼭 필요한 경우가 아니라면 권장할 일은 아니라는 점이다. 그뿐만 아니라 응답자가 녹화를 싫어한다면 제대로 면담이 이루어지지 않을 수도 있다.

메모하기는 녹음이나 녹화가 생각대로 되지 않을 때 해볼 수 있는 방법이다. 중심 화제를 기록하고 맥락들을 꼼꼼히 적어둔다면 녹음·녹화 자료보다 훨씬 경제적이다. 그러나 기록되는 내용의 객관성이 담보되지 않을 수 있다. 왜냐하면 면담 조사자의 관점이 반영될 수 있기 때문이다. 아울러 자연스러운 자료를 얻을 수 없다는 점, 메모하는 과정에서 자연스러운 발화의 흐름을 놓칠 가능성이 크다는 점도 이 방법을 선택할 때 고려해야 한다.

실제 면담 조사에서 놓칠 수 있는 것 가운데 하나가 면담의 분위기다. 조사하는 내용이 무겁고 때로는 진지한 내적 성찰을 필요로 하더라도, 면담 분위기가 무겁다면 얻고자 하는 자료를 얻지 못할 수 있다.

전문가에 대한 면담 조사는 대체로 질문거리를 미리 제시하고 나서 2~3일 뒤에 면담을 하는 것이 일반적이다. 현장 조사연구에서도 질문거리를 미리 알려주고 그에 대한 답을 생각해 보게 하는 것이 시간을 줄이고 응답자들이 편안하게 면담 조사에 임하도록 하는 방법일 것이다. 이 과정에서 응답자 개인별 취향, 가령 녹음·녹화 장비를 이용할 수 있을지 여부 등을 점검할 수 있다. 어떤 사람은 녹음이나 녹화를 한다고 하면 부담감을 느끼고 면담에 응하지 않을 수도 있기 때문이다. 이를 위해 전자편지나 우편을 이용하여 질문거리를 먼저 알려주면서 녹음이나 녹화 여부를 묻는다면 응답자의 부담을 줄일 수 있다.

응답자와 관련된 자극물을 제시하는 것도 원하는 자료를 얻어내는 방법이 될 수 있다. 수업 내용에 대해 학생들을 대상으로 면담을 한다면, 면담 조사와 관련되는 수업 부분을 들려주거나 보여줌으로써 답변을 마련하는 데 자극을 줄 수 있다. 동료 교사들의 수업 방식에 대해 면담을 할 경우, 다른 방식으로 수업을 하고 있는 자료나 관련되는 읽을거리를 제공하고 비교해 볼 수 있게 함으로써 그 효율성이나 효과를 되짚어보게 할 수 있다.

같이 생각해 보기

1. 어떤 주제를 정해 면담 조사를 계획하고 있다고 가정하고, 면담 조사의 기본 자료로 어떤 내용을 확인해야 할지 생각해 봅시다. 나이, 성별, 면담 장소, 면담 날짜 등이 기본적으로 필요합니까? 그럴 필요가 없다면 왜 그렇습니까? 면담 장소, 면담 날짜 등은 대부분의 경우에 필요한데, 그것은 조사연구의 신뢰도와 관련되기 때문입니다. 만약 예비 조사로서 조사에 걸리는 시간을 알고 싶다면 어떤 내용이 마련되어야 하겠습니까?

2. 한국어를 배우는 외국인 학생 혹은 교포 학생들을 대상으로 면담 조사를 하려고 한다면 특히 어떤 점에 유의해야 한다고 생각합니까? 추천할 만한 방법으로, 성공적인 학습자와 성공적이지 못한 학습자를 가르고 그 요인들에 초점을 모을 수 있습니다. 특히 성공적이지 못한 학습자들은 대체로 정서적 요인, 이를테면 '민족 우월주의, 문화 상대주의, 문화 충격, 편견, 고정관념, 학습자 자율성'이 많은 영향을 미치는 것으로 알려져 있습니다(Pearson, 1988). 이를 심층적으로 알아보기 위한 면담 조사를 하기 위해 면담 질문을 구성해 봅시다.

2부 현장 조사연구 자료 수집 및 집계

3. 다음은 한성일(2004)에서 따온 글로, 면담자는 조사연구를 주도하면서 지도안을 작성했던 사람입니다. 면담자의 질문이 적절한지, 그리고 면담 내용을 바탕으로 어떤 교육적 함의를 끌어낼 수 있는지 기술해 봅시다.

> **면담자** 그러면 인터넷 대화방 말고 여러 가지 소통 매체가 있잖아요. 전자우편도 있고 게시판도 있고. 이런 것들 중에서 대화방 말고 또 좀 따로 수업을 했으면 좋겠다 하는 게 있어요?
>
> **교사** 게시판 같은 경우는 오픈이 되어 있는 거잖아요. 만약에 대화방 말고 수업을 해야 된다면 게시판 교육을 해야 된다고 생각해요.
>
> **면담자** 게시판에 대해 어떤 교육을 해야 된다고 생각하세요?
>
> **교사** 게시판 같은 경우는 사적인 내용이 아니기 때문에 공공연하게 여러 사람이 봐야 되는 거거든요. 파급효과가 크다는 거지요. 메일 같은 경우는 만약에 파급효과가 있어도 한 사람에게 피해가 가고 나쁜 영향을 끼치지만, 게시판에서 혹시 잘못된 표현이 있거나 나쁜 이야기가 있거나 하면 정해져 있지 않은 여러 사람이 와서 열어보면서 영향이 보이지 않게 파급될 수 있으니까, 게시판에 올리는 언어 표현만큼은 정확해야 되기 때문에 그것만큼은 정확하게 아이들한테 바른 교육을 해야겠다는 생각이죠. 아이들뿐 아니라 게시판에 글을 올리는 사람들한테도 이런 교육이 필요하다는 거죠. 게시판에 글을 올릴 때도 생각하고 올려야 되죠.

이제 면담 조사를 하는 요령을 면담의 단계(면담 시작하기-본격적인 면담하기)를 중심으로 알아보기로 한다.

면담의 시작은 면담 분위기를 좌우하기 때문에 중요하다. 따라서 면담 대상자가 말하는 내용에 관심이 있음을 보여주어야 한다. 아울러 격식성과 비격식성을 적절히 조절해야 한다. 옷차림은 격식을 차리는 게 좋은데, 이는 진지하고 전문가다운 면모를 보여주는 데 필요하다. 그렇지만 실제 면담 진행에서는 격식성을 어느 정도 깨뜨릴 필요가 있다. 지나치게 격식적인 태도는 응답자의 기를 죽이고, 삶의 경험을 바탕으로 하는 응답 내용에 무관심하다는 인상을 줄 수도 있기 때문이다. 앞서 질문거리를 마련하는 단계에서 언급했듯이, 몇 가지 사소한 대화로 시작함으로써 부드러운 분위기를 만들 수 있다.

면담 조사연구의 주제로 접어들면서 본격적인 면담이 이루어진다. 이때는 이야기를 자연스럽게 전개하는 데 초점을 모아야 한다. 면담 대상자의 속도에 맞추어 이야기를 하고, 재촉하거나 간섭하지 않는 것이 좋다. 침묵의 순간이 있다면 참을성 있게 기다려야 하고, 새로운 질문으로 재촉하지 않도록 한다. Richards(2003:53)에서는 면담 조사의 금과옥조로 "언제나 구체적인 무엇인가를 찾아라."를 제시한다. 이는 구체적인 세부 내용에 초점을 모아야 한다는 의미다. 여러 면담 응답자와 차별을 두기 위해, 다른 점들을 찾아내기 위한 다양한 탐색 질문을 할 필요가 있는 것이다.

'자연스러운 전개'는 면담의 전체적인 얼개나 흐름을 염두에 둔 표현이지만 면담 내용과도 관련이 있다. 사회적이거나 도덕적 혹은 정치적 태도나 선호도에 상관없이 면담 대상자들이 자신의 경험을 이야기할 수 있는 분위기를 조성해야 한다는 말이다. 면담 대상자와 마찬가지로 면담자도 자신의 입장과 세계관, 신념을 갖고 있기 마련이다. 이때 면담자가 자신의 입장이나 태도를 드러내어 응답 내용에 영향을 미치면 곤란하다. 그렇지만 면담 대상자가 바람직하지 않은 응답을 할 경우, 언어 표현을 다르게 하여 질문함으로써 잘못된 응답을 바로잡을 수 있어야 한다.

일반적인 담화와 마찬가지로 면담 조사도 대화 참여자들이 의미를 공동으로 구성하는 과정이다. 따라서 대화를 지속적으로 유지할 필요가 있다. Dörnyei(2007:126-127)에서는 공감하는 미소를 보내는 것과 같은 듣기 태도가 필요하며, 응답자의 노력에 대한 칭찬이나 정교화를 부추기는 대화들이 필요하다고 했다. 경우에 따라서는 질문에 초점을 모을 수 있는 물음들도 필요하다.

면담을 끝낼 때는 면담 주제의 요점을 되풀이하거나 면담의 내용을 요약하는 등 끝맺음을 암시하는 표현을 사용하여 면담이 막바지에 이르렀음을 알려주도록 한다. 특히 면담 내용 요약은 마지막으로 응답자가 자신의 말이 잘못 전달되었을 경우 바로잡을 기회를 준다는 의미를 지닌다. 면담자, 즉 연구자는 또한 감사의 표시를 할 뿐만 아니라 면담 내용들이 어떻게 활용될 것인지를 알려주면서 마무리를 할 수 있다.

(6) 면담 조사연구의 장단점

면담 조사는 자료를 모으는 방법 가운데 깊이 있는 자료를 얻기 위해 다양한 주제를 놓고서 다양한 상황에서 쓰일 수 있는 조사연구 방법이다. 조사연구자가 면담자로 나설 경우 훨씬 더 유연하게 면담 과정에서 새롭게 나타나는 문제들을 살펴볼 수 있다는 장점도 있다. 또한 어느 정도 방법을 익히기만 하면 초보 연구자도 쉽게 풍부한 자료를 모을 수 있다.

그러나 면담 조사는 그것을 계획하고 구성하는 데 시간이 많이 든다. 아울러 면담자의 입장에서 볼 때 솜씨 있는 의사소통 기술이 필요하다. 익명성이 보장될 수 없다는 치명적인 약점 때문에 자신이 드러나는 것을 싫어하는 응답자 혹은 말수가 적은 응답자를 만날 경우 신뢰도가 높은 자료를 얻기 힘들 수도 있다. 그와 반대로 지나치게 수다스러운 응답자를 만날 경우 쓸 만한 자료가 적을 수도 있다.

한편, Denzin(1970:133-138)에서 지적하고 있듯이, 응답자의 반응을 왜곡할 만한 어려움들이 있다. 예를 들면, 교실에서 하는 면담과 교무실이나 상담실 혹은 교과 교실에서 하는 면담은 응답자의 반응이 다를뿐더러 해석도 달라질 여지가 있다.

6. 집단 면담 조사연구

집단 면담 조사연구가 면담 조사의 하위 갈래라는 점을 앞에서 언급했다. 그러나 연구자에 따라서 개인 면담과는 다르다는 점을 부각하여 그 차이에 주목하는 논의도 없지 않다. 이 절에서는 집단 면담 조사연구의 특징과 절차, 장단점을 알아보기로 한다.

(1) 집단 면담 조사연구의 특징

집단 면담 조사연구는 그 형식이나 면담자의 역할에서 개인 면담과 구별된다. 일반적으로 집단 면담에서 집단은 6~12명 정도로 꾸려진다. 이는 상당한 분량의 질적 자료를 모을 수 있는 효과적인 방법이다. 면담 대상자의 수가 너무 적으면 '무리의 지혜'를 모을 수 없으며, 너무 많으면 면담에 공평하게 참여시키기 어렵고 그에 따라 발언권을 주도하는 사람에 치우친 자료를 모을 가능성이 크다.

집단을 어떻게 구성할 것인가가 집단 면담의 특징을 결정한다. 이질적인 집단을 구성하면 어떤 현상에 대한 다양하고 풍부한 자료를 얻을 수 있다는 장점이 있다. 동질적인 집단을 여럿 구성하고 면담 결과를 집단끼리 비교하는 전략을 사용하기도 한다. 이럴 경우에는 4~5개의 하위 모둠으로 구성한다.

최근에는 '초점 집단 면담(focus group interview)'을 연구에 활용하기도 한다. 초점 집단 면담은 연구 주제와 관련되는 분야의 전문가이면서 그 전문가 집단의 표본이 될 만한 대상자를 선정하여 이루어지는 면담을 일컫는다.

같이 생각해 보기

다음은 이승연(2016:495)에서 제시한, 초점 집단 면담을 실시하기 위한 연구의 절차를 도식화한 것입니다. 1, 2단계가 필요한 이유, 그 단계에서 미리 갖추어야 하는 내용, 있을 수 있는 어려움은 무엇인지 생각하고, 이를 해결할 수 있는 방법을 찾아봅시다.

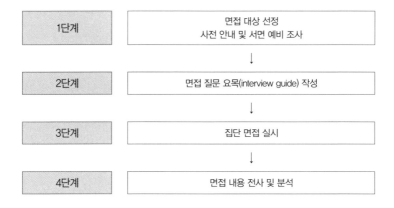

1단계	면접 대상 선정 사전 안내 및 서면 예비 조사
2단계	면접 질문 요목(interview guide) 작성
3단계	집단 면접 실시
4단계	면접 내용 전사 및 분석

(2) 집단 면담 조사연구의 실행

집단 면담에서 면담자는 일반적으로 조정자 역할을 한다. 질문을 던지기는 하지만 집단 면담의 역동적인 측면 때문에 조사연구자는 발언권을 지명하고 수줍음이 많은 참여자들에게 발언할 기회를 주기도 한다. 그 가운데 정말로 중요한 역할은 특정 참여자가 대화를 주도하여 그 집단의 분위기를 이끌지 않도록 하는 일이다. 이런 점에서 집단 면담에서 조정자가 그 면담의 성공 여부를 결정한다고 볼 수도 있다.

대체로 한두 시간 정도 걸리는 집단 면담은 여는 말(참여자들을 반기는 말, 토의의 목적과 의미, 발언권 지속에 관련되는 규칙 등)로 시작한다. 이때 조사연구자는 면담 내용을 녹음하는 이유, 면담 과정에서 유의해야 할 사항 등을 알려줄 수 있다. 아울러 개인의 관점이나 생각이 중요하다는 언급을 통해 면담에 적극적으로 참여하도록 할 필요가 있다.

실제 면담에서는 닫힌 답변 질문에 이어 10개 남짓의 열린 답변 질문을 마련하고 나서 집단 면담을 시작하도록 한다. 결국 집단 면담의 시간은 주제에 대해 어떤 답변을 얻고자 하는지와 관련한 면담 주체의 결정에 달려 있다.

면담을 끝맺기 전에 지금까지 언급하지 않았거나 더 논의할 필요가 있는 문제들이 있는지 물어보아야 한다. 그리고 언급되었던 내용들을 간단하게 정리하는 일도 필요하다. 또 집단 면담의 결과가 어떻게 활용될 것인지도 밝혀주도록 한다.

(3) 집단 면담 조사연구의 장단점

집단 면담은 폭넓게 활용된다. 교육 맥락에서는 교육거리에 대한 평가에서부터, 어떤 강좌에는 잘 적용되지만 어떤 강좌에는 적용되지 않는 이유를 알아내는 데까지 사용될 수 있다. 일반적으로 사람들은 집단 면담에는 거부감이 적기 때문에 풍부한 자료를 손쉽게 얻을 수 있다. 이 방법이 어느 정도 변통이 가능하고 자료를 풍부하게 모을 수 있는 특성을 지니고 있기 때문에 혼합적 조사연구에서도 활용된다.

그러나 몇몇 사람이 면담을 주도하지 않도록 적절하게 통제할 필요가 있으며, 면담 내용을 전사하려면 어느 정도 세련된 기술이 필요하다.

7. 질적 자료 처리하기

면담 조사 자료는 입말이나 글말 자료로 되어 있다. 조사연구자가 직접 조사를 하든 도우미를 활용하여 조사를 하든, 면담 주체가 어떤 형태로 자료를 저장했는가에 따라 그 면담 조사 자료를 집계하는 일이 사뭇 달라진다. 녹음된 입말 자료는 면담 내용이 빠짐없이 담겨 있어서 자료로서 가치가 높을 수 있다. 하지만 녹음된 입말 자료를 전사하려면 시간과 품이 많이 든다.

녹음 자료가 연구의 목적에 맞게 전사되었다고 하더라도, 일정하게 저장·분류·분석할 수 있는 형태로 집계를 낼 필요가 있다. 면담 조사 자료는 대부분 질적 분석과 관련되기 때문에 자료의 가변성이 크다. 그렇다 하더라도 적절한 방법이나 분류를 통해 자료를 분석이 가능한 형태로 바꾸어야 한다.

자료를 전사할 때 필요한 것이 자료 밖의 범주나 자료 안의 범주를 정하는 일이다. 남학생과 여학생의 발화 차이를 알아보고 싶다면, 자료 밖의 범주를 '남학생/여학생'으로 나누어놓고 '어떤 남학생/여학생의 발화'를 이 범주에 따라 전사할 수 있다. 아울러 자료 안의 범주로 빈말(small talk)의 특징을 알아보고자 한다면, 빈말들의 범주를 나누어놓고 이런 특징을 중심으로 전사할 수 있다.

전사는 손으로 할 수도 있지만, 요즘에는 문서 편집기가 더 흔하게 이용된다. 문서 편집기는 여러모로 도움이 되는데, 전사된 자료를 통계 처리하는 데 기본이 되는 자료를 제공하기 때문이다. 경우에 따라 어휘를 계산하고, 어떤 낱말의 쓰임을 분석하고, 실사 밀집도와 같은 통계 처리를 해야 할 때가 있는데, 이때 문서 편집기를 이용한 입력 방법이 도움이 된다.

실제 전사 과정에서 문제가 될 법한 일은 전사 부호의 약속이다. 뒤에 나오는 4장의 '교실 수업 관찰'에서 전사 부호 약속에 대해 언급했으므로 그 부분을 참조하기 바란다. 요즘은 녹음한 내용을 컴퓨터 파일 형태로 저장하고 재생하는 것이 가능하다. 입말 보고에서 언급했듯이, 파일 형태로 저장하면 편집이 가능하다. 그리고 재생 속도를 느리게 하면 전사하기도 쉽다.

질적 자료를 양적 자료로 고쳐서 집계하는 방법을 알아보기로 한다. 다음은 앞의 '입말 보고'에서 인용했던 자료이다. 이 자료에서는 고쳐쓰기를 할 때 중점을 두는 부분이 무엇인지 자기 보고를 하도록 했었다.

입말 보고 자료 집계하기의 사례

나는 고쳐쓰기를 할 때 전체적인 표현과 문장의 흐름에 중점을 둔다. 쓸 때는 몰랐던, 길어지고 어색했던 글의 부분 부분들이 다시 읽기의 과정을 통해 드러나고 그렇게 드러난 문제점들을 고치는 것이다. 고쳐 쓰기 전의 글과 후의 글은 내가 봐도 완성도 면에서 차이가 많이 났던 것 같다. 고쳐쓰기를 하면서 꼭 두 번 이상 써보고 어디를 내놓아야겠다는 생각이 들었다.

이 자료는 질적 자료로서, 개인에 따라 다양하게 나타날 수 있는 고쳐쓰기의 모습 가운데 하나를 보여준다. 이런 자료도 부호를 붙여서 정리할 수 있다. 예컨대, 고쳐쓰기에서 중점을 두는 부분에 부호를 정하고 응답자들의 글을 집계할 수 있는 것이다. 이때 부호를 붙이는 단위는 명제[18]로 하는 것이 이상적이고 일반적이다.

인용글에서 첫 번째 문장은 명제로는 세 개이지만 고쳐쓰기에 관련되는 명제는 두 개이다. 이 글이 맨 처음 나타나는 글이라면 '1=전체적인 표현, 2=문장의 흐름'과 같이 부호화하고 전체 참여자들의 글을 집계해 볼 수 있을 것이다. 이와 같은 일을 등재하기(coding)[19]라고 하는데, 이에 대해서는 뒤에서 다시 다루기로 한다.

---

18) 논리학이나 언어학에서 이야기하는 엄격한 의미의 명제보다는 다소 느슨한 의미의 명제 개념을 이용하는 것이 좋다. 논리학이나 언어학에서 명제는 장소나 시간을 나타내는 부사(상당어)도 하나의 명제로 간주하기 때문에 그런 단위를 다 고려한다면 상당히 힘들 것이다. 여기에서는 느슨한 의미의 명제 개념을 빌려 쓴다.

19) Strauss & Corbin(1998:3)에서는 등재하기가 자료를 더 잘게 나누고 개념적인 의미를 부여하며 통합하는 분석적 과정이라고 뜻매김했다.

3장
혼합적 조사연구에서
자료 모으기

1. 혼합적 조사연구의 목적과 기능

(1) 혼합적 조사연구의 목적

혼합적 조사연구의 목적은 크게 두 가지다. 하나는 탐구하고자 하는 현상을 더 온전하게 이해하기 위해서이고, 다른 하나는 어떤 조사연구 방법에서 드러난 발견 사실들을 다른 방법으로 검정하기 위해서이다.

첫 번째 목적은 다른 관점에서 어떤 현상을 밝힘으로써 더 온전하고 철저한 이해에 이를 수 있다는 생각에 바탕을 두고 있다. 두 번째 목적은 삼각측량의 목표이기도 한데, 서로 다른 방법으로 얻은 결과들을 하나의 결론으로 모으는 과정에 함의되어 있다. 여기에 한 가지 목적을 덧붙인다면, 조사연구의 독자를 더 많이 확보하는 것이다. 어떤 방법으로 이루어진 조사연구를 다른 조사연구 맥락에서 바라봄으로써 다른 입장을 지니고 있는 독자의 공감을 끌어낼 수 있을 것이다. 조사연구에서 조사연구 전략들의 범위를 넓힐 수 있다는 점은 분명해 보인다. 그에 따라 이런 혼합적인 방법은 연구하고 있는 문제에 대해 통합적인 결론을 이끌어낼 수 있도록 연구자의 역량을 길러줄 수 있다.

(2) 혼합적 조사연구의 기능

Greene, Caracelli & Graham(1989)에서는 혼합적 조사연구의 기능을 다음과 같이 제시했다.

혼합적 조사연구의 기능

① 보완 기능: 이는 흔히 역할의 분담으로 알려져 있는데, 질적 조사연구

가 새로운 현상을 탐구하고 애초의 가설을 발전시키는 몫을 한다면, 양적 조사연구 방법으로 모집단에서 그 분포의 폭에 비추어 그것들을 검정한다.

② 개발 기능: 질적 조사연구와 양적 조사연구는 서로 다른 방법의 개발에 활용될 수 있다. 예컨대, 집단 면담은 설문지 조사연구의 문항을 개발하는 데 이용되거나 설문지 조사는 뒤따르는 면담 조사연구의 참여자를 선택하는 데 이용될 수 있다.

③ 개시 기능: 서로 다른 연구 방법을 통해서 얻은 다양한 결과들은 새로운 관점을 얻기 위해 다른 조사연구를 시작하도록 자극한다.

④ 확장 기능: 여러 가지 방법을 활용함으로써 연구의 폭을 넓고 깊게 하는 기능을 한다. 이를테면, 질적 조사연구를 통해 교육거리가 실행되는 모습을 알 수 있고, 양적 조사연구를 통해 교육거리의 결과를 평가할 수 있다.

(3) 혼합적 조사연구의 의의

양적 조사연구는 객관적이고 보편적인 진실을 추구하는 반면, 질적 조사연구는 해석을 우위에 두고 가치 지향적인 태도를 취한다. 이들은 양립 불가능한가? 양적 조사연구와 질적 조사연구가 장단점을 지니고 있다는 점을 생각해 보면 그 실마리를 찾을 수 있다. 질적 조사연구와 양적 조사연구의 장점들이 더해지도록 결합할 수 있다는 말이다. 결국 혼합적 조사연구를 한다는 것은 두 조사연구 방법의 장점이 더해지도록 하는 것이라고 할 수 있다.

오늘날 학문 간 통섭 혹은 학제적 학문을 주창하는 흐름을 생각해 보면 상보적인 관계에 있는 양적 조사연구와 질적 조사연구를 결합하는 것이 낯설지 않다. 그뿐만 아니라 단일의 연구에서 양적 조사연구와 질적 조사연구가 통합된다면 더 긍정적인 효과를 가져올 수 있을 것이다.

2. 혼합적 조사연구의 주요 갈래

혼합적 조사연구에서 양적 조사연구 방법과 질적 조사연구 방법이 뒤섞이는 양상은 다양하다. 어떤 방법이 주요하게 쓰였는지, 어떤 순서로 조사연구가 이루어졌는지 등에 따라 다양한 조합으로 나눌 수 있다.

Dörnyei(2007:152)에서는 조합에 따라 9가지 유형을 설정할 수 있다고 했다. Creswell(2003/2011:15-17)은 '순차적 혼합 방법(sequential procedures), 동시적 혼합 방법(concurrent procedures), 변형적 혼합 방법(transformative procedures)'으로 나누고 각 방법의 효과를 제시하고 있다.

순차적 혼합 방법은 한 가지 방법에 의한 결과를 다듬거나 보완하기 위해 다른 방법을 활용하는 경우로, 양적 방법과 질적 방법의 장점을 순차적으로 활용하는 유형이다. 동시적 혼합 방법은 양적 방법과 질적 방법으로 자료를 모으고 난 뒤, 종합적 해석의 단계에서 모은 자료를 통합적으로 해석하는 유형이다. 성태제·시기자(2015:37-38)에서는 혼합적 연구 방법에 대해 '통합 연구방법론'이라는 용어를 받아들이면서 통합 연구 방법을 분류했는데, 연구 과정이 진행되면서 연구 모형 설정의 차원과 자료 수집의 차원, 분석 및 추론의 차원에 따라 순수 양적 모형과 순수 질적 모형, 그리고 통합 모형이 있을 수 있다고 했다.

여기서는 대표적인 유형을 중심으로 설명하기로 한다.

설문지 조사가 면담이나 돌이켜보기에 앞서는 경우

설문지 조사는 장점도 있지만 응답자들의 응답 내용에 대한 다양한 생각과 관점을 조사·연구하는 데는 한계가 있다. 따라서 이를 보완하는 방법은 면담 조사연구나 돌이켜보기 방법을 추가로 사용하는 것이다. 예컨대, 교실 수업이나 교육거리를 놓고서 설문지 조사를 통해 개략적인 정보를 얻었다면 심층적인 정보를 얻기 위해 면담 조사를 하거나 설문지를 놓고서 응답자들과 돌이켜보기를 할 수 있다.

면담 조사연구가 설문지 조사를 쉽게 하는 경우

이 방법도 널리 쓰인다. 즉 표본집단의 일부에 대한 면담 조사연구를 통해 맥락이나 변수, 설문지 조사의 초점을 조정할 수 있다. 현지 조사를 위한 내용의 제시를 더 나아지게 함으로써 내적 타당도를 높일 수 있다. 이는 일반적으로 새로운 교수·학습 방법이나 교재에 대한 평가에서 널리 쓰일 수 있다.

면담 조사연구에 설문지 조사가 뒤따르는 경우

여기서 초점은 면담 조사연구와 같은 질적 조사연구 방법이다. 질적 조사연구 방법은 새로운 현상에 대해 통찰력을 제공해 주지만 일반화 가능성이 낮다. 따라서 질적 조사연구에서 발견한 사실들을 일반화하고자 할 때 더 넓은 집단을 대상으로 하는 양적 조사연구를 실행함으로써 일반화 가능성을 높일 수 있다. 위의 두 번째 경우(면담 조사연구가 설문지 조사를 쉽게 하는 경우)와 다른 점은, 위 방법이 양적 조사연구를 더 쉽게 적용할 수 있도록 하는 데 초점이 있다면, 이 방

2부 현장 조사연구 자료 수집 및 집계

법은 질적 조사연구에 초점을 둔 것이다.

설문지 조사가 면담 조사연구를 용이하게 하는 경우

질적 조사연구의 약점은 응답자 집단의 크기가 작은 경우에 나타난다. 이를 타개하기 위해서 먼저 설문지 조사를 통해 면담 조사연구가 가능한 표본집단을 뽑는 방법을 써볼 수 있다. 혹은 설문지 조사를 통해 면담 조사를 위해 대표성을 띤 표본집단을 뽑는 데 도움을 받을 수 있다.

질적 조사연구와 양적 조사연구를 동시에 실시하기

위의 경우들은 어떤 한 방법의 약점을 줄이고 다른 방법의 강점을 살리기 위해 순차적으로 진행되는 혼합적 조사연구 방법이다. 이와는 달리 각기 독립적인 조사연구 방법으로 모은 자료들을 해석하는 과정에서 통합하는 방법을 생각해 볼 수 있다. 동시 시행을 하는 방법에서 주된 목적은 조사연구 관점을 넓히고 서로 다른 발견 사실들이 어떻게 통합되고 상보적일 수 있는지를 알아볼 수 있는 전체적인 모습을 제공하는 데 있다. 어떤 방법에 무게를 두는가에 따라 양적 자료들이 검사 자료나 설문지 자료에 의해 보충되는 사례 연구가 있을 수 있으며, 타당도를 높이기 위해 삼각측량법을 사용할 수 있다. 이와 같은 방법들은 구체적으로 교사 인식이 미치는 영향을 밝히기 위해 교사 수준에서는 면담을 하고, 학생 수준에서는 설문지 조사를 사용하는 방법 등으로 구체화될 수 있다. 이를테면, 서종훈(2009ㄴ)에서는 말하기 수행평가 사례를 연구하면서 '학습자의 자기 평가, 상호 평가, 교사 평가'의 세 차원으로 나눈 평가 결과를 다루고 있다. 동시에 학습자들에게 서술식 평가도 하게 했다. 최근에 학교 현장에서도 수행평가에 자기 평가뿐만 아니라 상호 평가 결과를 활용하도록 장려하고 있다는 점에서 고려해 볼 만하다.

실험 조사와 면담 조사를 동시에 실시하기

조사연구 참여자들의 관점과 실험 조사연구의 이면에 개입되어 있는 의미를 알기 위해 면담 조사를 실시함으로써 실험 조사를 더 나아지게 할 수 있다.

자기 보고와 관찰 자료를 결합하기

사람들에 대한 정보를 모으는 방법 두 가지는 자기 보고, 즉 자기 자신에 대한 설명과 개인에 대한 외부의 관찰이다. 이들은 장단점을 지니고 있기 때문에 둘을 혼합하는 조사연구 방법은 장점을 강하게 하고 단점을 줄여준다. 실제로 교실 수업 조사연구는 다양한 형태의 자기 보고와 더불어 수행된다.

혼합적 조사연구 방법으로 자료를 모으는 방법을 마무리하면서 몇 가지를 덧붙이고자 한다. 앞에서 든 것처럼 혼합적 조사연구 방법이 장점을 많이 지니고 있지만 널리 쓰이지 않는 이유는 무엇일까?

혼합적 조사연구 방법에 대한 충분한 지식이 부족하고, 혼합적 조사연구 설계를 실행할 만한 전문가가 부족하기 때문이다. 따라서 현장 조사연구를 다루는 교재와 강좌에서 충분히 통합되는 데는 어느 정도 시간이 걸릴 것이다. 그렇지만 널리 알려진다고 하더라도 혼합적 조사연구 방법을 실행하는 일은 쉽지 않다. 질적 조사연구와 양적 조사연구 둘 다를 능숙하게 다루어야 하기 때문이다.

또한 혼합적 조사연구의 실행이 어떤 경우에나 바람직한 것은 아니라는 점을 염두에 두어야 한다. 기본적으로 처리해야 할 자료가 양적으로 불어나기 때문에 더 나은 방법으로 자료들을 다루고 분석하는 기술이 필요하다. 이와 관련하여 또 하나 염두에 두어야 할 점은, 다른 해석의 여지가 없을 때 쉽게 한쪽 자료를 무시하지 말아야 한다는 것이다.

같이 생각해 보기

다음은 현장 조사연구의 주제들입니다. 앞에서 소개한 혼합적 현장 조사연구의 여러 갈래 가운데 어느 방법을 적용할 수 있는지 생각해 봅시다. 그리고 왜 혼합적 조사연구 방법을 사용해야 하는지 그 이유를 생각해 봅시다. (경우에 따라 다음에 제시하는 주제들은 혼합적 조사연구 방법이 필요 없을 수도 있습니다.)

㉮ 아동의 관형절 구성 능력 발달 연구

㉯ 고등학생 필자의 쓰기 태도 발달에 관한 연구

㉰ 논설문 쓰기에서 배경지식의 활용 양상에 관한 연구

㉱ 중학생 필자의 독자 고려 정도와 양상

㉲ 교수자의 글말 되짚어주기가 수용되는 양상

㉳ 말하기 수행평가 사례 연구

㉴ 한국어를 배우는 외국인 학습자의 음운 변동 습득 양상

㉵ 한국어 지식과 의사소통 능력

4장　　　　　　　　　　**교실 수업에서 자료 모으기**

1. 교실 수업 조사연구란?

교실[20] 수업은 교수·학습이 가능하도록 특별히 짜여 있으므로, 국어를 배우고 가르치는 일에 대한 지식을 더해주고 통찰을 얻을 수 있는 자료를 모으는 일을 생각해 볼 수 있다. 특히 교사들은 재빠르게 진행되는 교실 수업이라는 복잡한 의사소통 상황에 놓여 있다. 그렇기 때문에 수업의 전체적인 흐름에 대한 계획과 설계가 중요한데, 이런 일들은 하루아침에 이루어지지 않는다. 그에 더해 수업을 진행하고 수업의 목표를 이루기 위해 의사소통에 대한 높은 수준의 인지적 혹은 상위인지적 전략 또한 필요하다. 전략은 자기 연찬을 통해서도 이루어질 수 있지만 다른 교사와의 교류와 협의를 통해서도 이루어질 수 있다. 서로 다른 생애 경험에 따라 특정의 학생이 하는 특정의 행동에만 초점을 모으는 경향이 강하게 나타나기 때문이다. 그런 점에서 자신의 수업 혹은 다른 사람의 수업에 대한 세밀한 분석과 연구는 전문직으로 살아가야 하는 현장 교사에게 아주 중요하다.

또한 자신이 수업 상황에서 실천하는 여러 행위를 조정하고 연구하는 연수를 거의 받지 않는다는 데서, 교실 수업의 관찰과 조사연구는 자신뿐만 아니라 다른 교사들에게도 유익한 정보를 제공해 줄 수 있는 훌륭한 연모가 된다. 이때 조사연구로서 교실 수업 관찰은 평가의 맥락에서 접근하는 것이 아니라 교사로서 교실 수업의 개선

---

20) 교실은 새로운 기술이 널리 퍼지면서 다양한 모습으로 바뀌고 있다. 이 책에서 교실은 그런 외부적이고 물리적인 요소에 초점을 모으기보다는 가르침과 배움이 일어나는 공간이라는 의미에 초점을 맞추고 다루기로 한다.

을 목표로 한다.[21] 즉 "관찰을 통해 교실 수업에서 진행되고 있는 여러 측면을 탐구하는 데 있다(Wallace, 1998/2008:168)." 특별한 경우가 아니라면 체계적으로 자신의 수업을 살필 기회가 거의 없다는 점에서도 교실 수업을 관찰하고 스스로 되짚어보기를 하는 일은 현장 조사연구의 목적과 그 자체로서의 의의를 떠나서도 중요하다. 교직 생활 전반을 통해 교실 수업을 관찰하고 그것을 바탕으로 되짚어보기를 하는 일의 필요성에 대해서는 Good & Brophy(2003)를 참조할 수 있다.

현장 조사연구의 필요성에서 폭넓게 언급했듯이 학생들은 해마다 다르다. 교사로서의 생애를 30년으로 봤을 때 교사로서 경험하게 되는 학생들은 적어도 세 번 정도 큰 변화를 보이리라 예상할 수 있을 것이다. 여기에 더해 교사와 학생의 수업 참여도는 가르치는 내용과 방법, 단원에 따라 다르게 나타날 수 있다. 이런 점을 고려할 때 현장의 교사들이 교실 수업에 대한 현장 조사연구의 주체가 되어야 할 필요성이 불어난다.

이와 관련하여 여기서는 교사의 개입과 학생의 참여도의 관점에서 교사의 역할을 간단히 살펴보기로 한다.

교사는 대부분의 수업에서 다음에 제시한 네 가지 역할을 다 수행

---

21) 필자도 마찬가지지만 가르치는 사람으로서 자신의 수업을 다른 사람에게 보여주는 일은 쉽지 않다. 수업 참관이 자신의 수업의 질을 판단한다고 간주하기 때문이다. 이런 거부감을 없애기 위해서는 교실 수업 관찰의 목적을 분명히 해주고, 그로부터 나온 결과들을 수업한 교사와 공유하려 한다는 것을 밝혀주어야 할 것이다. Nunan(2003)에서 밝히고 있듯이 자신이 살펴본 50개의 교실 수업 조사연구에서 15개만이 진정한 의미에서(입말에서 자연스러운 발화처럼) 교실 수업 관찰이었다는 점으로 미루어 볼 때, 조사연구자의 참관은 교실 수업에 잴 수 없는 영향을 미친다는 것을 알 수 있다. 그렇기 때문에 교실 수업을 참관할 때는 면밀하게 계획하고 신중하게 접근하고 관찰해야 할 것이다.

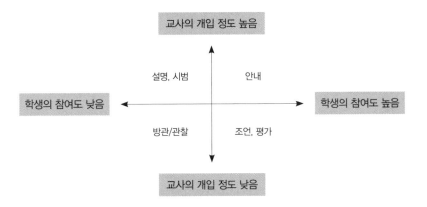

[그림 3] 학생의 수업 참여 정도에 따른 교사의 역할 활동

교사의 개입 정도 높음

설명, 시범   안내

학생의 참여도 낮음 ← → 학생의 참여도 높음

방관/관찰   조언, 평가

교사의 개입 정도 낮음

할 필요가 있다. 구체적으로 살펴본다면 읽기를 지도하는 과정에서는 순차적으로 '안내 → 설명하고 시범 보이기 → 방관하거나 관찰하기 → 조언하고 평가하기'의 활동을 할 수 있다. 따라서 교실 수업 조사연구에서 사용하고 있는 교실 수업 관찰을 통해서 이와 같은 교사의 역할 활동이 제대로 이루어지고 있는지를 알아볼 수 있다.

연구의 편의를 위해서 수업 유형을 고려할 필요가 있다. 수업 유형은 여러 논자에 의해 자리매김이 되어왔는데, 여기서는 교사 주도의 수업과 교사와 학생의 상호작용이 이루어지는 수업 유형으로 나누었다. 이는 수업 활동의 중심이 어디에 있는지를 염두에 둔 구분이다. 학생이 활동의 주체가 되는 수업은 발표나 토론 수업이 될 터인데, 이런 경우는 따로 수업 분석이나 다른 토론 담화 혹은 발표 담화에 대한 분석으로 다룰 필요가 있다. 최근에 배움 중심의 교육이 강조되면서 이를 자리매김하는 논의들이 현장에서 일어나고 있는데, 학생 활동 중심의 수업이 배움 중심의 교육에 있지 않음을 강조하고 있다. 일선에서 교사 중심의 수업을 비판하면서 학생 활동을 강조하는 경향이 있지만, 교육의 본질에 충실한지 반성할 필요가 있다. 그에 따라 교사의 역할도 새롭게 자리매김할 필요가 있을 것이다.

교실 수업 현장 조사연구에서, 특히 교수·학습 환경을 살피기 위해서는 공을 들인 높은 수준의 자료 모으기 방법이 사용되어야 할 뿐만 아니라, 경우에 따라서는 혼합적 조사연구 방법이 필요하다. 이 때문에 국내에서 소개되는 대부분의 교실 수업에 관련된 자료들이 학위논문과 같은 집약적인 연구들에서 나타난다. 또한 높은 수준의 연구물이 거의 없다는 것도 다른 조사연구와 구별되는 점이다. 이와 같은 점에 유의하여 교실 수업 조사연구를 다루기 위해 독립된 장으로 나누었다.

학교 현장에서 수업 관찰은 여러 가지 목적으로 이루어진다. 교실 수업을 관찰하는 목적은 조사연구를 통해 실질적으로 교실 수업을 더 나아지도록 하는 데 있다. 그렇지만 현장에서 교실 수업 관찰은 그 목적이나 의도가 교실 수업의 개선에 있지 않기 때문에 여러 가지 문제가 일어나고 있다. 이와 같은 문제점은 교실 수업 조사연구와 관찰에 내재한 것이라기보다는 목적과 의도라는 외재적인 요인에 말미암은 것이다. 특히 교원 평가가 본격적으로 시행되고 있는 시점에서 교실 수업 참관을 더욱 강조하고 있다. 그러나 교실 수업 관찰의 결과가 교사에 대한 평가로 이어지는 것은 문제이다. 특히 단 한 번의 관찰로 학부모와 관리자에 의해 평가되는 것은 더욱 문제이다. 그런 점에서 교사에 대한 평가와 수업에 대한 평가는 현실적으로 목적이 다르다는 점을 인식할 필요가 있다. 김정자(2009:57-58)에서는 교실 수업 평가, 그중에서도 쓰기 수업 평가에 대한 시론적인 논의를 했다. 아울러 그때까지의 논의를 다음과 같이 다섯 부류로 나누어 소개하고 있다.

① 국어 수업 평가의 방향과 의의에 관한 일반론적인 연구

② 수업 대화 분석 중심의 국어 수업 분석 및 평가

③ 국어과 교사 전문성

④ 국어 수업에 대한 비평 연구

⑤ 영역별 국어 수업 평가 연구

구분의 층위가 혼란스럽기는 하지만, 현장 조사연구에서 힘을 쏟아야 할 부분은 ②와 ⑤이다. ④는 사회구성주의 혹은 비판적 담화 분석의 관점에서 살펴보는 연구 방향으로, 점점 더 강조되리라 생각한다. 여기서는 주로 ②를 위한 방법을 소개할 것이다.

무엇보다도 이와 같은 교실 수업 관찰, 즉 평가를 위한 관찰에서는 수업 그 자체에 대한 관찰이 제대로 이루어지지 않는다. 수업 참관의 목적이 교육의 본질에서 벗어나 있기 때문이다. 따라서 그 자체가 교수자뿐만 아니라 관찰자에게도 시간 낭비가 된다.

관찰이 제대로 이루어지지 않은 이유는 크게 두 가지다. 하나는 관찰의 초점이 분명하지 않기 때문이다. 앞서 언급한 것처럼 교실 수업은 복잡하기 때문에 어떤 목적에 맞는 관찰이 이루어지지 않는다면 수업의 많은 모습을 놓치게 된다. 다른 하나는 적절한 관찰 도구가 없기 때문이다. 축구 해설을 하는 사람이 적절한 용어를 구사하지 못하면 안 되듯이, 수업 관찰이 제대로 이루어지기 위해서는 이에 해당하는 적절한 개념 도구가 필요하다. 교실 수업 관찰뿐만 아니라 조사연구를 위해서 개념 도구 혹은 분석 도구를 사용하여 체계적으로 접근할 필요가 있는 것이다. 그에 더해 체계적인 접근을 위한 연습이나 훈련도 필요하다. 적절한 연습 경험이 없다면 어떤 행위에 초점을 맞추어야 할지, 어떻게 정보를 모을지, 모은 정보

나 자료를 어떻게 분석하고 해석할지 감을 잡기 어렵다. 특히 한번 모은 자료는 되돌릴 수 없다는 점을 염두에 두고 꼼꼼하게 준비하고 연습할 필요가 있다.

교실 수업 조사연구를 살펴보는 일은 교실 수업 관찰과 관련된 여러 가지 문제를 해결하는 데 중요한 역할을 한다. 특히 교실 수업에 대한 자신의 의도와 행위가 실제로 어떻게 나타나는지 되돌아볼 기회가 될 수 있다. 이는 아래의 자료를 통해 확인할 수 있다. 이 자료는 김호정·정연희(2015:348)에서 연구자가 분석한 결과를 제시한 뒤 참여자로 실제 수업을 한 교사의 반응을 보여준다. 연구 참여자는 한국어교육 경력이 17년 된 교사로 소개되어 있는데, 이제껏 자신의 수업에 대한 분석을 한 번도 해보지 않았기 때문에 이런 분석이 수업에서 교사의 의도와 실제 나타나는 모습이 다름을 발견하는 계기가 될 수 있음을 보여준다.

교사의 의도와 실제 수업 관찰 결과 분석에 대한 인식

- 제가 피드백에 대해서 어떤 효과가 있을 거라고 생각을 안 했기 때문에 제가 수업 중에 그렇게 피드백을 하고 있는 줄 몰랐어요. 근데 전사한 걸 보니까 상당히 피드백을 하고 있더라고요, 제가. 전 그게 좀 놀랐고…….
- 학생들한테서 사실은 그게 나올 때까지 기다려주는 편이라고 생각했는데, 학생들이 완성되지 않은 문장을 하고 있을 때 제가 그걸 수습을 해가면서 완성을 제가 시켜주는 것은 제가 참 싫어하는 피드백이거든요. (웃음) 근데 저는 수업 참관을 제가 하더라도 이건 …… 제가 싫어해서 안 하는 거 같았는데. 저는 끝까지 기다려주거나 그러지, 제가 가로채서 제가 완성된 문장으로 하는 거 싫어하거든요. 참 당황스럽네요.

이 장에서는 관찰 대상, 관찰 주체, 교실 수업 관찰 기록 방법 등을 중심으로 교실 수업 조사연구를 소개하기로 한다. 끝으로 우리나라에서 이루어진 교실 수업 관찰의 흐름을 제시할 것이다.

2. 교실 수업 관찰 대상과 주체

교실 수업을 관찰하려면 먼저 무엇을 관찰의 초점으로 삼을 것인지 결정해야 한다. 관찰 대상은 크게 셋으로 나눌 수 있다. 우선 수업을 하는 교사가 관찰 대상일 수 있다. 교사가 하는 수업 활동 전반을 관찰 대상으로 삼을 수 있다는 말이다. 물론 조사연구 주체인 자신의 수업에서는 자신이 관찰 대상이 된다. 여기에는 교실 수업 기법, 몸짓, 시선의 방향, 교실 수업 절차, 언어 표현 방법, 학생과의 상호작용 담화 등이 포함된다. 또 다른 관찰 대상으로 학생들이 있다. 수업에 참여하는 방식, 또래들 혹은 교사와의 상호작용 방식, 학습 관련 행위 및 학습 무관 행위(혹은 일탈 행위)의 갈래 및 횟수를 관찰해 볼 수 있다. 다른 관찰 대상으로 교실과 교실 수업 맥락에 관련되는 주변 요소에 초점을 모을 수도 있다. 폭넓은 범위의 교실 수업 환경도 포함되는데, 게시물, 시청각 보조 자료, 교실 배치, 모둠별 자리 배치, 모둠 구성원의 성향 등이 포함된다. 이는 교실 수업의 맥락을 제공한다는 점에서 반드시 기술해야 하는 경우도 있다. 이들 관찰 대상은 교수·학습이 이루어지는 시공간을 대상으로 하기 때문에 일반적인 학교 환경과 관련될 수 있다.

이와는 다르게 교실 수업에만 초점을 모은다면 다시 세 가지 측면으로 나누어 살필 수 있다. 즉 교사에 의해서 이루어지는 수업을 놓고서 '수업 과정 조사, 교사와 학생의 상호작용 조사, 수업 내용 및 지식(기능) 습득 활동에 관한 조사'에 초점을 모을 수가 있다. 이들은 구체적인 수업 환경에 따라 다시 얽어 짤 수 있다. 이를테면, 의사소통 활동을 중심으로 하는 교실 수업을 관찰할 경우 '활동 유형, 참여자 조직하기, 내용, 학생 활동 양태, 자료'로 초점을 정할 수 있다.

교실 수업 관찰은 여러 주체에 의해 이루어질 수 있는데, 가장 손쉬운 방법은 조사연구자 자신의 수업을 관찰하는 것이다. 녹음이나 녹화 장비를 갖추고 수업을 녹화할 수 있다. 또는 다른 사람의 도움을 빌려 녹음이나 녹화 자료를 얻고 이를 분석할 수도 있다. 그러나 이런 경우 분명히 한계가 있다. 자신의 관점에 매여 폭넓은 안목으로 살필 수 없는 한계가 있으며, 관찰 내용이 덜 체계적일 수도 있다. 학생들을 관찰자로 이용하는 방법도 있다. 몇 명의 학생에게 급우들의 상호작용을 손쉽게 살필 수 있도록 점검표를 만들어 주고 이를 조사하게 하는 것이다.

3. 교실 수업 관찰 기록 방법

(1) 교사 주도의 수업

관찰 내용을 기록하는 방법은 먼저 실시간으로 관찰하는 것이다. 별다른 장비의 도움 없이 교수·학습이 일어나는 현장에서 관찰하는 방법이다. 이를 위해서는 미리 점검표를 준비해 둘 수도 있다. 혹은 관찰하고자 하는 초점에 맞추어 그 특징들을 분석할 수도 있다.

분석을 위해 자료를 모으기 위해서는 녹음이나 녹화도 생각해 볼 수 있다. 지니고 다닐 수 있는 작은 녹음기를 마련하여 모둠 안에서 이루어지는 상호작용을 녹음할 수 있다. 특히 교실 전체를 대상으로 할 경우에는 녹음기를 여러 대 준비해야 한다. 이런 녹음 자료는 다음 시간에 상호작용이나 말하기 방식을 되짚어주거나 되짚어볼 때 사용할 수 있다. 요즘에는 학생들 대부분이 스마트폰을 가지고 있으므로 모둠 토의를 할 경우에 학생들의 도움을 받을 수 있다. 파일 형태로 저장되기 때문에 보관하기 편리하고, 컴퓨터에 깔려 있는 재생 프로그램으로 재생하기도 쉽다.

다른 조사연구에서 자료를 모을 때와 마찬가지로, 녹음을 할 때는 자료의 원천이 사람일 경우 반드시 사전에 동의를 구하고 허락을 받아야 한다. 학생들에게도 동의를 구하는 절차가 필요하다. 앞으로는 연구 윤리와 관련하여 연구 절차에서 참여자들의 동의를 의무적으로 요구할 가능성이 크다. 사전 동의 못지않게 녹음 품질에도 신경을 써야 한다. 별다른 고려 없이 전자 기기로 녹음할 경우에는 기대에 미치지 못하는 녹음 자료를 얻을 수 있다. 특히 녹음 장치에서 멀리 떨어져 있을 경우 음원의 손실을 막을 수 없을 것이다.

녹화 자료는 조금 더 복잡하다. 작은 녹화기가 개발되어 있지만 여전히 수업에 방해를 줄 수 있다는 점은 고려해 보아야 한다. 녹화 자료는 원하기만 하면 칠판에 적은 내용에서부터 개인의 작은 행위에 이르기까지 거의 모든 자료를 모을 수 있고, 수업 내용을 역동적이고 입체적으로 잘 정리할 수 있다는 것이 장점이다. 장비도 있어야 하고 녹화하는 것이 쉽지는 않지만, 학생들의 이야기에서 비언어적 요소에 관심이 있다면 이를 활용할 수밖에 없을 것이다. 그러나 모든 내용을 녹화할 수 있는 것은 아니다. 따라서 어떤 내용에 초점을 맞출 것인지 미리 잘 계획해 두어야 한다. 이를테면, 가장 기본적인 범주로 학생에 초점을 맞출 것인가, 아니면 교사에 초점을 맞출 것인가를 미리 결정해야 한다. 예컨대 녹화된 자료를 통해, 어떤 과제를 제시하고 학생들이 문제를 해결하며 글을 쓰는 과정에서 보이는 행동의 유형을 분석하는 연구의 경우, 교실 수업 녹화가 수업 과정에서 학생들에게 일어나는 일들을 포착하기 위한 것일 수 있다. 좀 더 구체적으로, 학생들의 쓰기 활동 가운데 인지 과정에서 나타나는 행동 유형을 분석하기 위한 목적으로 자료를 모으기 위해 녹화를 할 수 있는 것이다.

교실 수업을 관찰하여 기록하고자 할 때는 기본적으로 다음과 같은 점을 고려해야 한다(체계적인 논의를 위해서는 Nunan(2003:97) 참고).

수업 내용 관찰을 기록하기 위한 질문거리

① 기록 방법은 서술의 형식을 이용할 것인가, 점검표를 통해 표시하는 방법을 이용할 것인가?

② 기록을 하는 과정에서 (연구자 자신을 포함하여) 관찰자의 해석을 어느 정도 허용할 것인가?

③ 기록에서 초점은 무엇인가? 학생들의 활동인가, 교사의 수업 진행 과정인가?

④ 기록의 목적이 무엇인가? 조사연구를 위해서 기록하는가, 아니면 자신의 수업이나 동료 교사의 수업을 살펴보기 위해서인가?

①은 교실 수업 관찰 방법과 기록 방법에 대한 결정이 있어야 한다는 것이다. 조사연구 방법의 일반적인 구분과 마찬가지로, 교실 수업 조사연구도 짜여 있는 틀을 이용하는 방법(양적 조사연구)과 짜여 있지 않은 방법(질적 조사연구)으로 할 수 있다. 매우 잘 짜인 관찰 방법에서는 교실 수업의 특정 측면에 초점을 모으고 구체적인 관찰 범

주를 목록으로 제시할 수 있다. 반면에 잘 짜여 있지 않은 방법에서는 찾아내고자 하는 것이 덜 분명하며, 교실 수업에서 일어나고 있는 일에 대해 무엇에 초점을 모으고 중요도를 부여할지 먼저 결정해야 한다. 이와 같은 일은 잘 짜인 관찰 방법을 위해 점검표를 만들 때 고려해야 할 사항이다. 이런 방식으로 자료를 모으면 양적 조사연구에서 일반적으로 나타나는 결함, 즉 참여자들의 생각이나 의견을 제대로 반영할 수 없다는 점을 염두에 두어야 한다.

이와 같은 맥락에서 관찰한 내용을 기록하는 방법을 생각해 볼 수 있다. 하나는 실제 언어 표현으로 기록하는 방법이다. 교사가 무엇을 제시하는지, 학생이 어떤 활동을 하는지 언어로 기록하는 것이다. 대부분의 수업 관찰은 질적 연구 방법에서 고려하기 때문에, 언어 표현으로 기록하고 그 내용을 분석하는 경우가 많다. 그렇지만 관찰의 초점을 미리 부호로 정해놓고 그 초점이 나타나는 횟수를 셈할 수도 있다. 전자의 방법에 비해 후자의 방법은 활동의 전체적인 전개를 한눈에 알아보기 쉽지만, 그 목적에만 이바지하게 된다는 점에서 활용의 정도가 넓지 않다. 물론 관찰 내용을 언어로 표현하는 경우에도 단점이 없지 않다. 관찰자의 주관적 해석이 영향을 미칠 수 있으며, 학습자나 교사의 의도를 왜곡할 가능성이 있기 때문이다. 아울러 글말로 기록하는 데 걸리는 시간 때문에 실제 활동과 기록 시간 사이의 지연이 일어날 수 있으며, 기록하는 행위 때문에 관찰해야 할 중요한 점을 놓칠 수도 있다. 따라서 조사연구의 목적에 알맞은 기록 방법을 선택해야 할 것이다.

점검표를 활용하는 것과 같은 양적 조사연구(교실 수업 조사연구에서 양적인 접근법과 질적인 접근법의 차이에 대한 개략적인 살핌은 Good & Brophy(2003:17-19) 참고)에서는 수업 중에 어떤 일을 표본으로 해서 관찰할 것인지, 관찰 시간은 어떻게 할 것인지 결정해야 한다. 일반 적으로 관찰 시간은 수업 전체의 흐름에 초점을 맞추거나 특정한 활동 시간 단위를 표본으로 삼을 수 있다. 이를테면, 음운의 변동을 가르치는 수업에서 전개되는 모습을 살피고자 한다면 수업의 단계 가운데 특정의 시간, 예컨대 시범 보이기 단계에 초점을 맞출 수 있을 것이다.

②와 관련하여 관찰자의 주관적 해석이 자료를 모으는 과정에 관여하는 정도를 정해둘 필요도 있다. 수업 중에 나타나는 여러 측면은 두 층위로 나눌 수 있다. 하나는 교사의 판서 행위같이 별다른 추론이 없이 그대로 관찰하여 기록지에 적을 수 있는 경우이다. 그렇지만 칭찬의 유형이나 되짚어주기[22]의 갈래와 같이 어느 정도 관찰자의 추론에 기대는 경우도 있다. 이런 추론이 요구되는 관찰을 일관되게 하려면 연습이 필요하다. 일어난 일을 객관적으로 기록한다고 해서 모든 일을 제대로 기록한다고 할 수는 없다. 기록한 시간과 분석 시간 사이에 간격이 크지 않으면 기록한 내용을 떠올리는 데 문제가 되지 않을 수 있다. 그렇지 않은 경우 학생이나 교사의 행위

---

22) 일반적으로 되짚어주기(feedback) 유형으로는 네 가지가 거론된다. 지지적 피드백, 교정적 피드백, 학대적 피드백, 무의미한 피드백. 이 중에서 지지적 피드백과 교정적 피드백을 적절히 조화시켜야 한다. 한편, "제2언어 수업을 녹화하여 수업에 사용된 수정적 피드백의 종류를 확인한 연구로는 한상미(2001), 진제희(2004), 이석란(2009) 등이 있다. 한상미(2001)는 담화 분석을 개념 및 방법론을 부분 적용하여 한국어교육에서 교사의 수정적 피드백을 살펴본 선구자적 연구라 할 수 있다. 진제희(2004)는 상호작용 과정에서 참여자들 사이에 나타난 문제 해결 양상을 '의미 협상(negotiation of meaning)'의 개념으로 설명하면서 교사의 문제 근원 표지 중 하나로 수정적 피드백을 다루었다. 진제희(2005)는 Lyster & Ranta(1997)의 학습자 반응 도구를 적용하여 교실 담화에서 나타난 수정적 피드백 유형을 살펴보고 그 효과를 논의했다. 이석란(2009)은 통계를 이용한 양적 접근법을 취해 한국어 교사와 학습자 간의 수정적 피드백 유형의 분포를 살펴봄과 동시에 교사, 학습 상황, 학습자의 오류 유형과 같은 변인과 교사의 수정적 피드백 유형 간의 관계를 살펴보았다(김은호, 2016:151)."

를 잘못 해석하거나 의도 해석에 편견이 끼어들 가능성이 크다.

한편, 양적 조사연구에서 초점이 되지 않을 수도 있지만, 모둠 편성, 수업의 주제나 내용, 상호작용 방법 등은 기록해 두어야 한다. 이들은 전체적인 수업 흐름이나 배경, 맥락에 대한 정보를 제공해 주기 때문이다.

수업 시간에 일어나는 일들은 복잡하다. 따라서 여러 겹의 층위를 지니고 있다. 자기 주도 학습을 하는 일을 예로 들면, 교사의 입장에서는 과제를 수행하는 일일 수 있지만, 학생의 입장에서는 문제 해결의 과정이고 응용이나 내면화의 과정일 수 있다. ③에서 제기된 문제는 이런 문제를 해결하기 위해 필요하다. 복잡한 교실 수업 현상을 좀 더 단순하게 함으로써 관찰이 가능하도록 할 수 있다.

비슷한 맥락에서 ④의 문제를 생각해 볼 수 있다. 조사연구를 위해서는 ①~③에 있는 문제를 좀 더 신중하게 생각해 보아야 한다. 연구의 목적에 맞게 기록해야 할 대상과 내용, 방법을 가다듬어 놓아야 한다. 왜냐하면 다시는 그런 관찰을 할 기회가 오지 않기 때문이다. 수업 기록 내용이 되짚어보기를 겨냥한 것이라면 엄밀한 방법을 필요로 하지 않을 수 있다. 문젯거리를 중심으로 기록하거나 학생들의 반응에서 특이한 점이 있는 부분을 중심으로 기록하면 되기 때문이다. 이렇게 목적에 따라 기록할 내용을 좀 더 단순하게 정리할 수 있다.

관찰의 목적과 관련하여 기록하는 방법을 나누기도 하는데, 일반적으로 수업을 대상으로 할 경우 수업 활동에서 나타나는 일들을 연속해서 기록할 것인가, 아니면 일화(혹은 초점이 되는 일)를 기록할 것인가로 나누어지기도 한다. 수업의 전개에 초점이 있다면 연속적인 기록이 필요하겠지만, 특정 단원이나 의사소통 활동에서 나타나는 특징을 알고자 한다면 일화를 중심으로 기록할 수 있는 것이다. 예컨대, 듣기 수업에서 들은 내용을 바탕으로 교사가 던지는 질문의 양상을 관찰하는 방법은 두 가지다. 먼저 고차원적인 질문(주로 추론에 관련되는 질문), 낮은 차원의 질문(사실에 바탕을 둔 질문)이 어떤 차례로 나타나는가를 살피는 경우에는 전개를 중심으로 관찰하고 기록해야 할 것이다(듣기와 관련한 질문 유형에 대한 논의는 Wilson(2010:76) 참조). 그렇지만 질문의 유형에 따른 잦기(frequency), 질문의 비율 등에 관심이 있다면 일화를 중심으로 기록해야 한다.

녹화에 대해서 잠간 언급하기로 한다. 녹화는 기록보다 생생한 자료를 제공한다는 점에서 조사연구에서 적극적으로 활용할 수 있는 방법이다. 그러나 기술적인 문제뿐만 아니라 윤리적인 측면에 이르기까지 해결해야 할 문제가 많다. 기술적으로 음성 녹음의 문제뿐만 아니라 분석하는 사람의 눈과 카메라의 눈이 다를 수 있다는 문제도 있다. 고정된 카메라에서 나타날 수 있는 문제점은 굳이 지적하지 않더라도 분명히 드러난다. 이를 해결하기 위해 카메라의 위치를 고정하지 않을 때도 문제는 있다. 교실 수업은 예측할 수 없는 측면이 많아서 행위가 일어나고 난 뒤에 카메라가 뒤따라감으로써 추적이 제대로 이루어지지 않을 수 있다. 또한 카메라를 조작하는 사람은 순간적으로 초점을 모을 만한 가치 있는 장면에 대한 판단을 내려야 하므로 주관적인 측면이 강하게 반영될 수 있다. 즉 분석가가 필요로 하는 측면을 놓칠 가능성이 큰 것이다. 아울러 카메라를 들이댐으로써 학습자에게 미칠 잠재적인 영향도 고려해야 한다. 일반적으로 사진을 찍을 때 우리는 일상의 모습처럼 행동하지 않을 수 있기 때문이다. 이런 결점에도 불구하고 녹화를 해놓는다면 눈에 잘 드러나지 않는 교실 수업의 미세한 측면들을 밝혀내는 데 도움을 준다는 점에서, 사전 협의가 이루어지고 학습자들에게 녹화의 목적과 필요성을 알려주고 신중하게 계획된다면 충분히 해볼 수 있다.

녹음·녹화 자료 편집하기는 필요한 부분만을 뽑아서 녹음하거나 녹화한 내용들을 정리하는 과정이다. 이렇게 하는 이유는 50분짜리 녹음 내용을 분석할 때마다 되돌려 보는 것이 주의집중력을 분산시키며 시간이 많이 들기 때문이다. 그리고 테이프에 들어 있는 원자료는 담화 분석과 같은 분석에서 그대로 이용하기 어려운 경우도 있기 때문이다. 문제는 이런 편집이 품이 많이 들고 시간이 많이 든다는 점이다.

이와 아울러 수업 기록 내용이나 전사 내용을 회상을 촉진하는 자극물(simulated recall)로 활용하는 방법이 있다. 예컨대, 읽기 과정에 대한 전사 내용에 대해 교사뿐만 아니라 학생들로 하여금 촌평을 하는 기법도 생각해 볼 수 있다. 협력 연구 과정이라면 다른 교사의 도움을 받을 수도 있다. 이런 일들은 수업에 영향을 미치는 여러 인자의 다양성 때문에 놓치기 쉬운 측면들을 세세하게 살펴보는 방법으로서, 면담 조사 못지않게 직접적인 자료들을 얻을 수 있다. 아울러 수업 과정에 있었던 핵심 사항들을 전사 내용 혹은 기록 내용과 연결하도록 해준다. 교실 수업 관찰을 위한 계획을 세우기 위해 마련한 얼개와 겹치는 부분이 있지만, 수업 내용을 바탕으로 교사나 학생들이 회상하도록 할 경우 다음과 같은 내용들을 챙겨볼 수 있다.

수업 내용을 회상하여 조사할 때 도움을 줄 수 있는 질문거리

① 이용 가능한 언어 자료는 어떤 특성을 지니는가?

② 언어 자료들은 어떻게 활용되는가?

③ 언어 자료를 매개로 하는 상호작용의 모습은 어떠한가?

①은 수업의 특성이나 단원의 특성과 관련하여 매체 혹은 언어 자료의 일반적인 특성을 매개로 하는 회상을 돕기 위해 활용될 수 있다. 수업에서 주로 사용된 것이 교과서 중심의 읽기 자료였는지, 교사가 별도로 만든 자료인지, 학생의 발표인지 회상할 수 있다. ②는 듣기 대본이었는지, 낭독의 자료였는지, 인용 자료인지 회상해 보게 할 수 있다. 특히 ③은 교실에서 학생과 교사 혹은 학생끼리 주고받는 대화를 관찰함으로써 드러날 수 있다. 한 가지 실마리는 교사들은 지적 권위와 지위에 따른 권위를 통해 상호작용에서 우위를 차지한다는 것이다. 학생 모둠 토의에서는 주제 관련 배경지식이 풍부한 학생이 주도권을 잡고 토의를 진행하는 경향이 강하다. 다음 절에서 모둠 활동 관찰을 통해 이와 관련되는 문제를 다루기로 한다.

같이 생각해 보기

1. 자신이 관심을 갖고 있는 교실 수업 관찰 내용을 정하고(주제), 초점을 어디에 모을 것인지, 그리고 자료를 모으는(기록하는) 방법을 계획해 봅시다. 다음은 이창덕(2009)에서 수업 중인 교사를 관찰할 때 초점으로 제시한 내용입니다. 이를 참고할 때, 학생에 초점을 맞춘다면 어떤 내용을 마련할 수 있겠습니까?

   ㉮ 교사는 비언어적인 요소를 어떻게 활용하는가?

   ㉯ 교사는 학생의 말을 어떻게 듣는가?

   ㉰ 교사는 수업의 시작과 정리 단계에서 무엇을, 어떻게 말하는가?

   ㉱ 교사는 어떤 목적으로 말(대화 전략)을 하는가?

   ㉲ 교사는 학생(들)과 말 차례를 어떻게 주고받는가?

   ㉳ 교사는 어떻게 설명하는가?

   ㉴ 교사는 어떻게 질문하는가?

   ㉵ 교사는 어떻게 되짚어주기를 하는가?

ⓩ 교사는 어떻게 칭찬하고 꾸중하는가?

ⓒ 교사는 언제, 어떻게 통제하는가?

ⓚ 교사는 언제, 어떻게 일탈하고 복귀하는가?

2. 다음은 교사의 교수 활동과 관련하여 있을 수 있는 활동 유형을 정리해 놓은 것입니다. 쉽게 접할 수 있는 방송 수업, 청중이 있는 강좌 가운데 하나를 놓고서 다음(Wallace, 1998/2008:181-182)을 적용하여 관찰해 봅시다.

수업 시간(강좌)을 열어가는 절차/수업 시간(강좌)을 마무리하는 절차,

중요한 사안들을 다루기(가령 훈육), 칠판 이용하기,

다른 교수 보조물과 자원들을 이용하기,

한 모둠에서 다른 모둠으로 이동하는 절차와 방법,

자세와 태도, 목소리 이용(음색, 음조, 성량, 청취 가능도),

눈 마주침, 심리적 투영(가령 자신감, 불확실성, 노여움, 유머),

(교실 수업 활동을 구조화하기 위한) 일정한 운영 관례들,

학생들과 상호작용

(2) 학생-교사, 학생-학생의 상호작용이 이루어지는 수업

여기서 분석하고자 하는 수업 형태는 앞서 소개한 수업 유형보다 학생들의 참여를 많이 허용하는 형태의 수업이라 할 수 있다. 이와 같은 수업에서 일차적으로 관찰할 수 있는 것은 상호작용이 어떻게, 얼마나 많이, 어떤 형태로 일어나는가 하는 것이다. 이는 교사의 수업 형태나 수업 행동을 정확하게 파악하는 데 필요한 작업이다. 이런 활동에는 언어를 통해서 이루어지는 상호작용도 있고, 언어 외적 행위를 통해서 이루어지는 상호작용도 있다. 먼저 언어적·비언어적 상호작용을 포괄해서 다루는 상호작용의 유형을 보기로 한다. 아래

제시한 내용은 교실 수업에서 이루어지는 상호작용의 유형을 보여 준다(Brophy & Good(1970)의 자료를 Good & Brophy(2003:60-61)에서 재 인용).

교실 수업에서 일어날 수 있는 학생-교사, 학생-학생 상호작용의 유형

① 학생-시작 질문(student-initiated question): 학생들이 공적인 배경에서 교사에게 질문을 한다.

② 읽기나 낭독(reading or recitation): 학생들에게 크게 소리 내어 읽거나 산술표를 낭독하게 한다.

③ 훈육 질문(discipline question): 이 질문은 직접적인 질문의 특별한 유형이다. 훈육 질문은 통제 기법의 하나로 사용하는 질문인데, 응답할 기회를 제공하기보다는 더 집중하도록 요구한다.

④ 직접적인 질문(direct question): 교사가 응답할 기회를 얻으려고 하지 않는 어떤 학생들을 지명한다.

⑤ 열린 질문(open question): 공개적인 질문을 하도록 함으로써 응답의 기회를 교사가 만든다. 그리고 개별 학생을 지명함으로써 누가 응답을 해야 하는지 지적한다. 그러나 손을 듦으로써 응답을 하고자 하는 바람을 보여주는 학생들 가운데 한 명을 선택한다.

⑥ 소리쳐 부르기(call out): 교사의 질문에 응답 허락을 기다리지 않고 소리 내어 응답을 외치는 학생들 사이에서 만들어진 응답 기회

⑦ 과정 질문(process question): 사실들을 통합하거나 상호 관련성에 대한 지식을 요구하는 방식으로 학생들에게 무엇인가를 설명하도록 요구한다. 대부분의 경우 '왜?'나 '어떻게?' 같은 질문 형태를 띤다.

⑧ 결과 질문(product question): 결과 질문은 하나의 낱말이나 구절로 표현될 수 있는 간단하고 정확한 답변을 요구한다. 결과 질문은 일반

적으로 '누가, 언제, 어디서, 얼마나 많이'와 같은 구절로 시작한다.

⑨ 선택 질문(choice question): 선택 질문에서 학생들은 실질적인 응답을 할 필요가 없고, 대신에 둘 또는 그 이상의 암시적이거나 있을 수 있는 표현 가운데 하나를 고를 수 있다.

⑩ 자기 참조 질문(self-reference question): 교실 수업 토론에서 학업에 관련이 없는 기여를 하도록 학생들에게 요청한다('보여주고 말하기'를 들 수 있는데 개인적인 경험이나 선호도, 느낌 등에 대한 질문이나 의견, 예측 등을 하도록 요구함).

⑪ 올바른 답변(correct answer): 만약 학생들의 답이 교사가 만족스러울 정도였다면 올바른 것으로 등재한다.

⑫ 부분적으로 올바른 답변(part-correct answer): 답변이 올바르지만 답변이 진행됨에 따라 불완전하거나, 어떤 면에서는 올바르지만 교사가 찾고 있는 답변은 아닌 응답이다.

⑬ 모름(don't know): 학생이 언어 표현에서 "잘 모르겠습니다."(혹은 그와 비슷한 표현)라고 말하거나 (고개를 가로젓는 것과 같이) 비언어적으로 모르고 있음을 나타내는 것.

⑭ 반응 없음(no response): (언어적이든 비언어적이든) 학생들이 교사의 질문에 아무런 응답이 없음.

⑮ 칭찬(praise): 언어 표현으로 학생을 칭찬함으로써, 단순한 긍정이나 긍정적인 되짚어주기의 수준을 넘어서 교사가 평가해 주는 행위.

⑯ 올바른 답변에 대한 확인(affirmation of correct answer): 확인은 학생들의 응답이 올바르거나 받아들일 수 있음을 교사가 표현할 때 등재된다.

⑰ 요약(summary): (일반적으로 확인 과정의 일부로) 학생들의 답변을 교사가 요약함.

⑱ 아무런 되짚어주기가 없는 반응(no feedback reaction): 질문에 뒤따르는 학생들의 답이 무엇이든 언어적으로나 비언어적으로 반응하지 않는다면 교사는 아무런 되짚어주기가 없는 반응으로 등재한다.

⑲ 부정확한 답변에 대한 부정(Negation of incorrect answer): 답변의 부정확성에 관련된 일반적인 되짚어주기가 간단하게 제공되는 경우로, 학생에 대해 개인적으로 부정적인 반응을 소통하는 것(부정적인 인상을 전달하거나 표현하는 것) 이상으로 나아가지는 않는다. 수용의 경우와 마찬가지로 부정도 언어적 표현("아니", "맞지 않아", "흠-흠")과 비언어적 반응(고개를 가로저음)으로 소통될 수 있다.

⑳ 비판(criticism): 부정확함을 지적하는 것에 더하여 분노나 학생에 대한 개인적인 비판을 표현함으로써 단순한 부정을 넘어서는 평가 반응이다.

㉑ 과정 되짚어주기(process feedback): 올바른 해답을 제공하는 것 이상으로 답변에 도달하기까지 거쳐 가는 행위 과정 혹은 인지 과정을 논의하는 경우에 등재한다.

㉒ 답을 제시하기(Gives answer): 이 범주는 질문에 대한 답을 교사가 학생들에게 제공할 때 사용된다. 그러나 과정 되짚어주기로 등재될 정도로 다듬어지지는 않는다.

㉓ 다른 학생에게 질문(Asks other): 교사의 질문에 어떤 학생이 답을 하지 못할 때는 언제나, 그리고 같은 질문에 대해 답을 얻기 위해 다른 학생에게 질문을 할 때 교사의 되짚어보기 반응은 다른 학생에게 질문으로 등재된다.

㉔ 요구하기(call-out): 이 범주는 교사가 어떤 학생을 지명할 기회를 갖기 전에 질문에 대한 답변을 다른 학생이 요구할 때 사용된다.

㉕ 질문 되풀이하기(repeats question): 교사가 질문을 하는데 올바른 답

을 구하지 않고 어느 정도 기다리면서 같은 학생에게 같은 질문을 되풀이하는 경우이다.

㉖ 부연이나 실마리 주기(rephrase or clue): 이 되짚어주기 반응에서 교사는 질문을 부연하거나 어떻게 응답할 것인가에 대해 학생에게 실마리를 제공해 줌으로써 답변을 할 기회를 유지한다.

㉗ 새로운 질문(new question): 첫 번째 질문에 대한 답변이 없거나 부정확할 경우 교사는 원래의 질문과 밀접하게 관련되어 있지만 다른 새로운 질문을 한다. 새로운 답변을 요구하는 질문은 새로운 질문으로 등재한다.

㉘ 확장(expansion): 교사는 더 많은 정보를 제공해 주도록 뜻이 흐릿하거나 불완전한 진술에 반응을 보일 수 있다("이해가 가지만 …을 이야기해 다오.").

위에서 소개한 자료는 장황한 듯하지만 교실 수업에서 상호작용이 일어나는 거의 모든 유형을 아우르고 있다. 이들을 기록하는 방법은 연구나 단원의 성격·목적에 맞추어 조절할 수 있다. 한 가지 방법은 Good & Brophy(2003:60)에서 제시하고 있는 것과 같이 이들 상호작용 유형을 적절히 큰 범주로 묶고 목적에 따라, 이를테면 수업 전개 시간에 따른 활동 모습의 파악과 같은 목적에 따라 점검할 수 있는 점검표(check list)를 만드는 것이다. 목적에 따라 전체 횟수의 누적만을 기록할 수도 있고, 특정의 학생 혹은 교사의 모습만을 파악할 수도 있다. 혹은 모둠 구성원들의 자리에 따라 원이나 네모를 그려놓고 이런 부호화 약속에 따라 적어두면 상호작용의 모습이 조금 더 분명해질 것이다.

한편, 국어 교사의 입장에서는 언어를 통한 상호작용에 초점을 맞

추어 볼 수 있다. 국내외적으로 많이 활용되는 분석 도구는 Flanders
의 언어 상호작용 분석법이다. 이 방법은 언어를 통한 상호작용을
명확하게 분류하고 수업 결과로 나타난 상호작용에 대한 교사의 되
짚어보기가 가능하도록 해준다는 점에서 자기의 수업에 대한 반성
이나 동료 장학을 위한 근거로 활용될 수 있는 여지가 크다. 또한 우
수 교사와 그렇지 않은 교사를 구분할 수 있는 연구에서 근거로 활
용될 수 있으며, 사범대학이나 교육대학에 재학하는 학생들(예비 교
사)에게 교육 내용으로 제공될 수도 있다. 실제로 수업에 대한 평가
는 여러 방향에서 이루어지지만, 언어를 통한 상호작용의 유형을 분
명히 인식하게 함으로써 자신이 바라는 바람직한 교사-학생의 상호
작용 틀을 점검해 보게 하는 의의가 있다. 나라 안에서 국어교육 현
장을 위한 자세한 논의는 박태호(2005)에서 이루어졌는데, 수업 대화
전략의 유형을 ① 작게 나누어 질문하기, ② 질문 공유하기, ③ 기다
리기, ④ 맞장구치기, ⑤ 실마리 제공하기, ⑥ 격려하기, ⑦ 칭찬하기,
⑧ 유머 활용하기, ⑨ 딴청부리기의 아홉 가지로 제시했다. 현장 조
사연구에서 대부분 그러하듯이, 분류 항목이 여섯 가지를 넘어서면
녹화 자료를 통해서 분석을 하는 것이 바람직하다.

  Flanders의 언어를 통한 상호작용 관찰법은 대체로 다음과 같이
진행할 수 있다. 먼저, 다른 연구에서와 마찬가지로 관찰 대상자를
정한다. 관찰 대상자는 연구의 목적에 따라 달라질 수 있으므로 연
구 목적을 분명히 해야 한다. 그다음에는 관찰 규약을 정해야 한다.
몇 초 단위(대체로 3초 간격으로 잡음)로 관찰할 것인지 아니면 어떤 활
동이 있을 때 시작 시간부터 마지막까지 시간의 양을 잴 것인지 정
하고, 표기를 부호로 할 것인지 아니면 단어의 첫 글자로 할 것인지
등을 정한다. Flanders의 언어를 통한 상호작용의 유형이 10개 이내

이므로 숫자가 편리할 것이다. 또한 'Flanders의 수업 행동 분석 3.0'
과 같은 무른모를 사용할 경우 숫자 입력을 어떻게 할지 등을 설계
해야 하므로, 분석을 위해 어떤 프로그램을 이용할지 결정해야 한다.
Flanders 수업 행동 분석 프로그램은 분류 항목별 빈도수 및 그 백분
율, 수업 형태를 판단할 수 있는 Flanders 지수 등을 통한 분석이 가
능하므로 국내 연구자들이 많이 이용하고 있다. 그다음에는 관찰의
주관성을 배제하기 위해 수업 관찰자의 신뢰도 계수를 구해 일치도
를 알아본다. 이와 같은 일치도는 신뢰도와 관련되기 때문에 연구
논문에서는 반드시 알려주어야 하는 사항이다. 수업 관찰과 관련되
는 논문에서는 스콧의 신뢰도 계수(π)를 쓴다.[23] 스콧의 신뢰도 계
수 산출을 위해 다음 쪽의 [표 4]와 같은 자료를 얻었을 때 관찰자
A, B의 신뢰도는 관찰자 사이의 관찰 값에 있으므로 각 항목에 대한
값을 구할 수 있다. 이를 바탕으로 신뢰도 계수를 구하면 (100-14-
18.66)/(100-18.66)=0.83으로, 이는 신뢰할 만하지 않다고 할 수 있다.
이런 경우는 관찰의 결과를 신뢰할 수 없으므로, 관찰자 재교육을
통해 다시 관찰하고 신뢰도 계수를 구해야 할 것이다.

그다음은 녹화된 수업 자료를 보면서 코딩을 하고 수업 분석 프로
그램(대표적인 프로그램으로 EASY 수업 분석 프로그램)을 이용하여 분류된
항목별로 빈도수 및 백분율과 지수를 산출하고 그 의미를 해석하게
되는데, 이때는 지수 산출법을 활용하도록 한다. 분석 결과를 바탕으
로 수업 형태를 여러 가지 측면에서 분석할 수 있다. 이 프로그램과

---

23) 일반적으로 관찰이나 평가의 경우 다른 신뢰도 계수를 이용하기도 하는데, 점수를 부여할
때는 상관계수(ρ)를, 범주를 부여할 때는 이 경우처럼 π나 코헨의 카파계수를 이용한다. 이들
은 각각 0.6, 0.85, 0.75를 받아들일 수 있는 가름값으로 받아들인다.

[표 4] 수업 관찰자 사이의 내적 일치도 산출을 위한 가상의 자료

분류 항목	관찰자 A	관찰자 B	%A	%B	%D	M²%
1	23	21	23	21	2	4.83
2	10	15	10	15	5	1.5
3	18	20	18	20	2	3.6
4	22	25	22	25	3	5.5
5	17	19	17	19	2	3.23
합계	100	100	100	100	14	18.66

이에 대한 지침서는 'http://cafe.naver.com/kgmath/458'에서 내려받을 수 있다. 한편, 국어 수업에서 이 연모를 이용한 분석으로는 신재한(2014)이 있는데, 실제 분석 단계에서는 매뉴얼을 참고해야 실행이 가능하리라 생각한다.

같이 생각해 보기

1. 고등학교 수준의 학생들에게 '토론하여 논술 쓰기'를 시행해 볼 수 있습니다. 모둠을 짜도록 하고(이미 모둠이 만들어져 있다면 그것을 이용할 수 있음), 전체 모둠에 공통의 과제를 주거나 모둠별로 다른 과제를 제시합니다. 그다음에 모둠원끼리 찬반의 입장으로 나누고, 기록하는 사람을 한 명 둡니다. 모둠 토론이 끝나면 학생들에게 논술을 쓰게 할 수 있습니다. 이와 같은 방법으로 모둠 활동을 기록하는 방법이 갖는 장단점은 무엇이겠습니까?

2. 앞에서 제시한 상호작용의 유형 항목들을 순서대로 늘어놓아서는 효과적으로 기록할 수 없습니다. 적절하게 항목들을 묶을 경우 몇 개의 범주로 묶을 수 있겠습니까? 그리고 이를 점검표와 같이 제시한다면 어떤 형태의 점검표를 만들 수 있겠습니까?

3. Flanders는 교실 수업 상호작용의 분석 범주로 10개를 묶어서 제시하고 있습니다. 다음은 그 10개의 범주입니다. 이 범주들을 이용할 때 장점과 단점은 무엇이라고 생각합니까? 단점 한 가지를 소개하면, 이들은 학생 모둠 토의에는 적절하지 않다는 것입니다.

- 교사 발화: 학생들에 의해 표현된 느낌이나 태도를 수용하기, 학생을 칭찬하거나 격려해 주기, 학생들의 착상을 수용하거나 이용하기, 질문들을 던지기, 수업을 진행하기(설명하기, 정보 알려주기), 지시나 명령 내리기, 학생들을 비판하거나 권위를 입증하기
- 학생 발화: 학생 이야기에 대한 반응(가령, 물음에 답하기), 학생 이야기 시작(자진하여 정보를 말하기, 선생님께 질문하기), 침묵/혼란

4. 박용익(2003:118)에서는 정보의 흐름을 중심으로 질문의 유형을 다음과 같이 갈래지었습니다. 수업 시간에 하는 교사의 질문에 대해 연구한다고 할 때 다음과 같은 질문의 갈래 나누기가 어느 정도 타당하거나 유용한지 판단해 봅시다.

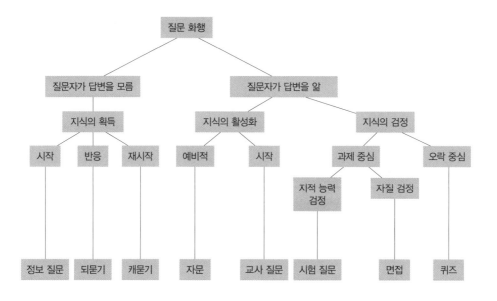

5. 박용익(2003:155)에서는 교사의 질문으로 시작하여 이루어지는 대화의 전개 양상을 다음과 같은 그림으로 나타내었습니다. 이들을 국어 수업 시간에 이루어지는 질문의 양상을 파악하기 위해 적용하고자 할 때 어떤 형태로 부호화할 수 있겠습니까?

최근에는 수업의 특정 부분에만 초점을 모으는 경향이 두드러진다. 한국어교육을 예로 들면, 교사-학생의 상호작용에서 한국어 능력의 수준에 관계없이 되짚어주기가 나타나는데, 여기에만 초점을 모아서 자료를 분석하고 의미를 분석할 수 있다. 실제로 김호정·정연희(2015)에서는 한국어 수업 시간에 나타나는 고쳐주기를 위한 되짚어주기에 대한 교사와 학습자의 인식에 대한 연구를 하고 있다. 이와 같은 연구를 실행하기 위해서는 되짚어주기의 유형에 대한 적절한 분석이 있어야 하고, 이를 바탕으로 분석이 이루어져야 할 것이다.

4. 모둠 활동 관찰

실제적인 토의·토론과 같은 입말 활동이나 쓰기에서 글감을 모으고 고쳐쓰기를 하는 활동 등 학생 중심의 모둠 활동으로 교실 수업 시간을 꾸려갈 수 있다. 이와 같은 활동을 관찰할 때 초점은 학생들의 행위다. 교사들의 수업 활동을 관찰할 때와 마찬가지로 학생들의 학습 활동도 다양하기 때문에 여러 관점에서 관찰할 수 있다. 이들은 다음처럼 나누어볼 수 있다.

모둠 활동 관찰에서 초점

① 사용되는 국어의 모습

② 모둠원끼리의 상호작용

③ 모둠 활동의 진행 과정

④ 과제 특징적인 모둠별 활동에서 특별한 차이

모둠 활동 관찰은 교사의 수업 활동, 특히 자신의 수업 활동에 대한 기록보다 더 쉽게 이루어진다. 모둠원들에게 직접 녹음하거나 녹화하게 할 수 있기 때문이다. 또는 모둠원 가운데 한 사람을 정해 기록하게 할 수도 있으며, 모둠 안에서 일정한 표에 따라 관찰하고 기록하게 할 수 있다. 또 다른 방법으로 실시간 관찰을 할 수 있는데, 인상을 중심으로 할 수도 있고 일정한 틀을 짜고 그 틀에 맞추어서 관찰할 수도 있다.

모둠 토론의 경우를 예로 들어보기로 한다. 토론이 전개되는 모습을 알아보기 위해서는 단순히 발언 지속 시간, 발언 기회를 관찰하여 기록하는 것만으로는 부족하다고 느낄 것이다. 그럴 경우 먼저 토론의 일반적인 양상을 머릿속에 그려보고 상호작용 요소들을 중심으로 부호화하여 토론 상황에서 의사소통이 일어나는 모습을 살펴볼 수 있다. 아래에 제시한 것은 참여의 특징에 따라 부여한 부호의 사례이다. 초등학생들을 대상으로 한 '학생 소집단 대화의 이동 연속체 구조'에 대해서는 서현석(2005 : 139-145)을 참조할 수 있다. 한편, 앞에서 제시한 ①~④는 토론의 절차를 엄격하게 적용하는 토론 대회나 그것을 준비하는 모의 토론 대회에서는 나타나지 않을 것이다. 다른 한편으로 토의에서는 다르게 적용될 것이다. 이를테면, 어떤 주장이 있을 경우 근거를 대는 발언이 있을 뿐만 아니라 그 주장의 장단점을 평가하는 말하기가 있을 수 있기 때문이다.

토론에서 참여 모습 부호화 약속 - Wallace(1998/2008)

1 = 시작함	2 = 응답 - 간단한 동의
3 = 응답 - 동의 및 내용 발전	4 = 응답 - 간단히 거부
5 = 응답 - 거부 및 내용 덧붙임	6 = 전개 구조에 관련되는 움직임

토의에서 참여 모습 부호화 약속

1 = 시작함	2 = 주장
3 = 근거	4 = 강점
5 = 약점	6 = 평가

같이 생각해 보기

1. 학생 모둠 토의를 관찰한다고 가정해 봅시다. 이 관찰을 토대로 학생들의 발화에서 가장 많이 나타나는 유형을 확인하기로 하고, 점검해야 할 목록을 만든다고 할 때 먼저 정해야 할 일은 무엇일까요? 다음 표는 Luoma(2004)에서 소개

하고 있는 것으로, 발화의 작은 기능을 여섯 가지 범주로 묶은 것입니다. 이들을 토의 유형에 따라 선택할 수 있습니다.

사실 정보 내주기/요구하기	묘사하기, 보고하기, 질문하기, 대답하기
태도 표현하기/듣기	찬성/반대, 유식/무지, 능력, 허락
설득하기	제안하기, 요구하기, 경고하기
사교 표현하기	주의 끌기, 말을 걸기, 인사하기, 소개하기
담화 구조화하기	열어가기, 요약하기, 주제 바꾸기, 마무리하기
의사소통 수정하기	이해 안 됨을 알리기, 도움 호소하기, 풀어 말하기

2. 어떤 특정 사례, 구체적으로 교실 수업 관찰 기법의 하나로 수업 방해 혹은 수업 무관 행위를 체계적으로 관찰하고자 합니다. 여러분의 경험에 비추어 어떤 행위들이 교실 수업과 무관한 행위라고 생각할 수 있겠습니까? 그것을 목록으로 만들어봅시다.

3. 읽기 수업 시간을 관찰한다고 가정해 봅시다. 교사가 덩잇글을 놓고서 학생들이 이해하는 데 도움을 주도록 발문을 하는 수업으로 이끌어갈 수 있습니다. 이때 질문은 대체로 몇 갈래로 나눌 수 있는데, 다음 표에 제시되어 있습니다 (Wallace, 1998/2008:182). 다음에 제시된 내용들을 더 잘게 부호로 나타낸다면 어떤 항목들을 더 만들 수 있겠습니까? 그렇게 함에 따라 잠재적으로 어떤 문제점들이 있을 수 있겠습니까?

질문의 수준	셈막대	합계
축자적(덩잇글로부터 나온 확인 질문)		
추론적(덩잇글에 나온 정보로부터 추론한 질문)		
재구성(덩잇글 정보를 일정한 기준으로 결합하기)		
평가 및 반응(판단 또는 개인적 반응 표현하기)		

모둠 활동의 프로토콜(사고 구술 내용) 분석은 국어 교과뿐만 아니라 다른 교과에서도 비교적 많이 이루어지는 편이다. 특히 수학과 과학 교과에서는 모둠별로 과제를 제시하고 과제를 해결하는 과정에 관련되는 프로토콜에서 인지 활동을 그래프 형식으로 구성하기도 했다. 국어 교과에서도 문법 학습에서 인지 활동이 구체적으로 관찰되며, 어느 정도 정형화된 틀을 따른다고 할 수 있다. 이와 같은 분석 도구는 'PBG(problem behavior Graph)'라고 하는데, 인지심리학자인 뉴월과 사이먼이 제안했다. 이 도구는 문제 해결이라는 정보 처리 체계를 여러 개의 처리 구조와 과정의 통합체로 간주하고, 문제 해결 과정에서 나타나는 정보들의 표상과 그러한 정보들의 관계를 그림으로 나타내었다. 그림표로 만드는 과정에서 결절점(nodes)과 선들로 지식의 변화 과정을 표시해 줌으로써 '문제 해결력이 뛰어난 집단과 그렇지 않은 집단 혹은 성공한 집단과 그렇지 않은 집단의 특징, 일반적인 문제 해결의 과정, 과제에 따른 문제 해결 과정의 차이, 문제 해결에 요구되는 인지 활동 유형의 상대적 비율' 등을 시각적으로 파악하게 해준다는 장점이 있다. 한편, 강은주·홍진곤(2009)에서는 사고 과정을 직접 관찰하면서 동시에 PBG로 나타내는 방법과 사후에 사고 구술 내용을 분석하는 방식을 비교했는데, 유의미한 차이가 없었다고 했다.

PBG가 좀 더 일관성을 지니도록 하기 위해서는 탐구 과제의 분석에서부터 고려해야 한다. 여러 개의 탐구 과제를 제시할 때는 과제들 사이의 위계성이나 계열성을 고려함으로써 인지 활동의 계열성이나 순차성을 파악하는 데 활용할 수 있도록 할 필요가 있다. 아울러 기존의 연구를 참고하여 영역에 특징적인 문제 해결의 과정을 구성할 필요가 있다. 문제 해결 과정의 단계 설정을 위한 연역적 분

석 과정은 인지심리학에서 제안되어 왔고, 국어교육에서도 탐구 활
동을 통한 문제 해결의 과정에 대한 모형을 제안한 연구들을 참고할
수 있다. 그런 다음 모형에서 각 단계에 해당하는 문제 해결의 과정
을 좀 더 세분화하는 과정을 바탕으로 구체적인 행위를 명확히 이름
붙이는 작업이 필요하다. 학생들이 산출한 프로토콜을 전사한 결과
를 바탕으로 읽어보고 이름을 붙여 귀납적으로 수렴이 되도록 한다
면 시간을 줄일 수 있을 것이다.

[그림 4] 문법 탐구 과제 해결 과정에서 PBG의 사례

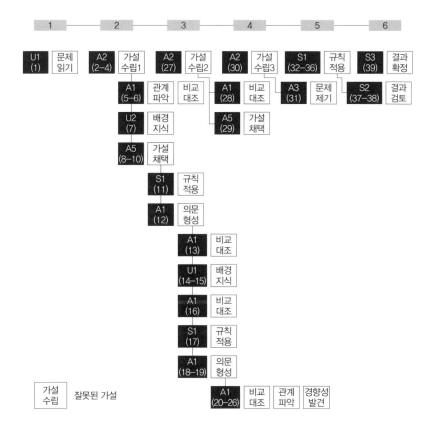

[그림 4]는 최은정 외(2014:566)에서 문법 과제의 해결 과정을 마디로 연결하여 보여주는 것이다. 이 그림에서 U는 이해, A는 분석, S는 해결과 적용을 나타낸다. 그리고 수직과 수평 방향은 인지적 활동의 양, 즉 인지 처리의 깊이와 너비를 보여준다.

이와 같은 PBG는 인지적 처리에 관련된 과제 해결 과정의 분석뿐만 아니라 협력을 통한 글쓰기, 이해 문제의 해결에도 확장하여 적용이 가능할 것이다. 다만 이런 분석이 가능하기 위해서는 선행 연구로서 과정에 대한 연구가 어느 정도 쌓여 있어야 한다는 점이 다른 영역으로의 적용에 걸림돌이 된다.

5. 교실 수업 관찰 자료의 특징

교실 수업 관찰 자료는 앞서 이야기한 것처럼 교사들이 자신의 수업에 대해 자각할 수 있다는 점에서 그 자체로 의미를 지닌다. 교사들은 자신의 수업에서 남학생과 여학생을 지명하는 정도, 공부를 잘하는 학생과 그렇지 않은 학생에 대한 기다림의 시간, 공부 잘하는 학생이 답을 못 했을 경우와 공부를 못하는 학생이 올바른 답을 했을 때의 반응을 제대로 의식하지 못할 뿐만 아니라 수업이 끝난 뒤에는 기억하지 못하는 경향이 있다. 모둠의 자리 배치에 따라 교사의 관심과 주의집중을 받을 기회가 다를 수 있다는 사실을 관찰을 통하지 않고는 알아볼 기회가 없을 수도 있다. 그렇기 때문에 학생들이 스스로 생각하고 문제를 해결하는 것이 중요하다는 교육관을 지니고 있을지라도, 자신의 수업을 관찰하지 않고는 질문하는 방식이나 수업 활동이 그런 교육관을 반영하고 있는지를 살피기가 어렵다. 아울러 이런 관찰이 없다면 자신이 학생들의 반응에 어떻게 영향을 받고 있는지 되짚어볼 기회도 거의 없다. 만약 자기 성찰을 위한 교실 수업 관찰(자료)이 없다면 늘 같은 방식으로 학생들을 다루고 수업을 할 수도 있을 것이다. 언제나 학생들을 공평하고 공정하게 대한다는 확신을 지닌 채 말이다.

관찰 자료의 긍정적인 특징은 관찰 대상자들의 설명이 없어도 그들이 무엇을 하는지 직접 알 수 있게 해준다는 점이다. 따라서 그와 같은 자료는 어떤 일이나 행위에 대해 이차적인 자기 보고보다 더 객관적인 설명거리를 제공해 준다. 또한 관찰 자료는 폭넓게 활용될 수 있으며 언어적인 표현 능력이 떨어지는 관찰 대상자들에 대한 정보도 얻을 수 있다. 특히 잘 짜인 표를 사용함으로써 시간이 어느 정도 흐르더라도 수업 시간에 일어난 일과 학생·교사의 행위를 알아낼 수 있다. 또한 분석도 어느 정도 쉽게 할 수 있는데, 양적 자료와 질적 자료에서 차이가 있을 수 있다. 양적 자료에서는 모든 학생이나 모둠에 대한 질문의 횟수나 상호작용의 빈도가 같다고 기록될 수 있다. 그러나 질적 자료를 이용한다면 큰 차이가 나타날 수 있다. 횟수는 같지만 상호작용의 품질에서 차이를 드러내 보여줄 수 있을 것이다.

부정적인 측면은 오로지 관찰 가능한 행위만을 관찰할 수 있다는 점이다. 언어 활동, 더 구체적으로 국어 사용은 관찰할 수 없는 내면 세계를 반영하는 경우가 많기 때문에, 혹은 내면을 관찰함으로써 온전하게 이해할 수 있는 측면이 많기 때문에 관찰 자료로 추론해 내는 데는 불완전함이 있을 수밖에 없다. 앞서 지적한 것처럼 관찰 자료가 지니는 한계도 있다. 관찰자 혹은 수업과 무관한 사람이 참관함으로써 교실 수업 자체가 영향을 받을 수 있으며, 그에 따라 참여자들이 어떤 식으로든 편향을 나타낼 수 있다는 것이다. 예를 들면,

공개 수업을 위해 학부모나 다른 교사가 참관할 경우, 학생들이 보이는 반응이나 수업 참여도는 실제 수업에서 일어난 것과 다를 수 있다. 또 기록된 관찰 자료는 수업의 역동적인 측면을 제대로 붙들 수 없다는 단점이 있다. 이런 부족한 점을 메우기 위해 별도의 면담을 계획할 수 있다. 면담 조사는 교사의 행동에 대해 해명하거나 의도를 읽어낼 수 있기 때문이다. 이를테면, 조사연구자와 참여자가 다를 경우 면담을 통해 수업 시간에 있었던 여러 활동의 의도 등을 알아볼 수 있다. 아울러 학생들의 활동에서 나타나는 여러 측면에 대해 양적인 관찰로는 붙들 수 없는 측면을 알아보기 위해 면담을 함으로써 더 많은 속뜻을 끌어낼 수 있다.

6. 교실 수업 관찰과 해석에서 유의점

(1) 교실 수업 관찰과 해석에 영향을 미치는 요인들

조사연구를 위한 관찰에서 중요한 것은 다음에 제시하는 오류들을 범하지 않는 것이다. 이런 오류들은 모두 관찰자가 중립적이지 않은 태도, 즉 편견이나 편향을 지니고 있는 데서 비롯된다. 관찰 도구로서 교실 수업 관찰에 필요한 개념들을 적절하게 다룰 줄 안다고 하더라도 그러한 관찰에 잘못이 있을 수 있다. 관찰자로서 개인이 살피고 있는 점들이 '실재'와 일치하지 않을 가능성이 있기 때문이다. 편견이나 편향에 영향을 미치는 대표적인 요소는 신념이나 과거의 경험이다. 이를테면, 일정한 집단의 학생 혹은 특정한 학생에게 쌓이고 쌓인 경험이 편견의 원천이 될 수 있다. 이런 점은 한국어교육 상황에서 더욱 유념해야 한다. 외국인 유학생이나 이주 노동자, 결혼 이민 여성의 출신, 신분, 인종에 대한 편견이 자신도 의식하지 못하는 사이에 작용할 가능성이 있기 때문이다. 인간은 지각의 편의를 위해 대상을 일정한 범주로 묶고 이 범주들에 대해 단순하고 일관된 관점을 유지하는 경향이 있다. 이런 편견이 눈에 보이는 것들을 가리거나 혹은 부풀리거나 작게 만든다. 이런 편견에서 벗어나기 위해서는 자신이 가지고 있는 편견이 무엇인지 정확하게 인식해야 한다. 편견을 발견하는 방법으로 권장할 만한 일은 자기 자신을 대상으로 하는 사례 연구를 통해 지속적·집중적 관찰을 하는 것이다.

여러 명의 관찰자가 참여할 때는 관찰자를 연습하게 하고 연습의 결과를 바탕으로 일관성 여부를 점검해 보아야 한다. 이때 기록이나 표기를 위한 부호의 약속에 대한 협의도 곁들여야 할 것이다.

기록을 할 때 발생할 수 있는 오류는 Richards(1980)에서 지적했는데, '누락의 오류, 첨가의 오류, 전사의 오류'가 있다고 했다(성태제·시기자(2015:260)에서 재인용). 이 가운데 전사의 오류는 관찰한 행동을 기록할 때 순서를 잘못 기록하는 것인데, 번거롭겠지만 행동이 일어난 시간을 기록하거나 점검표에 1분이나 30초 단위로 시간을 기록함으로써 이런 잘못을 막을 수 있다. Guliford(1954)에서는 관찰자의 편향성 때문에 발생할 수 있는 오류로 '관용의 오류, 중심 경향의 오류, 후광 효과, 논리성의 오류, 근접의 오류, 대비의 오류' 등을 제시했다(성태제·시기자(2015:259-260)에서 재인용). 이 가운데 근접의 오류는 가까운 위치에 있는 항목들에 대해 비슷한 관찰 결과를 기록하는 경향에서 비롯되는 것이다. 이를테면, 점검표를 활용하여 수업을 할 경우 가까이 있는 점검 항목으로 오인하고 평가한다는 것이다. 대비의 오류는 평가되는 항목의 속성에 대한 평소의 관점에 따라 반대로 평정하는 경향을 가리킨다.

관찰과 기록에서 오류와 편견이 있을 뿐만 아니라 해석에서도 편견이 작용할 수 있다. 조사연구자가 좋아하는 수업 방식으로 수업을 하는 교사의 행위는 대체로 긍정적으로 해석하며, 그렇지 않은 경우 그 반대가 될 수 있다. 따라서 판단할 수업 현상이 넉넉지 않다면 지나치게 일반화하지 않아야 한다. 아울러 학생들에게 미치는 영향을 근거로 교사의 행위를 평가해야 한다. 예컨대, 학생들에게 칭찬을 거의 하지 않는 교사는 얼핏 보기에 부정적일 수 있지만, 학생들은 교사가 자신들의 성취도를 높이 설정하고 있다는 점을 깨닫고 그에 맞추어 반응할 수 있는 것이다.

같이 생각해 보기

다음은 교실 수업을 관찰하면서 나온 기록들입니다. 두 개의 짝지은 문장에서 관찰을 진술하는 문장으로 적합한 것과 적합하지 않은 것을 가려보고, 왜 그런지 이유를 지적해 봅시다.

㉠-1. 발표를 할 때 목소리가 떨리고 '어, 그, 저' 등을 사용하며 문장을 제대로 끝맺지 못한다.

㉠-2. 발표를 할 때 긴장을 한다.

㉡-1. 교사는 기대 이상으로 답을 하지 못한 학생에게 창피를 주었다.

㉡-2. 교사는 학생들을 부정적으로 다루었다. 혹은 교사는 학생에게 편견을 갖고 있다.

(2) 관찰 분석과 관찰의 신뢰성

앞의 절차들을 통해서 모은 자료는 두 가지 방법으로 분석할 수 있다. 하나는 인상을 중심으로 하는 접근법이다. '인상'이란 말에서 알 수 있듯이 이 분석 방법은 주관성을 지니는데, 어떤 주제와 관련하여 교실 수업에서 일어나는 일들을 빠짐없이 기록하고 분석한다. 이를테면, 학생들의 말하기 상호작용 모습에 대해 조사·연구하려고 한다면 상호작용과 관련되는 모든 장면을 녹음하거나 녹화하고 분석할 수 있을 것이다. 마찬가지로 문법 교육에서 교사가 학생들에게 동기부여를 얼마만큼 하고 있는지를 살피고자 한다면 수업의 도입 단계에서 정리 단계까지 동기부여 발화를 중심으로 살펴볼 수 있다. 동기는 '학습자로부터 비롯되는 요인(성취 욕구, 긍정적인 태도, 지적 호기심 등), 교사가 부여하는 동기(자발적인 참여, 기꺼이 참여하려는 마음), 다른 학생들의 분발로 인한 동기(경쟁심)' 등으로 잘게 나눌 수 있는데, 이 가운데 어느 하나를 고를 수 있을 것이다.

이 방법은 일정하게 계획한 체계를 갖추지 않았다는 점에서 자료 수집과 분석에 융통성을 허용하지만, 주관성이 강하게 작용한다는 점에서 문제가 될 수 있다. 주관성에 따른 신뢰도의 위협에서 벗어나기 위해서는 여러 사람이 관찰하게 할 수 있다. 즉 여러 사람의 관찰로부터 공통 요소를 찾을 수 있다면 신뢰도를 높일 수 있을 것이다.

아울러 삼각측량 방법을 사용할 수 있는데, 인상에 따른 관찰을 하고 나서 설문 조사와 같은 양적 자료를 통해 가설을 확증하도록 한다. 예컨대, 교사가 이끈 토의 수업에서 교사가 학생들의 발언 기회를 얼마나 보장해 주는지 알아보기 위해 관찰을 하고 일정한 가설을 세운다. 그다음에 토의에 참가한 학생들을 중심으로 발언 기회에 관련되는 설문 조사를 실시하여 학생들이 어느 정도 참여했는지, 교사와 학생들의 관계는 어땠는지, 학생들의 발화가 교사에 의해 몇 번이나 중단되었다고 생각하는지 등을 알아볼 수 있다.

인상에 따른 관찰보다 조금 더 체계적으로 관찰하는 방법이 있다. "체계에 바탕을 둔 관찰에서 관찰 자료는 명시되어 있는 범주들로 이루어진 이미 꾸려진 체계에 비춰서 분석된다(Wallace, 1998/2008 : 175)." 녹음 자료를 이용하든 이용하지 않든 체계를 갖춘 관찰에서는 범주의 수를 제한할 필요가 있다. 관찰해야 하는 항목이 20개 정도 되면 전문적인 분석 훈련을 받지 않은 사람은 분석하기가 쉽지 않기 때문이다. 아울러 큰 항목과 작은 항목으로 나누고 큰 항목의 수가 3개를 넘지 않도록 하는 것도 중요하다. 항목별로 셈막대를 기록지에 적고 이를 바탕으로 통계적인 기술을 해나가면 모둠 토의 분석에서 발언권을 주도하는 사람이 누구인지, 누가 어느 정도 발화에 참여하는지를 알려주는 지표로 활용할 수 있다.

셈막대를 이용하여 관찰한 결과는 측정 가능해야 한다. 자신이 관찰한 결과의 신뢰도를 간단하게 알아보는 방법은, 녹화 자료든 관찰 자료든 두 사람이 똑같은 관찰을 하고 그 차이를 알아보는 것이다. Emmer & Millet(1970)가 제안한 공식으로 그 일치도를 구할 수 있는데, 일치도가 높으면 관찰자들 사이의 기록이 믿을 만하다는 의미다.

$$\text{관찰자들 사이의 관찰 일치도} = 1 - \frac{A-B}{A+B}$$

A항과 B항은 각각 어떤 항목에 대한 관찰자 두 사람, 즉 A와 B의 관찰 값을 나타낸다. 예컨대, 추론에 관련되는 질문에 대한 관찰 횟수가 A 관찰자는 20회, B 관찰자는 16회였다면 일치도는 위에서 제시한 공식에 따라 셈을 할 수 있는데, 89%가 된다. 최근에는 스콧의 관찰자 신뢰도 계수를 널리 사용하고 있다. Emmer & Millet(1970)에서 사용한 신뢰도 계수가 어떤 항목에 대해 관찰한 횟수를 계산에 넣는 데 비해, 이 계수는 전체 항목에서 항목별로 개별 관찰자들의 관찰 횟수가 전체 관찰 결과에서 차지하는 비율을 계산에 넣고 있

[표 5] Flanders의 언어 상호작용 분석 틀

구분			내용
교사의 발언	비지시적 발언	① 감정의 수용	비위협적인 방법으로 학습자의 감정이나 태도를 수용하거나 분명히 밝혀주기
		② 칭찬이나 격려	학습자를 칭찬하거나 격려하기
		③ 학습자의 아이디어 수용 또는 사용	학습자의 말 인정하기
		④ 질문	학습자가 대답할 것을 기대하는 의도로 교사의 아이디어에 기반을 두고 내용 또는 절차에 대해 질문하기
	지시적 발언	⑤ 강의	교사 자신의 아이디어를 표현하고 내용 설명하기
		⑥ 지시	학습자에게 주의집중이나 벌을 줄 의도로 특정 행동 요구하기
		⑦ 학습자 비평 또는 교사 권위의 정당화	학습자의 행동을 바꾸기 위해 말로 꾸짖거나 극단적으로 자기 자랑하기
학생의 발언		⑧ 학습자의 말 – 반응	교사의 단순한 질문에 대해 학습자가 단순하게 답하기
		⑨ 학습자의 말 – 주도	학습자가 자발적으로 또는 교사의 발문에 반응하기
기타		⑩ 침묵이나 혼란	실험, 실습, 토론, 읽기, 머뭇거림, 잠시 동안의 침묵 및 혼란의 과정 포함

다. 이와 같은 사정 때문에 일반적으로 신뢰도 계수는 0.90을 신뢰할 만한 기준으로 삼는데, 스콧의 신뢰도 계수는 0.85 이상을 신뢰할 만한 수준으로 받아들이고 있다(신재한, 2014:121).

최근에는 Flanders의 10가지 언어 모형을 기준으로 교사와 학습자의 언어 상호작용을 분석하고 있다. 이는 앞에서 소개한 Good & Brophy(1987)보다 좀 더 간결한 느낌을 주는데, 상호작용의 모습을 보여주는 중간 정도의 눈금을 지녔다고 볼 수 있다. 구체적인 연구 상황에서는 Flanders의 분석 단위를 사용하고, 좀 더 정밀한 관찰이 필요한 경우 Good & Brophy(1987)의 방법을 사용하는 것이 좋을 듯 하다. [표 5]는 기초적인 수준에서 수업을 관찰하거나 다른 연구자들의 연구를 이해하는 데 도움이 되도록 간단하게 Flanders의 언어 상호작용 도구를 제시한 것이다. Flanders의 분석 방법이 널리 활용되어 좋은 수업과 그렇지 않은 수업, 예비 교사와 현직 교사의 수업에서 상호작용의 차이를 수치로 제시하는 연구들이 있다. 더러 'EASY 수업분석 Ver3.2(이상)'의 무른모를 사용하여 분석하기도 한다.

7. 녹음 자료 전사하기

지금까지 말하기·듣기와 관련된 수업 자료는 대부분 녹음 자료에 근거하고 있다. 교실 수업의 양상을 잘 이해하고자 한다면 녹음한 자료를 다시 들어보거나 글말로 된 기록을 찾아보는 것으로 끝낼 수 있지만, 더 세밀한 분석이나 현장 조사연구 논문을 쓰기 위해서는 전사(script)가 필요하다. 이창덕(2009)에 따르면, 수업 대화를 언어적 요소를 중심으로 매우 간결하게 전사할 때 녹음 자료 1분 분량을 전사하는 데 10분 정도의 시간이 걸리고, 매우 세밀하게 전사한다면 100분 정도가 걸린다고 했다. 따라서 전사하는 데 소요되는 시간을 셈하여 계획을 세우는 것이 바람직하다.

전사 방법은 연구논문마다 다르다. 중요한 것은 조사연구의 목적에 맞게 전사할 요소를 결정해야 한다는 것이다. 발언권 교체에 초점을 모은다면 적절한 휴지 기간이나 말 겹침을 표시해 두어야 한다. 군말(filler)의 기능을 알아보고자 한다면 이런 군말들을 잘 표시해 두어야 앞뒤에 오는 말을 살펴서 그 기능을 알 수 있다. 아래 예시 자료는 필자가 2007년도에 녹음한 내용을 최근에 극본식[24]으로 전사한 것이다. 처음으로 전사하는 내용이어서 분석 대상에 초점을 모으지 않고 대부분의 언어적 요소를 표시하려고 했다. 더 정확하게 전사하려면 억양과 같은 운율적 요소, 하강이나 상승 어조 등을 표시해 두어야 하지만 그 정도로 자세히 전사하지 않았다.

전사에서 중요한 것은 부호에 대한 자리매김이다. 일반적인 표기 규약은 없다. 다만 일관되어야 조사연구자도 혼란스럽지 않으며 그것을 챙겨보는 사람들에게도 신뢰를 준다. 논문 형태로 발표할 때는 각주에도 부호에 대한 자리매김을 제시할 수 있지만, 본문 속에 표기 규약을 설명하고 덧붙일 내용들을 달아준다면 부호로 인한 혼란스러움을 막을 수 있다. 일반적으로 널리 사용되는 입말 전사 방식은 GAT(Gesprächsanalytische Transkriptionssystem)인데, 연구의 목적에 맞게 취사선택하여 쓸 수 있다. 부호 표기의 일관성을 지닐 수 있도록 이들을 익혀둘 필요가 있을 것이다.

녹음 전사 자료와 그에 딸린 설명 - 예시

① 학생 1: 화산 폭발의 장점? [2초] (12초)

학생 4: 일단은 기본적으로 생각해 볼 수 있는 게 화산 폭발의 일단은 어, 해안가 근처에서 화산일 경우를 생각해 보면, 화산 폭발을 하고 마

---

24) 녹음 자료를 전사하는 방식은 극본식 방법과 악보식 방법이 있다. 극본식 방법은 말할 차례에 따라 순차적으로 발화를 기록하는 것이고, 악보식 방법은 한 이야기 단위(수업 전개 시간이나 단계)에서 참여자들을 다 적어두고 일정한 공간 속에 발화의 순서를 알려주는 방식으로 정리하는 것이다. 극본식 방법이 우리에게 익숙한 방법이므로 별다른 이유가 없다면 이 방식을 쓰는 것이 좋다고 생각한다.

그마가 굳어지면서 그 육지의 확장을 통해, 어 당장은 아니라도 어 장기적으로 보면 어 영토의 확장 이런 개념으로도 볼 수 있을 것 <u>같습니다.</u> [19초]

교사: 어- 영토의 확장은 지리적인 거고.

② (1초) 그러니까 제 생각에는 **이거 이 세 가지 힘** 가지고 뭘 어떻게 하는 것 같은데

①에서 대화의 끝에 나오는 [2초]는 해당 화자의 휴지를 포함한 발화 길이를 나타낸다. '학생 4'의 마지막 부분과 이어지는 교사 발화의 처음 부분이 겹침을 보이기 위해 밑금을 그었다. 그리고 (12초)는 '학생 1'과 '학생 4'의 발화 사이에 휴지 시간이다. 위의 전사 표기 예에서 알 수 있듯이 학생들의 말은 있는 그대로 모두 전사하기로 했기 때문에 군더더기 표현, 군말 등을 그대로 옮겨 적었다. 아울러 '어-'는 다른 음절에 비해서 소리가 길어짐을 나타낸다. ②에 나오는 (1초)는 발언 기회를 얻은 학생이 발언하는 동안에 1초 동안의 쉼이 있음을 나타내며, 굵은 글씨는 다른 동작과 함께 강조하기 위해 억양을 조절했음을 나타낸다. ①과 ②에 나오지는 않지만 [?] 표시는 잡음 등으로 소리가 분명하지 않은 경우를 나타낸다.

이 자료에서는 휴지나 쉼을 초 단위로 기록했다. 일반적으로 0.25초에서 1초까지의 쉼은 있을 수 있는 휴지로 보지만(허선익, 2012:50), 대화에서 1초 이상의 쉼은 발언권을 넘겨주는 것으로 간주하기 때문에 표시해 둘 필요가 있다. 만약 발언권이 넘어가지 않으면서 이와 같은 쉼이 자주 나타난다면 말하는 이의 특성과 관련이 있기 때문에 이를 붙들어 둘 필요가 있을 것이다.

녹음 자료를 전사하는 과정에서 애를 먹을 수 있는 일은 발화자

확인이다. 녹음 자료로는 학생들이 분명하게 구별되지 않는 경우가 많다. 이름을 밝힐 필요는 없지만 한 녹음 자료에서 같은 사람이 발화한 부분은 찾아주어야 분석할 때 의미가 있다. 위의 자료에서는 편의상 '학생 1', '학생 2' 등으로 발화자들을 구별하고 있다. 이런 어려움을 줄이기 위해서는 말하기가 이루어지는 상황에 참관하거나 관찰할 경우 발화 순서에 따라 이름을 적어두는 것이 좋다. 다음은 Brown(2001: 215–216)에서 제시한 전사 절차이다.

전사하기 절차

① 전사 작업에서 이용될 범주들을 결정하는 단계: 각 질문마다 모든 참여자(응답자)의 답변을 한데 모아놓는 일을 포함하며, 그것들을 전사하기 전에 관심거리 변수들에 근거하여 답변들을 분류하고 묶음으로 나누기 위해 미리 충분히 계획하는 일을 포함한다. 질적 분석에서는 자료에서 어떤 범주들이 관심거리로 드러날 것인지에 대해 미리 생각하지 않을 수도 있다.

② 일련의 전사 도구들을 선택하는 단계: 이는 종이와 연필로 할 것인지 또는 컴퓨터 문서 편집기를 이용할 것인지 선택하는 일이다. 후자는 어휘 숫자 헤아림, 신뢰도 추정, 용례 색인 분석, 그리고 쉽게 이용 가능한 다른 분석들을 계산하는 두드러진 장점을 지닌다.

③ 실제 전사를 실행하는 단계: ㉠ 손으로 쓴 자료에 대해 있는 그대로 그것들을 입력하거나 문서화함으로써(일반적으로 후자 행위 과정이 권고되는데, 왜냐하면 자료의 정확한 기록이 중요할 수 있으며 그것들이 차후에 언제나 깨끗이 마무리될 수 있기 때문이다.) 그 자료를 깨끗이 정돈하고 싶은지 여부를 결정하는 단계. ㉡ 녹음테이프 속에 있는 입말 면담 조사 자료에 대해 시작/멈춤 단추 발판 조절기를 지닌 카세트 이

용을 고려하는 단계로, 그렇게 되면 전사 내용을 타자기로 쳐 넣을 수 있게 양손을 자유롭게 놔두는 동안에도 그 기계를 조절할 수 있다.

위에서 지적하지는 않았지만, 교실 수업 참여자들을 파악해야 한다. 연구자가 일련의 수업 행위에 참여하고 있지 않다면, 순서를 챙겨서 기록해 두어야 전사 시간을 줄일 수 있다. ㉠은 연구의 주제와 목적에 맞추어 결정해야 할 일이기도 하다. 다만 질적 연구의 특성에 비추어 볼 때, 항목에 이름을 붙이거나 분류하는 일이 뒤에 이루어질 수 있음을 지적하고 있다. ㉢은 실제로 대부분의 연구 환경에서는 고려하지 않아도 된다. 특히 ㉡은 우리나라 실정에서 거의 고려할 수 없는 장비다.

같이 생각해 보기

다음은 김주은(2014:84)에 제시된 전사 양식입니다. 만약에 읽기 수업에서 상호 작용의 양상을 녹화 자료를 보면서 전사한다고 할 때 필요 없거나 추가로 덧붙여야 하는 기호가 있다면 무엇이겠습니까? 기호들이 직관적으로 이해하기 쉬운지도 판단하면서 자신의 연구 목적에 맞는 전사 부호를 만들어봅시다.

기호	의미	기호	의미
.	마침 억양	(( ))	비언어적 행위
?	질문 억양	#	말 끊기
/	올림 억양	…	말 흐리기
!	감탄조	……	부분 생략
:	발음 늘이기	∞	발화 순서 표시
=	바로 이어 나오는 발화	T	교사
(0.0)	휴지 시간(초 단위)	AZ	학습자 영문 이름
**	전사 불가능한 발음	SS	학습자 전원

8. 교실 수업 조사연구에서 혼합적 방법

교실 수업 자체가 복잡하기 때문에 인간의 행위와 관련된 다양한 측면을 관찰할 수 있다. 이를테면, 어떤 행위에 관련되는 목표, 믿음, 가치관, 인식, 교실 수업 관리, 상호작용에 나타나는 사회적 관계, 가치 평가 등이 포함된다. 이들은 교수·학습 활동과 관련되는 차원에서 관찰할 수 있고, 정감이나 정체성, 사랑이나 우정과 같은 사회적 차원에서도 관찰할 수 있다. 국어 교사의 입장에서 관찰 대상은 주로 국어의 사용을 매개로 하여 이루어지는 활동에 초점을 모으게 될 것이다. 그렇지만 국어에 대한 태도, 국어의 정체성 인식과 같은 것도 빠뜨릴 수 없는 요소이다.

교실 수업 관찰로부터 여러 층위의 자료를 얻을 수 있기 때문에 교실 수업 조사연구에서도 혼합적인 방법을 생각해 볼 수 있다. 이 방법을 사용함으로써 조사연구자는 결론을 이끌어내는 안목을 깊고 풍부하게 할 수 있다. 즉 필요에 따라 양적 자료와 질적 자료를 얻어내고 그로부터 함의를 이끌어내는 다양한 방법과 기법을 적용해 볼 수 있는 것이다. 이런 점은 Mackey & Gass(2005), Nunan(2005:37), Chaudron(1988:13)에서도 지적하고 있다(Dörnyei, 2007:169).

혼합적 조사연구 방법을 채택할 때는 다른 관찰 대상에 대한 연구와 마찬가지로 양적 접근과 질적 접근 사이의 적절한 균형을 찾는 일이 중요하다. 양적 조사연구가 대체로 귀납 추론에 의해 결론을 이끌어내기 때문에 질적 조사연구를 통해 이를 검정하는 방법을 쓸 수 있다. 질적 조사연구에서는 참여자들의 해석이나 자기 보고와 같은 방법으로 조율점을 찾을 수 있을 것이다.

9. 교실 수업 조사연구에서 어려움과 도전거리

교실 수업 조사연구에서 어려움을 주는 요인들을 살펴보기로 한다. 교실 수업 조사연구는 쉬운 일이 아니다. 먼저, 다양한 욕구와 기준을 충족하는 일이 쉽지 않다. 조사연구의 목적과는 다르게 이루어지는 교실 수업은 참여자인 학생과 교사의 욕구나 목표에 들어맞지 않을 가능성이 있다.

두 번째로 학생 구성의 유동성은 잘 꾸려진 표본을 구하는 데 어려움을 주는 요인이다. 특히 한 번 이상의 횡단면 조사연구를 할 때 이런 어려움은 가중된다. 전학이나 전입으로 인한 학생들의 변화는 조사연구 표본에도 영향을 미치지만 학급 분위기에도 영향을 미친다.

세 번째로 실행 가능성과 관련한 시간에 대한 문제이다. 당연히 예상할 수 있듯이, 자료를 모으는 과정에 시간이 많이 걸릴 뿐만 아니라 교실 수업 관찰을 위한 협의와 설득의 과정에도 시간이 걸린다. 분석에도 적지 않은 시간이 필요하다.

교사와 관련되는 요인도 무시할 수 없다. 관찰의 횟수와 상관없이 대부분의 교사는 참관을 달가워하지 않기 때문에 조사연구에 협조해 달라는 동기부여가 제대로 되지 않을 가능성이 있다. 더욱이 수업 과정에 조사연구자가 해보고 싶은 처치를 주문했을 때도 어려움이 생기게 된다.

학생들과 관련되는 요인들도 고려해 보아야 한다. 교사들로부터 충분한 지원과 협력을 이끌어냈다고 하더라도 학생들이 조사연구의 목적에 맞게 움직이거나 협력해 주리라고 기대할 수 없다. 학생들 자체가 동기부여, 학습의 유형이나 활동에 대한 선호도, 태도 등에서 차이가 있기 때문이다. 학습자들이 흥미를 느끼지 않는 교육거리에 자발적으로 참여해 주리라 기대하는 것은 무리일지 모른다. 자발성을 보이지 않거나 기대 밖의 활동이라면 일반적으로 자료 분석에서 제외해야 할 것이다.

바람직하지 않은 간섭 효과도 교실 수업 조사연구를 힘들게 한다. 교실 수업에 미치는 영향을 최소화하려고 해도 조사연구자의 지위는 참견하는 사람 혹은 국외자로서 방해꾼일 수밖에 없다. 타당한 자료를 얻기 위해서는 어떻게든 조사연구자의 지위를 알맞게 조정할 필요가 있다.

조사연구자에게는 다양한 윤리적 문제가 있다. 최근에는 논문의 앞부분에 사람에 대한 연구에서 지켜야 할 윤리를 지키고 있음을 명시적으로 밝히는 경우가 늘어나고 있는데, 다음은 그 예이다.

> 이 연구는 인간 대상의 연구로서, 연구자는 IRB에 대한 전문 교육을 이수했으며, 조선대 기관생명윤리위원회로부터 IRB 승인을 받았다. 모든 연구는 그 목적과 내용을 연구 참여자들에게 미리 충분히 설명하고 동의하에 진행하는데, 연구 참여자가 면담 진행 중이나 완료 후에 수락을 철회하거나 부분적으로 비밀 유지를 요청한 경우, 이를 연구 내용에 포함하지 않았다(이정은, 2016 : 263).

교실 수업 조사연구도 윤리적인 문제를 지키는 일에서는 예외가 아니다. 조사연구자가 수업에 참관한다는 사실 자체가 순도 높은 자료를 얻는 데 영향을 미칠 뿐만 아니라 학습 과정 전체에도 영향을 미친다는 점에서 특히 부정적이라는 것을 고려해 보아야 한다.

III

현장 조사연구 자료 분석

1장 양적 자료 분석하기

양적 자료 분석은 가설을 세우고 검정하는 대표적인 분석 방법이다. 그렇기 때문에 기본적으로 다음의 단계를 거쳐야 한다.

양적 자료 분석에서 가설 검정을 위한 단계 – Hatch & Lazaraton(1991)

① 영가설을 진술한다.

② 한방향 꼬리 검정을 할 것인지 혹은 양방향 꼬리 검정을 할 것인지 결정한다.

③ 확률 수준(α 수준)을 정한다.

④ 자료에 대한 적절한 통계적 검정(들)을 선택한다.

⑤ 자료를 모으고 통계적 검정(들)을 적용한다.

⑥ 검정 결과를 보고하고, 그것들을 올바르게 해석한다.

이 장에서는 이와 같은 가설 검정의 단계들과 단계를 실행하거나 해석하는 방법과 유의해야 할 점을 중심으로 설명해 나가기로 한다.

1. 양적 자료 분석에 대한 개관

(1) 자료 분석을 위한 준비

양적 자료 분석은 '현장 조사연구의 질문거리, 모은 자료의 성질, 목적'에 따라 여러 단계로 실행된다. 어떤 집단의 평균 점수와 같이 비교적 간단한 분석에서부터 더 복잡한 다변량 분석에 이르기까지 다양한 층위에서 실시할 수 있다. 분석이 이루어지고 나면 그 결과들은 조사연구 질문거리에 대한 답변의 근거가 되며, 내세운 가설을 수용할 것인지 기각할 것인지를 결정하기 위해 활용된다. 양적 자료들은 질적 자료보다 분석하기 쉽다. 양적 자료들은 제대로 등재만 하면 분석을 위한 다양한 수식을 활용할 수도 있고, 품이 들기는 하지만 손으로 직접 해볼 수도 있고, 비용이 들기는 하지만 통계 처리 꾸러미를 구입해서 처리하거나 전문 처리 기관을 통해 분석할 수 있기 때문이다.

통계 처리 꾸러미를 통해 분석하고자 한다면 그 프로그램에 익숙해지도록 배워둘 필요가 있다. 대체로 통계 처리 꾸러미는 사용자가 쓰기에 편하고 익히기 쉽게 되어 있다. 그렇지만 다양한 통계 절차의 목적과 해석하는 방법은 익혀두어야 한다. 초보 연구자라면 널리 쓰이는 일반적인 통계 처리 꾸러미를 사용하는 것이 좋다. 사용하기 편리할 뿐 아니라 다양한 기능을 갖추고 있어서 여러 유형의 통계분석이 가능하기 때문이다. 아울러 해석을 공유하는 데도 도움을 받을 수 있다.

대표적인 통계 처리 꾸러미로 SPSS(사회과학을 위한 통계 처리 꾸러미, Statistical Package for the Social Science)를 추천할 만하다. 이 통계 처리 꾸러미는 한글로 뒤친 형태가 있기 때문에 더 편리할 것이다. 현재 24.0판까지 나와 있으며 세련된 여러 통계분석이 가능하다. 교육학과 대학원 과정에 이를 위한 별도의 수업이 개설되기도 하고, 홈페이지에 들어가서 회원 가입을 하면 관련되는 정보를 전자편지로 받아 볼 수 있다. 만약에 책을 통해서 배우고자 한다면 프로그램을 어떻게 실행하는가에 대한 설명뿐만 아니라 통계적 설명을 곁들이거나 예를 보여주면서 단계적으로 안내를 하는 책, 그 결과를 보고서나 논문에 어떻게 알리는지를 예로 들어 보여주는 책을 고르는 것이 좋다.

또한 자료들은 분석을 위해 준비되어 있어야 한다. 손으로 자료들을 정리하는 일은 성가시고 번거롭다. 그래서 주로 컴퓨터 파일로 저장을 하게 된다. 자료들을 일정한 값이나 부호로 등재한다면 이것이 자료 파일이 되는데(대표적으로 Excell이 있음), 이는 나중에 SPSS와 같은 통계 처리 꾸러미에서 별도의 조작 없이 불러오기를 할 수 있다. 파일로 자료를 등재해 놓을 때의 장점은 가로줄과 세로줄로 이루어진 자료들을 필요에 따라 지우거나 선택하며 혹시 오류가 있을 때 찾아내고 고치기 쉽다는 것이다.

(2) 양적 자료 등재하기

등재하기(부호화)는 숫자가 아닌 범주에 수치를 할당하는 일과 관련된다(Hinkle 외, 2003). 여기서 범주는 항목이 될 수도 있고 내용이 될 수도 있다. 이 과정에서 자료들 대부분은 숫자로 정리된다. 영어의 알파벳을 빌리거나 한글로 적을 수도 있지만 방대한 자료를 손쉽게 등재하는 방법은 숫자를 이용하는 것이다. 이를테면, 일반적인 관례에 따라 '1 = 여학생, 2 = 남학생'으로 등재할 수 있다. 변수에 대한 응답자들의 답변 내용에 일정한 숫자로 된 값을 부여한다는 말이다. 다만 이런 숫자들은 추상적이고 의미가 없기 때문에 문항에 따라 응답 내용을 중심으로 값을 부여해야 한다. 그리고 거기에 대한 설명을 반드시 해놓아야 한다. 평가 점수와 같이 숫자로 되어 있는 변수들에 대한 등재는 쉬운데, 변수들의 값의 범위가 평가 점수에 대응하도록 하는 것이 좋다.[1] 리컷 눈금 같은 경우에도 등급에 따른 응답이 숫자로 표현되기 때문에 그대로 등재를 하면 된다. 양적 자료

---

1) 한국어 능력 시험의 점수든 읽기 평가 점수든 점수를 이용할 때, 원래의 점수를 그대로 이용하는 경우는 드물다. 얻은 점수에 따라 등급화하여 사용하는데, 이때 등급을 나누는 기준의 타당성을 염두에 두어야 한다.

의 대부분이 닫힌 답변 질문으로, 미리 결정된 응답 내용을 번호에 맞추어 응답자들이 표시를 하므로 이와 같은 방식으로 등재하면 된다. 다만 리컷 눈금으로 되어 있는 응답들 가운데 긍정적인 경향과 부정적인 경향을 지닌 문항들이 뒤섞여 있을 경우, 부정적인 경향을 지닌 문항은 역산을 해야 되는 경우도 있으므로 유의해야 한다. 간단한 형태의 열린 답변 질문에 대해서도 응답 내용에 부호를 부여하면서 등재할 수 있다. '(한)국어 교사로서 가르치기에 가장 자신이 있는 분야는 무엇입니까?'와 같이 간단한 형태의 열린 답변 질문은 '1 = 읽기, 2 = 쓰기, 3 = 말하기, 4 = 듣기, 5 = 문학, 6 = 문법'과 같은 형태로 등재할 수 있다. 더 긴 형태로 답을 하거나 자유롭게 기술하도록 요구하는 열린 답변 질문에 대해서는 응답 내용을 놓고서 해석하고 일반화하는 과정이 필요하다. 이런 과정은 주관적인 판단에 많이 기대고 있다.

SPSS에서는 명목변수들을 손쉽게 등재할 수 있도록 하고 있다. 별도로 정리하는 파일이나 책자 없이 그대로 통합하여 관리할 수 있다는 말이다.

실제적인 등재에 관련되는 문제를 언급하기로 한다. 양적 조사연구를 위해 설문지 조사 결과를 입력한다면 설문지는 한두 장으로 끝나지 않는다. 100장이면 적은 편이고 500장이 넘는 경우도 있다. 이럴 경우 우선 설문지에 연구자가 나름의 번호를 매겨두는 일이 필요하다. 모든 경우에 다 그러한 것은 아니지만 입력 결과물을 확인하고 처리하는 과정에서 설문지를 다시 확인해야 하는 일이 생길 수도 있기 때문이다. 설문지의 경우 200~300장을 넘어서면 보관하기도 힘들지만 자료 처리가 끝날 때까지는 앞에서 매긴 번호에 따라 가지런하게 간수하는 것이 다시 확인하는 일이 생겼을 때 편리하다.

(3) 자료 입력하기

파일 형태로 응답 내용들을 등재할 때는 파일 이름을 잘 붙여야 한다. 여러 겹의 자료와 여러 문항으로 된 설문지 조사들이 있을 경우, 파일에 담긴 내용을 알 수 있도록 파일 이름을 붙이는 것이 좋다. 이렇게 이름을 붙여두면 다음에 자료들을 검토할 때 편리하다. 그다음에 할 일은 모든 변수에 대해 어떻게 등재할 것인지를 결정하는 것이다.

[그림 1] SPSS의 데이터 편집기의 모습

이름	유형	자리수	소수점이하자리	설명	값	결측값
1 VAR00001	숫자	8	3		없음	없음
2						
3						
4						
5						
6						
7						
8						

위 그림은 SPSS의 자료 편집 화면으로, 입력되는 자료들의 전체적인 얼개를 입력하도록 마련되어 있다. 변수들의 '이름'을 정하고(변수 이름은 짧을수록 좋다), 어떻게 표현되는지(유형)를 결정해야 한다. 변수들은 대부분 숫자로 표현되며 여덟 자리를 기본값으로 주고 있다. 소수점 이하 자리는 점수와 같이 소수점이 있는 경우에 필요하고, 그렇지 않다면 비워두면 된다. '설명'은 문항의 내용을 설명하는 부분이다. 굳이 입력할 필요가 없다면 비워두면 된다. '값'은 변수들에 대한 설명을 덧붙일 수 있다. 예컨대, 성별을 변수로 정해놓았다면 이 값들을 입력한다. 즉 '값'에는 설문지 조사와 같은 양적 자료에서 선택지에 드는 내용들을 입력할 수 있다.

[그림 2] 변수 설명을 위한 입력창

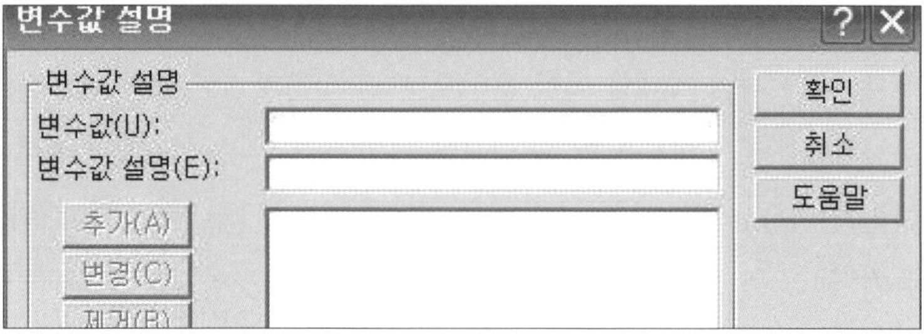

위 그림은 변수들의 값에 대해 설명을 할 수 있는 예를 보여준다. 예컨대, 설문지 조사에서 '남자 = 1, 여자 = 2'의 값을 배당한다면 변수값에 '1'을, 변수값 설명에 '남자'를 입력한다. '추가' 버튼을 누르고 '2'와 '여자'를 각각 입력하고 확인을 누르면 된다.[2]

입력을 위한 준비가 끝났으면, 즉 [그림 1]에서 해당하는 칸들을 다 채우고, [그림 2]에서 설명까지 덧붙였다면 다음으로 할 일은 [그림 3]에 나타난 것과 같은 창에 자료를 입력하는 것이다. 이 그림에서 왼쪽 위의 첫 번째 빈칸에는 첫 번째 학생의 응답 내용을 적는다. 만약 '변수 1'에 성별을 표기하기로 했다면, 그리고 그 학생이 남학생이라면 '1'을 입력하면 되고, 여학생이라면 '2'를 입력한다. 그다음은 설문지 문항별로 응답 내용을 적어둔다. 만약 [그림 2]에서 문항 2번에 대한 변수값 설명을 '1 = 매우 그렇다, 2 = 그렇다, 3 = 보통이다……' 식으로 설명했다면 나중에 자료 처리를 보여주는 표에서는

---

2) 문항이 30개이고 이들이 모두 리컷 눈금으로 처리되어 있는데 이들 모두를 변수 창에 입력한다면 이는 번거로운 일이 될 것이다. 이럴 경우 처음에, 예컨대 1번 문항에 위에서와 같은 방법으로 변수 창에 변수 설명을 입력하고 왼쪽 마우스를 누르면 복사할 수 있다. 이를 해당 문항까지 블록으로 묶어서 복사하기를 하면 간편하게 입력할 수 있다.

3부 현장 조사연구 자료 분석

[그림 3] 자료를 입력하기 위한 창

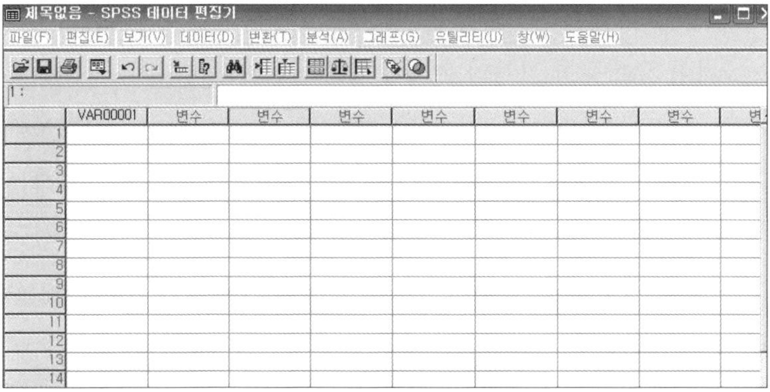

그 내용들이 나타나서 파악하기 쉽다. 자료 입력은 이와 같이 SPSS의 데이터 편집기를 이용할 수도 있고 엑셀에서도 입력할 수 있는데, 엑셀에서 입력할 때도 이와 같이 가로줄과 세로줄을 맞춰놓아야만 다시 손을 보는 일이 없을 것이다. (한글 파일의 저장에 대해서는 호정·허전(2013:110-127) 참고)

자료 입력은 길고 지루한 작업일 수 있다. 그러나 이런 작업 없이 양적 자료를 처리할 다른 방법이 없으므로 반드시 거쳐야 한다. 아울러 집중력도 중요하다. 잘못 입력된 숫자는 전체 자료 묶음을 잘못되게 만들기 때문이다. 설문지를 넘기면서 입력하는 과정에 응답자가 표기하지 않은 문항이 있다면 비워두는 것이 좋다. SPSS 같은 통계 처리 꾸러미에서는 이 값들을 결측값[3]으로 표기한다.

실제 분석에 들어가기 전에 입력된 자료를 전체적으로 살펴보고

---

3) SPSS에서 결측값은 입력되지 않은 값을 가리키기도 하고, 입력값의 범위를 벗어난 경우를 가리키기도 한다.

솎아내는 일이 필요하다. 잘못된 자료가 결과들을 뒤틀어놓을 수 있기 때문이다. 대부분의 문항은 일정한 범위를 지니고 있다. 이를테면, '나이'처럼 문항 자체의 논리에 따라 범위가 결정되기도 하며, 제시된 선택지에서 일정한 범위를 정하기도 한다. 리컷 눈금으로 6까지 범위를 정했다면 7 이상의 숫자는 나올 수 없다. 자료를 입력하는 과정에서 이를 발견했다면 바로잡으면 되지만 그렇지 않다면 간단한 빈도 분석을 해볼 수 있다. 빈도 분석을 해보면 범위를 넘어선 값은 빈도에 포함되지 않으므로 어떤 항목에 잘못이 있는지 찾아낼 수 있다. 그리고 잘못이 발견되면 [그림 3]에 있는 자료 화면을 아래위로 움직이면서 찾아내고 원래의 설문지를 다시 살펴서 바로잡아야 한다. 만약 리컷 눈금의 범위 안에서 입력이 잘못되었다면, 엑셀 프로그램의 도구인 '파일 비교'나 SPSS 자료에서 상관분석을 통해 문제를 해결할 수 있다.

응답자의 일관되지 않은 태도도 문제가 될 수 있다. 설문지에는 일련의 관련되는 문항이 묶음으로 되어 있는 경우도 있고, 문항의 앞뒤가 연결되도록 되어 있는 경우도 있다. 그런데 응답자의 실수든 일관되지 않은 태도 때문이든 이들이 서로 모순되거나 아귀가 맞지 않을 때가 있다. 이럴 경우 설문지를 다시 살펴보고 고칠 수도 있지만, 문제가 심각하다면 관련되는 항목 전체를 빼버려야 할 수도 있다. 이런 문제가 일어나지 않도록 하기 위해 조사연구 대상과 비슷한 집단을 대상으로 예비 조사를 하고 그 결과를 바탕으로 신뢰도 분석을 거치는 것이 관례이다. 최근에는 국내 실정에 맞는 설문 도구들이 개발되고 있지만, 아직도 외국의 연구 문헌에서 도구를 빌려 쓰는 경우가 있다. 그럴 때는 반드시 국내 실정에 맞게 뒤쳐서 사용해야 한다. 우리말로 뒤친 다음에는 전문가의 검토 과정을 거쳐야 하고, 이 과정을 거쳤음을 논문에서 밝혀주어야 한다.

자료 점검은 특이값(outliers)에 초점을 모으게 된다. 예컨대, 어떤 학생의 두 차례에 걸친 평가에서 1차 점수보다 2차 점수가 두 배 정도 높게 나왔다면 이는 분명히 주목할 만한 일이다. 입력 잘못으로 밝혀진다면 문제는 간단히 해결될 수 있다. 이런 특이값은 결과에 지나친 영향을 주기 때문에 문제가 된다. 따라서 이런 값들은 자료 점검과 솎아내기 과정에서 반드시 확인해 보아야 한다. 이를 SPSS에서 확인하려면 산점도(scatterplots)를 이용할 수 있다([그래프] → [산점도]). 또는 데이터 탐색의 방법을 쓸 수 있다([분석] → [기술통계] → [데이터탐색]). 데이터 탐색은 그림에서 분포의 다양성을 보여줄 뿐만 아니라 극단적인 값이나 특이값을 보여주기 때문에 쓸모가 있다.

특이값은 어떻게 처리해야 할까? 자료 입력이 잘못되었는지를 확인하기 위해 먼저 설문지나 원래 자료(한글 파일이나 엑셀 파일)를 살펴볼 필요가 있다. 이것이 가능하려면 앞서 언급한 것처럼 준비가 되어 있어야 한다. 설문지에 일련번호[4]를 매겨두지 않는다면 그것을 찾는 일이 불가능하다. 그렇게 되어 있다면 설문지를 뒤져서 해당 설문지를 확인해 볼 수 있다. 그것이 단순히 입력 잘못이라면 쉽게 고칠 수 있다. 그러나 실제 응답이라면 응답자의 부주의거나 제대로 된 수행이 아닐 수 있다. 그럴 때는 결과에 영향을 미치지 않도록 분석에서 제외하는 것이 바람직하다.

---

4) 실제 입력에서는 설문지를 분류하여 번호를 매기는 방법도 생각해 볼 수 있다. 동일한 집단으로 따로 분류할 필요가 없을 때는 순서대로 번호를 매길 수 있겠지만, 양적 조사연구에서는 성질이 같은 한 집단을 대상으로 하는 경우가 많지 않을 것이다. 표본의 수가 100 이하인 경우, 네 자리 정도 번호를 매긴다면 남학생인지 여학생인지에 따라 1000, 2000으로 매기고, 지역에 따라, 즉 '중소도시 1', '대도시 2' 등으로 번호를 매기면 훨씬 보관하기도 쉽고 찾아보기에도 편리할 것이다(예를 들면, 중소도시 소재 첫 번째 남학생은 1101).

(4) 원활한 처리를 위해 자료 바꾸기

원활한 통계 처리를 위해서는 결측값을 다루어나가야 하고, 부정적인 응답 내용을 전체적으로 일관되게 맞추어야 하며, 자료를 표준화해야 한다.

결측값은 어떤 응답을 하지 않은 것이 의도에 의한 것인지 실수에 의한 것인지 분명하지 않기 때문에 문제가 될 뿐만 아니라, 어떤 사람의 응답 묶음을 타당하지 않게 만들기 때문에 문제가 된다. 여기에는 두 가지 대처 방법이 있다. 하나는 결측값이 생기는 자료 묶음 전체를 삭제하는 것이다. 다른 방법은 특정의 결측값에 관련되는 설문 자료는 통계 처리에서 제외하고 나머지는 충분한 정보로 간주하여 처리하는 것이다. 그 밖에도 평균값을 부여하는 방법이 있으며, 여러 개의 설문 문항이 있을 경우 관련되는 다른 문항의 응답으로 미루어 예측값을 부여할 수도 있다. 뒤에 제시한 두 가지 방법은 어쨌든 자료의 순수함을 해치게 될 것이다.

리컷 눈금을 사용하여 설문지 조사를 할 경우, 같은 설문지 안에서 긍정적인 방향의 응답을 요구할 경우도 있고 부정적인 방향의 응답을 요구할 경우도 있다. 설문지 마련 단계에서 충분히 검토해야 할 사항이지만, 만약 부정적인 방향의 응답이 있을 경우 반대 방향으로 등재해야 한다는 점을 잊어서는 안 된다. 이를테면, 요약에 관련되는 매개변인을 확정하기 위해 조사연구를 바탕으로 입력하는 절차를 생각해 보자. 요약을 하는 시간은 많이 걸리는 순서에서부터 1~5의 등급을 매기고, 필자의 주장에 공감하는 정도는 '1=매우 그렇다 ~ 5=전혀 그렇지 않다'로 리컷 눈금을 매긴다면 상관성 해석에 신중을 기해야 한다. 즉 부적 상관(상관계수 r의 값이 음)과 정적 상관(상관계수 r의 값이 양)이 지니는 의미를 잘 해석해 주어야 하는 것이

3부 현장 조사연구 자료 분석

다. 항목의 수가 많지 않다면 아예 등재할 때 역산해서 값을 입력하는 방법이 있다. 예컨대, 여섯 개의 눈금으로 되어 있는 설문지 응답에서 1에서 6으로 가면서 긍정적인 값이 커지는 문항이 대부분일 것이다. 그렇지만 그와 반대인 문항이 있을 수 있는데, 이 경우에는 역산해서 값을 입력해야 한다. 이때는 물론 역산해서 입력했음을 밝혀주어야 한다.

다양한 세부 집단으로부터 나온 결과들을 모을 때 그 집단들 사이의 서로 다른 성질을 통제하는 방법은 표준점수를 사용하는 것이다. 원점수를 표준점수로 바꾼다는 것은 어떤 표본 안에서 평균이 0이 되고 표준편차가 1이 되도록 분포를 바꾼다는 의미다. 표준점수는 집단 평균으로부터 어떤 원점수가 얼마나 다른지를 보여주는데, 세부 집단들 사이의 평균을 같게 함으로써 다른 세부 집단으로부터 받은 점수들과 쉽게 비교할 수 있도록 해준다.[5]

(5) 자료 줄이기와 신뢰도 분석

설문지 조사와 같은 양적 조사연구에서 설문지는 같은 영역에 대한 비슷한 질문들이 포함될 수 있다. 이런 경우에 비슷한 질문들을 통합할 필요가 있다. 이는 원래 변수들로 분석할 때 전달되는 정보만큼, 충분히 줄인 변수만으로도 정보를 얻어내도록 하기 위한 과정이다. 자료 줄이기를 위해 가장 많이 쓰이는 방법은 대응되거나 서

---

[5] 표준점수를 구하기 위해서는 먼저 수험생 개인의 원점수에서 수험생이 속한 집단의 평균 점수를 뺀 다음, 이를 수험생이 속한 집단의 표준편차로 나누어 산출한다(z점수). 이렇게 산출된 점수를 다시 해당 영역의 '표준편차+평균 점수'와 곱하면 표준점수가 나온다. 이를 수식으로 정리하면 다음과 같다.

표준점수 = z점수 $\times (s + \overline{X}) = \dfrac{X - \overline{X}}{s} \times (s + \overline{X})$ (s는 표준편차, X는 개인 점수, $\overline{X}$는 평균)

로 관련이 있는 문항들의 평균을 계산하는 것이다([변화] → [변수계산]). 어떤 항목이 다른 항목에 기대는 정도를 알아보기 위해서 요인분석이라는 절차를 생각해 볼 수 있다.[6] 이때 같은 목적을 지닌 질문들에 대해 줄이기가 이루어져야 한다.

다음으로 신뢰도를 높이기 위해 챙겨보아야 할 점을 언급하기로 한다. 설문지를 통해서 이루어지는 양적 조사연구에서는 문항이 건전한지를 따져보아야 한다. 이를 '문항 양호도'라고 한다. 리컷 눈금으로 등급을 매기는 경우, 먼저 문항별로 반응에 대한 평균과 표준편차를 구해본다. 이렇게 함으로써 평균을 훨씬 넘어서는 경우, 즉 천장효과가 나타난 문항이나 평균보다 훨씬 아래에 있는 경우, 즉 바닥 효과를 보이는 문항을 제거해야 한다. 아울러 눈금 사이의 간격을 정도 이상으로 넘어서는 문항도 제거해야 한다. 예컨대, 1의 간격으로 눈금을 매겼다면 표준편차가 2 이상이 되면 문제가 있는 것이다. 또한 문항별 응답률도 고려해야 하는데, 한 선택지에 45% 이상의 응답이 쏠려 있다면 이는 타당도에 위협이 되기 때문에 제거해야 한다.

문항들 사이의 내적 일관성도 문제가 된다. 설문 문항들은 다른 항목들과 관련이 있어야 하며 다른 점수와도 서로 관련되어 있어야 한다. 실제로 '내적 일관성 신뢰도'는 조사 도구로 사용된 설문지 문항의 선택지가 갖추어야 할 요소이다. 이런 내적 일관성 신뢰도는 문항 자체의 일관성에 영향을 받을 뿐만 아니라 사용된 문항의 수에도 영향을 받는다. 통계에 관련된 일반적인 사실에 비추어 볼 때 집단의 크기가 클수록 정규분포를 이룬다는 점을 고려해 보면, 문항의 수가

---

6) SPSS에서 요인분석은 '[분석] → [데이터축소] → [요인분석]' 메뉴를 선택하여 실행할 수 있다.

많을수록 발산하지 않고 수렴할 가능성이 크다. 따라서 적정한 수준의 문항 개수를 유지하도록 설문 문항을 마련할 필요가 있다. 아울러 문항의 수가 적다면, 많은 문항으로 된 설문지 분석을 할 때만큼 동질성의 증거를 대어서 내적 일관성 신뢰도를 높여주어야 한다.

내적 일관성 신뢰도는 일반적으로 '크론바흐 알파계수(Cronbach alpha coefficient)'라고 부른다.[7] 그 값은 0과 +1 사이에 있는데, 값이 낮을수록 문항들 사이의 공통점이 적음을 나타낸다. 통계학에서는 10개의 문항으로 된 경우에 크론바흐 알파계수는 0.80 이상이어야 한다는 것을 받아들인다. 예를 들면, 국어 능력을 검사할 때 듣기에서는 평균 80점이 나오고 말하기에서는 평균 20점이 나온다면 이는 검사 혹은 평가에서 내적 일관성이 떨어진다고 말할 수 있다. 이때는 평가 자체의 신뢰도가 문제 될 것이다. 또 다른 예를 든다면, 쓰기에 대한 동기 조사에서 내적 동기와 외적 동기에 대한 리컷 점수에서 차이가 많이 나도 문제가 있다. 예비 조사에서 이런 점들이 발견된다면 반드시 재검토하고 전문가의 조언을 구해야 한다. 그런 과정들을 거쳤음을 논문의 적의한 부분에 밝혀줄 필요가 있다. 평가의 결과를 바탕으로 이루어지는 연구에서는 특히 내적 일관성 계수가 중요하다. 두세 명의 평가자가 개입하는 경우[8]가 많은데, 이들 사이

---

7) 김호정·허전(2013:202)에서는 내적 일관성에 관련되는 크론바흐 α 값을 구하는 공식을 다음과 같이 제시했다. $\alpha = \dfrac{N\bar{p}}{1+(N-1)\bar{p}}$ ($\bar{p}$: 문항 사이의 상관관계 평균, N: 문항 개수)

8) 평가의 결과를 근거로 삼는 경우 '연구자 외에 다른 전문가들을 끌어들일 필요가 있는가?' 하는 문제가 필자에게는 의문으로 남아 있다. (한)국어교육의 경우 연구자가 해당 분야의 전문가로서 몇 해 동안 학생들을 가르쳐왔고, 해당 연구 분야의 연구 절차를 거치면서 전문성을 길러왔다면, 개인적으로는 외부의 전문가를 끌어들일 필요가 없다고 생각한다. 실제로 교육 심리나 교육 평가 영역의 연구에서는 연구자 스스로 학습의 결과물을 평가하기도 한다. 그렇지만 (한)국어교육 관련 논문의 경우 이런 처리가 용인되고 있지 않은 듯하다.

의 일관성은 연구의 신뢰도와 직접적으로 관련되므로 유의해야 한다. 그 계수가 0.60 이하라면 자료로서의 신뢰도는 크게 떨어진다고 할 수 있다. 그러나 0.50 이상만 되면 사용하는 데 무리가 없다는 주장도 있다(김호정·허전, 2013 : 202).

여러 개의 설문 문항 가운데 내적 일치도를 떨어뜨리는 문항이 있다면, 신뢰도를 떨어뜨리는 문항을 삭제함으로써 설문 문항의 내적 신뢰도를 높일 수 있다. SPSS에서 크론바흐 알파계수를 셈하는 방법은 어렵지 않다. 신뢰도 분석 절차는 '[분석] → [눈금화분석] → [신뢰도분석]'의 메뉴를 선택하여 실행하면 된다. SPSS에서는 크론바흐 알파계수를 제공할 뿐만 아니라 통계분석을 위해 적절한 내용을 선택함으로써 어떤 문항이 삭제되었을 때 알파계수가 어떻게 될 것인지도 알려준다.

[표 1]은 필자가 과학고 학생들의 쓰기 동기 구성 요인을 분석하기 위해 설문 조사를 하고, 분석을 위해 문항 양호도와 관련하여 내적 일치도를 구하는 과정에서 얻은 자료이다. 표에서 제거해야 하는 문항들은 어떤 것인지 생각해 보자.

[표 1]에 제시된 것처럼, 내적 일관성은 문항들 사이의 상관관계를 기초로 한다. 내적 일관성을 높이기 위해서는 두 가지 방법을 생각해 볼 수 있다. 먼저 다른 문항과의 상관관계를 고려하여 상관관계가 약한 문항을 제거하는 방법이다. 표에서 05, 07, 08, 10, 15, 20, 23, 29, 36, 38번은 상관계수가 0.40 이하이다. 이런 문항들은 요인분석의 신뢰도를 떨어뜨리므로 제거해야 한다.

다른 방법은 특정 문항을 제거했을 때 내적 합치도가 높아지는 항목이 있는지 조사하는 것이다. 예컨대, 내적 신뢰도 계수(크론바흐 α)가 0.919라고 가정해 보자. 이 표에서 제거해야 하는 문항은 그 문항을

[표 1] 문항별 상관계수 및 제거 시 내적 합치도

문항	수정된 항목과 전체의 상관관계	항목이 삭제된 경우 크론바흐 알파	문항	수정된 항목과 전체의 상관관계	항목이 삭제된 경우 크론바흐 알파
01	.669	.915	20	.138	.920
02	.396	.918	21	.547	.916
03	.456	.917	22	.405	.918
04	.479	.917	23	.239	.920
05	.353	.919	24	.602	.916
06	.509	.917	25	.673	.915
07	.296	.920	26	.629	.915
08	.352	.918	27	.653	.915
09	.573	.916	28	.631	.915
10	.301	.919	29	.126	.921
11	.629	.915	31	.651	.915
12	.419	.918	32	.566	.916
13	.600	.916	33	.408	.918
14	.456	.917	34	.340	.919
15	.362	.919	35	.602	.915
16	.605	.916	36	.166	.921
17	.695	.914	37	.589	.916
18	.437	.918	38	.129	.921
19	.641	.915			

제거했을 때 0.919를 넘는 문항들이다. 따라서 07, 20, 23, 36, 38번 문항은 제거하는 것이 바람직하다.

2. 양적 자료 분석에 쓰이는 주요 개념들

양적 자료 분석에서 자주 쓰는 개념들로는 '빈도와 백분율, 분포, 중심 경향성(평균, 최빈값, 중앙값), 흩퍼짐(범위, 하한–상한, 표준편차)' 등이 있다. 이들은 자료들이 지니고 있지만 겉으로 드러나지는 않는 어떤 성향을 보여주기 때문에 기본적으로 분석되는 기술통계학 용어들이다. 이런 개념들을 익혀둠으로써 어떤 통계 절차를 사용할 것인지 결정하는 데 도움을 받을 수 있다.

(1) 빈도와 백분율

빈도(frequencies)는 명목 눈금에서 항목이나 대상이 얼마나 있는지를 보여준다. 이를테면, 23명으로 이루어진 한 학급에서 남학생이 19명, 여학생이 4명이라면 이는 남학생과 여학생의 빈도를 보여주는 것이 된다. 명목 눈금에 대해 빈도를 세는 일이 가능하도록 하기 위해서는 특별히 등재 과정(부호화 과정)이 필요하다. 자료 등재하기에서 지적한 것처럼 '남/여'를 컴퓨터가 그대로 인식하는 것은 아니기 때문이다.

빈도를 파악하기 위해 구간을 정할 때, 계급 구간(빈도 측정의 기준이 되는 계급의 폭)은 적게는 6개에서 많게는 20개까지 정하기도 한다. 또한 구간의 폭은 홀수가 되도록 하는 것이 좋은데, 이는 계산의 편의를 위해서이다. 즉 구간의 중간 지점(구간의 대표 점수)이 분수가 아니라 정수가 되도록 하는 것이 여러 면에서 편리하다는 것이다. 빈도 분포를 그려보는 일은 성가신 일이 될 수도 있겠지만 처리에 앞서 자료의 성질을 알아본다는 의미가 있다.

누적 빈도(Cumulative frequency)는 일련의 빈도를 보여주는 과정에서 나타나는데, 각 항목이 전체 빈도에 어느 정도 몫을 하고 있는지 보여주기 위해 사용된다. 대체로 누적 빈도는 빈도수에 따라 나타냄으로써 상대적인 빈도수나 빈도의 크기를 한눈에 보이도록 하는 장점이 있다.

백분율은 이들 빈도를 전체에 비춰 계산한 값이다. 그런 점에서 상대적 빈도를 나타낸 값이라고 할 수 있다. 백분율은 전체 인원에서 남학생 또는 여학생이 차지하는 비율을 나타내기 때문에 소수점 이하 자리로 표시될 수 있다. 백분율은 사회과학에서 일반적으로 소수 둘째 자리까지만 표시하는 관례를 따른다. 백분율을 표시할 때 숫자가 갖는 우상에서 벗어나기 위해서 좀 더 정확하게 표현할 필요가 있다. 이를테면, 70개의 전체 가운데 35는 50%이므로 35(50%)와 같이 나타낸다.

빈도와 백분율을 함께 나타내주는 것이 자료에 대한 이해에 더 도움이 되기도 한다. 백분율로만 표시하면 자료에 대한 이해가 왜곡될 수도 있기 때문이다. 이를테면, 10개 중의 하나는 10%이지만 2개 중의 하나는 50%인 경우에서 알 수 있듯이, 백분율이 자료의 실제 모습을 비틀어놓을 수도 있다. 일반적으로 자료들이 정수로 되어 있으면 계산의 각 단계마다 소수점 이하 세 자리까지 구한 다음, 표시할 때는 반올림하여 두 자리까지 나타낸다. 그리고 자료 자체가 소수점 이하 한 자리로 되어 있으면, 소수점 이하 네 자리까지 구한 다음 표시할 때는 세 자리까지 나타내는 것이 일반적이다. 그러나 반드시 그러한 것은 아니다.

이와 같은 빈도와 백분율은 시각적으로 표현되기도 한다. 다음은 여러 가지 다양한 그림표(도형)의 형태로 빈도와 백분율을 제시한 것이다.

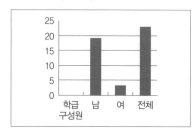

[그림 4] 막대그림표

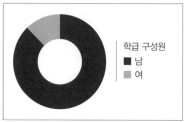

[그림 5] 도넛그림표

학급 구성원
■ 남
▨ 여

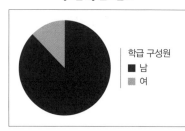

[그림 6] 원그림표

학급 구성원
■ 남
▨ 여

[그림 7] 3차원 원그림표

학급 구성원
■ 남
▨ 여

　이와 같은 그림들은 어떤 대상에 대한 값들을 시각적으로 보여주어 단번에 알아볼 수 있는 이점이 있다. 위의 예는 간단한 사례로, 이를 더 복잡한 사례에 적용해 보면 자료에 대한 파악이 훨씬 쉽게 이루어진다는 것을 알 수 있다. 예컨대, '물음 1'에 대한 응답이 '1 5 2 4 3 2 3 3 4 3 2 4'로 되어 있을 때, 어느 선택지에 대한 응답률이 높은지 단번에 보여줄 수 있는 방법으로 [그림 8]과 같이 기둥그림표를 이용할 수 있다.

　이러한 그림표들은 엑셀 프로그램을 사용하면 원하는 형태를 골라 쉽게 작성 중인 문서 처리 프로그램에 옮겨놓을 수 있다. 문제는 그림표가 적절한 수준에서 사용되어야 한다는 점이다. 언제나 논의의 핵심을 드러낼 수 있도록 하는 데 주의를 기울여야 한다. 막대그림표(bar chart)를 그릴 때 X축은 독립변수에 Y축은 종속변수에 할당

[그림 8] '물음 1'의 선택지 빈도 기둥그림표

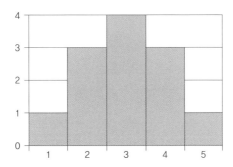

한다. 그리고 자료의 왜곡을 막으려면 Y축의 높이가 X축 너비의 4분의 3이 되어야 한다(Hinlke 외, 2003:30).

막대그림표에서 막대는 일반적으로 서로 붙어 있지 않으며, 막대를 통해 나타내는 항목이나 변수의 순서도 정해져 있지 않다. 연구자들은 관례적으로 빈도가 높은 항목이나 변수를 가운데에 표시한다. 그리고 주로 명목변수들의 빈도나 비율을 나타내는 데 사용된다.

그에 비해 기둥그림표(histogram)는 기둥들이 서로 붙어 있다. 일반적으로 기둥그림표는 높은 빈도에서 낮은 빈도로, 기간이나 나이가 높은 데서 낮은 데로 그려줌으로써 자료의 흐름을 쉽게 파악하게 할 수 있다. X축의 값은 변수의 지정에 따라 다양하게 나타날 수 있으며, 상중하와 같은 명목 눈금으로 다시 나눌 수 있다. 이때는 새로운 눈금을 등재해 주어야 한다. 원그림표는 전체에서 각 변수나 항목의 비율을 보여주려고 할 때 주로 쓰인다. 빈도를 나타내는 경우라면 기둥그림표나 빈도다각형이 널리 쓰이는데, 경우에 따라 이 둘이 겹치기도 한다. [그림 9]는 설명의 편의를 위해 끌어들인 그림으로, 이들이 겹쳐 있는 가상의 자료를 보여준다.

[그림 9] 가상의 자료에 대한 빈도다각형과 기둥그림표

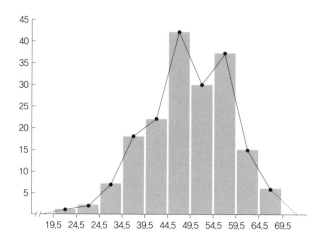

항목 간 대비율(ratios)은 다른 개체나 항목과 관련된 빈도의 비율을 나타낸다. 남학생이 360명이고 여학생이 80명이라면 대비율은 0.22가 되는데, 이는 남학생 1명에 대해 여학생이 0.22명이라는 것이다. 그런데 일반적으로 사람의 경우 0.22명이라고는 할 수 없으므로 100에 대한 22라고 말한다. 이와 같은 대비율은, 교사와 학생들이 수업 시간에 주고받는 말하기에서 말할 차례의 비율을 구해 교사 중심의 수업인지 학생 중심의 수업인지 결정해야 할 경우에 활용될 수 있다.

막대그림표와 기둥그림표는 벽돌을 쌓아 올린 모양으로 항목이나 변수의 양을 보여준다. 그에 비해 빈도를 나타내는 항목별 변수의 양을 ●◆■ 등으로 다르게 나타내고 이를 이어놓은 다각형(poly chart)의 모양도 많이 사용하고 있다. 변화를 나타내는 대부분의 통계 자료는 이와 같은 다각형 모양을 쓰고 있다. 이를테면, 국어과 기말고

사 성적을 시각적으로 보여주는 방법으로 앞의 막대그림표와 기둥 그림표를 사용할 수도 있지만, 전체 점수와 남녀 학생들의 점수 분포를 동시에 보여주기 위해서는 다각형 그림이 더 나을 수 있다는 말이다. 혹은 요약하기에서 여러 가지 규칙이 사용될 수 있는데 각각의 요약 규칙(삭제, 일반화 등)에 대한 상대적인 빈도를 여러 가지 기준, 즉 남학생과 여학생, 높은 수준의 요약글과 그렇지 않은 글에서 요약 규칙의 갈래와 특정 요약 규칙의 적용 여부 등으로 알아보고자 할 때, 이와 같은 다각형 모양의 그래프를 쓰면 그런 양상들을 한 번에 알아볼 수 있다.

다른 방법으로 '줄기-잎 그림(stem-and-leaf displays)'이 있는데, 50개 정도의 자료에서 점수들의 분포를 한눈에 알아보기 쉽게 나타내는 방법이다. 이는 실제 점수의 모습을 바탕으로 요약하고 구성해서 빠르게 보여주는 방법이긴 하지만, 그리고 SPSS를 이용하여 그려 보일 수도 있지만, 보고서에서 자료의 제시나 최종 보고서에는 포함되지 않는다(Hinkle 외, 2003:22). 또 다른 방법으로 산점도(scatterplot)가 있는데, 이는 양적 변수들의 변화 추이를 좀 더 효과적으로 드러내는 데 도움을 준다. 산점도는 변동을 보이는 자료들의 양의 관계와 음의 관계를 보여준다는 점에서, 두 변수 사이의 선형 관계를 나타내는 상관관계를 보기 위한 예비 조사로 사용할 수 있을 것이다.

백분율이 제시된 통계 자료는 여러 가지로 쓸모가 있다. 먼저 표집(표본집단)의 선정에 참고할 수 있다. 이를테면, 말하기나 평가에 대한 중등 교사들의 인식을 비교하기 위한 조사연구에서 중등 교사의 남녀 성비 통계 자료를 바탕으로 표집의 남녀 교사 비율을 구성할 수 있다. 실제로 조사연구 표집 선정을 해서 설문 조사를 해보면 남자 교사보다 여자 교사의 비율이 높을 수밖에 없는데, 이는 통계 자료를 통해 증명된다. 즉 실제로 중등학교의 경우[9] 남자 교사와 여자 교사의 비율이 4:6으로 나타나 표집 선정에서 참고할 수 있다. 이런 경우 왜 표집 선정에서 성비 불균형이 나타나는지 그 근거를 밝혀두어야 한다.

또한 빈도와 백분율은 조사연구 대상 선정의 근거로 활용할 수 있다. 한국어교육에서 중국어권 학습자를 대상으로 한 어미 교육을 연구 주제로 삼을 수 있는데, 그와 같은 주제를 설정한 근거는 여럿일 것이다. 그 가운데 통계 자료, 즉 빈도와 백분율을 근거로 쓸 수 있다. 실제로 한국어 학습자의 언어권별 분포를 볼 때 여러 가지 이유로 중국어 학습자의 비율이 높으며, 중국어 언어권 학습자들이 가장 어려움을 느끼는 부분이 어미의 사용과 관련된다는 점을 설문 조사에서 백분율을 통해 드러낼 수 있다면 연구의 의의와 가치가 좀 더 명확하게 드러날 것이다.

(2) 중심 경향성

중심 경향성(central tendency)은 설문지 조사와 같은 통계에서 응답자들이 집중을 보이는 응답의 속성을 일컫는다. 학습자[10]들의 서로 다른 집단 수행(혹은 같은 학생들을 대상으로 한 시간에 걸친 변화)을 비교하고자 할 때 주로 쓰인다. 가장 흔하게 통계분석에서 소개되는 중심 경

---

9) 2016년도 통계 자료를 보면 초등학교의 경우 여교사의 비율이 77.11%이고, 중학교는 68.99%, 고등학교는 51.01%이며, 이는 10년 전보다 각각 6%, 6%, 12% 늘어난 수치다(교육통계서비스 분석 자료: 2017년 4월 20일). 전체적으로 여교사는 교원의 66.82%를 차지한다(2016학년도 하반기 기준).

10) 최근 한국어를 배우는 집단이 다변화되면서 지금까지 국어교육에서 언급했던 학생의 개념을 넓혀야 할 필요성이 불어나고 있다. 그렇기 때문에 학습자라는 개념이 학생이라는 개념을 대체할 수 있다고 본다.

향성은 '평균값(mean), 최빈값(mode), 중앙값(median)'이다. 이들은 실제로 계산을 해볼 수도 있지만, 통계 처리 꾸러미를 사용하면 간단하게 구할 수 있다. 단 통계 처리 꾸러미를 사용하려면 컴퓨터가 다룰 수 있는 형태로 자료들을 부호화하여 입력해야 할 것이다.

먼저 평균값을 구하는 절차를 보기로 한다. 평균값은 점수들의 평균이다. 모든 점수를 고려하기 때문에, 일반적으로 사용되는 기술 통계의 눈금이다. 평균값을 구할 경우 명목 눈금의 평균은 아무런 의미가 없다. '남학생=1, 여학생=2'의 값을 부여하는 명목 눈금에서는 남학생과 여학생이 골고루 퍼져 있을 때 평균은 1.5일 것인데, 이것은 아무런 의미가 없다. 등구간 눈금, 즉 리컷 눈금으로 된 물음에서 응답의 평균을 구한다고 이해를 하면 된다. 통계 처리 꾸러미와 엑셀 프로그램에서는 이를 쉽게 구할 수 있기 때문에 평균값의 개념을 이해하면 될 것이다. 엑셀 프로그램에서 평균값을 나타내는 함수는 '=AVERAGE'이다. '=AVERAGE(A2:A12)'는 A열 2행에서 12행까지 값의 평균값을 나타낸다.

산술적인 값들에 대한 중심 경향성을 보이는 잣대로 평균값이 널리 쓰이지만 한계도 있다. 먼저 매우 높은 점수와 매우 낮은 점수가 있을 경우 평균값이 변동을 보일 수 있다. 점수들이 정규분포를 이룰 때 평균값을 중심 경향성을 재는 잣대로 활용할 수 있다.

다음으로 최빈값은, 말 그대로 가장 많이 나타나는 값이다. 공식이 필요하지 않고 막대 셈으로 찾아낼 수도 있으며, 심지어 선택지가 짧을 경우는 직감으로도 찾아낼 수 있다(물론 직감으로 해서는 안 됨). 이 값은 쉽게 구할 수 있는데, 빈도에서 두드러진 값이 있는 경우에 분포의 중심성 경향을 나타낼 뿐이다.

손수 최빈값을 찾기 위해서는 값들을 재배열할 수 있는데, 가장 낮은 선택지 번호부터 높은 순으로 배치하면 찾을 수 있다. 이렇게 재배열하면 '1 2 3 4 4 4 4 4 4 5 5'가 될 것이고 4가 가장 많이 나타나므로 이 물음에서 최빈값은 4가 된다. 평균값과 마찬가지로 최빈값도 엑셀 프로그램으로 구할 수 있는데, 단지 앞의 함수만 다를 뿐이다(=MODE(A2:A12)).[11]

최빈값을 구할 때 빈도가 가장 높은 값이 없을 수도 있다. 이럴 경우에는 최빈값을 이용할 수 없다. 평가되거나 측정 항목에 따라 우연성에 의해 영향을 받을 수도 있다는 점에서 절대적으로 신뢰할 만한 중심 경향성은 아니라고 할 수 있다. 대부분의 통계가 그러하듯이 집단의 수가 늘어날수록 최빈값에 대한 믿음은 더 커진다. 그리고 그럴 경우에만 최빈값을 구하는 의미가 있다.

중앙값은 응답자들의 선택지를 작은 순서에서 큰 순서로 늘어놓을 때 가운데에 있는 값을 가리킨다. 즉 백분위 50에 드는 값이다. 이 값은 평균과는 달리 극단에 민감하지는 않지만 실제 값은 가운데 있는 점수에만 의존되어 있다. 참여자가 7명일 때처럼 홀수로 된 경우는 문제가 없지만 짝수인 경우에는 두 개의 가운뎃값을 찾아서 이를 2로 나눈 값이 중앙값이 된다. 중앙값 역시 엑셀에서 '=MEDIAN(A2:A12)'라는 수식으로 구할 수 있다. 중앙값은 개수가 적거나 자료들이 순위 눈금에 따라 구해진다면 사용할 수 있다.

평균값, 최빈값, 중앙값은 자료들의 중심 경향성을 보여주지만 쓰임새는 서로 다르다. 이를테면, 평균값은 등구간 눈금이나 비율 눈금

---

11) 엑셀 프로그램에서 '='은 함수를 지닌 수식이 뒤따름을 나타낸다. 아울러 (A2:A12)는 가로 줄 A와 세로줄 2가 만나는 칸에서부터 가로줄 A와 세로줄 12가 만나는 칸까지의 값을 구한다는 의미다.

에 알맞지만 명목 눈금에는 아무런 쓸모가 없다. 그에 비해 중앙값은 순위 눈금에 적절하다. 최빈값은 어떤 눈금을 쓰든 상관없다. 일반적으로 "등구간 눈금이나 비율 눈금을 쓸 경우 중심 경향성에 관련되는 세 가지 통계가 모두 보고되는 것이 안전함에 주목하기 바란다(Brown, 2001)."

다음은 평균과 중앙값, 최빈값에 대한 이해를 돕기 위해 일반적으로 많이 나타나는 분포를 중심으로 이들의 관계를 예시한 그림이다 (Hinkle 외, 2003:59).

[그림 10] 네 개의 다른 분포에서 최빈값, 중앙값, 평균의 비교

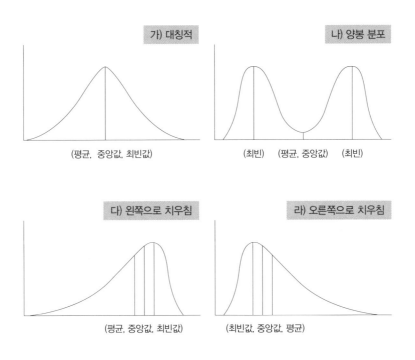

가) 대칭적

(평균, 중앙값, 최빈값)

나) 양봉 분포

(최빈) (평균, 중앙값) (최빈)

다) 왼쪽으로 치우침

(평균, 중앙값, 최빈값)

라) 오른쪽으로 치우침

(최빈값, 중앙값, 평균)

[그림 10]에서 대칭을 이루는 경우는 중앙값, 평균, 최빈값이 일치하지만, 양봉 분포인 경우는 최빈값이 둘이고, 평균과 중앙값이 이 최빈값들 사이에 온다. 이와 같은 분포를 보인다면 어떤 측정에 참여하고 있는 집단이 둘일 가능성이 크다. 그에 비해 한쪽으로 기울어진 것은 평균값과 최빈값의 위치에 차이가 있음을 보여준다. 이와 같은 분포 그림은 학생들의 능력에 따른 학급 배치를 계획하고 있을 때 기초 자료로 활용할 수 있다. 그리고 이와 같은 분포도 그림에서 30명 이하일 때 극단적인 값들에 영향을 많이 받는 평균보다는 중앙값으로 참여자들의 특성을 판단하는 것이 바람직하다.

(3) 흩퍼짐

흩퍼짐(disperse, 산포)은 개별 답변들이 중심 성향을 중심으로 흩퍼져 있는 정도를 나타낸다. 흩퍼짐에 대해 가장 흔하게 보고된 통계는 '범위, 하한－상한, 표준편차'이다. 이들도 범위를 제외한다면 모두 엑셀 프로그램에서 함수를 이용한 수식으로 셈할 수 있다.

범위는 조사를 통해 얻은 값들에서 가장 낮은 값과 가장 높은 값 사이의 거리를 가리킨다. 앞의 '물음 1'의 사례에서 가장 높은 값은 5이고, 가장 낮은 값은 1이다. 여기에 다시 1을 더하면 다음과 같다. '5-1=4', '4+1=5'이므로 범위는 5이다. 1을 더하는 이유는 1을 더하지 않을 경우 가장 높은 값이든 가장 낮은 값이든 어느 한 값을 빠뜨리기 때문이라고 한다. 엑셀에서 이를 구하는 방법은 조금 복잡하긴 하지만 다음처럼 구할 수 있다.

엑셀 프로그램에서 범위 구하기

$$= MAX(A2:A12) - MIN(A2:A12) + 1$$

범위는 가장 낮은 값과 가장 높은 값의 거리만을 나타내기 때문에 값들의 실질적인 흩퍼짐을 보여주기에는 한계가 있다. 가장 낮은 값과 가장 높은 값은 어떤 물음 안에 있는 값들을 낮은 값에서 높은 값으로 늘어놓음으로써 구할 수 있다. 그렇게 늘어놓았을 때 가장 왼쪽에 있는 값이 낮은 값의 한계, 즉 하한이다. 그리고 가장 오른쪽에 있는 값이 높은 값의 한계, 즉 상한이 된다. 범위만으로는 실질적인 흩퍼짐을 보여주는 데 한계가 있으므로 보통은 범위와 상한값, 하한값을 동시에 알려준다.

　일반적으로 SPSS에서는 범위에 대해 [그림 11]과 같은 상자 그림(box plot)을 보여준다. 다음 쪽의 [그림 11]은 전은진 외(2007)에서 범위를 보여주기 위해 활용한 표이다. 이 그림에서 가운데 수평선은 평균값이다. 그리고 상자를 중심으로 하여 수직선은 상한값과 하한값뿐만 아니라 값들의 분포를 보여준다. 아래에 적혀 있는 숫자는 하위 25%의 평균값이 4.21이며, 상위 25%의 평균값이 7.71이고, 나머지 중간 50%의 평균값이 5.69임을 나타낸다. 아울러 이를 이용하여 준사분위 범위를 구하기도 한다. [그림 11]에 나와 있는 값을 참조하여 준사분위간 범위를 구하면 1사분위 값이 4.21이고, 3사분위 값이 7.71이므로 1.75가 된다.[12] 무엇보다 상자 그림은 특이점의 존재 여부를 알려준다는 점에서 의미가 있다. [그림 11]에는 특이점(outliers)이 없다. 그러나 만일 있다면 특이점은 말 그대로 비정상적인 점수이기 때문에 특별한 고려가 필요하다.

---

12) 준사분위간 범위(semi-interquartile range)는 사분위간 범위에 2를 나눈 값이다. 사분위간 범위는 일반적으로 3사분위 값에서 1사분위 값을 뺀다. 여기에다 2를 나눈 값이 준사분위간 범위다. 이렇게 함으로써 상한값과 하한값의 영향을 비교적 덜 받는 가운데 50%의 범위에 대한 값을 알 수 있다.

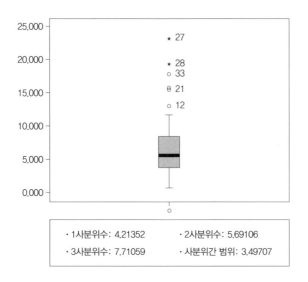

[그림 11] 상한값, 하한값과 변량들의 분포를 보여주는 상자 그림

· 1사분위수: 4.21352   · 2사분위수: 5.69106
· 3사분위수: 7.71059   · 사분위간 범위: 3.49707

표준편차(Standard Deviation, SD)는 평균으로부터 어떤 값들의 묶음이 평균적으로 얼마나 멀리 떨어져 있는가를 보여준다. 이는 더 엄밀하게 말하면 분산(variance)이다. 이 분산의 제곱근 형태가 여기서 소개하고 있는 표준편차이다. 분산은 일반적으로 표본이 이질적이고 극단적인 값을 포함하고 있을 경우 높게 나타나고, 동질적이거나 평균을 중심으로 떼를 지어 있을 때 낮게 나타난다. 수준별 수업의 필요성을 알아보기 위해 국어 능력을 평가한 이상적인 경우를 가정한다면, 이를 쉽게 알아볼 수 있는 방법은 표준편차를 살펴보는 것이다. 실험 연구를 하는 경우 사전 평가와 사후 평가에서 대체로 평균은 높아지고 표준편차는 낮아질 것이라고 예상할 수 있다. 난도가 높은 시험의 경우 평균은 높아지지 않겠지만 표준편차는 줄어들 것이라고 예상할 수 있다.

표준편차 공식

$$SD = \sqrt{\frac{\Sigma(X-M)^2}{N}}$$

(각 값과 평균의 차를 제곱하여 전체 숫자로 나눈 값들의 합을 제곱근으로 구한다. 이때 소수점 두 자리 이하는 버린다.)

사실은 이 공식에는 담긴 뜻이 있다. 표본집단의 수, 즉 N이 30 이상임을 전제로 하고 있다. 더 바람직한 일은 N이 100을 넘는 것이다. 일반적으로 29 이하일 경우에는 N-1이라는 숫자를 나누어주는데, 이를 '자유도(degree of freedom)'라 한다. 이렇게 하는 이유는 30 이상으로 이루어진 표본집단에서 맨 마지막 수는 예측 가능하기 때문에 실제로 많은 수를 N이나 N-1로 나누어도 그 차이가 거의 나타나지 않기 때문이다. 앞의 '물음 1'에 대해서는 어떤 공식을 이용해야 할까? N으로 나누어주는 것이 올바르다. N으로 나눈 값은 1.21이지만 N-1로 나누면 1.27이 되어 실제로 표준편차가 더 크고, 이런 값이 평균으로부터 개별 값들의 평균 거리를 올바로 표현한 것이라 할 수 있다.[13] 분산(변량)은 표준편차와 겹치기 때문에 거의 쓰지는 않는데, 분산의 제곱근이 표준편차이다.

지금까지 흩어짐을 나타내는 세 가지 방법을 소개했는데, 이들 각각이 지니는 의미는 다르다. 따라서 눈금과 흩어진 모습에 따라 의미 있는 정도가 달라지므로 그에 맞춰 이용해야 할 것이다. 일반적

13) 엑셀에서 이 값을 구하는 공식도 자유도를 적용한 경우(표본집단)와 그렇지 않은 경우(모집단)일 때 사용하는 함수가 다르다. 모집단의 경우 '=STDEV.P(A2:A12)'이고, 자유도를 적용한 경우, 즉 30 이하의 크기로 된 표본집단에서는 '=STDEV.S(A2:A12)'를 이용한다.

으로 치우치거나 대칭적인 분포에 골고루 사용할 수 있는 것은 범위나 상한-하한이고, 표준편차는 대칭적인 분포를 보일 때만 사용한다. 범위는 또한 전체 변량의 크기에 초점을 모으지만, 상한값과 하한값을 보여주고자 할 때는 상한-하한을 이용한다. 그에 비해 변량이 평균값으로부터 얼마나 멀어지는지를 보여주는 데는 표준편차가 알맞다. 그리고 대부분의 보고서에 표준편차가 널리 쓰인다.

평균, 흩퍼짐이라는 개념과 관련하여 몇 가지 기술 통계 용어를 더 보기로 한다. 이와 같은 개념들은 통계 자료를 해석하는 토대가 될 것이다. 기술 통계에서 전제로 하는 중요한 개념은 정규분포이다. 정규분포는 평균을 중심으로 하여 표준편차에 따라 어떤 값들이 일정한 분포를 보이는 속성이다. 정규분포를 이루는 성질은 모수적 통계 절차를 사용할 때 자료가 반드시 지니고 있어야 하는 속성이다. 그렇다고 엄격한 정규분포를 반드시 갖추어야 하는 것은 아니다. 대부분의 절차에서 대략적으로 정규분포를 이루더라도 잘 적용되기 때문이다. [그림 12]는 기본적인 정규분포 곡선이다.

이 곡선에서 비율은 표본집단의 점수 분포를 보여준다. 이들은 평균값($\bar{X}$)을 중심으로 대칭으로 되어 있다. SD는 표준편차이다. 분포의 중앙에 있는 평균값에 대한 빈도가 가장 높고 극단적인 점수들의 빈도가 낮음을 보여준다. 이 그림에서 표준편차가 3이고 평균이 60점이라면 68%의 학생이 57~63점 사이에 있음을 의미한다. 또한 99% 이상의 학생이 51~69점 사이에 있음을 알 수 있다. 만약 어떤 학생의 점수가 70점이라면 그 학생은 상위 1% 이내에 있다고 해석할 수 있다. 이와 같은 정규분포를 염두에 두면 다른 영역의 점수에 대한 판단을 할 수 있다. 예컨대, 어떤 학생이 듣기 평가에서 80점을, 읽기 평가에서 90점을 받았다고 할 때, 이 학생은 읽기 능력이 듣기

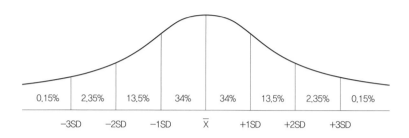

[그림 12] 정규분포 곡선

| 0.15% | 2.35% | 13.5% | 34% | 34% | 13.5% | 2.35% | 0.15% |

−3SD −2SD −1SD $\bar{X}$ +1SD +2SD +3SD

능력보다 뛰어나다고 할 수 있을지 판단할 수 있다는 말이다. 듣기 평가의 평균이 60점이고 표준편차가 5이며, 읽기 평가의 평균이 65점이고 표준편차가 15라면, 이 학생은 듣기 평가에서 상위 1%에, 읽기 평가에서 상위 2.5%에 있음을 알 수 있는 것이다. 다시 말해, 이 학생은 겉보기에 읽기 평가에서 높은 점수를 받았지만, 비교집단 안에서 듣기를 더 잘하는 것으로 해석할 수 있는 것이다. 표본집단이 정규분포를 이루면 이룰수록 모집단에 근접할 가능성이 크기 때문에 대부분의 통계 처리에서 기본적으로 충족되어야 하는 조건으로 정규분포를 설정하고 있다.

그렇다면 정규분포인지 아닌지는 어떻게 결정해야 할까? SPSS에서 이를 검정할 수 있는 절차가 있다([분석] → [기술통계량] → [데이터탐색]). 특히 여기서는 정규분포를 검정하는 '콜모고르프-스미르노프 검정(Kolmogorv-Smirnof)'을 제공한다. "대체로 표본 크기가 100 이하인 경우에 이런 분석 절차를 사용하고, 그 이상일 경우는 시각적인 분포도를 사용하는 것으로도 충분하다(Dörnyei, 2007:188)."

이런 정규분포는 대개 모집단의 표본만을 포함하고 있으므로 이를 전체 모집단으로 확대 해석하는 과정이 필요하다. 이때 필요한 개념이 '표준오차(standard error)'이다. 이는 표본집단의 표준편차를 이용하여 모집단의 점수 분포를 알 수 있다는 것이다. 예컨대, 각각 50명으로 구성된 두 집단이 있다고 가정해 보자. 집단 A의 평균은 62.0이고 표준편차가 3.8이며, 집단 B의 평균은 58.0이고 표준편차가 4.2이다. 이 두 집단은 서로 다른 집단이라는 것이 밝혀져야 같은 시험에 대해서 우열을 논할 수 있고 이를 일반화할 수 있다(이를 위해 평균 비교를 하게 되는데, 이에 대해서는 3부 1장 4절 참고). 즉 전체 모집단에 걸쳐 일반화할 수 있는 것이다. 이를 위해서 표준오차를 계산해야만 둘을 비교할 수 있다. 표준오차를 구하는 공식은 다음과 같다.

표준오차를 구하는 공식

$SE($표준오차$) = SD($표준편차$) \div \sqrt{N}($표본$)$

위의 공식을 사용하면 집단 A의 표준오차는 대략 0.5842가 되고, 집단 B의 표준오차는 대략 0.6이 된다. 이를 바탕으로 하여 눈에 보이도록 그림으로 나타내면 두 집단의 점수 분포는 대체로 다음과 같을 것이다.

[그림 13] 집단 A와 집단 B의 표준오차 수정 값

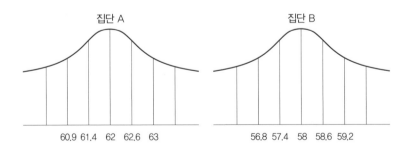

이를 바탕으로 할 때 집단 A와 B는 서로 다른 모집단에서 나왔음을 믿을 수 있을 듯하다. 아울러 이들은 변별적인 점수 분포를 보이므로 만약에 이들이 실험집단과 통제집단으로 구분된다면 유의한 결론을 이끌어낼 수 있는 것이다.

(4) 백분위와 표준점수

통계를 처리하는 과정에서 그렇게 중요하지 않을 수도 있지만, 개별 점수들의 위치를 확인하는 방법을 간단히 짚고 넘어가기로 한다. 분포에서 점수의 위치를 정하기 위해 여러 가지 방법이 쓰인다. 여기서는 백분위(percentile)와 표준점수인 z점수와 T점수를 살펴보기로 한다.

국어과 중간고사에서 어떤 학생이 75점을 받았다고 해보자. 이때 이 학생은 학급이나 학년 단위에서 어느 정도로 시험을 잘 쳤다고 할 수 있을까? 일일이 등수를 세어 확인할 수도 있지만, 누적 빈도를 알고 있다면 좀 더 쉽게 이 학생이 받은 점수의 위치를 셈할 수 있다. 이때 쓰이는 것이 백분위수이다. 만약 백분위수를 구하는 공식에 따라 셈한 결과, 백분위수가 80이라면 상위 20% 안에 들었음을 의미한다. 아울러 점수에 대한 빈도 분포표가 있을 때 백분위수를 구하는 경우를 생각해 볼 수 있다. 예컨대, 어떤 집단의 시험 점수에서 상위 75%는 몇 점인가에 대한 의문을 가질 수 있다. 이때 백분위수라는 개념을 알아두면 편리하다. 이를 구하기 위해서는 일반적으로 다음의 절차를 거친다.

점수 빈도 분포를 통해서 백분위수 구하기

① 먼저 구하고자 하는 백분위수에 관련되는 계급 구간을 찾는다. 예를

들면, 200명의 백분위수가 75라면 누적 빈도 150이 포함되어 있는 구간을 찾는다.

② 그다음에 그 계급의 하한값을 찾는다. 계급 구간이 5이고 50~54의 계급이라면 정확 하한값[14]은 49.5가 된다.

③ 빈도 분포표에서 75 백분위에 대응하는 지점을 찾는다. 150이 포함된 계급의 빈도가 40이고 그 가운데 그보다 아래 있는 누적 빈도가 120이라면 이 계급의 30번째 있는 점수가 75백분위(150번째 수)가 될 것이다.

④ ①~③의 결과를 바탕으로 정리하면 다음과 같다.

$$\text{계급의 정확 하한 한계} + \frac{\text{계급 안에서 백분위까지의 인원}}{\text{계급의 전체 빈도}}(\text{계급 구간의 폭})[15]$$

한편, 백분위 점수는 구하는 과정에서 보면 백분위수를 구하는 것과 서로 반대되는 개념이다. 예컨대, 일정한 빈도 분포표에서 63이라는 점수가 백분위로 몇 %에 속하는지 알고자 할 수 있다. 이는 전체 인원수에서 몇 %에 드는가 하는 문제이므로 전체 인원수에서 해당 계급 안에서 해당 점수가 차지하는 비율을 고려하면 된다. 예컨대, 180명으로 이루어진 전체 집단에서 60~64점 아래에 150명이 있고, 이 계급 안에 20명이 있다고 가정해 보자. 같은 계급 안에 20개가 균등하게 배분되어 있다고 가정하므로 (3.5/5)×20=14가 된다. 따라서 (150+14)/180×100=91.11이 된다. 말하자면 63점을 받은 학생은 전

---

14) 반올림했다는 의미에서 계급 구간의 위와 아래에 0.5씩 뺀 값이다.

15) 가상의 자료에서 75 백분위에 해당하는 점수는 $49.5+\frac{20}{40}(5)=52$점이 된다. 혹은 이 공식은 두 번째 항인 분수 부분을 $\frac{(\text{전체 수})(\text{구하는 백분위수})-\text{아래 구간까지의 누적 빈도}}{\text{그 구간의 점수 빈도}}$ 로 고칠 수 있다.

3부 현장 조사연구 자료 분석

체에서 상위 91%에 든다고 할 수 있다.

그러나 백분위 혹은 이와 비슷한 사분위수나 십분위수는 평가 방법이 다른 경우에 적용하기 어렵다. 다른 집단이나 다른 평가 방법에서 어떤 점수의 위치를 일관되게 정하기 위해 널리 쓰이는 방법으로 표준점수(z)를 들 수 있는데, 이를 구하는 공식은 다음과 같다.

z점수 공식

$z = \dfrac{X - \overline{X}}{s}$ (z는 z점수, s는 표준편차, X는 개별 점수, $\overline{X}$는 평균)

z점수는 서로 다른 평가 잣대로 점수를 매기고 이들을 합해 어떤 참여자의 위치를 정할 때 알맞다. 다만 백분위수와는 직접적인 관련이 없다. 여기서 한 단계를 더 거치는 것이 T점수이다. T점수는 z점수에 50점을 더해서 언제나 양의 정수가 되게 하는데, 이는 편의를 위해서이다. T점수는 좀 더 정확하게 표현하면 '표준 변환 점수'라고 하는데, 그 공식은 '10z+50'이다. 이는 일반인들에게 음수나 지나치게 낮은 점수로 표현되는 것에 대한 부정적 인식을 몰아낼 수 있다는 장점이 있다. 따라서 z점수나 T점수 가운데 자신의 편의에 따라 선택할 수 있다.

여기서 살펴본 백분위수와 z점수, T점수는 정규분포를 염두에 두고, 신뢰도와 타당도를 갖춘 능력 평가에서 어떤 개인 혹은 집단이 성취한 점수가 어떤 의미를 지니는지 해석할 때 참고 자료가 된다. 이를테면, 요약글의 품질 평가에서 특정의 점수가 가진 의미나 상중하 집단으로 나눌 때 기준을 제시할 수 있다. 다만 1~2점의 차이가 집단을 나눌 경우 기준으로서 올바른가 하는 점은 고려해 보아야 한다.

(5) 기술 통계와 추론 통계

통계 절차는 크게 두 가지로 나눌 수 있는데, 기술 통계와 추론 통계가 그것이다. 이는 통계학의 핵심적인 부분으로, 통계 결과를 이해하는 데 실패하는 가장 큰 이유가 이런 차이에 충분히 주의를 기울이지 않기 때문이다.

기술 통계는 시간과 공간을 줄이기 위해 숫자로 표시된 자료들을 요약하는 데 사용된다. 어떤 변수에 대해 평균과 범위를 제공하는 것은 구해놓은 점수들을 한 줄로 늘어세워 보여주는 것보다 훨씬 전문가다운 방법이다. 그리고 표준편차를 포함하여 기술하면 연구의 목적에 들어맞도록 점수들이 잘 정리되어 있다는 인상을 준다. 이처럼 기술 통계는 우리가 가지고 있는 자료들을 제시하는 만족스러운 방법이다. 그러나 이런 기술 통계는 그 표본을 넘어서는 일반화를 끌어내도록 해주지는 않는다. 실제로 기술 통계에서 나온 결과들을 보고할 때는 기술적인 측면을 기술하고 있음을 나타내는 문장(이를테면, '200명을 대상으로 하는 평균은 ○○이고, 표준편차는 ○○이며……' 등)으로 시작하는 것이 좋다.

만약 조사연구로부터 끌어낼 수 있는 어떤 의미 있는 발견을 언급하고 싶다면 추론 통계를 해야 한다. 일반적으로 추론 통계는 전체 모집단으로 일반화할 수 있을 정도로 연구자가 관찰한 표본에서 결과들이 힘이 있는가를 검정한다는 점을 제외한다면 기술 통계와 비슷하다. 이런 추론 통계는 일반적으로 우리의 직관과 맞아떨어지는 경우도 있지만 맞서는 경우도 있다.

예를 들면, 남학생과 여학생으로 이루어진 집단이 있고 그 집단에 대해 국어 능력 평가를 실시한 결과, 여학생이 대체로 더 높은 점수를 보일 수 있다. 이때 여학생이 남학생보다 국어 능력이 뛰어나다고 결론을 내릴 수 있을까? 그렇지 않다. 만약 그렇게 주장하려면 남학생과 여학생 사이에 유의미한 차이가 있다는 것을 보여주어야 한다. 이렇게 하기 위해서는 추론 통계 절차를 거쳐야 한다.

(6) 신뢰구간과 효과크기, 일반화

통계적으로 유의하다는 것이 반드시 결과의 중요도를 보여주는 것은 아니기 때문에 신뢰구간이라는 개념과 효과크기를 고려해 보아야 한다.

신뢰구간은 모집단에 대한 유의성을 고려할 수 있도록 점수들의 범위를 제공해 주기 때문에 훨씬 더 많은 정보를 담고 있다(이를테면, 신뢰구간에 속하는 점수를 알려줌으로써 평가 결과가 지나치게 낮거나 높으면 측정이나 평가 결과를 믿을 수 없게 된다. 따라서 어떤 분석 결과도 받아들일 수 없을 것이다). 일반적으로 신뢰구간 95%를 설정하는데, 이는 모집단 평균을 포함하는 점수(모수)들이 평균의 범위에 있을 확률이 0.95임을 의미한다. 다시 말하면, 어떤 집단의 평균이 신뢰구간 안에 들 확률이 95%임을 나타낸다.[16] 특정 집단의 평균이 이 범위에 든다면 유의하다고 할 수 있다. SPSS에서는 언제나 신뢰구간을 지닌 통계적 유의성으로 검정을 보완하는데, 이는 결과를 보고하는 가장 효과적인 방법이기 때문이다. 신뢰구간은 위치에 대한 정보와 정확성에 대한 정보를 제공하고 유의수준을 추정하기 위해 직접적으로 사용될 수 있다고 한다. 이를 위해 이를테면 $p < 0.05$라면 95%의 확률 안에 들 점

---

16) 실제로 현장 조사연구의 논문을 보면 유의확률 $p < 0.01$ 혹은 $p < 0.05$로 표시되는데, 이는 우연에 의한 확률이 0.01보다 작거나 0.05보다 작음을 의미한다. 반대로 신뢰의 정도가 각각 99%, 95% 이상 높다는 것을 의미한다고 해석한다.

수의 상한값과 하한값을 제공해야 한다. 신뢰구간의 범위가 넓을수록 평균을 추정하기 어렵기 때문에 가급적이면 좁게 설정해야 한다. 120~130이라고 설정하는 경우가 110~130으로 설정하는 것보다 평균을 추정하기 쉽다.

효과크기(effect size)는 흔히 '연관성 강도'라고 언급되기도 한다. 즉 변수들 사이의 관계 정도를 나타내는 지수이다(Rosenthal, 1984). 이 효과크기는 통제집단과 비교집단의 평균을 표준화한 것이라고 생각하면 된다. 효과크기가 0이라는 것은 실험집단과 비교집단의 평균이 같다는 것을 의미한다. 효과크기가 +라는 것은 실험집단의 분포가 비교집단의 점수 분포보다 오른쪽에 있음을 의미하며, 이는 어떤 변수나 처치의 효과가 있음을 나타낸다. 효과크기가 −라는 것은 실험집단보다 비교집단이 더 평균이 크다는 것을 의미한다. 결국 효과크기가 +가 되는 경우가 변수의 영향이나 처치의 효과, 즉 실험의 효과가 높다는 것을 의미한다. 이를 좀 더 구체적으로 보이기 위해 다음의 그림을 참고하기로 한다.

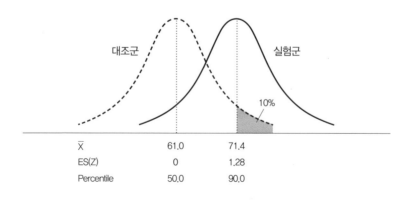

[그림 14] 효과크기를 보이는 그림의 예

이 그림에서 효과크기(ES)는 1.28이다. 대조군(통제집단)의 표준편차는 대략 10.4이고, 이에 비추어 보면 대조집단의 평균을 50으로 보았을 때 실험집단의 평균은 이를 기준으로 상위 10%에 속한다는 것을 의미하며, 실험집단의 평균이 통제집단의 평균보다 40% 높다. 효과크기에 대해서는 3부 1장 8절에서 메타분석을 하기 위한 공통 지표라는 점을 설명하면서 이를 구하는 여러 공식을 제시했다.

통계적인 유의성은 관찰된 현상이 표본집단뿐만 아니라 모집단에서 대부분 진실임을 의미하지만, 무엇이 진실인지는 그다지 중요시하지 않는다. 예컨대, 매우 큰 두 집단 사이의 국어 성적의 차이가 통계적으로 유의하다고 하더라도 실제적인 의미에서나 이론적인 의미에서 아무런 의미가 없을 수도 있다. 이는 유의성 검정 전반에 관련되는 문제이다.

따라서 효과크기는 관찰된 현상의 위상(중요도)에 대한 정보를 제공하기 위해 계산되어야 할 필요가 있다. 통계적인 기법을 활용하여 효과크기를 구하는 방법들이 제안되기도 했는데(Hinkle 외, 2003), 이는 전적으로 통계적 유의성을 구하는 과정에서 나온 값들을 활용하여 그 유의성이 질적으로 얼마나 중요한지, 실질적으로 어느 정도의 위상을 지니는지 판단하는 근거가 된다. 통계적 기법을 이용하여 계산하지 않는 경우 연구자들은 이전에 보고된 효과의 맥락에서 효과크기를 해석해야 하는데, 이렇게 함으로써 표본, 설계와 분석에 걸쳐 결과들이 안정됨을 보여줄 수 있다.

양적 조사연구에서 핵심적인 문제는 조사연구를 통해서 얻은 정보를 다른 맥락에 일반화할 수 있는지 여부이며, 어느 정도로 일반화할 수 있는가 하는 점이다. 대부분의 조사연구에서는 일반화가 가능한 발견 사실들을 필요로 한다. 따라서 일반화에 대한 구체적인 기준이나 방법의 제시 없이 '지나치게 일반화하지 말라'는 주의 사항은 조금 더 자세하게 살펴볼 필요가 있다.

우선 생각해 볼 수 있는 것은 필요 이상으로 일반화하지 말라는 것인데, 이는 표본이 모집단을 대표하지 않는 경우에 적용해 보면 쉽게 알 수 있다. 이를테면, 중학교 2학년에게서 나온 문법 지식 평가를 3학년이나 고등학생에게로 일반화할 수 없다. 그러나 이런 기준을 엄격하게 적용한다면 국어교육 분야의 논문에서 나온 결과를 일반화하는 길은 쉽지 않다는 점에서 그렇게 도움을 받을 만한 기준이 아닌 듯하다. 국어교육 현장 조사연구 논문에서 집단을 대표할 만한 대규모의 조사가 거의 불가능함에도 불구하고 발견 사실들에 대한 논의와 해석이 특정의 세부 집단으로 국한되어 있는 경우가 드물기 때문이다. 지나친 일반화가 문제이기는 하지만, 발견 사실들이 적용된다고 가정할 만한 이유가 있다고 생각한다면 일반적인 계급이나 모집단으로 확대 해석하는 일을 두려워해서도 안 된다.

같이 생각해 보기

다음은 박영민·가은아(2009:193)에서 효과크기를 분석한 예입니다. SPSS를 통해 다음과 같은 효과크기를 얻었을 때 이를 적절하게 해석해 봅시다.

변인	분석 요인	남학생	여학생
쓰기 지식	평균	56.26	65.89
	효과크기	0	0.6061
	백분율	50	72.91
쓰기 수행	평균	10.81	11.24
	효과크기	0	0.1601
	백분율	50	56.36

위의 표는 쓰기 지식에서 남녀 학생의 차이가 뚜렷하지만 실제 수행에서는 차이가 작음을 보여준다. 즉 쓰기 지식은 효과크기가 0.61 정도지만 쓰기 수행에서는 0.16에 그치고 있다는 것을 알 수 있다.

(7) 통계 처리 방법의 결정

가설을 검정하기 위해 자료들을 모으고 나면 그다음에 결정해야 하는 것이 통계 처리 방법이다. 양적 통계 자료 처리에서 가장 흔히 이루어지는 구별은 모수적[17] 절차와 비모수적 절차이다. 모수적 검정이란 모집단에 대한 가정을 충족할 때 이루어지는 검정이라는 의미다. 그에 비해 비모수적 검정은 모집단에 대한 가정을 충족하지 않을 때 이루어지는 검정이다. 여기서는 이들 가운데 어느 하나를 선택하는 데 고려해야 하는 점을 먼저 언급하고, 이어서 모수적 처리의 기본적인 가정을 소개하기로 한다.

다음은 통계 처리 방법을 결정하는 데 고려해야 하는 기본적인 사항이다.

양적 통계 처리를 위한 결정에서 고려해야 하는 점

① 변수(종속변수와 독립변수)들의 수는 얼마나 많은가?

② 같은 집단을 대상으로 하는가, 다른 집단을 대상으로 하는가?

③ 같은 집단의 경우 특별한 교육적 처치를 했는가?

④ 변수에 따른 측정 방법은 무엇인가?

---

17) 모수(母數)란 모집단의 특성을 나타내는 수란 뜻이다. 비모수적이란 말은 모집단의 특성이 숫자로 표시되는 양으로 나타나지 않거나 양으로 나타낼 수 없다는 의미를 지니고 있다.

변수들의 수에 따라 처리 방법은 달라진다. 평균 비교의 경우를 예로 들어보면, 변수의 수가 하나라면 단순히 평균 비교를 하면 되지만, 그렇지 않다면 '일원 분산분석' 같은 절차를 써야 한다. 같은 집단을 대상으로 교육적 처치의 결과를 검정하는지, 아니면 다른 집단을 대상으로 하는지도 결정되어야 한다.

앞의 고려 사항 가운데 통계분석의 방법 선택에 가장 영향을 많이 미치는 것은 ④인데, 명목 눈금과 같이 빈도에 관련되는 변수인가, 순위나 동일한 간격을 재는 눈금인가에 따라 통계 처리의 방법이 달라진다. 이런 변수들은 연속적인 자료인지, 정규분포를 이루는 자료인지, 관찰 사실들이 독립적인지와 같은 자료들의 성격에 대한 파악과도 관련이 있다.

이들에 대한 구별과 그에 따른 판단은 모수적 절차와 비모수적 절차 가운데 하나를 선택하는 데 중요하다. 모수적 검정에서는 빈도수(명목변수) 혹은 순위 눈금이 아니라 평균과 표준편차가 중심 경향성, 분산을 적절하게 나타내는 등구간 자료를 대상으로 한다는 점을 기억해야 한다. 이에 비해 비모수적 검정은 빈도나 등급 같은 자료들이 순위화된 눈금으로 이루어진다(Hatch & Lazaraton, 1991).

모수적 검정에서는 정규분포를 가정한다. 표본집단의 규모가 클수록 정규분포를 이룰 가능성이 크다. 또 다른 가정은 관찰 사실들(자료들)이 독립적이라는 점이다. 이를테면, 성별에 따른 쓰기 동기 구성 요인 분석에서 여학생 모두에게 +1의 점수를 준다면 이는 모수적 검정의 자료로 사용될 수 없다. 여학생이라는 변인과 요인분석의 눈금에서 +1이 서로 연결되어 있기 때문이다. 이는 1차 평가에서 높은 점수를 받은 학생에게 2차 평가에서도 그에 비례하여 점수를 매기는 경우가 부당한 것과 마찬가지로 자료의 본질을 흐리게 한다.

평가거리의 일부로, 문법 수업을 시작하기 전에 고등학교 학생들이 문법 공부를 좋아하는지 물어보았습니다. 그해 막바지에 문법 공부를 어느 정도 좋아하는지 다시 물어보았습니다. 이처럼 문법 공부에 대한 호감도를 확인하기 위한 질문을 만든다면 어떤 형태가 적절하겠습니까? 그리고 ㉮~㉚를 참고하여 모수적 검정이 적절한지 따져봅시다.

예 1) 예, 아니오

예 2) 6점으로 된 리컷 눈금

㉮ 눈금은 무엇인가? (명목 눈금, 순위 눈금, 구간 눈금)

㉯ 비교의 유형은 무엇인가? (독립적인 집단 사이의 비교, 반복적인 측정, 결합된 설계)

㉰ 표본의 대표성이 있는가?

㉱ 자료들이 정규분포를 이룰 수 있는가?

㉲ 모든 고등학생의 경우로 일반화할 수 있는가?

㉳ 측정의 독립성이 있는가?

㉴ (모수적 검정과 비모수적 검정의) 선택과 근거는 무엇인가?

위에서 '예 1'은 '예'와 '아니오'라는 두 개로 된 명목 눈금으로 측정하는 경우이고, '예 2'는 구간 눈금으로 측정하는 경우이다. 같은 집단의 경우이므로 반복 측정을 통한 비교가 이루어지며, 정규분포를 이룰 가능성이 큰 경우는 '예 2'다. '예 2'는 모수적 검정을 해야 할 것이고, '예 1'은 비모수적 검정을 하도록 결정해야 할 것이다. ㉮~㉴는 모수적 검정에 앞서 점검해야 하는 사항으로 기억하기 바란다.

3. 상관분석

(1) 상관이란?

통계를 이용하는 목적은 크게 두 가지라고 할 수 있다. 하나는 변수들 사이의 차이를 밝히는 것이고, 다른 하나는 두 변수 사이의 관계를 밝히는 것이다. 변수들 사이의 차이는 소집단 표본 검정이나 분산분석을 통해서 알 수 있으며, 변수들 사이의 관계는 상관을 통해 알 수 있다.

'상관(correlation)'이란 표본집단에서 변수들이 서로 관련되는 범위와 방향을 말한다. 그러니까 상관분석은 변수들이 서로 관련되는 방향과 연관성 강도를 알게 해준다. 예를 들면, 작문 교사 두 사람이 같은 모집단을 놓고서 평가를 했을 때 이들 사이에 상관이 있는가를 따져볼 수 있다. 또는 쓰기 교육과 관련하여 좀 더 구체적인 문제를 예로 들면, 언어 유창성과 외향적 성격[18]은 관련이 있는가를 알아보려고 할 수 있다. 이런 경우에 이용할 수 있는 분석 방법이 상관분석이다.

상관분석의 결과로 나온 값을 '상관계수(correlation coeffect)'라 하는데, 그 값은 +1.00에서 -1.00에 걸쳐 있다. +1.00은 두 명의 교사가 한 학생에게 똑같은 점수를 부여하는 경우, 즉 점수가 완전히 일치하는 경우이다. 이런 경우가 없지는 않지만 거의 불가능하다. 그에 비해 -1.00이라는 것은, 정반대 상관, 즉 서로 점수를 반대로 주는 경

---

18) 이런 경우 '유창하다/유창하지 않다' 혹은 '외향적이다/외향적이지 않다'와 같은 이분법으로 나누기보다는 리컷 눈금(대체로 1~5등급)을 이용하는 것이 상관분석의 결과를 좀 더 유의미하게 해준다.

우라고 생각할 수 있다. 가령, 교사 A는 학생 a에게 최고점을 주었지만, 교사 B는 이 학생에게 최하점을 준 경우이다. 그에 비해 두 명의 교사가 서로 아무런 상관이 없이 점수를 줄 경우도 있는데, 이때 상관계수는 0.00이 된다.

일반적으로 국어교육에서 유의한 상관계수는 대체로 0.3~0.6에 걸쳐 있다. 두 차례 시험을 치르고 나서 학생들이 얻은 점수들의 상관계수를 셈한 결과 0.6이 나왔다면 이는 평가가 일관성이 있음을 보여주는 증거로 활용할 수 있다는 의미다. 일반적으로 상관계수는 r로 표현하는데, $r=0.6$과 $r=-0.6$은 같은 상관관계 강도를 보여준다.[19] 다만 음수는 부정적인 상관이고, 양수는 정적인 상관을 나타낸다. 여기서 짚고 넘어가야 할 점은 상관이 선형 관계만을 기술할 뿐이라는 점인데, 이는 두 변수 사이의 연관성에서 어떤 점수가 높으면 다른 점수도 높다는 것을 의미한다. 따라서 이는 곡선형 관계, 즉 U자 모형을 이루고 있는 점수들의 분포에는 맞지 않는다.

상관관계의 강도를 더 잘 이해하기 위해 상관계수 값의 제곱 (r^2)을 이용하는 것이 일반적이다. 이를 '결정계수(coefficient of determination)'라고 부른다. 이 값은 두 변수가 공유하고 있는 분산의 비율과 관련이 있다. 예컨대, 두 변수 사이에 0.60의 상관이 있다는 것은 점수들에서 분산의 36%가 두 변수의 관계로 설명된다는 것을

---

19) 일반적으로 상관계수에 대한 해석은 다음과 같이 한다. 그리고 중요한 것은 유의확률이다. 일반적으로 상관분석에서 계수가 0.00으로 나타나는 경우는 없기 때문이다.

상관관계 계수	상관관계 정도	상관관계 계수	상관관계 정도
±0.9 이상	아주 높다	±0.2~0.399	상관은 있지만 낮다
±0.7~0.899	높다	±0.199 아래	상관이 거의 없다
±0.4~0.699	다소 높다		

의미한다(결정계수가 지니는 의미임).

(2) 상관관계의 주요 유형

상관관계는 모두 다섯 가지 유형으로 정리할 수 있다. 다음은 그 중 네 가지인데, 소개하지 않은 나머지 하나는 비모수적 검정에서 사용되는 유형이다.

상관의 주요 유형들 - Dörnyei(2007:202)

① 피어슨 곱-적률 상관계수: 대표적인 유형으로, 두 연속 변수 사이의 관계를 셈한다. 일반적으로 상관을 이야기할 때 주로 이를 가리킨다. 피어슨 곱-적률 상관은 ρ로 나타내며 '로우(rho)'로 읽는다.

② 이연 상관과 파이계수: 하나 또는 두 변수가 이분될 때(이를테면 성별이나 찬반) 상관을 분석할 수 있다. 이때 나온 계수가 파이다. SPSS에서는 이를 자동으로 셈해준다.

③ 편상관(partial correlation): 매우 쓸모가 많은 기법인데, 제3의 변수와 상호작용하기 때문에 상관을 제거하고 난 뒤 두 변수의 관계를 검토할 수 있도록 해준다. 이를테면, 국어 과목에 대한 태도와 같은 바탕에 깔려 있는 변수(제3의 변수)들은 동기와 성취도 사이의 상관을 셈할 때 점수들에 영향을 미친다. 따라서 이 변수를 제거하고 동기와 성취도 사이의 상관을 셈할 수 있다. 이는 공분산 변수가 상관분석의 형태로 나타난 것이라고 할 수 있다.

④ 다중 상관: 한 변수와 일련의 변수들 사이의 상관을 셈하는 기법이다. 이를테면 여러 요인, 즉 태도, 동기, 창의성, 불안감 등의 정서적 요인과 성취도 사이의 상관을 알아볼 때 쓰는 방법이다.

널리 쓰이는 상관분석은 ①이다. 그렇지만 실제 현장 조사연구에서는 이연 상관(biserial corrleation)도 쓸모가 많기 때문에 이를 설명하기로 한다.

일반적으로 상관계수 분석에서는 순서 눈금이나 등구간 눈금에서 나온 자료를 사용한다. 그러나 명목 눈금에서 나온 자료에 대해서도 상관분석이 가능하다. 이때 사용하는 분석이 이연 상관이다. 예컨대, 듣기 능력에 관련되는 매개변인을 분석하는 경우를 생각해 보자. 듣기 점수가 높은 집단과 낮은 집단으로 나누고 듣기의 영역이나 매개변인 가운데 어떤 영역이 점수의 높낮이에 상관이 있는지를 분석해 보고자 할 수 있다. 이연 상관분석의 결과를 통해 점수가 높은 집단과 낮은 집단에서 높은 점수와 관련이 있는 매개변인이나 영역이 무엇인지, 낮은 점수와 관련이 있는 것은 무엇인지 알아볼 수 있다. 이는 상위 집단과 하위 집단의 차이를 밝혀서 수준별 교육거리를 마련하는 데 필요하다.[20]

④는 다중 상관분석 혹은 정준 상관(canonical correlation)으로, 두 개 이상의 종속변수와 독립변수의 관계를 분석하는 것이다. 이를테면, 읽기 능력과 국어 성적의 상관을 분석해 볼 수 있다. 읽기 능력은 복합 구성물로 '사실적 읽기 능력, 비판적 읽기 능력, 추론적 읽기 능력'으로 구분되고, 국어 성적은 '읽기, 쓰기, 문법' 영역으로 설정하는 경우 이들의 상관관계를 분석해 볼 수 있다.

한편, SPSS에서 이용할 수 있는 기초적인 상관분석으로 스피어먼

---

20) 이연 상관분석을 현장 조사연구에 활용한 사례로 허선익(2010)을 들 수 있다. 이 연구에서는 요약하기에서 상위 집단과 하위 집단의 요약글 품질의 차이가 어떤 요소에서 비롯되는지를 밝히기 위해 이연 상관분석을 이용하고 있다.

상관분석과 피어슨 상관분석이 있다. 스피어먼 상관분석[21]은 일반적으로 명목 눈금이 끼어들어 있는 경우에 사용하고, 피어슨 상관분석은 등구간 눈금이나 비율 눈금일 경우에 사용한다. 국어교육이나 한국어교육 연구에서는 피어슨 상관분석이 널리 쓰인다. 스피어먼 상관분석을 시도한 연구로 심현주·김선정(2017)을 들 수 있다. 이 연구에서는 휴지(休止) 빈도와 평균 길이가 중급 한국어 학습자의 발음 숙달도와 상관관계가 있는지 검정하고 있다. 다만 이 연구에서는 명목 눈금 혹은 순위 눈금이 무엇인지 분명하지 않다.

(3) 상관관계 분석 실행하기

이제 구체적인 자료를 바탕으로 상관계수를 구하는 연습을 해보기로 한다. [표 2]는 Brown(2001)에 나오는 자료인데, 피어슨 상관계수를 구하는 방식에 따라 연습을 해보기로 한다.

다음은 피어슨 상관계수를 계산하기 위한 절차이다.

피어슨 상관계수 계산을 위한 단계

- 1단계: 두 묶음(X, Y)의 숫자 값을 일렬로 배열하여 그것들이 각 구성원마다 짝을 이루게 한다.

---

21) 스피어먼 상관분석에서 상관계수를 구하는 공식은 다음과 같다. $\rho = \dfrac{6\sum d^2}{n(n^2-1)}$ (n은 짝지은 순위들의 수, d는 짝지은 순위들의 차이)

스피어먼 상관분석에서는 상관계수 로우(ρ)에 기대어 설명력을 설명할 수 없다. 순위 눈금이기 때문이다. 여기에 대한 유의성 판단은 부록에 있는 [표 7]을 참고하기 바란다.

22) 소수점 여섯 자리까지 표시해 놓은 것은 다만 표준편차의 소수점 자리에 맞추기 위한 방편으로 생각된다. 2열과 5열에서 평균값은 소수점 두 자리까지만 표시되고 있다.

23) 이 표의 세로줄 1과 세로줄 4를 보면 알 수 있듯이 이들은 양의 방향으로 늘어나고 있다. 당연히 이들은 상관이 거의 일치하고 있고 실제로 상관계수도 1.00이다.

[표 2] 피어슨 곱-적률 상관계수 계산 연습을 위한 자료[22]

제1열	제2열	제3열	제4열	제5열	제6열	제7열
X 묶음	평균값 M_X	$(X-M_X)$	Y 묶음	평균값 M_Y	$(Y-M_Y)$	$(X-M_X)(Y-M_Y)$
1	− 5.50 =	−4.50	0.09	− 0.135 =	−0.05	0.2025
2	− 5.50 =	−3.50	0.10	− 0.135 =	−0.04	0.1225
3	− 5.50 =	−2.50	0.11	− 0.135 =	−0.03	0.0625
4	− 5.50 =	−1.50	0.12	− 0.135 =	−0.02	0.0225
5	− 5.50 =	−0.50	0.13	− 0.135 =	−0.01	0.0025
6	− 5.50 =	0.50	0.14	− 0.135 =	0.01	0.0025
7	− 5.50 =	1.50	0.15	− 0.135 =	0.02	0.0225
8	− 5.50 =	2.50	0.16	− 0.135 =	0.03	0.0625
9	− 5.50 =	3.50	0.17	− 0.135 =	0.04	0.1225
10	− 5.50 =	4.50	0.18	− 0.135 =	0.05	0.2025
X의 평균값 M_X=5.500000[23] X의 표준편차 SD_X=2.872281			Y의 평균값 M_Y=0.135000 Y의 표준편차 SD_Y=0.028723			합계=0.8250 $SD_X SD_Y$=0.8250

- 2단계: 두 묶음의 각 구성원에 대해 평균값과 표준편차를 계산한다.

- 3단계: 각 묶음마다 그 묶음의 각 숫자 값으로부터 평균값을 빼놓는다.

- 4단계: 짝을 이룬 두 묶음에 대해 3단계 뺄셈 결과를 각각 곱해준다.

- 5단계: 이들 4단계에 있는 두 묶음에 있는 교차 곱셈의 결과를 모두 더해준다.

- 6단계: 독립적으로, 짝을 이룬 전체 숫자(N)와 첫 번째 묶음의 표준편차(SD_1)를 곱하고, 다시 두 번째 묶음의 표준편차(SD_2)를 곱한다(N× $SD_1 \times SD_2$).

- 7단계: 5단계의 결과를 6단계의 결과로 나누어준다.

표를 보면 세로줄 1과 세로줄 4는 원래의 자료이다(1단계). 이 자료들을 바탕으로 평균값, 표준편차를 구할 수 있음은 이미 앞에서 언급했다. 그 결과들이 맨 아래 가로줄에 있다(2단계). 평균값에서 해당하는 값들을 빼야 하는데(3단계), 표에서 2열, 3열, 5열, 6열이 그런 과정을 보여주고 있다. 7열은 4단계를 실행한 결과이다. 그다음에 7열의 맨 아랫줄에 있는 것처럼 이들 곱을 모두 더해준다(5단계). 6단계는 이 표에는 나와 있지 않지만, 아래에 제시한 피어슨 상관계수 공식의 분모를 구하는 과정을 설명하고 있다. 두 묶음의 표준편차를 곱하고 표본집단의 개체수를 곱하는 단계이다. 마지막으로 5단계에서 나온 분자를 6단계에서 나온 분모로 나누어주면 된다.

실제로는 이런 값들을 엑셀이나 SPSS를 이용하면 단번에 구할 수 있다. 그러나 논문을 쓴다면 결과만을 제시할 것이 아니라 그 값이 산출되어 나오는 과정을 담고 있는 공식을 반드시 언급해 주어야 하기 때문에 공식의 의미를 이해해야 한다. 따라서 공식을 적용하는 과정에 대한 이해도 필요하다. 공식은 줄인 부호로 나타내기 때문에 이런 약호가 무엇을 의미하는지 풀어주어야 한다. 다음은 피어슨 상관계수를 구하기 위한 공식이다. 구체적으로 공식에 숫자를 대입하는 과정은 생략하기로 한다.

피어슨 상관계수 공식

$$r_{XY} = \frac{\sum(X-M_X)(Y-M_Y)}{N \times (SD_X)(SD_Y)}$$

(단, r은 피어슨 곱-적률 상관계수, X는 첫 번째 묶음의 숫자 값들, Y는 두 번째 묶음의 숫자 값들, M_X는 첫 번째 묶음의 숫자 값들에 대한 평균값, M_Y는 두 번째 묶음의 숫자 값들에 대한 평균값, SD_X는 첫 번째 묶음의 숫자 값들에 대한 표준편차, SD_Y는 두 번째 묶음의 숫자 값들에 대한 표준편차, N

은 짝을 이룬 숫자 값들의 전체 수)

SPSS에서 상관계수를 구하는 방법은 쉽다. [분석] → [상관분석] → [이변량상관계수]의 순으로 메뉴를 실행하면 된다. 다만 상관분석을 실행하기 전에 산점도를 이용하여 자료의 분포를 눈으로 확인하는 것이 유용하다([그래픽(GRAPHS)] → [산점도(SCATTRT/DOT)]). 만약 점들이 곡선으로 이어진다면 상관분석은 알맞지 않다. 상관분석은 선형 관계를 가정하기 때문이다. 편상관은 이와 비슷하다([분석] → [상관] → [편상관]). 편상관 분석에서 중요한 것은 통제되어야 하는 부가적인 변수들을 밝혀내는 일이다. 다중 상관분석(중상관 분석)은 회귀분석이라는 명령어를 사용하여 실행한다([분석] → [회귀분석](R) → [선형]). 회귀분석 상자에는 단일의 변수를 '종속변수'에, 다른 여러 변수를 '독립변수'에 입력하도록 하고 있다. 이를테면, 말하기 평가에서 전문가 집단과 학생 집단이 준 점수가 어떤 상관관계에 있는지 파악하기 위해 총점을 종속변수로, 각 집단별 점수를 독립변수로 설정하여 구할 수 있다(허선익(2016) 참조).

(4) 상관계수의 유의성 판단

상관계수 값을 구했다 할지라도 그 값이 유의한지가 문제이다. 이것이 통계적으로 유의하다는 것을 어떻게 결정할 것인가? 전통적으로 상관계수에 대한 유의성을 결정하기 위해서는 두 가지 예비 결정이 필요했다.

그 가운데 하나는 알파 결정 수준(유의수준)이고, 다른 하나는 한쪽(한방향) 꼬리 결정에 관심이 있는지 또는 양쪽(양방향) 꼬리 결정에 관심이 있는지를 결정하는 것이다. 유의확률(유의수준)은 일반적으로

p<0.01이나 p<0.05에서 결정되어야 한다. 그리고 언제나 그 유의수준을 밝혀주어야 한다. 그다음으로 상관의 성질이 어느 쪽으로 경향을 보일지를 알고 있는지, 즉 음의 상관이나 양의 상관을 보일지 알고 있다면 한방향 꼬리 결정을 해야 하고, 그렇지 않다면 양방향 꼬리 결정을 해야 한다. 이런 일들이 필요한 이유는, 이 책 뒷부분의 부록에 제시되어 있는 [표 1]에서 보듯이, 유의성을 판단하는 가름값이 다르기 때문이다.

부록의 [표 1]을 해석하는 방법을 잠깐 보기로 한다. 앞에서 행한 상관계수 산출에서 N은 10이었다. 그리고 유의확률 p<0.05이며, 한 방향 꼬리 결정을 했다고 가정해 보자. 그럴 경우 $r=0.5494$와 같거나 그보다 커야 한다. 부록의 [표 1]에 나와 있는 자료에서 상관계수 $r=1$이었으므로 유의하다고 할 수 있다.

표의 해석에 익숙해지기 위해 다른 가상의 상황을 가정해 보자. 표본집단의 크기가 100이고, 유의확률 p<0.05로 정했으며, 양방향 꼬리 결정을 했는데 $r=0.0078$을 얻었다고 가정해 보자. 이런 경우 상관계수는 유의하다고 할 수 있을까? 이를 판단하기 위해서는 앞에서와 마찬가지로 부록의 [표 1]을 참조할 수 있는데, 표에서 표본 크기가 100인 경우는 없다. 다만 102가 나와 있으므로 이를 참고할 수 있다. 표에서 가름값이 계속 낮아지고 있으므로 N=100의 경우는 적어도 N=102와 같거나 더 높게 나와야 한다는 것을 추론할 수 있다. 이제 102를 참고하기로 하고 해당되는 부분을 찾아보면, 맨 아랫줄의 ** 부분을 찾아낼 수 있다. 즉 우리가 제시한 가상의 상황에서 상관계수가 유의하기 위해서는 0.1946보다 커야 한다는 것을 알 수 있다. 그런데 얻은 값은 $r=0.0078$이므로 이 통곗값은 유의하지 않다고 판단할 수 있다.

3부 현장 조사연구 자료 분석

상관관계를 해석하는 과정에서 염두에 두어야 하는 중요한 점은 상관관계가 인과관계를 나타내지 않는다는 것이다. 만약 정적인 상관을 보여주는 상관계수가 크다면 이는 서로 긴밀하게 연관되어 있음을 의미할 뿐이다. 쉽게 이야기하면 점수가 높은 한 변수가 선택되었고, 다른 높은 변수 하나가 선택되는 경우도 있기 때문이다. 예컨대, 물리적인 힘과 유창하게 말하는 능력이라는 두 변수의 경우를 생각해 보면 쉽게 납득이 간다. 이들은 아마도 부정적 상관에 있다고 할 수 있는데, 대체로 여학생은 물리적인 힘은 약하지만 언어 유창성은 뛰어나다고 할 수 있고, 남학생은 그 반대일 것이기 때문이다. 그러니까 이들 두 변수 사이에 인과관계가 있는 것이 아니라 다른 변수에 따른 부적 상관이 나타났다고 볼 수 있는 것이다. 따라서 상관계수를 보고할 때는 그 결과를 인과관계로 표현하지 않도록 주의해야 한다. 상호 관련이 있는 두 변수는 인과관계에 있을 가능성이 크기 때문에 상관분석은 뒤따르는 실험 조사연구에 어떤 방향, 이를테면 변수 사이의 인과관계를 설명할 수 있는 연구를 실시하도록 암시해 주는 역할을 한다.

상관관계를 해석할 때 또 다른 중요한 점은 상관관계가 선형성에 더해 집단의 동질성도 가정하고 있다는 것이다. 국어 수행 수준과 국어 적성 사이의 상관관계를 조사해 보면 대체로 상관계수가 높을 것이다. 그에 비해 국어 수행 수준이 60점 이상인 학생들을 집단으로 하여 국어 적성과의 상관관계를 조사한다면 어떻게 될까? 다른 여러 사례에 비추어 보았을 때 상관관계가 낮은 것으로 나타난다. 이런 경우 상관성이 떨어진다고 해석하기보다는 동질성의 차이에 따른 것으로 보는 것이 더 알맞을 것이다. 말하자면, 어떤 요인의 영향이 줄어든다고 해석하는 것이 올바르다. 아울러 상관계수는 서수적이라는 점도 기억하는 것이 좋다. 어떤 분석에서 $r=0.40$과 $r=0.80$을 얻었을 때 이는 어떤 변수들의 관계가 다른 어떤 변수들의 관계에 비해 두 배로 상관이 강하거나 약하다는 의미로 해석할 수 없다는 것이다.

(5) 상관계수를 구하기 위한 기본 가정들

상관계수를 구하는 일뿐만 아니라 모든 통계분석에는 기본적으로 자료들이 갖추어야 하는 속성이 있다. 분석을 하고자 하는 표본이 이런 속성들을 지니고 있다고 가정한다. 만약 이 가정이 지켜지지 않는다면 그 통계분석은 실행이 불가능하거나 타당도에 위협을 받게 될 것이다. 기본 가정은 다섯 가지인데 다음과 같다.

상관계수를 얻기 위한 가정들 - Brown(2001)

① 두 묶음의 값이 모두 등구간 눈금이거나 비율 눈금으로 되어 있다.
② 각 묶음의 값은 서로 독립적이다.
③ 두 분포가 모두 대칭적이다.
④ 두 묶음의 값들 사이에 어떤 일직선적인 관계가 존재한다.
⑤ 표본 크기는 50 이상이 되는 것이 좋으며, 최소한 25 이상은 되어야 한다(김호정·허전, 2013:353).

①은 자료를 얻는 방식을 살펴봄으로써 확인할 수 있다. 상관분석을 하려는 두 집단의 자료가 서로 독립되어 있음을 확인하려면, 이를테면 평가 상황에서 평가자가 동일한 대상을 두 번 채점하지 않았음을 확인하거나 한 집단의 평가가 다른 집단의 평가를 바탕으로 하지 않았음을 보여주어야 한다. ②는 이를 지적하고 있다. 앞서 언급

했듯이 이는 피어슨 상관분석에서 필요한 가정이다.

③은 정규분포를 이루어야 함을 의미한다. 대부분의 통계분석에서 정규분포는 기본적인 조건이 된다. ④는 비교되는 두 집단 사이에서 각각의 집단은 일직선(선형)으로 늘어놓을 수 있어야 상관분석을 할 수 있다는 의미. ⑤는 통계 처리에서 기본적으로 갖추어야 하는 내용이다.

상관관계는 표의 형태로 제시할 수도 있으며, 덩잇글 형태로 제시할 수도 있다. 대체로 상관관계에 있는 두 변수를 언급하며 아울러 유의확률도 함께 제시해야 한다. 이를테면, '내적 동기와 학업 성취도는 정적 상관에 있다($r = 0.34$, $p < 0.01$).'와 같이 서술한다.

상관분석은 일반적으로 등급 눈금이거나 순위 눈금인 경우에 적용되지만, 명목 눈금으로 나온 자료를 바탕으로 상관분석을 할 경우도 있다. 이는 앞에서 언급했던 이연 상관분석이 그 예가 된다. 물론 순전히 명목 눈금으로 된 자료들의 상관을 구할 때는 스피어먼 상관계수를 사용해야 한다.

상관분석이 높게 나왔을 때 좀 더 강력한 분석 도구인 회귀분석을 할 수 있다. 이런 회귀분석을 통해 어떤 한 변인으로 다른 변인을 예측할 수 있다.

(6) 산출 결과에 대한 해석

통계 처리 꾸러미를 통해 다중 상관분석을 실시하여 [표 3]과 같은 결과를 얻었을 때, 산출 결과에 대한 해석을 보기로 한다. 허선익(2016:120)에서는 말하기 평가에서 전문가 집단과 동료 집단의 평가에 대한 비교 분석을 하면서 두 집단이 평가한 총점에 대한 다중 상관분석을 실시했다.

[표 3] 전문가 집단과 학생 집단 사이의 총점에 대한 다중 상관분석 결과

모형 요약				
모형	R	R제곱	수정된 R제곱	추정값의 표준오차
1	0.982[a]	0.963	0.961	0.172
a. 예측값: (상수), 전문가-총점, 학생-총점				

[표 3]에서 중상관계수(R)는 0.982, 설명력은 0.963이다. 분산분석 결과, 검정 통계량(F)은 354.979, 유의수준은 0.000이었다. 이는 학생들의 말하기 수준별 집단에 대한 학생들과 교사들의 평가가 아주 높은 상관관계에 있으며 통계적으로 유의함을 의미한다.

4. 평균값 비교

(1) 평균값 비교의 의의

'평균값 비교 통계(means comparison statistics)'는 국어교육과 한국어교육 분야에서 가장 많이 쓰이고 있다. 이는 연구에서 관찰된 평균값들 사이의 차이가 단독으로 우연성에 의해 생겨날 확률을 결정하기 위해 사용된다(Brown, 2001). 이 통계의 가장 간단한 형태는 30명 이하일 경우에 쓰는 't-검사(t-test, t-검정)'이다.[24] 일반적으로 표본집단의 크기가 30명 이상일 경우에는 '대표본 검사(z-test)'를 사용한다.

t-검정은 그 차이가 어떤 확률 수준에서 통계상으로 유의해지는 확률을 결정하기 위해 두 개의 평균값을 비교하기 위해 쓴다. 이런 평균값 비교 통계는 통계 처리하게 될 집단이 독립된 집단인지 아니면 같은 집단 안에서 처치가 이루어진 앞뒤 집단인지에 따라 성격이

다르다. 예컨대, 사립학교 교사와 공립학교 교사의 교재 개발이나 교재 연구 시간을 비교한다면 독립된 집단을 놓고서 비교 연구를 하는 것이 된다. 그에 비해 2학년 2반 학생들의 중간고사 성적과 기말고사 성적을 비교한다면 이는 짝을 이룬 평균값 비교이다. 이 경우는 여러 벌의 다른 용어가 사용되기도 한다. 이를테면 '대응된(matched)' 혹은 '종속된(dependent)', '반복된(repeated)' 평균값 비교라는 용어가 쓰인다. 평균 비교 가운데 t-검정에서 중요한 것은 같은 집단을 놓고서 평균값 비교가 이루어지는가 아니면 다른 집단을 놓고서 비교가 이루어지는가에 따라 갈라지므로 용어 사용 때문에 주눅이 들지 않도록 할 일이다(이를테면 일원·이원 분산분석 등). 이들은 계산 방법에 차이가 있다.

(2) 독립된 평균값 비교와 짝지어진 평균값 비교 방법

독립된 평균값 비교에서는 다음과 같은 절차를 따른다.

독립된 평균값 비교의 절차

- 1단계: 두 묶음의 숫자 값들 각각에 대해 평균값과 표준편차를 구한다.
- 2단계: 다른 집단에 대한 평균값에서 한 집단에 대한 평균값을 뺀다.

---

24) 'student t-검정'이라고 부르는 이 방법은 아일랜드의 젊은 화학자 윌리엄 고셋(William S. Gosset)의 발견에 기원을 두고 있다. 윌리엄 고셋이 소표본의 분포에 관한 발표를 하면서 필명으로 'student'를 쓰게 되었는데, 이를 따라 'student t-분포'라고도 부른다. 주로 작은 집단(30명 정도)을 대상으로 하는 국어교육과 같은 분야에서 이 성질을 이용하기 때문에 '소표본'(경상대학교 국어교육과 김지홍 교수)이라는 이름을 붙이기도 한다. 일반적으로 개체수가 30 이하로 적기 때문이다. 일반적으로 크기가 120을 넘어서면 정규분포를 이룬다고 한다(Hinkle 외, 2003). 하지만 일반적으로는 'student 검정' 혹은 't-검정'이라는 용어가 널리 쓰인다. 그렇지만 용어가 나타내고자 하는 의미가 뚜렷이 드러나지 않고, 관례를 따라 생각 없이 쓰는 용어라는 점이 마음에 걸린다.

- 3단계: 한 집단에 대한 표준편차를 제곱하고 그 집단의 인원수로 그것을 나눈다.
- 4단계: 다른 집단에 대한 표준편차를 제곱하고 그 집단의 인원수로 그것을 나눈다.
- 5단계: 3단계와 4단계의 결과들을 더해놓는다.
- 6단계: 5단계의 결과들에 대해 제곱근을 취한다.
- 7단계: 2단계의 결과를 6단계의 결과로 나눈다.

이는 다음과 같은 공식으로 요약된다.

독립된 평균값 비교 공식

$$t_{obsAB} = \frac{M_A - M_B}{\sqrt{\left(\frac{SD_A^2}{N_A}\right) + \left(\frac{SD_B^2}{N_B}\right)}}$$

(단, t_{obsAB}는 집단 A와 B에 대한 평균값에서 관찰된 t-검정 차이, M_A는 집단 A에 대한 평균값, M_B는 집단 B에 대한 평균값, SD_A는 집단 A에 대한 표준편차, SD_B는 집단 B에 대한 표준편차, N_A는 집단 A에 있는 인원수, N_B는 집단 B에 있는 인원수)

이 공식에 대입된 평균값, 표준편차는 엑셀 프로그램을 통해 쉽게 구할 수 있다.
짝지어진 평균값 비교의 절차는 다음과 같다.

짝지어진 평균값 비교 절차
- 1단계: 두 묶음의 숫자 값들을, 각 묶음이 열이 되고 각 짝이 행이 되도

3부 현장 조사연구 자료 분석

록 정렬한다.

- 2단계: 다른 것에서 한쪽을 뺌으로써 각 짝에 있는 숫자 값들 사이의 차액을 계산한다.
- 3단계: 차액들에 대한 평균값과 표준편차를 계산한다.
- 4단계: 차액들의 표준편차를 짝들의 숫자에 대한 제곱근으로 나눈다.
- 5단계: 차액들의 평균을 4단계의 결과로 나누어준다.

이들 단계를 공식을 이용해서 표현하면 다음과 같다.

짝지어진 평균값 비교 공식

$$t_{obsD} = \frac{M_D}{SD_D \div \sqrt{N}}$$

(단, t_{obsD}는 짝지어진 평균값에서 차액에 대해 관찰된 t-검정, M_D는 차액들에 대한 평균값, SD_D는 차액들에 대한 표준편차, N은 짝을 이룬 숫자)

여기서 소개한 두 개의 평균값 비교는 엑셀 프로그램에 있는 '=TTEST' 산출 기능을 이용하면 쉽게 구할 수 있다. SPSS에서 독립 표본에 대한 t-검정의 실행은 [분석] → [평균비교] → [독립표본 T 검정] 명령을 선택하고, 대응표본 t-검정(짝지어진 평균값 비교)의 실행은 [분석] → [평균비교] → [대응표본 T검정] 명령을 선택한다.

같이 생각해 보기

1. 다음의 경우에는 어떤 비교를 해야 합니까? t-검정의 두 갈래를 생각하면서 답을 해봅시다.

   ㉮ 1반과 2반의 국어 성적 비교

ⓐ 같은 반 학생을 대상으로 듣기와 읽기 점수 비교

ⓑ 어떤 방법을 적용한 반과 그렇지 않은 반의 비교(실험 연구)

2. 다음은 Hatch & Lazaraton(1991)으로부터 가져온 가상의 자료입니다. 만약 t-검정을 통해 다음과 같은 결론을 얻었다면 이를 논문에서 어떻게 해석할지 생각해 봅시다.

처치 뒤에 얻은 결실에 대한 대응 t-검정

집단	n	평균	표준편차	t값	자유도	p(유의수준)
사전 검사	38	17.3	5.1	2.81	37	0.008
사후 검사	38	19.4	4.9			

위 2번 문항의 표는 1번 문항의 ⓐ에서 나올 수 있는 자료로서, 사전 검사와 사후 검사의 t-검정 결과는 유의수준 0.001(SPSS에서는 t값에 ***로 표시됨)에서 사후 검사가 높은 것으로 나타나 처치의 효과가 있다는 것으로 해석한다. 만약 평균이 듣기 평가 결과이고, 처치가 메모하기라고 가정할 때 '대응표본 t-검정 결과 처치 전과 처치 후에 유의한 차이를 보였으며(p<0.01), 처치의 효과에 따라 듣기 능력이 향상된 것으로 나타나, 메모하기 전략은 듣기 능력 향상에 유의한 역할을 하는 것으로 판단되었다.'라고 표현하고 위의 표와 함께 논문에 제시한다.

대응표본 t-검정의 경우에 연관성 강도를 제시하면 짝을 이룬 두 집단 사이의 차이가 얼마나 중요한지를 확인할 수 있다. 이 공식은 428쪽에 나오는 공식과 비슷하다. 다만 자유도는 짝지은 대응 비교를 하기 때문에 -2를 하지 않는다는 점에 주의하면 된다. 이를 바탕으로 위의 '같이 생각해 보기'의 2번에 제시된 자료를 대입하여 연관성 강도를 구하면 $\eta^2 = \dfrac{t^2}{t^2+df} = \dfrac{2.81^2}{2.81^2+37} = 0.175$ 가 된다. 즉 사후 검사에서 성적이 향상된 17.5%를 설명할 수 있음을 보여준다.

(3) 평균값 비교의 유의성 판단

평균값 비교에서 통계적 유의성은 평균값들 사이의 차이가 우연성 요인에 기인하는 확률을 바탕으로 평균값이 신뢰할 만한가에 따라 결정된다. 앞서 상관관계 분석 결과의 유의성 판단에서 한 것처럼 먼저 유의수준(우연성 허용 수준)을 결정하고,[25] 양방향 꼬리 결정을 할 것인지 아니면 한방향 꼬리 결정을 할 것인지 정해야 한다. 평균값 비교에서는 대부분 양방향 꼬리 결정을 이용한다. 대체로 한 묶음의 평균값이 다른 묶음의 평균값보다 높을 것이라는 확신 혹은 이론적 근거가 분명하지 않기 때문이다. 여기에도 통계학자들이 유의성 판단을 도와줄 수 있는 표를 만들어놓았기 때문에 평균값 비교에서 나온 값을 유의수준을 중심으로 판단해 볼 수 있다. (부록에 제시한 [표 2] 참조)[26]

같이 생각해 보기

다음에 제시하는 t값들은 가상의 값입니다. 이 책의 부록에 제시한 [표 2]를 근거로 할 때 주어진 값들을 바탕으로 이들이 통계적으로 유의성을 지닌다고 할 수 있는지 판단해 봅시다.

---

25) 앞서 언급한 것처럼 유의성 수준의 우연성 확률은 p<0.01이나 p<0.05가 쓰인다.
26) 어떤 표본집단이든 평균값이 대응하는 값이 하나는 나오게 된다. 따라서 그 값은 어떤 경우에도 평균값에 영향을 미치지 못하기 때문에 전체 표본집단에서 N−1을 하는 것이다. 만약 집단이 둘이라면 각 집단마다 자유도가 하나씩은 있으므로 두 집단 전체의 표본 크기에서 2를 빼게 된다. 즉 N−2. '같이 생각해 보기'에서 ㉮와 ㉯는 각각 N−2가 된다. 그에 비해 ㉰는 N−1을 해야 한다.

㉮ 두 집단의 크기가 각각 30이고, $p < 0.05$의 유의확률로 검정하려고 한다. 관찰된 t값은 1.58이었다. 어느 한 집단이 더 나으리라는 예측을 할 이론적인 근거는 없는 상태이다. 이 두 집단은 통계적으로 유의한 차이가 있다고 할 수 있는가?

㉯ 독립된 10명씩의 두 집단을 이용해 t-검사를 실시했다. 관찰된 t값은 -3.39이고 유의확률 $p < 0.05$이다. 이 집단은 우연한 요소에 의해 차이가 있는 것이 아니라 다른 요인 때문에 차이가 있다고 말할 수 있는가?

㉰ 30명의 학생에 대하여 짝지어진 평균값 비교를 하려고 한다. 관찰된 t값은 5.39로 나왔으며, 유의수준 $\alpha < 0.01$이다. 이 경우 평균값의 차이가 우연이 아니라 교육적인 처치의 결과라고 해석할 수 있는가?

SPSS로 t-검사를 실시할 경우 다음 쪽과 같은 표로 제시되는데, 표를 이용하여 유의성을 판단하는 방법을 잠깐 알아보기로 한다(남녀 학생들의 성취도 검사에서 나타난 결과를 가정한 자료임). 이때 남녀 학생들은 각각 500명과 600명으로 이루어진 집단인데, 이들은 독립집단이므로 독립표본 검정을 사용해야 한다.

[표 4]는 남학생(=1)과 여학생(=2) 사이의 성취도 차이를 보여준다. 첫 번째 표를 보면 남학생이 여학생보다 성취도가 높다. 그러나 이 평균값의 비교가 어떤 의미를 보이는지는 알 수 없다. 즉 이 결과만을 바탕으로 남학생과 여학생 간에 성취도 차이가 있다고 주장할 수 없다. 주장이 타당함을 보이기 위해 일차적인 방법으로 부록의 [표 2]에 제시된 검정 방향과 유의수준, 자유도를 이용하여 결정할 수 있다. 두 집단의 차이를 알아보기 위해서는 양방향 검정, 자유도 ∞, 유의확률 $p < 0.05$(유의수준 $\alpha = 0.05$)에서 결정하고 부록의 [표 2]에 제시되어 있는 t값을 참조할 때, 첫 번째 표의 결과가 통계적으로

t-검정을 통한 분석 결과 해석 예시 자료[27]

t-검정				
성별	N	평균 (mean)	표준편차 (std. deviation)	평균 표준오차 (std. Error Mean)
성취도 1 성취도 2	500 600	58.55 56.78	2.33 3.22	0.024 0.021

독립표본 검정(independent sampling test)									
성취도	Levene's 등분산 검정		평균의 동질성 검정						
	F	유의 확률	t	자유도	유의확률 (양쪽)	평균 차이	표준 오차	95% 신뢰구간	
								상한	하한
등분산 가정 등분산 가정하지 않음	0.29	0.0687	−2.196 −2.444	1098 1098.1	0.028 0.027	0.071 0.071	0.032 0.032	69 68	40 33

유의함을 알 수 있다. 실질적으로 남학생과 여학생의 성취도에서 차이가 난다고 이야기할 수 있다는 말이다.

두 개의 표 가운데 아래에 있는 표는 러빈(Levene)의 등분산 검정에 따른 통계치 F(표본분산)가 제시되어 있다. 이 F값의 유의확률은 0.05보다 크기 때문에 러빈의 등분산을 가정하고 그에 따라 t값을 결정하면 된다.[28] 이는 모집단의 분산에서 차이가 있다고 볼 수 없음

---

27) 표에서 t값을 −로 나타낸 것은 성적 처리의 경우에는 있을 수 없다. 다만 t값은 −이든 +이든 별다른 상관이 없음을 보이기 위해 나타냈을 뿐이다. 음의 값을 나타내는 경우는 대체로 리컷 눈금이 정도에서 반대되는 경우이다. 아래쪽 표에서 1은 남학생, 2는 여학생으로 변수의 값을 정했다고 가정한다.

28) 러빈의 등분산 가정 여부는 일원 분산분석에서 사후분석을 할 때, 즉 집단별 평균 비교에서 차이를 구체적으로 검정하는 분석의 방법에 영향을 미친다. 등분산을 가정하는 경우에는 쉐페 사후 검정을 선택하며, 등분산을 가정하지 않는 경우 Dunnette T3을 선택한다(이는 SPSS 통계 꾸러미를 이용할 때 선택할 수 있는 탭이다).

을 의미한다.

t-검정 결과에 따르면 t = -2.196, 자유도는 1098, 양방향 꼬리 검정 유의확률이 0.05보다 작으므로 두 집단은 차이가 있다고 볼 수 있다. 위 통계에서 '남자 = 1', '여자 = 2'로 등재했기 때문에 남학생의 성취도가 여학생의 성취도보다 높다고 판단하게 된다. 즉 귀무가설은 버리고 대립가설(혹은 연구가설)을 채택한다. 위의 통계 처리에서 유의확률은 0.028이다. 만약 러빈의 등분산 검정에서 F값의 유의확률이 0.05보다 작게 나왔다면 등분산을 가정하지 않는 것이 되므로 이때는 유의확률이 0.027이 된다.

앞에서 언급했던 효과크기라는 개념을 생각해 보자. 이를 검정하는 대표적인 방법으로 에타제곱(eta squared, 연관성 강도)을 쓴다. SPSS에서는 이 개념을 언급하고 있지 않은데, Pallant(2005)에서 제시한 공식은 다음과 같다. 이 공식에서 자유도가 커지면 효과크기도 줄어듦을 알 수 있다.

t-검사에서 효과크기를 재기 위한 공식

$$\eta^2 = \frac{t^2}{t^2 + (N_1 + N_2 - 2)}$$

(단, t는 t-검정을 통해 나온 값, N은 집단의 크기, $(N_1 + N_2 - 2)$는 자유도)

이 공식에 앞의 표에서 예시한 값들을 대입하면 효과크기는 0.004 정도가 나온다. 일반적으로 0.2가 작은 효과, 0.6이 적정 수준의 효과, 0.8을 큰 효과로 보는 기준에 비추어서 판단해 보면 매우 효과가 적음을 알 수 있다. 따라서 (엄밀하게 통계적인 개념을 적용하는 것과는 별개로) 실제로는 남학생이나 여학생은 성취도에서 별다른 차이가 없다

고 할 수 있다.[29)]

　이와 같은 결과를 보고서에 표현하는 방법을 언급하기로 한다. 실제로 소집단 분석 t-검정 결과를 앞에서처럼 표로 나타내는 경우는 드물다. 대체로 다음과 같은 덩잇글 형식으로 나타낸다.[30)]

독립표본 t-검정에 대한 보고서 기술 방법 - 예시

지금까지 남학생과 여학생의 국어 성적 성취도 결과를 비교하기 위해 독립표본 t-검정을 실시했다. 남학생($M = 58.55$, $SD = 2.33$)과 여학생($M = 56.78$, $SD = 3.22$), $t(1098) = -2.196$, $p < 0.05$로, 점수에서 차이가 있지만 효과크기는 매우 적어(에타제곱 = 0.004), 즉 0.4%만이 여학생보다 남학생이 더 나음을 설명할 수 있다.

　여러 개의 t-검정을 실시한다면 표의 형태로 제시하는 것이 더 낫다. 표로 나타낼 때는 참여자들의 수(N), 집단별 평균(M), 표준편차(SD), 자유도(d), t값과 효과크기[31)]를 알려주면 된다. 다음은 표로 제시하는 방법의 예이다.

---

29) t-검정에서는 주로 효과크기를 cohen's d로 셈하고 분산분석 등에서는 에타제곱을 셈한다. t-검정에서 이 둘을 셈할 수 있는 계산 틀을 제공하는 곳도 있다(http://www.uccs.edu/~lbecker/). 집단들의 평균, 표준편차 혹은 독립집단일 경우 t값과 자유도를 입력하면 두 값을 셈해준다. 지금까지의 국어교육 현장 조사연구에서는 이를 밝히지 않는 것이 관례로 되어 있는데, 이를 밝히는 것이 좋다.

30) 표를 제시할 경우 앞에 나온 '같이 생각해 보기'의 2번 문항에 제시된 것과 같은 정보를 알려주어야 한다.

31) t-검정에서 효과크기가 필수적이지는 않지만 최근 높은 수준의 정확성과 엄밀성을 요구하는 경우가 많으므로 제시한다면 훨씬 더 신뢰도가 높은 논문이 될 것이다. 아울러 메타분석에서는 이런 효과크기를 구하기 때문에 연구들 사이의 비교가 가능하다.

[표 5] t-검정 여럿을 표로 나타내기

	M	SD	df	t	연관성 강도**
듣고 이해하기			79	8.57*	0.48
검사 1	87.8	13.5			
검사 2	69.6	18.3			

* p<0.05 ** 에타제곱

(4) t-검정을 실행하기 위한 기본적인 가정들

다른 통계 검사와 마찬가지로 t-검정도 다음의 조건이 갖추어져야 검사로서 의미가 있다.

t-검정 실행을 위한 기본 가정 – Brown(2001)

① 그 눈금이 등구간 눈금이거나 비율 눈금이다.

② 각 묶음 속에 있는 숫자 값들은 (독립된 t-검정에 대해) 서로서로 독립적이다.

③ 두 분포가 모두 대칭적이다.

④ 분산(variances, 표준편차의 제곱)이 동등하다.

②는 독립적인 t-검정의 경우에 해당한다. 만약 같은 참여자들을 대상으로 한다면 짝지어진 t-검정을 실행할 수 있다. ③은 상관계수 분석에서와 마찬가지로 표본의 값들이 정규분포를 이루어야 하는 조건을 충족시키는지 여부를 가리킨다.

> **같이 생각해 보기**

다음은 학년에 따른 듣기와 읽기 평균 사이의 차이를 t-검정으로 알아본 어떤 논문(이재승, 1992)의 결과입니다. 위에서 살펴본 내용을 바탕으로 이들이 어떤 의미를 가지는지, 그리고 그 결과를 어떻게 해석해야 하는지 생각해 봅시다. 아울러 가능하다면 효과크기를 검정해 보십시오.

듣기			학년	M	SD
t값	자유도	양쪽 꼬리 검정	4학년	62.43	14.71
−7.31	409	0.000	6학년	72.64	13.50
읽기			학년	M	SD
t값	자유도	양쪽 꼬리 검정	4학년	66.90	15.53
−6.60	409	0.000	6학년	76.74	14.62

위의 결과는 통계적으로 6학년이 4학년보다 듣기나 읽기에서 나은 수행을 보여주지만, 앞에서 제시한 에타제곱 공식에 따라 계산해 보면 효과크기는 각각 0.06과 0.05로 셈할 수 있다. 따라서 학년에 따른 변인의 영향력이 크지 않음을 알 수 있다.

5. 분산분석(F-검정)

(1) 분산분석의 특징과 방법[32]

앞 절에서 언급한 분석은 주로 두 집단의 평균을 비교하는 통계 처리다. 세 개 이상의 평균 점수 혹은 세 개 이상의 집단을 비교할 때 적합한 검사는 분산분석 검사(F-검사)인데, '아노바(ANOVA, analysis of variance, 변량분산)'로 알려져 있다. 이를테면, 앞 절에서 소개한 것처

---

32) 분산분석을 직접 계산할 수는 있으나 여기서는 통계 처리 꾸러미를 이용하는 경우를 중심으로 서술했다. 이 절차에 대한 자세한 논의는 Hatch & Lazaraton(1991:11-12장)을 참고할 수 있다.

럼 남학생과 여학생의 국어 성적이 다름을 보이기 위해서는 t-검정을 이용할 수 있으나, 3개 이상의 반의 국어 성적 차이를 알아보기 위해서는 분산분석을 이용해야 한다.

분산분석은 오늘날 쓰임의 정도가 날로 불어나고 있다는 점에서 반드시 알아둘 필요가 있다. 이 분석은 독립변수의 차이가 종속변수의 평균에 미치는 영향을 알아보는 데 쓰인다. 분산분석은 독립변수의 개수와 종속변수의 개수에 따라 달리 이름을 붙여서 부르고 있다. 하나의 종속변수에 대해 독립변수의 개수가 하나인 '일원 분산분석(one-way ANOVA)'과 독립변수의 개수가 2개인 '이원 분산분석(Two-Way ANOVA)'으로 나눌 수 있다. 특히 독립변수가 2개 이상인 경우를 '다원 분산분석'이라고 한다. 이 경우에 종속변수는 모두 하나이다. 종속변수가 2개 이상일 경우 '다변량 분산분석'이라고 한다. 독립변수가 1개이고, 종속변수가 2개이면 '일원 다변량 분산분석'이라고 부른다. 독립변수가 2개 이상이고, 종속변수가 둘 이상이면 '다원 다변량 분산분석'이라 부른다. 이와 같은 다변량 분산분석[33]에서는 종속변수들 사이의 상관관계를 파악해야 하고, 만약 상관관계가 없다면 종속변수 하나를 대상으로 하는 분산분석을 하는 것이 유익하다(김호정·허전, 2013: 217).

기본적으로 변량 분석은 집단 안에서 점수의 변동 가능성과 집단들 사이의 변동 가능성을 비교한다. 분산분석이 이루어지기 위해서는 두 개의 변수가 필요하다. 하나는 종속변수로, 학업 성취도 점수와 같이 비교의 목표가 되는 변수이다. 다른 하나는 독립변수(SPSS에

---

33) SPSS에서 다변량 분석은 [분석] → [일반선형모형] → [다변량]의 탭을 차례대로 선택하면 된다.

서는 '인자'라고 부름)로, 집단에 관련되는 변수이다. 좀 더 구체적으로 언급한다면 비교하고자 하는 집단의 수가 셋 이상이 될 것이다. 이와 같은 집단의 수에 관련되는 변수가 있기 때문에 t-검정으로는 분석이 불가능하다. 예를 들면, 고등학생을 대상으로 한 말하기 동료 평가의 양상이 학년뿐만 아니라 말하기 수준에 따라 나뉜 집단, 즉 상중하 집단에 따라 다르게 나타날 것이라 예상해 볼 수 있다. 이런 경우 동료 평가 양상을 독립변수로, 말하기 수준을 집단에 관련되는 변수로 설정하여 일원 분산분석을 실시한다.

일반적으로 분산분석은 두 단계를 밟는다. SPSS를 이용할 경우 절차는 [분석(ANALYSIS)] → [평균비교(COMPARE MEAN)] → [일원분산분석(ONE-WAY ANOVA)]이다. 먼저 F값을 계산하고 이것이 유의한지 점검한다. 그 값이 유의하다면 집단 평균들 사이에 적어도 하나의 유의성이 있음을 의미한다. 그리고 집단이 셋 이상이므로 일차적으로 집단들 사이에 차이가 있는지 알아보아야 한다. 비교 가능한 대조는 셋인데 'A-B, B-C, A-C'이다. 이를 알아보기 위해서 SPSS에서는 사후 검사를 실시하는데,[34] 사후분석에 대한 선택은 분산분석에 대한 F값이 통계적으로 유의할 때만 해야 한다는 점을 잊지 말아야 한다. F값의 유의성 확률은 부록에 제시되어 있는 [표 3]을 참조하여 판단할 수 있다. 물론 SPSS에서는 다음 쪽의 표에서처럼 유의 수준에 따라 '*'로 보여주기 때문에 이를 보고 판단할 수 있다.

(2) 분산분석 결과의 해석

어떤 F값이 유의성 확률을 충족한다고 가정하고 다음과 같은 SPSS

---

34) SPSS에서 이원 분산분석은 [분석] → [일반선형모형] → [일변량]의 탭을 선택하면 된다.

사후 검사표를 얻었다고 할 때 이를 해석하는 방법을 생각해 보기로
한다.

[표 6] 분산분석 예시 자료[35]

		제곱 합	자유도	평균 제곱	F	유의확률
성취감	집단 간	3.559	2	1.779	1.263	0.284
	집단 내	773.200	549	1.408		
	합계	776.759	551			
자기 효능감	집단 간	8.147	2	4.073	5.854**	0.003
	집단 내	382.009	549	0.696		
	합계	390.155	551			
흥미	집단 간	7.017	2	3.509	4.246*	0.015
	집단 내	453.630	549	0.826		
	합계	460.647	551			

* $p < 0.05$, ** $p < 0.01$

　[표 6]을 보면 자기 효능감과 흥미는 집단들 사이에 차이가 있음
을 알 수 있다. 그렇지만 성취감은 집단들 사이에 차이가 없다. 자유
도가 2라는 것은 비교집단이 세 집단임을 나타낸다. 문제는 이것만
으로 두 요인을 놓고서 세 집단(실제 분석에서는 1, 2, 3학년이었음) 사이
의 차이가 있게 되는 실제 모습을 알 수 없다는 것이다. 즉 자기 효능
감이 집단 사이에 차이가 있다고 해석되지만, 차이를 보이는 집단이

---

35) 필자가 말하기 동기 구성 요인 분석을 위해서 사용한 분산분석의 예이다. 이 표에서는 SPSS
에서 유의한지 여부를 계산해서 표시해 주지만 '자기 효능감'을 중심으로 부록에 제시되어 있는
[표 3]을 활용하여 유의한지 판단하는 방법을 간단히 소개하기로 한다. 먼저 가로줄은 집단 사
이 자유도와 관련이 있으므로 2를 찾는다. 문제는 이 표에서 집단 안 자유도와 관련 있는 세로
줄에서 549를 찾을 수 없다는 점이다. 그런데 집단 안 자유도 30과 집단 사이의 자유도 2, 유의
확률 0.01인 경우에도 F값은 5.39이다. 실제의 값은 5.854인데, 이 경우는 집단 안 자유도 30인 경
우보다 크므로 F값은 유의하다고 받아들인다.

어느 집단인지 알 수 없는 것이다. 이를 알기 위해서 필요한 것이 사후분석이다. 다음의 표는 사후분석의 결과로서 이를 보여준다. 다음 표에서 중요한 것은 '요인 1', '요인 2'[36)]로 표시된 변수들 사이의 실질적인 차이가 유의확률의 범위에서 일어나고 있는가 하는 점이다.

[표 7] 사후분석 예시 자료

종속변수		(I) 학년	(J) 학년	평균차 (I-J)	표준오차	유의확률	95% 신뢰구간	
							하한값	상한값
요인 3	Turkey HSD	1학년	2학년	0.15479	0.12313	0.420	-0.1346	0.4442
			3학년	0.17760	0.12240	0.316	-0.1100	0.4652
		2학년	1학년	-0.15479	0.12313	.0420	-0.4442	0.1346
			3학년	0.02281	0.12616	0.982	-0.2737	0.3193
		3학년	1학년	-0.17760	0.12240	0.316	-0.4652	0.1100
			2학년	-0.02281	0.12616	0.982	-0.3193	0.2737
요인 1	Turkey HSD	1학년	2학년	0.28805*	0.08655	0.003	0.0847	0.4914
			3학년	0.19538	0.08603	0.061	-0.0068	0.3976
		2학년	1학년	-0.28805*	0.08655	0.003	-0.4914	-0.0847
			3학년	-0.09267	0.08868	0.549	-0.3011	0.1157
		3학년	1학년	-0.19538	0.08603	0.061	-0.3976	0.0068
			2학년	0.09267	0.08868	0.549	-0.1157	0.3011
요인 2	Turkey HSD	1학년	2학년	0.25645*	0.09431	0.018	0.0348	0.4781
			3학년	0.03369	0.09375	0.931	-0.1866	0.2540
		2학년	1학년	-0.25645*	0.09431	0.018	-0.4781	-0.0348
			3학년	-0.22276	0.09663	0.056	-0.4499	0.0043
		3학년	1학년	-0.03369	0.09375	0.931	-0.2540	0.1866
			2학년	0.22276	0.09663	0.056	-0.0043	0.4499

36) 실제 연구에서 '요인 1'은 자아 효능감, '요인 2'는 흥미, '요인 3'은 성취감이었다. '요인 3'의 경우에는 F값이 유의확률을 벗어났기 때문에 앞서 지적한 것처럼 분산분석을 할 필요가 없었다. 실제로 사후분석에서도 학년별 차이가 없는 것으로 나타나 있다.

[표 7]을 보면, 어느 변수의 경우에도 2, 3학년은 차이가 없다는 것을 확인할 수 있다. '요인 1'과 '요인 2'에 걸쳐 차이가 나는 것은 1학년과 2학년 사이의 차이임을 표를 통해 알 수 있다. 사후분석에서 유의확률은 연구자가 임의로 설정했는데, 필자는 0.05로 정해두었고 그에 따른 결과를 보여준다.

t-검정과 마찬가지로 여기서도 부록에 제시되어 있는 [표 3]을 바탕으로 연관성 강도(에타제곱)를 살펴볼 수 있는데, 아래와 같은 공식을 사용할 수 있다. SPSS에서는 [옵션] → {효과크기 추정값의 탭을 차례대로 눌러 셈해볼 수 있다.

분산분석에서 효과크기를 재기 위한 공식 - Pallant(2005)

$$\frac{\text{집단들 사이의 제곱 합}}{\text{제곱의 전체 합}} \quad \text{(이들은 전부 SPSS를 통한 처리에서 표로 제시됨)}$$

만약 이 공식을 이용하여 나온 에타제곱 값이 0.013이라면 그 강도를 어떻게 평가해야 할까? 앞에서와 마찬가지로 일반적으로 0.2가 작은 효과, 0.5가 적정 수준의 효과, 0.8을 큰 효과로 보는 기준에 비추어 보면 매우 효과가 적음을 알 수 있다. 따라서 통계적으로 차이가 유의한 것으로 나타났지만 실질적으로 1학년과 2, 3학년은 별다른 차이가 없다고 할 수 있다.

같이 생각해 보기

다음은 Nunan(2003:37)에서 제시한 가상의 자료를 바탕으로 분산분석 검사한 자료입니다.[37] [표 7]을 참조하여 여기서 F값이 유의한지 판단하는 연습을 해봅시다. 아울러 에타제곱을 계산해 보고 어느 정도 신뢰할 만한지 판단해 봅시다. 그

리고 '분산분석에서 효과크기를 재기 위한 공식'을 사용하여 효과크기도 구해봅시다.[38]

자료 (Source)	제곱 합 (SS)	자유도 (df)	평균 제곱 (MS)	분산분석 비율 (F-ratio)	분산분석 비율의 유의수준(Sig.)
참여자 집단 사이 언어 집단들 사이 (A)	(ㄴ) 39557.44	2	(ㄹ) 19778.7	21.07	0.005
참여자 집단 내부 질문 유형들 사이 (B)	(ㄷ) 22654.83	100	(ㅁ) 2265.5		0.005
전체	(ㄱ) 62212.27	102			0.005

여기서도 이 분산분석의 설명력, 즉 연관성 강도를 셈할 수 있다. 연관성 강도(오메가제곱)는 다음의 공식 ㉠을 이용하는데, 실제 계산은 ㉡처럼 대입하면 된다. 그 결과 0.578의 값이 나오는데, 전체 점수 변이 가능성의 57.8%를 설명할 수 있음을 보여준다.

㉠ $\omega^2 = \dfrac{SSB-(K-1)MSW}{SST+MSW}$

㉡ $\dfrac{(ㄴ)-(2-1)(ㅁ)}{(ㄱ)+(ㅁ)} = \dfrac{39557.44-2265.5}{62212.27+2265.5} = \dfrac{37291.94}{64477.11}$

이와 같은 분산분석의 결과는 소집단 표본 검사에서처럼 덩잇글 형태로 보고될 수 있다. 여기에는 평균, 표준편차, F값, 자유도, 표본

---

37) Nunan(2003)에서 제시한 자료 가운데 참여자 내부의 자유도가 2 또는 1로 제시되어 있는데, 이는 가상의 자료이긴 하지만 어색하여 100으로 가정하고 연관성 강도를 셈하기로 한다.

38) 공식에 따라 효과크기는 (ㄴ)/(ㄱ)으로 셈을 하면 0.636이다. 대체로 중간 정도의 효과크기를 보인다고 판단할 수 있다.

크기, 확률, 효과크기 등이 포함되며 사후분석의 결과도 제시할 필요가 있다. 이와 같은 내용들은 t-검정(소집단 표본 검사)에서보다 전달해야 할 내용이 많으므로 줄글 형식으로 하지 않고 그림표로 제시하는 경우도 있다. 그렇기 때문에 사후분석 결과까지 포함하기 위해서는 표를 다시 그려 깔끔하게 보이도록 하는 것이 좋다.

(3) 공분산 분석

공분산 분석(ANCOVA)의 핵심 문제는 서로 다른 집단들 사이에서 관찰된 평균 차이가 모집단에서도 그러한가 하는 것으로, 이는 근본적으로 분산분석이나 소집단 표본 검사와 같다. 그러나 공분산 분석에서는 다른 요소를 덧붙임으로써 이를 확장한다. 예컨대, 두 집단에서 국어 능력 검사 결과를 비교한다고 할 때, 집단 사이의 태도에서 차이를 제거하는 것이 더 공정한 결과를 얻을 것이다. 이처럼 목표변수(종속변수)와 관련되어 있는 어떤 집단의 효과나 차이를 제거하고 분석을 실시한다는 점에서 앞에서 언급한 분석과는 다르다.

따라서 둘 또는 그 이상의 집단을 비교하고 나서 집단들이 목표변수에 영향을 미칠 만한 다른 중요한 변수에 비추어 동질적이지 않음을 의심하게 될 때 이런 변수를 통제하면서 집단의 차이를 검정하여 바닥에 깔려 있는 변수들이 구체적으로 무엇인지 밝히기 위해 공분산 분석을 사용한다.

구체적으로 공분산 분석은 바닥에 깔려 있는 배경변수를 찾을 수 있을 때 실시한다. 예컨대, 통제집단과 실험집단으로 나누어 어떤 처치를 하고 그 결과를 비교하는 경우를 생각해 보자. 우리가 찾아내고자 하는 변수는 처치의 효과이다. 일차적으로 정말로 처치의 효과가 있는지 직접적으로 찾아내는 방법은 두 집단을 비교해 보는 것이다(이는 분산분석임). 그런데 다른 변인이 영향을 미칠 수 있고 이 변인의 영향을 알아보기 위해 다른 분석을 실시해야 한다(회귀분석). 공분산 분석은 이처럼 분산분석과 단순 회귀분석이 결합된 형태라고 볼 수 있다. 이를테면, 보여주기(프레젠테이션)에서 교육을 받은 학생과 그렇지 않은 학생의 품질 차이가 교육적인 처치의 차이라고 볼 수 있을 것이다. 그렇지만 교육의 효과뿐만 아니라 프레젠테이션 경험도 영향을 미칠 수 있다. 이런 경우 보여주기의 경험이 미치는 효과가 어느 정도인가를 고려해야만 교육적 처치의 효과를 정확하게 짚어낼 수 있다. 현장 조사연구에서 이와 같은 공분산 분석을 실시하는 경우는 많지 않다. 이는 현장 조사연구의 축적이 많지 않기 때문에 관련되는 변인들이 그와 같은 연구를 통해 검정되지 않은 탓일 것이다.

SPSS에서 ANCOVA를 실행하는 절차는 비교적 간단하다. [분석] → [일반선형모형] → [일변량]의 탭을 선택하여 검사할 수 있다.

같이 생각해 보기

다음은 어떤 논문(조선희, 1996)에서 분산분석을 실시한 결과입니다. 다음 표가 의미하는 것이 무엇인지, 그리고 결과가 유의한지 판정해 봅시다.

	df	제곱 합	평균 제곱	F	p
집단 간	2	14.9918	7.4959	0.9602	0.3855
집단 내	133	1038.2729	7.8066		
전체	135	1053.2729			

위의 분석 결과는 중심 생각 찾기를 위한 실험 연구의 하나로 사전 검사를 실시한 결과로서, 세 집단 사이에 유의한 결과가 나오지 않음을 검정했다. p가 0.05의 범위를 벗어나 있다.

(4) 이원 분산분석

이원 분산분석(two-way ANOVA)은 일원 분산분석과 비슷하지만 끼어드는 인자들의 수에 차이가 있다. 세 집단의 국어 성적을 비교하고자 한다면 일원 분산분석을 수행하면 된다. 그러나 이 세 집단을 다시 다른 인자(변수)를 써서 더 세밀하게 분석할 수 있다. 예컨대, 성별(남과 여)과 출신 지역(도시와 농촌)으로 나눌 경우가 있을 수 있다. 이럴 경우에 쓸 수 있는 분석 방법이 이원 분산분석이다. 위에서 예로 든 경우에 국어 성적을 종속변수로, 성별과 출신 지역을 독립변수로 삼아서 이원 분산분석을 할 수 있다.

같이 생각해 보기

다음과 같은 자료를 놓고서 분산분석을 시행하고자 합니다. 어떤 분산분석 방법(이원 분산분석, 일원 분산분석)을 써야 합니까? 만약 이원 분산분석을 사용해야 한다면 독립변수와 종속변수는 각각 무엇입니까?

어떤 시점을 놓고서 한국어에 대한 외국인 학생의 태도를 알아보고자 합니다. 1999년과 2004년에 조사한 결과 한국어에 대한 태도 변화가 감지되었습니다. 그리고 이런 태도 변화는 국내에 들어와서 한국어를 배우는 학생들과 그렇지 않은 학생들 사이에 차이가 있음을 알게 되었습니다.

위의 경우는 독립변수가 네 개이고, 태도에 관련되는 자료들이 종속변수가 된다. 분산분석은 종속변수와 독립변수의 개수에 따라 다른 이름을 붙인다. 일원 분산분석이나 이원 분산분석은 종속변수가 하나이고, 독립변수가 하나이거나 둘일 때 붙이는 이름이다. 독립변수가 3개일 때는 삼원 분산분석이다. 예를 들면, 한국어교육에서 오류에 미치는 영향을 '성별, 언어, 한국어 수준'에 따른 차이로 검정하

고자 하는 경우가 있을 수 있다. 이들은 모두 SPSS에서 [분석] → [일반선형모형] → [일변량]의 탭을 통해 분석한다. 다변량 분산분석은 종속변수가 둘 이상일 경우 실행한다. 이는 [분석] → [일반선형모형] → [다변량]의 탭에서 분석한다. 이런 과정을 통해 얻은 F값은 부록에 있는 [표 3]을 참조하여 유의성을 판단할 수 있다. 분산분석에서도 연관성 강도를 구할 수 있으므로 이원 분산분석이나 삼원 분산분석의 경우는 이를 보여주는 것이 좋으며, 수정된 R제곱 값(설명력)도 언급해 주는 것이 좋다.

종속변수에 미치는 독립변수의 영향을 검정하기 위해 일반적으로 다양한 차원의 분산분석이 이루어지고 있다. 이는 고정 효과를 검정하는 방법이라고 할 수 있다. 최근에는 '선형 혼합 효과 모형(linear mixed effects models)'을 이용한 분석이 교육심리학에서 널리 쓰이고 있다. 이 모형은 독립변수들 가운데 몇몇을 무선 요인, 즉 변수이기는 하지만 결과에 영향을 주지 않는 변수로 간주하고 독립변수와 종속변수의 인과관계를 검정하는 방법이다. 예를 들면, 국어를 배우는 학습자의 특성을 반영한 변인은 많을 것이다. 이들 가운데 몇몇은 독립변인으로 삼고 몇몇은 무선 요인으로 간주할 수 있다. 이런 변인의 설정은 연구 설계에 달려 있겠지만 성별과 같은 변인을 무선 요인으로 설정한다면 문제가 있을 수 있다. 이 모형을 이용하여 검정한 논의로 이은하(2015)를 들 수 있는데, 이 방법에 대한 구체적인 절차를 알아보기 위해서 참고하기 바란다. 그 연구에는 작업기억 용량과 L2 숙달도, 문장의 문법성을 고정 효과를 보이는 독립변수로 설정하고, 문항의 특성과 참여자에 관련된 특성을 무선 효과를 보이는 무선 변인으로 설정했다. 이렇게 함으로써 다수의 참여자와 비슷한 유형의 문항에 대한 일반화가 가능하다.

6. 빈도 비교

(1) 빈도 비교의 의의

가르치고 있는 학생들에게 글을 쓰게 한 뒤 고쳐쓰기를 실시하는 경우를 고려해 보자. 학생들은 고쳐쓰기를 할 때 어떤 부분 혹은 요소에 초점을 맞추는지 살펴볼 수 있다. 글 전체의 의미 연결인지, 아니면 맞춤법인지, 단락과 단락의 구분인지 등의 여러 요소가 나타날 것이라 예상할 수 있다. 학생들이 고쳐 쓴 글이나 자기 보고를 통해 그런 요소들이 나타나는 빈도를 세어볼 수 있다. 교사도 고쳐쓰기에 관여한다면 학생들이 고쳐쓰기에 초점을 모은 내용들과 교사가 초점을 모은 내용들을 서로 비교해 볼 수 있다. 그럼으로써 빈도에 따라 판단해 볼 때 학생들은 부분과 부분의 연결에, 교사는 전체의 의미 연결에 빈도가 가장 높다고 결론을 내릴 수 있다. 그런데 이런 과정에서 빈도가 높은 항목이 우연에 의한 것이라면 그 결론은 어떻게 되겠는가? 결론은 믿을 수 없을 것이다.

'빈도 비교 통계(frequency comparison statistics)'는 어떤 집계표에서 빈도가 기대하는 것으로부터 벗어나는 확률을 결정하도록 도와줌으로써 우연에 의한 빈도인지 아니면 다른 해석할 만한 가치가 있는 빈도인지를 보여주는 통계이다. 이런 빈도 비교 통계의 가장 단순한 형태가 카이제곱(x^2)이다. 카이제곱 통계는 '일원 빈도 비교 분석' 또는 '이원 빈도 비교 분석'에서 유의성을 검사하기 위해 쓰인다 (Brown, 2001). 특히 이 통계 처리 방법은 명목 눈금에서 활용할 수 있기 때문에 널리 쓰인다.

일원 빈도 비교(one-way x^2)는 한 번에 하나의 변수에 대해 빈도가 비교된다. 즉 맞춤법에 대해 교사와 학생이 어느 정도 초점을 모으는지 빈도를 비교할 수 있다. 교사와 학생 혹은 학부모 등 다른 집단이 참여하더라도 비교되는 항목(여기서는 명목)이 하나이므로 '일원 빈도 비교'라고 하는 것이다.

그에 비해 이원 빈도 비교(two-way x^2)에서는 두 개의 명목 눈금 변수들을 놓고서 빈도를 비교한다. 빈도 비교는 이처럼 두 개 혹은 그 이상의 변수들을 놓고서 비교가 가능하다.

(2) 빈도 비교의 방법

먼저 일원 빈도 비교를 생각해 보자. 다른 통계 처리와 마찬가지로 여기서도 일정한 절차를 따르는 것이 빈도 비교를 이해하는 데 도움이 될 것이다.

빈도 비교(x^2)의 일반적인 절차

- 1단계: 관찰된 빈도를 정렬한다.
- 2단계: 각 관찰된 빈도에 대해 적합한 기대빈도(기대도수)가 어떻게 되는지를 결정한다.
- 3단계: 각 경우마다 관찰된 빈도로부터 기대빈도(기대도수)를 빼어놓는다.
- 4단계: 3단계의 결과들을 각각 제곱한다.
- 5단계: 4단계에서 얻어진 제곱 값을 각각 기대빈도(기대도수)로 나누어놓는다.
- 6단계: 빈도 비교(X^2)의 관찰된 값을 얻어내기 위해 5단계의 결과들을 더해놓는다.

빈도 비교의 통계 공식

$$X^2 = \sum \frac{(f_{obs} - f_{exp})^2}{f_{exp}}$$

(X^2은 빈도 비교 통계, f_{obs}는 관찰된 빈도, f_{exp}는 기대빈도임)

2단계에 있는 기대빈도는, 예컨대 의미 연결에 대한 관찰 기대가 각각 55와 26이라면 이들을 더해 2로 나눈 값이다. 즉 40.50이 된다. 2로 나눈 이유는 학생의 빈도와 교사의 빈도만 다루기 때문이다. 만약 교사가 한 명 더 더해진다면 합도 달라지겠지만 나누는 수도 3이 된다. 빈도 비교 공식에서도 시그마(Σ)가 수학적으로 더한다는 의미에 비추어 보면 그 칸의 수(관찰된 빈도의 표본 수)가 달라짐에 따라, 즉 관찰된 빈도가 달라짐에 따라 더해야 하는 $\frac{(f_{obs} - f_{exp})^2}{f_{exp}}$도 달라진다. 교사와 학생 둘로 되어 있다면 $\frac{(f_{obs} - f_{exp})^2}{f_{exp}} + \frac{(f_{obs} - f_{exp})^2}{f_{exp}}$가 되어야 하고, 교사 2명에 학생 1명이라면 이를 세 번 더해야 하는 것이다.

다음으로 이원 분석에서 빈도 비교를 셈하는 방법을 보기로 한다. 일원 분석에서 빈도 비교를 하는 것과 다른 점은 기대빈도를 구하는 방식에 있다. 이원 분석에서 기대빈도는 전체 기대빈도에서 각 표본 집단에서 나타난 실제 빈도가 차지하는 비율에 바탕을 두고 있다. 이원 분석에서 빈도를 비교하는 절차를 소개하면 다음과 같다.

이원 분석에서 빈도 비교 절차

- 1단계: 관찰된 빈도뿐만 아니라 그것들의 총합계(행의 합계와 열의 합계)도 정렬해 놓는다.
- 2단계: 각 관찰된 빈도마다 적합한 기대빈도가 무엇인지를 결정한다 (해당되는 행의 합계와 열의 합계를 곱하고, 그 결과를 총합계로 나눈다).

- 3단계: 기대빈도가 구해지고 나면 각 경우마다 관찰된 빈도로부터 기대빈도를 뺀다.
- 4단계: 3단계의 결과들을 각각 제곱한다.
- 5단계: 4단계에서 얻어진 제곱 값들을 각각 기대빈도로 나눈다.
- 6단계: 빈도 비교에 대한 관찰된 값을 얻어내기 위해 5단계의 결과들을 더해준다.

1단계에서 3단계의 예를 들기 위해 다음 자료를 빌려온다.

[표 8] 평가 초점에 대한 가상의 자료

최상의 특징	영어 교사 채점	제2언어 교사 채점	행 합계
통사 결속(cohesion)	55	26	81
내용(content)	71	86	157
작문 기법(mechanics)	21	24	45
조직화(organization)	32	65	97
통사(syntax)	29	6	35
어휘(vocabulary)	16	17	33
열 합계	224	224	448

Brown(1991b)에서 가져옴

[표 9] 위의 자료로부터 기대빈도를 구하는 예시 표

채점자	최상의 특징	관찰된 빈도 f_{obs}	(열×행) ÷ 총체 합 =	기대빈도 f_{exp}
영어 (ENG) 교사	통사 결속	55	(224×81)÷448.00=18,144÷448.00 =	40.5
	내용	71	(224×157)÷448.00=35,168÷448.00 =	78.5
	작문 기법	21	(224×45)÷448.00=10,080÷448.00 =	22.5
	조직화	32	(224×97)÷448.00=21,728÷448.00 =	48.5
	통사	29	(224×35)÷448.00=7,840÷448.00 =	17.5
	어휘	16	(224×33)÷448.00=7,392÷448.00 =	16.5

제2언어	통사 결속	26	$(224 \times 81) \div 448.00 = 18,144 \div 448.00 =$	40.5
영어	내용	86	$(224 \times 157) \div 448.00 = 35,168 \div 448.00 =$	78.5
(ESL)	작문 기법	24	$(224 \times 45) \div 448.00 = 10,080 \div 448.00 =$	22.5
교사	조직화	65	$(224 \times 97) \div 448.00 = 21,728 \div 448.00 =$	48.5
	통사	6	$(224 \times 35) \div 448.00 = 7,840 \div 448.00 =$	17.5
	어휘	17	$(224 \times 33) \div 448.00 = 7,392 \div 448.00 =$	16.5

5단계와 6단계는 앞의 일원 분석에서 빈도 비교와 같다. 위의 예에서 6단계에서는 12개의 칸이 있으므로 12번의 덧셈이 이루어지도록 한다는 점이 다르다. 이원 분석에서 빈도 비교는 기대빈도를 얻는 과정이 복잡하다. 엑셀에 능숙하다면 적절한 수식을 통해 기대빈도를 구하는 시간을 줄일 수 있을 것이다. 만약 기대빈도를 구했다면 이 값을 바탕으로 엑셀에서 빈도 비교를 할 수 있다. 그 함수는 '=CHITEST'이다.

한편, 기댓값은 SPSS를 통해서 구할 수 있다. [분석] → [기술통계] → [교차(CROSSTABS)]를 선택하는 과정을 거치면 된다. 어떤 변수에 대한 값과 기댓값을 알고 있는 경우 SPSS에서 빈도 비교를 할 수 있다. 이를 실행하는 방법은 [분석] → [비모수적 검정 (NONPARAMETRIC TESTS)] → [카이제곱(CHI-SQUARE)]을 선택하는 과정을 밟으면 된다.

X^2 검정은 귀무가설을 기각할지 받아들일지를 결정하는 데 주로 이용된다. 대부분의 학술논문에서는 t-검정이나 분산분석 검정과 함께 많이 쓰이고 있는 통계분석 방법이다. 두 집단의 평균 비교를 통해서 분석이 가능한 경우, 특히 표본집단의 개체수(전체 도수)가 30 이하일 때는 t-검정을 주로 이용한다. X^2은 표본의 크기가 충분히 크고 명목변수나 순위변수일 경우에도 이용할 수 있다는 장점이 있다. 허

선익(2011:610 이하)에서도 담화에서 학습자들 사이에 중심소에 대한 선호도에 차이가 있는지 검정하기 위해 x^2을 이용하고 있다.

(3) 빈도 비교 결과의 유의성 판단과 제시

유의성 판단은 앞에서 제시했던 유의성 판단 기준을 적용하여 이루어진다. 먼저 유의수준을 정하고 그다음에 일원 분석인지 이원 분석인지를 결정해야 한다. 그러고 나면 부록에 제시되어 있는 [표 4]에서 자유도와 유의수준이 서로 만나는 부분에 나와 있는 값을 참고로 비교한 후 유의한지 그렇지 않은지 판단할 수 있다.

일원 분석 빈도 비교와 이원 분석 빈도 비교에서 자유도를 구하는 방법은 다르다. 일원 분석에서 자유도는 '칸의 수−1'이고, 이원 분석에서는 '(가로줄의 수−1)×(세로줄의 수−1)'이다. 예컨대, 이 절에서 예로 들고 있는 고쳐쓰기 사례에서 교사와 학생의 빈도만을 비교한다면, 이는 일원 분석으로 2개의 칸으로 되어 있기 때문에 '2−1=1'이라는 자유도 값이 나온다. 그에 비해 학생과 교사로 된 2개의 칸과 고쳐쓰기 요소(명목)를 여섯 개로 고려하는 총체 분석을 한다면 자유도는 '(6−1)×(2−1)=5'가 된다.

이원 분석에서는 총체적인 빈도 비교를 하고 그것이 유의한지 여부를 먼저 결정해야 한다. 만약 총체적인 빈도 비교에서 유의하지 않다고 판명되었다면 나머지 분석은 의미가 없다.

같이 생각해 보기

앞의 평균 비교에서와 마찬가지로 다음의 경우에 나온 값들이 빈도 비교의 유의성을 보장해 주는지 부록에 제시되어 있는 [표 4]를 활용하여 판단해 봅시다.

㉮ 학생들이 듣기에서 중요하다고 생각하는 항목과 교사들이 듣기에서 중요하다

고 생각하는 항목들을 조사하여 빈도를 비교한 결과, 듣는 자세에 대해 유의수준 p<0.05에서 X^2이 8.40이었습니다. 이 값은 빈도가 우연적인 요소가 아님을 보장합니까?

㉴ 총체적인 빈도 비교(X^2) 값이 자유도 7에서 16.04였다면 유의수준을 어떻게 설정해야 합니까?

㉮는 자유도가 1이고 X^2의 가름값이 7.879보다 크므로 유의수준의 범위 안에서 통계적 유의성을 지닌다. ㉴는 X^2 값에 따라 유의수준은 0.05로 맞추어야 한다. SPSS의 처리 결과 다음과 같은 자료를 얻었다고 할 때 이를 제시하는 방법을 생각해 보기로 한다.

[표 10] SPSS에서 빈도 비교 처리 결과 예시 자료

			인종		total
		1	2	3	
성별	빈도 기대빈도 잔차	545 529.9 15.1	71 85.5 −14.5	20 20.5 −0.5	636 636.0
	빈도 기대빈도 잔차	719 734.1 −15.1	133 118.5 14.5	29 28.5 0.5	881 881.0
전체	빈도 기대빈도	1264 1264.0	204 204.0	49 49.0	1517 1517.0

chi-square(카이제곱)

	값	자유도	Aymp.Sig.(양방향)
Pearson-Chi	5.011	2	0.082
Likelihood Ratio	5.094	2	0.078
Linear-by-Linear Association	2.944	1	0.86
N of Valid Cases	1517		

빈도 비교는 위의 표처럼 보고할 수 있지만, 일반적으로 다음과 같은 덩잇글 형태로 보고된다.

2×3 카이제곱 분석에서 성별(sex)과 인종(race) 사이에 유의한 관계가 없음이 드러났다(X^2(2, 1517)=5.01, p=0.082).

(4) 빈도 비교를 실행하기 위한 기본적인 가정들

빈도 비교를 하기 위해서는 다음의 가정들이 충족되어야 한다.

빈도 비교에서 충족되어야 하는 가정들

① 그 눈금이 명목 눈금(명목변수)이다. 즉 그것이 빈도에 근거를 두고 있다.

② 각 관찰이 모두 다른 관찰들에 대해 독립적이다.

③ 기대빈도는 자유도(df)가 1인 분석에 대해서는 10과 같거나 크며, 또는 다른 모든 분석(자유도가 1이 아닌 분석)에 대해 5와 같거나 크다.

②와 관련하여 독립적이라는 점은 신중하게 판단해야 한다. 이를테면, 여기서 소개하고 있는 고쳐쓰기에서 소개한 항목들이 완전히 독립적이지는 않다는 것이다. 이들은 상대적인 중요성을 지니므로, 같은 응답자, 이를테면 학생은 다른 요소들도 고려의 대상이지만 우선순위에 따라 자신이 중요하게 여기는 것이 선택되었을 뿐이다. 따라서 특정 항목의 빈도가 다른 항목들에 비해 독립적이라고 볼 근거가 약하고, 이를 위해서는 다른 통계분석 방법도 고려해야 한다. 이럴 경우에 범주 모형 검사인 '맥니머(McNemar Test)'를 실시해야 한다. 이에 대해서는 다음에 다시 다루기로 한다.

③에서 자유도가 1이라는 것은 변수 설계에서 변수가 '두 세로줄
×두 가로줄' 이내일 경우를 가리킨다고 해석할 수 있다. 이럴 경우
기대빈도가 10보다 크다는 것은 일원 분석 빈도 비교의 경우 빈도가
양쪽을 합쳐 20 이상이어야 한다는 것을 의미한다. 기대빈도가 5보
다 크다는 것도 전반적인 표본 크기가 커야 함을 의미한다고 해석하
면 될 것이다.

(5) 빈도 비교의 문제점에 대한 본페로니 보정 및 연관성 강도

여러 겹의 비교에서 나타나는 문제점은 비교를 여러 차례 행함에
따라, 즉 두 번째나 세 번째나 네 번째 비교가 이루어짐에 따라 우
연히 거짓으로 유의한, 차이점을 찾아낼 기회가 불어난다는 것이다
(Brown, 2001). 이런 문제를 해결하기 위해 100% 미만의 유의수준에
대해 '본페로니(Bonferoni) 보정(부등식)'을 이용할 수 있다. 즉 알파
수준을 비교하고 있는 경우의 수로 나누어주는 것이다.

예컨대, 38개의 빈도 비교가 있었고, 유의수준 $p < 0.05$로 설정했
다고 가정한다. 그럴 경우 유의수준을 38개의 사례로 나누어주면
$0.05 \div 38 \fallingdotseq 0.001$이 된다. 이 결과를 바탕으로 유의수준을 다시 설정
하여, 즉 이 경우는 $p = 0.001$의 자유도에 해당하는 가름값을 찾아서
유의한지 따져볼 수 있을 것이다. 본페로니 보정을 엄격하게 적용하
면 1종 오류(가설이 참임에서 불구하고 기각하는 오류)를 범할 가능성이 크
다. 따라서 한 연구 안에서 유의성 검정을 되풀이하지 않도록 지나
치게 많은 사례나 변수를 설정하지 않는 것이 좋다.

상관, 빈도 비교, 평균값 비교 가운데 다중 유의성 검사를 실행할
경우 다중 비교를 실행하는 일을 피하기 위해 적합한 통계 검사를
정확히 이용해야 한다. 만약 그런 통계 검사를 실시하기가 불가능할

경우에는 본페로니 보정에 의해 제시된 근삿값을 제시하고 유의성 판단이 이루어져야 한다.

여기서도 연관성 강도를 측정해 볼 수 있는데, 연관성 강도는 Φ(파이)로 셈한다. 공식은 다음과 같다.

빈도 비교에서 연관성 강도 공식

$$\Phi = \sqrt{\frac{X^2}{N}}$$

(단, X^2은 통계 처리 꾸러미에서 제공되는 카이제곱 값이며, N은 표본의 수)

(6) 독립적이지 않은 사례들의 빈도 비교

같은 집단에 대해 반복적인 측정을 할 경우에 빈도 비교를 할 수가 있다. 이를테면, 음운의 변동은 중학교 국어과 교육과정에도 제시되어 있고 고등학교에도 제시되어 있다. 사전 검사에서는 음운의 변동을 가르쳐야 할 필요성이나 중점적인 교육 내용을 붙들기 위해 실시하고, 사후 검사에서는 교육의 효과를 파악하기 위해 음운의 변동을 가르치기 전과 후로 나누어 검사를 해볼 수 있다. 검사 문제(도구)는 음운 변동에 관련되는 항목에 따라 작성했다. 이때 필요한 검정이 맥니머 검정이다.

맥니머 검정을 위해서는 네 개의 칸을 만들어 관찰 결과를 배치해야 한다.

		사후		
		맞음	틀림	전체
사전	맞음	A(15)	B(4)	A+B(19)
	틀림	C(10)	D(3)	C+D(13)
	전체	A+C(25)	B+D(7)	N개의 짝들(32)

제시한 자료에서 A는 사전 검사와 사후 검사에서 다 맞은 항목이고, C는 사전 검사에서는 틀렸지만 사후 검사에서는 맞힌 항목이고, B는 사전 검사에는 맞았지만 사후 검사에서 틀린 항목, D는 사전 검사와 사후 검사에서 모두 틀린 항목이다. 이런 경우에 z값을 구하는 공식은 간단하다.

반복적인 측정에서 빈도 비교 공식

㉠ $z = \dfrac{B-C}{\sqrt{B+C}}$

㉡ $\dfrac{4-10}{\sqrt{4+10}} = \dfrac{-6}{\sqrt{14}} = -3.74$

이 값은 부록에 있는 [표 5]의 통계 참고 자료에서 0.05 유의수준을 설정할 경우 z의 가름값 1.96보다 크기 때문에 통계적으로 유의하다고 할 수 있다. 따라서 고등학교에서 음운의 변동에 대한 가르침이 효과적이라고 할 수 있게 된다. 맥니머 검정에서 유의할 사항은 변화의 수, 즉 B와 C 칸에 속하는 수(N)가 10 이상이어야 한다는 점이다.

같이 생각해 보기

다음은 통계적으로 처리하기 위해 자료를 모으는 과정을 소개하고 있습니다 (Nunan, 2003:48−49). 이 장에서 지금까지 소개한 통계 처리 방법 가운데 어떤 방법이 적합할지 생각해 봅시다.

㉮ 이 연구에서는 전통적인 입말 능통성 표준화 검사와 의사소통 중심 말하기 능력에 대한 새로운 검사에서의 점수들 사이의 관련성을 조사했다. 조사자들은 전통적인 검사에서 점수를 잘 받은 참여자가 혁신적인 검사에서도 점수를 잘

받고, 그 반대의 경우도 참인지 여부를 결정하고자 했다.

㉴ 이 연구에서는 중학교 수준 제2언어 학습자의 읽기 이해를 놓고서 내용 친숙성의 효과를 검사한다. 참여자들에게 읽어야 할 두 개의 검사 지문이 주어졌고, 그들의 이해가 다지 선택 시험으로 검사되었다. 검사 지문은 릭스 이독성 공식(Lix readability formula)[39]을 이용하여 분석되었는데, 그것들이 동일한 언어 난이도 수준에 있었음을 보여주었다. 그렇지만 하나의 지문은 학생들에게 친숙한 주제에 대한 것이었고, 다른 것은 덜 친숙한 것이었다.

㉵ 이 조사에서 이 조사연구자는 낱말 끝자음과 겹자음(clusters, 자음군) 들에 대한 토박이 화자의 산출이 학습자가 간여하는 의사소통 과제 유형에 따라서 달라졌는지 여부를 찾아내고자 했다. 연구자는 세 가지 다른 과제에 참여하는 단일한 참여자로부터 자료를 모았는데, 자유로운 대화, 지속된 덩잇글에 대해 소리 내어 읽기, 낱말과 짤막한 구절에 대해 이끌어낸 모방이다.

㉶ 현장 의존적(field−dependent) 학습자들이 귀납적으로 문법을 배우는 일로부터 좀 더 이득을 얻을 것이지만, 반면에 현장 독립적(field−independent) 학습자들이 연역적으로 학습하는 일로부터 이득을 얻는 것이라는 가정을 검사하기 위해 하나의 연구가 세워졌다. 현장 의존적 참여자들의 한 집단 및 현장 독립적 참여자들의 한 집단이 귀납적으로 가르쳐졌다. 현장 의존적 참여자들의 두 번째 집단 및 현장 독립적 참여자들의 두 번째 집단은 연역적으로 가르쳐졌다. 표준화된 문법 검사를 놓고서 사전·사후 처치가 이루어졌다.

---

39) 스웨덴 학자 C. H. Björnsson(1968, 1971)에 의해서 계발된 것으로, 간단하게 6개 이상의 낱자로 된 낱말과 한 문장마다의 평균 낱말 숫자에 의해 아래 공식처럼 계산된다.
릭스지수 $= \frac{A}{B} + \frac{C \times 100}{A}$ (A는 전체 낱말의 수, B는 주로 마침표나 대문자에 의해 구분되는 문장들의 수, C는 긴 낱말들의 수(대체로 6개 낱자 이상으로 이루어진 단어의 수를 나타냄))
이는 대체로 우리 말에는 맞지 않은 듯하고, 오히려 어휘 밀집도와 같은 개념이 이독성의 지표로 알맞을 듯하다. 우리말의 이독성 공식과 지표 설정에 대한 논의는 윤창욱(2006) 참고.

앞에서 ㉮는 빈도 비교 분석을, ㉯는 상관분석을, ㉰는 분산분석을, ㉱는 t-검정을 실시하는 것이 알맞을 듯하다. 이런 유형들은 현장 조사연구의 목적이나 실험 참여자들의 수를 좀 더 구체적으로 제시하면서 그에 알맞은 분석 방법을 찾아나갈 필요가 있다.

7. 비모수적 검정

이 장에서 지금까지 다룬 통계분석은 주로 등간 눈금 자료를 다루는 모수적 검정이다. 이는 등간 눈금으로 나타낸 자료들이 대부분 정규분포라는 통계 처리의 이상을 충족시킬 가능성이 크기 때문이다. 그러나 순서 눈금과 명목 눈금으로 나타낸 자료들이 있기 때문에, 혹은 정규분포를 보이지 않는 자료들이 있기 때문에 비모수적 검정 (non-parametric tests)을 해야 하는 경우도 있다. 물론 등간 눈금 자료들도 비모수적 검정을 할 수 있는데, 자료가 정규분포를 이루는지 혹은 측정 도구가 등구간에 해당되는 자료인지 분명하지 않을 때 비모수적 검정을 이용하기도 한다. SPSS 통계 처리 꾸러미에서도 이런 비모수적 검정을 제공하고 있다.

지금까지의 설명으로 미루어 보면 비모수적 검정은 사통팔달의 적용력을 지녔다고 생각할 것이다. 하지만 등간 눈금으로 된 자료들에 비모수적 검정을 사용하지 않는 것은 모수적 검정이 훨씬 더 강력하기 때문이다. 여기서 강력하다는 것은 통계적으로 더 높은 수준의 유의성을 얻을 수 있다는 의미다. 그 이유는 모수적 검정에서는 이용할 수 있는 모든 정보를 쓰기 때문이다. 따라서 모수적 검정은 변항 측정과 분포에 대한 확신이 설 경우에 실시해 볼 수 있는 최선의 방법이다. 그럼에도 불구하고 비모수적 검정을 선택하는 이유는 자료가 갖는 성질이 모수적 검정을 하기가 쉽지 않기 때문이다. 비모수적 검정 가운데 가장 널리 쓰이는 통계 방법은 카이제곱 검정이다.

다음에 나오는 몇 가지 비모수적 검정은 대응되는 모수적 검정과 같은 방법으로 해석되기 때문에 비모수적 자료를 바탕으로 모수적 검정의 효과를 거둘 수 있다.

모수적 검정에 대응되는 비모수적 검정들의 유형

㉮ 스피어먼 순위 상관(Spearman rank order correlation): 이름이 암시하듯이 어떤 특정의 값이 아니라 순위에 바탕을 둔 상관을 구할 때 이용한다. 즉 순위 자료나 등구간 가정을 충족하지 않거나 정규분포다운 속성을 충족하지 않는 등간 눈금 자료의 경우에 적합하다. 같은 변수들에 대한 두 묶음의 자료를 비교한다면 매우 비슷하지만, 피어슨 계수보다 강력하지 않은 결과를 얻을 것이다.

㉯ 만-휘트니 유 검정(Mann-Whitney U tests): 모수적 검정에서 독립표본 t-검정에 대응한다. [분석] → [비모수적검정] → [2독립표본] → [만-휘트니 U]

㉰ 윌콕슨 부호-순위 검정(Wilcoxon signed-rank test): 모수적 검정에서 짝을 이룬 표본 검정(paired-samples test)에 대응한다. [분석] → [비모수적검정] → [2관련표본] → [윌콕슨]

㉱ 크루스칼-월리스 검정: 일원 분산분석에 대응한다. [분석] → [비모수적검정] → [k독립표본] → [크루스칼-월리스 H]

다음의 [표 11]은 김호정·허전(2013:320)에서 제시한 비모수적 검정의 유형으로, 이들은 모두 SPSS에서 처리가 가능하다.

[표 11] 비모수적 검정의 유형

용도		변수		
		독립변수 (집단)	종속변수: 명목 눈금	종속변수:서열 눈금 (상응하는 모수 검정)
단일 집단 검정	적합성	없음	이항분포 검정 x^2 검정	Kolmogrov–Smirnov 검정
	무작위성	없음	런 검정	
두 집단 간 차이 검정 (독립 2표본)		있음 (명목 눈금)	x^2 검정	Mann-Whitney 검정 (t–검정)
셋 이상 집단 간 차이 검정 (독립 k표본)		있음 (명목 눈금)	x^2 검정	Kruskal–Wallis 검정 (분산분석)
두 변수 간 차이 검정 (대응 2표본)		없음	McNemar 검정	Wilcoxon 검정 (짝을 이룬 t–검정)
셋 이상 변수 간 차이 검정 (대응 k표본)		없음	Cohran의 Q 검정	Friedman 검정

[표 11]에서 '이항분포 검정'은 대립적인 속성을 지닌 두 개의 변수가 모집단 안에서 어떻게 분포되어 있는지를 검정하는 것이다. 이는 어느 정도 고른 분포를 가정하는 집단의 비교와 같은 경우, 이를테면 남학생과 여학생의 동질성 검정과 같은 경우, 기대빈도(이런 경우 50% 확률)와 관찰 빈도가 어느 정도 일치하는지를 검정한다는 의미에서 적합성을 검정하기 위한 용도로 쓰인다. 이항분포 검정은 SPSS에서 [분석(A)] → [비모수검정(N)] → [레거시대화상자(L)] → [이항(B)]의 탭을 선택한다. 이와 같은 이항분포 검정은 변수 변환을 통해, 명목 눈금이지만 여러 갈래로 나누어진 변수에도 적용될 수 있다. 다만 이 검정은 이항대립을 전제로 검정이 이루어져야 한다는 점, 일반적으로 검정 비율이 50%, 즉 0.50으로 초기화되어 있다는 점에 유의해야 한다.

이 검정은 중앙값 검정을 통해 직접 할 수도 있다. 두 집단이 있을 경우 먼저 중앙값을 구한다. 그다음에 같은 집단을 중앙값의 위와 아래를 기준으로 두 집단으로 나누고, 편의상 이를 각각 A, B 집단으로 이름 붙인다. 그런 다음 다른 집단도 이렇게 나누고 각각 C, D라는 이름을 붙인다. 그리고 $n_1 = A+C$, $n_2 = C+D$로 셈해두고 다음의 공식에 대입한다.

두 집단의 차이 비교에서 사용되는 중앙값 검정을 위한 공식

$$T = \frac{(A \div n_1) - (B \div n_2)}{\sqrt{\hat{P}(1-\hat{P})(1 \div n_1 + 1 \div n_2)}} \quad (\text{단}, \hat{P} = (A+B) \div N \text{이다.})$$

이때 나오는 값을 (t와 구별하기 위해서) T라고 하는데, z와 같은 방식으로 가름값을 갖는다(부록에 있는 [표 5] 참고). 이를테면, 0.05 유의수준에서 1.96 이상의 값이 나올 때 통계적으로 유의하다고 말한다. 0.01 수준에 설정했다면 그 값은 2.33 이상이어야 한다. 만약 유의한 값을 얻는다면 두 집단 사이에 차이가 있으므로 평균이 높은 집단이 더 나은 점수를 얻었다거나 수행을 더 잘했다고 결론을 내릴 수 있다.

이런 검정은 표본의 무작위성이나 연속성을 검정하고자 할 때 쓴다. 연구 설계에서 표본의 무작위성이 중시되는 경우에 이를 검정해볼 수 있다. SPSS에서 [분석(A)] → [비모수검정(N)] → [레거시대화상자(L)] → [런(R)] 순으로 탭을 선택한다. 이 검정은 학교 평가나 능력 측정에 제시되는 답의 무작위성 검정에 이용될 수 있다. SPSS에서 여러 가지 값을 제시하는데, 유의확률이 통계적으로 유의하다면 귀무가설을 기각하게 되므로 p값이 0.05보다 작을 경우 무작위적으로 배치되지 않았다고 해석한다.[40]

'콜모고로프-스미르노프(Kolmogorov-Smirnov) 단일표본 검정'은 어떤 표본의 분포가 이론적 가정을 충족시키는지를 검정하기 위해 사용된다. SPSS에서 [분석(A)] → [비모수검정(N)] → [레거시대화상자(L)] → [일표본 K-S(1)] 순으로 탭을 선택한다. 그리고 {정확} 단추를 클릭하여 나타나는 대화상자에서 /점근적 검정/을 선택하고 {옵션}을 눌러 나타나는 대화상자에서 /기술통계/와 /검정별 결측값 제외/를 선택하면 된다. 이때에도 런-검정에서와 마찬가지로 z값과 유의확률에 유의하여 정규분포를 이루고 있다는 귀무가설을 기각할 수 있는지 판단하면 된다. z값이 ±1.96을 벗어나거나 $p<0.05$이면 귀무가설을 기각한다.

'윌콕슨 검정(Wilcox-test)'은 두 갈래로 나뉜다. 하나는 '윌콕슨 서열합 검정(Wilcoxon rank-sum test)'인데, 이는 두 집단의 평균이 같은지 비교하는 것으로 모수통계학에서 t-검정에 해당한다.[41] 이 검정도 직접 계산이 가능하다. 국어 수업 시간에 묘사하기 가르침의 효과를 검정하기 위해 두 집단, 즉 실험집단과 통제집단으로 나누고 학생들이 산출한 글의 품질에 따라 순위를 매긴다.[42] 그다음 점수

---

40) SPSS를 이용하지 않고, 표본의 수가 적을 경우 임의 배열의 평균값을 바탕으로 + - 배열로 변환하여 +의 수와 -의 수를 세고, 하한 가름값과 상한 가름값을 나타낸 표를 이용하여 귀무가설을 기각할지 여부를 판단할 수도 있다. 또한 표본의 수가 충분히 클 때 점근적 정규분포를 가정하는 z값을 바탕으로 판단할 수 있다. 이 경우 z값은 t-검정에서 t값과 같은 의미를 가진다. z값을 구하는 공식은 조금 복잡하기 때문에 여기서는 생략한다.

41) 이 통곗값의 검정에는 R값이 쓰인다. 이 값은 사전 검사와 사후 검사에서 서열의 변화들 가운데 -인 경우를 세어본 값이다. 이 경우 유의한지 판단을 할 수 있는 가름값을 제공하는 별도의 통계표가 필요하게 된다. 이는 t-검정에서 자유도와 유의수준에 따라 가름값의 변화를 보여준 것처럼 판단한다. 다만 여기서는 자유도와 유의수준에 따라 R값이 가름값과 같거나 그보다 적어야 한다는 점을 염두에 두어야 한다.

42) 다만 같은 순위일 때는 같은 점수에 대해 같은 순위를 매겨야 한다. 만약 10등이고 동점자가 5명이라면 5명 모두에게 $10+\frac{5-1}{2}=12$ 등이 부여된다. 그다음 학생은 15등이 된다.

분포에 따라 순위를 매기고 두 집단의 순위 합을 구한다. 그리고 그 값을 아래 공식에 대입하면 된다. 여기서도 유의수준 0.05에 대한 가름값은 1.96이고, 0.01일 경우는 2.33이므로 그 값과 같거나 커야 통계적으로 유의하다고 간주한다.[43]

순위 합 검정을 위한 공식

$$z = \frac{2T_1 - n_1(N+1)}{\sqrt{\dfrac{(n_1)(n_2)(N+1)}{3}}}$$

(n_1, n_2는 집단별 표본의 수, N=n_1+n_2, T_1은 실험집단의 전체 순위 합을 가리킴)

윌콕슨 검정의 다른 사례는 대응표본의 앞뒤 차이, 이를테면 처치를 하기 전후에서 표본의 차이를 검정하는 방법이다. '윌콕슨 부호-서열 검정(Wilcoxon signed-rank test)'[44]이라고 부르는데, 모수를 이용한 검정에서 짝을 이룬 표본에 대한 t-검정과 비슷하다. 다만 표본이 모수적 성질을 지니지 않거나 정규분포를 이루지 않은 경우에도 짝을 이룬 변수들이 차이가 있는지 여부를 검정할 수 있다는 점에서 차이가 있다. SPSS에서 이 검정은 [분석(A)] → [비모수검정(N)] → [레거시대화상자(L)] → [대응 2표본(L)] 순으로 탭을 선택한다. 윌콕슨 검정에서는 윌콕슨이 제공한 기각 가름값에서 유의수준에 따

---

43) 여기서도 연관성 강도(η^2, 에타제곱)를 구할 수 있는데, 공식은 ㉠과 같다. ㉡은 전체 표집의 학생이 30명이고, z값이 3.8인 경우를 예로 셈한 것이다. ㉡의 값은 분산의 49.8%가 변인의 영향으로 설명이 가능함을 의미한다.

㉠ $\eta^2 = \dfrac{z^2}{N-1}$ ㉡ $\dfrac{3.8^2}{30-1} = 0.498$

44) 영어의 'signed'라는 표현에 주목할 필요가 있다. 순위를 부호화한다는 점인데, 여기서는 짝지은 표본들의 차이에 따른 순위를 내고 그것을 다시 부호화한다는 의미다.

라 해당하는 값을 찾아서 귀무가설을 수용할 것인지 기각할 것인지 결정해야 한다.[45]

이 검정도 직접 구할 수 있는데, Hatch & Lazaraton(1991)에서 설명을 위해 제시한 표를 참고하기로 한다.

[표 12] 윌콕슨 부호-서열 검정을 위한 예시 자료

짝	실험집단	통제집단	d[46]	d의 순위	T
a	25	14	11	+7	
b	24	12	12	+8	
c	22	23	-1	-1	1
d	18	12	6	+4	
e	17	10	7	+5	
f	20	10	10	+6	
g	18	22	-4	-3	3
h	16	13	3	+2	
					T = 4

여기서 d값은 두 집단의 차이에 따라 절댓값으로 순위를 매기는데, -와 +부호로 순위가 매겨져 있다는 것을 알 수 있다. 부호에 따라 셈을 하면 +부호의 합은 32이고, -부호의 합은 4이다. 이들 가운

---

45) 이 표에서는 대부분의 통계 참고표에서 그러하듯이 교차 지점을 찾아야 하는데, 여기서는 집단의 크기 n과 유의확률의 교차 지점을 찾으면 된다. SPSS에서 출력물이 있을 경우 음의 순위, 양의 순위로 표시되는데, 두 집단이 다를 경우 음의 순위와 양의 순위 짝의 개수 가운데 절댓값이 작은 경우를 가늠값과 비교한다. 만약 절댓값 가운데 가장 작은 수의 검정 통계량(=N×평균 순위) w가 11이고 표에서 가늠값이 10이라면 이런 경우 기각하는 가늠값보다 검정값이 크게 나왔기 때문에 비교하는 값, 이를테면 사전과 사후에 의미 있는 차이가 있다고 할 수 없다. 그 반대의 경우도 마찬가지다.

46) 여기서 d는 차이를 의미하는 듯하다.

데 작은 값을 T값으로 쓰고 이를 통계 검정의 가름값과 비교한다. 이 가름값도 별도의 유의수준과 비교되는 짝의 수에 따라 별도의 참고 자료를 통해 유의성을 판단해야 한다. 여기서는 짝의 수가 8이고, 유의수준을 0.05로 할 경우 T가 4이므로 영가설을 기각할 수 있다고 판단할 수 있다(부록에 있는 [표 6] 참조). 문제는 짝의 수가 25를 넘을 때는 별도의 공식을 이용해야 한다는 것이다.[47] 아울러 연관성 강도를 구할 수 있는데, 공식은 다음과 같다. ㉠은 공식이며, ㉡은 이 공식을 [표 12]에 제시한 사례에 적용한 경우이다.

윌콕슨 부호-서열 검정에서 연관성 강도 공식

㉠ $\eta^2 = \dfrac{z^2}{N-1}$

㉡ $\eta^2 = \dfrac{-1.96^2}{8-1} = 0.549$

㉡에서 얻은 값은 두 집단의 차이를 연구에서 설정한 변수에 따라 54.9% 설명할 수 있다는 의미를 지닌다. 한국어교육에서 이 검정을 이용한 연구로는 김은경 외(2017)가 있다. 여기에서는 중국인 한국어 학습자의 한국어 모음 /어/와 /오/에 대한 지각과 산출의 상관성을 연구하면서 그 차이를 윌콕슨 부호 순위를 통해 검정하고 있다. 다만 그 연구에서 연관성 강도는 제시하지 않았다.

---

47) 그 공식은 다음과 같다.

$$z = \dfrac{T - \dfrac{N(N+1)}{4}}{\sqrt{\dfrac{N(N+1)(2N+1)}{24}}}$$

[표 12]에 나타난 사례에 대입하면 z값은 −1.96이 된다.

'만-휘트니 검정(Mann-Whitney test)'은 통계분석의 대상이 되는 두 집단이 같은 모집단에 속하는지를 검정하는 절차이다. 이는 두 집단 사이의 차이를 검정하는 모수적 통계분석과 비슷하다. 그렇지만 자료의 성질상 정규분포를 이루지 않아도 되며, 연속적인 양으로 측정된 자료가 아니어도 된다는 점에서 차이가 있다. SPSS에서 검정은 [분석(A)] → [비모수검정(N)] → [레거시대화상자(L)] → [독립 2표본(2)] 탭을 선택한다. 대화상자에서 {Mann-Whitney의 U(M)}이 선택되었는지 확인한다. 통계 처리로 나온 출력물에서 여러 가지 값이 제시되지만 유의수준과 z값을 참고하여 집단의 차이 유무를 판정할 수 있다. 김현진·강승혜(2017)에서는 영어권 초급 학습자의 시선 추적을 통한 문법 이해 양상을 이 방법을 통해 검정하고 있다. 이인혜 (2017)는 문화 접촉과 상호 문화 능력의 검정을 위해 이 방법을 사용했다.

'크루스칼-월리스 검정(Kruskall-Wallis test)'은 세 집단 사이의 순위에 의한 분산분석으로서, 모수에 의한 통계 처리에서 일원 분산분석과 비슷하다. 앞에서 살펴본 만-휘트니 분석이 두 집단 사이의 순위에서 차이를 검정하는 방법이라는 점에서 이 통계 처리 방법과도 구별된다. SPSS에서 검정은 [분석(A)] → [비모수검정(N)] → [레거

[표 13] SPSS를 통한 크루스칼-월리스 검정 결과 - Hatch & Lazaraton(1991)

수준에 따른 글쓰기 능력	글쓰기 숙달 수준		
수준 수치 평균 순위	1 7 13.14	2 8 12.06	3 9 12.39
사례 24	X^2 0.091	SIG 0.956	

시대화상자(L)] → [독립 K표본(K)] 탭을 선택한다. 이렇게 하여 통계 처리를 하면 [표 13]과 같은 자료가 제시되는데, 이를 해석하는 사례를 잠깐 보기로 한다.

이 표에서 통계 처리의 유의성은 0.956이다. 논문에서 보고할 때는 X^2 값을 알려주고 이 유의성 수준에 따라 '글쓰기 숙달 수준에서 세 집단 사이에 아무런 차이도 발견할 수 없었다.'와 같이 제시하면 된다.

크루스칼-월리스 검정도 자료가 갖추어져 있을 때 순위들의 합을 통해서 셈이 가능하다. 이를테면, 세 개의 집단이 있고(N=30명 이내) 세 집단의 언어 능력을 측정했는데, 이들이 정규분포를 이루지 않으며 집단의 표집 수도 일정하지 않을 때 적용이 가능하다. 먼저 세 집단의 개별 점수들에 대해 낮은 점수부터 순위를 매긴다. 그다음에 이들의 합을 구해놓는다. 이렇게 하면 그다음부터는 다음의 공식을 적용한다.

크루스칼-월리스 검정 공식

$$H = \frac{12}{N(N+1)} \sum_{A=1}^{a} \frac{T_A^2}{N_A} - 3(N+1)$$

(A는 집단의 수에 따라 반복됨)

이 공식에서 $\sum_{A=1}^{a} \frac{T_A^2}{N_A}$ 는 각 집단의 순위 합의 제곱을 각 집단의 표집 수에 따라 나누어준다는 의미인데, 만약 집단이 셋이면 각각의 집단에 대해 더해주면 된다. $3(N+1)$에서 N은 세 집단 전체의 표집을 가리킨다. 이렇게 나온 H값은 통계 자료표에서 자유도와 유의확률이 교차하는 지점에서 가름값을 찾아보고 가름값과 계산한 값이 같거나 클 경우 유의하다고 판단할 수 있다. 이에 대한 통계표는 카이제곱과 같기 때문에 부록에 있는 [표 4]를 이용한다. 이 검정을 이용하여 컴퓨터 기반 한국어 말하기 평가에 대한 수험자들의 태도를 면대면 평가와 비교한 논의로 이향(2016)이 있다.

이원 분산분석이 독립변수가 여럿일 경우에 사용할 수 있듯이 '프리드먼 검정(Friedman test)'은 세 개 이상의 변수가 평균 순위에 차이가 있는지를 검정하는 방법이다. SPSS에서 검정은 [분석(A)] → [비모수검정(N)] → [레거시대화상자(L)] → [대응 K표본(S)] 탭을 선택한다. 이와 같은 분석은 논쟁적인 담화에서 학생들의 인식의 변화가 실질적으로 있었는지 판단하고자 할 경우에 이용할 수 있다. 검정하고자 하는 집단에 딸려 있는 A라는 참가자의 토론 전후 인식을 조사하여 실질적인 변화가 있는지 알아볼 수 있다. 단계별로 각각 다른 자료를 제시하면서 학생들에게 인식의 결과를 리컷 눈금에 따라 응답하게 한 뒤, 그 눈금에 따라 낮은 점수에서부터 순위를 매기고 이들의 합을 구해놓으면 이를 직접 산출할 준비를 마치게 된다. 그 공식은 다음과 같다.

프리드맨 검정을 위한 공식

$$X_R^2 = \frac{12}{(a)(s)(a+1)} \sum_{A=1}^{a} T_A^2 - 3(s)(a+1)$$

(a는 조사의 횟수, s는 참여자들의 수를 나타냄)

위 수식에서 각 조사 시기마다 순위 합의 제곱을 의미하는 시그마 부분은 앞에 나온 공식에서와 비슷한 의미다. 다만 여기서는 참여자들의 수로 나누지 않는다는 점이 다르다. 여기서도 유의수준과 자유도(조사의 횟수)가 교차하는 지점에서 제시된 값과 실제 얻은 카이제곱 값을 비교하여 실제 얻은 값이 가름값과 같거나 크면 실질적인 인식의 변화가 있었다고 결론을 내릴 수 있다. 이는 고쳐쓰기의 단계에서 학생들에게 되짚어주기를 여러 차례 되풀이하는 일이 실질적으로 어떤 학생의 글에서 나타나는 문제점을 고쳐줄 수 있다는 가정을 검정하는 데 도움이 될 수도 있다. 다만 이런 분석에서는 어느 자료가 인식의 변화에 가장 큰 영향을 미쳤는지는 결정할 수 없다는 한계가 있다.[48)49)] 프리드먼 검정을 적용한 논의로 이향(2016)이 있다. 이 연구에서는 컴퓨터 기반 말하기 평가와 면접 기반 평가의 차이를 검정했다.

8. 널리 쓰이는 양적 분석 방법

지금까지 다룬 통계 절차들은 널리 쓰일 뿐 아니라 효과적인 통계 처리 방법이다. 이 절에서는 조금 더 복잡한 형태를 띠지만 최근 들어 널리 쓰이는 통계 절차를 소개하기로 한다. 복잡한 통계 처리 절차라는 말은 통계 처리 공식이 앞에서 소개한 것들보다 조금 더 복

---

48) 이에 대한 연관성 강도는 에타제곱(η^2)을 쓰는데 $\eta^2 = \frac{X_R^2}{N^*-1}$ 을 이용한다. 여기서 N^*은 '관찰 횟수×참여자들의 수'를 의미한다.

49) 이와 같은 점을 보완하기 위해 프리드먼 검정에서는 니메니(Nemenyi) 검정을 한다. 다음의 절차를 거친다.
① 먼저 X_R^2의 가름값을 확인해 둔다. ② $\sqrt{(X_R^2 a)\frac{a(a+1)}{6n}}$ 의 공식에 대입한다. a는 관찰 횟수, n은 참여자들의 수. 이 공식에 대입한 결과가 니메니 검정을 위한 가름값이 된다. ③ 각 관찰 횟수에서 순위 합의 평균을 구한다. 관찰 횟수가 4회라면 네 번을 구해야 한다. ④ 그리고 이를 관찰 횟수에 따라 빼준다. ⑤ ④의 값이 ②에서 나온 값보다 클 경우 실질적으로 능력이나 인식의 차이에 영향을 미친 요인으로 판단할 수 있다.

잡하다는 뜻이지 처리하는 과정에서 특별히 더 깊이 있는 수학적 지식을 필요로 하는 것은 아니다. 여기에는 그 가운데 몇 가지, 즉 이원분산분석과 요인분석, 군집분석, 메타분석을 소개하기로 한다.

본격적인 설명으로 넘어가기에 앞서 복잡하고 세밀한 처리 방식이 언제나 더 나은 것은 아니라는 점을 분명히 해두고 싶다. 더 간단하고 단순한 방식으로 가정을 입증할 수 있으면 그것으로 충분하다. 굳이 복잡한 절차를 선택할 필요는 없다.

통계 처리는 일반적으로 집단을 비교하기 위해서 쓰이는 방법과 집단 혹은 변수들 사이의 관계를 분석하기 위해 쓰이는 방법으로 나눌 수 있다. 전자에는 'z-검정, t-검정, 분산분석, 카이제곱 검정'이 있다. 국어교육에서는 주로 t-검정과 분산분석이 널리 쓰이는데, 분산분석은 독립변수와 종속변수의 개수에 따라 다른 처리 방법을 쓴다. 집단 혹은 변수들 사이의 관계를 분석하기 위해 쓰이는 방법으로는 '상관분석, 요인분석, 회귀분석, 경로분석, 구조방정식 모형'이 있다. 관계 분석을 위해 상관분석과 요인분석이 주로 사용되어 왔지만, 지금은 인과관계의 예측 등을 위해서 회귀분석이나 경로분석, 구조방정식 모형 등이 쓰이는 경향이다.

(1) 요인분석

요인분석(factor analysis)은 규모가 큰 자료 묶음의 밑바닥에 있는 잠재적인 구조를 밝혀내기 위해 원래 변수들에서 나타나는 정보들을 대부분 지니고 있는 몇 개의 값들로 분석을 할 수 있도록 변수의 수를 줄이는 방법이다. 이 절차를 통해 나오는 결과는 자료의 바탕에 있는 기준들의 작은 묶음들인데, 이는 요인 혹은 구성 요소라 부른다. 예컨대, 국어 능력을 보여주는 여러 지표(평가 점수, 수행 능력 성취 점수)와 기능(읽기 속도, 발음 유창성)에 대한 지표를 가지고 있다면 인자분석에서는 두 가지 인자, 즉 국어 능력 지표와 기능 지표로 묶게 될 것이다. 이 둘을 묶을 수 있는 이유는 표본으로 삼은 사람들뿐만 아니라 그 집단에 속하는 대부분의 사람들에게서 두 요소에 걸쳐 비슷한 경향이 나타나기 때문이다.

이런 요인을 추출하기 위해서 많이 쓰는 통계 꾸러미는 SPSS인데, 여기에서는 처리의 결과로 인자들로 된 행렬을 보여준다. 요인의 추출은 원래의 변수와 이끌어낸 요인들 사이의 상관관계가 포함되어 있다는 가정을 바탕으로 한다. 이 상관관계는 원래의 개별 변수들이 결과로 나타난 요인에 기여하는 정도를 보여주는 '요인 적재값(factor loading)'으로 계산된다. 따라서 요인분석은 폭넓은 범위의 항목들을 뽑고 요인들과의 관계를 검토함으로써 유형을 발견하고자 한다. 요인분석은 방대한 자료 묶음을 더 잘 다룰 수 있게 해주기 때문에 분석에서 다음 단계, 이를테면 복합적인 개념 구성물에 관련되는 요인이나 영향의 분석으로 나아가기 전에 준비 단계로 사용된다.

요인분석은 두 단계를 거친다. 하나는 발견적(혹은 탐색적) 요인분석이고, 다른 하나는 확인적 요인분석이다. 발견적 요인분석은 선행 연구 특히 이론적 연구에서 가정되거나 상정되는 요인들을 발견하는 과정이라고 할 수 있다. 대부분의 경우는 발견적 요인분석으로 끝이 난다. 국어교육에서 많이 언급되는 읽기와 동기의 구성 요인이나 교사의 효능감에 대한 분석 연구는 이전의 연구를 바탕으로 하거나 발견적 요인분석과 함께 확인적 요인분석의 과정을 거치는 경우가 많다. 발견적 요인분석을 통해서 나온 결과가 이미 있던 이론들과 서로 부딪히는 경우도 있고, 새롭게 요인을 찾아내야 하는 경우도 있다. 이런 경우에 확인적 요인분석을 해야 한다. 여기서는 먼저 발견적 요인분석을 하는 절차를 소개하고 이어서 확인적 요인분석을 하는 절차를 살펴보기로 한다.

SPSS에서 발견적 요인분석을 하기는 어렵지 않다. [분석] → [데이터축소(DATA REDUCTION)] → [요인분석(FATOR)]을 선택하면 된다. 그러나 다음과 같은 점들을 고려해야 왜곡되지 않은 분석을 할 수 있다.

SPSS를 이용하여 문항 구성의 적합성을 먼저 검사하게 된다. 바틀렛의 구형성 검정과 KMO(Kaiser-Meyer-Olkin)의 표준 형성의 적절성 측도가 널리 쓰인다. KMO 측도는 변수 쌍들 사이의 상관관계가 다른 변수에 의해 잘 설명되는 정도를 나타내는데, 이 값이 작으면 요인분석을 위한 문항을 잘못 만들었음을 의미한다. 일반적으로 이 값이 0.900 이상이면 상당히 양호한 것으로, 0.800 이상이면 어느 정도 좋은 것으로, 0.700 이상은 적당한 것으로 인정한다. 0.500 미만이면 요인분석을 위한 문항 구성으로 인정하지 않는다.

그런 다음에 분석에 들어갈 문항들을 조사연구자가 직접 선택해야 한다. 설문지 조사를 예로 들면, 핵심적인 영역에서 관련되는 설문지 문항을 포함하지 않을 경우 요인(인자)분석에서 나타나지 않는다는 것이다. 문항들의 선택이 결국 최종 요인 구조를 결정하게 된다.

요인분석의 첫 번째 단계는 요인 뽑기인데, 변수들을 비교적 적은 수의 인자(요인)로 압축하는 과정을 말한다. 그다음 단계는 인자 회전인데, 수학적 기법을 사용하여 인자들을 해석하기 쉽도록 만드는 과정이다. 여기에는 여러 절차가 사용되기 때문에 어떤 방법을 채택할지 결정해야 한다. 두 가지 뽑기 방법이 있는데, 주성분 분석(principal component analysis)과 최대 가능도 분석(maximum likelihood analysis)이다. 이 가운데 하나를 선택해야 한다. 주로 많이 쓰는 방법은 주성분 분석이다. 회전에도 두 가지 방법이 있다. 직교 혹은 분산 최대 회전(orthogonal or varimax rotation)과 사각 회전(oblique rotation)이다. 이 가운데 하나를 선택해야 한다. 이들은 네 개의 서로 다른 방법으로 조합을 이룬다. 여러 방법에서 같은 결과를 얻는다면 요인 구조가 타당함을 보장하지만, 만약 다르다면 원자료가 문제일 수 있다. 가장 널리 쓰이는 방법은 주성분 분석과 분산 최대 회전이다.

뽑아내려는 요인들의 수를 결정하는 문제도 있다. 이는 요인분석에서 가장 중요한 문제일 것이다. SPSS에서는 이미 만들어진 어떤 기본값들이 있겠지만 이는 객관적이라고 평가할 수는 없다. 일반적으로 기본값을 정하는 원리는 분석을 위해 제시한 개별 항목들보다 요인별로 묶은 통곗값이 분산을 덜 설명하는 경우에 기본값 설정을 멈추도록 되어 있다. 요인분석에서는 설명되는 변량의 비율을 높이는 것이 바람직하다(Babbie, 2001). 실제로 그런 요인들은 단일 항목보다 더 설명력이 떨어지기 때문이다. 이는 언제나 그런 것은 아니다. 즉 어느 때는 적은 수의 요인이 나을 수도 있지만 어떤 때는 많은 인자가 더 나은 결과를 가져올 수 있다. SPSS에서 이런 요인들의 수를 결정하는 방법은 두 가지다. 하나는 Cattell(1966)의 'scree plot(스크리 플롯 혹은 산비탈 그림)'을 이용하는 것인데, 다음 쪽의 [그림 15]처럼 시각적으로 요인들의 비중을 감쇄 곡선으로 그려 보여준다. 그림을 통해 기울기가 0인 지점에 이르기까지 나타나는 점들의 개수를 세어보고 요인들의 수를 추정해 볼 수 있다. 이 그림은 Dörnyei(2007:213)에서 본보기로 보여준 것이다. 이 그림에서 기울기가 거의 0이 되는 지점까지에 들어 있는 인자들을 분석에서 고려하면 되는데, 다섯 개가 있다. SPSS에서 이를 실행하는 방법은 [데이터축소] → [요인분석] → [EXTRACTION]의 {SCREE PLOT}을 선택하면 된다.

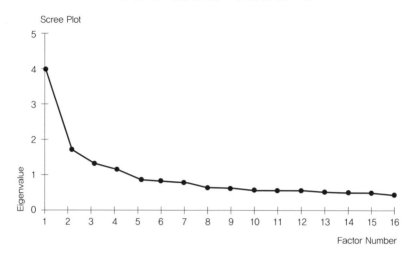

[그림 15] 요인별 분산을 보여주는 산비탈 그림

Scree Plot

그렇지만 이 방법은 요인들의 수와 요인에 따르는 고윳값의 대략적인 수치만을 알 수 있을 뿐이다. 구체적인 변인들의 성격이나 특성을 알 수 없다는 한계가 있다. 그렇기 때문에 SPSS에서는 이를 명시적으로 표로 제공한다.

SPSS 통계 꾸러미로부터 나온 자료들은 다음의 [표 14]처럼 정연하지 않다. 적재치에 따라 요인을 적절하게 배치하여 정리해 두는 것이 분석된 요인에 이름을 붙일 때 편리하다. 즉 요인들에 따른 적재치를 크기에 따라 정렬하고 일정한 크기, 이를테면 0.300 이상만을 표시하게 함으로써 요인 적재량이 적은 요인들을 제외하는 선택을 할 수 있다.

[표 14]에서처럼 문항들을 적재치에 따라 정리하고 배치하는 작업이 마무리되고 나면 그다음에는 요인들을 확인하고 이름을 붙여야 한다. 각 요인들은 가장 많은 요인 적재량을 지니는 변수들에 의해 결정되기 때문에 요인을 해석하는 일은 이런 변수들 사이의 공통 자

3부 현장 조사연구 자료 분석

[표 14] 요인분석 결과(최종) 예시 자료[50]

문항	요인			
	1	2	3	4
13번	0.816	0.089	0.190	0.098
9번	0.776	−0.002	0.242	0.021
24번	0.737	0.165	0.290	0.090
16번	0.672	0.212	0.167	0.274
1번	0.618	0.216	0.205	0.213
14번	0.617	0.166	0.011	−0.157
22번	0.609	0.059	0.061	0.216
3번	0.071	0.796	0.207	−0.086
8번	0.109	0.795	0.052	−0.148
18번	0.200	0.656	0.021	0.162
37번	0.183	0.602	0.243	0.202
33번	0.043	0.599	0.2385	−0.209
12번	0.120	0.512	0.153	0.313
32번	0.168	0.095	0.796	0.152
31번	0.253	0.227	0.766	0.081
35번	0.272	0.108	0.699	0.011
4번	0.095	0.281	0.618	0.048
29번	0.038	−0.014	0.063	0.795
34번	0.279	0.051	0.108	0.678
고윳값	3.889	2.991	2.649	1.572
설명 변량	20.647	15.743	13.941	8.272
누적 변량	20.647	36.210	50.151	58.423

질을 밝히는 것이다. 변수들의 무리를 전체적으로 반영하여 이름을 붙이는 일도 만만치 않은데, 될 수 있는 한 변수들 무리의 특성을 잘 반영하는 것이 좋다. 또 하나 새겨둘 것은 설문지 문항을 바탕으로

---

50) 표에 있는 값들은 각각의 문항들이 요인에 걸치는 값들(적재치)이다.

요인분석을 했다면 같은 요인으로 묶을 수 있는 문항이 3개 이상일 경우에 이름을 붙여야 한다는 것이다. 예컨대, 쓰기 동기 구성 요인을 설문지 문항을 통해 분석하는 경우, 같은 요인으로 묶을 수 있는 문항이 셋 이상일 때 이름을 붙일 수 있다는 말이다. 이 자료를 중심으로 보고서에 인용할 경우, 각 요인에 대한 적절한 이름을 붙여주고 이 요인들로 설명할 수 있는 설명력을 보여주기 위해 누적 변량 ([표 14]의 경우는 58.4%)을 언급해야 한다.

요인분석은 복합적인 개념 구성물(이를테면 국어 능력)에 대해 어떤 기본적인 개념이 끼어들어 있는지 좀 더 단순한 개념(말하기, 쓰기, 읽기 등)으로 설명해 주며, 이를 바탕으로 더 발전된 형태의 조사연구를 하는 과정에서 필요한 절차를 줄여주는 방법으로서 의의가 있다(예컨대, '국어 능력 가운데 중요한 능력은 말하기 능력인가?'를 검정할 수 있음). 그리고 대체로 다른 연구자들이 동일한 절차를 밟을 때 비슷한 결과를 얻을 수 있다는 점에서 신뢰도가 높은 분석 방법이라고 할 수 있다.

그렇지만 이와 같은 요인분석에는 분석된 요인이 상호 독립적인지 여부, 분석된 요인이 심리적 실체로 존재하는지 여부와 같은 문제가 관련되어 있다. 아울러 요인분석은 여러 측정 문항을 묶어서 이름을 붙이는 데에 주관성이 개입하므로, 실제 자료가 가지는 의미나 붙여진 이름의 실체, 그리고 연구 결과의 해석에 대해서 다른 입장을 취할 수 있다는 점도 분석의 과정에서 염두에 두고, 여러 사람이 공감할 수 있도록 이름을 붙여야 할 것이다. 최근에는 비슷한 성격의 여러 검사 결과를 두고 그것들 사이의 요인분석을 통해 관련되는 요인을 추출하기도 한다. 이를테면 어휘력 검사, 읽기 검사, 동의어 검사, 논리 추리 검사, 도형 추리 검사 등을 실시하고 인간의 인지 능력을 규명할 수 있다.[51]

(2) 군집분석

군집분석(cluster analysis)은 어떤 표본 안에서 동질적인 집단(군집)을 찾아내는 일이다. 요인분석은 자료에서 나타나는 유사성을 바탕으로 상관관계에 기초하여 몇 개의 요인으로 분류하는 방법이지만, 군집분석은 대상들이 가지고 있는 값을 거리로 환산하여 가까운 거리에 있는 대상들을 하나의 집합으로 묶는 방법이다(송지준, 2011:246). 잇대어 설명하면, 군집분석은 요인분석과는 달리 분석 대상들을 상호 관련성에 의해 서로 동질적인 집단으로 묶어주는 것이다. 연구자가 분석하고자 하는 변수나 설문 문항을 가지고 서로 비슷한 특징을 지니거나 비슷한 답변들을 보이는 문항들을 하나의 집단으로 묶는다는 말이다. 그러면 같은 부류로 묶은 집단 내부에는 동질적인 성격을 지닌 무리(군집)를 만들 수 있게 되는데, 요인분석과는 달리 문항들 사이에 다른 성질이 있음을 전제로 한다. 요인분석에서는 요인별로 상관관계를 비교해 볼 수 있다(허선익, 2010ㅁ·ㅂ 참조). 그렇지만 군집분석에서는 이런 상관관계가 일반적으로 있지 않다고 가정한다. 아울러 너무 많은 군집으로 나누는 것은 의미가 없으므로 두세 개 정도로 군집을 묶어주는 것이 바람직하다.

---

51) 모수적 검정을 통한 요인분석의 설계가 요인에 관련된 검사 도구를 마련하고 리컷 눈금을 제시한 문항들을 등재하여 표본집단을 대상으로 이루어진다면, Q방법론은 적은 수의 표본집단(p)을 대상으로 Q표본(카드에 새겨진 진술문)을 만들고 Q분석 프로그램인 QUANL이나 PQMethod를 이용하여 요인분석을 한다. Q방법론에서 분석을 위한 프로그램은 www.kssss.org(한국주관성연구학회, Q학회 홈페이지)에서 무료로 내려받을 수 있다. Q방법론에 대한 이론적 근거를 포함하여 전반적인 설명이나 위에서 소개한 통계 처리 꾸러미를 다루는 방법에 대한 전체적인 소개는 김홍규(2008)를 참고하기 바란다. 김홍규(2008)에서 강조하고 있듯이 이 방법은 소표본 이론에 근거하는데, 개인들 사이의 차이가 아니라 한 개인 안에서 Q표본들이 갖는 의미의 중요성에 따른 차이를 다룬다. 따라서 국어교육에서도 양적인 조건을 충족하지 못해서, 즉 신뢰도의 위험을 넘어서지 못해 이루어지지 못하는 심리적인 측면에 대한 연구를 이 방법을 써서 해볼 수 있으리라 생각한다.

군집분석 방법은 크게 두 가지로 나뉜다. 위계적 군집화(hierar chical clustering)와 비위계적 군집화(non-hierarchical clustering)이다. 위계적 군집화는 개별 군집으로서 표본의 개체들을 자리매김하는 일로부터 시작한다. 그다음 단계에서 어떤 한 군집을 놓고서 다른 모든 성분 군집들에 대해 가장 가까운 성질을 지닌 군집에 포함되도록 하면 된다. 비위계적 군집화는 먼저 군집의 개수 N을 정하고 N개의 표본을 배당한다. 이를 그 군집의 중심 개체로 정해 표본에 있는 모든 개체를 그 중심 개체와 비슷한 속성을 지닌 것들로 배당한다. 새로운 중심 개체가 나타날 수도 있는데, 그럴 때는 군집의 개수를 늘려야 한다. 이렇게 해서 표본에 있는 모든 개체가 전체적으로 배분될 때까지 계속한다.

두 방법은 각각 장단점이 있다. 위계적 군집화는 표본의 크기가 너무 크면 적용하기 어렵고, 비위계적 군집화는 애초에 설정한 중심 개체의 특성이 영향을 받을 가능성이 매우 크다. 이와 관련하여 군집분석에서는 보통 두 단계를 거친다. 먼저 작은 표본을 대상으로 위계적 군집화를 하고, 이 단계에서 나온 군집의 개수를 바탕으로 비위계적 군집화를 적용하는 것이다. SPSS에서는 위계적 군집화([분석] → [분류] → [위계적 군집화])와 비위계적 군집화([분석] → [분류] → [K 평균 군집화])를 할 수 있도록 메뉴를 제공한다. 이 둘을 결합한 방법인 [두 단계 군집화]도 제공한다. 군집분석을 위해서는 기본적으로 요인분석과 신뢰도 분석을 통해 분석의 타당성을 검정한 뒤 군집분석을 실시하고 그 결과를 바탕으로 카이제곱 검정과 군집별 차이 분석을 위한 일원 배치 분산분석을 실시하여 군집분석의 타당성을 검정받는 것이 좋다.

군집분석은 이론에 따른 조사연구나 가설 검정 기법보다 설명력이 있다. 그렇지만 군집분석에 대한 이론적 기반은 약한 편이며, 여러 가지 다른 방법으로 군집화가 이루어지고 있다. 따라서 조사연구자들은 분류에 대한 여러 가지 결정을 임의로 내릴 수밖에 없는데, 다양한 군집분석 방법이 가능하다. 일반적으로 표본에서 어느 정도 특성이 밝혀진 세부 집단이 수행에서 다른 모습을 보여준다면 이는 세부 집단을 분류하는 일이 의미 있음을 나타낸다. 이럴 경우 SPSS와 같은 통계 처리 꾸러미를 통해 분산분석을 해볼 수 있을 것이다.

(3) 회귀분석

회귀분석(regression analysis)은 정규분포를 이루는 양적 자료를 바탕으로 종속변수에 영향을 주는 독립변수가 무엇이며, 독립변수 가운데 가장 큰 영향을 미치는 변수가 무엇인지, 그리고 종속변수를 설명해 줄 수 있는 모형은 무엇인지 밝히고자 할 때 이용하는 통계적 방법인데, 기본적으로는 상관계수를 바탕으로 한다. 즉 독립변수들 사이에 상관관계가 성립할 때 회귀분석이 가능하다는 말이다. 상관계수가 변수들 사이의 상관성만을 염두에 둔 값이라면, 회귀분석으로부터 나온 회귀계수는 독립변수와 종속변수 사이의 인과관계를 추론할 수 있는 값이다. 일반적으로 국어교육에서는 독립변수와 종속변수가 각각 하나일 때 이용하는 '단순 회귀분석'[52]보다는 두

---

52) 회귀분석은 독립변수의 개수에 따라 단순 회귀분석과 다중 회귀분석으로 구분되지만, 이때 독립변수와 종속변수는 등간 눈금 혹은 비율 눈금일 경우에만 가능하고 명목 눈금일 경우에는 이용할 수 없다. 명목 눈금의 경우도 드물게 시도되기는 하지만 더미변수(질적 변수를 양적 변수로 바꾼 변수: 국어성적이 높음-1, 낮음-2로 설정)를 이용한 회귀분석도 가능하다. 또한 독립변수들의 상대적 영향력을 알아보기 위한 위계적 회귀분석이 있다. 이 회귀분석 방법을 통해 변수의 입력 단계마다 회귀계수를 구할 수 있으므로 여러 가지 회귀방정식을 얻을 수 있으며, 이를 통해 가장 적합한 모형을 선택할 수도 있다. 그렇기 때문에 이 분석 방법도 중요한 의의를

개 이상의 독립변수와 한 개의 종속변수를 대상으로 하는 '다중 회
귀분석'을 많이 이용한다. 이를테면, 교재에 실린 덩잇글의 이독성
(readability)을 설명하기 위해서 여러 가지 요인, 즉 문장의 복잡도,
어휘 수준, 독자의 배경지식 관련성 등을 참고할 수 있는데, 이들을
바탕으로 각각의 독립변수가 이독성에 미치는 영향을 바탕으로 이
독성을 잴 수 있는 공식을 제안할 수 있다.[53] 여기서는 단순 회귀분
석과 다중 회귀분석을 SPSS에서 실행하는 절차를 간단하게 소개하
고 해석하는 방법을 살펴보기로 한다.

먼저 SPSS에서 회귀분석은 메뉴에서 [분석(A)] → [회귀분석(R)]
→ [선형(L)] 탭을 선택한다. 다중 회귀분석을 할 것인가 단순 회귀분
석을 할 것인가는 종속변수에 대한 독립변수의 개수로 결정되므로
이를 살펴보아야 한다.

요약하기에서 독자의 공감 정도가 요약글의 품질에 미치는 영향
을 분석한다면, 독립변수는 독자의 공감 정도이고 종속변수는 요약
글의 품질이다. 독립변수와 종속변수가 1개씩이므로 단순 회귀분석
을 실시한다. 그 결과 SPSS에서는 여러 개의 분석 자료를 제공하는
데, 첫 번째 표는 독립변수와 종속변수로 무엇을 설정했는지를 보여

지니지만, 국어교육에서 널리 쓰이고 있지는 않다. 연구자에 따라서 이 방법을 진정한 회귀분석
이라고 보는 사람도 있다(송지준, 2011:160).

53) 윤창욱(2006:93)에서는 학년 수준에 따른 중다(혹은 다중) 회귀분석을 통해 학년별 이독성
(종속변수)을 구하는 공식을 다음과 같이 제안했다.

$Y = 0.186x_1 - 0.509x_2 + 8.697$ (x_1=어려운 낱말의 수, x_2=완전한 문장의 수)

이와 같은 공식을 도출하기 위해서는 독립변수들을 단계적으로 입력하여 최적화된 모형을 구
성하고 최적화된 모형을 바탕으로 회귀방정식을 구하는 방법을 쓰는 것이 일반적이다. 이와 같
은 사례의 또 다른 예는 박영민(2011)이다. 쓰기 능력에 영향을 미치는 독립변수로 쓰기 지식과
쓰기 동기를 설정하고 이에 대한 회귀분석 결과를 보여주고 있다. 다만 회귀방정식의 수립에서
표준화 계수를 이용하고 있는데, 비표준화 계수를 바탕으로 다시 수립해야 한다.

[표 15] 단순 회귀분석 – 모형 요약

모형	R	R제곱	수정된 R제곱	추정값의 표준오차
1	0.404	0.163	0.182	0.72454

준다. 두 번째 표는 모형에 대한 요약으로, [표 15]와 같이 제시된다.

위 표에서 R은 상관계수를 나타내는데, 0.404로 독립변수와 종속변수 사이에 중간 정도의 상관관계가 있음을 보여준다. 수정된 R제곱은 다른 분석에서도 널리 쓰이는데, 독립변수가 종속변수의 분산을 설명할 수 있는 설명력의 정도를 나타낸다. 위에서는 독자의 공감 정도가 요약글의 품질에 대한 변량의 18.2%를 설명할 수 있다는 것을 의미한다.

세 번째로 제시되는 표는 분산분석인데, 분산분석 결과 유의성이 나타나지 않는다면 단순 회귀분석을 할 수 없다. 일반적으로 $p < 0.05$이어야 한다는 점을 유의해야 한다. 회귀분석에서 가장 중요한 표는 네 번째 표로 다음과 같은 형태를 띤다.

[표 16] 단순 회귀분석 – 계수[54]

모형		비표준화 계수		표준화 계수	t	유의확률
		B	표준오차	베타(β)		
1	(상수)	7.884	0.096		43.869	0.000
	공감 정도	0.621	0.063	0.538	13.625	0.000

a. 종속변수: 덩잇글 품질

---

54) 이 표에서 표준화 계수는 독립변수 효과들에 대한 상대적 비교에 유의하다. 이들의 관계는 다음과 같다.
$b = \beta \dfrac{S_x}{S_y}$ (b=비표준화 계수, S_x=독립변수 X의 표준편차, S_y=종속변수 Y의 표준편차)

이와 같은 결과를 얻었다면 회귀분석은 통계적으로 유의할까? t값이 충분히 크고, 유의확률도 0.000이므로 통계적으로 유의하다고 할 수 있다. 하나의 변수만으로 회귀방정식을 구성할 수도 있다.[55] 그렇지만 덩잇글 품질을 좌우하는 다른 요인도 있을 수 있으므로 의의가 크다고 할 수는 없을 것이다. 이론적 연구를 참고하여 덩잇글 품질을 예측할 수 있는 모형을 더 찾아보아야 한다. 회귀분석의 결과를 논문에 제시할 때는 SPSS에서 제공하는 모든 표를 담을 필요는 없다. 모형 요약, 분산분석의 결과와 함께 계수를 제시하고 이를 기술해 주면 된다.

다음으로 요약하기에 대한 다중 회귀분석의 사례를 보기로 한다. 이때는 단순 회귀분석과는 달리 더빈-왓슨 통계량을 따져보아야 하는데, 기준값은 2다. 0이나 4에 가까워지면 잔차에 대한 상관관계(양의 방향이나 음의 방향)가 있음을 의미하므로 회귀분석 결과를 신뢰할 수 없다는 의미다. 실제로 이를 계산하기는 어렵고 SPSS에서 통계 처리를 하고자 할 때 통계량 확인 상자에서 잔차 부분에 있는 Durbin-Watson 항목을 체크하고 결과가 나올 때 해석할 수 있으면 된다. 또한 논문에서 다른 통곗값을 제시할 때 언급해 주면 된다. 통계량 확인 상자에서 또 하나 체크해야 하는 항목은 독립변수들 사이의 상관관계 분석과 관련되는 통계량, 즉 {공선성진단(L)}이다. 다중 공선성 검사는 상관관계 분석으로 이루어지기도 하는데, 변수들 사

---

55) [표 16]의 결과를 바탕으로 회귀방정식을 구한다면 $Y=0.621X+7.884(X=$제시되는 덩잇글의 내용에 대한 독자의 공감 정도)가 될 것이다. 그러나 한 가지 변수가 요약글 품질을 결정할 수는 없으므로 다른 변수들에 대한 고려가 필요하다. 그렇지만 변수가 많아질 경우 실제 적용에 문제가 있을 수 있으므로 두세 개의 변수를 고려하는 것이 좋다. 앞서 언급한 통계적 신뢰도 조건들이 상수가 지나치게 클 경우는 문제가 될 수도 있다. 20점 만점에 평균이 9.5인데 상수가 10.5라면 결국 종속변수의 많은 부분을 변수의 영향으로 해석할 수 없다는 한계가 있다.

이의 상관계수가 0.9를 넘지 않으면 회귀분석이 가능하다고 판단한다. 아래 [표 17]에서 공선성 통계량 가운데 공차한계와 VIF가 이를 말해준다. 공차한계는 0.01 이상, VIF는 1 근처에 있으면 다중 공선성에는 이상이 없고, 따라서 회귀분석의 결과도 신뢰할 수 있다고 판단한다. [표 17]은 다중 회귀분석 결과로 나온 계수와 관련되는 표로서 가상의 자료임을 밝혀둔다.

[표 17] 다중 회귀분석 결과 – 계수

모형		비표준화 계수		표준화 계수	t	유의확률	공선성 통계량56)	
		B	표준오차	β(베타)			공차한계	VIF
1	(상수)	12.002	0.363		114.025	0.000		
	구조	0.124	0.030	0.375	2.364	0.000	0.665	1.562
	공감 정도	0.404	0.056	0.246	2.897	0.000	0.224	1.852
	시간	−1.21	0.278	−0.245	−4.256	0.000	0.389	1.474

위의 결과들은 t값, 유의확률, 공차한계와 VIF가 통계적으로 유의하다고 볼 수 있다. 이와 같은 경우 덩잇글 구조와 공감 정도가 요약글 품질에 정적인 영향을 미치고 시간이 부적인 영향을 미친다고 결론을 내렸다면 가설을 수용할 수 있게 된다. 아울러 비표준화 계수를 바탕으로 회귀방정식57)을 세울 수 있으며, 표준화 계수(β)의 절댓값을 바탕으로 세 변수 가운데 어떤 변수가 요약글 품질에 가장

---

56) 논문에 제시할 경우는 공차한계만을 제시한다.
57) 다중 회귀분석을 통해 나온 모형의 실제적인 유의성을 검정하기 위해 이 분석을 통해 나온 모형이 실제 분석(다른 전문가의 판단 결과)과 상관관계가 있는지 검정하는 방법을 채택하기도 한다.

큰 영향을 미쳤는지 알 수 있게 된다. 이 경우는 절댓값이 가장 큰 덩잇글 구조가 요약글 품질에 가장 큰 영향을 미친다고 할 수 있다. 회귀방정식은 비표준화 계수와 상수를 이용하여 구할 수 있다.

회귀분석은 자료의 성격에 따라서 구별되기도 한다. 선형 회귀분석은 종속변수와 독립변수가 양적 변수인 경우에 이루어지지만, 종속변수가 이항대립을 보이는 명목변수인 경우에는 '이분형 로지스틱 회귀분석(binary logistic regression analysis)'을 이용한다. 이를테면, 국어 과목에 대한 선호도를 종속변수로 설정하고(예컨대 높음=1, 낮음=0) 문법, 문학, 읽기, 쓰기, 화법 영역의 성적을 바탕으로 어떤 영역의 성적 수준이 국어 과목에 대한 선호도를 결정하는 방정식을 만들어 로지스틱 회귀분석을 할 수 있을 것이다. 그에 따라 1에 가까운 값이 나온다면 국어 과목에 대한 선호도가 높다고 판별할 수 있다. 그뿐만 아니라 국어 과목의 선호도를 결정하는 영역의 영향력도 간접적으로 알 수 있게 된다.

SPSS에서 로지스틱 회귀분석을 하려면 [분석] → [회귀분석] → [이분형 로지스틱]을 선택한다. 그리고 나서, 위에서 예를 든 경우라면 문법과 문학, 읽기 등 각 영역의 성적을 공변량에 설정하고 옵션을 선택한다. 창이 열리면 적합도 검정을 위해 {Hosmer-Lemeshow 적합도}를 선택하고, {Exp(B)}에 대한 신뢰구간을 입력하고(일반적으로 95%) 클릭하면 된다. 그러면 모형 요약, {Hosmer-Lemeshow 검정}, 공변량(독립변수들)에 따른 승산비와 유의확률 등이 제시되는 표가 네 개 제시된다. 모형 요약에 제시되는 R제곱은 다른 회귀분석에서와 마찬가지로 설명력을 나타낸다. 적합도 검정에서 유의확률은 0.05보다 크면 모형이 적합하다고 간주한다. 세 번째 분류표에는 분류 정확도가 제시되는데, 이는 네 번째 표에 제시되는 유의확률과 함께 모형의 통계적 유의성에 관련된다. 네 번째 표에서는 유의확률과 함께 Exp(B)를 눈여겨보면 된다. 유의확률을 0.05로 설정했다면 이와 같거나 작은 경우에 유의하게 그런 변수들만이 종속변수에 영향을 미친다. Exp(B)는 'Odds Ratio'라고도 하는데 OR로 표기되기도 한다. Exp(B)가 1 초과인 경우는 정적인 영향을, 1 미만인 경우는 부적인 영향을 미친다고 해석한다. 이를테면, 앞의 분석에서 문학에 대한 Exp(B)=0.97이라면 이는 문학 성적이 국어 과목 선호도에 미치는 영향이 부적임을 의미한다. 논문에 제시할 때는 종속변수와 독립변수, Exp(B), 유의확률, 신뢰구간에 대한 상한값과 하한값을 제시해 주면 된다. 설명력이나 분류의 정확도는 부차적으로 언급할 수 있다. 윤은경·자오원카이(2017)는 한국어 화자와 중국어 화자의 음높이 변화에 대한 지각 연구를 하면서 이분형 로지스틱 회귀분석을 활용한 사례이다.

또한 로지스틱 회귀분석의 다른 유형으로 '순서형 로지스틱 회귀분석(ordinal logistic regression analysis)'이 있다. 이 분석 방법은 국어교육이나 한국어교육에서 잘 사용하지 않는데, 종속변수가 등구간 눈금이 아닌 명목 눈금(일종의 범주형 변수라고 볼 수 있는데, 편의상 1, 2, 3, 4 등)인 경우에 쓸 수 있는 방법이다. SPSS에서 [분석] → [회귀분석] → [순서형]을 선택하고, 종속변수에는 1, 2 같은 범주형 변수를, 공변량에는 독립변수를 배치한다. 앞에서와 마찬가지로 옵션에서 {적합도 통계량}과 {평행성 검정}+{다항 상수항 포함}을 선택한다. 평행성 검정은 종속변수가 1단위 변할 때마다 독립변수가 동일한 영향을 준다는 것을 확인하기 위해서 필요하다. 평행성 검정에서 p값이 0.05보다 커야 이 분석의 기본적인 가정을 충족한다는 점에 유의해야 한다.

로지스틱 회귀분석과 비슷한 유형인 '판별분석(discriminant analysis)'은 종속변수와 독립변수가 정규분포를 이루어야 한다는 점에서 차이가 있을 뿐이며, 결정 요소 혹은 변별 요소를 확인하는 분석이다. 이를테면, 국어 과목 선호도의 높낮이가 있는데 그 높낮이를 결정하는 요소 혹은 선호도가 높다거나 낮다고 결정할 수 있는 독립변수가 무엇인지를 결정하는 분석이라고 할 수 있다. 또한 로지스틱 회귀분석은 집단의 소속 여부를 확률로 판단하지만, 판별분석은 종속집단의 어디에 속하는지 그렇지 않은지 이분법적으로 판단한다.

같이 생각해 보기

다음은 윤은경·자오원카이(2017:37)에서 이분형 로지스틱 회귀분석을 한 결과표입니다. 이를 바탕으로 변수가 무엇인지, 통계적으로 유의한지 판단해 보십시오. 그리고 제시된 자료에서 추가되어야 할 정보는 무엇인지 생각해 봅시다.

타입			B	S.E.	Wals	자유도	유의확률	Exp(B)	Exp(B)에 대한 95% 신뢰구간 하한	상한
A	1단계ᵃ	국적	.960	.252	14.507	1	.000	2.610	1.593	4.277
		상수항	-2.529	.425	35.472	1	.000	.080		

a. 변수가 1단계에 진입했습니다 국적. 국적.

(4) 구조방정식 모형[58]

요인분석과 마찬가지로 구조방정식 모형(SEM; structural equation modelling)은 단일의 연구 얼개 안에서 여러 변수 사이의 관계를 해석하기 위해 사용된다. 이 모형이 요인분석보다 나은 점은 변수들 사이의 직접적인 관계를 보여줄 뿐만 아니라 변수들이 서로 어떻게 연관되어 있는지를 보여준다는 것이다. 따라서 SEM은 상관관계에 바탕을 둔 인과관계를 검정할 수 있는데, 이런 점 때문에 더 설명력이 있고 상관 분석을 폭넓게 적용 가능하도록 해주며, 인과적 설명이 타당도를 지닐 수 있도록 해준다. 구조적인 관계는 일반적으로 일련의 회귀방정식에 의해 검정이 이루어진다. 모형이라는 이름이 붙은 이유는 아래와 같은 그림을 보여주기 때문이다.

[그림 16] SEM의 본보기 사례 – 주영주 외(2012:567)

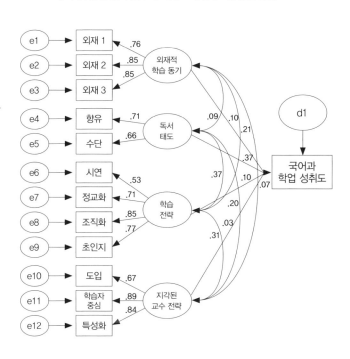

---

58) 국어교육 영역에서도 SEM을 이용한 분석을 하고 있는 논문이 적지 않다. 우리나라에 소개된 외국의 저서 가운데, Kline(2005)가 접근하기도 쉽고 이해하기도 편하게 되어 있다. 이 책의 12장에는 SEM 분석에서 단계별로 범하기 쉬운 실수 44가지를 제시하고 있다.

이 그림은 SEM 모형에서 나타나는 일반적인 모형 표시 방식이다. 큰 동그라미는 잠재적인(이론적인) 구성 성분을 보여주는데, 네모 안에 있는 실제로 관찰된 도구에 의해 자리매김된다. 큰 동그라미에 있는 변수들을 잠재변수[59]라 하는데, 연구자가 변수들의 공통점을 뽑아서 붙인 이름들이다. 이들은 관찰되고 측정된 많은 변수의 배후에 있는 변수로 가정한다.[60] (e1)과 같은 작은 동그라미는 오차변수들로 대부분 무시된다. 화살표는 변수들 사이의 연결을 나타내며, 계수는 상관계수와 같은 방식으로 해석된다.[61] 구체적으로 언급하면 '외재적 학습 동기'는 '외재 1~3'에 이르는 변수들에 영향을 미치고 있음을 보여준다. (e1)과 같은 동그라미들은 여러 가지 이름으로 부르는데, '구조오차' 혹은 '잔차'라고 한다.

여기서는 SEM을 얻기 위한 기본 절차를 중심으로 설명하기로 한다. SEM을 얻기 위한 여러 가지 프로그램이 있지만, 널리 사용되는 것은 AMOS이다.

먼저 SEM을 적용하기 위해서 조사연구자는 이론 모형을 분명히 언급해야 한다. 즉 중심 변수들은 양적 자료를 통해 조사하고 직접적인 관계들을 분명히 표시해 주어야 한다(AMOS 프로그램에서 모형을 그릴 때 화살표가 있는 직선으로 표현). 이때 주로 외생변수와 내생변수의 결정, 그리고 측정 변수들의 관계에 초점을 맞추어야 한다.

---

59) Kline(2005:31)에서는 잠재변수가 인간의 속성이나 상위 분석 수준의 단위가 가지는 속성 또는 측정 방법의 속성 등에 관한 이론적인 요소들이 포함될 수 있다고 했다.

60) 구조방정식 모형에서 외생변수는 독립변수를 말하는 것이고, 내생변수는 종속변수를 의미한다(송지준, 2011:385).

61) SEM 본보기 사례 그림과 같은 영향 관계를 파악하기 위해서는 여러 단계의 다중 회귀분석을 실시해야 하지만, SEM에서는 단 한 번의 절차로 미치는 영향력의 크기를 알아볼 수 있도록 해준다.

그다음은 확인적 요인분석(confirmatory factor analysis)을 실시한다. 요인별로 확인적 요인분석을 하려면 AMOS에서 [메뉴] → [view/set] → {analysis property} → {output} 탭을 선택한다. 이때 표준화된 인과계수(standardized estimate)와 다중 상관 제곱(squared multiple correlations)을 추가로 선택한다. 그리고 [메뉴] → [Calculate Estimates] 순으로 클릭하여 분석을 시작하도록 한다. 다시 [메뉴] → [view/set]에서 {table output}을 선택하면 여러 가지 표가 나타나는데, 인과계수(estimate), 표준오차(S.E.), 검정 통계량(C.R.)이 나타나는 표가 있다. 검정 통계량은 인과계수를 표준오차로 나눈 값을 말하며, t-검정이나 분산분석 등에서 나오는 t값과 같은 의미다. 그리고 표준화된 인과계수(standardized regression weights),[62] 분산 등을 나타내는 표도 있는데, 이들에서 변인별로 가장 낮은 항목이 무엇인지 눈여겨 보도록 한다. 가장 낮은 항목은 적합도를 높이기 위해서 제거되어야 하는 변수이기 때문이다.

다중 상관 제곱(SMC)을 보여주는 표도 있는데, 이는 상관분석이나 회귀분석에서 R^2, 즉 독립변수의 설명력을 의미한다. 또 모델 적합도 검정(Fit Measures)과 관련한 표도 있다. 여기에서는 세 가지 모형이 나타나는데, 주로 초기 모형(default model)에만 유의하면 된다. 이 적합도 모형 검정에는 여러 가지 통곗값이 제공되는데, 이를 간단히 정리하면 다음 [표 18]과 같다.

---

62) 이는 탐색적 요인분석에서 나타난 요인 적재치와 비슷한 의미로, 1에 가까울수록 중요성의 정도가 크다는 것을 의미한다.

[표 18] 확인적 요인분석 결과에서 나타나는 통곗값의 의미와 기준값

구분	설명	적합도 기준값	비고
CMIN/p	카이제곱 값	p<0.05	유의확률이 0.05 이하일 때 '모델은 적합하다.'라는 귀무가설을 기각시킴.
CMIN/DF	카이제곱 값을 자유도로 나눈 값	2 이하	
RMR	잔차의 근제곱 평균	0.05 이하	
CFI	적합도 지수의 좋음	0.9 이상	
AGFI	조정된 적합도 지수의 좋음	0.9 이상	
CFI	상대적 적합도 지수	0.9 이상	
RMSEA	근사치의 근제곱 평균오차	0.05 이하	
IFI	점진적 적합도 지수	0.9 이상	
NFI	규준 적합도 지수	0.9 이상	

　만약 여러 항목에 걸쳐 위에서 제시한 적합도 기준값을 충족시키지 못했을 때는 SMC(다중 상관 제곱)에서 설명력이 낮은 값, 즉 0.4 이하인 항목이나 문항을 제거하면서 적합도를 충족시킬 필요가 있을 것이다. 이와 같이 하여 요인분석을 할 수 있다.

　요인분석을 통해 제시한 모형에서 잠재변수들과 문항(혹은 항목들) 사이의 인과관계를 바탕으로 측정 모델을 분석할 수 있다. 기본적인 절차는 앞서 언급한 것과 같다. 만약 앞서 언급한 절차를 통해 모형 적합도 결과를 확인했을 때, 적합하다면 그대로 수용하지만 그렇지 않다면 SMC가 0.4 이하인 항목들을 제거하면서 순차적으로 수정해 나가야 한다. 측정 모델의 분석 결과에서는 잠재변수들(측정 모형을 통해서 제시한 개념) 사이의 내적 일관성과 관련된 신뢰도 계수를 함께 제시하는 것이 좋은데, 일반적으로 크론바흐 알파 값 0.60 이상을 기

준값으로 삼는다.[63] 이 결과들을 바탕으로 요인 적재치와 표준화된 요인 적재치, 표준오차와 CR SMC, 신뢰도 계수를 제시하면서 간단한 설명을 덧붙여 논문에 담는다. 특히 번잡함을 피하려면 모형에 대해 앞의 표에 제시된 값을 중심으로 적합도 기준값을 충족했는지 전체적인 설명을 덧붙이는 것이 좋다.

다음 단계로 할 일은 측정 모델의 타당성 평가이다. 이를 위해 널리 쓰이는 개념은 '집중 타당성'과 '판별 타당성'이다. 이때 '분산 추출의 평균값(variance extracted; VE), 표준오차 추정 구간치(two standard-error interval estimate), 개념 신뢰도값(construct reliability; CR), 평균 분산 추출값(average variance extracted; AVE)' 등을 직접 계산해서 구해야 한다(송지준, 2011:387).[64]

측정 모델의 타당성 평가를 논문에 인용할 때는 구성 개념 사이의 상관관계도 함께 제시해야 한다(송지준, 2011:402). 다음 쪽의 [표 19]에서 제시한 타당성 평가 결과가 적합하게 나온다면 제안 모델을 분석하여 가설을 검정한다.[65] 아울러 적합도 검정도 실시한다.

구조방정식 모형에 따른 분석 결과를 제시할 때는 앞에서 설명한 각 단계의 최종 자료가 포함되어야 한다. 즉 확인적 요인분석 결과, 측정 모델 분석 결과, 측정 모델 타당성 검정 결과, 제안 모델 분석 결과, 가설 검정 결과를 포함하도록 한다.

모든 기법에서와 마찬가지로 SEM은 한계가 있다. SEM은 최종 모

---

63) 국어교육 분야에서 이 과정에 대한 자세한 본보기는 주영주 외(2013)도 참고할 수 있다.
64) 여기서 논의들은 주로 송지준(2011)의 설명을 참고했다. 중심 개념과 공식만을 간단하게 제시하기로 한다.
65) 만약 그렇지 않다면 모델에 대한 수정 및 개량을 해야 한다. 그 과정은 송지준(2011:28장)을 참고할 수 있다.

[표 19] 측정 모델의 타당성 평가를 위한 방법 – 송지준(2011) 참조

구분	개념	방법	공식	기준값	자료[66]
집중 타당도	개념 (construct)[67]을 이루는 문항들 사이의 일치 정도	분산 추출(VE)의 평균값	$VE = \dfrac{\sum\limits_{i=1}^{n} \text{표준화 추정치}_i^2}{n}$	0.5 이상	①
		개념 신뢰도 값	$\dfrac{(\sum \text{표준화 추정치})^2}{(\sum \text{표준화 추정치})^2 + \sum \text{측정 오차}}$	0.7 이상	①+②
		표준화 인과계수	별다른 공식 없음	0.5 이상	①
판별 타당성 검정	서로 다른 변수들 사이의 상관계수가 낮아야 함	평균 분산 추출(AVE)	$\dfrac{(\sum \text{표준화 추정치})^2}{(\sum \text{표준화 추정치})^2 + \sum \text{측정 오차}}$	AVE > ③²	①+②, ③
		표준오차 추정 구간	상관계수 $\pm$ (2×표준오차;$S.E.$) $\neq$ 1	1이 아님	④

형 조건을 만족시키기 위해 여러 가지 정보를 제공하고, 이 정보는
대안 모형을 비교하여 적합하지 않은 모형을 기각할 때 활용된다.
그러나 제공되는 정보는 들어맞을 가능성이 있는 정보 가운데 하나
에 지나지 않을 수 있다는 점을 염두에 두어야 한다. 아울러 밝혀진
인과관계도 가설로 설정한 인과관계가 수용 가능한지 여부만을 알
려줄 뿐이라는 점도 유의해야 한다.

---

66) 여기서 자료는 모델의 적합도 향상을 거쳐서 최종 수정된 모형의 타당도 평가로부터 나온 자료의 일부분을 가리킨다.

67) 일반적으로 사람의 심리나 인지적 특성을 다룬 개념들은 여러 개념이 복합되어 있다. 이를 테면, 읽기에서 동기는 효능감이나 성취감 등과 같은 복합적인 개념 구성물인 것이다. 이를 구조방정식 모형에서는 잠재변수라 했고, 이것이 모형 안에 정착이 되면서 하나의 개념으로 자리 매김했다. 편의상 여기서는 '개념'이라는 이름을 붙여놓았다. 여기에는 개념에 관련되는 여러 하위 항목이나 변수가 있다. 앞의 SEM 본보기 사례 그림에서 외재적 동기나 독서 태도 등을 가리킨다. 각각의 부호는 다음을 가리킴; ① 표준화된 인과계수, ② 분산, ③ 상관계수, ④ 공분산.

3부 현장 조사연구 자료 분석

(5) 메타분석

메타분석은 1976년에 Gene Glass[68])에 의해 처음 소개된 용어이다(Dörnyei, 2007:217). 이 용어는 당시에 어떤 주제에 대해 이미 출간된 (상업적인 출간뿐만 아니라 논문 형태로 세상에 알려진) 다수의 조사연구 논문을 검토하고 종합하려는 체계적인 접근법이라는 의미로 도입되었다. 용어 자체에 암시되어 있듯이 '분석에 대한 분석'으로 이해할 수 있다. 따라서 메타분석은 '연구 문헌에 대한 양적인 검토'로 간주하면 된다. 메타분석의 특징은 수량적이며, 상이한 연구를 종합하며, 이를 바탕으로 일반적인 결론을 도출한다는 세 가지 특징이 있다(조재윤, 2005:281). 결국 메타분석은 같은 연구 주제로 실시된 많은 양적 조사연구를 다시 통계적으로 통합하는 것으로, 이미 있는 연구 방법의 한계를 포괄적이고 거시적인 관점에서 객관성을 띠도록 종합하는 것이라고 할 수 있다.

메타분석의 장점은 여러 연구를 종합함으로써 체계적이며 정확한 결론을 내릴 수 있다는 것이다. 메타분석이 지니는 단점은 서로 다른 연구의 결과를 종합하는 성격에서 비롯된다. 또한 연구의 품질을 구분하지 않음으로써 결과를 일반화하는 데서 신뢰도에 문제가 있을 수 있다. 이와 같은 단점을 극복하기 위해서는 개별 연구의 질적 수준을 가늠하거나 극단적인 실험 결과들을 배제할 필요가 있다.

492쪽에 나오는 윤준채(2009)의 설명은 메타분석에서 앞서 지적한 신뢰도의 문제를 극복하기 위한 과정을 자세히 보여준다. 반드시 윤준채(2009)에서 제시한 것과 같은 절차를 따를 필요는 없지만, 신뢰도의 위협으로부터 벗어나려는 노력을 했다는 것을 논문에 명시해야 한다.

---

68) Glass(1976)에서는 자료 분석을 세 단계로 나누고 있다. 1, 2차 분석과 메타분석이다.

메타분석의 주된 목적은 다양한 연구논문에서 효과크기를 추정하는 데 있다. 효과크기[69]는 이런 지표를 통해 맥락 독립적인 성질, 즉 개별 실험 상황에 얽매이지 않은 일반적인 성질을 드러낸다. 효과크기를 구하는 공식은 다음과 같다.

효과크기를 구하는 공식

$$\frac{\overline{X_e} - \overline{X_c}}{Sd_c}$$

($\overline{X_c}$는 비교집단의 평균 점수, $\overline{X_e}$는 실험집단의 평균 점수, Sd_c는 비교집단의 표준편차를 의미함)

그러나 초기의 이 공식을 대신하여 표준화된 평균차를 이용하는 공식이 널리 쓰이고 있다(조재윤, 2005). 분자 부분은 같고 통합 표준편차를 분모로 사용한다. 그 공식은 다음과 같다.

통합 표준편차를 이용하여 효과크기를 구하는 공식

$$\frac{\overline{X_e} - \overline{X_c}}{S_{pooled}}, \quad S_{pooled} = \sqrt{\frac{(n_1-1)S_1^2 + (n_2-1)S_2^2}{n_1 + n_2 - 2}}$$

(n_1, n_2는 각각 실험집단과 비교집단의 개체수를 나타내며, S_1, S_2는 각각 실험집단과 비교집단의 표준편차를 나타냄)

---

69) 분석 방법에 따라 효과크기를 셈하는 방법도 다르지만 다른 통계 절차보다 복잡하지는 않으므로 충분히 셈할 수 있을 것이다. 일반적으로 효과크기 0.3 정도가 일반적으로 크다고 인정되고 있다(Meta-Stat User's Guide:37).

한편, 추정 통계량을 보여주는 t값(차이 검정을 통해 나온 값)이나 F값(일원 분산분석을 통해서 나온 값)만이 제시될 경우도 효과크기를 계산할 수 있다. 아래 공식에서 ①은 t값에 대한 효과크기를 셈하는 방법이고, ②는 F값에 대한 효과크기를 셈하는 방법이다.

추정 통계량을 이용하여 효과크기를 구하는 공식

① t 값을 이용하여 효과크기를 구하는 공식

$$ES = t\sqrt{\frac{n_1 + n_2}{n_1 n_2}}$$

② F 값을 이용하여 효과크기를 구하는 공식

$$ES = 2\sqrt{\frac{F}{N}}$$

메타분석을 실행하기 위해서는 절차가 필요하다. 먼저 주제를 정하고 관련되는 조사연구 문헌을 찾아보아야 한다.[70] 각 대학교 전자도서관을 통해 검색하거나 학회의 자료 창고를 이용할 수 있다.[71] 이들 가운데 연구논문으로서 자리매김이 잘 되지 않거나 필요한 통계적 기술이 불충분한 논문은 솎아낸다. 그다음은 조사연구 분석 방

---

70) 이는 반드시 정해져 있지 않은데, 넓은 범위에서 잡고 참고 문헌 자료를 모으다가 어떤 변수에 대해 어느 정도 연구 성과가 발견된다면 그런 변수의 영향력을 확정하기 위해 메타분석의 방법을 선택할 수 있다.

71) 누리그물에서 학술 자료 검색이 가능한 대표적인 곳은 'DBPIA, KISS, RISS4U'이다. 이들 가운데 RISS4U는 학위논문까지 검색할 수 있고, DBPIA는 검색한 학술지가 한국연구재단의 등재지인지 후보 등재지인지 보여준다. DBPIA와 KISS는 검색 가능한 학회가 다르다. 이는 자료 검색과 이용의 책임을 맡은 회사와 학회 사이에 맺은 계약의 차이 때문이다. DBPIA와 KISS는 대체로 대학교 등의 도서관과 연계가 잘 되어 있기 때문에 자료를 열어보기 쉬운 반면, RISS4U는 통합 검색이 가능하지만 자료를 열어보기 위해서는 별도의 절차를 거쳐야 한다.

법, 모집단 혹은 표본집단, 통계 처리의 결과를 중심으로 알맞은 효과크기 산출 방법을 정한다. 아직 국내 학회에서는 효과크기를 요구하지 않기 때문에 효과크기가 제시된 자료를 모으기가 쉽지 않을 듯하다.[72] 자료의 타당도와 신뢰도를 바탕으로 여기서 제시된 효과크기를 논문의 목적에 맞게 이용할 수 있을 것이다.

다음은 요약하기 전략 지도가 독해에 미치는 영향을 메타분석을 통해 보여주는 절차를 소개한 윤준채(2009:217)의 글이다. 메타분석을 위해 논문을 선정하는 절차를 보여주는 대표적인 사례이다.

윤준채(2009)에서 사용한 메타분석 자료 선정 방법

메타분석 자료로서 약 70여 개의 연구물이 수집되었고, 아래의 기준에 따라 검토가 이루어졌다.

① 요약하기 집단은 통제집단과 비교되어야 한다.
② 효과크기를 추정할 수 있는 통계량이 제시되어야 한다.
③ 1990년 이후에 발표된 연구물이어야 한다.
④ 종속변수는 읽기 이해(자유 회상)를 포함해야 한다.

즉 초기 검토 단계에서 30개의 연구물이 선택되어 그러한 연구들의 요약본이 검토되었다. 2차 검토 단계에서는 그 가운데 20개의 연구물이 다시 선택되었고, 그러한 연구물의 완본(完本)이 검토되었다. 최종적으로 10개

---

72) 한국어교육의 쓰기에서 메타분석을 한 연구로 백재파(2016)의 〈한국어 쓰기 교육에서 피드백 효과에 대한 메타분석 연구〉(《우리말연구》44, 253－283)가 있다. 이 연구에서는 한국어 쓰기 교육에서 되짚어주기의 효과를 알아보기 위해 이와 관련되는 20여 편의 논문을 바탕으로 되짚어주기의 주체, 초점과 방법으로 나누어 효과크기를 검정했다.

의 연구물이 기준을 충족시키지 못해 탈락했고, 나머지 10개의 연구물만
이 분석의 대상으로 선택되었다.

한편, 메타분석을 위해 별도의 프로그램을 사용할 수 있다. 누리
그물(http://echo.edres.org:8080/meta)에서 무료로 프로그램과 안내서
등을 제공한다. 메타분석의 품질을 결정하는 데 중요한 것은 이전에
발표된 논문들, 즉 분석 대상 논문들의 품질일 것이다.

9. 양적 분석에서 신뢰도 점검하기

신뢰도는 일관된 측정이나 검사를 위한 문항이 믿을 만한지, 검사나
측정에 참여하는 주체의 관찰이나 채점이 믿을 만한지와 관련되는
정도이다. 여기서는 양적 자료 분석과 관련된 신뢰도를 중심으로 언
급하기로 한다. "고전적인 이론에서 신뢰도를 추정하는 여러 방법이
있다. 시간에 걸친 일관성에 대해서는 평가-재평가 점수들 사이의
상관관계, 형식에서 같음에 대해서는 병렬 상관관계 혹은 비교 검정,
판단에서 같음에 대해서는 채점자 간 신뢰도 점검, 평가 안에서 일
관성에 대한 신뢰도 추정이 있다(Hatch & Lazaraton, 1991:18장)."

(1) 검사 도구의 신뢰도

조사연구의 신뢰도를 높이기 위해 널리 쓰이는 방법은 '검사-재검
사'이다. 이름에서 알 수 있듯이 동일한 표본집단과 물음들을 놓고
서 두 차례에 걸쳐 현장 조사연구를 함으로써 그 결과를 통해 신뢰

도를 보장하는 방법이다.[73] 이는 일반적으로 답변의 일치에 관련되는 정도를 알아보는 일치 비율 혹은 일치 계수를 통해 그 판단이 이루어진다. 즉 모든 표본집단에 걸쳐 모두 정확히 똑같은 답변의 숫자들을 세고 그 숫자를 답변의 전체 크기(표본 크기 N × 물음의 수)로 나누면 된다. 검사를 했다면 점수를 비교하는데, 이때 상관계수를 이용할 수 있다. 두 차례의 현장 조사연구에서 동일한 표본집단에 의해 산출된 두 묶음의 점수가 어느 정도 상관이 있는지 알아봄으로써 조사연구에서 사용된 물음들의 신뢰도를 높일 수 있다. 이런 경우 상관계수 0.87은 '87%의 신뢰도' 혹은 '13%의 신뢰도 위협'으로 해석할 수 있다.

그렇지만 검사 시간의 간격, 즉 사전 검사와 사후 검사의 간극이 과연 신뢰도를 보장할 수 있느냐 하는 점이 문제가 될 수 있다. 국어교육에서는 일반적으로 3개월 정도의 시차를 두지만, 그동안 검사 참여자의 지적인 자람과 정서적인 변화를 무시할 수 없을 것이다. 아울러 검사가 실시되는 환경의 동일성도 문제가 된다. 그럼에도 불구하고 재시험이나 재검사를 이용하는 까닭은 신뢰도를 높이기 위한 최소한의 방법이기 때문이다.

다음으로, 비슷한 형태의 시험지나 설문지를 통해 신뢰도를 검사할 수 있다. 비슷한 물음이나 난이도를 지닌 시험지 혹은 설문지 A와 B를 만들고, 이 두 집단에서 시험지(평가)라면 점수, 설문지라면 비슷한 내용의 설문에 답하는지를 조사해 볼 수 있다. 이때 시험에서는 상관을, 설문지에서는 일치 계수를 점검해 봄으로써 조사연구의 신

---

73) 일반적으로 재평가를 하게 된다면 시간 간격이 2주 이내여야 신뢰도가 보장된다고 한다. 이는 자람과 잊어버림에 따른 영향을 최소화할 수 있는 시간으로 간주한다.

뢰도를 높일 수도 있다. 이를 '반분법(split-half method)'이라 부른다.

반분법은 유형에 따라 짝수 문항과 홀수 문항으로 구분하는 '기우법', 전체 검사를 문항 순서에 따라 앞과 뒤로 나누는 '전후법', 무작위로 반분하는 '단순 무작위법', 문항 특성에 따라 반분하는 방법이 있다. 특히 문항 특성에 의한 반분법은 문항의 난이도와 다른 문항과 구별되는 정도에 따라 이루어진다. 이와 같은 반분법에 의한 신뢰도 검사에서는 반분할 수 없는 속성이 있다. 이를테면, 뒤의 문항에 응답할 수 없는 시간의 제약이 엄격한 경우에는 적용하기 어렵다 (태도에 대한 학습 전과 학습 후의 문제). 그리고 위에서 제시한 반분법 가운데 가장 신뢰도가 높은 것은 마지막 방법이므로 이를 고려할 필요가 있다.

신뢰도를 높이는 다른 방법은 이미 신뢰성이 확증된 측정 도구를 사용하는 것이다(Babbie, 2001:142). 예컨대, 학생들이 글쓰기에 대한 효능감을 어느 정도 느끼고 있는지, 그리고 그 효능감이 글쓰기에 어떤 영향을 미치는지 알고자 한다면 두 가지를 살펴야 한다. 먼저 학생들이 자신의 글쓰기에 느끼는 효능감을 알아보아야 하고, 그다음에 적절한 글감을 제시하고 학생들이 쓴 글을 살펴야 한다. 이때 효능감에 관련되는 설문지 조사를 할 수 있는데, 효능감을 알아볼 수 있는 자료를 마련하는 일은 쉽지 않다. 하지만 기존의 연구에서 효능감에 관련된 설문지 조사 문항이 있으면 이를 활용할 수 있다.[74] 기존의 연구를 활용할 때는 당연히 거기에 활용된 검사 도구의 신뢰도뿐만 아니라 시대의 변화나 환경의 변화 등도 고려해야 한다.

신뢰도와 관련하여 또 다른 핵심 내용은 내적 일관성이다. 앞에서

---

74) 박영민(2006)의 연구가 참고가 된다.

논의한 두 가지 방법을 통해 내적 일관성이 있음을 입증할 수 있다. 그렇지만 다른 방법으로 내적 일관성을 검사할 수 있는데, 현장 조사연구에서 가장 일반적으로 알려진 내적 일관성 신뢰도는 '크론바흐 알파계수(Cronbach alpha coefficient)'이다. 이분법적인 답이 붙어 있는 질문(예/아니오, 옳다/그르다)이나 리컷 눈금(셋 이상의 선택지 가운데 하나를 선택하게 함)으로 측정한 답변을 얻은 점수를 바탕으로 이들을 활용하여 계산하는 방식이다.

크론바흐 알파계수를 구하는 절차

- 1단계: 각 문항에 대한 평균값을 구한다.
- 2단계: 학생들의 응답 총점을 구한다.
- 3단계: 1단계와 2단계에서 셈한 결과들을 표의 세로줄 아래와 가로줄 오른쪽 끝에 적어둔다.
- 4단계: 각각의 세로줄, 즉 문항에 대하여 분산을 엑셀 프로그램을 이용하거나 손으로 셈한다. 분산 $\sigma = \sum_{i=1}^{N}(x_i - \mu)^2 / N$
- 5단계: 각 문항에 대한 분산의 차를 모두 더한다.
- 6단계: 각각의 가로줄, 즉 실험 참여자의 개인별 점수에 대한 분산을 구한다.
- 7단계: 4단계와 6단계에서 얻은 값을 다음 공식에 대입한다.
  $\alpha = \dfrac{n}{n-1}\{1-(\sum_{i=1}^{N}\sigma^2_{Yi}/\sigma^2_x)\}$ (n=문항 수, σ_{Yi}=i번째 문항 점수의 분산, σ^2_x=총점의 분산임)
- 8단계: 필요한 계산을 실행한다.

만약 이 값으로 $\alpha = 0.96$을 얻었다면 96%의 질문은 믿을 만하고, 4%는 그렇지 않다고 해석할 수 있다. 그리고 이런 경우에는 대부분

검정의 결과를 통계적으로 유의하다고 받아들인다. 일반적으로 크론바흐 α에 의한 신뢰도 추정은 앞서 소개한 반분법보다 더 믿을 만하기 때문에 신뢰도 추정에 널리 쓰인다.

검사 도구의 신뢰도 측정과 관련해서, 신뢰도가 높다는 사실이 반드시 좋은 것은 아니다. 서로 다른 집단 사이의 신뢰도가 높다는 것은 물음에 대해 어떤 집단이든 천편일률적인 반응을 보인다는 바람직하지 않은 사실과 연결될 수 있기 때문이다. 마찬가지로 같은 집단에 대해서도 서로 다른 능력이나 대상을 측정하는데, 신뢰도가 높다는 것은 물음에 응답을 하는 태도가 게으름이나 엉터리 답변 등과 관련이 있을 수 있다는 점을 챙겨보아야 한다.

성태제·시기자(2015:203 – 204)에서는 검사 도구의 신뢰도를 높이려면 신뢰도에 영향을 주는 요인들을 잘 알아둘 필요가 있다고 하면서 신뢰도에 영향을 주는 요인으로 다섯 가지를 소개했다.

신뢰도에 영향을 주는 요인[75]

① 문항의 수가 많을수록 신뢰도가 증가한다.

② 문항의 난이도가 적절할 때 신뢰도가 증가한다.

③ 문항 변별도가 높을 때 검사의 신뢰도는 증가한다.

④ 검사 도구의 측정 내용이 좀 더 좁은 범위의 내용일 때 신뢰도는 높아진다.

⑤ 검사 시간이 충분해야 하므로, 속도 검사보다는 역량 검사일 때 신뢰도가 높아진다.

---

75) ①, ⑤ 항목은 표현의 일관성을 위해 필자가 그 책에 제시된 내용을 바탕으로 손을 보았다.

(2) 관찰자 신뢰도[76]

국어교육 영역에서 관찰자 혹은 채점자의 신뢰도 문제가 평가와 관련하여 주로 논의된다. 채점자 간 신뢰도와 채점자 내 신뢰도가 많이 언급되었고, 이들을 '채점자 오차원(error source)'[77]으로 불렀다. 이와 관련하여 신뢰도를 높이기 위한 가장 믿을 만한 방법은 채점자의 수를 최대한으로 늘려 잡는 것이다. 그러나 현실적으로는 쉽지 않기 때문에 (통계적) 검정의 방법을 통해 신뢰도가 보장되고 있음을 확인하게 된다.

채점과 관련한 신뢰도 추정 방법으로 상관계수법이 널리 쓰여왔다. 이는 채점자들 사이에 차이가 있는지 분석하는 것으로, 같은 평가 대상(글이나 실험 참여자)을 놓고 평가자들 사이에 부여한 점수가 상관관계에 있는지를 살피는 방식이다. 그렇지만 이 방법은 오차의 근원을 분석할 수 없다는 단점이 있다. 이를 보완하기 위해 판별함수를 이용할 수 있는데, 이는 함수식을 만들기 어렵다는 점에서 현장 조사연구자들이 접근하기가 쉽지 않다. 최근에는 '라쉬(Rasch) 모형'을 이용하여 평가자들의 평가 경향을 분석하고 있기도 하다. 그러나 이 방법도 산술적인 절차의 복잡성 때문에 현장 조사연구자들이 접근하기 쉽지 않다.

채점이나 평가와 관련하여 신뢰도를 추정하는 방법으로, 여기서는 양적 조사연구에서 널리 쓰이는 '일반화 가능도 이론'과 질적 조

---

76) 조재윤(2009:329)에서는 평가의 결과를 점수로 부여하는 사람을 채점자, 평가의 결과를 등급으로 부여하는 사람을 평정자, 관찰에 의한 결과를 부여하는 사람을 관찰자라고 했다. 이는 검사, 관찰, 평가 등이 현장 조사연구에서 다르게 반영되도록 구분하는 의미가 있다. 평가 국면에서는 오차가 과제와 채점자, 평가 기준에서 나타날 수 있다.

77) 통계학에서 error는 오차로 해석하고 있다. 따라서 이 용어는 '誤差+源(근원)'이란 의미를 지니고 있다.

사연구[78])에서 활용되는 'Kappa 계수'를 소개하기로 한다.

　일반화 가능도 이론은 측정 방법, 절차, 목적에 따라 이루어지는 채점에서 오차의 원천을 추정할 수 있는 방법이다. 따라서 채점에서 나타날 수 있는 오차의 원인을 밝혀줄 뿐만 아니라(일반화 연구), 이를 바탕으로 바람직한 평가를 위해 이런 요인들을 통제할 수 있는 모형을 제안할 수 있다(결정 연구). 이는 오차의 원인이 되는 요인들(facet), 이를테면 평가 시기, 채점자 수, 과제의 수, 평가 기준 같은 영향력을 미치는 요인들의 수를 조정함으로써 가능한데, 이때 일반화 가능도 계수(ϱ, 상대평가) 혹은 의존도 계수(ϕ, 절대평가)를 활용한다. 일반화 가능도 계수는 0.7에서 0.8 정도가 적합한 것으로 인정하며, 의존도 계수는 0.6에서 0.8 정도가 적합한 것으로 인정된다. 일반적으로 평가(쓰기 평가나 말하기 평가)에는 여러 요인이 관여하기 때문에 산술이 복잡할 수 있다. 그래서 GENOVA 프로그램을 이용하여 셈하는 경우가 많다.

　일반화 가능도 계수는 평가자의 주관에 따라 점수 부여가 달라지는 평가(상대평가)에서 평가 관련 요인들의 영향력을 알아볼 수 있다. 먼저 평가자 한 명이 평가를 하고 그 요인만 고려할 경우(단일 국면 교차 설계), 일반화 가능도 계수는 다음과 같이 추정한다.

① $E\rho^2 = \dfrac{\sigma^2_p}{\sigma^2_p + \sigma^2_{ip}}$ (σ^2_p: 피험자 분산, σ^2_{ip}: 채점자와 피험자 상호작용 분산)

② $\rho^2(g) = \dfrac{\sigma^2_p}{\sigma^2_p + \sigma^2_{err}}$ (σ^2_p: 전체 점수 분산, σ^2_{err}: 오차 점수 분산)

---

78) 엄격히 말하면 연속되지 않은 등급을 부여하는 경우로, 명목 눈금(명목 변수)이 부여된 경우이다.

②는 여러 요인이 평가에 개입하는 경우 평가의 조건들에 따라 다르게 나타날 것이므로 일반화 가능도 계수도 낮아지거나 높아질 것이다. 의존도 계수의 경우도 공식은 비슷하다. 다만 점수를 얻은 원천이 절대평가이므로 그에 따라 결과의 해석이 달라질 것이다.

국어교육에서 일반화 가능도 계수를 바탕으로 한 논의는 조재윤(2008, 2009)이 있다. 조재윤(2009)에서는 앞서 언급한 프로그램인 GENOVA(3.1버전)를 이용하여 3국면 완전 교차 모형 설계를 적용했는데, 일반화 연구를 거쳐 결정 연구를 했고, 쓰기 평가에서 일반화를 높이기 위한 적절한 요인들의 수를 결정했다. 그 결과 일반화 가능도 계수를 기준인 0.7 이상으로 높이려면 문항에 따라 과제 4~5개, 채점자 4명, 평가 기준 2개가 있는 평가가 이루어져야 한다는 결정을 내릴 수 있었다. 그리고 채점자 수를 늘리는 것보다는 평가 기준의 수나 과제의 수를 늘리는 것이 더 효율적임을 보여주고 있다.

다음으로 명목변수에서 신뢰도를 알아보는 방법을 보기로 한다.[79] 이 경우는 'Kappa 계수(K계수)'를 활용한다. K계수는 우연에 의해 얻을 수 있는 확률(아래 공식에서 그 값을 뺌)을 제외함으로써 얻을 수 있다.

Kappa 계수를 구하는 공식

$$K = \frac{P_A - P_c}{1 - P_c}$$ (P_A: 일치도 통곗값, P_c: 확률적으로 우연에 의해 일치될 확률)

---

79) 명목변수를 이용한 분석 자체가 모수적 분석은 아니기 때문에 여기서 다루는 신뢰도 계수는 질적 분석에서 활용할 수 있다.

예를 들어보면 다음과 같다.

계산의 편의를 위해 100명의 학습자를 정하고 이들을 대상으로 논설문을 쓰게 한 뒤 2명의 평가자가 A, B, C, D 네 개의 등급을 부여하는 총체적 평가를 했다고 가정해 보자. 이럴 경우 평가자에 따라 등급이 일치하는 경우도 있고 그렇지 않은 경우도 있을 것인데, 이를 다음과 같은 표로 정리할 수 있다.

[표 20] 논설문 평가에 대한 평가자들의 평가 결과 – 가상의 자료

		평가자 1				
		A	B	C	D	계
평가자 2	A	**5**	5	13	7	30
	B	7	**5**	2	11	25
	C	8	2	**8**	2	20
	D	5	3	7	**10**	25
	계	25	15	30	30	100

위 표에서 두 명의 평가자가 보이는 일치도는 $P_A = \dfrac{28}{100} = 0.28$이다. 일반적으로 상관계수에서는 0.80 이상, 일치도 판정에서는 0.85 이상의 값을 얻을 때 일치도가 높고 그에 따라 신뢰도도 높다고 판단한다. 그렇기 때문에 위 표에서 평가자들의 일치도는 논문에서 어떤 판단의 근거로 삼기에는 문제가 있다. 그러나 Kappa 계수를 구하는 연습이기 때문에 공식에 대입하기 위해 우연에 의해 일치된 판정을 받을 경우를 각각 구해보기로 한다.

위 표에서 대각선 방향으로 굵은 글씨로 된 값들이 두 평가자 사이에서 등급 판정에 일치를 보이는 수치다. 먼저 각각의 등급에서 우연에 의해 점수를 받을 확률을 구해야 한다. 그에 따라 A가 우연에

의해 점수를 받을 기대빈도는 $\frac{30 \times 25}{100}$=7.5, B의 기대빈도는 $\frac{25 \times 15}{100}$=3.75, C에 대한 기대빈도는 $\frac{20 \times 30}{100}$=6, D에 대한 기대빈도는 7.5이다. 따라서 100명의 피험자가 우연히 등급을 받을 확률 $P_e = \frac{7.5+3.75+6+7.5}{100}$=0.25이다. 이 값을 공식에 대입하면 다음과 같다.

$$K = \frac{0.28-0.25}{1-0.25} = 0.04$$

K값은 0.75 이상일 것을 요구하기 때문에, 이 값은 일치되는 평가를 했다고 해석하기 어려운 수치다.

10. 양적 분석에서 타당도 점검하기

타당도는 현장 조사연구에 쓰이는 눈금이 대상을 올바르게 측정했는가, 그리고 대상을 측정하기에 알맞은 눈금이 쓰였는가 하는 것과 밀접하게 관련되어 있다.[80] 타당도 점검은 원래 측정하고자 하는 내용이 그대로 조사연구에 실현되고 있는가를 살피는 것과 관련이 있다. 한편, Dörnyei(2007:40-41)에서는 조사연구 타당도의 하위 갈래로 내적 타당도와 외적 타당도를, 측정 타당도(구성물 타당도)의 하위 갈래로 내용 타당도와 기준 타당도를 설정하기도 했다. 여기서는 '인상 타당도, 절대기준 타당도, 내용 타당도, 구성물 타당도, 결정 타당도'를 간략히 살피기로 한다.

---

80) 신뢰도와 타당도는 구별되는 개념이다. 신뢰도는 올바르게 재고 있는가에 대한 속성이고, 타당도는 올바른 것을 재고 있는가에 관련되는 속성이다. 이를테면, 고장이 난 저울로 계속해서 어떤 사람의 몸무게를 재어 같은 결과가 계속 나온다면 타당도는 있지만 신뢰도는 없다고 보아야 한다.

(1) 인상 타당도[81]

인상 타당도(face validity)는 현장 조사연구를 위한 도구가 별다른 연수를 받지 않은 사람들에게도 타당하게 보이는 정도를 가리킨다. 이를테면, 설문지 조사에서 응답하는 사람이 조사연구에서 묻는 바를 오해 없이 받아들이고 연구의 목적에 맞는 물음에 제대로 답을 하고 있다는 인상을 받게 되는 정도를 가리킨다고 이해할 수 있다. 이는 설문지 조사가 갖는 측면의 하나로, 관련이 있는 사람이든 아니든, 전문가든 아니든 조사연구의 목적과 실시하고 있는 조사의 정합성에 대한 직관을 지니고 있다는 사실과 관련된다.

읽기에 관련된 사실적 사고 능력을 판단하는 자료로 국어과 기말고사 시험지를 사용하는 경우를 생각해 볼 수 있다. 이는 조사연구의 목적에 들어맞는다고 하기 어렵다. 우리나라 중등학교에서 실시하는 국어 기말고사는 한 학기 동안에 자라난 사고의 힘을 재는 데 초점이 있지 않고 단원에 매여 있기 때문이다. 그에 따라 범위에 따라 가르침의 갈래나 내용이 골고루 퍼져 있지 않을 가능성이 크다. 그에 비해 조사연구자가 직접 사실적 사고의 구성 개념에 맞는 문제를 마련하고 그 결과를 분석하는 것이 훨씬 더 타당할 것이라는 직관을 갖게 되는 것이다.

직관은 누구나 지니고 있다. 그렇지만 전문 영역, 이를테면 문법에 대한 인식을 알아보기 위한 질문으로 타당한지를 판단하는 일

---

81) 일찍이 '안면 타당도'라고 뒤친 용어인데, 우리말로는 그 어감이 잘 와닿지 않는다. '겉보기 타당도'라는 용어를 제안하기도 했지만, 연구자의 직관을 반영한다는 의미를 담을 수 없다는 한계가 있다. 따라서 더 구체적으로 풀어주기 위한 용어를 써야 하기 때문에 '인상 타당도'라는 용어를 제안한다. 인상이라는 개념이 우리가 어떤 대상에 대해 직관적으로 판단을 내린 결과를 가리키듯이, 인상 타당도는 전체적인 연구 얼개나 내용, 방향에 대한 연구자 혹은 비연구자의 직관에서 나온 판단을 가리킨다.

은 전문적인 안목에 바탕을 둔 직관에서 나온 판단이 더 타당할 가능성이 크다. 따라서 이런 경우에는 관련 분야의 전문가에게 설문지로 타당한지 여부를 물어볼 수 있다. 혹은 말하기 평가 항목을 마련하고자 할 때도 그 분야의 전문가에게 물어보고 그 결과에 따라 평가 항목을 설정할 수 있다. 대체로 이와 같은 인상 타당도는 학문적으로 타당하지 않은 경우가 많고 과학적이지 않으므로, 즉 입증 가능성이 낮으므로 타당도의 근거로 사용하지 않는다. 다만 이 개념을 소개한 것은 타당도를 언급할 때 가끔 언급되기 때문이다. 이와 같이 전문가로부터 타당하다고 평가를 받은 검사 도구를 마련하는 일은 실험 참여자들의 동기부여에 영향을 미칠 수 있다. 이를테면, 쓰기 능력 검사를 실시하는데 쓰기를 하지 않고 읽기를 통해 쓰기 능력 검사를 한다면 수험생들이 적절한 동기를 부여받으면서 그 검사에 참여하기는 힘들 것이다.

(2) 내용 타당도

내용 타당도(content validity)는 조사연구에서 어떤 내용을 측정하든 그것이 이론적 토대를 바탕으로 하고 있는 것임을 밝힘으로써 이론적인 맥락에서 타당한가와 관련되는 정도이다. 내용 타당도를 확보하는 방법 가운데 하나는 조사연구 도구를 마련하는 과정에서 이러저러한 문헌 조사와 이론 탐색이 이루어졌음을 강조하는 것이다. 이런 방법을 Brown(2001)에서는 '내용 타당도에 대한 기술적 접근'이라고 했다.

내용 타당도를 높이는 또 다른 방법은 조사·연구하고자 하는 분야의 전문가를 모시는 것이다. 학위논문을 준비하는 과정이라면 이론적 근거와 개념 정의 등의 검토를 지도교수에게 부탁할 수 있을 것이다. 또한 자신의 연구에서 전문성을 높이기 위한 방법으로 교육학 혹은 교육공학을 전공한 사람에게 자문을 구할 수도 있다. 만약 전문가에게 자문을 구하게 되면, 해당 분야의 학문 체계 안에서 전체적으로 자신의 연구를 조망해 볼 수 있기 때문에 연구의 의의나 가치를 인식하게 해줄 것이다. 구체적으로는 설문지 작성과 같은 연구의 현안에 대해 조언을 받을 수 있다. 즉 연구자가 작성한 설문지에 대해 좀 더 체계적인 방법으로 평가해 줄 것을 요청할 수 있다. 이런 일을 빠르고 간편하게 하기 위해서 연구자가 직접 만든 설문지 문항들을 보여주고 적합성이나 중요도에 따라 점수가 높은 설문지 문항을 채택하는 것도 좋은 방법이다. 아울러 조사연구 논문의 말미에 부록으로 물음들을 실어두는 것도 내용 타당도를 높이는 방법으로 권장할 만하다.

(3) 절대기준 타당도

절대기준 타당도(criterion-related validity)는 현장 조사연구의 도구가 확실하게 자리가 잡혀서 거의 제도화된 측정과 관련되는 정도를 가리킨다. 예컨대, 한국어 능력을 평가하는 TOPIK(Test of Proficiency in Korean)에서 받은 점수는 연구자가 별도로 고안한 한국어 능력의 세부 능력들인 읽기, 듣기, 쓰기의 평가 점수를 어느 정도 예측할 수 있다고 가정한다. 이때 TOPIK은 절대기준이 되며 이들이 어느 정도 상관을 보이는 경우 절대기준 타당도를 갖추었다고 할 수 있다. 또는 국어교육 조사연구를 수행할 때 국어 성적을 바탕으로 집단의 동질성, 즉 국어 성적에서 집단의 차이가 없음을 가정한다. 이는 실험연구든 준실험 연구든 처치의 효과가 있거나 없음을 검정하기 위해서는 처치가 이루어지기 전의 상태를 동질적이라고 가정해야 하기 때문이다. 이런 경우에도 국어 성적은 검정하고자 하는 능력에 대한 절대기준이 된다. 이와 같은 성격을 지니기 때문에 '예측 타당도 (predictive validity)'라고 부르기도 한다(Babbie, 2001:143).[82]

(4) 구성물 타당도

구성물 타당도는 측정하고자 하는 내용들이 조사연구와 관련되는 심리적 특징이나 능력을 반영하기에 타당한가를 판단하는 것과 관련된다. 이를 판단하는 방법 가운데 하나가 두 개의 집단을 비교하는 것이다. 즉 측정하고자 하는 개념이 어느 정도 형성되어 있는 집단과 그렇지 않은 집단의 검사 결과를 비교함으로써 그 차이가 유의하다는 결론이 나온다면 그 조사연구는 구성물 타당도를 지녔다고 할 수 있다.

다른 방법으로 동일 집단을 놓고서 어떤 교육적 처치의 효과를 비교함으로써 처치에 관련되는(물론 그 처치는 조사연구와 밀접한 관련이 있어야 한다.) 구성물 타당도를 갖추고 있는지 알아볼 수 있다. 이를테면, 중학생을 대상으로 한 요약하기에서 거시구조에 대한 인식이 요약하기와 관련되는 능력인지 아닌지를 알아보기 위해 실험집단에는 거시구조의 개념을 알려주고 통제집단에는 알려주지 않은 채 요약하기를 하게 한 뒤 요약글의 품질을 평가하고 비교한다. 분석 결과, 실험집단이 통제집단보다 높은 수준의 요약글 품질을 보인다면 거시구조라는

---

82) 예측 타당도는 평가나 검사에서 중요하다. 우리나라에서 널리 쓰이고 있는 대입 전형의 한 요소가 대학수학능력시험인데, 이는 기본 전제가 그 시험에서 받은 점수가 말 그대로 대학에서의 수학 능력과 밀접한 관련이 있다는 것이다. 즉 그 시험에서 높은 점수를 받은 학생이 실제 대학에서 수학 능력이 좋을 것이라는 말이다. 그러나 이를 입증한 연구가 거의 없는 형편인 점을 감안하면 검정하기는 쉽지 않은 듯하다.

개념이 요약하기의 내용 구성물이라고 할 수 있다.

한편, 알려지지 않은 개념, 이를테면 동기나 말하기 능력 등을 조사하고 그 결과가 유의하려면 반드시 구성물 타당도를 갖추어야 하는데, 예비 조사 등에서 참고 문헌이나 이론적 논의를 통해서 요인들을 마련하고 이를 바탕으로 설문 조사를 할 수 있다. 그리고 그 결과를 상관관계 분석을 통해서 검정해 볼 수 있다.

이 밖에도 Brown(2001)에서는 '결정 타당도'를 언급하고 있다. 즉 현장 조사연구를 실시하기로 한 결정이 타당한가 하는 것이다. 이는 다른 말로 하면 현장 조사연구가 지니고 있는 가치 및 그 현장 조사연구로 인해 생기는 사회적 영향이나 결과에 대한 반성이다. 이를테면, 다문화 가정의 학생들을 대상으로 한국어 능력 검사가 사회적으로 용인 가능한지, 그리고 그런 검사가 그 조사 대상 학생뿐만 아니라 다른 학생들에게 어떤 영향을 미칠 것인지를 고려할 수 있다. 조사연구 실시 과정에서 자료를 모으는 방법도 결정 타당도에 관련될 수 있다. 국어교육 분야에서는 대부분 그렇지 않겠지만 사회적인 논란거리와 관련되는 어떤 논의를 할 때 자료를 모으는 과정은 중요할 것이다. 찬성과 반대 혹은 중립적인 태도를 지닌 사람들의 생각이나 의견에 대한 인용과 발췌가 논문에서 어느 정도 이루어져야 하는지 결정하는 일이 필요하다.

또한 성태제·시기자(2015:183–185)에서는 '결과 타당도'라는 개념을 소개했다. 결과 타당도란 검사나 평가를 실시하고 난 결과에 대한 가치판단으로, 평가 결과와 평가 목적과의 부합성, 평가 결과를 이용할 때의 목적 도달 여부, 평가 결과가 사회에 주는 영향, 평가 결과를 이용할 때의 사회 변화 등과 관계가 있다. 그렇지만 이 개념을 타당도의 범주 안에 포함할지에 대해서는 논란이 있다. 이 개념의 수용 여부와는 별개로 현장 조사연구에서는 검사 도구의 제작, 검사 집단의 선정, 자료 수집의 방법, 분석과 해석 등에 신중을 기해야 한다는 연구 윤리와 관련을 지을 수 있으며, 논문의 평가에서 결과 타당도를 활용해 볼 수 있으리라 생각한다.

(5) 타당도를 위협하는 주요 인자들

양적 조사연구에서 타당도에 대한 위협은 크게 두 범주로 나누어 살펴볼 수 있다.

먼저 일련의 서로 다른 참여자들로부터 자료를 모을 때(예컨대, 사전 검사와 사후 검사) 참여자들이 줄어든다는 것은 언제나 심각한 고민거리다. 특히 줄어드는 일이 임의적이지 않고 어느 한 집단에서 더 많이 줄어드는 등 차이가 날 경우 타당도에 문제가 생긴다.

호손 효과의 위협도 있다. 학생들은 조사연구 대상일 때와 그렇지 않을 때 다른 수행을 보일 수 있기 때문이다. 이런 점은 특히 자연적이고 자발적인 학생들의 언어 사용을 조사·연구하고자 할 때 심각한 위협이 될 수 있다.

연습 효과는 되풀이되는 검사나 과제를 수행할 때 나타나는데, 학생들은 연습을 하게 되면 훨씬 더 평가를 잘 받고 과제 수행을 잘할 가능성이 크다. 성장은 한 번으로 끝나는 조사연구나 짧은 기간에 걸친 조사연구일 경우에는 별다른 위협이 되지 않지만, 다시점 조사연구에서는 타당도에 심각한 영향을 미칠 수 있다. 반복되는 측정에서 시간에 따른 성숙은 피할 수 없지만, 문제는 이런 자연적인 발달 과정이 목표로 하는 변수에 미치는 영향을 어느 정도로 수용할 것인가, 그리고 그것을 밝혀낼 수 있는가 하는 것이다.

참여자들은 조사연구자의 기대 수준을 예상하고 그 기대에 맞추려는 경향을 보일 수도 있다. 그럴 때도 자발적인 의사소통 모습이나 자연스러운 언어 능력과는 다른 왜곡된 모습을 나타낼 수 있다.

마지막으로 개인적인 이력도 타당도에 위협이 된다. 실험적인 조사연구는 진공 상태에서 이루어지는 것이 아니다. 따라서 조사연구 과정에서 예상하지 못한 일들이 학생들에게 영향을 미칠 수 있다. 이때 할 수 있는 최선의 방법은 그런 사건의 영향을 기록해 두는 것이며, 나중에 몇 가지 통계적인 통제를 통해 해석에서 그런 영향을 줄여주거나 줄이려고 노력할 필요가 있을 것이다.

11. 양적 현장 조사연구를 위한 일반적인 안내 지침

Brown(2001)에서 소개하고 있는 내용을 참고하여 양적 조사연구를 위한 일반적인 안내 지침을 정리하기로 한다. 포함되는 내용은 '연구 보고하기, 분석 실행하기, 결과 해석하기'인데, 계간 《다른 언어 화자를 위한 영어교사모임(TESOL Quarterly)》[83]이라는 학술지 뒷면에 소개되어 있다.

(1) 연구 보고하기
계간 《다른 언어 화자를 위한 영어교사모임》에 제출된 연구들은 명백하게 그리고 충분히 자세하게 설명함으로써, 그 논문에서 제시된 정보에 근거하여 그 연구의 설계·실행이 반복될 수 있어야 할 것

---

83) TESOL은 'Teachers of English to Speakers of Other Languages'의 약자이며, 누리집(http://www.tesol.org)을 통해 영어 가르침에 대한 여러 가지 정보를 얻을 수 있다.

이다. 마찬가지로 그 연구가 독자들로 하여금 집필자에 의해 이루어
진 주장들을 평가하도록 하는 데 충분한 정보를 담고 있어야 한다.
이들 요구 조건들을 모두 충족시키기 위해 통계 연구의 집필자는 다
음을 제시해 주어야 한다.

양적 조사연구 보고서 작성에서 밝혀놓아야 하는 사항들

① 검사하는 조사연구 질문 및 가정들에 대한 명백한 진술
② 독자들에게 임의의 추론 통계를 정확히 해석하고 평가하도록 하는 데
  필요한 평균값, 표준편차, 표본 크기를 포함한 기술통계학
③ 임의의 검사, 등급 매기기, 설문지 등에 대한 적합한 유형의 신뢰도와
  타당도
④ 결과들을 설명하는 데 도움이 되는 그림과 그림표
⑤ 연구에 이용된 도구들에 대한 명백하고 신중한 기술, 그리고 연구에서
  채택된 개입(intervention, 간섭)의 유형
⑥ 종속변수, 독립변수, 조절변수, 개입변수, 통제변수 등에 대한 명백한
  확인
⑦ 통계 검사들에 대한 완벽한 자료 그림표
⑧ 조사연구 계획, 마련 밑에 깔려 있는 가정들. 즉 무작위 선택 및 참여
  자 배당과 같은 가정들이 어떻게 충족되었는지에 대한 논의
⑨ 통계 검사들이 어떤 것이든 그 설정한 가정에 대한 적절한 검사
⑩ 결과의 유의미성이 특히 상관성과는 별도로 중요한 논제임을 유념하
  면서 그 결과들의 통계적 유의성에 대한 현실적인 해석

(2) 분석 실행하기

《다른 언어 화자를 위한 영어교사모임》에 제출된 양적 연구들은

유형 I·유형 II 오류를 통제·조정하는 데 관심이 있음을 반영해 주어야 한다. 따라서 이런 연구들은 다중 t-검사, 다중 분산분석 등을 피해야 한다. 다중 검사가 채택될 가능성이 있는 소수의 사례에 대해서는 그 결과들에 들어 있는 확률값들을 통해 그 효과를 설명해 주어야 한다. 통계분석을 보고할 때 집필자는 하나의 유의성 수준(보통 0.05)을 반드시 선택해야 하고, 그 수준에 비추어 모든 결과를 보고해야 한다. 비슷하게, 그 결과의 유의성을 해석하기 위해 필요할 때마다 베타(유형 II 오류의 가능성) 오류와 더불어 오메가제곱이나 에타제곱과 같은 연관성 강도를 통해 효과크기를 보고해야 한다.

(3) 결과 해석하기

결과들은 통계로부터 나온 결과들의 이용을 위해 강도 높은 훈련이 없이도 독자들이 이해할 수 있도록 명백하게 설명되어야 하고 그 함의들이 논의되어야 한다. 통계 결과들로부터 인과 추론을 행하는 데에 주의를 쏟아야 하며, 상관 연구에서는 인과 추론을 피해야 한다. 그 연구의 결과들이 과대 해석되지 않도록 해야 하고, 과도하게 일반화되지도 않도록 해야 한다. 마지막으로 그런 결과들에 대한 설명이 논의되어야 한다.

(4) 학회지 논문 투고 및 심사 기준[84]

완성된 논문은 석박사 학위논문일 수도 있지만 학회지에 투고할 목적으로 쓰는 경우가 많을 것이다. 학회지에 논문을 투고하려면 학회 회원으로 가입해야 하는 경우도 있다. 학회에 가입 후 학회의 누

---

84) 여기서 기술한 내용은 질적 조사연구 논문에도 적용된다.

리집을 통해서 투고하거나 편집 간사 등을 통해 개인적으로 파일을 보내기도 하는데, 요즘은 한국연구재단에서 개설한 온라인 논문 투고 시스템인 'JAMS 2.0'을 통해 논문을 투고해야 한다. 이 시스템은 학회마다 고유한 접속 경로가 있으므로 학회의 공지 사항이나 논문 투고 안내문을 참고하여 투고하면 된다. 학회의 회원으로 가입된 경우에도 학회 운영위원회의 승인을 받아야 하므로 논문 투고 마감일을 잘 확인해 두는 것이 좋다.

이런 절차를 거쳐서 해당 학회에 논문을 투고하고 나면 학회에서는 대략 한 달 정도의 심사 기간을 거치게 된다. 그러고 나서 논문 심사 결과를 알려주게 된다. 학회마다 심사 기준이나 게재 결정 기준이 다르기는 하지만, 심사 내용은 대체로 다음에 소개하는 항목에서 크게 벗어나지 않는다.

국내 학회지 심사 항목 – 2016년도 한국어교육학회

① 논제의 적절성: 논문 내용과 제목의 일치성과 적절성

② 논문 체제의 적절성: 논문 차례, 체제의 적절성

③ 앞선 연구의 이해도: 앞선 연구에 대한 정확한 이해도

④ 논문의 독창성: 새로운 연구 성과 제시

⑤ 자료 선정의 적절성: 연구 자료, 인용 자료 선정의 적절성

⑥ 연구 방법의 적절성: 연구 방법의 적절성 및 과학성

⑦ 논증 방법의 타당성: 논증 방법의 객관성 및 논리성

⑧ 학문 기여도: 연구 성과의 가치와 활용도

⑨ 표현의 정확성: 용어 선택, 문장의 정확성

⑩ 초록, 핵심어의 정확성: 영문 또는 기타 외국어 초록과 핵심어 표시의 정확성

이와 같은 평가 기준은 자기 스스로 논문을 평가하는 잣대로 삼아 볼 만하다. 학회지 투고 논문에 대한 심사에서 이와 같은 기준을 통한 점검은 양적인 자료로 제시되는데, 이를 바탕으로 게재 여부 판정이 내려진다. 이에 곁들여 의견을 서술하는 부분이 덧붙는다. 이 의견은 논문에서 잘못된 부분을 고치거나 모자라는 부분을 보완하도록 하는 심사자의 의견이다. 논문을 수정해서 제출할 때 반드시 반영해야 한다.

위에서 제시한 기준은 한 편의 논문이 갖추어야 할 전체적인 점을 아우르고 있다. 다른 한편으로 앞서 언급한 내적 타당도와 외적 타당도, 신뢰도 등이 연구논문을 평가하는 기준이 되지만, 성태제·시기자(2015:395-399)에서는 다음과 같이 좀 더 구체적으로 제시하고 있다.[85]

연구논문에 대한 일반적인 평가 기준

① 연구의 목적이 구체화되었는지 확인해야 한다.

② 연구에서 목적하고 있는 바를 달성하기 위해서 중요한 변수가 모두 고려되었는지를 확인해야 한다.

③ 매개변수가 통제되었는지를 확인해야 한다.

④ 연구 과정에서 연구자의 편견이 작용했는지를 확인해야 한다.

⑤ 연구 대상의 대표성을 확인해야 한다.

⑥ 측정 도구의 품질을 분석해야 한다.

⑦ 관찰자 내 신뢰도와 관찰자 사이의 신뢰도를 검정해야 한다.

⑧ 통계적 방법 사용의 오류를 확인해야 한다.

---

85) 자기 점검의 필요성이나 당위성을 강조하기 위해 문장의 꼴을 바꾸었다.

⑨ 통계분석의 결과를 올바르게 확인해야 한다.

⑩ 결론이 연구 결과에 바탕을 두고 있는지 확인해야 한다.

⑪ 논문의 체계를 점검해야 한다.

[표 21] 학회지 《한국어교육》에서 양적 분석 방법 사용 빈도

	기술통계	t-검정	분산분석	신뢰도계수	상관분석	중회귀분석	요인분석	기타
2005	8	4		1	3		1	
2006	5							
2007	10	1	7		1			
2008	5		1					
2009	6	2	2				1	1
2010	14	3	3	1	2			2
2011	14	7	4	2	3			
2012	13	1	2		5			5
2013	7	3	3	2	3	2		
2014	12	7	3	2	2	1		2
2015	10	1	6	2	2	1	1	3
2016	19	9	6	4	2	1	3	6
전체	123	38	37	14	23	5	6	19

[표 21]은 신지윤·오로지(2017)에서 2005년부터 2016년까지 《한국어교육》(국제한국어교육학회)이라는 학회지에 실린 연구논문들 가운데 양적 방법에 따라 쓴 논문에서 사용한 양적 분석 방법에 대한 통계 자료이다. 이를 바탕으로 양적 자료에 대한 분석 방법으로 선호되는 종류를 가늠해 볼 수 있다. 표에서 '기타'는 10년 동안 5회 이하로 사

용된 분석 방법으로 '카이제곱 분석, 일반화 가능도 계수, 문항 반응 이론, 선형 혼합 효과 모형(linear mixed effects models)' 등이 있다고 했다.

2장   질적 자료 분석하기

질적 자료 분석은 흥미롭고 의미 있는 가치를 찾아 드러내는 과정이다. 질적 자료는 흔히 수량으로 표현될 수 없는 자료라고 생각하지만, 때로는 수량화될 수도 있다.

질적 조사연구 자료는 면담 조사 비망록, 설문지 조사에서 열린 답변, 교실 수업 관찰 등 다양한 원천에서 나온다. 그런 자료들을 바탕으로 "범주화하고 종합하며 유형을 찾아내어야 하고, 자료를 해석해야 한다(Glesne & Peshkin, 1991)."

이 장에서는 질적 조사연구를 위한 자료 분석에 초점을 모은다. 그렇지만 가장 이상적인 조사연구 방법은 질적 자료 분석과 양적 자료 분석의 결합일 것이다. 그런 지향점은 혼합적 조사연구를 다루면서 지적한 바 있다.

질적 자료 분석 방법은 Huberman & Miles(1994:428-429)에서 세 단계로 나누었는데, '자료 선택하여 줄이기, 자료 드러내 보이기, 결론 이끌어내고 검정하기'다. 이 장에서는 이 논의를 소개하는 Brown(2001)의 내용에 기대어 서술했다. 아울러 질적 조사연구에서 신뢰도를 추정하는 방법과 질적 조사연구를 위한 안내 지침을 소개하기로 한다.

1. 질적 자료 분석의 주요 원리들

질적 자료 분석의 원리는 Dörnyei(2007:219-222)에 제시되어 있다. 그 내용을 개략적으로 살펴보기로 한다.

질적 자료는 입말이든 글말이든 언어로 표현된다. 언어 자료가 아니라도 분석을 하기 위해서는 언어적인 표현으로 바꾸어야 한다. 따라서 본질적으로 질적 자료 분석은 언어에 바탕을 두고 있다고 할 수 있다. 그림 자료의 이용을 제한하지는 않지만, 그림 자료는 언어에 바탕을 둔, 혹은 언어로 표현된 자료에 대한 분석보다 덜 분명하다. 그림은 전체적인 얼개를 보여주지만 세부적인 정보 처리가 언어 표현만큼 정교하지 못하다. 우리의 주된 연구 대상이 국어와 관련되는 현상이므로 언어 분석과 관련되는 담화 분석 기법을 쓸 수도 있다.

일정한 순서에 따라 진행되는 양적 분석과는 달리 질적 분석은 반복적으로 진행되며, 경우에 따라 지그재그 형태를 띠기도 한다. 즉 자료 수집, 분석, 자료 해석 같은 일련의 순서가 새롭게 나타나는 현상이 무엇인가에 따라 뒤바뀌는 경우도 있다. 예컨대, 학생들을 대상으로 '이야기를 전달하는 말하기'를 조사·연구하면서 자료를 모았다고 하더라도 몇몇 부분에서 애초에 계획하지 않았던 현상이 나타난다면 다시 자료 수집을 할 수 있다. 이와 같은 점 때문에 일부 연구자는 질적 조사연구에서는 자료의 수집과 분석이 거의 같은 시점에 일어나야 한다고 주장한다. 연구의 목적에 들어맞는 현상 혹은 연구자가 예견하고 있는 현상들이 연관되어 있는지, 새로운 특이 사항들은 없는지 사전에 점검해야 하며, 동시에 어떤 일관된 현상이 나타나는지, 그것을 뒷받침하는 관련 현상들은 더 없는지 등도 점검해 보아야 한다는 말이다. 또는 입말 자료를 놓고서 해석을 하다가 다시 녹음 자료의 몇몇 부분을 듣고 전사하는 일도 충분히 예상할 수 있다. 그렇지만 필요 이상으로 많은 자료를 모으는 일을 계획해서는 안 된다. 너무 많은 자료 때문에 연구의 초점이 흐려질 수도 있기 때문이다.

이런 점에서 질적 자료를 모을 때는 포화 시점을 염두에 두어야 한다. 포화 시점은 새로운 어떤 정보를 제공할 만한 자료가 더는 없다는 것을 깨닫는 시점을 가리킨다. 그런데 초보 연구자가 이 시점을 깨닫기는 쉽지 않다.

질적 자료들은, 혼란스러운 정도는 아니지만 처리하기에 상당히 부담을 준다. 분명히 어떤 의미를 부여하거나 통찰력을 발휘하고자 할 때 이와 같은 문제는 상당히 짐이 될 것이다. 가장 큰 걸림돌은 주관적인 통찰력(직관)과 객관적인 자료 처리 방법을 어떻게 조율할 것인가에 대한 결정을 내리는 것이다. 엄격한 분석틀을 채택할 수도 있겠지만, 새로운 현상에 대해 유연성을 발휘할 수 있도록 하는 연구 태도가 필요하다.

마지막으로 생각해 볼 점은 방법론과 직접 관련되는 문제이다. 이는 더 일반적인 관점을 취할 것인가, 아니면 구체적인 문제 해결을 위한 관점을 취할 것인가 하는 선택과 관련된다. 연구 문헌을 살펴보면 어느 한 방향을 강조하는 경향이 있는데, 일반적인 관점을 취하는 논문이 더 많다. 자료에서 어떤 유형을 발견하는 일반적인 질적 내용 분석 방법을 선호하고 있는 것이다.

2. 질적 자료 분석의 단계

(1) 자료 선택하여 줄이기

현장 조사연구의 목적, 이론적인 틀, 그에 따른 도구에 비추어 알맞은 자료들을 모으고 미리 줄여놓는 일이 필요하다. 왜냐하면 시간을 줄이고 품을 덜 들이면서 현장 조사연구의 목적을 달성하도록 해주기 때문이다.

자료를 줄이는 일차적인 방법은 참여자들의 수를 제한하는 것이다. 예컨대, 20명을 면담으로 조사했다면 그 가운데 연구자가 보기에 응답이 제대로 이루어지지 않은 응답자의 자료를 빼버릴 수 있다. 혹은 열린 답변 설문지에서 응답이 불완전한 설문지를 뺄 수도 있다. 하지만 그럴 때는 신중해야 한다.

다른 방법은 조사연구의 질문을 좁히는 것이다. 한국어를 배우려는 외국인을 대상으로 국어 능력이 어느 정도인지 알아보기 위해 열린 질문을 통해 설문 조사를 했다면, 이를 분석하는 데 품이 많이 들 것이다. 그럴 때 듣기 능력이나 입말 능력 혹은 글말 능력 정도로 범위를 좁힐 수 있다.

분석의 갈래를 줄이는 방법도 있다. 중학생들이 토의 상황에서 입말을 사용하는 양상을 조사한다고 가정해 보자. 토의 상황에서 학생들이 사용하는 입말은 방대하기 때문에 분석하고자 하는 범위를 줄이지 않는다면 접근이 어려울 것이다. 범위나 유형을 줄여서, 이를테면 발언권을 얻는 모습을 살피기 위해 발언이 교체되는 시점을 중점적으로 살펴볼 수 있다.

아울러 조사연구의 길이를 고려해야 하는 경우도 있다. 자신이 모은 모든 자료가 분석의 대상이 아니거나 특별히 몇몇 논점이 핵심적이어서 가외의 분석이 필요 없는 자료들이 포함되어 있다면 분량을 고려하여 적절히 조정해야 한다.

자료 줄이기가 모든 조사연구에서 이루어져야 하는 것은 아니다. 이를테면, 특별한 연구 초점에 따른 것이 아니라 자료를 모으는 일이 중요하기 때문에 구체적인 질문거리를 마련하기 이전에 자료를 모은 경우, 혹은 이미 모인 어떤 자료로부터 검정이 필요한 1차 가설을 세우기 위해 자료들을 분석할 경우 등은 모은 자료들 전부가 분석의 대상이 될 것이다. 즉 열린 가능성을 고려하여 조사연구 질문거리를 만들지만, 가설을 세우기 위해 자료를 선택적으로 줄이는 방법을 취하지 않을 수 있다. 그러나 이런 방법 역시 시간과 품이 많이 든다.

자료 줄이기를 일부러 하지 않을 수도 있다. 국어교육 현장 조사 연구에서는 그런 경우가 많지 않겠지만, 다큐멘터리 방송에서 어떤 상황에서 들려오는 소리를 편집하지 않고 그대로 내보내는 것처럼 입말 자료를 그대로 보여주고자 할 수 있는 것이다. 그러나 연구자의 의도와는 상관없이, 조사연구에서 자료 줄이기를 하지 않는다면 뜻하지 않은 비판을 받을 수도 있다. 비판을 하는 사람들은 대체로 조사연구의 목적이 자료의 제시에 있는 것이 아니라 해석에 있다는 점을 강조한다. 특히 학위논문을 중시하는, 즉 학업 맥락에서 질적 조사연구를 한다면 지도교수의 성향에 따라 다른 평가를 받을 가능성도 있다.

일반적인 조사연구 상황에서 논의의 주제에 맞추기 위해서 자료가 지니는 성격을 꿰뚫어 보고, 세부적인 주제들을 고려하여 나누고 묶는 일을 여러 차례에 걸쳐서 하는 것이 좋다. 질적 조사연구를 위해 모은 자료들 자체가 복합적이고 상당히 폭넓기 때문이다. 이렇게 나누고 묶는 일 자체가 자료를 줄이는 일이기도 하지만 해석의 과정이기도 하다. 이런 일이 순조롭고 부드럽게 진행된다면 실제로 보고서를 쓰거나 논문을 쓰는 데 도움을 받을 수 있다. 말하자면, 소제목이나 부제목 등을 정하는 실마리가 되는 것이다.

(2) 자료 드러내기

일반적으로 양적 자료들은 1차 자료로부터 취합한 결과를 보여준다. 따라서 도표나 그림 등을 통해 자료들이 어떤 분포와 속성을 보이는지 보여줄 수 있다. 이때 조사 분석에 사용된 변수들에 대한 차이나 유사점이 잘 드러나도록, 즉 조사연구의 핵심이 잘 드러나도록 해야 한다. 질적 자료들은 결론을 이끌어내기 위해 분류해야 한다. 이를테면, 요약하기를 실시하고 이를 바탕으로 결론을 이끌어내기 위해서는 요약 항목들을 뽑고 이를 범주화해야 한다.

질적 자료를 드러내 보여주기 위해서는 먼저 자료들의 속성에 따라 분류를 해야 한다. 열린 설문지인지, 관찰에 대한 기록인지, 면담 자료인지를 구분하고 목록으로 만들어서 한눈에 자료의 모습을 파악하기 쉽도록 해놓아야 한다는 말이다. 관찰에 대한 기록이라면 연구자 자신의 것인지, 다른 연구 참여자의 것인지 구분을 해둘 필요가 있다.

그리고 목록을 만드는 일이 끝나고 난 뒤에는 주제에 따라 나누고, 이 원시 자료들(raw material)을 다루기 쉬운 형태로 손보아야 한다. 글말 자료라면 다시 정리하는 절차가 필요하고, 입말 자료라면 전사를 해야 한다. 전사는 모은 자료들을 쉽게 저장·접근하고 분류·분석할 수 있도록 어떤 형태로든 줄이기 위해 그 자료를 복사나 배열 또는 기록하는 일이다.

전사하기가 끝난 다음에는 일정한 행렬(가로×세로 형식의 정리 가능한 도표)로 정리함으로써 범주를 일목요연하게 배치하고 그 빈도를 보여줄 수 있다. 이와 같은 행렬 정리 작업은 보통 단번에 끝나지 않고 두세 차례의 시행착오를 겪기도 한다. 컴퓨터에서 이와 같은 행렬을 만들면 고치기도 쉽고 빈도를 세는 데도 유리하지만, 카드를 이용할 수도 있다. 일련의 범주 수효대로 카드를 만들고 범주별로 가나다 순서로 간추리면 내용을 정리하고 범주의 빈도를 셀 때 편리하다.

다음은 허선익(2009ㄱ)에서 논설문의 요약 과정에 나타난 특징들을 범주화한 보기입니다. 이것이 요약글에 나타난 특징들의 범주로 적절할지 생각해 보십시오. 만약 겹치거나 보충해야 할 범주가 있다면 무엇일까요? 이런 일을 하는 데 가장 좋은 방법은 한 학급의 학생들에게 논설문을 내어주고 요약하기를 실시해 보는 것입니다. 그다음에 여기서 제시된 범주들을 적용해 볼 수 있습니다.

① 짜임에서 제시된 논설문과 차이가 없으며, ② 요약 주체의 내용 이해와 관련되는 덩잇글 표지가 나타나며, ③ 비유적 표현을 직접적인 표현으로 바꾸었고, ④ 논리적 비약을 자세하게 풀어쓰며, ⑤ (상황) 명제를 잘 정리하는 것과 같은 긍정적인 요소가 나타났다. 한편 부정적인 요소도 나타났는데, ① 거시 명제를 제대로 짚어내지 못하거나, ② 근거를 생략하기도 하며, ③ 자신의 생각대로 요약함으로써 정보를 잘못 이해하며, ④ 미시적 차원의 덩잇글 표지어, 지시 표현을 잘못 이해하거나 표현하기도 한다. 그 밖에 핵심 정보를 붙들지 못해 장황하거나, 지나친 일반화가 나타나기도 한다.

만약 이 자료를 바탕으로 자료를 정리한다면(카드 만들기 또는 컴퓨터 입력), 요소들을 어떻게 배열하겠습니까?

위에 나타난 범주들은 크게 긍정적인 요소와 부정적인 요소로 나뉜다. 따라서 범주에 따른 행렬을 만들 때는 먼저 두 범주로 나누어서 표를 만들어야 할 것이다.

조사연구에서 현직 교사 혹은 국어교육학과 재학생 가운데 교육 실습을 다녀온 학생들을 대상으로 '국어과 실습실 마련'에 대한 의견을 묻고 이를 정리하고자 한다면, 열린 답변을 요구하는 설문지를 잘 구조화해야 한다. 말하자면, '실습실이 필요한지, 왜 필요한지, 국어과 실습실을 어떻게 이용할 것인지' 등에 대한 답변을 이끌어낼 수 있는 문항을 만들고 이를 적절하게 배치해야 할 것이다.

국어 수업에 대한 문제점을 지적하고 그것을 해결할 수 있는 방안을 주제로 삼아서 조사연구를 실시한다면 문제점과 해결책이 대응되도록 자료를 정리할 수 있다. 그렇게 하면 조사연구자가 결론을 이끌어내기 쉽고 독자들을 조사연구에 끌어들일 수도 있다.

질적 자료를 범주화하기 위해서는 나타나는 범주들을 상세하게 살펴보는 일이 앞서야 한다. 아울러 겹치거나 비슷한 유형을 별도의 항목으로 정리할지 아니면 같은 항목으로 묶을지 결정하는 일도 중요하다. 질적 조사연구에서는 주제가 늘 새롭게 나타날 수 있으므로 범주화에 특별히 신경을 써야 한다.

앞에서 설명한 내용을 바탕으로 자료를 나누고 묶는 과정을 다음 그림과 같이 나타낼 수 있다.

[그림 17] 자료 줄이기와 자료 정리하기 과정

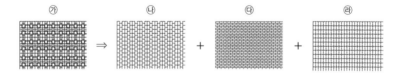

㉮는 있는 그대로의 원시 자료이다. ㉯와 ㉰는 이 원시 자료로부터 뽑아낼 수 있다고 가정되는 세부 주제에 관련되는 내용이다. ㉱는 원래 의도하지는 않았지만 자료를 정리하는 과정에서 직관에 의해서든 아니든 새롭게 드러나는 주제에 해당한다. 새롭게 부각되는 주제들은 새로운 연구의 실마리가 될 수도 있고, 논점을 풍부하게

하고 새롭게 하는 데 도움을 주기도 한다.

(3) 결론 이끌어내기와 검정하기

결론 이끌어내기와 검정하기는 보여준 자료를 바탕으로 어떤 의미를 부여하는 과정이다. Humberman & Miles(1992:439)에서는 질적 자료로부터 의미를 부여할 때 신뢰도와 타당도를 높이기 위해 유의해야 할 점들을 다음과 같이 제시한다.

질적 조사연구에서 신뢰도와 타당도 유지

질적 조사연구의 관례는 자료 및 절차에 대한 분명하고 명백한 보고를 요구한다. 그것이 기대되므로 ① 독자들은 보고된 결론에 대해 확신을 하게 될 것이며 검정을 할 수 있고, ② 자료의 2차 분석이 가능하며, ③ 원론적으로 그 연구가 반복될 수 있고, ④ 만일 속임이나 잘못된 행위가 있다면 추적이 가능할 것이다. 추가된 내적 필요성들도 있다. 그 연구를 진행하면서 분석적 전략을 일관되고 관리 가능하며 반복될 수 있도록 유지하는 일이다. 즉 보고하기 요구 사항은 시작에서부터 개략적인 임시 문서화를 권장한다. 우리의 견해로는, 심지어 조금 더 해석적인 입장을 취하는 경우에도 동일한 필요성이 질적 연구에 대해서도 그러하다.

이와 같은 점은 양적 자료 분석에서도 중요하다. 한편, 양적 조사연구와 질적 조사연구를 완전히 다르다고 주장하는 사람들은 질적 조사연구가 갖추어야 하는 성질을 네 가지, 즉 '신뢰 가능성, 전이 가능성, 의존 가능성, 확증 가능성'으로 제시한다(Lincoln & Guba, 1986). 물론 이 성질들이 양적 현장 조사연구에서 갖추어야 하는 성질과 완전히 다르지는 않다. 신뢰 가능성은 내적 타당도와 비슷하며, 전이 가능성은 외적 타당도에서 적용되는 것과 비슷하다. 확증 가능성은 객관성, 의존 가능성은 신뢰도에 대응된다. 여기서는 이런 성질들을 갖추기 위해 질적 조사연구에서 할 수 있는 방법을 차례대로 살펴보기로 한다.

신뢰 가능성은 조사연구를 연구의 목표에 맞게 정확하게 기술하는 일과 관련이 있다. Denzin(1994:513)에 따르면 신뢰 가능성은 지속적인 참여와 관찰, 삼각측량법, 학문 공동체에 속하는 구성원들의 비판적인 검토 및 평가, 반대 사례들에 대한 분석 및 자료의 분석, 해석과 결론을 검정하는 일이 포함된다고 했다(Brown(2001)에서 재인용).

전이 가능성은 일반화 가능성이라고도 할 수 있는데, 어떤 맥락이나 이론적 배경에 따른 연구 결과들을 다른 맥락이나 이론적 배경으로 일반화할 수 있는 가능성 또는 적용할 수 있는 가능성을 가리킨다. 전이 가능성을 높이기 위해서는 조사연구에 관련되는 모든 정보를 충분히 기술해 주어야 한다. 그럼으로써 독자들이 전이 가능성을 판단할 수 있도록 해야 한다.

의존 가능성은 여러 차례의 자료 모으기 방법이나 전문가들로부터 나온 해석과 결론들 사이의 일관성 있는 해석, 삼각측량과 같이 여러 가지 방법을 여러 벌로 사용하여 검정함으로써 일관성 있는 결론에 이르게 될 때 갖추어진다. 의존 가능성을 높이는 분석 방법으로 평가자 내부의 신뢰도 검정을 곁들일 수 있다.

확증 가능성은 해석의 근거가 되는 자료들이 이용 가능함을 의미한다. 질적 조사연구의 특성상 자료들은 사적인 성격을 지니는 경우가 많다. 이런 사적인 자료들이 충분히 이용 가능함을 보여줌으로써 결론이나 해석이 확증될 가능성을 지닌다. 아울러 필요에 의해 추가적인 분석이 가능하도록 기록 자료들을 잘 간수할 필요가 있다.

3. 질적 내용 분석

질적 자료에 대한 내용 분석은 애초에 글말 자료에 대한 양적 분석 방법의 하나로 사용되었다. 특정의 범주에 드는 낱말이나 구절, 문법적인 요소 등을 세고 셈하여 분석하기 위해 사용했던 것이다. 이때 범주는 일정한 이론의 영향을 받아서 세워져 있는 경우도 있고, 그렇지 않은 경우도 있다. 예컨대, 담화에서 고등학생들이 선호하는 의미 연결 유형은 '중심소 이론(Centering Theory)'에 따라 범주가 잡혀 있다(허선익(2011) 참조).

그러나 대부분의 질적 조사연구에서는 범주들이 미리 결정되지 않고 귀납적으로 도출된다. 또한 의미를 발견하는 층위에서도 차이가 있다. 즉 양적 조사연구에서는 객관적이고 기술적인 설명을 하기 위해 겉으로 드러난 요소들에 대한 분석에 초점을 모은다. 반면에 질적 조사연구에서는 잠재적인 의미나 안으로 숨겨진 의미를 찾아내는 데 초점을 모은다.

이러한 질적 내용 분석은 앞의 절에서 언급한 순서에 따라 이루어진다. 즉 자료들을 등재하고, 유형을 찾아내고 해석하며, 이론을 세우는 단계로 나아간다. 자료 등재는 다시 자료를 전사하는 과정과 자료를 등재하는 과정으로 나누어진다.

(1) 자료 전사하기

자료 분석에서 첫 번째 단계는 녹음·녹화 자료를 덩잇글 형식으로 전사하는 일이다. 이는 시간이 많이 드는 작업이다. 녹음의 품질에 따라 다르지만, 한 시간의 면담 자료를 전사하는 데 대략 5~7시간 정도 걸린다. 세세하게 전사를 한다면 20시간이 걸릴 수도 있다.

전체를 전사하지 않고 필요한 부분만 발췌할 수도 있지만, 녹음 자료를 온전하게 전사하는 경우가 대부분이다.

녹음 자료를 전사해 두면 온전한 정보를 얻을 수 있다. 녹음 자료를 전사할 때는 속도 조절 장치가 있는 어학 실습용 재생기나 헤드폰 같은 도구를 사용하기도 한다. MP3 플레이어를 사용하여 녹음한다면 이를 파일 형태로 저장할 수 있을 뿐 아니라 다양한 재생 장치를 통해 다시 들을 수 있다.

하지만 녹음 자료를 전사하는 과정에서 정보를 잃어버릴 가능성이 있다. 정확하고 세세하게 기록한다 하더라도 녹음 상황의 세부적인 내용이나 정보를 다 기록할 수 없다. 이를테면, 언어 딸림 표현[86]이나 몸짓 등은 녹음 자료로 챙길 수 없는 자료들이다. 아울러 시작을 잘못하거나 같은 낱말을 되풀이하거나 머뭇거리거나 하는 등의 불완전한 발화도 문제가 될 것이다.

그러나 입말 자료 그 자체보다는 내용에 더 많은 관심을 갖고 있다면 언어 딸림 표현이나 반언어적 표현에 관심을 기울이지 않을 수도 있다. 그렇지만 전사를 하는 단계에서 내용을 빼거나 빠뜨리는 일은 질적 조사연구의 성질에 비추어 바람직하지는 않다. 왜냐하면 최종 분석 단계에서 어떤 요소들이 중요하게 다루어질지 미리 판단할 수 없기 때문이다.

설득하는 말하기 자료라면 감정이 실린 높은 소리는 각별한 의미를 지니기 때문에 굵게 쓴다든지 밑금을 그어놓아 구별해 주는 일도 필요할 것이다. 전사 자료는 분명히 입말 자료와는 다르기 때문에 조사연구의 목적과 관례에 따라 다듬는 일도 필요하다. 이런 과

---

86) 억양이나 소리의 높낮이와 같은 초분절 음소, 신음소리와 같은 여러 자료를 옮길 수 없다.

정을 거치면서 입말 자료는 원래 그 자료의 모습과는 사뭇 다른 모습을 띠기도 한다. 그런 점을 고려하여 Lapadat(2000)에서는 '전사하기'를 "원래 의사소통 내용을 해석하여 다시 말해주기"라고 했다. 아울러 Roberts(1997:168)에서 지적한 것처럼 "모든 전사본은 표상이고, 어떤 발화가 다시 쓰일 수 있는 객관적이고 중립적인 방법은 없다."라고 할 수 있다. 즉 전사하기 자체가 연구의 목적이나 주제에 영향을 받을 수밖에 없다.

실제 전사 단계에서는 어떤 전사 관례를 따를 것인가를 결정해야 한다. 그러나 완벽하고 쉽게 따라 할 수 있는 관례는 없다. 필요하다면 자기 나름대로 전사 규칙을 정하고 그에 따라 전사를 해나갈 수 있다. 당연한 말이겠지만, 독자들에게 그 규칙을 밝혀주어야 할 뿐만 아니라 자신의 전사 과정에서도 일관성 있게 적용해야 한다.

앞에서 잠깐 언급했듯이, 부분적으로 강조나 인용을 위해 다른 전사 방법을 쓸 수 있는데, 자료의 일부분으로서 녹음에 관련되는 내용, 이를테면 전체 녹음 길이나 발화가 교체되는 지점을 확인하는 형태가 있을 수 있다. 분명히 모든 녹음 자료가 전사할 만한 가치를 지니는 것은 아니라는 점에서, 그리고 모든 녹음 자료를 전사하면서 들이는 시간과 품을 줄일 수 있다는 점에서 생각해 볼 수 있는 방법이다. 물론 모든 녹음 내용을 전사하는 일 자체가 질적 조사연구에서 곧바로 쓰이지는 않는다. 더 다른 분석을 필요로 한다.

다른 방법은 부분적인 전사인데, 녹음 자료를 들으면서 중요하다고 생각하는 부분을 전사하는 것이다. 이 방법에서 겉으로 드러나는 흠은 무엇을 버리고 무엇을 포함할 것인지 분석을 계획하는 단계에서 결정하기 때문에, 뒤에 필요에 따라 다시 전사 범위를 넓혀야 하는 경우도 있다는 것이다. 이를 보완하는 방법은 전체 녹음 기록의 핵심 내용을 적어두고 전사하지 않은 부분을 표시해 두는 것이다.

녹화 자료는 녹음 자료로는 놓치기 쉽거나 놓칠 수밖에 없는 정보를 붙들어 둘 수 있다는 점에서 효과적이다. 그렇기는 하지만 이런 정보를 어떻게 전사할 것인가? 몸말(body language)을 옮겨 적을 만한 적절한 표현이 있을까? 전사를 한다 하더라도 주관적인 내용이 끼어들 수 있기 때문에 논쟁의 여지가 생길 것이다. 이때는 눈길을 끄는 몇몇 사례나 특이점을 기록하는 칸을 따로 잇대어 놓고 적어두는 방법을 생각해 볼 수 있다.

(2) 등재하기

질적 자료 분석은 대부분 등재하는 일로부터 시작한다. 등재하기 전에도 분석이 이루어지지만, 분석의 상당 부분이 실제로 등재를 하는 과정에서 이루어진다. 등재하기 단계에서 분명하게 해둘 일은 등재의 항목을 전사한 덩잇글을 그대로 옮길 것인가, 아니면 다음에 나오게 될 의미 부여 단계에서 해석한 내용을 등재할 것인가 하는 것이다. 이때 전사의 단계를 충실히 밟아나가면서 해석의 단계를 넘어서지 않도록 통제할 필요가 있다. 비슷한 항목들이 겹치면 자기도 모르는 사이에 해석한 내용을 등재하는 경우가 있기 때문이다. 그렇게 되면 자료의 고유한 특성도 놓칠 뿐 아니라 일반화도 어려울 수 있다.

실제적인 등재를 하기에 앞서 조사연구자들 대부분은 전사본을 몇 번씩 읽어본다. 이 과정을 '사전 등재하기(pre-coding)'라고 부른다. 전사본을 읽고 떠오르는 생각을 작업일지나 비망록에 적어두기도 한다. 이런 착상은 자료에 대한 전체적인 인상이나 의미 부여에까지 이어질 수 있다. 또한 전사 자료를 돌이켜 읽어보는 일은 자료를 등재하는 방안에 대해 생각해 볼 기회를 제공할 것이다. 이는 선불리 등재함으로써 생길 수 있는 시행착오를 줄여준다. 여기에는 자료를 필요한 만큼 다듬는 일도 포함된다.

이런 면에서 등재는 이미 분석된 단위에 다른 표현을 덧붙여 부호로 나타내는 과정, 즉 자료들을 더 다루기 쉽고 관리하기 쉽도록 특정의 정보 단위로 나누는 과정이라고 할 수 있다. 등재하기는 결국 자료들의 부분 부분을 더 넓은 주제 혹은 조사연구 목적에 연결하기 위해 자료의 부분 부분이 지니고 있는 특징에 초점을 모으는 과정이며, 그렇게 함으로써 자료들을 간결하게 하거나 줄일 수 있다.

그러나 실제 등재 과정은 복잡하게 여러 층위로 되풀이될 수 있다. 이는 등재의 목적과 질적 분석의 본질을 생각해 보면 쉽게 납득이 간다. 그렇기 때문에 구절 단위에서 단락 단위에 이르기까지 여러 단위로 언어 덩어리를 모으거나 구분하는 일이 포함된다. 부호를 부여하는 일도 마찬가지다. 등재 과정 초기에는 낮은 단계의 추론을 중심으로 부호를 부여하게 된다. 그러나 다음 단계로 넘어간다면 높은 수준의 추론에서 나온 부호를 사용하게 된다. 예컨대, 읽기와 관련하여 '잘 읽기 위해 – 의사소통을 잘하기 위해 – 읽기를 배우는 목적'과 같이 추상화하여 부호를 붙일 수 있다. 추상화 수준이 높을수록 관련되는 여러 내용이 서로 연결될 수 있을 것이다. 등재하기 과정을 순서에 따라 더 잘게 나누어보면 다음과 같다.

애초에 등재하는 일은 덩잇글을 고르고 자료에 담긴 일반적인 의미를 찾을 수 있도록 여러 차례 읽는 것으로 시작한다. 중요한 부분에 밑금을 긋고 처음부터 다시 읽어나간다. 이미 밑금을 그어놓은 부분과 일치하는 내용이 나오면 그 부분에 표시를 한다. 이왕이면 따로 기록 용지에다 주요 부분의 내용을 적고 번호를 매기는 것이 좋다. 등재해야 할 내용이 많거나 복잡하다면 번호를 중심으로 다시 정리하는 것이 좋다. 또한 여러 층위의 자료가 있다면 층위마다 관련되는 항목을 {1, 11, 111}, {2, 22, 222}처럼 묶음으로 번호를 붙여두는 방법도 생각해 볼 일이다. 이런 식으로 묶을 때 묶음별로 쪽을 다르게 하여 적어두면 해당 항목을 찾기가 쉽다.

두 번째 등재하기 단계는 단순한 기술을 목적으로 하지 않는 이상 필요한 과정이다. 일차적인 수준에서 등재하기를 마치고 나면 구체적인 설명을 넘어서는 추상적인 수준의 의미 읽기, 즉 해석에 들어가야 한다. 이때 관련되는 항목들을 서로 연결하여 해석할 필요가 있다. 양적 조사연구의 인자분석에서 하는 것처럼, 이미 만들어진 목록을 서로 합하거나 새롭게 명칭이나 부호를 부여해야 하는 경우도 생긴다. 이렇게 해서 1차 등재 때와는 다른 새로운 등재 체계를 만들어 낼 수 있는데, 대부분의 1차 등재 자료가 여기에 들어맞는다면 등재의 타당도가 높다고 할 수 있다. 조금 성가신 일이긴 하지만 원래의 전사 자료를 놓고서 2차 등재 체계에 따라 등재하기를 하는 것이 좋은데, 어떤 연구에서는 이 과정을 몇 차례 되풀이하기도 한다.

두 번째 등재 단계에서는 더 넓은 맥락에서 일반화하는 과정을 거치기 때문에 부호를 부여할 때 계층 구조를 고려해 볼 수도 있다. 예를 들면, 학습의 동기와 관련하여 동기의 계층 구조를 생각해 볼 수 있을 것이다. 큰 두 갈래는 내적 동기와 외적 동기고, 이를 다시 세분화하는 과정을 거칠 수 있다는 말이다.

닫힌 답변 설문지를 준비하는 일을 질적 자료 분석에서도 끌어 쓸 수 있다. 이를테면, 몇 개의 질적 자료를 놓고서 부호로 나타낼 만한 항목들을 정한다. 그런 다음 미리 준비된 항목에 따라 몇몇 질적 자료를 등재해 본다. 그리고 여러 전사본을 등재하는 과정에서 새롭게 나타나는 요소가 있다면 그 항목을 보탠다. 질적 조사연구의 특성에 비추어 새롭게 다듬는 일도 필요하다.

설문지의 내용을 부호화하면 통계 처리를 손쉽게 할 수 있다. [표 22]는 장은주·박영민(2013:78)에서 쓰기의 중요도, 난도, 선호도, 습관에 대한 학생들의 응답을 등재하기 위해 만든 분류 범주이다. 이와 같은 등재 과정은 혼자서 하는 것보다는 여럿이, 한 차례에 그치기보다는 여러 차례 고치고 되살피는 것이 좋다.

[표 22] 쓰기의 중요도, 난도, 선호도, 습관에 대한 진술을 등재하기 위한 분류 범주

번호	내용	번호	내용	번호	내용
1	의사소통	8	성취감	15	유형별 형식
2	생각 정리	9	자신감	16	특정 주제
3	국어 능력 신장	10	손글씨	17	쓰기 과정
4	사회생활	11	쓰기 경험	18	맞춤법
5	사고력	12	쓰기 신호	19	기타
6	자아 탐색	13	타인		
7	정서 순화	14	강압적 분위기		

같이 생각해 보기

1. 다음은 장은주·박영민(2013:78)에서 제시한 구체적인 응답의 예입니다. 여러분이라면 [표 22]를 참고할 때 어떤 번호로 코딩을 할지 생각해 봅시다. 참고로, 긍정적인 반응과 부정적인 반응을 구별하기 위해 [표 22]의 코딩 범주를 바탕으로 한 연구자들은 긍정적인 반응일 때는 a, 부정적인 반응일 때는 b를 추가로 기재했습니다.

㉮ 회사에 지원서를 낼 때나 직장에 들어가려면 조리 있게 글 쓰고 말하는 것이 가장 깊은 인상을 주기 때문이다.

ⓘ 글을 쓰는 데 문맥이라든지 응집성, 통일성을 일치시키는 것이 어렵기 때문이다.

ⓙ 처음엔 어렵더라도 글쓰기를 즐겨 하면 그만큼 글쓰기 실력도 향상될 것이고, 즐겨 써왔기 때문에 글쓰기에 대한 부담감이 줄어들 것이기 때문이다.

ⓚ 뭘 써야 될지 모르겠다. 뭔가 나에겐 복잡하다.

2. 다음은 김현주(2016)에서 '블렌디드 러닝(blended learning)'의 과정에서 학습자들이 논설문 쓰기에서 동료 비평(되짚어주기)을 한 사례들을 양적으로 처리하기 위해 분류하고 대표적인 예시 사례를 제시한 것입니다. 자신의 입장에서 또래 비평의 갈래를 어떻게 설정할 수 있을지 분류해 봅시다.[87]

a. 작문할 때 '저'보다 '나'로 쓰면 더 좋을 것 같다고 생각해요.

b. 이게 무슨 문체예요? 작문? 강의 대본? 아니면…… 왜 '-죠'라고 썼어요? '-잖아'라는 반말도 나왔어요.

c. 우선 잘 썼어요. 근데 제가 읽어볼 땐 많은 부분이, 문법상 틀린 것이 없지만 좀 이상한 느낌이 있어요. 나중에 더 자세히 읽고 어색한 부분을 고치길 바랍니다.

d. '점점'은 '반드시'로 바꾸면 더 낫지 않을까요?

e. 어…… 좀 자세히 생각해 볼게요. 고마워요.

f. 굿! 어제 이 문제 때문에 많이 고민했어요)〈 알려줘서 감사합니당.

g. 내 생각에 써도 될 것 같아요.

h. 그래요? 근데 '어떻게 하는지 잘 모르겠다'는 말도 있잖아요.

i. 역시 내 친구! 깊은 생각 하면서 썼나 보다. 잘 썼어.

j. 잘 썼어요. 내가 모르는 단어가 어떤 뜻인지 알게 됐어요.

k. 참 짧네요.

l. 너무 적게 쓴 게 아니에요?

(3) 생각을 다듬고 발전시키기 - 메모하기와 면담 촌평

등재하기는 양적 자료 분석에서 중요한 과정이지만, 생각을 다듬고 발전시키며 조사연구의 목적에 들어맞도록 하는 데 도움을 주는 다른 분석 도구와 함께 이루어져야 한다는 데 많은 연구자가 동의하고 있다. '다른 분석 도구'는 자료를 분석하는 과정에서 조사연구자가 작성한 메모나 촌평과 같은 부차적인 도구이다.

특히 메모[88]는 빼놓을 수 없는 중요한 도구이다. 앞에서 언급한 것처럼 등재하기는 엄연히 분석의 한 과정이다. 따라서 이 과정에서 연구자의 머릿속에는 온갖 생각이 떠오를 수 있는데, 이를 붙들어 놓은 자료가 메모라고 할 수 있다. 메모는 2차 등재로 넘어오는 과정에서 일반화의 실마리가 되는 중요한 착상을 담고 있을 수도 있고, 경우에 따라서는 조사연구의 결론에 가까운 내용이 담겨 있을 수도 있다. 특히 여럿이 공동으로 조사연구를 할 때 메모는 집단적인 사고를 묶을 수 있는 중요한 실마리가 되기도 한다.

면담 촌평은 여러 내용이 포함될 수 있지만, 특히 면담자에 대한

---

87) 다음은 김현주(2016)에서 동료 피드백 유형을 갈라놓은 표이며, 이 기준에 따라 a~e의 응답을 분류한 예이다.

기준	유형	동료 비평 사례
언어적인 측면	형식 중심 피드백	a, b, c, d
	내용 중심 피드백	e
반응적 측면	수용형 피드백	a, c, d, e
	반박형 피드백	b
정의적 측면	긍정적 피드백	c, e
	부정적 피드백	a, b, d

88) Strauss & Corbin(1998:110)에서는 메모를 '조사연구자의 분석, 생각, 해석, 질문에 대한 기록일 뿐만 아니라 더 나은 자료를 모으기 위한 방향에 대한 기록'이라고 뜻매김했다.

정보들을 적어둘 기회를 제공한다는 점에서 중요하다. 아울러 면담에서 두드러진 특징이나 환경 등을 간략히 기술하기 때문에 분석 과정에서 쓸모가 많다. '면담 촌평'이라는 이름 때문에 면담에 국한해서 사용한다고 생각할 수 있으나, 이런 기록은 글말로 된 질적 자료를 모으는 과정에도 활용할 수 있다. 평가 상황이나 열린 답변 설문조사를 할 때 환경이나 참여자들의 특징을 적어두는 일은 점수와 답변 내용의 품질을 분석할 때를 대비하여 미리 해볼 수 있는 일이다.

(4) 자료 해석하고 결론 이끌어내기

질적 분석을 통해 질적 조사연구를 하는 마지막 단계는 자료를 해석하고 결론을 이끌어내는 일이다. 질적 조사연구의 특성상 자료를 해석하는 일은 자료를 등재하는 과정에서부터 이미 이루어진다고 앞서 언급했다. 그런 의미에서 해석은 여러 차례 반복적으로 이루어진다고 할 수 있다. 되풀이되어 진행되는 해석 과정, 즉 자료 등재의 과정과 마지막 단계에서의 해석을 구별할 필요가 있다.

마지막 단계에서 결론은 이전의 등재 과정에서 나타난 내용들을 아우르고 종합한 산출물이다. 결론을 이끌어내는 과정에서는 질적 조사연구의 특징에 비추어 전체 맥락에서 분석 자료들의 가치를 새롭게 반추해 보는 일이 필요하다. 하찮다고 소홀히 여긴 부분에서 그토록 찾아 헤매던 중요한 결과를 발견할 수도 있기 때문이다.

같이 생각해 보기

다음은 남부현(2015)에서 현상학적·질적 분석을 활용한 분석 사례입니다. 이와 같은 절차가 필요한 이유를 생각해 보고, 자신의 입장에서 질적 연구를 할 때 새겨두어야 할 부분이 어디인지 밑금 그은 부분을 중심으로 생각해 보십시오.

본 연구 자료는 현상학적 연구 방법 중 대표적인 Colaizzi(1978)의 분석 방법을 활용하여 분석했다. 이에 본 연구자는 참여 교원들이 진술한 내용을 전사한 6개의 원자료를 반복해서 읽으며 의미 있는 문장과 구(의미 단위)들을 포착하고 추출하여 유사한 의미 단위들은 소주제로 묶는 작업을 시도했다. 그 과정에서 문맥들 사이에 직관적으로 포착되는 숨겨진 의미와 개념도 발굴하고자 의식적으로 노력했다(Giorgi, 1997). 또한 면담 과정 중 메모한 내용들을 참고하며 각각의 참여 교원들이 면담 도중 묘사한 경험의 표현들을 그대로 살리고 분석 내용과 비교·검토하며 참여자들이 진술한 의미를 놓치지 않도록 했다. 이러한 과정을 통해 참여 교원들의 유사한 경험들을 대표하는 의미 단위들을 재구조화하고 총 9개의 소주제를 도출했다. 이후 도출된 의미 단위와 소주제들이 전체 속에서 참여자들의 그 경험들을 진솔하고 생생하게 담고 있는지 재점검하기 위해 역방향으로 대주제와 소주제, 그리고 주요 핵심 개념과 의미를 담고 있는 의미 단위들을 상호 비교하고 통합적으로 연계되는지 재분석했다.

이를 위해 본 연구자는 연구의 전 과정에서, 특히 자료 분석 과정에서 중립성을 유지하고자 연구자 개인의 이해나 생각 또는 관점을 괄호치기(bracketing) 하여 어떠한 편견이나 해석을 피하고자 의도적으로 노력했다. 또한 분석한 결과에 대해 연구자 개인의 주관적인 해석은 없는지, 참여자의 진술에 왜곡과 오류는 없는지 그 사실성과 객관성을 검토하고자 3명의 대표 참여 교원에게 이메일을 통해 자료 분석 결과를 전달하여 참여자 점검(member checks)을 실시했다. 그리고 최종 분석 결과에 대해 다문화 교육 전문가 3명으로부터 동료 검증(peer examination)을 거쳐 대주제와 소주제 등에 대한 범주화와 이에 따른 의미 단위 도출과 언어적 표현에 대해 비판적인 의견들을 수렴한 후 재분석하고 최종적인 연구 결과를 정리했다(Creswell, 2007).

4. 이론 수립을 목적으로 하는 질적 분석

'이론 수립(grounded theory)[89]을 목적으로 하는 질적 조사연구'[90]는 자료 수집과 수집된 자료들에 대한 순차적인 분석을 통해 귀납적으로 이론을 수립하기 위해 이루어진다. 앞 절에서 이야기한 질적 내용 분석과 구별이 잘 되지 않지만, 양적 분석의 짝이 될 만한 절차를 도입했다는 점에서 질적 분석 방법의 발전을 보여주는 것이라고 할 수 있다. 일련의 안내 지침이 있다는 점에서 양적 통계 처리의 엄밀성을 확보하려 했지만, 그 절차들이 유연성을 띤다는 점에서 양적 분석 방법과 구별된다.

경우에 따라 범위를 좁혀 자료 분석의 특정한 관점을 가리키기

---

89) 이 분석 방법은 질적 분석의 여러 방법(혹은 기법) 가운데 하나(Babbie, 2001)일 뿐이며, 다른 질적 분석 기법으로 충분히 목적을 달성할 수 있다. 실제로 국어교육과 한국어교육에서 이 방법을 토대로 이루어진 연구는 5편 정도이다. 이는 질적 조사연구의 필요성에 대한 인식이 낮고 방법론에 대한 연수나 강의가 충분히 이루어지지 않았기 때문이다. 다른 한편으로 양적 현장 조사연구는 기계적인 연습이 자료를 해석하는 안목을 넓혀주고 근거로써 신뢰도를 높여주는 반면, 질적 조사연구는 양적 조사연구에서와 같은 기계적인 연습이나 학습이 쉽지 않다는 점도 질적 분석 방법이 활성화되지 않는 이유이다. 한국어교육에서 질적 조사연구 방법은 사례 연구와 같은 몇몇 연구를 제외하면 많은 연구논문에서 혼합적인 조사연구를 위한 방편으로 활용되고 있다.

90) 이 이름은 오해의 소지가 있다. 그 점을 Dörnyei(2007)에서 지적하고 있는데, 뒤에 있는 'theory'가 어떤 이론적 방법에 기댄 연구 방법 혹은 특정한 이론을 추구하는 것으로 오해할 수 있기 때문이다. 이를 우리말로 뒤칠 때 '바닥이 잘 정리된 이론' 혹은 '다듬어진 이론'으로 옮기더라도 여전히 오해의 소지는 있다. Dörnyei(2007)에 따르면 그런 의미는 전혀 담겨 있지 않기 때문이다. 이와 같은 점은 Strauss & Corbin(1998:13)에서도 지적했다. 등재하기의 으뜸 목적은 이론 검정이 아니라 이론을 수립하는 데 있다고 밝히고 있다. 아울러 Glaser(1992:16)에서 가설의 검정은 다른 사람의 몫으로 남겨두어야 한다는 주장도 고려해 볼 필요가 있다. 여기서는 Dörnyei(2007)에서 제시한 논의의 흐름을 좇아 '이론 수립을 목적으로 하는 질적 조사연구'로 뒤치는데, 그렇긴 해도 여전히 본래의 의미가 되살아나지 않는다. 이 방법을 설명한 대표적인 논저로, 이 책에서 부분적으로 인용하고 있는 Glaser(1992), Strauss & Corbin(1998)이 있다. 한편, Creswell(2007)에서는 이론 수립을 목적으로 하는 이 방법을 더 체계적이고 분석적인 '스트라우스-코빈의 입장'과 '구성주의적인 입장'(Charmaz, 2006)으로 나누었다.

도 한다(Charmaz, 2006). 이와 같은 관점이 생겨나게 된 배경을 이해하면 이 용어에 대한 오해가 풀릴 수도 있을 듯하다. 이 용어는 1960년대 미국의 사회학자로부터 비롯되었다(Creswell, 2007:63). Glaser와 Strauss는 그 당시에는 새롭다고 할 수 있는 질적 방법으로 실험 조사연구를 실시했다. 그러면서 방법을 다듬고 당시에 주류를 이루었던 양적 현장 조사연구에 맞설 수 있는 새로운 방법을 제안하기에 이르렀다. 이들이 펴낸 책 제목이《The Discovery of Grounded Theory: Strategy for Qualitative Research》(1967)였다. 그 이후 이들이 내세운 방법은 사회과학과 교육 영역으로 확대되면서 질적 조사연구를 대표하는 이름으로 자리 잡았다. 양적 현장 조사연구에 맞서서 자신의 입장을 옹호하려고 그들은 엄격한 질적 조사연구 방법을 제안했다. 동시에 이론 수립을 위해 실제적인 자료를 모으려고 했는데, 이런 노력이 앞에서 언급한 질적 내용 분석과 다르다. 오늘날에는 단일의 어떤 방법만을 사용하지 않기 때문에 여러 가지 방법을 끌어 쓰고 있다.[91] 그중에 이런 관점과 연구 방법은 자료를 등재하는 과정에 주로 남아 있다.

질적 조사연구 방법에 막대한 영향을 미쳤기 때문에 오늘날 대부분의 질적 조사연구에 스며들게 된 이들의 방법은 크게 두 가지 특징을 지닌다. 하나는 등재 체계이며, 다른 하나는 탐구의 결과로 분석을 통해 어떤 이론을 산출한다는 점이다.

---

91) 이 방법을 주창했던 두 사람도 의견의 차이가 있었다고 알려져 있다. Glaser는 Strauss의 방법이 너무 구조화되어 있다고 비판한다. 한편, 이들이 내세운 방법은 Charmaz(2006), Clarke(2005)에서 구성주의, 포스트모더니즘적 색채를 띠고 변화를 겪고 있다고 한다(Creswell, 2007). 특히 Clarke는 포스트모더니즘의 경향을 보이는데, 대표적으로 연구자를 '모든 것을 알고 있는 분석가'가 아니라 '용인된 참여자'로 자리매김하고 있다.

(1) 이론의 의미

앞의 각주에서 지적한 것처럼 이 절에서 다루고 있는 방법을 가리키는 원래의 제목에 '이론'이라는 말이 들어 있다. 그렇다면 이때 '이론'이 무엇을 가리키는지 잠깐 살펴보기로 한다.

이론이라는 말이 들어가게 된 배경으로 미루어 짐작해 보면, 이 조사연구 방법을 사용하여 어떤 새로운 이론을 개발하거나 수립하는 것을 목적으로 삼는다는 의미다. 이론적 검정의 관례로 20세기 중반에 널리 유행하고 있던 양적 현장 조사연구 방법에 대한 반작용으로 이 방법이 출현했다는 점을 고려해 보면 이런 주장을 충분히 이해할 수 있다. 따라서 이런 이름을 붙이게 된 것은 연역적인 방법과는 달리 귀납적인 방법을 택하겠다는 의도가 반영되어 있으며, '다듬은(grounded)'이라는 수식어는 실재적인 자료에 바탕을 두고 어떤 새로운 이론적 통찰을 얻겠다는 이들의 목표가 반영된 것이라고 해석할 수 있다.[92] 그리고 이때 '이론'은 상대성이론과 같은 큰 이론이 아니라 자료에 기반을 두고 실질적인 어떤 주제에 대해 처리 과정을 밝히는 추상적인 설명을 가리키는 것으로 이해하면 된다. 즉 "조사연구 과정을 통해 체계적으로 자료를 모으고 분석한 자료로부터 도출된다는 의미에서 이론인 것이다(Strauss & Corbin, 1998:12)." 만약 어떤 논제에 대해 (단순한 기술이 아니라) 일관되고 맥락과 직접적으로 연관이 있는 설명을 제공한다면 충분히 타당한 이론으로 수용

---

92) 이 방법을 고안하고 논의한 학자인 Glaser(1992:2-3장)에서는 '실질적인(substantive)', '실재성(reality)'이라는 단어가 되풀이해서 나타난다. 이는 실험적인 방법이나 처치를 통해 질적 분석을 위한 자료를 얻어내려는 것이 아니라 '실제 상황', 범위를 좁혀 국어교육의 입장에서 정리한다면 '실제 의사소통 상황에서 나온 자료'를 바탕으로 한다는 이 관점의 주장을 잘 보여준다고 생각한다.

이 가능하다고 생각했던 것이다. 여기서는 이 관점에서 중요하게 생각하는 분석 도구와 등재 방법에 초점을 모아 설명하기로 한다. 아울러 이 방법론에서는 자료를 모으고 분석하는 과정이 되풀이되지만 어떤 이론적인 가정을 하지 않는다는 점에서 새로운 이론의 정립을 목표로 하는 방법론이라고 할 수 있다.

(2) 분석 도구

이론 수립을 위한 질적 조사연구에서 중요하게 다루는 분석 도구는, 원하는 답변을 얻기 위해 탐구거리에 대해 적절하게 '질문을 마련하는 일'과 '자료들을 비교하는 일'에 관련되어 있다.

분석을 위한 도구로서 질문을 통해 탐구거리와 절차를 가다듬는 방법을 알아보기로 한다. 이는 전개되고 있는 이론의 수준을 끌어올릴 수 있는 방법으로 쓸모가 많다. 여기에는 네 갈래가 있다(Strauss & Corbin, 1998:77-78).

첫 번째는 탐구거리에 대한 감각을 일깨우는 질문들(sensitizing questions)이다. 이는 자료가 나타내고 있는 것을 조사연구자가 알아차리는 데 도움을 주는 질문들로, 다음과 같은 물음들이 있다.

- 여기서 진행되고 있는 것(쟁점, 문젯거리, 관심사)이 무엇인가?
- 관련되는 행위 주체는 누구인가?
- 행위 주체는 상황을 어떻게 자리매김하는가?
- 그 자리매김이 그들에게 어떤 의미가 있는가?
- 다양한 행위 주체들이 무엇을 하는가?
- 그들의 자리매김이 같은가, 아니면 서로 다른가?
- 언제, 어떻게 행위를 하고 있으며, 그 결과는 무엇인가?

• 다양한 행위자들이 어느 정도로 같은가, 아니면 다른가?

두 번째는 이론을 마련하는 데 관련되는 질문이다. 현상과 관련되는 조건들을 탐색하는 데 도움이 되는 질문들로, 이론 설정에 관련되는 개념들 사이의 관계를 처리하는 데 도움을 준다. 그 질문들은 '개념들 사이의 관계는 어떠한가?', '○○한다면 어떤 일이 일어날 것인가?', '시간에 따라 어떤 사건이나 행위가 어떻게 변하는가?', '여기서 더 큰 얼개에 관련되는 문제는 무엇이며, 이런 것들이 보거나 듣게 되는 것에 어떤 영향을 미치는가?(Strauss & Corbin(1990), 김소현(2013)에서 재인용)'와 같은 질문이 있을 수 있다. 이와 같은 질문들은 자료를 해석하고 개념화하여 사실과의 관계를 이론적으로 공식화하는 방법으로 활용되는데, 이를 위해 다음과 같은 패러다임 모형을 제시할 수 있다.

이는 전체적으로 어떤 있을 수 있는 조건에서 현상이 나타난다는 전제에서 출발한다. → 이는 이론적 탐구나 문헌 연구를 통해서 어느 정도 밝혀질 수 있다. → 그렇지만 현상은 정해진 조건에 의해서만 일어나지 않고, 맥락적 조건이나 중재적 조건이 간여한다. → 맥락적 조건은 맥락에 따른 변이를 보여주는 조건이고 중재적 조건은 일종의 처치와 관련된다. → 그에 더해 교육과 관련된 현상들은 교육 주체 혹은 참여자들뿐만 아니라 앞서 언급한 조건들의 작용과 상호작용을 어떻게 짜느냐에 따라 다르게 나타날 수 있다.

이와 같은 복합적인 조건이 있는데, 이를 밝혀내기 위해 다음과 같은 모형을 상정해 볼 수 있다.

[그림 18] 패러다임 모형의 얼개 – 김소현(2013)

아래에 제시한 [그림 19]는 김소현(2013)에서 예비 초등 교사들의 독자 정체성 구성 양상을 알아보기 위해 독서 경험에 대한 자전적 쓰기를 하게 한 뒤 등재하기를 통해 위에서 제시한 패러다임 모형을 구체적으로 보여주는 사례이다.

[그림 19] 패러다임 모형의 구체적인 사례 – 김소현(2013)

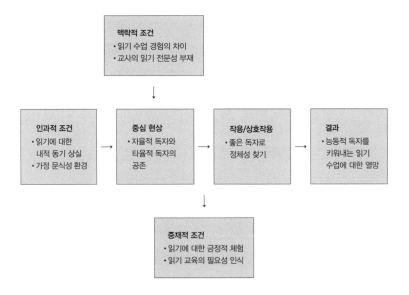

세 번째는 이론의 수립에서 실제적으로 사용되는 질문으로, 탐구 거리의 구조화에 관련된다. 이 질문들은 표본뽑기의 방향을 제공한

다. 또한 이와 같은 질문들은 다음과 같이 전개되는 이론의 구조를 개발하는 데 도움을 준다.

어떤 개념이 잘 전개되고 어떤 개념은 그렇지 않은가? → 이론을 전개하기 위해 언제 어디서 어떻게 자료를 모으는 다음 단계로 넘어가야 하는가? → 표본을 얻기 위해 어떤 갈래의 허락을 얻어야 하는가? → 얼마나 걸리겠는가? 개발되는 이론은 논리적인가? → 어디서 논리가 깨지는가? → 어느 지점에서 포화 상태에 이르렀는가?

네 번째는 안내하는 질문(guiding question)으로 면담이나 관찰, 다른 문서들을 분석하는 길라잡이 역할을 한다. 이런 질문들은 시간에 따라, 이론이 전개되고 발전됨에 따라 변한다. 이를테면, 면담의 초기에는 '국어 교사로서 가장 중요하게 생각하는 영역은 무엇이라고 생각합니까?'라는 질문을 던진다면, 면담이 어느 정도 진행된 다음에는 그보다 더 세부적인 내용, 예를 들어 '학생들이 제대로 자신의 생각을 입말로 표현하는 데 중요한 능력은 무엇이라고 생각합니까?'로 옮아갈 수 있다. 이는 면담을 통해서가 아니라 이 방법이 늘 그렇듯이 문헌 연구, 설문 분석, 면담이 서로 교차되면서 비롯되는 특성과도 연결된다.[93]

분석을 위한 두 번째 도구는 '비교'이다. 현장 조사연구에서는 다

---

[93] 김영천(2012)에서는 반구조화 면담을 수행할 때 ① 준비 단계, ② 초기 접촉 단계, ③ 오리엔테이션 단계(원하는 방식으로 응답자에게 지시하는 단계), ④ 주요 단계(면담의 핵심, 분석을 위한 경험적 초점), ⑤ 종결 단계(부분적으로 사회적이고 지적이며 중요한 비평을 포함)의 5단계를 고려해야 한다고 제안했다. 이와 같은 점에서 보면 ①~③이 이와 같은 질문을 위한 준비 단계라고 한다면, ④는 본격적인 면담으로서 위에서 제시한 여러 단계의 질문에 대해 그 수준을 다르게 하면서 여러 차례 되풀이될 수 있음을 알 수 있다.

3부 현장 조사연구 자료 분석

양한 갈래의 비교 연구가 있을 수 있다. 쉽게 예를 들면, 성별에 따른 읽기 능력을 비교할 수 있다. 그러나 이러한 비교는 분석을 위한 도구로서의 비교와는 조금 다르다. 분석 도구로서의 비교는 분류하기 위해 이루어질 뿐만 아니라 이론적으로 들어맞는 표본을 뽑기 위해서 그것을 활용하기 때문이다. 말하자면, 연구의 목적이 아니라 분석의 도구로서 범주를 확인하기 위해 이루어지는 비교를 말한다(Strauss & Corbin, 1998:93-94). 이때 범주는 사건, 일어난 일, 사례 등으로 이루어진 정보의 단위다(Strauss & Corbin, 1990). 그리고 이 범주들은 포화 상태에 이르기 전까지 언제나 새롭게 나타나고 그때마다 비교하고 필요에 따라 갱신된다.

비교는 두 가지 차원에서 이루어지는데, 첫 단계는 개별 사건과 사건, 개별 대상과 대상을 비교하여 이들의 속성에서 비슷한 점이나 차이점을 찾아내는 것이다. 이를테면, 다문화 가정에서 자란 학생과 일반 가정에서 자란 학생들을 놓고서 비교하는 단계이다. 그다음 단계는 추상적인 개념인 범주들을 비교하여 범주들과 기준들이 분명하지 않을 때 가능한 한 속성들을 분명하게 한다.

이와 같은 두 번째 단계의 비교를 위해서 쉽게 적용할 수 있는 두 가지 중요한 기법을 소개하기로 한다. 하나는 '전환 기법(flip-flop technique)'이다. 이 기법은 어떤 사건이나 대상, 행위나 상호작용에 대한 다른 관점을 얻기 위해 어떤 개념을 뒤집어 보는 방법이다. 학습자 중심의 국어과 수업 방법에 대한 면담 조사를 한다고 할 때, 반대 속성을 지니는 교사 중심 수업 방법을 문헌 조사를 통해서 조사할 수 있다. 수업 구성, 수업 주도권, 철학적 배경 등에 대한 조사를 했다면 이러한 내용을 중심으로 면담 조사를 할 수 있다. 이런 방법은 더 확장될 수 있는데, 교사들이 자신의 수업 방법에 대한 평가나 자리매김을 하도록 유도하는 질문으로 이어질 수 있다.

다른 하나는 '체계적 비교(systematic comparison)'이다. 이 기법은 어떤 부수적인 사건을 경험이나 문헌으로부터 찾아낸 것과 비교하는 방법이다. 이 방법은 조사연구자가 무엇을 찾는지 모르기 때문에 지나쳐 버릴 수 있는 기준이나 속성들을 자료에서 찾을 수 있도록 민감성을 길러주는 데 그 목적이 있다. 예컨대, 한국어교육에서 중국 출신의 화자들이 보이는 발음에 대해 중국어 발음이나 기존의 연구를 참고하여 비교하는 방법을 들 수 있다. 이렇게 함으로써 중국어 화자의 한국어 발음에 대해 좀 더 예민한 감각을 키울 수 있다.[94]

비교의 기준으로 차이점과 유사점뿐만 아니라 의미와 중요도가 활용된다. 그리고 그 기준의 밑바닥에는 속성이나 일정한 기준이 적용된다. 이를테면, 남학생과 여학생의 말하기 방식의 같은 점과 다른 점을 비교하기 위해서는 말하기의 어조, 속도, 내용 등 일정한 속성 혹은 기준이 적용될 것이다. 기준을 적용한 비교의 결과에 따라 의미와 중요도가 있는 범주가 새롭게 도드라질 수 있고, 그럴 경우 새로운 범주로 설정되거나 다른 범주로 합쳐지기도 한다.

이 절에서 언급한 두 가지 분석 도구, 즉 '질문 던지기'와 '비교'는 자료를 통해서 얻을 수 있는 것이라기보다는 자료에서 더 많은 정보를 얻기 위해 미리 마련해 볼 수 있는 도구이다. 따라서 질문하기와 비교는 자료를 모으고 분석하는 과정에서 활용될 수 있다.

---

94) 자료에 대한 민감성을 기르기 위한 방법의 하나로 특정의 단어 표현이나 응답자의 설명에 신념이나 가정이 스며들어 있음을 알아차리고 더 세밀하게 분석하는 기법이 있다. 누구든 어떤 이념적인 치우침이나 가치관에서 자유로울 수는 없다. 이런 편향이나 가치관은 '언제나, 가끔, 일시적으로, 결코 ~지 않는다.'와 같은 부사적 표현을 통해서 드러나는데, 응답 내용을 분석할 때 이런 표현이 나타난다면 분석에 신중을 기해야 하는 표지로 인식하는 방법을 말한다.

(3) 자료 등재하기

앞에서 언급했듯이, 자료 등재하기의 핵심은 설명의 타당성을 얻기 위해 등재 방법을 엄밀하게 자리매김하는 데 있다. 등재하기는 여러 수준을 지니고 있다. 특정 관점에 따른 질적 분석에서는 이를 세 층위로 나눈다. 이 관점에서는 자료 등재하기 과정이 일련의 반복되는 행위로 나누어질 수 있다는 점을 중요하게 생각한다(Strauss & Corbin, 1998:101).

먼저 자료들을 덩이로 나누고 자료 덩이마다 개념 범주를 배당한다(여지가 있는 등재하기 혹은 개방 코딩(open coding)). 두 번째로 이 범주들 사이의 관계를 밝힌다(축 연결 등재하기 혹은 축 코딩(axial coding)). 이 단계까지를 Strauss & Corbin(1998:57-58)에서는 '미시적 수준의 자료 검토(microscopic examination of data)'라고 했다. 입말 보고 자료든 전사 자료든 속성이나 어떤 기준에 따라 초기의 범주를 생성하고 개념들 사이의 관계를 찾아내기 위해 세밀하게 분석하는 단계이다. 이는 앞에서 언급한 질적 내용 분석 방법에서 사전 등재하기와 비슷한 속성을 갖는다. 세 번째로 이 관계를 더 높은 추상적인 수준에서 설명한다(선택적인 등재하기(selective coding)). 이 단계들을 보면 순차적-추상적 수준으로 등재하기가 이루어짐을 알 수 있다.

'여지가 있는 등재하기(open coding)'는 자료에 담겨 있는 개념을 붙잡아 내는 첫 번째 단계이다. 덩잇글로 된 자료들은 일어난 일, 대상, 행위·상호작용이 나타난 구절, 줄, 문장 혹은 어느 정도 짧은 단락에 이르기까지 다양한 길이로 덩이가 나누어진다. 이렇게 나누어진 덩이들은 속성이나 성질에 비추어 비슷하거나 다른 개념으로 분류되고, 더 추상적인 수준에서 범주로 묶인다. 이론의 수립을 강조하는 이 접근법의 특성상, 이 단계에서 범주는 추상적이고 포괄적이다. 이 단계에서 범주들의 설정을 위해 일반적으로 대상들 사이의 공통점과 차이점을 발견하는 기법을 이용한다. 예를 들어, Straus & Corbin(1998:113)에서 제시하고 있는 '비행체'라는 범주를 보기로 한다. 비행체의 범주에 '새, 연, 비행기'를 묶는다면 '무엇 때문에 이들이 날 수 있는가? 이들에 어떤 공통점이 있어서 날게 되는가? 얼마나 멀리, 얼마나 오랫동안, 얼마나 높이 날 수 있는가? 날 수 있는 속성에 변화가 생긴다면 어떤 일이 일어나는가?'와 같은 질문거리를 떠올릴 수 있다. 그 과정에서 새로운 착상을 얻을 수도 있다. 아울러 조사연구의 단위를 줄여주는 역할을 하기 때문에 연구에 들이는 품과 시간을 줄일 수 있다.

이러한 범주들은 다음 단계에서 다양한 범주들의 관계나 세부 범주들 사이의 관계에 대한 진술을 통해 다시 묶인다. 이런 진술들은 대체로 '가설'로 언급된다. 대부분의 경우 기술적인 범주로부터 시작하지만, 이 접근법에서는 그렇지 않다. 이 점이 다른 질적 조사연구와 다르다.

다음으로 '축 연결 등재하기'다. 이때 축은 '핵심(core) 현상'이라고 부르기도 한다(Creswell, 2007:64). 한편, Strauss(1990)에서는 이 축을 둘러싸고 있는 몇 가지 범주를 제시했다. 여기에는 '원인 조건(무엇이 핵심 현상을 유발했는가), 전략들(핵심 현상에 반응하여 취해진 조치들), 맥락적이고 중재적인 조건(전략들에 영향을 미치는 포괄적이고 상황적인 요인들), 결과들(전략들을 사용하여 나온 결과)'이 있다. 축 연결 등재하기는 열린 등재에서 나온 추상적인 처리를 조금 더 고차원적인 수준으로 확장하는 단계이다.

조사연구자는 이 단계에서 범주들 사이를 연결하고 통합하며 일정한 개념들의 무리로 만들려고 한다. 범주들 사이의 관계는 여러 층위를 지니는데, '원인이 되는 조건, 결과, 비슷한 점, 맥락에서 독립성, 과정이나 전략' 등으로 분류된다. 이런 관계들은 메모와 같이 약식으로 조사연구자에 의해 기록되기도 한다. 면담을 이용할 경우, 면담의 분위기나 참여자의 말투나 태도 등이 기록될 수 있다. 중요한 것은 이 단계에서는 범주들 사이의 관계를 설명하거나 새롭게 자리매김하기 위해서 이미 있는 자료를 되돌아보거나 다시 분석할 필요가 있다는 것이다.

이어지는 '선택적 등재하기'는 질적 분석 방법의 마지막 단계이다. 이 단계에서는 자료 분석 과정에 필요한 핵심 범주(혹은 설명력을 지닌 개념)를 선택하며, 논문이나 보고서에 이를 적어두는 일에 초점을 모은다. 핵심 범주는 자료의 대부분을 아우르고 다른 범주들을 포섭할 수 있도록 충분히 추상화되어야 한다. 이와 같은 핵심 범주가 이 방법론에서 의도하는 이론의 발견을 위해 중요한 부분이다. 중심 개념을 선택하는 일반적인 방법은 두 번째 단계에서 언급했던 메모를 쓰는 과정 혹은 축 연결 등재 과정에서 나왔던 생각들을 더 다듬는 것이다. 중요한 것은 핵심 개념이 이론의 수립을 위해서 일관되어야 할 뿐만 아니라 참여자들의 응답 내용 가운데 핵심을 붙들 수 있도록 선택되어야 한다는 것이다.

일반적으로 이 연구 방법을 사용한 조사연구에서는 선택적 등재하기로부터 나온 명제나 가설을 언급하는 것으로 마무리된다. 최근에 Strauss & Corbin(1998)에서는 '조건에 맞춘 행렬(conditional matrix) 모형'을 발전시켰다. 이 모형은 핵심 현상에 영향을 미치는 거시적인 조건과 미시적인 조건을 연관 지을 수 있는 모형이다(여기에 대해서는 Creswell(2007) 참고).

(4) 이론 수립을 위한 질적 조사연구의 진행 과정[95]

[표 23]은 최지영(2008)에서 제시한 이론 수립을 위한 질적 조사연구의 진행 과정인데, 교사나 예비 교사로서 독자의 정체성을 구성하는 요인을 알아보기 위해 일부를 고쳤다. 쓰기와 관련하여 자료 수집 단계에서 좀 더 심층적인 자료가 필요하거나, 내용 전달이 흐릿하거나, 글쓰기 과정에서 실험 참여자가 제시하지 않은 내용에 대한 정보를 얻고자 할 때 추가로 면담을 실시할 수 있다.

여지가 있는 등재하기나 축 연결 등재하기의 과정이 이 연구 방법에서 중요하다. 따라서 연구자 한 사람의 판단만으로는 신뢰도가 떨어질 것을 우려하여 여러 사람의 의견을 물어서 정하는 경우도 있다.

상황 모형은 연구 과정을 통해서 나온 결과를 요약하고 통합할 수 있는 기틀을 제시하는 것으로서, 다양한 종류의 상황적 조건(인과적·맥락적·중재적 조건)과 결과가 작용·상호작용과 얽혀서 어떻게 관계를 맺고 있는가를 설명하는 마지막 단계이다. 상황 모형은 상황 경로를 따라가면서 도식화할 수 있는데, 다양한 수준에 있는 각각의 조건적 상황과 작용·상호작용의 다양한 수준에 따라 결과가 어떻게 달라지는가를 추적할 수 있도록 해준다(최지영, 2008).

이 연구 방법에서 또 하나 염두에 두어야 할 것은 질적 조사연구의 특성에서 비롯되는 것으로, 진행 과정이 엄격하게 정해진 절차를 따르지 않을 수도 있다는 것이다.

---

95) 국어교육에서 이론 수립을 위한 질적 조사연구는 흔치 않은데, 앞서 소개한 김소현(2013)을 들 수 있다. 대부분의 연구가 여기서 언급하고 있는 이론 수립을 위한 질적 연구와는 달리 어떤 가정을 염두에 둔다. 그런 이유로 김은성(2010)에서 제시된 사례처럼 대부분의 연구가 질적 분석 수준에 머무르고 있다고 할 수 있다. 김소현(2013)에서도 상황 모형의 수립 단계로 나아가지 않았다는 한계가 있다. 이런 경우 개방적인 이론을 지향하지만 완결된 이론을 추구하는 이 방법론의 궁극에는 이르지 못했다는 비판에서 벗어나기 어렵다(Babbie, 2001:285).

[표 23] 이론 수립을 위한 질적 조사연구의 진행 과정

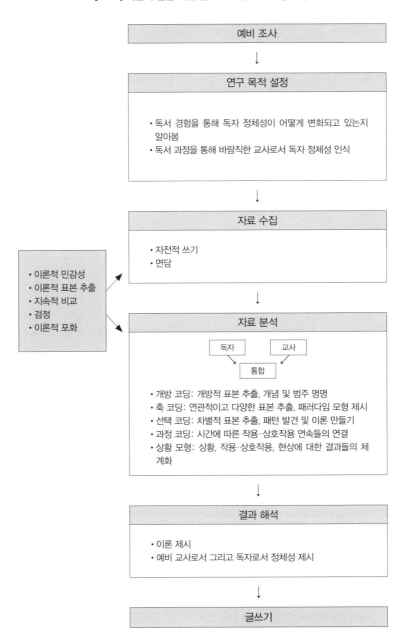

(5) 이론 수립을 위한 질적 조사연구의 장단점

이 방법에서 가장 큰 장점은 어떤 현상에 대한 깊이 있는 분석을 위한 도구를 제공한다는 것이다. 따라서 어떤 현상에 대해 거의 알려진 것이 없는 영역에서 이론적인 지식을 생성하기에 알맞다. 그러나 다른 한편으로 너무 세분화되고 전문적인 자료 등재 방법 때문에 연구자가 많은 시간과 품을 들여야 하며, 어떤 범주의 포화 지점을 결정하는 일이 쉽지 않다. 그리고 초보 연구자들이 등재 방법을 엄격히 적용하기도 쉽지가 않다. Strauss & Corbin의 방법론에 따르면, 체계적인 방법을 엄격하게 따르도록 한다는 점도 초보 연구자들에게 쉽지 않다. 무엇보다도 국어교육에서 이 방법을 적용한 앞선 연구가 거의 없다는 점도 연구를 머뭇거리게 하는 요인이 된다.

같이 생각해 보기

다음은 김은성(2007)에서 제시한 자료입니다. 다음 [자료 1]을 보고 등재하기 위한 항목으로 무엇을 설정할 수 있을지 생각해 봅시다. [자료 2]는 그 연구 결과입니다. 코딩 수와 빈도를 제외하고 범주들이 일치하는지, 왜 일치하지 않는 범주가 나타나는지 생각해 봅시다. 그리고 이들을 더 잘게 나누어 등재한다면(coding), 어떤 범주들이 더 나와야 할지 생각해 봅시다.

[자료 1]

- 항상 이해하지 못하고 배워야 하는 이유와 가치를 몰랐기 때문에 짜증내면서 외워왔다. (S53)
- 정확히 이런 걸 배워야 하는지를 정확히 이야기해 주었으면 조금이라도 덜 짜증나는 기분으로 외울 수 있었을 것이다. (S7)
- 만일 내 후배가 국어사 등을 배운다면 그것을 가르치는 선생님께 말하고 싶다.

제발 강압적으로 하지 말고 이것을 왜 배워야 하는지부터 이해시키라고. (S6)

- 문법을 학교 수업 시간에 배울 때는 이해하려고 아무리 애를 써도 도저히 이해가 되지 않고……. (S44)

- 그런 걸 외운 후 문제를 풀면 몇 개는 맞았다고 좋아하다가 예외라는 것에 걸려서 짜증을 내기 쉬웠다. (S13)

- 문법을 사용해서 영어 문장을 읽을 때처럼 하나하나 따져가면서 몇 줄 되지 않는 문장을 문법 설명으로 빽빽이 채우는 것도 마음에 들지 않는다. (S48)

- 그런 식으로 체언, 용언, 부사, 목적어, 형용사 등을 하나하나 이해하면서 예문을 보면서 따라가는 게 너무 싫어서 중학교 때 문법을 공부하지 않았다. (S48)

- 솔직히 이해시키는 것보다도 프린트에다가 단어를 쭉 나열하여 "여기에서 시험 나오니까 외워라!" 하고 말한다. (S12)

- 하지만 그러한 것을 뛰어넘어 단순 주입식으로 이루어지는 그것은 나에게 혐오 그 자체였다. (S6)

- 공부를 해도 다른 예에다가는 적용도 못 하고, 다 틀리고, 그러다 보니 더욱더 문법을 멀리했다. (S75)

- 결국 문법은 제대로 이해하지 않으면 적용이 안 된다는 것이 문제였다. 개념만 안다고 되는 것이 아니라고 생각하니 더 암담했다. (S65)

[자료 2]

	주요 범주	코딩 수	빈도(%)
I	학습 신념 및 동기: 왜 배워야 되나요?	118	43
II	학습 대상 인식: 공부하기 힘든 분야!	66	24
III	학습 과정: 공부를 제대로 하려야 할 수가 없어요	69	25
IV	학습 성과: 공부해 봤자 남는 게 없어요	19	8
	합계	272	100

5. 질적 자료의 변환과 처리를 위한 도구

(1) 질적 조사연구를 위한 Nvivo 프로그램 이용하기

여기서는 김은성(2007)에서 소개한 내용을 중심으로 Nvivo 프로그램을 활용하는 방법을 설명하기로 한다. 이 프로그램의 활용과 등재 방법은 전적으로 김은성(2007)의 논의에 기대고 있다.[96]

Nvivo7[97]은 질적 연구를 위한 소프트웨어 가운데 가장 대중적인 QSR NUD*IST(non-numeric unstructured data indexing, searching and theorizing)의 최신 버전으로, 텍스트에 드러난 정보를 바탕으로 노드(node)를 만들어 핵심 주제들로 구조화할 수 있기 때문에, 보고자 하는 대상의 의미 구조를 드러내는 데 유용하다. 다른 장점은 질적 연구 자료에서 정보를 가공하고 그 결과를 양적 수치로 확인할 수 있다는 것이다. 코딩 빈도와 백분율은 물론 전체 자료에서 해당 등재 부분의 총량이 정확하게 수치로 파악된다. 김은성(2007)에서 취한 처리 방식을 간략하게 설명한 내용은 다음과 같다.

먼저, 문법 학습 경험을 기술한 기록지를 Nvivo7에 적합한 파일 형식으로 바꾸어 저장한 뒤(한글 자료에 적합한 파일 저장 형태는 .txt 형식이라고 함) 이를 불러들여 문법 학습 장애 요인이라고 생각되는 부분을 선택하여 일차적으로 노드를 만들었다. 예를 들어, 학습자의 문법 학습 경험 기술지에서 '수능에도 안 나오기 때문에 공부하기 싫다.'

---

96) 이 프로그램을 이용한 연구가 많지는 않지만, 다른 사례로는 이선영(2010)이 있다. 정식 한글판이 나오지 않아서 글자가 깨지기도 한다.

97) 누리그물에서 검색하면 위키피디아 백과사전 항목에서 이 프로그램에 대한 간략한 소개를 참조할 수 있다. 아울러 현재 8판까지 나온 것으로 되어 있다(박종원(2009), 《Nvivo8 프로그램의 활용》, 형설출판사). 고은선·김성훈(2016)에서는 10판을 사용하고 있다.

라는 부분이 의미 있는 핵심 주제로 간주되면 이 부분을 분할하여 '낮은 시험 반영' 등의 이름으로 새 노드를 만들어 집어넣는다. 이것이 1단계 노딩[98] 작업이다.

[그림 20] Free node 상태의 코딩 단계 (1단계)

1단계 노딩 작업에서는 총 32개의 노드를 만들었다. 그리고 이것들을 검토하여 잘못 처리한 부분, 의미가 동일하거나 세분되는 것들을 손보았다. 이 잠정적인 중간 결과물을 재검토하여 위계적으로 구조화한 2단계 노딩 작업을 실시했다. 즉 김은성(2007)에서는 처음부터 문법 장애 요인을 구조적으로 범주화하고 위계를 세워 틀을 만들어놓은 다음 거기에 맞추어 자료를 분석하지 않고, 귀납적으로 학습

98) 이는 이 책에서 언급하고 있는 분류·비교를 위한 항목을 결정하는 과정이다.

[그림 21] Three node 상태의 코딩 단계 (2단계)

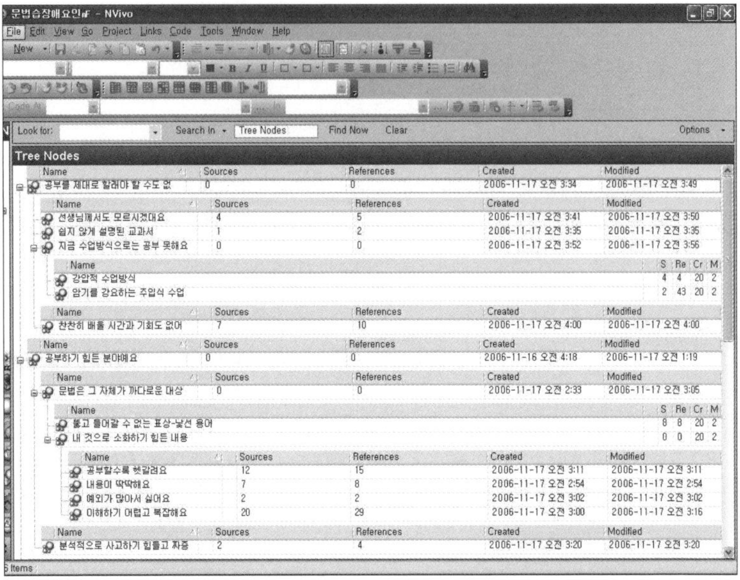

자의 원자료에서 시작하여 범주를 생성하고 수정하면서 점차 체계
적인 구조를 갖추게끔 하는 방식(개방적 코딩 방식)을 택했다고 한다.

이 무른모를 이용할 때도 신뢰도를 고려해야 한다. 범주화 과정
에 대한 신뢰도를 확보할 필요가 있는 것이다. 신뢰도를 높이는 방
법은 두 가지인데, 기존의 연구를 충실히 고려하여 범주를 설정하거
나, 둘 이상의 등재자가 등재하도록 하고 그 결과를 바탕으로 코헨의
Kappa 계수를 이용하여 일치도를 검정하는 것이다. 일반적으로 K값
이 0.75 이상일 때 일치도가 인정된다.

(2) 문법과 어휘 처리를 위한 말뭉치 분석과 CLAN 무른모 활용

Nvivo 무른모는 어절 이상의 단위를 바탕으로 주제 혹은 화제에

　　　　　　　　　　　　　　　　　3부　현장 조사연구 자료 분석

따라 학생들이 서술한 내용을 입력하고 분류하는 데 도움을 주는 도구이다. 그에 비해 품사 수준에서 분석이 이루어져야 하는 연구도 있다. 한국어를 배우는 유학생들이 어떤 주제로 말하기나 쓰기를 한다면 이 자료들을 바탕으로 어휘 다양성을 조사해 볼 수 있다. 이때 품사 단위로 꼬리표(tag)를 붙이고 이를 세어주는 무른모가 있다면 편리할 것이다.

이때 이용할 수 있는 대표적인 무른모가 CLAN이다. CLAN을 이용하려면 먼저 꼬리표를 붙이는 절차가 필요하다. 그 전에 먼저 원시 자료의 수정과 반영을 어느 수준까지 할 것인가를 결정해야 한다. 어휘 수준의 분석을 위해서는 품사 수준의 꼬리표 붙이기만 하면 된다. 또한 입말에서는 불분명한 표현이 있을 수밖에 없는데, 이를 어느 정도로 수정하여 꼬리표를 붙일 것인지를 결정해야 한다. 글말에서는 맞춤법에 어긋나거나, 맥락으로는 그와 비슷한 단어로 이해 가능하지만 틀리게 혹은 다르게 쓴 표현들을 어떻게 처리할 것인지 결정해야 한다. 그다음은 형태 혹은 단어 단위로 꼬리표를 붙이는 과정이 필요한데, 이때 지능형 형태 분석기를 이용할 수 있다. 이 도구는 국립국어원 '언어정보나눔터(http://ithub.korean.go.kr)'에서 내려받을 수 있다.[99]

꼬리표를 붙이는 과정은 CLAN 프로그램에서 일관되게 형태소 분석 결과를 붙여넣기 위해 필요하다. CLAN 프로그램에서 활용하기 위해서는 CHAT 파일로 변환해야 하는데, 여기에 대한 설명은 최지영(2017), 이유림·김영주(2016)를 참고할 수 있다. 이 프로그램은 어

---

99) zip 파일로 되어 있는데, 파일 묶음을 열어보면 사용 설명서도 들어 있다. '흔글'로 작성한 문서는 텍스트 파일로 저장하면 그 프로그램 안에서 입력하는 번거로움에서 벗어날 수 있다.

휘 다양성을 재기 위한 분석인 TTR이나 D값을 제공할 뿐만 아니라 발화의 길이, 대화에서 상호작용의 유형, 담화 분석 등에 활용될 수 있다.[100] 한편, '세종 말뭉치'에 대한 형태소별 통계 정보를 이용할 수 있는 '꼬꼬마 세종 말뭉치 활용 시스템(http://kkma.snu.ac.kr)'도 있다.

6. 질적 조사연구의 신뢰도와 타당도를 높이는 방법

질적 조사연구의 품질을 결정하는 기준에 대해 먼저 논의하기로 한다. 질적 조사연구는 표본집단의 크기가 작고, 일반적으로 통용되는 '자연과학적 방법'을 따르지 않기 때문에 비판을 많이 받고 있다. 이는 주로 양분법적인 연구 방법의 범주에 따른 비판이다. 그러나 이런 고려와는 상관없이 Dörnyei(2007:46-47)에서는 질적 조사연구의 품질을 좌우하는 세 가지 기준을 들고 있다.

첫 번째 기준은 '흥미로운 자료인가, 무미건조한 자료인가'를 따져 보는 것이다. 개인적인 의미에 초점을 모으는 자료는 그것이 흥미를 주는지 여부를 결정하는 별도의 과정을 거치지 않기 때문에 아무리 진실하게 자료를 분석한다고 하더라도 흥미를 불러일으키지 않는다. 경우에 따라서는 상식을 제공하는 데 그칠 가능성이 높다. 다른 식으로 말하면, 분석의 품질은 곧 원자료의 품질에 기대고 있다고 할 수

---

100) 이 프로그램은 http://childes.talkbank.org/에서 내려받을 수 있다. 다양한 선택 내용 (option)과 명령어들이 포함되어 있어서 누리집에서 제공하는 길잡이(manual)를 옆에 두고 사용 방법을 익혀야 한다. 분석을 위해 말뭉치 자료를 CHAT 파일로 입력하여 변환하는 과정이 쉽지 않기 때문이다.

있다. 더 큰 표본집단을 놓고서 일반화를 추구하는 양적 조사연구가 흥미를 쉽게 끌 수 있는 것과는 다른 측면이라고 할 수 있다.

두 번째 기준은 조사연구자의 자질이다. 질적 조사연구에서는 연구자 자신이 연구 도구이기 때문에 질적 조사연구의 품질은 조사연구자의 자질을 뛰어넘을 수 없다. 이 부분도 표준화된 절차를 따르는 양적 현장 조사연구와 다른 점이다. 자료 분석의 범위가 넓고 결과를 잘 해석해야 하기 때문에 조사연구자의 자질이 매우 중요하다.

발견 사실들이 모든 자료에 대한 비판적인 탐구에 바탕을 두고 있으며, 몇몇 잘 선택된 자료(연구자의 입맛에 맞고 애써 공을 들인 듯한 자료)들에 바탕을 두고 있지 않음을 확신할 수 있는가 하는 문제도 짚어봐야 한다. 지면의 제약 때문에 실제로 질적 조사연구자들은 결론을 이끌어낸 몇 가지 본보기 사례만을 제공할 수밖에 없다. 문제는 그런 사례들을 선택한 근거를 밝히지 않을 때이다. 논의를 뒷받침해 줄 복잡하고 더 큰 자료 더미로부터 몇몇 인용을 선택하는 질적 조사연구 보고서에서는 자료의 핵심적인 부분을 선택하고 그 근거를 제시하는 일이 중요하다.

(1) 질적 조사연구에서 신뢰도와 타당도

오랫동안 질적 조사연구에서는 신뢰도가 무시되었다. 양적 조사연구에서와 마찬가지로 일관성과 비슷한 개념으로 주로 언급되고 있다. 문제는 개인적인 응답과 조사연구자의 주관에 기대고 있는 질적 조사연구에서, 반복된 실험의 일관성을 어떻게 유지할 것인가 하는 점이다. 따라서 질적 조사연구에서는 다양한 세부 과정을 놓고서 신뢰도를 점검할 수 있다. 면담 자료를 등재하는 과정에서 일관성이 있는가를 살피는 일을 예로 들 수 있다.

질적 조사연구에서 타당도는 Maxwell(1992)의 논의를 참조할 수 있다. 이 논의에서는 기술적 타당도와 해석적 타당도, 이론적 타당도, 일반화 가능성, 가치 타당도를 들고 있다.

기술적 타당도는 조사연구자의 설명이 '사실에 따른 것이며, 정확한가'와 관련이 있다. 기술과 설명을 바탕으로 추론이 이루어지기 때문에, 기술적 타당도는 질적 조사연구에서 무엇보다 중요한 타당도라고 주장한다. 기술적 타당도의 위협에서 벗어나기 위한 방법으로 조사자 삼각측량법(여러 조사자가 자료를 모으고 해석하는 방법)이 있다.

해석적 타당도는 참여자들의 관점을 얼마나 충실하게 그려내는가에 달려 있다. 해석적 타당도를 갖추기 위해서는 참여자들에게 되짚어보기를 하게 하거나 참여자들이 점검하는 과정을 거쳐야 한다.

이론적 타당도는 일정한 수준의 추상화가 조사연구자의 설명에 포함되는지 여부, 그리고 해당 현상들을 얼마나 잘 설명하고 기술하는지 여부와 관련되어 있다.

일반화 가능성은 양적 현장 조사연구에서 언급한 외적 타당도와 다르지 않다. Maxwell은 양적·질적 조사연구에서 일반화 가능성을 구별하고 있다. 질적 조사연구에서는 공동체 혹은 기관 안에서의 일반화 가능성(내적 일반화)을 더 중시한다. 아울러 질적 조사연구에서 일반화 가능성은 특정의 개인이나 상황으로부터 다른 상황을 이해하는 데 도움을 주는 이론의 발전으로 나타날 수 있다고 지적했다.

가치 타당도는 조사·연구한 현상을 조사연구자가 '유용성, 실천 가능성, 바람직함' 같은 기준에 따라 평가하는 것과 관련된다. 따라서 가치 타당도는 명시적이든 암묵적이든 평가 얼개의 활용과 관련이 있다. 비판적 이론이 늘어나고 있는 오늘날에 더욱 그 중요성이 불어나고 있다.

(2) 타당도를 높이는 일반적인 방법

질적 조사연구에서 타당도를 높이기 위해서는 조사연구자로서 진정성을 보여주어야 한다. 즉 타당도의 위협에 대해 조목조목 논의하기보다는 연구자로서 성실하게 연구를 수행했음을 보여주는 것이 낫다는 말이다. 이를 위해서는 먼저 결과를 얻기 위해 밟아나간 단계들에 대해 자세하고 반성적인 설명을 할 필요가 있다. 이는 독자들에게 기반이 잘 닦여 있다는 인상을 주어 조사연구 과정에 대한 신뢰를 주게 될 것이다. 아울러 전체적인 맥락이나 흐름에 세부 내용을 자리 잡게 함으로써 독자들이 확인할 수 있도록 해주는 일도 필요하다. 어떤 조사연구도 완벽하지 않으며, 독자들도 이를 알고 있다. 따라서 최종 결론을 놓고서 반대가 있을 수 있음을 명시적으로 지적하고 논의해야 한다. 또한 대립적인 설명의 가능성도 열어두어야 할 것이다.

자료와 자료를 모으고 분석하는 연구자의 관계를 점검하는 과정도 필요하다. 동물이나 식물의 경우도 마찬가지지만 조사연구가 진공에서 이루어지지 않는 한 관찰자로서 연구자의 개입은 자료에 어떻게든 영향을 미칠 수밖에 없다. 특히 사람의 정신적·심리적 표상인 말이나 글을 바탕으로 하는 국어교육 현장 조사연구에서 연구자는 젤 수 없는 영향을 미친다고 보는 것이 타당할 것이다. 따라서 자신이 끌어내고자 하는 주제와 관련하여 참여자들과 어떤 관계를 설정할 것인지 결정해야 하고, 그것을 조사연구 결과에 밝혀주는 것이 좋다. 애초에 질적 조사연구가 참여자이자 연구자로서의 지위를 중요하게 생각했다는 점을 상기한다면 충분히 고려할 만한 내용이다.

위에서 논의한 방법들이 그 자체로 조사연구의 타당도를 높이는 것은 아니다. 그렇지만 다음에 소개하는 방법은 조사연구가 이루어지는 동안 타당도를 보장하기 위해 거쳐야 하는 단계이다.

먼저 타당도와 신뢰도를 점검하는 방법이다. 응답자들에게 되짚어보기를 하게 할 수도 있고, 동료들에게 점검을 부탁할 수도 있다. 이렇게 하는 데에는 몇 가지 결정이 따른다. 예컨대, 응답자(참여자)들은 조사연구가 내린 결론에 동의하지 않을 수 있다. 또 동료 연구자 누구에게 부탁할 것인가를 결정하는 데 어려움이 있을 수 있다. 그런 점에서 양적 조사연구든 질적 조사연구든 비판적 동료가 유용한 조력자가 될 수 있다.

다른 방법은 조사연구 설계에 관련되는 전략들을 생각해 보는 것이다. 가장 널리 쓰이는 방법은 삼각측량이다. 삼각측량은 질적 조사연구에서 치우침을 줄일 수 있는 효과적인 방법이다. 하지만 문제는 결과들 사이에 어긋남이 있을 때 이를 어떻게 받아들여야 하는가 하는 것이다. 그 밖에도 지속적인 참여와 관찰, 다시점 조사연구 설계를 함으로써 타당도와 신뢰도를 높일 수 있다.

또 하나 염두에 두어야 할 점은, 연구 참여자들의 확인이 필요하다는 것이다. 질적 조사연구는 주관적인 성격이 강하다. 자료 자체가 참여자의 주관을 반영할 뿐만 아니라 해석에서도 주관이 필요하다. 이론 설정에서도 공정성이 필요하듯 자료의 왜곡을 막기 위해서 자료가 참여자들의 입장이나 견해를 잘 반영하고 있는지 확인하는 과정도 필요하다. 아울러 결론을 내리는 과정에서 될 수 있으면 참여자들의 확인을 받는 것이 좋다.

(3) 타당도를 높이는 방법으로서 삼각측량

삼각측량법은 질적 조사연구의 타당도에 대한 여러 가지 비판을 잠재울 수 있는 검정 방법이다. 삼각측량법은 여러 가지 방법을 서로 겹치게 사용하는 것이다. 즉 이론을 세우기 위해 서로 다른 원천으로부터 자료를 모으는 방법이라 할 수 있다. 말하자면, 끌어낸 결론을 다른 자료를 더 검토하거나 찾아서 검정하는 것이다. 또한 다른 이론적 틀을 바탕으로 할 수도 있다. Freeman(1998)에서 여러 가지 삼각측량법의 갈래를 제시하고 있는데, Brown(2001)에서 소개한 내용은 다음과 같다.

삼각측량의 갈래들

① 자료 삼각측량(data triangulation): 상이한 역할을 하고 있는 사람들로부터 나온 여러 갈래의 자료 원천(보통 그 원천들은 서로 다른 역할을 지닌 사람들임)을 이용하는 일을 포함한다.

② 조사자 삼각측량(investigator triangulation): 동일한 자료를 검사하는 여러 조사연구자를 연구에 목적에 맞게 교육하여 활용하는 일을 포함한다. 이런 유형의 삼각측량은 조사연구자들의 편향(치우침)을 완화하고 이해하는 데 도움이 된다.

③ 이론 삼각측량(theory triangulation): 여러 가지 개념적 또는 이론적 관점을 이용하는 일을 포함한다.

④ 방법론적 삼각측량(methodological triangulation): 여러 가지 자료 모으기 방법들의 활용을 포함한다.

⑤ 학제적 삼각측량(interdisciplinary triangulation): 여러 가지 학문의 관점들을 끌어들일 필요가 있다.

⑥ 시간 삼각측량(time triangulation): 자료 모으기에서 여러 시기를 이용함을 함의한다.

⑦ 장소 삼각측량(location triangulation): 여러 장소에서 자료를 모으는 일을 함의한다.

①은 자료의 원천을 다르게 할 수 있다는 말이다. 이를테면, 다문화 교육의 실태를 조사하기 위해 다문화와 관련된 수업 자료, 다문화 교육에 관련되는 여러 문서를 조사할 수 있으며, 수업 담당 교사와 면담을 할 수도 있다. 혹은 다문화 교육에 대한 인식에 대해 담당 장학사, 교사, 학생을 대상으로 설문 조사를 하거나 면담을 할 수 있다. ②는 수집된 자료를 분석하는 연구자들을 다변화할 수 있다는 말이다. 이때는 연구자들 사이의 내적 일치도를 구해야 한다. ③은 자료를 분석하는 입장이나 태도를 달리함으로써 신뢰도를 높일 수 있다는 말이다. 한국어 학습자를 대상으로 한 집단 면담을 통해 얻은 입말 자료는 여러 가지 속뜻을 지니고 있으므로 이를 담화 분석의 관점이나 상호 문화적 관점에서, 혹은 말투나 숙달도의 측면에서 분석해 볼 수 있는 것이다. ④는 혼합적 조사연구에서 많이 사용하는 방법으로, 인식이나 태도에 대한 설문 조사, 한국어 능력 시험, 심층 면담과 같은 방법으로 자료를 모을 수 있다. ⑤는 자료를 모으고 분석할 때 여러 학문의 특징을 이용하는 것으로, 중학생의 언어 습관에 대해 언어학과 심리학, 교육학의 입장에 걸친 연구를 해볼 수 있을 것이다. 예를 들어, 의료와 관련되는 한국어교육을 위해서는 간호학 관련 종사자와 협력할 수 있다. 아울러 초등학교 교과 내용 중심 한국어교육(CBLT)을 위해 여러 교과와 학제적인 연구가 필요할 것이다. ⑥은 종단(縱斷) 연구처럼 자료를 모으는 시간을 다르게 하는 방법이다. 우리말 규범에 대한 수업의 시작과 끝에서 자료를 모으고 변화 양상을 분석해 볼 수 있다. ⑦은 표집하는 방법과 관련이 있다. 이를테면, 다문화 가정 학생이나 이주민들이 삶의 공간에서 사용하는 입말에 관련되는 자료(설문 조사 혹은 녹취 자료)를 모으고, 삶의 공간에 따라 언어 사용이 어떠한지 살펴볼 수 있을 것이다.

3부 현장 조사연구 자료 분석

그러나 삼각측량에 대한 비판도 적지 않다. 어떤 한 가지 조사연구 방법의 결함을 보완하기 위해 다른 방법을 쓴다면 그 다른 방법도 결함이 있을 수 있으므로 결국 결함만이 양적으로 불어날 가능성이 있다는 것이다. 이런 점을 보완하기 위해서 무엇보다도 조사연구 계획 단계에서 방법을 신중하게 선택해야 한다.

또 다른 비판은 삼각측량이 반드시 결론의 타당도를 보증하는 것은 아니라는 것이다. 여기저기에서 다른 방법으로 자료를 모으는 일이 자료의 집성으로 이어지고 실제로 이론적 배경에 대한 탐구를 소홀히 함으로써 자료로부터 얻어낼 수 있는 속뜻을 제대로 읽어내지 못할 가능성이 있다는 것이다. 이론적 배경에 대한 충분한 탐구를 바탕으로 자료에 담겨 있는 의미를 더 많이 읽을 수 있도록 해야 한다.

마지막으로 삼각측량은 실용성의 측면에서 문제가 있을 수 있다. 비록 적절하고 신중하게 삼각측량을 하여 그 결과가 질적 조사연구가 갖춰야 하는 요건을 만족한다 하더라도 분명히 삼각측량은 가외의 시간과 품이 든다. 따라서 앞에서 제시한 일곱 가지 갈래 가운데 시간적 여유, 연구가 이루어지는 상황 등을 고려하여 합리적이고 실현 가능한 어느 하나를 선택해야 할 것이다.

국어교육에서 삼각측량을 사용한 대표적인 연구로 서혁·박지윤(2009)을 들 수 있다. 이들은 다문화 가정 학생의 단어 오개념 현상을 설명하기 위해 연구자들이 직접 만든 문항으로 검사하고 심층 면접을 통해 그 원인을 밝히고자 했다. 정현선(2009)은 표현과 의사소통 방식을 연구하기 위해 다양한 자료(참여 관찰, 교사 면담, 설문 조사, 학생 심층 인터뷰 등)를 활용하고 있다. 이와 같은 사례들은 모두 질적 조사연구에서 타당도를 높이고자 한 것이다.

예를 들면, 한국어교육에는 상당히 많은 요인이 관련되어 있다.

특히 한국어를 가르치는 상황과 학습자들이 지니고 있는 특성이 교육 현장의 다양한 매개인자가 될 수 있다. 그렇기 때문에 기초연구를 통한 실태 분석과 요구 조사가 우선되어야 할 것이다. 아울러 매개인자와 관련되는 사례 연구를 할 수밖에 없는데, 이때 사례 연구의 분석에서 질적 조사연구가 더욱 필요할 것이다. 이선영(2010)에서도 토론대회 참여 경험이 토론 효능감에 미치는 영향을 알아보기 위해 설문지 조사, 경험 기술지(자기 보고), 심층 인터뷰에서 자료를 얻고 있다. 엄격한 의미에서 삼각측량을 통해 자료를 모으는 방법은 아니지만, 허선익(2011)에서도 양적 자료에서 나타나는 현상의 원인을 캐기 위해 짧은 형식이지만 면담의 방식을 쓰고 있다.

같이 생각해 보기

다음으로부터 1차 조사연구 자료를 모았다고 가정해 봅시다. 이 조사연구의 타당도를 높이기 위해서 어떤 일을 더 해볼 수 있겠습니까?

㉮ 한 학급의 학생들에게 교사의 수업 방식에 대한 만족도를 조사했습니다.

㉯ 모둠 토론을 통한 논술의 효과를 검정하기 위해 실험집단과 통제집단의 논술을 두 사람이 평가했습니다.

㉰ 다문화 가정에서 환경이 국어 능력에 어떤 관련이 있는지 국어 능력 평가를 끝낸 뒤 다문화 가정의 부모를 대상으로 설문 조사를 했습니다.

앞에서 소개한 삼각측량법은 대체로 자료를 모으고 해석하는 1인 연구자에 초점을 모으고 있다. 이 방법 이외에도 여러 사람이 질적 자료를 모으고 해석하면서 합의를 이루어가는 과정이 있다. '협의를 통한 질적 연구 방법(Consensual Qualitative Research; CQR)'이 연구에 적용되고 있는데, 이 방법은 상담심리학의 연구 방법에 뿌리를 두고

3부 현장 조사연구 자료 분석

있다. 삼각측량법과 마찬가지로 질적 자료 해석에서 타당도를 높이기 위해 최소한 3인 이상의 연구자가 반복적인 논의 과정을 거쳐 큰 범주와 작은 범주로 나누어가면서 자료들을 분석하고 범주화하는 과정을 거치는데, 이 과정은 완전한 합의에 이를 때까지 되풀이된다. 이 과정을 간단히 그림으로 나타내면 다음과 같다.

[그림 22] 합의를 통한 질적 연구 방법의 분석 흐름도

합의를 통한 질적 연구 방법이 앞서 언급한 질적 분석 방법과 다른 점은 전문가와 상위 감독자가 완전히 합의에 이를 때까지 노드를 범주화하고 이를 바탕으로 분석의 틀을 정한다는 것이다. 위의 그림에서 이를 화살표로 표현했다. Hill 외(2005)에서는 이런 분석의 절차뿐만 아니라 이를 양적으로 해석하는 가늠값도 제시했다. 이를테면, 어떤 일에 대한 반응이 90% 이상의 응답지에서 나타날 때 '일반적인' 반응으로, 50~90%일 때 '전형적인' 반응으로, 50% 미만일 때 '변동적인' 반응으로 볼 수 있다는 것이다.

의미 단위별 노드를 만들 때는 핵심적인 단어를 포착할 수 있는 단위를 선정하는 것이 좋다. 이를 위해서는 전체적인 응답지의 반응 양상을 종합할 필요가 있다. 이를 바탕으로 작은 범주는 두세 개 단어를 묶어서 하나의 명사구 형태로 제시하고, 큰 범주는 작은 범주를 아우를 수 있는 구절 형태로 표시하도록 한다. 150개 정도의 노드를 만들었다면 작은 범주는 15개 이내, 큰 범주는 7개 이내로 하는 것이 관리하고 분석하는 데 편리하다. 큰 범주나 작은 범주에 속하는 노드도 버리지 않고 이들 범주의 이름을 적절히 넓혀 포함하는 것이 좋다. 왜냐하면 질적 자료는 자료의 수가 많지 않을 수 있기 때문이다. 이 방법을 사용한다면 전체적인 조사연구의 목적을 염두에 두고 각 단계별로 작업을 해나가는 것이 좋다. 말하자면 숲과 나무를 볼 수 있어야 한다.

같이 생각해 보기

다음은 문영은 외(2014:38)에서 CQR 방법을 이용하여 문법 탐구 경험에 대한 반응을 분석하면서 큰 범주와 작은 범주에 노드를 할당하는 사례로 선보인 것입니다. 여러분이라면 연구 목적을 고려하여 이들 범주에 어떤 이름을 붙일 수 있을지 생각해 봅시다.

노드의 예	영역(범주)	
	작은 범주	큰 범주
원래는 언어가 그냥 '영어 배우기', '국어 말하기'처럼 그런 것인 줄 알았는데.		
학교에서는 교과서를 달달 외우고, 모둠 활동을 거의 하지 않는다. 예를 들어, 학교 국어 수업은 정해진 문학작품이나 문법을 외우기만 했지 직접 참여하고 말하는 이런 활동을 해보지 않았다.	문법 학습	
꼭 교과서나 문제집, 책만이 아닌 이런 상황이나 그림들을 갖고 언어를 배울 수 있다는 것이 신기하고 재미있었다.	탐구 내용	
힌트 없이는 풀 수 없는 문제가 많아서 나는 더욱더 재미가 있었던 것 같다.	탐구 과정	
나 혼자 했으면 못 풀 수 있었던 문제들도 친구들과 함께 머리를 맞대고 고민하면서 해결하고 협동하여 탐구하니 더 의미 있는 시간이었던 것 같다.	탐구 형태	
생각을 하고 문제를 풀어냈을 때 개운한 느낌이 들었다.		

질적 조사연구의 신뢰도는 질문이 조사연구와 관련이 있는지 여부, 모은 자료에 대한 분석이나 평가가 올바르게 되고 있는지 여부와 관련된다. 앞서 언급했던 응답 범주 나누기에 대해 신뢰도와 관련하여 언급하기로 한다. 이를 위해서는 범주들이 분명한지 검토해야 한다. 포괄적인 범주를 택할 것인지, 세분화된 범주를 택할 것인지 생각해 보아야 한다. 이를테면, 학생들이 산출한 글을 바탕으로 학생들이 고쳐쓰기를 할 때 초점을 모은 점이 무엇인지 알아보기 위해 범주를 세우는 방법을 생각해 보자. 넓은 범위에서 글 전체의 짜임, 어법, 내용, 문장 표현 등으로 나눌 수 있을 것이다. 그러나 어법은 호응의 문제도 있을 수 있고, 표준어나 맞춤법 등으로 더 잘게 나누어진다. 그렇기 때문에 이런 범주에 대한 명세화 수준을 정해놓아야 한다.

이렇게 범주 명세화 기준을 세워두어야만 그다음에 학생들이 원래 산출한 글과 비교하여 고쳐쓰기 범주에 대한 통계 처리를 위해 셈막대 표시(흔히 쓰는 방식으로 '정(正)' 자 표시)를 해둘 수 있게 된다. 이런 범주화 과정에서 분명히 해두어야 할 것은, 기타 범주를 설정하되 그 기타 범주가 다른 세부 범주보다 많은 빈도를 보이도록 설정한다면 통계적으로 무의미할 수 있다는 점, 위계를 잘 세워서 겹치지 않도록 해야 한다는 점이다.

평가에 관련되는 문제를 간단히 살펴보기로 한다. 평가에 등급을 매기거나 점수를 부여하기 위해서는 평가를 위한 답안(예시문)을 지정해 놓아야 한다(박영민(2009) 참고). 이런 원형 답안에 들어맞는 정도에 따라 등급이나 점수를 부여하게 될 것이다. 원형 답안이 마련되지 않았다면 어떤 기준을 서술할 수 있다. 이 기준에 충족되는 정도에 따라 등급이나 점수를 부여하면 된다. 이를테면, 말하기에서 빈말의 횟수에 따라 유창성의 일부를 평가할 수 있다.[101] 등급을 부여하는 또 다른 방법은 등급 수준을 정하고 그 기준의 충족 정도를 점검하는 것이다. 이때는 사전 평가라든지 이론적 배경을 제대로 갖추고 있어야 한다.

앞에서 소개한 세 가지 등급 부여 방법 가운데 어떤 방법을 쓰든 구성물 타당도를 유지해야 한다. 아울러 평가 기준은 점검이 가능한 5개 이내의 항목으로 서술하는 것이 좋다. 이는 평가 점수나 등급을 부여하기에 편리할 뿐만 아니라 학습자 스스로 기준에 따라 활동을 하면서 점검하고 고쳐나가는 길잡이로 활용하기 위해서이다.

평가 점수 혹은 등급 매기기에서 신뢰도와 관련이 있는 세 개의 공식을 소개하기로 한다. 초등학생을 대상으로 어법을 두 사람이 협력으로, 혹은 두 반을 교차 지도하기 위해 학생들이 산출한 글을 살피는 경우를 생각해 보자. 먼저 학생들이 저지르는 잘못을 범주화하기 위해 문장 차원의 잘못, 어휘 차원의 잘못, 맞춤법 차원의 잘못으로 나누었다. 그다음에 학생들이 산출한 글을 놓고서 두 사람이 범주화에 따라 그것을 등재한 결과가 [표 24]와 같이 나타났다고 가정해 보자.

평가자 사이의 범주 등재 일치도(혹은 일치 계수)는 두 평가자가 범주를 할당하는 데 일치하는 정도를 나타낸다. 이는 두 명의 전문가가 범주화의 등재에서 일치도가 높으면 더 일관되고 믿을 만함을 보여주는 검정 방법이라고 할 수 있다. 이는 응답자들 사이의 일관된

[표 24] 초등학생들의 글에 나타나는 어법 오류의 유형

학생	평가자 A			평가자 B			일치 유형(C)	전체 범주(D)
	문장	어휘	맞춤법	문장	어휘	맞춤법		
1	1	4	2	1	3	3	12	14
2	2	2	2	2	1	3	10	12
3	3	2	1	3	2	1	12	12
4	2	2	1	2	2	1	10	10
5	3	1	1	3	1	1	10	10
6	1	2	1	1	2	1	8	8
7	2	2	2	2	1	3	10	12
8	2	2	2	2	2	2	12	12
9	3	2	1	3	2	1	12	12
10	2	2	1	2	2	1	10	10
							합=106	112

응답을 신뢰도의 측도로 삼는 것과는 다른 방법으로, 위의 표에서와 같이 개별 학생들의 응답을 놓고서 두 사람이 범주화에 어느 정도 일치를 보이는가를 검정한다. 검정 공식은 일치를 보이는 범주의 합 (C)을 전체 범주의 합(D)으로 나누고, 계수의 형태이므로 그 결과에 100을 곱해주면 된다. 위의 표에서 평가자 사이의 범주 등재 일치도 는 $106 \div 112 \times 100 = 0.9464 \times 100 \fallingdotseq 95\%$가 된다. 이는 범주 등재 일치도 가 약 95%이며, 일치를 보이지 않는 경우가 5%임을 의미한다.

평가자 사이의 점수 일치도는 평가의 신뢰성과 관련되는 척도이 다. 앞의 경우와 비슷하게 두 명의 평가자가 있을 경우 이들이 매긴 점수가 어느 정도 일치하는지를 보여준다. 이를 알아보는 일차적인 방법은 상관분석을 이용하는 것이다. 만약 공식을 이용하여 상관계 수를 구했는데, 두 평가자가 내놓은 점수 사이의 상관계수가 0.81이 었다면, 평가자 A가 내린 점수의 81%는 믿을 만하지만 19%는 믿을 수 없다는 것이다. 평가자 B의 경우도 마찬가지다.

전체 점수에서 두 평가자의 점수가 분석의 대상이 된다면 평가자 모두의 신뢰도 계수가 조정될 필요가 있다. 이때 스피어먼-브라운의 예측 공식이 필요하다.

평가자들 사이의 내적 신뢰도에 대한 스피어먼-브라운 공식

S-B = $\frac{2 \times r_{xx}}{1 + r_{xx}}$ (단, r_{xx}는 각 평가자들의 점수의 신뢰도)

이 공식에서 r_{xx}는 상관계수라고 보아도 된다. 앞의 예에서 $r = 0.81$ 이었다. 이를 그대로 대입하면 대략 0.90이라는 값을 얻는다. 이는 평가자들이 매긴 점수를 90% 믿을 수 있다는 뜻이다. 분자가 분모보다 언제나 클 수밖에 없기 때문에 상관계수가 크면 그에 따라 평가자들 사이의 신뢰도도 높다.

지금까지 주로 이야기한 것은 두 명의 평가자 사이의 범주화 부호와 점수 매기기와 관련되어 있다. 통계학에서는 개별 평가자들의 신뢰도에 대한 공식도 제공하고 있는데, 기본적인 성질은 앞에서 소개한 것과 같다.

평가자가 두 명 이상인 경우가 이상적이지만 때로는 그것이 성가시거나 바람직하지 않을 수 있다. 편의상 모집단 크기가 100이라면 10개의 표본집단을 뽑는 경우를 쉽게 생각할 수 있다. 이는 연구자 단독으로 평가자 내부의 신뢰도를 셈할 때도 마찬가지다. 일관성과 관련하여 질적 조사연구와 양적 조사연구에서의 차이는 다음처럼 이야기할 수 있다. 양적 답변들은 두 평가자 혹은 실행자들 사이의 양적 차이를 비교하면 되지만, 질적 답변들은 답변들 가운데 찾아내고자 하는 요소들을 먼저 부호화하여 등재해야 한다. 그다음에 평가자가 한 명이든 두 명이든 이들의 내적 신뢰도 혹은 상호 신뢰도를 구해야 한다는 점에서 차이가 있다.

여러 부분으로 잘게 나뉘어 있을 경우, 양적 조사연구에서와 마찬가지로 신뢰도 해석에서 유의할 점이 있다. 이질적인 항목들 사이에 일관성이 매우 높게 나타난다면 확인을 해보아야 한다. 이는 꼭 바람직한 것은 아니다. 앞서 양적 조사연구에서와 마찬가지로 응답자들이 천편일률적인 응답을 했다는 반증이 될 수 있기 때문이다. 전체 조사연구에 걸쳐 같은 방식으로 응답을 한다면 아마도 이는 처음에 조사연구를 마련할 때 의도했던 것은 아니었을 것이며, 역시 주의를 집중하지 않았거나 게으른 반응을 보였다고 해석해야 할 것이다.

평가자나 부호 등재를 하는 사람의 경우도 마찬가지다. 그럴 리는 없겠지만, 평가자들 혹은 평가자 내부의 일치도가 높다는 것도 반드시 긍정적이지는 않다. 기본적으로 조사연구에 들어가면서 이런 점들을 고려해야 할 것이다. 즉 여러 부분으로 나누어져 있는 조사연구에서 전체적인 신뢰도 계수를 셈하기에 앞서 신뢰도 각각의 세부 영역별로 셈하는 것이 더 정확할 것이라는 점을 명심해야 한다.

7. 질적 현장 조사연구를 위한 일반적인 안내 지침

Marshall(1995)에서는 신뢰할 만한 가치가 있고 훌륭한 질적 조사연구를 독자의 관점에서 제시하고 있다.[102] 그렇기는 하지만 조사연구

---

102) Creswell(2007:45-47)에서도 '좋은' 질적 조사연구의 특징을 제시하고 있는데, 대체로 조사연구자의 관점에서 제시하고 있다. Marshall(1995)에서 제시한 특징과의 차이점은 자료를 모으고 분석하며 보고하는 데 엄격한 방법을 사용하기를 권장한다는 점이다. 아울러 여러 단계의 추상화를 거치기를 권한다.

자의 입장에서도 눈여겨볼 만한 점이기 때문에 소개하기로 한다.

질적 조사연구를 위한 안내 지침

① 자료를 모으는 방법이 분명하다.

② 자료들은 분석 내용을 보고하기 위해 사용된다.

③ 발견 사실들에 반대되는 내용들을 제시하고 설명했다.

④ (개인적이거나 전문 직업, 정책과 관련하여) 어떤 쪽으로 기울어진 경향들이 논의되고, 이론적인 치우침이나 가정들을 논의했다.

⑤ 자료를 모으고 분석하기 위한 전략들이 공개되었다.

⑥ 어떤 분야에 대한 결정으로 인해 전략들과 실질적인 초점이 바뀌었음을 알려주었다.

⑦ 대립을 보이고 있는 가설들이 소개되고 논의되었다.

⑧ 자료들이 잘 보존되었다.

⑨ 참여자들의 진정성을 평가했다.

⑩ 이론적인 의의나 일반화 가능성이 분명하게 되었다.

①과 ⑤는 방법의 측면이다. 질적 자료를 모으는 방법이 연구자의 주관에 매이지 않고 객관적일 수 있음을 보장하는 첫 번째 단계라고 본다면, 이 항목들은 당연히 중요한 점검 부분이다. 질적 조사연구의 결과를 알리는 글에서는 그것이 논문이든 보고서든 자료를 모으는 방법뿐만 아니라 연구를 행하는 절차를 독립된 장으로 설정하기를 권장한다.[103]

⑥은 질적 연구의 타당성과 신뢰도를 높이기 위해서는 자료 모으기와 분석, 이론의 수립 과정이 지속적이어야 한다는 점을 지적하고 있다. 이는 이론 수립을 위한 질적 분석에서 지적한 것과 같이, 자료

를 모으는 순간에서부터 이론 분석이 시작되고, 이론에 들어맞는 자료와 이론에 들어맞지 않는 자료를 놓고서 자료를 버릴 것인지 이론을 다시 세울 것인지 결정하는 과정의 연속이라는 질적 조사연구의 특징에서 비롯된다. 논의 부분에서 이런 지속적인 분석과 폐기의 과정을 제시한다면 새롭게 수립되는 이론의 타당성과 신뢰도를 높여줄 것이다. 이런 과정에서 자신이 설정하거나 기대고 있는 이론에 맞서는 사례들을 발견하게 되고, 이를 분석하는 절차도 포함될 것이다.

⑦은 질적 조사연구의 특성에 비춰볼 때 꼭 필요한 단계이다. 양적 현장 조사연구가 기존의 이론이나 학설의 확정에 가깝다면 질적 조사연구는 기존의 이론에 맞서 새로운 자료를 바탕으로 새로운 이론을 내세우는 것을 목표로 삼는다. 따라서 기존의 가설, 즉 자신의 조사연구에서 내세우고자 하는 이론과 맞서는 이론이 있을 수밖에 없고 이를 적절히 논박해야 한다. 이런 논박이 가능하려면 조사연구자는 자료를 모으고 분석하는 일뿐만 아니라 기존의 연구 문헌을 폭넓게 살피고 관련되는 이론에 대해 깊이 이해해야 한다.

⑨는 양적 조사연구에서도 언급할 필요가 있지만, 특히 질적 조사연구에서 더욱 중요하다. 양적 현장 조사연구에서 자료 수집은 주로 설문지를 통해 이루어지는데, 설문 조사 참여자들의 진지함은 내적 일관성을 통해서 점검할 수도 있지만, 응답 분포를 통해서도 확인할 수 있다. 질적 조사연구에서 특정 학급에서 학생들의 반응은, 교사에

---

103) 질적 조사연구에서 자연주의적 관점이 있다(Silverman, 2008:98-100). 이 관점이 비판을 받는 이유는 참여자들의 실제 세계를 있는 그대로 관찰하기 위해 아무런 전제나 이론적인 가정을 하지 않기 때문에 관찰에 일관성이 없고 단순한 기술에 그치기 때문이라는 것이다. 그런 점에서 '이론 수립을 목적으로 하는 질적 조사연구 방법'도 비판을 받게 된다. 앞에서 제시한 안내 지침을 따른다면 어느 정도는 이론적인 전제나 관점을 지닐 수밖에 없다.

게 우호적이고 학습 목표에 적극적인 학급인지 여부에 따라 상당히 다르게 나타날 것이다. 이를 기술하는 일이 질적 조사연구에서 중요하다는 것이다.

⑩은 질적 조사연구의 한계를 인정하면서도 자신의 논의가 지니는 의의를 명확히 밝힐 수 있는 방법이라는 점에서 논문의 마무리 부분에서 반드시 지적해야 한다. 질적 조사연구는 분명히 표본집단의 수가 제한되기 때문에 연구를 통해서 얻은 결론을 모든 모집단에 일반화할 수 없다. 따라서 연구의 의의와 한계를 분명하게 하는 일은 학자적인 성실함을 보여줄 뿐 아니라 자신의 논문을 적절하게 자리매김하는 데 도움을 줄 것이다.

양적 자료 분석하기에서와 마찬가지로 여기서도 《계간 다른 언어 화자를 위한 영어교사모임(TESOL Quarterly)》의 안내 지침을 소개하면서 마무리하기로 한다.

(1) 조사연구 실행하기

《TESOL Quarterly》에 제출하는 논문들은 질적 조사연구를 실행하는 데 본질적인 조사연구 방법과 철학적 관점에 대한 깊은 이해를 보여주어야 한다. 조사연구 실행 과정에서 이런 관점과 방법을 활용함으로써 조사연구가 인상적이고 피상적인 것이 아니라 믿을 만하고 타당하며 의존 가능하다는 것을 확신하는 데 도움을 줄 것이다. 질적 조사연구의 보고서는 다음의 기준에 맞아야 한다.

TESOL에 소개된 질적 조사연구 보고서의 기준

① 자료 수집(뿐만 아니라 분석과 보고하기)은 내부에서 인식한(emic) 관점들을 밝혀내는 데 목적을 둔다. 다른 말로 하면, 조사연구는 겉으로

드러난 중립적인(etic) 범주들, 모형, 관점보다는 조사연구 참가자들의 관점과 행위, 사건, 상황에 초점을 모은다는 것이다.

② 자료 모으기 전략에는 오랜 참여, 안정된 관찰, 삼각측량이 포함된다. 조사연구자들은 응답자와 신뢰를 유지하고 그 문화를 익히며, 조사연구자나 조사 대상에 대해 잘못 소개된 정보를 점검하기 위해 시간적으로 충분한 기간에 걸쳐 지속적인 관찰을 해야 한다.

(2) 자료 분석하기

자료 분석도 질적 조사연구의 밑에 깔려 있는 철학과 방법에 따라 이루어진다. 조사연구자는 적절한 원천으로부터 나온 자료들을 분석할 때 철저한 처리를 하도록 몰두해야 한다. 더 나아가 대부분의 질적 조사연구에서는 '자료 모으기, (내적인 인식에서 나온 관점을 취하고 응답자들이 스스로 구사하는 기술적인 언어 표현을 활용한) 분석, 가설의 생성, 더 나은 자료를 모으기 위한 가설의 검정'이라는 순환 과정을 필요로 한다.

(3) 자료 보고하기

조사연구자들은 일반적으로 독자들이 다른 상황으로 전이될 수 있는지 여부를 결정할 수 있도록 충분한 세부 내용을 지닌 '풍부한 기술'을 제공해야 한다. 보고서에는 다음 내용이 포함되어야 한다.

질적 조사연구 보고서에 포함되어야 하는 기술 내용

① 조사연구 질문거리와 해석을 이끄는 이론적 얼개나 개념 얼개에 대한 기술

② 조사연구 질문거리에 대한 명료한 진술

③ 조사연구 지역, 참여자, 참여자들의 익명성을 보장해 주는 절차, 자료 모으기 전략에 대한 기술과 조사연구자(들)의 역할에 대한 기술

④ 자료 분석을 통해 발견되는 유형들에 대한 분명하고 눈에 띄는 기술. 유형의 보고에는 눈에 띌 듯 말 듯한 숨겨진 정보가 아니라 대표적인 사례들을 포함해야 한다.

⑤ 기술적으로 적절하고 이론적으로 분명한 유형들이 포함되어 있는 거시적인 맥락과 미시적인 맥락에 걸쳐 유형들의 의미를 탐색하는 과정에 관련되어 있는 저자의 전체적인 관점을 보여주는 해석

⑥ 해석과 결론은 적절한 인용을 포함하여 근거가 확실한 이론에서 나온 증거를 제공하며 이 이론이 해당 분야에서 해당 조사연구·이론과 어떻게 관련되는지 논의를 제공한다. 다른 말로 하면, 논문은 참여자들에게 두드러진 행위나 논제에 초점을 모아야 할 뿐만 아니라 연구되고 있는 상황에 대한 깊이 있는 이해를 보여주어야 하며, 현재의 관련되는 연구와 어떻게 연결되는지 보여주어야 한다는 것이다.

같이 생각해 보기

다음은 남부현·장숙경(2016 : 153)에서 초등학교 다문화 특별학급 담임교사의 경험에 관해 질적 조사연구를 하는 과정을 단계별로 제시한 것입니다. 질적 현장 조사연구를 위한 순차적인 절차를 자세히 보여주고 있습니다. 자신이 질적 현장 조사연구를 한다면 어느 단계가 가장 힘들지 생각해 보고, 해결 방법도 생각해 봅시다.

[1단계] 참여 교사들의 면담 내용을 그대로 전사하여 빠진 부분이 없는지 확인했다. 연구자들이 반복해서 읽으며 면담 도중 노트한 내용도 참고했고, 각각의 참여자들이 묘사한 경험의 표현들과 분위기를 그대로 살리며 내용을 충실히 정독했다.

[2단계] 연구자들이 각자 모든 자료를 반복하여 주의 깊게 읽으며 참여 교사들이 진술한 경험들 중 핵심 내용과 주제를 담고 있는 문장들을 추출하여 표시했다.

[3단계] 추출한 모든 문장을 두 연구자가 교차분석을 하며 연구자들의 직관과 분석 기술을 활용하여 문맥과 행간에 숨겨진 의미들도 발견하며 소주제들을 도출했다.

[4단계] 도출한 소주제들 중 핵심 내용과 의미를 담고 있으며 경험의 현상들을 대표하는 7개의 대주제를 유목화하여 정리했다. 이후 주제의 맥이 통하는 대주제들끼리 묶어 3개의 범주로 조직화했다.

[5단계] 분석이 끝난 후 역방향으로 재분석하여 하나의 범주 안에 대주제와 소주제가 체계적으로 연계되며 공통적인 핵심 주제와 의미를 담고 있는지, 또 그 맥락이 통하는지 원자료를 토대로 재검토했다. 즉 참여 교사들이 경험한 세계에 대해 소주제는 핵심 개념과 의미를 담고 있으며 대주제와 범주 간에 통합적으로 연계되는지를 살펴보았다.

이러한 모든 분석 과정에서 연구자들은 각자 개인의 주관적 해석이나 의지를 배제한 판단 중지(epoche, bracketing)를 지속적으로 유지하고자 의도적으로 노력했다. 모든 분석 절차를 마치고 [6단계]는 추출한 결과가 참여 교사들이 진술한 다문화 특별학급 담임교사로서의 경험을 충분히 반영했는지, 또 내용에 대한 왜곡이나 오류는 없는지 확인하는 타당성 검증 방식으로 참여자 점검(member checks)을 실시했다. 참여자들 중 참여자 검증에 동의한 3명에게 연구 결과를 이메일로 전달하여 검증을 받는 절차를 거쳤다. 이후 재정리한 연구 결과는 다문화 교육 전문가 2인의 검증(peer examination)을 통해 비판적인 의견을 수렴하여 핵심 개념이나 의미 단위들의 주제 묶음과 범주화에 따른 분류와 서술적 표현 등을 수정·보완했다.

3장 　　　　　혼합적 조사연구에서 자료 분석하기

1. 혼합적 조사연구에서 자료 분석의 일반적인 특징

혼합적 조사연구에서 자료 분석에 들어가기에 앞서 제기되는 의문은, 과연 서로 다른 성질을 지니는 질적 분석과 양적 분석을 통합하려는 시도가 현실적으로 가능한가 하는 것이다.

질적 분석이 반복적이며 귀납적이고, 양적 분석이 일정한 순서를 따르며 연역적이라는 구분은 흑백논리에 가깝다. 이들의 성격을 동시에 지니는 방법론이 얼마든지 있을 수 있는 것이다. 또한 오늘날의 연구 추세로 미루어 보면, 두 방법론의 경계가 점점 흐려지고 있다는 점에서도 이런 의문 자체가 의미가 없을 수도 있다. 예컨대, 양적 현장 조사연구로서 설명력이 있는 요인(인자)분석을 하기 위해서는 요인들의 개수를 결정하는 일이 필수적인데, 이는 한편으로 귀납추론 과정을 통해서 나오는 경우가 많다. 아울러 군집분석에서는 질적 조사연구에서 사례(등재 항목이나 위계)들을 찾아내면서 시작되는 경우가 많다. 왜냐하면 질적 조사연구에서는 연구자가 여러 차례에 걸쳐 자료들을 분석함으로써, 연역 추론의 결과에 따른 항목이나 그 항목들의 위계에 대한 자리가 잡혀 있기 때문이다. 이처럼 두 방법은 서로 혼효되기도 하고 추론 방법이 뒤섞이기도 하기 때문에 이분법적인 구분이 별다른 의미를 지니지 않는다고 할 수 있다. 오히려 양립 가능하다는 전제로 조사연구를 하는 것이 바람직하다.

혼합적 조사연구의 자료 분석에서 핵심은 양적 자료와 질적 자료를 어떤 순서로 어떻게 조정해 나갈 것인가 하는 것이다. 이는 자료들을 언제 통합할 것인가 하는 문제와 관련되는 것으로, 일반적으로는 해석하고 결론을 이끌어내는 단계에서 통합해야 한다고 주장한다. 그렇지만 분석의 단계에서부터 통합해야 한다고 보는 관점도 있는데, 이 입장이 더 타당해 보인다. 자료가 지니는 여러 측면을 서로 보완해서 분석할 수 있다는 점에서 이로울 뿐만 아니라 조사연구의 목적에 맞지 않는 자료들을 솎아낼 수 있다는 점에서 분석에 따른 품과 시간을 줄일 수 있기 때문이다.

2. 혼합적 조사연구에서 자료 분석 전략

가장 널리 쓰이는 분석 전략은 자료 변형이다. 이는 양적 자료는 질적 자료로, 질적 자료는 양적 자료로 바꾸는 것이다. 또한 극단적인 사례를 분석하기 위한 전략도 있는데, 이는 어떤 방법에서 특이값 혹은 특이점으로 밝혀진 내용을 다른 방법을 사용하여 검토할 때 쓰인다. 유형·범주 개발 전략은 어떤 방법에서 실질적인 범주들을 자리매김하고 이를 다른 방법에서 나온 자료에 활용하는 것이다. 여러 수준에 걸친 분석은 전체 표본의 일부에서 나온 응답 내용을 표본 전체로부터 나온 자료에 비추어 분석함으로써 더 많은 정보를 얻어내기 위한 전략이다.

(1) 자료 변형

자료 변형은 분석 과정에서 서로 다른 방법으로부터 나온 자료들을 통합하기 위해 가장 널리 쓰는 방법이다. 이렇게 함으로써 통계적인 분석과 내용 분석이 가능해진다. 자료 변형에는 두 가지 방법이 있다. 하나는 양적 자료를 질적 자료로 변형하는 것이며, 다른 하나는 질적 자료를 양적 자료로 바꾸는 것이다. 이 가운데 널리 쓰이는 것은 두 번째이다.

'양적 자료로 변형하기'는 질적 자료를 수량화함으로써 통계 처리가 가능하도록 하기 위해서 이루어진다. 따라서 질적 자료에서 두드러진 요소들은 점수(이를테면 요약글에 대한 점수 주기, 혹은 빈도를 조사하고 그에 따른 점수 주기)나 눈금(면담 자료에서 응답자의 태도, 가치관, 의견에 대한 리컷 눈금 할당)으로 나타내어야 한다. 이때 여러 명이 점수를 매기거나 눈금으로 나타내도록 하여 이들 사이의 평균을 반영하면 신뢰도를 높일 수 있다.

질적 자료를 수나 양, 빈도로 나타내는 일이 쉬운 것은 아니다. 적절한 맥락에서 적절한 방법으로 해석해야 의미가 있기 때문이다. 예컨대, 어떤 주제를 언급하는 빈도를 놓고서 그것에 따라 중요도 등급을 매긴다면 문제가 있다. 양적 자료에서는 선택지를 주고 그 빈도에 따라 중요도를 매기는 것이, 문제가 전혀 없지는 않지만 그래도 어느 정도 타당성이 보장된다. 그렇지만 질적 자료는 그렇게 해석하기에는 대표성이 떨어지기 때문에 타당성을 보장받을 수 없다. 만약 어떤 모집단의 대표적인 사례들로 표본뽑기를 했을 경우에는 '비교'를 할 수 있다. 이때는 독립표본 t-검정이나 카이제곱 검정을 이용하여 그 결과의 통계적 유의성을 보장할 수 있다.

일반적으로 질적 자료는 표본을 삼은 집단의 크기가 작기 때문에, 그리고 정규분포의 속성을 보이지 않을 가능성이 크기 때문에 비모수적 검정(이를테면 카이제곱 검정이나 순위상관)을 이용하는 것이 좋다. 특히 등구간 눈금(등간 척도)이 아니라 순서 눈금(순서 척도)일 경우에는 반드시 비모수적 검정을 해야 한다.

질적 자료로 변형한다는 것은 질적 자료의 해석 맥락에서 양적 자료를 해석한다는 의미다. 대부분의 양적 현장 조사연구자는 자료 자체가 조사의 목적을 충족하는 경우가 많기 때문에 실제로 이런 변형을 하는 사례가 많지 않다.

일반적으로 배경 정보를 수집하기 위해 모은 양적 자료들을 질적 자료로 변형해서 활용하는 경우가 많다. 배경 정보와 관련된 짧은 설문지를 면담자들에게 주고 자료들의 해석에 관련되는 정보를 질적인 설명으로 통합하는 방식이다. 이런 설문지는 태도, 신념, 습관 등으로 넓힐 수 있다. 설문지에 나타난 결과에 초점을 모으는 회상 면담은 실제로 설문 결과에 대한 질적 자료를 직접적으로 제공한다.

(2) 자료 병합

자료 병합도 일종의 자료 변형으로 볼 수 있다. 양적 자료를 질적 분석에 맞게 아우르거나 질적 자료를 양적 분석에 맞게 아우르는 과정이기 때문이다. 예컨대, 고쳐쓰기에서 중점을 두는 부분에 대한 설문지 조사를 하고 실제로 쓰기에 대한 자기 보고 방식으로 고쳐쓰기 과정을 되돌아보게 하는 질적 자료와 병합함으로써 고쳐쓰기에 대한 전체적인 얼개를 제대로 잡을 수 있을 것이다.

(3) 예외적인 사례의 처리

특이점 혹은 특이값은 전체 자료 묶음에서 나머지 값들과 일관되지 않은 극단적인 현상이다. 이는 통계 처리를 파멸로 이끌 수 있다. 그러나 일상적인 특징에서 벗어나기 때문에 특이점을 보이는 참여자들은 그 분석 결과가 더 폭넓은 논점을 시사해 줄 수 있다. 극단적인 사례에 대한 분석은 어떤 한 방법에 의해 비정상적인 사례로 밝혀진 것을 살펴서 또다시 다른 방법에 그것들을 활용하는 것을 목적으로 하기 때문이다. 일반적으로 양적 분석을 통해 특이점(특이값)을 밝히고, 질적 분석을 통해 그 이유나 의미를 파악한다. 이와 달리 질적 분석을 통해 비정상적인 사례가 발견되면 그 응답자에 대해 이용 가능한 양적 자료들을 검토해 볼 수도 있다.

(4) 유형과 범주 개발

유형과 범주 개발을 위해 (이를테면 질적 현장 조사연구에서) 어떤 한 갈래의 자료를 분석하고 몇 개의 실질적인 범주나 주제를 설정한다. 그다음에 이런 범주들을 다른 유형의 자료 분석(이를테면 양적 현장 조사연구)에 활용한다. 이런 범주들은 표본을 더 세부적인 표본으로 가를 때 사용할 수 있는데, 개체들을 서로 다른 유형으로 가르는 데 활용하는 이런 과정을 유형과 범주 개발이라고 할 수 있다.

범주를 늘어세우는 일이 처음부터 질적이라면 이런 범주화가 양적 자료에 의해 뒷받침되는지 알아볼 수 있을 것이며, 두 부류의 연구에서 있을 수 있는 서로 구별되는 변수들을 확인할 수도 있을 것이다. 예컨대, 질적 자료에 바탕을 두고 두 유형의 학습자(말하기를 잘하는 학습자와 쓰기를 잘하는 학습자)로 구분을 했다고 가정해 보자. 이를 바탕으로 국어 능력 평가를 하여 두 집단의 국어 능력을 비교해 볼 수 있다. 또는 다른 변수, 예컨대 자란 배경, 주로 접하는 매체, 가정 환경을 끌어들여 이들이 어떤 점에서 차이가 있는지 양적 조사연구를 할 수 있다. 질적 조사연구를 통해 읽기에서는 주로 자란 환경이 여러 하위 범주를 통해 영향을 많이 미치는 것으로 나타나지만, 양적 조사연구에서는 매체의 여러 하위 범주가 영향을 미친다는 점이 드러날 수 있다.

늘어놓은 범주가 양적 조사연구에서 비롯되었다면, 그리고 통계적으로 유의한 집단 차이를 끌어내었다면 질적 자료 분석에서 범주화할 수 있는 원리를 끌어들여 적용해 볼 수 있다. 예컨대, 앞에서 이야기한 학습자 두 유형이 어떤 차이가 있는지 질적 자료 분석을 통해 확인해 볼 수 있다.

이 방법은 반복적인 과정을 통해 더욱 다듬을 수 있고, 더 정밀하게 고쳐나갈 수 있다. 특히 질적 조사연구 분석에서 등재하기 범주를 발견하는 데 양적 조사연구를 통해서 나온 범주를 활용한다면 자료 등재의 시간과 품을 줄일 수 있을 것이다.

(5) 여러 수준의 분석

만약 어떤 큰 집단에 대한 양적 자료를 가지고 있고 이 집단의 하위 표본에 대한 자료를 질적 연구에 활용할 경우 여러 수준의 분석이 알맞다. 이를테면, 100명이라는 집단을 대상으로 국어 과목에 대한 태도와 흥미도를 설문 조사하고, 다시 10명의 학생에게 면담 조사한 결과를 비교해 볼 수 있는 것이다.

질적 조사연구에서 양적 조사의 결과를 더 의미 있게 하기 위해서는 표준점수를 바탕으로 면담 결과와 더 큰 집단에서 얻은 점수와 평균에서 어느 정도 차이가 있는지 알아볼 필요가 있다. 이렇게 하여 여러 수준의 분석으로 질적 조사연구와 양적으로 이루어진 모집단에 대한 측정 결과를 결합할 수 있다. 이 분석 방법은 질적 조사연구 결과를 더 넓은 맥락에서 일반화하고자 할 때 쓸모가 있다.

3. 혼합적 조사연구의 품질을 결정하는 요소

혼합적 조사연구는 비교적 최근에 등장했기 때문에 이 방법을 설계할 때는 혼합적 연구를 통해 얻게 되는 바가 무엇이며, 혼합적인 연구를 할 수밖에 없는 이유를 제시할 필요가 있다. Teddlie & Tashakkori(2005)는 품질 기준으로, 내적 타당도에 대해 '추론 특성(inference quality)'을 제시하고, 이를 다시 둘로 나누어 '설계 특성'과 '해석의 엄정성'이라는 기준을 제시했다. 그리고 외적 타당도를 대신하여 '추론 전이 가능성'을 제안했다. 한편, Dörnyei(2007:52-53)에서는 혼합적 조사연구 방법의 품질에 대한 구체적인 측면으로 세 가지를 제시했다. '일반적인 성격에 비추어 혼합적 조사연구 선택의 정당화, 특정의 방법에 대한 선택을 포함하여 적용된 설계에 대한 근거, 조사연구를 구성하는 구체적인 방법의 품질'이 그것이다.

(1) 혼합적 조사연구 선택의 정당화

혼합적 조사연구 방법이 등장한 지 얼마 되지 않았기 때문에, 이 방법의 선택을 정당화할 필요가 있다. 즉 자료의 잉여성에 대한 비판으로부터 벗어나야 한다는 말이다. 정당화의 근거로 들 수 있는 핵심 내용은 두 가지다. 하나는 양적·질적 조사연구 가운데 어느 하나를 선택하는 것보다 두 갈래의 자료로부터 나온 정보를 독자(일반 독자, 논문을 심사하는 전문가)가 평가할 수 있게 함으로써 잠재적으로 더 철저한 해석을 할 수 있다는 것이다. 또 하나는 삼각측량처럼 양적·질적 조사연구의 타당도를 결합함으로써 더 높은 타당도를 얻을 수 있다는 것이다.

(2) 설계 타당도

혼합적 조사연구와 관련하여 내적 타당도의 새로운 측면과 관련되기 때문에 설계 타당도라는 용어를 쓰게 되었다. 이 용어는 혼합적 조사연구의 구성 성분인 질적 조사연구와 양적 조사연구의 강점을 결합하는 정도를 가리킨다. 설계 타당도가 높다는 것을 보이기 위해서 연구자는 먼저 조사연구에서 결합된 특정의 방법들에 대한 선택이 정당함을 보여야 한다. 여기서 중요한 것은 방법과 조사연구 질문거리가 잘 들어맞으며 목적에 어울린다는 것을 주장하는 데 초점을 모아야 한다는 것이다. 두 번째로 양적·질적 조사연구 각각에 비해 혼합적 조사연구가 타당도를 높였음도 보여주어야 한다.

(3) 구체적인 방법의 품질

혼합적 방법을 이용할 때, 논의에서 주된 연구 방법이 무엇인지, 연구 방법들 사이의 관계가 어떠한지 알려주어야 한다. 이렇게 함으로써 논문을 읽는 사람들이 특정 연구 방법의 품질 기준에 비추어 타당도 논의에 증거로 활용할 수 있도록 해야 한다.

IV

현장 조사연구 보고

1장   양적 조사연구 보고서 쓰기

1. 양적 조사연구 보고서의 일반적인 성질과 기능

자료를 모으고 분석을 했다고 하더라도 조사연구자의 일이 끝난 것은 아니다. 결과를 문서로 남겨 이를 알려야 하기 때문이다. 조사연구가 본질적으로 사회적인 성격을 지니는 까닭은 이런 보고 과정 때문이다. 오르테가(2005:430)에서 "조사연구의 가치는 사회적 유용성에 따라 판단된다."라고 한 것도 같은 맥락에서 이해할 수 있다. 이 주장을 받아들인다면 현장 조사연구의 궁극적인 목적은 사람살이를 더 나아지게 하는 데 있다. 그렇기 때문에 국어교육 영역에서 조사연구는 방법론적으로 엄격성을 갖추어야 할 뿐만 아니라, 사회적인 문제(더 구체적으로는 국어교육에 관련되는 문제)에 긍정적인 영향력을 미치는지도 판단해야 한다. 조사연구의 사회적인 가치를 중요하게 여긴다면 다른 조사연구자와 연구 결과를 나누어 가지는 일은 반드시 필요하다.

학술적인 글(≒논문)의 일반적인 기능(역할)은 크게 두 가지로 볼 수 있다. 첫 번째 기능은 '결과를 알리는 것'이다. 이와 관련해서 조사연구자는 자신의 보고서가 접속 가능하도록 하는 데 최선을 다해야 한다. 이를 위해서 다음과 같은 조건들(Dörnyei, 2007:251)을 고려해 봄 직하다.

① **독자에게 우호적으로 접근해야 한다.**
   다른 글에서도 마찬가지지만 특히 현장 조사연구 보고서는 독자들이 그 결과를 이해할 수 있도록 최선의 노력을 기울여야 한다. 따라서 '어떻게 표현할 것인가, 어떤 형식을 취할 것인가'에 대한 고민이 필요하다.

② 접속 가능한 언어 표현과 문체를 선택해야 한다.

초보 연구자들 가운데는 '학술적인 글은 복잡하게 써야 한다'는 생각을 가진 사람도 있다. 학술논문 가운데는 전문 용어나 어려운 표현을 많이 사용하여 독자들의 이해도를 떨어뜨리는 경우도 있지만, 대부분은 의미나 내용이 분명하게 전달되도록 하기 위해 많은 노력을 기울인다.

③ 현장 조사연구 보고서의 내용이 일관되고 독자의 흥미를 불러일으킬 수 있는 흐름을 지녀야 한다.

학회에서 제시한 규범에 맞는 범위에서 개인적인 취향이나 개성이 반영된 내용 제시 방법을 찾아볼 수도 있다.

④ 학문적 탐구를 수행하는 과정에 이바지한다.

앞에서 언급했듯이, 메모를 적는 일도 우리의 생각을 발전시키고 구조화하며 일반화하는 데 이바지한다. 현장 조사연구 보고서를 쓰는 일도 마찬가지다. 정기적으로 무엇인가를 쓰는 일은 조사연구를 더 무르익게 만든다. 이런 이유로 만약 훌륭한 연구자가 되려고 한다면 자기의 분야에서 훌륭한 보고서 작성자가 되어야 한다.

2. 현장 조사연구 보고서 양식

현장 조사연구 보고서를 쓸 때는 일련의 양식을 따르는 일도 중요하다. 대체로 자연과학 분야의 논문들은 거의 전 세계적으로 정해진 양식을 따르고 있다. 그러나 국어교육과 관련된 학회지에 실리는 논문에 대한 규정은 학회마다 다르다. 다른 사람의 논문을 인용하는 방식에 대한 규정뿐만 아니라 '훈글 프로그램'으로 학회지 편집을 쉽게 하기 위해 여러 가지 규정을 제시하고 있다. 표 제목, 그림 제목의 위치나 그 형식도 차이가 있으므로 반드시 학회지에서 제시하는 규정을 확인할 필요가 있다.

학회지마다 세세한 부분까지 그 양식을 달리하고 있는 것은 문제인 듯하다. 투고하는 학회 양식에 맞추어 논문을 써야 하는 일 자체가 성가시기 때문이다. 어떤 학회에 투고하기 위해 논문을 쓰다가 투고 기한을 맞추지 못해 다른 학회에 투고하고자 할 경우, 그 학회 양식에 맞추어 손을 봐야 하기 때문에 가외의 시간과 품이 들기 마련이다. 사정이 이러하다 보니, 무표적인 양식에 쓰고 투고할 때 특정 학회의 양식에 맞게 손질하는 것이 그나마 시간과 품을 줄일 수 있는 방법이다.

3. 양적 조사연구 보고서의 짜임과 쓰는 방법

현장 조사연구 보고서의 길이에 상관없이 결과를 보고하는 일은 그리 어렵지 않다. 대체로 짜임이 정해져 있고, 그 짜임에 따라 들어갈 내용도 어느 정도 분명하기 때문이다. 학위논문은 대학 학위논문 심사위원회에서 제시한 규범에 따라 얼개를 짜야 하기 때문에 반드시 그 규범을 익혀두어야 한다.

(1) 논문 앞부분

논문 앞부분(front matter)에는 '제목'과 '요약문'이 붙고, 대부분 '차례'도 제시한다. 독자들과의 소통이 처음으로 이루어지는 부분이기 때문에 중요하게 여기고 신중하게 처리해야 한다.

'제목'은 연구의 핵심 주장을 요약해서 보여줄 뿐 아니라 연구한 주제와 실제적인 변수나 논점을 담고 있다. 누리그물을 통한 논문 검색에도 활용되므로, 연구의 핵심을 제시하면서도 흥미를 끌 수 있는 제목을 붙이는 것이 좋다. 물론 논문에 대한 정보를 제공하면서 동시에 매력적인 제목을 붙이기가 쉽지는 않다. 그렇다면 정보를 제공하려는 의도로 제목을 정하는 것이 나을지도 모르겠다. 매력적인 제목[1]을 붙이고 싶다면 비슷한 관심을 가지고 있는 동료나 논문 지도교수에게 물어볼 수도 있다. 아울러 학과에서 요구하는 조건에 들어맞는지도 생각해 보아야 한다.

'부제목'은 제목으로 싸안을 수 없는 내용, 이를테면 연구 대상이나 범위 등을 분명하게 드러내는 몫을 한다. 연구 대상은 연구 참여자(고등학교 1학년 남학생, 특수목적고 2학년 등)가 될 수도 있고, 글의 갈래(설명문, 논설문 혹은 글말 담화)가 될 수도 있다. 아울러 통계적 기법이나 조사연구 방법이 중요한 경우에는 그러한 내용을 드러낼 수도 있다. 이때 부제목에 반영되어 있는 대상이나 방법은 일종의 변수 역할을 하도록 하는 것이 좋다. 말하자면, 요약하기를 하더라도 글의 갈래나 연구 참여자들에 따라 달라질 수 있기 때문에 부제목에서 드러내는 것이다.

'요약문'은 한글 요약문과 영어 요약문 둘 다 요구하는 경우도 있고, 어느 하나만 요구하기도 한다. 요약문은 논문을 더 읽을지 말지

---

1) 눈길을 끄는 제목을 붙일 수도 있지만, 최근에 필자는 메타 연구를 하면서 논문의 제목이 논문의 속살을 제대로 붙들고 있지 못하다는 생각을 자주 한다. 제목으로는 도저히 무슨 내용을 다루는지 감을 잡을 수 없는 경우가 적지 않기 때문이다. 아울러 지나치게 일반적인 제목은 논문에 대한 정보를 최소한으로 제공한다는 점에서 적절하지 않다고 생각한다. 이런 점은 요약문의 경우에도 나타나는데, 학회에서 논문을 심사할 때 우리말 요약이나 영문 요약을 어느 정도 살펴볼 필요가 있다고 생각한다.

를 결정하는 중요한 변수가 되기 때문에, 조사연구 문제를 요약하고 왜 그것이 연구할 만한지를 밝혀놓아야 한다. 또한 연구 방법에 대한 정보도 제공해야 하며, 핵심적인 결과와 연구가 지니고 있는 속뜻을 언급해 주어야 한다. 요약문의 분량에 대한 제약은 없지만, 학회지에 따라 '1쪽 이내' 혹은 '500자 이내'로 제한하는 경우가 있으므로 참조해야 한다. 아울러 가능한 한 간결하게 작성하려는 마음가짐이 필요하다. 전문 학술지에 실리는 요약문은 대체로 심사위원들을 겨냥한 것이라기보다는 일반 독자를 겨냥한 것이라고 본다면, 요약문을 보고 논문을 읽을 마음이 생길 수 있도록 작성해야 한다. 따라서 연구의 핵심을 잘 붙들어 두어야 한다.

'차례'는 학회지에 실리는 소논문일 경우에는 넣지 않기도 하지만, 학위논문이나 보고서에는 반드시 들어간다. 논문을 읽어나가는 대체적인 순서가 제목에서 요약문, 차례로 이어지는데, 차례는 논문의 전체적인 내용 얼개를 안내해 준다. 독자들이 논문의 구성과 내용을 짐작할 수 있게 하는 부분이므로, 차례에 들어가는 장 제목과 절 제목 등도 신경 써야 한다.

같이 생각해 보기

1. 다음은 필자가 학위논문을 쓰면서 제목으로 정한 후보들입니다. 같은 연구 대상을 언급하고 있지만 결국은 어느 하나를 결정해야 합니다. 제목을 결정하는 데 어떤 생각이 들어가 있는지, 만약 여러분의 논문이라면 어떤 제목이 더 적합하다고 생각하는지 결정해 보십시오.[2]

---

[2] 필자는 특별한 경우가 아니라면 제목에 '연구'라는 용어를 붙일 필요가 없다고 생각한다. 특히 ㉤에 있는 '분석 연구'는 분석 자체가 하나의 연구이기 때문에 용어가 겹친다고 하겠다. 그렇지만 실제 논문들을 보면 겹치는 표현이 자주 나타난다.

㉮ 논설문의 요약글 산출에 관련되는 매개변인 연구

㉯ 논설문의 요약글 산출 과정에 관련되는 변인 분석

㉰ 요약글의 산출 과정에 관련되는 변인 분석 연구

㉱ 논설류 요약글의 산출에 관련되는 변인 연구

2. 다음은 필자가 작성한 논문(허선익, 2010ㄴ)의 요약글입니다. 이 논문을 읽는다면 어떤 정보들을 확인할 수 있다고 생각합니까?

제목: 덩잇글 구조가 설명문 요약에 미치는 영향

이 연구에서는 고등학생들을 대상으로 구조적 요인과 요약하기의 관련성을 살펴보았다. 가설을 설정하고 고등학생 93명이 산출한 요약글을 채점 기준에 따라 평가하고, 이를 통계적인 방법으로 분석했다. 그 결과 거시구조와 미시구조에 따라 요약글의 품질이 달라지지 않았다. 따라서 애초에 내세웠던 '거시구조와 미시구조가 요약글의 품질에 영향을 미칠 것이다.'라는 가설은 기각되었다. 통계적인 분석과는 달리 조금 더 미시적인 차원에서 검정이 필요한 사실을 발견하기도 했다. 미시구조는 경우에 따라 긍정적인 역할을 하기도 하고, 부정적인 역할을 하기도 한다는 것이다. 거시구조가 잘 짜여 있지 않을 경우, 미시구조에서 결속은 오히려 전체적인 거시구조를 파악하는 데 방해를 주지만, 거시구조가 잘 짜여 있을 때는 영향을 미치지 않았다. 그렇지만 거시구조가 잘 짜여 있지 않을 때도 미시구조가 잘 결속되지 않는 것이 요약 주체의 인지 노력을 끌어내서 요약글 품질을 더 좋게 한다는 것이다. 이와 같은 사실을 입증하기 위해서는 더 큰 집단을 대상으로 검정의 범위를 넓힐 필요가 있다.

(2) 들머리, 문헌 개관, 조사연구 질문거리

'들머리'는 어떻게 보면 제목이나 요약문에서 나온 내용을 되풀이하는 듯한 인상을 줄 수 있다. 들머리에는 '조사연구의 핵심적인 문제, 구체적인 질문거리'를 언급해 주어야 한다. 조사연구의 주제가 무엇이며 그것이 왜 중요한지, 질문거리와 관련하여 어떤 조사연구 방법을 쓰는지, 연구의 이론적 배경이나 함의는 무엇인지, 이전의 연구와 어떤 관련을 맺는지 등을 밝혀주어야 한다. 학위논문처럼 분량이 긴 경우에는 이들 내용을 각 항목별로 이름을 붙여 제시할 수 있다. 또한 연구의 전체를 요약하고 각 장의 핵심적인 내용도 제시해 주는 것이 독자를 배려하는 방법이다. 학회지에 발표하는 소논문의 경우 문헌 개관과 합칠 수 있다.

'문헌 개관'은 반드시 포함되어야 한다고 연구자들 대부분이 생각하지만, 어떤 갈래의 연구 문헌을 요약해야 하는지, 어느 정도로 제시해야 하는지에 대해서는 이견이 있다. 다음에 제시한 내용을 참조하여 자신의 조사연구에 적용하면 될 것이다.

문헌 개관이 필요한 경우

① 대체로 조사연구 중인 문젯거리와 관련하여 더 폭넓은 맥락에서 연결되는 참고 문헌을 역사적으로 혹은 포괄적으로 살펴봐야 할 필요가 있을 경우

② 실험적인 조사연구의 이론적인 배경을 구체적으로 제시할 필요가 있는 경우. 이때는 결과 해석에 관련되거나 조사연구 설계에 관련이 있는 문헌을 개관한다.

③ 연구자로서 자질을 드러냄으로써 독자들에게 신뢰를 줄 필요가 있을 경우. 이는 명시적으로 드러나지 않지만 대부분의 경우 문헌 개관이 필요한 이유가 된다. 이전의 조사연구에 대한 식견을 드러냄으로써 조사연구자가 해당 분야의 연구를 할 준비가 되어 있음을 보여준다.

④ 대학에서 학위논문에 포함되어야 할 사항으로 요구할 경우

⑤ 비판적인 견해를 제시해야 할 필요성이 있는 경우. 조사연구자와 맞서
  는 견해는 본론에서 본격적으로 비판이 이루어지겠지만 간략하게 제
  시해야 할 필요가 있을 수 있다.

위에서 제시한 다섯 가지 경우는 어떤 형태의 보고서에든 고르게
퍼져 있을 것이지만, 특히 ①과 ②는 어느 하나에만 초점을 모을 수
있다. ⑤는 강도를 적절히 조절할 필요가 있다. 지나치게 논쟁적인
관점을 취할 경우 독자들에게 거부감을 줄 수 있고, 제대로 된 비판
이 아닐 경우 연구의 신뢰도가 떨어질 수 있기 때문이다.

연구 문헌 개관의 분량은 특별히 제약이 없지만, 학회지에 실리는
소논문은 분량 제한이 있기 때문에 무작정 분량을 늘릴 수는 없다.
그렇지만 연구를 수행할 준비가 되어 있음을 보여주는 증거로 배경
연구의 검토는 대부분의 경우에 꼭 필요하다.

현장 조사연구의 '질문거리'와 '가설'은 문헌 개관 다음에 오지만,
학위논문처럼 분량이 긴 경우에는 문헌 개관과 현장 조사연구 방법
을 소개하는 절 사이에 현장 조사연구 설계와 이에 관련되는 질문과
함께 제시되기도 한다.

문헌 개관과 관련하여 한 가지를 더 언급하기로 한다. 오늘날 누
리그물은 자료를 자유롭게 이용할 수 있는 물리적 기반이다. 검색
기능에서부터, 권한만 주어진다면 HWP 파일이나 PDF 파일을 내려
받아서 볼 수 있다. 그러나 상업적으로 운용되는 몇몇 곳에서는 검
정되지 않은 논문이나 보고서를 유료로 내려받을 수 있도록 하고 있
는데, 여기서 나온 자료들을 인용하는 문제는 생각을 해보아야 한다.
대부분의 현장 조사연구자들은 연구 결과를 학회에 발표하고 몇 사

람의 심사를 거쳐서 게재되기 때문에 어느 정도 논문의 품질을 검정 받을 수 있다. 그렇지만 누리그물에 떠돌아다니는 논문들 가운데는 이런 검정을 거치지 않은 것도 많기 때문에 인용할 때 주의가 필요하다. 대학원 과정에서 학위를 준비하는 사람들은 대학교 도서관을 통해서 한국연구재단에 접속하거나 도서관 접속을 통해 검색을 하고 내려받을 수 있다.[3]

같이 생각해 보기

다음은 필자의 조사연구 들머리 부분입니다. 앞에서 설명한 내용에 비추어 들머리 부분의 전개가 어떻게 되고 있는지 살펴봅시다.

사람은 목적 지향의 행동을 하는 성향을 지니고 있다. 이는 학습의 상황에서도 마찬가지여서 자신의 목적과 의도에 들어맞는 학습 활동에 더 높은 성취도를 보여준다. 목적과 의도는 인지과학적인 접근으로 밝히는 데 한계가 있을 수밖에 없는 심리적인 요인과 밀접한 관련이 있다. 흥미나 동기와 같은 요인들이 밝혀져 있지만 동기를 구성하는 요인들에 대한 연구는 그리 많지 않다.

이 연구에서 대상 집단은 '과학고'라는 특수목적고 학생들이다. 이 학생들은 학업 성취도에서 전국 고등학생 집단의 상위 1% 이내에 드는 높은 학업 성취도를 보인다. 그렇지만 쓰기 수준은 다른 집단의 학생들보다 반드시 높다고만은 할 수 없다. 아울러 이 집단을 대상으로 하는 국어과 쓰기 수업도 그렇게 만족스럽게 진행되지는 않았다. 연구자는 이 점에 착안하여 이 집단의 학생들이 동기를 부여할 수 있는 방법을 찾고자 동기 구성 요인을 분석하게 되었다. 특히 이 집단은 과학 계열의 특

---

3) 한국교육학술정보원 누리집(http://www.riss.kr)에서는 논문 검색 서비스뿐만 아니라 학위논 문들을 무료로 내려받을 수 있도록 정보를 제공하고 있다.

성을 보이지만 일반계 고등학생들의 상위 집단과도 공유하는 속성을 지니고 있다는 점도 연구 집단 선정에서 고려했다. 아울러 현재 고등학교에서 심화선택 과목으로 작문이 많이 선택되지 않는 현실에서 과학고의 교육과정의 어떤 요인들이 쓰기 동기 구성 요인 및 작문 교육과 관련이 있을지 여부도 과학고라는 집단을 선정하는 동기가 되었다. 즉 과학고 학생들의 동기 구성 요인에서 특성이 이 연구를 통해 밝혀진다면 이를 과학고뿐만 아니라 일반계 고등학생들의 교수·학습 자료로 적극 활용하는 기초 자료가 될 것이다.

이를 위해 전국의 20개 과학고 가운데 3개 학교를 선정하여 쓰기 동기에 관련되는 설문 조사를 실시했다. 이 자료를 놓고서 쓰기 동기 구성 요인을 분석하고 성별, 학년별 차이를 분석했다. 아울러 국어 과목에 대한 흥미와 쓰기 동기 구성 요인과의 상관관계를 분석했다.

(3) 방법

'방법' 부분에는 조사연구가 이루어진 방법에 대해 전문적인 세부 내용을 기술한다. 이런 정보가 있어야 조사연구 설계의 적절함을 평가할 수 있으므로, 이 부분은 독자들이 결과의 신뢰도를 확인하는 데 핵심적인 내용이다. 따라서 다른 사람의 연구를 언급할 필요 없이 자신의 연구거리에 초점을 모아야 한다. 긴 논문의 경우 이 부분은 더 작은 절로 나뉘는데, 대체로 '참여자들, 도구·자료, 절차와 자료 분석, 조사연구에서 변수들'이 언급된다.

참여자들에 대한 기술은 현장 조사연구 표본으로서 양적 현장 조사연구에서 핵심적인 부분이다. 이에 비추어 발견 사실들의 일반화를 인정할지 못 할지 결정할 수 있기 때문이다. 제공되는 세부 내용들은 연구의 성질에 달려 있지만, 대체로 표본의 크기(여기에는 표본을 뽑기 위한 전략도 포함됨), 참여자들의 나이, 성별뿐만 아니라 집단별 변수도 포함된다. 특히 다양한 매개인자가 관련되어 있는 한국어교육의 경우는 반드시 참여자 집단 혹은 대상 집단의 속성을 밝혀주어야한다.

양적 현장 조사연구에서 설계와 조사연구 도구의 품질은 모을 수있는 자료의 유형과 품질을 결정한다. 정확하게 그 도구들을 기술해야 할 뿐만 아니라 포함되는 구체적인 영역에 대해 왜 그런 영역을 아우르게 되는지 이유나 근거를 밝혀야 한다. 아울러 조사연구에서 건드릴 수 없어서 남겨놓은 영역들도 밝혀놓아야 한다. 경우에 따라 측정 도구에 대한 예비 조사의 실시 여부와, 개인의 신상에 민감한 자료들이 포함될 경우 익명성과 비밀이 보장된다는 점을 밝히는 것이 좋다. 설문지 문항이나 평가 문항과 같은 도구들을 부록에 실어주어야 할 경우도 있다.

자료를 모으는 과정에서 사용한 절차들도 밝혀주어야 하는데, 도구들을 어떻게 운용하며, 측정이 이루어지는 환경이 어떠한지 등을 기술한다. 아울러 자료를 모으는 동안에 일어났던 특이한 사항들이 있으면 여기에서 기술하도록 한다.

경우에 따라 분석 방법의 개요를 소개하기도 하는데, 이는 독자들이 전체적인 분석의 흐름이나 복잡한 분석 기법을 이해하도록 배려하는 측면에서 마련된다. 여기에는 자료에 관련되는 특징, 이를테면 결측값이나 표본 크기의 줄어듦이나 불어남을 기술할 수도 있다. 그렇지만 본격적인 자료 분석이 이루어지는 부분은 아니기 때문에, 실제적인 결과를 제시하기보다는 사용된 통계 절차의 목록 정도를 짧게 제시하는 것이 일반적이다.

현장 조사연구에서 변수를 기술하는 부분은, 관련되는 변수가 많고 몇몇 변수가 다른 변수들로부터 나올 때 기술하는 것이 일반적이다. 이때는 변수를 설정하는 방법도 곁들여 설명할 수 있다. 몇몇 실험적인 연구가 포함되는 경우마다 변수들을 기술할 수밖에 없으므로 이런 변수에 대한 기술은 앞서 언급한 경우가 아니라면 굳이 따로 할 필요는 없다.

같이 생각해 보기

1. 다음에 기술된 참여자들의 정보가 흠이 없는지 판단해 보십시오.

   이 연구에 참여한 40명의 학생은 고등학교 3학년 학생들로 국어과 성적이 우수하다. 이들은 대학교에서 실시하는 논술 전형을 준비하기 위해 자발적으로 모인 학생들이다.

2. 다음은 Hatch & Lazaraton(1991)에서 제시한 자료입니다. 교실 수업 관찰 결과를 등재하는 과정을 기술하고 있는데, 이것이 온당하다고 할 수 있는지 평가해 보십시오.

   교실 수업 활동은 첨부된 점검 기록 용지를 사용하면서 부호화될 것입니다(부록 참조). 세 명의 관찰자(O_1, O_2, O_3)는 녹화된 기록을 볼 것이고, 5초 간격으로 어울리는 활동들(교사의 구성 행위, 교사의 질문 행위, 교사의 설명)을 기록 용지에 점검할 것입니다. 평가자 사이의 신뢰도는 부호화 도구 개발의 한 부분으로 성립될 것입니다. 관찰자들은 이 연구에 앞서 연수를 받을 것이고, 그 연수는 전체 연구 기간 동안 두 주 간격으로 재점검될 것입니다.

(4) 결과와 논의

결과와 논의 부분은 일반적으로 따로 절을 구분하여 서술한다. 학위논문과 같이 여러 개의 실험(혹은 관찰)과 자료들이 제시된다면 실험별로 정리할 수도 있다. '결과'는 말 그대로 조사한 결과를 제시하는 부분이다. '논의' 부분에서는 이론적인 결론을 제시하며, 아울러 결론의 타당도 검정이 필요하다.

양적 현장 조사연구에서는 수리 통계적 자료가 논의의 설득력을 높이는 수단이며, 따라서 결과와 논의 부분이 그런 통계 자료를 중심으로 짜인다. 그렇다고 하더라도 지나치게 전문적일 필요는 없으며, 여러 가지 통계 처리를 하나의 표로 제시할 수도 있다. 이때 필요한 정보를 빠뜨리지 않는 것이 중요하다.

(5) 결론

모든 논문에 반드시 결론이 필요한 것은 아니다. 이미 결과와 논의 부분에서 전체 논문의 핵심적인 부분과 내용이 어느 정도 언급되기 때문이다. 그렇지만 전문적이지 않은 표현으로 논의의 결과를 언급해 주는 일은 독자를 배려하는 차원에서 필요하다. 또한 이 결론 부분에서는 앞으로 나아간 연구를 위해서 필요한 질문들을 언급하거나 해당 조사연구에서 논의하지 못한 점에 대해서도 언급할 수 있다. 국어교육을 위한 논문을 염두에 둔다면 논의가 국어교육을 위해 어떤 함의를 지니는지도 덧붙이는 것이 좋다. 다른 한편으로 논의의 중요성에 대해 언급해 줌으로써 자신의 논의를 전체 국어교육의 맥락에서 자리매김한다면 논문에 대한 긍정적인 인상을 심어줄 수 있을 것이다.

(6) 참고 문헌

참고 문헌 목록을 작성할 때 기본적으로 지켜야 하는 원칙이 있다. 참고 문헌 목록에는 조사연구 보고서에 인용한 모든 문헌이 포함되어야 한다. 그리고 참고 문헌 목록에 있는 논문이나 책은 반드시 본문에서 언급한 것이어야 한다.[4] 학회지 혹은 대학마다 참고 문헌을 표시하는 방식이 차이가 있으므로, 그런 규범이나 규정에 맞추어 작성해야 한다.

우리나라에서 인문과학 분야의 참고 문헌 목록은 학회마다 조금씩 차이가 있지만, 참고 문헌에 나와 있는 책이나 논문이 반드시 본문 속에 언급되어 있지 않아도 된다. 그렇지만 최근에는 참고 문헌 작성에 엄격함을 요구하는 학회들도 있다. 따라서 학회지에 원고를 투고할 때는 해당 학회의 원고 투고 규정을 꼼꼼히 살펴보아야 한다. 학회에 따라 DOI(digital object identifier)[5]가 있을 경우 이를 밝히도록 한다는 점도 고려해야 한다.

(7) 부록

본문 속에 넣기에는 알맞지 않지만 관련 자료를 소개하는 것이 중요하다고 판단될 때 부록에 그 자료를 소개할 수 있다. 이를테면, 현장 조사연구와 밀접한 관련이 있는 전사 자료를 실어두거나 학생들의 활동이 남겨진 흔적들을 그림 파일로 옮겨서 보여줄 수 있다. 평가 도구나 설문지들도 부록에 모아둠으로써 본문의 내용을 한결 깔끔하게 정리할 수 있을 것이다.

이런 자료들을 부록에 실어두면 좋은 점은, 논의의 외적 신뢰도를

---

4) 자연과학에서는 엄격하게 자료로 인용된 문헌만을 요구한다. 한국학술재단에서는 학술지에 실린 논문의 경우 해당 논문의 쪽수를 밝히도록 요구하고 있으며, 대부분의 학술지 심사에서도 그렇게 요구하고 있다.
5) DOI는 책이나 잡지 등에 매겨진 국제표준도서번호와 같이 모든 디지털 콘텐츠에 부여되는 고유 식별번호를 말한다. 여기에는 디지털 콘텐츠 소유 및 제공자를 비롯하여 데이터에 관한 각종 정보가 입력되어 있어 디지털 콘텐츠의 주소나 위치가 바뀌어도 쉽게 찾을 수 있고, 저작자 보호와 콘텐츠의 유통 경로를 자동 추적해서 불법 복제를 막을 수 있도록 도와준다.

높일 뿐만 아니라 오랜 시간이 흐른 뒤에도 자료를 잃어버릴 위험이 줄어든다는 것이다.

1. '독서 토의 학습이 학습자의 논리적 사고력 형성에 미치는 영향'이라는 주제로 교육대학원 석사 논문을 쓰려고 합니다. 필요한 참고 문헌의 영역은 어떻게 정해야 할까요?
2. '읽기 교육에서 스키마 활성화 방안 연구'라는 주제로 논문을 쓸 때 가장 공을 들여야 하는 부분은 무엇이라고 생각합니까?

4. 양적 자료를 깔끔하게 제시하기

양적 자료는 보기 편하고 쉽게 이해되도록 제시해야 한다. 양적 자료는 무미건조할 뿐만 아니라 한눈에 잘 들어오지 않기 때문이다. 그림과 표는 다양하고 복잡한 자료를 한눈에 알아볼 수 있게 깔끔하게 제시하는 방법이다. 그렇지만 덩잇글로 몇 문장 이내에 제시할 수 있다면 굳이 표나 그림으로 제시할 필요가 없다.

그림이나 표를 제시할 때는 번호를 매기고 간단한 설명을 덧붙이거나 제목을 붙여두는 것이 좋다. 일반적으로 그림은 그 아래에 번호와 함께 제목이나 설명을 붙이고, 표는 위에 번호와 함께 제목이나 설명을 표시한다. 이런 그림이나 표를 덩잇글에서 가리킬 때는 구체적인 번호를 알려주는 것이 좋다. 말하자면, '아래 그림에서 나타난 것과 같이'보다는 '아래 [그림 1]에서 볼 수 있듯이'와 같이 표시하는 것이 좋다는 것이다.

(1) 그림

그림으로 나타낼 수 있는 자료의 갈래는 많다. 그림은 다양한 형태로 나타낼 수 있다. 막대그림이나 기둥그림은 여러 변수의 크기와 강도를 보여주기에 알맞는데, 주로 X축과 Y축을 이용하여 표시한다. 일반적으로 수직축(Y축)은 측정의 단위나 종속변수를 나타내고, 수평축(X축)은 집단변수나 독립변수를 나타낸다. 이런 그림은 해석하기 쉽게 나타냄으로써 시간의 변화에 따른 결과를 보여주거나 비교를 효과적으로 할 수 있다. 예컨대, 학년에 따라 처리할 수 있는 문장의 복잡도를 측정했다면, X축은 낮은 학년에서 높은 학년으로 배열될 것이고, Y축은 복잡도가 낮은 데서 높은 데로 수치에 따라 배열될 것이다.

도식으로 나타내는 방법은 변수들 사이의 복잡한 관계를 기술하는 데 유용하다. 일반적으로 상자나 화살표를 이용하는데, 인지 처리 과정이나 여러 수준의 개념 구성물을 단순화해서 보여줄 수 있다는 것이 장점이다.

(2) 표

표는 일반적으로 응답자들과 응답자들의 반응을 요약해서 보여주거나 응답자별 평가 점수 등을 보여주며, 여러 가지 통계분석의 결과를 제시할 때 이용한다. 표는 가로줄과 세로줄로 이루어져 있으며 각각은 제목이나 부제목이 달려 있다. 표는 그림보다 더 정확하고 풍부하게 기술해야 할 내용을 보여주지만 이해하기는 쉽지 않다. 따라서 표는 일반 대중을 대상으로 하는 글보다는 학술논문에 더 적절하다.

표를 이용할 때는 주의할 점이 있다. 먼저 표로 통계 자료를 제시했다면 덩잇글에 그 내용을 되풀이하지 않아야 한다. 다만 주목할 만한 결과가 있으면 초점을 모을 수는 있다. 또한 통계표에서 요구되는 정보는 내용과 형식이 정해져 있다. 어떤 통계 처리 꾸러미에서 결과로 나온 표를 그대로 활용할 수 없다는 의미이므로 주의가 필요하다.

5. 양적 조사연구 보고서의 일반적인 형식

양적 조사연구 보고서의 형식은 일반적으로 미국 심리학회(APA)에서 정한 기준을 권할 만하다.

통계에 바탕을 둔 조사연구 논문의 형식 – Brown(2001: 254)
① 들머리
　　㉠ 연구 문헌 개관
　　㉡ 목적에 대한 진술
　　㉢ 조사연구 질문거리(그리고 가설)
② 방법
　　㉠ 참여자들
　　㉡ 자료들
　　㉢ 절차들
③ 결과
④ 논의(혹은 결론)
　　㉠ 조사연구로부터 나온 직접적인 해결책
　　㉡ 해석

ⓒ 더 발전된 조사연구를 위한 제안

'연구 문헌 개관'에는 이론적인 배경에 대한 설명이 포함될 수 있으며, '목적에 대한 진술'에는 조사연구의 전체적인 목표가 제시된다. '방법'에는 적어도 세 부분이 포함되어야 한다. 어떤 참여자들을 대상으로 하는지, 그리고 어떻게 표본집단으로 뽑았는지 상세하게 설명해야 한다. 이는 조사연구의 신뢰도나 타당도와 밀접한 관련이 있다.[6] 아울러 조사연구에서 사용한 도구들과 그 실행 절차들을 단계별로 서술해야 한다.

'결과'에는 조사·연구거리에 있는 모든 통계적인 분석과 결과들에 대한 논의가 포함되어야 한다. 먼저 기술적인 통계 결과를 제공하고, 신뢰도와 타당도를 뒷받침할 만한 근거를 제시해야 한다. 그렇게 한 다음에야 해당되는 통계분석을 할 수 있다. 아울러 이런 전문적인 정보를 그림이나 표로 제공함으로써 독자들이 결과를 이해하는 데 도움을 주어야 한다. 표나 그림의 제공만이 능사는 아니기 때문에 그에 대한 간략한 설명을 곁들이는 것도 필요하다.

'논의(혹은 결론)' 부분에서는 조사연구의 주제와 관련하여 조사연구자가 처음에 제기했던 물음들에 대한 답변을 직접적으로 제시해야 한다. 그리고 연구 문헌 개관이나 이론적 배경에 비추어 결과에 대한 해석을 논의함으로써 마무리한다. 앞으로의 연구에 대한 암시도 이 부분에 들어간다.

---

6) 필자의 경험으로 미루어 보면, 조사연구자는 조사연구 대상들을 잘 알기 때문에 자세히 기술하지 않을 가능성이 있다. 그럴 경우 대부분 논문 심사 과정에서 지적을 당한다.

자신이 구할 수 있는 학술지에서 양적 현장 조사연구와 관련되는 논문 한 편을 골라 앞에서 제시한 논문의 형식과 어떻게 다른지 살펴보십시오. 그리고 그런 차이가 나타난 이유가 무엇인지 생각해 봅시다.

2장

질적 조사연구 보고서 쓰기

1. 연구의 맥락과 가치에 대한 안내

질적 조사연구 보고서와 혼합적 조사연구 보고서가 갖추어야 할 점은 거의 비슷하다. 이 장과 다음 장에서는 양적 현장 조사연구와 구별되는 점을 중심으로 보고서 쓰는 방법을 소개하기로 한다.

질적 조사연구 보고서는 양적 조사연구 보고서보다 허용의 범위가 넓지만, 다음 사항들이 보고서 앞부분에 포함되어야 한다.

① 연구를 시작하게 된 이유(연구의 동기)
② 그런 연구 방법을 선택하게 된 이유
③ 조사연구에서 풀어야 할 질문거리
④ 자료를 모으기 위해 쓴 절차

아울러 구성에 대한 안내를 통해 연구의 전체적인 맥락이 드러나게 해야 한다. 이런 일들은 연구를 자리매김하고 연구의 가치를 일차적으로 보여준다는 점에서 중요하다.

2. 양적 보고서와 질적 보고서의 차이

질적 조사연구 보고서는 다양한 형태의 글쓰기로부터 시작한다. 그것은 조사연구 일지일 수도 있으며, 간단한 메모일 수도 있다. 이런 기록은 조사연구가 이루어지는 동안 일관되고 규칙적으로 행해져야 하며, 이를 통해 자료들에 대한 이해에 도움을 받을 수도 있고 분석의 깊이를 더할 수 있다. 따라서 질적 조사연구에서 기록 행위는 질문거리에 대한 최종 산출물이라기보다는 탐구거리를 이루어나가는 과정이다. 이런 기록은 연구가 끝날 때쯤이면 엄청난 분량으로 쌓일 것이다. 결국 질적 조사연구 보고서를 쓰는 일은 이런 기록을 일관되게 연결하는 일이다. 연결을 하는 구체적인 방법이나 엄격한 잣대는 없지만, '연결을 어떻게 할 것인가' 하는 것은 중요한 문제이며 연구자는 이에 대한 고민이 필요하다.

질적 조사연구의 결과들은 언어 표현으로 나타난다. 수치로 표현된 자료들이 전혀 나타나지 않는 것은 아니지만 응답 내용이나 조사연구자의 경험 등이 주로 언어 표현에 기대고 있다. 생생한 현상이나 특정의 상황을 전달하는 언어로 된 기술이 추론의 근거가 되고 타당성을 보장하는 수단이 되며, 독자들로 하여금 응답자의 상황과 응답 내용에 공감하게 할 것이다.

양적 자료들은 몇 개의 표로 연구 결과를 정리할 수도 있다. 그러나 언어 자료에 바탕을 두고 있는 질적 조사연구에서는 그렇게 정리하기가 쉽지 않다. 또한 언어 표현으로 된 자료를 결론의 근거로 이용하기 때문에 근거를 잇대어 놓는다면 분량이 길어질 수 있다. 학자에 따라서는 질적 조사연구 보고서가 양적 조사연구 보고서보다두 배 정도 길어진다고 주장하기도 한다. 이 때문에 질적 조사연구를 수행하는 연구자는 여러 겹의 어려움에 부딪히게 된다.

양적 조사연구 보고서의 짜임은 앞서 언급한 것처럼, 들머리에 핵심 논제를 제시하고, 문헌 개관과 함께 이론적 배경이 제시되며, 간결한 통계적 지원을 받으면서 분명한 결론을 가설이나 연구 문제에 이어 제시하고 이를 요약하면 된다. 그러나 질적 조사연구 보고서는 분량이 더 많고 세부적인 내용이 더 풍부하기 때문에 독자들이 빠져들 수 있도록 기술하고 설명하는 일이 쉽지 않다.

양적 현장 조사연구에서는 공동의 문체와 그림, 사실 등으로 조사연구 보고서를 작성할 수 있지만, 질적 조사연구에서는 연구자의 주관적인 가치나 신념에 대한 되살핌도 필요하다. 즉 다루어나갈 문제에 깔려 있는 이념적인 전제, 연구의 방법, 현장 조사연구의 배경이나 끌어들인 참여자들의 구성과 관련하여 진술할 필요가 있을 수 있다. 예컨대, 다문화 가정 출신의 학습자들에 대한 사회적인 인식을 비판적으로 바라보는 강도에 따라 연구자의 태도가 달라질 수 있다. 이는 기본적으로 연구자가 지니고 있는 역사 인식과 사회관이 연구에 영향을 미칠 수 있음을 전제로 한다.

3. 질적 조사연구 보고서의 짜임과 쓰는 방법

질적 조사연구는 다양하고 창조적인 생각을 바탕으로 하기 때문에 보고서에도 이런 특성이 반영된다. 그러나 표현의 자유가 무제한으로 허용되는 것은 아니다. 왜냐하면 들머리 부분이나 주제를 정당화하는 부분, 조사연구 방법에 대한 기술, 발견 사실들의 제시와 해당 분야에서 이전의 다른 연구자의 연구 결과와의 관련성, 결론 등이 포함되어야 하기 때문이다. 이런 구성 요소들은 양적 조사연구에서와 마찬가지로 중요하다.

또한 관례를 따라야 하는 논문의 차례나 순서가 있는 것은 아니지만 포함되어야 하는 내용은 사실상 비슷하다고 보는 것이 온당하다. 그 이유는 조사연구자들이 진공에 있는 것은 아니며, 조사연구가 이루어지는 사회환경의 관례나 규범을 무시할 수가 없기 때문이다.

(1) 제목과 요약문, 차례

제목은 조사연구의 주된 초점에 대한 정보를 제공하면서 독자들의 눈길을 끌어야 한다. 이는 양적 조사연구 보고서에서 제목을 붙이는 경우와 같다. 그러나 질적 조사연구에서는 탐구의 과정이든 결과를 얻어내는 과정이든 그것을 잘 드러낼 수 있도록 제목을 붙이는 것이 좋다. 예를 들면, 설명하는 말하기의 특징에 대해 발표 자료를 중심으로 질적 조사연구를 한다고 하면 제목은 '설명문 발표하기에서 말하기의 특징에 대한 질적 분석'이라고 붙일 수 있다. 이는 연구의 대상과 목적, 방법이 두루 포함되어 있는 제목이다.

어떤 조사연구 보고서든 요약문을 요구한다. 요약문은 글의 앞에 제시하도록 하는 경우도 있고, 글의 마지막에 제시하기를 요구하기도 한다. 요약문은 말 그대로 전체 논문을 요약해서 보여주는 내용이다. 조사연구 문제, 그 문제가 중요한 이유와 연구 가치, 자료와 분석 방법, 발견 사실들, 다른 연구를 위해 지니는 속뜻 등을 포함하는 것이 일반적이다. 학회에 따라 400자 이내로 분량을 제한하는 경우도 있다. Punch(1998:276)에서 지적하고 있듯이, "요약문을 쓰는 일은 가능한 적은 낱말로 가능한 한 많은 것을 언급하는 기술이다."

(2) 들머리, 문헌 개관, 조사연구 질문거리

들머리 부분은 양적 조사연구에서와 비슷하다. 여기에서는 '왜 그런 주제를 정하게 되었는지, 어떤 연구 방법을 쓸 것인지'를 소개하고 조사연구 문제를 제시하는 것이 일반적이다.

양적 조사연구의 도구와 조사연구 설계에서는 이론적 배경이 중요한 역할을 하기 때문에 문헌 개관의 역할이 질적 조사연구에 비해 높다. 반면에 질적 조사연구에서는 백지상태에서도 연구가 가능하며, 따라서 이론적 배경이 본질적이지 않을 수 있다. 그렇지만 질적 조사연구에서도 다루어나가는 논제와 관련한 개념 얼개를 분명히 밝혀두고, 그런 얼개 위에서 조사연구의 질문거리를 제시하는 것이 좋다. 그렇지 않을 경우 논문으로서 신뢰도에 위협을 받게 될 것이다. 아울러 지나치게 많은 분량의 문헌 개관이 필요한지 생각해 두어야 한다. 자신의 연구 주제와 관련이 있는지 살펴야 하며, 자신의 논의 구조에 맞춰서 문헌 개관을 하는 것도 생각해 둘 필요가 있다.

(3) 방법

질적 조사연구가 양적 조사연구와 다르기 때문에 연구 보고서의 형식에서도 수정이나 덧붙임이 필요하다. 참여자들을 소개하기 전에 조사연구 접근 방법과 설계를 소개하는 부분을 설정할 수 있다.[7] 또한 질적 조사연구는 상황에 민감하기 때문에 참여자들에 대한 기술이 풍부해야 하며 표본을 뽑는 과정이나 전략을 양적 조사연구보다 더 분명하게 제시할 필요도 있다. 아울러 등재나 전사 방법에 대한 소개도 필요하다. 전사 지침을 소개하는 것도 한 방법일 것이다. 전사 방법의 타당성과 신뢰성을 높이기 위해 실제로 등재가 이루어지는 과정을 보여줄 수도 있다. 예를 들면, 흔글 프로그램에서 등재 중인 화면을 캡처해서 그대로 보여주는 것이다.

무엇보다도 자료를 모으고 분석·해석하는 방법이 다양함에도 불구하고 질적 조사연구 방법을 선택하는 것이 어떤 점에서 좋은지를

---

7) 이 부분이 중요하다고 생각하는 사람도 있다. 옥현진(2010: 252)에서는 질적 조사연구의 타당도와 신뢰도를 논의하면서 연구 방법에 대한 논의가 필요하다고 했다. 또 30편의 질적 연구논문 가운데 9편만이 '방법'을 독립된 장으로 기술하고 있다고 지적했다.

분명하게 밝힐 필요가 있다. 이는 자신이 선택한 연구 방법을 합리화함으로써 독자들에게 신뢰도를 갖게 한다는 점에서 중요하다. 경우에 따라서 다른 방법과 비교하거나 다른 방법을 선택했을 때 나타날 수 있는 문제점을 지적할 수도 있다. 연구 방법의 선택이 자료에서 비롯되므로 자료에 대한 기술과 자료를 얻은 방법, 자료를 분석하는 방법에 대한 기술과도 자연스럽게 이어지도록 해야 한다. 이에 더해 독자들이 자료들을 논문에서 제시하는 것과 같이 해석하는 이유를 알아차릴 수 있도록 해주어야 한다.

조사연구 방법과 절차에 따라 연구를 하다가 나오는 자료들에 대한 정리도 필요하다. 양적 조사연구에서와 마찬가지로 자료들끼리 구별되면서도 어느 정도는 직관적으로 알 수 있는 방법으로 분류하고 표시하는 것이 좋다. 예컨대 1A, 1B, 1C…… 같은 방식은 여러 자료에 공통되는 부분과 그렇지 않은 부분을 표시함으로써 직관적인 분류와 이해가 가능하게 된다.

(4) 결과와 논의

양적 조사연구 보고서에서와 마찬가지로 '결과'와 '논의'는 합쳐질 수도 있고 그렇지 않을 수도 있다. 그렇지만 Morrow(2015)에서는 엄격한 자료 기반 추론과 조사연구자 자신의 결론을 구분하기 위해 두 부분을 따로 떼어놓을 필요가 있다고 했다. 논의 전개의 자연스러운 흐름과 관련하여 생각해 봐야 할 점은, 조사연구자 자신의 해석이 담긴 논평과 참여자들의 인용이라는 형식으로 뒷받침하는 증거 사이의 균형을 어떻게 유지할 것인가 하는 점이다. 응답자들로부터 나온 인용이 너무 많다면 조사연구자의 목소리가 줄어들게 될 것이고, 인용이 너무 적다면 신뢰도에 위협을 받게 될 것이다.

(5) 결론

결론에 들어갈 내용에 대해서는 여러 가지 논의가 있다. 단순히 앞부분에 나오는 내용을 요약하는 것은 별다른 의미가 없고 지면을 낭비할 뿐이라는 지적이 있었다. 요약을 하는 대신 애초의 조사연구 질문거리로부터 조사연구가 얼마나 나아갔는지를 되살피는 일이 포함되어야 한다는 것이다. 논의의 한계를 지적하고 앞으로의 연구에서 밝혀야 할 점을 제시할 수도 있다. 그리고 실천 사례나 정책과 관련하여 어떤 이론적 의의를 지니는지 지적하는 것도 좋다. 양적 현장 조사연구에서와 마찬가지로 쉬운 용어로 핵심 결과를 정리해 주는 일은 독자 배려 차원에서 생각해 봄 직하다. 아울러 독자에게 흥미를 끌 수 있는 내용이 들어가 있는지 살펴볼 필요가 있다.

4. 독자에 대한 배려

지금까지의 논의를 바탕으로 한다면, 질적 조사연구 보고서를 작성하는 일이 쉽지 않음을 알 수 있다. 아울러 독자를 배려하는 문제도 중요하다. 독자 배려와 관련되는 내용을 정리하면 다음과 같다.

먼저 간결하고 흥미로워야 한다. 또한 질적 조사연구의 복잡한 내용에 비추어 적절하게 내용을 안내해 주는 표지들을 마련해야 한다. 이런 표지들은 효과적인 전달을 위해 필요하다. 표지를 마련하는 일에는 보고서의 전체 얼개를 안내해 주는 일도 포함되지만, 세부 내용에 따라 적절한 제목을 붙이는 일도 포함된다. 각 절의 마지막 부분에 그 절의 내용을 요약해 주는 일도 독자를 위한 배려에 포함된다.

3장   혼합적 조사연구 보고서 쓰기

1. 혼합적 조사연구 보고서의 특성

혼합적 조사연구는 질적 조사연구와 양적 조사연구가 결합된 형태이다. 따라서 혼합적 조사연구 보고서는 두 조사연구 보고서의 형식을 적절한 수준에서 결합할 필요가 있다. 예컨대, '국어 사용 실태'에 대해 설문지 조사와 면담 조사를 실시했다면, 설문지 조사의 내용을 중심으로 하고 면담 조사 내용은 양적 통계를 뒷받침하는 정도에서 끼워 넣을 수 있다.

그러나 어떤 경우든 조사연구의 방법, 대상, 절차, 연구 시기 등을 기록해야 하고, 해석과 일반화에서 신뢰도와 타당도에 위협을 주는 요소가 없도록 상세하게 서술해야 한다. 혼합적 조사연구 보고서에서는 분량이 문제가 될 수 있다. 현재 국내 학회지에서는 대체로 분량을 24쪽 이내로 제한하고 있기 때문에 표나 그림, 그에 대한 설명의 수준을 잘 결정해야 할 것이다.

이제 혼합적 조사연구 보고서를 작성할 때 고려할 사항을 살펴보고, 짜임에 대해서도 알아보기로 한다.

2. 혼합적 조사연구 보고서 작성 시 고려 사항

양적 조사연구와 질적 조사연구는 단순히 기법상의 문제뿐 아니라 전반적인 짜임이나 용어에도 차이가 있다. 아울러 독자에게 호소하는 측면도 다르다. 말하자면, 독자들이 이 두 연구 방법에 대해 다른 기대를 가지고 접근한다는 것이다. 혼합적 조사연구는 그 역사가 짧기 때문에 독자들의 공감을 끌어내기 위해서는 각별한 노력이 필요하지만, 양적 조사연구에 관심이 있는 사람과 질적 조사연구에 관심이 있는 연구자를 동시에 독자로 삼을 수도 있다.

혼합적 조사연구 보고서에는 해석을 뒷받침해 주는 언어 표현과 숫자들을 동시에 사용할 필요가 있기 때문에, 확신을 주도록 자료들을 제시하고 이들로부터 추론되는 자료들을 정당화하기 위한 얼개와 형식이 요구된다. 말하자면, 어떻게 이들을 적절하게 결합할 것인가 하는 문제가 제기된다.

앞서 언급했듯이 혼합적 조사연구 보고서는 상당히 길어질 수 있기 때문에 이에 대한 고려도 필요하다.

혼합적 조사연구는 두 가지 연구 방법이 여러 가지 방식으로 뒤섞여 있다. 따라서 독자, 조사연구 설계, 결과 등에서 어느 정도 균형을 이룰 필요가 있다.[8]

'독자에 대한 균형'은 연구의 여러 측면을 독자들에게 친숙하도록 안내하고 자료나 발견 사실, 해석을 제시한다는 의미다. 따라서 전문적으로 양적 조사연구나 질적 조사연구에 치우친 방법을 쓰는 것은 권할 만하지 않다. 접속 가능한 개념 규정과 설명이 구사되고 있는지 점검해 볼 필요가 있다.

조사연구 설계에서도 이런 점은 마찬가지다. 양적 조사연구와 질적 조사연구 방법을 적절한 수준에서 아우를 수 있는 조사연구 설계를 고려해야 한다. 그러나 분석 단계에서 이들을 통합하는 것은 적절하지 않고, 해석이나 결론을 이끌어내는 논의 부분에서 이들을 통

---

8) 실제로 한국어교육 연구에서 다수의 논문이 혼합적 조사연구 방법을 쓰고 있다. 그렇지만 그 가운데 상당수는 질적 분석이 너무 적어 혼합적 조사연구라고 말하기가 머뭇거려진다. 이를테면, 면담 조사의 참여자가 적을 뿐만 아니라 질적 분석을 위한 자료도 두세 개 정도만 제시되어 있다.

합하는 것이 바람직하다.

결과가 어떤 성질을 지니는가도 고려해야 한다. 만약 대부분의 유의한 결과가 양적이라면 여기에 초점을 모아야 하지만, 질적이라면 그에 걸맞은 보고서 양식으로 제시하는 것이 좋다.

3. 혼합적 조사연구 보고서의 짜임

혼합적 조사연구 방법이 낯설기 때문에 조사연구자들은 왜 혼합적 조사연구 방법을 선택하게 되었는지를 분명히 밝혀주어야 한다. 여기에는 목적에 대한 명시적인 진술뿐만 아니라, 양적 측면과 질적 측면이 구체적으로 어떻게 연구 목적과 관련이 있는가에 대한 진술도 포함된다. 결국 한 가지 방법으로는 조사연구 목적이 충분히 달성될 수 없다는 점을 설득력 있게 제시해야 한다는 말이다. 이와 같은 진술은 조사연구의 신뢰도를 높이고 독자들이 균형감 있게 연구 보고서를 읽어나가는 데 도움을 준다.

문헌 개관은, 양적 조사연구의 특성을 빌린다면 앞부분에 나와야 하지만, 질적 조사연구에서는 그렇지 않다고 했으므로 이들을 응용할 수 있겠다. 즉 개괄적인 문헌 개관을 하고 나서 필요한 부분에 적절히 문헌 개관을 할 수도 있다. 분명한 전달을 위해서는 이들을 안내하는 표지를 알맞은 자리에 넣어두는 것이 좋다.

방법에는 참여자, 도구, 절차 등이 포함되는데, 세부 제목들을 붙여서 알려주는 것이 좋다. 이 부분에서는 혼합적 조사연구 방법에 대한 명시적인 언급이 있어야 한다. 특히 왜 그런 절차를 이용하게 되었는지를 언급해 주어야 한다.

질적 조사연구는 맥락 정보를 중시하지만, 양적 조사연구에는 표본의 핵심적인 특징을 넘어서는 맥락에 대한 정보가 거의 필요 없다는 점에서 이에 대한 고민이 있을 수 있다. 그러나 양적 조사연구가 연구의 주된 범위일지라도 맥락에 대한 정보를 중시하는 태도가 필요하다. 왜냐하면 그것이 결과의 일반화 가능성과 혼합적 조사연구 방법의 타당성을 드러내는 데 중요하기 때문이다.

어조와 문체도 양적 조사연구와 질적 조사연구 사이에서 어느 정도 조정이 필요하다. 질적 조사연구 보고서에서는 생생하고 풍부한 세부 내용을 흥미 있게 서술할 필요가 있지만, 양적 조사연구 보고서에서는 사실에 초점을 모으는 격식적인 서술 태도가 필요하다. 당연히 혼합적 조사연구 보고서는 이들 사이의 균형을 고려해야 한다.

참고 문헌

강수정(2017), 〈한국어 평가연구의 역사적 고찰〉, 《언어와 정보사회》 31, 서강대학교 언어
정보연구소, 5-63.

강은주·홍진곤(2009), 〈PBG(Problem Behavior Graph)를 이용한 수학적 사고 과정 분
석〉, 《수학교육논문집》 23(3), 한국수학교육학회, 545-562.

구민지·박소연(2016), 〈한국어교육 배치평가 타당도 분석-특정 기관의 배치평가 사례를
중심으로〉, 《새국어교육》 106, 한국국어교육학회, 177-204.

구영산(2016), 〈한국어(KSL) 교육과정 개선 방향에 대한 전문가 집단 간 의견 차이〉, 《새
국어교육》 105, 한국국어교육학회, 247-280.

권회연 외(2010), 〈다문화 가정 아동의 언어 발달에 관한 연구 문헌 분석〉, 《한국지체부자
유아교육학회지》 53(4), 한국지체중복건강장애교육학회, 419-451.

김경령(2012), 〈다문화 가족 아동의 한국어 능력에 영향을 미치는 변인 분석〉, 《한국어교
육》 23(2), 국제한국어교육학회, 1-37.

김계수(2006), 《Amos/Lisrel 이용 인과분석 연구방법론》, 도서출판 청람.

김명선(2005), 〈중학생 쓰기 능력에 관한 연구-생활문 쓰기를 중심으로〉, 경상대학교 석
사학위논문.

김소현(2013), 〈예비 초등 교사들의 독자 정체성 구성 양상〉, 《새국어교육》 94, 한국국어
교육학회, 313-339.

김순자·김명희(2004), 〈중고등학생의 의사소통 실태 조사〉, 《한국어 의미학》 15, 한국어
의미학회, 143-180.

김순자·김명희(2005), 〈지시어 '이, 그, 저'의 지시 기능 습득 과정〉, 《텍스트언어학》 19,
한국텍스트언어학회, 63-82.

김영천(2012), 《질적연구방법론 1-Bricoleur》, 아카데미프레스.

김영훈(1996), 〈독서 토의 학습이 아동의 논리적 사고력 형성에 미치는 영향〉, 한국교원대학교 석사학위논문.

김은경 외(2017), 〈중국인 한국어 학습자의 한국어 모음 /어/와 /오/에 대한 산출과 지각 상관성 연구〉, 《한국어교육》 28(1), 국제한국어교육학회, 1-21.

김은성(2007), 〈학습자들은 왜 문법 학습을 꺼리는가?〉, 《국어교육연구》 40, 국어교육학회, 35-72.

김은성 외(2014), 〈체계적 문헌 고찰을 통한 국어 교과서 선정 기준 연구〉, 《국어교육연구》 33, 국어교육학회, 391-417.

김은호(2016), 〈한국어 교실에서의 수정적 피드백에 대한 대화 분석적 접근〉, 《어문논집》 65, 민족어문학회, 145-185.

김정자(2009), 〈쓰기 수업 평가에 관한 연구〉, 《한말연구》 24, 한말연구학회, 55-79.

김주은(2014), 〈한국어 교사별 디딤말하기(scaffolding) 전략의 사용 양상〉, 《외국어로서의 한국어교육》 40, 연세대학교 언어연구교육원, 77-108.

김주환(2011), 〈국어 교과서 선정에 대한 교사들의 인식 조사〉, 《국어교육학연구》 42, 국어교육학회, 347-378.

김주환(2014ㄱ), 〈스마트교육 시대 국어과 교사들의 교육과정 재구성 실태 조사〉, 《청람어문교육》 50, 청람어문교육학회, 37-62.

김주환(2014ㄴ), 〈고등 국어 교과서 텍스트에 대한 교사와 학생들의 반응 연구-2007 고등 국어 (상), (하)를 중심으로〉, 《국어교육》 144, 한국어교육학회, 341-368.

김주환·김민규·홍세희(2009), 《구조방정식 모형으로 논문 쓰기》, 커뮤니케이션북스.

김지은(2002), 〈반성적 평가를 활용한 말하기 교수·학습 모형에 관한 연구〉, 서울대학교 석사학위논문.

김지홍(2007), 〈언어와 언어 사용에 대한 자각〉, 《국어문학》 42, 국어문학회.

김지홍(2008), 〈언어 산출과 처리의 심리학적 과정〉, 한글학회 진주지회 발표문.

김현정(1994), 〈읽기 교육에서의 스키마 활성화 방안 연구〉, 한국교원대학교 석사학위논문.

김현주(2016), 〈블렌디드 러닝(blended learning)을 활용한 한국어 쓰기 교육 방안〉, 《한어문교육》 36, 한국언어문학교육학회, 73-111.

김현진·강승혜(2017), 〈영어권 초급 한국어 학습자의 시선 추적을 통한 문법 이해 양상 연구-문법 제시 방법을 중심으로〉, 《한국어교육》 28(4), 국제한국어교육학회, 39-62.

김형복(2004), 〈한국어 음운 변동 규칙의 교수·학습 순서 연구〉, 《한국어교육》 15(3), 국제한국어교육학회, 23-41.

김혜미(2006), 〈중학교 글쓰기 수행평가 사례 연구〉, 경상대학교 석사학위논문.

김혜연(2016), 〈교사의 작문 피드백 관련 국외 동향 및 주요 쟁점 – 네트워크 분석과 문헌
고찰의 적용〉, 《국어교육연구》 37, 서울대학교 국어교육연구소, 95 – 136.

김호정·강남욱(2013), 〈한국어 교재 평가 항목의 설정을 둘러싼 개념과 원리 고찰〉, 《국어
교육》 143, 한국어교육학회, 381 – 413.

김호정·정연희(2015), 〈한국어 수업 중에 실행되는 수정적 피드백에 대한 교사와 학습자
의 인식 양상 연구〉, 《동악어문학》 65, 동악어문학회, 331 – 365.

김호정·허전(2010), 《SPSS 21.0 통계 분석 및 해설》, 탑북스.

김흥규(2008), 《Q 방법론》, 커뮤니케이션북스.

나원주·김영규(2016), 〈한국어 교사의 상호문화 인식 조사연구〉, 《한국어교육》 27(3), 국
제한국어교육학회, 145 – 172.

남부현(2015), 〈한국어 교원의 외국인 유학생 지도 경험에 관한 연구〉, 《인하교육연구》
21(4), 인하대학교 교육연구소, 179 – 210.

남부현·장숙경(2016), 〈초등학교 다문화 특별학급 담임교사의 경험에 관한 연구〉, 《인하
교육연구》 22(1), 인하대학교 교육연구소, 145 – 172.

문영은 외(2014), 〈문법 탐구 과제의 해결 경험에 대한 학습자 반응 사례 연구〉, 《문법교
육》 21, 한국문법교육학회, 27 – 65.

민현식(2007), 〈구어적 통용과 문어적 오용〉, 《문법교육》 6, 한국문법교육학회, 53 – 113.

박미혜(1998), 〈고등학교 여학생의 모둠 말하기 실태 연구〉, 경상대학교 석사학위논문.

박영민(2006), 〈중학생의 쓰기 동기에 영향을 미치는 요인〉, 《국어교육학연구》 26, 국어교
육학회, 338 – 369.

박영민(2007), 〈중학생 읽기 동기와 쓰기 동기의 상관분석〉, 《작문연구》 5, 한국작문학회,
9 – 41.

박영민(2009), 〈평가 예시문을 활용한 쓰기 평가 개선 방안〉, 《청람어문교육》 39, 청람어
문교육학회, 111 – 133.

박영민(2013), 〈눈동자 추적 및 반성적 사고구술을 활용한 학업성취 수준별 국어 교과서
읽기 방식의 차이 분석〉, 《청람어문교육》 48, 청람어문교육학회, 115 – 190.

박영민·최숙기(2008), 〈반성적 쓰기가 중학생의 설명문 쓰기 수행에 미치는 영향〉, 《국어
교육》 125, 한국어교육학회, 137 – 161.

박용성(2009), 《AHP에 의한 의사결정 – 이론과 실제》, 교우사.

박용익(2003), 《수업대화의 분석과 말하기 교육》, 역락.

박재현·김호정·김은성·남가영(2015), 〈AHP를 활용한 국어 교과서 선정용 평가 눈금 개

발 연구〉,《한국어교육학회 학술발표논문집》2015권 0호, 한국어교육학회, 159 - 171.

박종원(2009),《현장 연구자를 위한 질적 데이터의 과학적 관리와 분석 - NVivo8 프로그램의 활용》, 형설출판사.

박태호(2005), 〈수업 내용 분석과 과정 중심 쓰기 수업 장학〉,《국어교육학연구》24, 국어교육학회, 5 - 28.

박태호 외(2005), 〈국어 표현에 대한 초등학생의 쓰기 특성 및 발달 고찰〉,《국어교육학연구》23, 국어교육학회, 273 - 299.

배재성(2015), 〈국어 교과서에 대한 중·고등학생들의 인식과 태도 연구〉,《한국어문교육》17, 고려대학교 한국어문교육연구소, 111 - 138.

배향란(1994), 〈쓰기의 총체적 평가방법 연구〉, 한국교원대학교 석사학위논문.

서종훈(2007), 〈담화 연결 표지 사용을 통한 문단 인식 양상〉,《국어교육》123, 한국어교육학회.

서종훈(2008), 〈자기소개서 쓰기에 대한 연구〉,《새국어교육》80, 한국국어교육학회.

서종훈(2009ㄱ), 〈말하기 수행에 드러난 반성적 사고 양상 - 고1 학습자들의 공적인 자리에서 말하기〉,《새국어교육》83, 한국국어교육학회, 239 - 260.

서종훈(2009ㄴ), 〈말하기 수행평가 사례연구 - 특목고 1학년 학습자를 대상으로〉,《국어교육》129, 한국어교육학회, 57 - 85.

서혁(2008), 〈국어과 교육 개선을 위한 교수·학습 개발 및 적용에 관한 연구〉,《국어교육학연구》33, 국어교육학회, 33 - 71.

서혁(2012), 〈국어교육학 연구의 확장과 연구방법론〉,《선청어문》40, 서울대학교 국어교육연구소, 255 - 279.

서현석(2005),《말하기·듣기 수업 과정 연구》, 박이정.

서현석(2008), 〈국어 수업 현상에 관한 질적 연구의 동향〉,《국어교육》125, 한국어교육학회, 229 - 249.

성태제(2007),《현대 기초 통계학의 이해와 적용》, 교육과학사.

성태제(2009),《문항반응이론의 이해와 적용》, 교육과학사.

성태제(2014),《SPSS/AMOS를 이용한 알기 쉬운 통계분석》(2판), 학지사.

성태제·시기자(2015),《연구방법론》, 학지사.

손혜진·김민경(2014), 〈인지 점검 모형 기반 상위인지 교육 방안 - 학습 보조도구로서 한국어 학습일지를 활용하여〉,《이중언어학》55, 이중언어학회, 157 - 181.

송지준(2011),《논문작성에 필요한 SPSS/AMOS 통계분석방법》, 21세기사.

신재한(2014), 〈Flanders의 언어 상호작용 분석법을 이용한 예비교사와 경력교사의 수업 형태 차이 분석〉, 《교육과정평가연구》 17(3), 한국교육과정평가원, 115 - 137.

신지원·오로지(2017), 〈한국어교육 연구방법론에 대한 동향 분석 - 양적 연구를 중심으로〉, 《한국어교육》 28(4), 국제한국어교육학회, 87 - 119.

신헌재 외(2001), 《학습자 중심의 국어과 수업 방안》, 도서출판 박이정.

심상민(2014), 〈다문화 학습자를 위한 (한)국어교육 연구의 동향 분석〉, 《새국어교육》 98, 한국국어교육학회, 153 - 183.

심현주·김선정(2017), 〈한국어 발음 교육을 위한 학습자의 발음 숙달도와 휴지의 상관성 연구〉, 《인하교육연구》 23(3), 인하대학교 교육연구소, 347 - 365.

안동준(2007), 〈배달말교육 현장연구의 방향과 과제〉, 《배달말교육》 27, 배달말교육학회.

오정환(2005), 〈글말 처리에서 덩잇글의 응집성과 통일성의 상관성 연구〉, 경상대학교 석사학위논문.

오택환(2009), 〈고등학생 필자의 쓰기 태도 발달에 관한 연구〉, 《국어교육연구》 45, 국어교육학회.

옥현진(2010), 〈국어교육 질적 연구 동향에 대한 일고찰〉, 《국어교육》 132, 한국어교육학회.

우은희(2008), 〈중학생들의 덩잇글 요약 실태와 읽기 능력 향상 방안을 위한 사례 연구〉, 경상대학교 석사학위논문.

우형식·김윤미(2011), 〈한국어 열린 읽기 프로그램의 적용과 평가〉, 《한어문교육》 25, 한국언어문학교육학회, 425 - 450.

윤여탁 외(2010), 〈인터넷 언어의 국어교육 내용 연구〉, 《국어교육》 133, 한국어교육학회, 233 - 258.

윤은경·자오원카이(2017), 〈한·중 청자의 음높이 변화에 대한 지각 연구〉, 《한국어교육》 28(3), 국제한국어교육학회, 25 - 51.

윤준채(2009ㄱ), 〈요약하기 전략 지도가 독해에 미치는 영향 - 메타분석적 접근〉, 《새국어교육》 81, 한국국어교육학회.

윤준채(2009ㄴ), 〈초등학생 필자의 쓰기 태도 발달 연구〉, 《작문연구》 8, 한국작문학회, 277 - 297.

윤창욱(2006), 〈비문학 지문 이동성 공식 개발에 관한 연구〉, 한국교원대학교 석사학위논문.

윤희원(2009), 〈다문화 사회와 국어교육 - 다문화 가정 자녀의 (한)국어 교육을 중심으로〉, 《국어교육학연구》 34, 국어교육학회, 5 - 25.

이경현(2007), 〈학습자를 고려한 문법 교육 내용 위계화〉, 《문법교육》 6, 한국문법교육학회, 111-144.

이선영(2010), 〈토론 대회 경험과 토론 효능감에 대한 연구〉, 《국어교육학연구》 39, 국어교육학회, 403-436.

이유림·김영주(2016), 〈어휘 학습 전략 교육이 L2 한국어 작문의 어휘 다양성에 미치는 영향〉, 《한국어 의미학》 53, 한국어의미학회, 1-24.

이은숙(1997), 〈텍스트 구조지도가 독해에 미치는 영향〉, 한국교원대학교 석사학위논문.

이은하(2015), 〈작업기억 용량과 L2 숙달도가 한국어 학습자의 형태통사 오류 처리에 미치는 영향-자가 속도조절 듣기 연구〉, 《한국어교육》 26(1), 국제한국어교육학회, 299-351.

이인혜(2017), 〈미국 대학 KFL 학습자의 한국 문화 접촉 경험과 상호문화 감수성 연구〉, 《한국어교육》 28, 국제한국어교육학회, 19-43.

이재기(1997), 〈작문 학습에서 동료평가 활동과정 분석〉, 한국교원대학교 석사학위논문.

이재승(1992), 〈듣기 기능과 읽기 기능의 관련성에 관한 연구〉, 한국교원대학교 석사학위논문.

이재승(2000), 〈작문 부진의 원인과 진단 방법〉, 《국어교육연구》 10, 국어교육학회, 169-195.

이정은(2016), 〈이주자의 한국어 의사소통에 대한 사회언어학적 고찰-광주 지역 결혼이주여성의 면담을 중심으로〉, 《외국어로서의 한국어교육》 44, 연세대학교 언어연구교육원, 255-279.

이종성(2000), 《델파이 방법》, 교육과학사.

이주미(2016), 〈대학 수학 한국어 학습자의 글쓰기 교육에 대한 내용 범위 연구〉, 《한국어교육》 27(2), 국제한국어교육학회, 229-250.

이진녕(2015), 〈중국인 한국어 학습자의 자기결정성 동기와 가지조절학습 관계 분석〉, 《한국어교육》 26(3), 국제한국어교육학회, 201-245.

이찬규·남지현(2015), 〈한국어교육의 유창성 개념과 구성 요인〉, 《국어국문학》 171, 국어국문학회, 179-206.

이필영(2009), 〈아동의 관형절 구성 능력 발달 연구〉, 《국어교육연구》 13, 국어교육학회.

이창덕(2009), 《티처빌 교사 화법 연수 교재》.

이향(2016), 〈컴퓨터 기반 한국어 말하기 평가에 대한 수험자들의 태도 분석〉, 《외국어로서의 한국어교육》 45, 연세대학교 언어연구교육원, 305-329.

이혜정(2017), 〈한국어 수수 표현의 이해를 저해하는 요인에 관하여-초급 일본인 학습자를 대상으로〉, 《한국어교육》 28, 국제한국어교육학회, 1 - 18.

임인재·김신영·박현정(2003), 《심리측정의 원리》, 학연사.

임정남(2017), 〈한국어 학습자의 읽기 과정 연구 - 시선 추적과 뇌파 분석을 중심으로〉, 한양대학교 박사학위논문.

임칠성·심영택·원진숙·이창덕(2004), 《교사화법 교육》, 집문당.

장경희·김정선(2003), 〈유아의 요구 화행 수행 능력의 발달 단계〉, 《한국어교육》 14(2), 국제한국어교육학회, 327 - 360.

장문정(2017), 〈델파이 조사법을 이용한 학문 목적 한국어 읽기 능력 평가 구성 요인 연구〉, 《한국어교육》 28(4), 국제한국어교육학회, 149 - 179.

장미정(2016), 〈학문 목적 한국어 쓰기 기술에 대한 중국어 학습자 요구 분석 연구〉, 《한국어교육》 27(2), 국제한국어교육학회, 251 - 273.

장선미·김선정(2017), 〈한국어교육을 위한 베트남인 학습자의 초성 자음 난이도 위계 설정 연구〉, 《인하교육연구》 23(5), 인하대학교 교육연구소, 395 - 414.

장소영·신동일(2009), 《언어교육평가 연구를 위한 FACETS 프로그램》, 글로벌콘텐츠.

전은주(2009), 〈다문화 가정 학생을 위한 언어 교육 정책의 현황과 방향〉, 《국어교육학연구》 36, 국어교육학회, 99 - 134.

전은진 외(2007), 〈오류 분석에 근거한 한국인의 의사소통 능력 평가 기준〉, 《텍스트언어학》 23, 한국텍스트언어학회, 155 - 175.

정영숙(2002), 〈중학생의 듣기 실태 조사연구〉, 경상대학교 교육대학원 석사학위논문.

정혜승(2002), 〈국어과 교육과정이 교과서에 반영되는 방식에 관한 연구〉, 《한국어학》 15, 한국어학회, 229 - 258.

정혜승(2004), 〈국어교육에서의 질적 연구〉, 《교과교육과 수업에서의 질적 연구》, 문음사, 121 - 162.

조병영(2012), 〈청소년 독자의 인터넷 독서 전략에 관한 문헌 연구〉, 《국어교육학연구》 44, 국어교육학회, 483 - 515.

조선희(1996), 〈중심생각 찾기 책략의 교수·학습 방법에 관한 연구〉, 한국교원대학교 석사학위논문.

조용환(2011), 《질적 연구 - 방법과 사례》, 교육과학사.

조재윤(2005), 〈국어교육학 실증적 연구의 종합을 위한 메타분석 방법론〉, 《국어교육학연구》 22, 국어교육학회.

조재윤(2007), 〈말하기 평가의 요소 설정 연구〉, 《새국어교육》 75, 한국국어교육학회, 337 - 358.

조재윤(2008), 〈일반화 가능도 이론을 이용한 말하기 평가의 과제와 채점자 요인 최적화 조건에 관한 연구〉, 고려대학교 박사학위논문.

조재윤(2009), 〈일반화 가능도 이론을 이용한 쓰기 평가의 오차원 분석 및 신뢰도 추정 연구〉, 《국어교육》 128, 한국어교육학회, 325‒357.

조항록 외(2002), 〈한국어 배치고사 개발 사례 연구‒연세대 한국어학당의 배치고사를 중심으로〉, 《외국어로서의 한국어교육》 43, 연세대학교 언어연구교육원, 417‒493.

주경희(2016), 〈모범 예시문을 활용한 한국어 쓰기 교육 프로그램의 개발과 적용 사례 연구〉, 《어문논총》 29, 전남대학교 한국어문학연구소, 189‒214.

주영주·서혁·이소영(2012), 〈성별에 따른 외재적 학습 동기, 독서 태도, 학습 전략, 지각된 교수 전략이 성취도에 미치는 영향력의 차이 분석〉, 《국어교육학연구》 45, 국어교육학회, 549‒584.

주영주·서혁·설현남(2013), 〈국어 교과에서 자기효능감, 자기조절 학습전략, 부모의 지원, 학업 성취도의 남녀 집단 간의 차이 비교〉, 《국어교육》 142, 한국어교육학회, 333‒364.

지은림·채선희(2000), 《Rasch 모형의 이론과 실제》, 교육과학사.

천경록(2001), 〈국어교육 연구에서 양적 연구 분석〉, 《국어교육학연구》 12, 국어교육학회, 17‒49.

최숙기(2009), 〈중학생의 읽기 효능감 구성 요인 연구〉, 《국어교육학연구》 35, 국어교육학회, 507‒544.

최영애(1998), 〈중학생의 모둠 말하기 실태 연구〉, 경상대학교 석사학위논문.

최은규(2006), 〈유형별로 본 한국어 능력 평가의 실제와 과제‒배치 시험과 성취도 시험을 중심으로〉, 《한국어교육》 17(2), 국제한국어교육학회, 289‒319.

최은정·최신인·김은성(2014), 〈PBG를 이용한 문법 탐구 과제 해결 과정 분석〉, 《국어교육학연구》 49(2), 국어교육학회, 499‒531.

최지영(2008). 〈결혼 과정을 통해서 본 모‒자녀 관계 변화에 관한 목회상담학적 연구〉, 연세대학교 박사학위논문.

최지영(2017), 〈한국어·중국어 이중언어 사용 아동의 어휘 다양성〉, 《한국어교육》 28(4), 국제한국어교육학회, 245‒271.

한성일(2004), 〈인터넷 대화방 표현교육 연구〉, 《국어교육연구》 13, 서울대학교 국어교육연구소, 313‒369.

한현숙(2010), 〈자기소개서 표현 양상 연구〉, 《새국어교육》 85, 한국국어교육학회, 353‒379.

한국통계학회(1997),《통계학용어집》, 자유아카데미.

허선익(2007), 〈설명문 쓰기에서 다른 덩잇글 활용 양상〉,《배달말》41, 배달말학회, 299 – 338.

허선익(2008ㄱ), 〈읽기와 어휘 지도에서 어휘사슬 활용 방안〉,《배달말교육》29, 배달말교육학회.

허선익(2008ㄴ), 〈논술문의 내용 전개와 교육적 함의〉,《새국어교육》79, 한국국어교육학회, 447 – 476.

허선익(2009ㄱ), 〈논설문 요약의 모습이 평가에 지니는 함의〉,《새국어교육》81, 한국국어교육학회, 325 – 356.

허선익(2009ㄴ), 〈국어 지식 교육의 자리매김과 그 원리〉,《국어교육학연구》34, 국어교육학회, 497 – 528.

허선익(2009ㄷ), 〈설명문의 요약 양상이 설명문 요약글 평가에 지니는 함의〉,《국어교육연구》45, 서울대학교 국어교육연구소, 411 – 448.

허선익(2010ㄱ), 〈논설문의 요약글 산출 과정에 관련된 변인 분석〉, 경상대학교 박사학위논문.

허선익(2010ㄴ), 〈덩잇글 구조가 설명문 요약에 미치는 영향〉,《국어교육학연구》37, 국어교육학회, 499 – 527.

허선익(2010ㄷ), 〈설명문·논설문 쓰기 능력과 요약 능력의 상관성〉,《새국어교육》84, 한국국어교육학회, 249 – 273.

허선익(2010ㄹ), 〈설명문 요약과 이해의 관련성〉,《우리말교육현장연구》4(1), 우리말교육현장학회, 353 – 372.

허선익(2010ㅁ), 〈과학고 학생들의 쓰기 동기 구성요인 분석〉,《국어교육》132, 한국국어교육학회, 269 – 293.

허선익(2010ㅂ), 〈대학생들의 쓰기 동기 구성요인 분석〉,《배달말》46, 배달말학회, 257 – 284.

허선익(2011), 〈담화에서 지엽적인 의미연결 인식 연구 – 고등학교 1학년을 중심으로〉,《국어교육학연구》40, 국어교육학회, 593 – 619.

허선익(2013ㄱ),《국어교육을 위한 말하기의 기본 개념》, 도서출판 경진.

허선익(2013ㄴ), 〈논설문 요약의 과정에 관련된 요약 규칙과 덩잇글 활용 양상 분석〉,《국어교육연구》52, 국어교육학회, 231 – 262.

허선익(2014ㄱ), 〈듣고 이해하기에서 청자의 상황 모형 구성 분석〉,《국어교육연구》55, 국어교육학회, 77 – 114.

허선익(2014ㄴ), 〈국어 의식의 자리매김〉, 《국어교육》 146, 한국어교육학회, 121–144.

허선익(2014ㄷ), 〈Positioning of Discourse in Korean Education〉, 《국어교육학연구》 49(4), 국어교육학회, 59–85.

허선익(2016), 〈설득하는 말하기에서 전문가 평가와 동료 평가에 대한 비교 분석〉, 《국어교육》 153, 한국어교육학회, 109–142.

허선익(2017), 〈메타연구를 위한 한국어교육의 연구 범주 설정〉, 《국어교육》 159, 한국어교육학회, 401–436.

허선익(2019), 《비판적 담화 분석과 국어교육》, 경진출판사.

홍진숙(1997), 〈언어 능력과 글 제시 방법 및 질문 성격이 추론에 미치는 영향〉, 한국교원대학교 석사학위논문.

황지유(2016), 〈오류 분석을 통한 중국인 한국어 학습자의 초급 연결어미 습득 순서 양상 연구〉, 《한국어교육》 27(1), 국제한국어교육학회, 185–202.

Alderson, C.(2001), *Assessing Reading*, Cambridge University Press: 김지홍 뒤침(2015), 《읽기 평가》, 글로벌컨텐츠.

Babbie, E.(2001), *The Practice of Social Research*, Wadsworth.

Bereiter, C. & Scardamalia, M.(1983), Level of Inquiry in Writing Research, in Mosenthal, Tamor, Walmsley(eds), *Research on Writing*, Longman.

Bogdan, R. C., & Biklen, S. K. (1992). *Qualitative Research for Education: An Introduction to Theory and Methods.* Allyn and Bacon.

Brown, J. D.(2001), *Using Surveys in Language Program*, Cambridge University Press.*

Buck, G.(2001), *Assessing Listening*, Cambridge University Press: 김지홍 뒤침(2013), 《듣기 평가》, 글로벌컨텐츠.

Charmaz(2006), *Constructing Grounded Theory*, Sage Publications Ltd.

Cohen(1987), Using verb reports in research on language learning, in C. Faerch & G. Kasper(eds), *Introspection in Second Language Research*, Clevedon England/ Philadelphia: Multilingual Matters.

Cohen·Manion·Morrison(2000), *Research methods in Education*, Routeldge/Falmer.

Creswell, J. W.(2007), *Qualitative Inquiry and Research Design*, Sage Publications.

Creswell, J. W.(2009), *Research Design*, SEGA: 김영숙 외 뒤침(2011), 《연구방법》, 시그마프레스.

Dörnyei, Z.(2007), *Research Methods in Applied Linguistics*, Oxford Univ. Press.

Foucault(1977), *Discipline and Punish*. Harmondsworth: Penguin.

Glaser, B. G.(1992), *Basics of Grounded Theory Analysis*, Sociology Press.

Glesne & Peshkin(1991), *Becoming a Qualitative Researchers*, Longman Pub Group.

Good, T. & Brophy, J.(2003), *Looking in Classroom*, Allyn & Bacon.

Goodwin, W. L., & Goodwin, L. D. (1996). *Understanding Quantitative and Qualitative Research in Early Childhood Education*. Teachers College Press.

Grabe & Kaplan(1996), *Theory and Practice of Writing*, Pearson Education: 허선익 뒤침(2008),《쓰기 이론과 실천사례》, 박이정.

Grabe, W. & Stoller, F. L.(2011), *Teaching and Researching Reading*, Pearson Education: 허선익 뒤침(2014),《읽기교육과 현장 조사연구》, 글로벌컨텐츠.

Green, A.(1998), *Verbal Protocol Analysis in Language Testing Research: A Handbook*, Cambridge University Press.

Gunning, T.(2006), *Assessing and Correcting Reading and Writing Difficulties*, Pearson Education, Inc.

Hatch & Lazaraton(1991), *The Research Manual: Design and Statistics for Applied Linguistics*, Heinle and Heinle Publishers.

Hinkle, Wiersma, Jurs(2003), *Applied Statistics for the Behavioral Science*, Houghton Mifflin Company.

Hill, Knox, Thompson, and Williams(2005), Consensual Qualitative Research: An Update, *Journal of Counseling Psychology*, 52(2), 196~205

Holliday, A.(2002), *Doing and Wrting "Qualitive" Research*, Sage Publications.*

Huberman & Miles(1994), Qualitative Data Analysis, Sage Publications, Inc.

Kintsch(1998), *Comprehension*, Cambridge University Press: 김지홍 뒤침(2010),《이해》 1·2, 나남.

Kline, R. B.(2005), *Principles and Practice of Structural Equation Modeling*, The Guilford Press: 이현숙·김수진·전수현 뒤침(2010),《구조방정식 모형 – 원리와 적용》, 학지사.

Lauer, J. M. & Asher, W.(1988), *Composition Research: Empirical Designs*, Oxford University Press.

Levelt(1989), *Speaking*, MIT Press: 김지홍 뒤침(2005),《말하기》1·2, 도서출판 나남.

Lincoln & Guba(1986), *Naturalistic Inquiry*, Sage Publications.

Luoma, S.(2001), *Assessing Listening*, Cambridge Univ Press: 김지홍 뒤침(2013),《말하기 평가》, 글로벌컨텐츠.

Marshall & Rossman(1989), *Designing Qualitative Research*, Sage Publication Ltd.

Morrow, J. R.(2015), *Measurement And Evaluation in Human Performance*, Human Kinetics Publishers.

Nunan, D.(1992), *Research Methods in Language Learning*, Cambridge University Press.*

Ortega, L.(2005), Methodology, Epistemology, and Ethics in Instructed SLA Research: An Introduction, *The Modern Language Journal* 89－3, 317－327.

Pearson, E.(1988), Learner Strategies and Learner Interviews, *ELT Journal*, 42－3.

Punch, Maurice(1998), Politics and Ethics in Qualitative Research, 83－99 in N. K. Denzin and Y. S. Lincoln, *Handbook of Qualitative Research*, Thousand Oaks, Sage.

Rost, M.(2011), *Teaching and Researching Listening*, Pearson Education: 허선익 뒤침 (2014), 《듣기교육과 현장 조사연구》, 글로벌컨텐츠.

Silverman, D.(2005), *Doing Qualitative Research*, Sage Publications Ltd.

Silverman, D.(2008), *Interpreting Qualitative Data*, Sage Publications Ltd.

Strauss, Corbin(1998), *Basics of Qualitative Research*, Sage Publications.

Teddlie & Tashakkori(2003), *Foundations of Mixed Methods Research: Integration Quantative and Qualitative Techniques in the Social and Behavioral Sciences*, Sage Publications.

Underhill, N.(1987), *Testing Spoken Language: A Handbook of oral testing techniques*, Cambridge Univ Press.*

Wajnryb(1992), *Classroom Observation Tasks*, Cambridge Univ Press.

Wallace, J. M.(1998), *Action Research for Language Teacher*, Cambridge University Press: 김지홍 뒤침(2008), 《언어교육 현장 조사연구》, 나라말.

Wilson, J. J.(2010), *how to teach listening*, Pearson Education.

* 표가 붙은 자료는 http://gsnu.ac.kr/~jhongkim에 있는 김지홍 뒤침본(미간행)을 참조하였으며 해당 용어를 빌려 썼다. 이 자리를 통해 말로 표현할 수 없는 고마움을 표한다.

부록

1. 양적 분석에서 유의성 판단을 위한 통곗값 참고 자료

2. 조사연구를 실행하는 대학원생들이 마주친 문제 및 그들이 찾아낸 해결책

1. 양적 분석에서 유의성 판단을 위한 통곗값 참고 자료

[표 1] 피어슨 곱-적률 상관계수 유의성 판단 가름값

N (표본 크기)	한방향 꼬리 결정: 음이나 양의 상관을 예상할 근거 있음		양방향 꼬리 결정: 상관의 방향에 대한 정보가 전혀 없음	
	95% 확실성, 우연확률 $p < 0.05$	99% 확실성, 우연확률 $p < 0.01$	95% 확실성, 우연확률 $p < 0.05$	99% 확실성 우연확률 $p < 0.01$
3	0.9877	0.9995	0.9969	1.0000
4	0.9000	0.9800	0.9500	0.9900
5	0.8054	0.9343	0.8783	0.9587
6	0.7293	0.8822	0.8114	0.9172
7	0.6694	0.8329	0.7545	0.8745
8	0.6215	0.7887	0.7067	0.8343
9	0.5822	0.7498	0.6664	0.7977
10	0.5494	0.7155	0.6319	0.7646
11	0.5214	0.6851	0.6021	0.7348
12	0.4978	0.6581	0.5760	0.7079
13	0.4762	0.6339	0.5529	0.6835
14	0.4575	0.6120	0.5324	0.6614
15	0.4409	0.5923	0.5139	0.6411
16	0.4259	0.5742	0.4973	0.6226
17	0.4124	0.5577	0.4821	0.6055
...	...	...	...	...
22	0.3598	0.4921	0.4227	0.5368
27	0.3233	0.4451	0.3809	0.4869
32	0.2960	0.4093	0.3494	0.4487
37	0.2746	0.3810	0.3246	0.4182
42	0.2573	0.3578	0.3044	0.3932
47	0.2428	0.3384	0.2875	0.3721
52	0.2306	0.3218	0.2732	0.3541
62	0.2108	0.2948	0.2500	0.3248
72	0.1954	0.2737	0.2319	0.3017
82	0.1829	0.2565	0.2172	0.2830
92	0.1726	0.2422	0.2050	0.2673
102	0.1638	0.2301	0.1946**	0.2540

출처: Fisher & Yates(1963)

① 세로줄에서 수행하고 있는 연구에서 자유도를 찾는다. (자유도는 '표집의 수-2')

② 가로줄에서 설정한 유의수준을 찾는다.

③ 가로줄과 세로줄이 교차한 곳에서 가름값을 찾는다.

④ 관찰한 혹은 계산한 값은 가름값과 같거나 그보다 커야 한다.

⑤ 관찰한 값이 양이면 정적 상관, 음이면 부적 상관을 이룬다.

[표 2] t-검사에서 t값의 유의성 판단 가름값

한쪽 꼬리 ⇒	0.05	0.025	0.01	0.005
양쪽 꼬리 ⇒	0.10	0.05	0.02	0.01
자유도(df)				
1	6.314	12.706	31.821	63.657
2	2.920	4.303	6.965	9.925
3	2.353	3.182	4.541	5.481
4	1.132	2.776	3.747	4.604
5	2.015	2.571	3.365	4.032
6	1.943	2.447	3.143	3.707
7	1.895	2.365	2.998	3.499
8	1.860	2.306	2.896	3.355
9	1.833	2.262	2.281	3.250
10	1.812	2.228	2.764	3.169
11	1.796	2.201	2.718	3.106
12	1.782	2.179	2.681	3.055
13	1.771	2.160	2.650	3.012
14	1.761	2.145	2.624	2.977
15	1.725	2.131	2.602	2.927
16	1.746	2.120	2.583	2.921
17	1.740	2.110	2.567	2.898
18	1.734	2.101	2.552	2.878
19	1.711	2.093	2.539	2.861
20	1.725	2.086	2.528	2.845
21	1.721	2.080	2.518	2.831
22	1.717	2.074	2.508	2.819
23	1.714	2.069	2.500	2.807
24	1.711	2.064	2.492	2.797
25	1.708	2.060	2.485	2.787
26	1.706	2.056	2.479	2.779
27	1.703	2.052	2.473	2.771
28	1.701	2.048	2.467	2.763
29	1.699	2.045	2.462	2.756
30	1.697	2.042	2.457	2.750
40	1.684	2.021	2.423	2.704
60	1.671	2.000	2.390	2.660
120	1.658	1.980	2.358	2.617
∞	1.645	1.960	2.326	2.576

출처: Fisher & Yates(1963)

① 첫 번째 세로줄에서 자유도를 찾는다.

② 가로줄에서 유의수준을 찾는다.

③ 세로줄, 가로줄의 교차 지점 값이 귀무가설을 기각하는 데 필요한 가름값이다.

④ 관찰한 값은 가름값과 같거나 그보다 더 커야 한다.

⑤ t-검정은 30을 기준으로 하기 때문에 귀무가설을 기각하기 위해서는 30을 넘는 자유도에 대해 좀 더 엄격한 기준으로 가름값을 적용해야 한다.

[표 3] 분산분석에서 나온 F값에 대한 가름값

자유도	1	2	3	4	5	6	7	8	9	10
1	161	200	216	225	230	234	237	239	214	242
	4052	4999	5403	5625	5764	5859	5928	5981	6022	6056
2	18.51	19.00	19.16	19.25	19.30	19.33	19.36	19.37	19.38	19.39
	98.49	99.01	99.17	99.25	99.30	99.33	99.34	99.36	99.38	99.40
3	10.13	9.55	9.28	9.12	9.01	8.94	8.88	8.84	8.81	8.78
	34.12	30.81	29.46	28.71	28.24	27.91	27.67	27.49	27.34	27.23
4	7.71	6.94	6.59	6.39	6.26	6.16	6.09	6.04	6.00	5.96
	21.20	18.00	16.69	15.98	15.52	15.21	14.98	14.80	14.66	14.54
5	6.61	5.79	5.41	5.19	5.05	4.95	4.88	4.82	4.78	4.74
	16.26	13.27	12.06	11.39	10.97	10.67	10.45	10.27	10.15	10.05
6	5.99	5.14	4.76	4.53	4.39	4.28	4.21	4.15	4.10	4.06
	13.74	10.92	9.78	9.15	8.75	8.47	8.26	8.10	7.98	7.87
7	5.59	4.74	4.35	4.12	3.97	3.87	3.79	3.73	3.68	3.63
	12.25	9.55	8.45	7.85	7.46	7.19	7.00	6.84	6.71	6.62
8	5.32	4.46	4.07	3.84	3.69	3.58	3.50	3.44	3.39	3.34
	11.26	8.65	7.59	7.01	6.63	6.37	6.19	6.03	5.91	5.82
9	5.12	4.26	3.86	3.63	3.48	3.37	3.29	3.23	3.18	3.13
	10.56	8.02	6.99	6.42	6.06	5.80	5.62	5.47	5.35	5.26
10	4.96	4.10	3.71	3.48	3.33	3.22	3.14	3.07	3.02	2.97
	10.04	7.56	6.55	5.99	5.64	5.39	5.21	5.06	4.95	4.85
11	4.84	3.98	3.59	3.36	3.20	3.09	3.01	2.95	2.90	2.86
	9.65	7.20	6.22	5.67	5.32	5.07	4.88	4.74	4.63	4.54
12	4.75	3.88	3.49	3.26	3.11	3.00	2.92	2.85	2.80	2.76
	9.33	6.93	5.95	5.41	5.06	4.82	4.65	4.50	4.39	4.30
13	4.67	3.80	3.41	3.18	3.02	2.92	2.84	2.77	2.72	2.67
	9.07	6.70	5.74	5.20	4.86	4.62	4.44	4.30	4.19	4.10
14	4.60	3.74	3.34	3.11	2.96	2.85	2.77	2.70	2.65	2.60
	8.86	6.51	5.56	5.03	4.69	4.46	4.28	4.14	4.03	3.94
15	4.54	3.68	3.29	3.06	2.90	2.79	2.70	2.64	2.59	2.55
	8.68	6.36	5.42	4.89	4.56	4.32	4.14	4.00	3.89	3.80
16	4.49	3.63	3.24	3.01	2.85	2.74	2.66	2.59	2.54	2.49
	8.53	6.23	5.29	4.77	4.44	4.20	4.03	3.89	3.78	3.69
17	4.45	3.59	3.20	2.96	2.81	2.70	2.62	2.55	2.50	2.45
	8.40	6.11	5.18	4.67	4.34	4.10	3.93	3.79	3.68	3.59
18	4.41	3.55	3.16	2.93	2.77	2.66	2.58	2.51	2.46	2.41
	8.28	6.01	5.09	4.58	4.25	4.01	3.85	3.71	3.60	3.51
19	4.38	3.52	3.13	2.90	2.74	2.63	2.55	2.48	2.43	2.38
	8.18	5.93	5.01	4.50	4.17	3.94	3.77	3.63	3.52	3.43
20	4.35	3.49	3.10	2.87	2.71	2.60	2.52	2.45	2.40	2.35
	8.10	5.85	4.94	4.43	4.10	3.87	3.71	3.56	3.45	3.37

자유도	1	2	3	4	5	6	7	8	9	10
21	4.32	3.47	3.07	2.84	2.68	2.57	2.49	2.42	2.37	2.32
	8.02	5.78	4.87	4.37	4.04	3.81	3.65	3.51	3.40	3.31
22	4.30	3.44	3.05	2.82	2.66	2.55	2.47	2.40	2.35	2.30
	7.94	5.72	4.82	4.31	3.99	3.76	3.59	3.45	3.35	3.26
23	4.28	3.42	3.03	2.80	2.64	2.53	2.45	2.38	2.32	2.28
	7.88	5.66	4.76	4.26	3.94	3.71	3.54	3.41	3.30	3.21
24	4.26	3.40	3.01	2.78	2.62	2.51	2.43	2.36	2.30	2.26
	7.82	5.61	4.72	4.22	3.90	3.67	3.50	3.36	3.25	3.17
25	4.24	3.38	2.99	2.76	2.60	2.49	2.41	2.34	2.28	2.24
	7.77	5.57	4.68	4.18	3.86	3.63	3.46	3.32	3.21	3.13
26	4.22	3.37	2.89	2.74	2.59	2.47	2.39	2.32	2.27	2.22
	7.72	5.53	4.64	4.14	3.82	3.59	3.42	3.29	3.17	3.09
27	4.21	3.35	2.96	2.73	2.57	2.46	2.37	2.30	2.25	2.20
	7.68	5.49	4.60	4.11	3.79	3.56	3.39	3.26	3.14	3.06
28	4.20	3.34	2.95	2.71	2.56	2.44	2.36	2.29	2.24	2.19
	7.64	5.45	4.57	4.07	3.76	3.53	3.36	3.23	3.11	3.03
29	4.18	3.33	2.93	2.70	2.54	2.43	2.35	2.28	2.22	2.18
	7.60	5.52	4.54	4.04	3.73	3.50	3.32	3.20	3.08	3.00
30	4.17	3.32	2.92	2.69	2.53	2.42	2.34	2.27	2.21	2.16
	7.56	5.39	4.51	4.02	3.70	3.47	3.30	3.17	3.06	2.98
40	4.08	3.23	2.84	2.61	2.45	2.34	2.25	2.18	2.12	2.07
	7.31	5.18	4.31	3.83	3.51	3.29	3.12	2.99	2.88	2.80
50	4.03	3.18	2.79	2.56	2.40	2.29	2.20	2.13	2.07	2.02
	7.17	5.06	4.20	3.72	3.41	3.18	3.02	2.88	2.78	2.70
60	4.00	3.15	2.76	2.52	2.37	2.25	2.17	2.10	2.04	1.99
	7.08	4.98	4.13	3.65	3.34	3.12	2.95	2.82	2.72	2.63
70	3.98	3.13	2.74	2.50	2.35	2.32	2.14	2.07	2.01	1.97
	7.01	4.92	4.08	3.60	3.29	3.07	2.91	2.77	2.67	2.59
80	3.96	3.11	2.72	2.48	2.33	2.21	2.12	2.05	1.99	1.95
	4.06	4.88	4.04	3.56	3.25	3.04	2.87	2.74	2.64	2.55
100	3.94	3.09	2.70	2.46	2.30	2.19	2.10	2.03	1.97	1.92
	6.90	4.82	3.98	3.51	3.20	2.99	2.82	2.69	2.59	2.51

① Hatch & Lazaraton(1991:599~602)에서 제시한 표에는 세로줄의 자유도가 100까지 나와 있다. 여기서는 편의상 30까지는 촘촘하게 제시하고 그 뒤로는 10단위로 제시하기로 한다. 세로줄에서 집단 안 자유도(N-K)를 구하고, 가로줄에서 집단 사이의 자유도(K-1)를 구한다. 이 가로줄과 세로줄이 만나는 지점의 F값을 찾을 수 있을 것이다. 위에 나와 있는 값은 p=0.05, 아래에 나와 있는 값은 p=0.01이다.

② 관찰된 값이 귀무가설, 즉 집단 사이의 차이가 없다는 것을 기각할 수 있으려면 제시된 가름값과 같거나 그것보다 더 커야 한다.

[표 4] 빈도 비교에 대한 가름값

자유도(df)	0.050	0.025	0.010	0.005	0.001
1	3.842	5.024	6.635	7.879	10.828
2	5.992	7.378	9.210	10.600	13.816
3	7.815	9.348	11.345	12.838	16.266
4	9.490	11.143	13.277	14.860	18.467
5	11.071	12.833	15.086	16.750	20.515
6	12.592	14.449	16.812	18.548	22.458
7	14.067	16.013	18.473	20.278	24.322
8	15.507	17.535	20.090	21.955	26.125
9	16.919	19.023	21.666	23.589	27.877
10	18.307	20.483	23.209	25.188	29.588
11	19.675	21.920	24.725	26.757	31.264
12	21.026	23.337	26.217	28.300	32.909
13	22.362	24.736	27.688	29.819	34.528
14	23.685	26.119	29.141	31.319	36.123
15	24.996	27.488	30.566	32.801	37.697
16	26.296	28.845	32.000	34.267	39.252
17	27.587	30.191	33.409	35.719	40.790
18	28.869	31.536	34.805	37.156	42.312
19	30.144	32.852	36.191	38.582	43.820
20	31.410	34.170	37.566	39.997	45.315
21	32.671	35.497	38.932	41.401	46.797
22	33.924	36.781	40.289	42.796	48.268
23	35.173	38.076	41.638	44.181	49.728
24	36.415	39.364	42.980	45.559	51.179
25	37.653	40.647	44.314	46.928	52.620
26	38.885	41.923	45.642	48.290	54.052
27	40.113	43.194	46.963	49.645	55.476
28	41.337	44.461	48.278	50.993	56.892
29	42.557	45.722	49.588	52.356	58.302
30	43.773	46.979	50.892	53.672	59.703
40	55.759	59.342	63.691	66.766	73.402
50	67.505	71.420	76.154	79.490	86.661
60	79.082	83.298	88.379	91.952	99.607
70	90.531	95.023	100.425	104.215	112.317
80	101.879	106.629	112.329	116.321	124.839
90	113.145	118.136	124.116	128.299	137.208
100	124.342	129.561	135.807	140.169	149.449

출처: Pearson & Hartley(1963)

① 첫 번째 세로줄에서 자유도를 찾는다.

② 가로줄에서 유의수준을 찾는다.

③ 세로줄, 가로줄의 교차 지점 값이 귀무가설을 기각하는 데 필요한 가름값이다.

④ 관찰한 값은 가름값과 같거나 그보다 더 커야 한다.

[표 5] 정규분포에서 z값에 대한 가름값

(A) z	(B) area between mean and z	(C) area beyond z	(A) z	(B) area between mean and z	(C) area beyond z
0.00	0.0000	0.5000	0.41	0.1591	0.3409
0.01	0.0040	0.4960	0.42	0.1628	0.3372
0.02	0.0080	0.4920	0.43	0.1664	0.3336
0.03	0.1200	0.4880	0.44	0.1700	0.3300
0.04	0.0160	0.4840	0.45	0.1736	0.3264
0.05	0.0199	0.4801	0.46	0.1772	0.3228
0.06	0.0239	0.4761	0.47	0.1808	0.3192
0.07	0.0279	0.4721	0.48	0.1844	0.3156
0.08	0.3190	0.4681	0.49	0.1879	0.3121
0.09	0.0359	0.4641	0.50	0.1915	0.3085
0.10	0.0398	0.4602	0.51	0.1950	0.3050
0.11	0.0438	0.4562	0.52	0.1985	0.3015
0.12	0.0478	0.4522	0.53	0.2019	0.2981
0.13	0.0517	0.4483	0.54	0.2054	0.2946
0.14	0.0557	0.4443	0.55	0.2088	0.2912
0.15	0.0596	0.4404	0.56	0.2123	0.2877
0.16	0.0636	0.4364	0.57	0.2157	0.2843
0.17	0.0675	0.4325	0.58	0.2190	0.2810
0.18	0.0714	0.4286	0.59	0.2224	0.2776
0.19	0.0753	0.4247	0.60	0.2257	0.2743
0.20	0.0793	0.4207	0.61	0.2291	0.2709
0.21	0.0832	0.4168	0.62	0.2324	0.2676
0.22	0.0871	0.4129	0.63	0.2357	0.2643
0.23	0.0910	0.4090	0.64	0.2389	0.2611
0.24	0.0948	0.4052	0.65	0.2422	0.2578
0.25	0.0987	0.4013	0.66	0.2454	0.2546
0.26	0.1026	0.3974	0.67	0.2486	0.2514
0.27	0.1064	0.3936	0.68	0.2517	0.2483
0.28	0.1103	0.3897	0.69	0.2549	0.2451
0.29	0.1141	0.3859	0.70	0.2580	0.2420
0.30	0.1179	0.3821	0.71	0.2611	0.2389
0.31	0.1217	0.3783	0.72	0.2642	0.2358
0.32	0.1255	0.3745	0.73	0.2673	0.2327
0.33	0.1293	0.3707	0.74	0.2704	0.2296
0.34	0.1331	0.3669	0.75	0.2734	0.2266
0.35	0.1368	0.3632	0.76	0.2764	0.2236
0.36	0.1406	0.3594	0.77	0.2794	0.2206
0.37	0.1443	0.3557	0.78	0.2823	0.2177
0.38	0.1480	0.3520	0.79	0.2852	0.2148
0.39	0.1517	0.3483	0.80	0.2881	0.2119
0.40	0.1554	0.3446	0.81	0.2910	0.2090

(A) z	(B) area between mean and z	(C) area beyond z	(A) z	(B) area between mean and z	(C) area beyond z
0.82	0.2939	0.2061	1.26	0.3962	0.1038
0.83	0.2967	0.2033	1.27	0.3980	0.1020
0.84	0.2995	0.2005	1.28	0.3997	0.1003
0.85	0.3023	0.1977	1.29	0.4015	0.0985
0.86	0.3051	0.1949	1.30	0.4032	0.0968
0.87	0.3078	0.1922	1.31	0.4049	0.0951
0.88	0.3106	0.1894	1.32	0.4066	0.0934
0.89	0.3133	0.1867	1.33	0.4082	0.0918
0.90	0.3159	0.1841	1.34	0.4099	0.0901
0.91	0.3186	0.1814	1.35	0.4115	0.0885
0.92	0.3212	0.1788	1.36	0.4131	0.0869
0.93	0.3238	0.1762	1.37	0.4147	0.0853
0.94	0.3264	0.1736	1.38	0.4162	0.0838
0.95	0.3289	0.1711	1.39	0.4177	0.0823
0.96	0.3315	0.1685	1.40	0.4192	0.0808
0.97	0.3340	0.1660	1.41	0.4207	0.0793
0.98	0.3365	0.1635	1.42	0.4222	0.0778
0.99	0.3389	0.1611	1.43	0.4236	0.0764
1.00	0.3413	0.1587	1.44	0.4251	0.0749
1.01	0.3438	0.1562	1.45	0.4265	0.0735
1.02	0.3461	0.1539	1.46	0.4279	0.0721
1.03	0.3485	0.1515	1.47	0.4292	0.0708
1.04	0.3508	0.1492	1.48	0.4306	0.0694
1.05	0.3531	0.1469	1.49	0.4319	0.0681
1.06	0.3554	0.1446	1.50	0.4332	0.0668
1.07	0.3577	0.1423	1.51	0.4345	0.0655
1.08	0.3599	0.1401	1.52	0.4357	0.0643
1.09	0.3621	0.1379	1.53	0.4370	0.0630
1.10	0.3643	0.1357	1.54	0.4382	0.0618
1.11	0.3665	0.1335	1.55	0.4394	0.0606
1.12	0.3686	0.1314	1.56	0.4406	0.0594
1.13	0.3708	0.1292	1.57	0.4418	0.0582
1.14	0.3729	0.1271	1.58	0.4429	0.0571
1.15	0.3749	0.1251	1.59	0.4441	0.0559
1.16	0.3770	0.1230	1.60	0.4452	0.0548
1.17	0.3790	0.1210	1.61	0.4463	0.0537
1.18	0.3810	0.1190	1.62	0.4474	0.0526
1.19	0.3830	0.1170	1.63	0.4484	0.0516
1.20	0.3849	0.1151	1.64	0.4495	0.0505
1.21	0.3869	0.1131	1.65	0.4505	0.0495
1.22	0.3888	0.1112	1.66	0.4515	0.0485
1.23	0.3907	0.1093	1.67	0.4525	0.0475
1.24	0.3925	0.1075	1.68	0.4535	0.4650
1.25	0.3944	0.1056	1.69	0.4545	0.0455

(A) z	(B) area between mean and z	(C) area beyond z	(A) z	(B) area between mean and z	(C) area beyond z
1.70	0.4554	0.0446	2.14	0.4838	0.0162
1.71	0.4564	0.0436	2.15	0.4842	0.0158
1.72	0.4573	0.0427	2.16	0.4846	0.0154
1.73	0.4582	0.0418	2.17	0.4850	0.0150
1.74	0.4591	0.0409	2.18	0.4854	0.0146
1.75	0.4599	0.0401	2.19	0.4857	0.0143
1.76	0.4608	0.0392	2.20	0.4861	0.0139
1.77	0.4616	0.0384	2.21	0.4864	0.0136
1.78	0.4625	0.0375	2.22	0.4868	0.0132
1.79	0.4633	0.0367	2.23	0.4871	0.0129
1.80	0.4641	0.0359	2.24	0.4875	0.0125
1.81	0.4649	0.0351	2.25	0.4878	0.0122
1.82	0.4656	0.0344	2.26	0.4881	0.0119
1.83	0.4664	0.0336	2.27	0.4884	0.0116
1.84	0.4671	0.0329	2.28	0.4887	0.0113
1.85	0.4678	0.0322	2.29	0.4890	0.0110
1.86	0.4686	0.0314	2.30	0.4893	0.0107
1.87	0.4693	0.0307	2.31	0.4896	0.0104
1.88	0.4699	0.0301	2.32	0.4898	0.0102
1.89	0.4706	0.0294	→ 2.33	0.4901	0.0099
1.90	0.4713	0.0287	2.34	0.4904	0.0096
1.91	0.4719	0.0281	2.35	0.4906	0.0094
1.92	0.4726	0.0274	2.36	0.4909	0.0091
1.93	0.4732	0.0268	2.37	0.4911	0.0089
1.94	0.4738	0.0262	2.38	0.4913	0.0087
1.95	0.4744	0.0256	2.39	0.4916	0.0084
→ 1.96	0.4750	0.0250	2.40	0.4918	0.0082
1.97	0.4756	0.0244	2.41	0.4920	0.0080
1.98	0.4761	0.0239	2.42	0.4922	0.0078
1.99	0.4767	0.0233	2.43	0.4925	0.0075
2.00	0.4772	0.0228	2.44	0.4927	0.0073
2.01	0.4778	0.0222	2.45	0.4929	0.0071
2.02	0.4783	0.0217	2.46	0.4931	0.0069
2.03	0.4788	0.0212	2.47	0.4932	0.0068
2.04	0.4793	0.0207	2.48	0.4934	0.0066
2.05	0.4798	0.0202	2.49	0.4936	0.0064
2.06	0.4803	0.0197	2.50	0.4938	0.0062
2.07	0.4808	0.0192	2.51	0.4940	0.0060
2.08	0.4812	0.0188	2.52	0.4941	0.0059
2.09	0.4817	0.0183	2.53	0.4943	0.0057
2.10	0.4821	0.0179	2.54	0.4945	0.0055
2.11	0.4826	0.0174	2.55	0.4946	0.0054
2.12	0.4830	0.0170	2.56	0.4948	0.0052
2.13	0.4834	0.0166	2.57	0.4949	0.0051

(A) z	(B) area between mean and z	(C) area beyond z	(A) z	(B) area between mean and z	(C) area beyond z
2.58	0.4951	0.0049	3.02	0.4987	0.0013
2.59	0.4952	0.0048	3.03	0.4988	0.0012
2.60	0.4953	0.0047	3.04	0.4988	0.0012
2.61	0.4955	0.0045	3.05	0.4989	0.0011
2.62	0.4956	0.0044	3.06	0.4989	0.0011
2.63	0.4957	0.0043	3.07	0.4989	0.0011
2.64	0.4959	0.0041	3.08	0.4990	0.0010
2.65	0.4960	0.0040	3.09	0.4990	0.0010
2.66	0.4961	0.0039	3.10	0.4990	0.0010
2.67	0.4962	0.0038	3.11	0.4991	0.0009
2.68	0.4963	0.0037	3.12	0.4991	0.0009
2.69	0.4964	0.0036	3.13	0.4991	0.0009
2.70	0.4965	0.0035	3.14	0.4992	0.0008
2.71	0.4966	0.0034	3.15	0.4992	0.0008
2.72	0.4967	0.0033	3.16	0.4992	0.0008
2.73	0.4968	0.0032	3.17	0.4992	0.0008
2.74	0.4969	0.0031	3.18	0.4993	0.0007
2.75	0.4970	0.0030	3.19	0.4993	0.0007
2.76	0.4971	0.0029	3.20	0.4993	0.0007
2.77	0.4972	0.0028	3.21	0.4993	0.0007
2.78	0.4973	0.0027	3.22	0.4994	0.0006
2.79	0.4974	0.0026	3.23	0.4994	0.0006
2.80	0.4974	0.0026	3.24	0.4994	0.0006
2.81	0.4975	0.0025	3.25	0.4994	0.0006
2.82	0.4976	0.0024	3.30	0.4995	0.0005
2.83	0.4977	0.0023	3.35	0.4996	0.0004
2.84	0.4977	0.0023	3.40	0.4997	0.0003
2.85	0.4978	0.0022	3.45	0.4997	0.0003
2.86	0.4979	0.0021	3.50	0.4998	0.0002
2.87	0.4979	0.0021	3.60	0.4998	0.0002
2.88	0.4980	0.0020	3.70	0.4999	0.0001
2.89	0.4981	0.0019	3.80	0.4999	0.0001
2.90	0.4981	0.0019	3.90	0.49995	0.00005
2.91	0.4982	0.0018	4.00	0.49997	0.00003
2.92	0.4982	0.0018			
2.93	0.4983	0.0017			
2.94	0.4984	0.0016			
2.95	0.4984	0.0016			
2.96	0.4985	0.0015			
2.97	0.4985	0.0015			
2.98	0.4986	0.0014			
2.99	0.4986	0.0014			
3.00	0.4987	0.0013			
3.01	0.4987	0.0013			

출처: Hatch & Lazaraton(1991)

① 첫 번째 세로줄 A에서 구한 z값을 찾는다.
② 세 번째 세로줄 C에서 구한 값의 확률을 찾는다.
③ 양쪽 꼬리 검정에서는 확률에 2를 곱한다. 그에 따라, 양쪽 꼬리 검정을 할 경우 z 값 1.96을 얻었을 경우 유의확률은 0.05임을 나타낸다.

[표 6] 윌콕슨의 부호-서열 검정을 위한 가름값

N \ P	0.05	0.025	0.01
6	0	-	-
7	2	0	-
8	4	2	0
9	6	3	2
10	8	5	3
11	11	7	5
12	14	10	7
13	17	13	10
14	21	16	13
15	25	20	16
16	30	24	20
17	35	28	23
18	40	33	28
19	46	38	32
20	52	43	38
21	59	49	43
22	66	56	49
23	73	62	55
24	81	69	61
25	89	77	68

출처: Hatch & Lazaraton(1991)

① 유의성 확률에 따라 해당되는 세로줄을 찾는다.
② 귀무가설을 기각하기 위해 순위 합과 교차되는 지점을 찾는다.
③ 관찰된 순위 합은 교차 지점에서 보여주는 순위 합의 가름값과 같거나 그보다 더 작아야 한다.

[표 7] 스피어먼-로 상관분석의 가름값

N \ P	0.05	0.01
5	1.000	-
6	0.886	1.000
7	0.786	0.929
8	0.738	0.881
9	0.683	0.833
10	0.648	0.794
12	0.591	0.777
14	0.544	0.714
16	0.506	0.665
18	0.475	0.625
20	0.450	0.591
22	0.428	0.562
24	0.409	0.537
26	0.392	0.515
28	0.377	0.496
30	0.364	0.478

출처: Hatch & Lazaraton(1991)

① N은 짝을 이룬 표집의 수
② 귀무가설을 기각하기 위해서는 로(ρ)의 값이 표에 제시된 값과 같거나 커야 한다.

2. 조사연구를 실행하는 대학원생들이 마주친 문제 및 그들이 찾아낸 해결책

조사연구 영역	마주친 문제점들(문제 봉착)	해결책들
조사 연구 영역 확정 하기	☐ 그 영역을 충분히 좁혀나가기 ☐ 내가 도움 얻을 수 있는 영역 찾아내기 ☐ 선택된 영역에 대한 적합한 주제들을 확보하기 ☐ 여러 경합 영역을 갖고 있는 것 ☐ 교육적 배경이 아닌 것으로부터 나온 것 ☐ 후원자에 의해 부과된 제약들 ☐ 실천적인 영역 찾아 확보하기 ☐ 관심거리와 필요성을 일치시키기 ☐ 상이한 관심거리들 중에서 끌어내기	☐ 지도교수로부터 자문을 얻음 ☐ 선배로부터 자문을 얻음 ☐ 확대된 독서를 함 ☐ 현장에서 시간을 보냄 ☐ 실천 주체들과 이야기를 함
질문 개발 하기	☐ 질문 다듬어놓아 실행 가능해지게 함 ☐ 운용상의 질문들을 만들어냄 ☐ 어느 경합 질문을 시행할지 확정하기 ☐ 너무 야심만함 ☐ 애매성을 피하기 ☐ 하나의 질문이 충분한지 결정하기	☐ 지도교수로부터 자문을 얻음 ☐ 기존 조사연구를 공부함 ☐ 외부 기관으로 찾아감 ☐ 질문들을 순서를 주며 등급 매김 ☐ 예비 자료를 분석함 ☐ 질문과 관심거리를 부합시킴
문헌 개관 실시	☐ 접속 불가능한 논문, 보고서 찾기 ☐ 포함된 단계와 실천 방법 확정하기 ☐ 선택된 영역에서 관련 문헌의 결여 ☐ 선택된 영역에 너무나 방대한 문헌 ☐ 비영어권 문헌의 결여 ☐ 도서관 이용에 익숙지 않음 ☐ 시간이 모자람 ☐ 무엇을 포함하고 배제할지 알아내기 ☐ 복사 비용 조달하기 ☐ 관련된 연구들을 찾아내기	☐ 도서관 이용자 봉사대 이용하기 ☐ 지도교수로부터 도움을 얻음 ☐ 전문 도서관을 찾아내기 ☐ 에릭(ERIC) 이용법 익히기 ☐ 도서관 상호대차 이용 ☐ 개관 작업을 위해 방학 시간 이용 ☐ 다른 문헌 개관들에 접속하기

조사연구 영역	마주친 문제점들(문제 봉착)	해결책들
자료 수집 방법 결정 하기	☐ 시간의 결여 ☐ 설문지 마련에 전문 지식의 결여 ☐ 질문에 부합하는 방법 ☐ 민족지, 아니면 실험을 이용할지 결정 ☐ 신뢰도와 타당도 확보하기 ☐ 충분히 적합한 참여자 찾아내기 ☐ 자료의 공개를 (허락받아) 타결 짓기 ☐ 조사연구 방법 과정을 실행하기 이전에 　　자료 수집하기 ☐ 조사연구 장소 안에서 고유한 역할을 결 　　정하기 ☐ 관련 자료의 여러 유형 사이에서 선택 　　하기 ☐ 통계에 대해 자신감의 결여 ☐ 예기치 못한 것들을 처리하기 ☐ 변화해 나가는 자료 관리하기	☐ 지도교수로부터 도움을 얻음 ☐ 실천 주체들로부터 도움을 　　얻음 ☐ 출간된 연구를 반복함 ☐ 통계 전문가와 상의함
자료 분석 하기	☐ 도구 확인하기 ☐ 통계분석 실행하기 ☐ 신뢰 있고 타당한 해석 만들기 ☐ 자료로부터 결론들을 이끌어내기 ☐ 너무나 많은 자료를 모음 ☐ 질적 자료를 수량화할지 여부 결정 ☐ 시간이 모자람 ☐ 객관화하는 일 ☐ 거기에 무엇이 있는지 알아내는 일 ☐ 자신감의 결여	☐ 연구비 신청 응모 ☐ 지도교수에게 자료의 일부를 　　부호 붙여 주도록 함 ☐ 컴퓨터 이용법 익히기
결론 이끌어 내기	☐ 발견 결과를 적용할 모집단 찾아 확정 ☐ 확정적인 결론에 도달하기 ☐ 통계 자료 해석하기 ☐ 얼마나 멀리 갈지 알아내기 ☐ 관련성이 있도록 하는 일 ☐ 자료로부터 과도한 일반화	☐ 확정적인 결론을 이끌어내지 　　말 것 ☐ 지도교수로부터 도움 얻기 ☐ 일반화하지 않도록 신중히 　　하기

조사연구 영역	마주친 문제점들(문제 봉착)	해결책들
조사 연구 보고서 작성 하기	☐ 적합한 구조 결정하기 ☐ 시간이 모자람 ☐ 타자기를 칠 줄 모름 ☐ 제본 비용 조달하기 ☐ 논문 집필의 요구사항 충족시키기 ☐ 어디에서 시작할지 알아내기 ☐ 보고서를 논리적이며 적합하게 만들기 ☐ 전반적인 논문 배열 모습 확정하기 ☐ 언어학과 사회언어학에 모두 적합한 양식 　찾아내기 ☐ 자세해져야 한다는 점 ☐ 비토박이 화자라는 점	☐ 다른 논문들을 연구하기 ☐ 연차 휴가 얻기 ☐ 조사연구 보고서 쓰기 책자 찾 　아내기 ☐ 지도교수와 상담 ☐ 한 번에 작은 분량만 할 것 ☐ 동급생한테 초고를 점검하게 　함

출처: Nunan(2003)

(국어교육을 위한) 현장 조사연구 방법론

지은이 | 허선익

1판 1쇄 발행일 2019년 12월 23일

발행인 | 김학원
편집주간 | 김민기 황서현
기획 | 문성환 박상경 김보희 최윤영 전두현 최인영 김주원 이문경 임재희 이화령
디자인 | 김태형 유주현 구현석 박인규 한예슬
마케팅 | 김창규 김한밀 윤민영 김규빈 김수아 송희진
저자·독자서비스 | 조다영 윤경희 이현주 이령은(humanist@humanistbooks.com)
용지 | 화인페이퍼
인쇄 | 삼조인쇄
제본 | 정민문화사

발행처 | (주)휴머니스트 출판그룹
출판등록 | 제313-2007-000007호(2007년 1월 5일)
주소 | (03991) 서울시 마포구 동교로23길 76(연남동)
전화 | 02-335-4422 팩스 | 02-334-3427
홈페이지 | www.humanistbooks.com

ⓒ 허선익, 2019
ISBN 979-11-6080-318-1 03370

• 이 도서의 국립중앙도서관 출판예정도서목록(CIP)은 서지정보유통지원시스템 홈페이지
(http://seoji.nl.go.kr)와 국가자료종합목록 구축시스템(http://kolis-net.nl.go.kr)에서 이용
하실 수 있습니다. (CIP제어번호 CIP2019049638)

만든 사람들
편집주간 | 황서현
기획 | 문성환(msh2001@humanistbooks.com)
디자인 | 최우영